坚持以学生为中心，树立系统的教学改革观念，通过"目标引领、课程统领、教材改革、课堂转型、考核促进"五环节一体化改革策略，确保高中新课程新教材改革的全面落地。

——陆飞军

　　坚守"立德树人"的教育根本任务，秉承"面向全体、促进个性发展"的宗旨，营造优良的教育生态，办好人民满意的教育。

——郭景扬

华东师范大学教育管理学院原副院长

陆飞军 ◎ 主编

# 双新驱动
# 素养导向

## 高质量课程与教学体系的
## 探索与实践

（下册）

上海教育出版社
SHANGHAI EDUCATIONAL
PUBLISHING HOUSE

# 营造良好教育生态　办好人民满意的教育

## （代序）

遵循党中央、国务院深化教育教学改革的宏伟蓝图，教育部颁布了《普通高中课程方案（2017版2020年修订）》及一系列学科《普通高中课程标准（2017版2020年修订）》，这标志着我国普通高中踏上了建设高质量教育体系、推进育人方式改革、实现教育现代化、构筑教育强国的新征途。这些纲领性文件在教育理念、教学目标、课程结构、教材体例、课堂教学及考试评价等方面，均深刻体现了教育发展的时代潮流与育人方式的革新。如何将这些改革精神全面贯彻与实施，成为每一所普通高中亟待深思的重大课题。

上海作为国家教育综合改革实验区，在《上海教育发展"十四五"规划》中描绘了一幅波澜壮阔的教育发展蓝图：至2025年，上海将全面深化教育现代化，展现出更加包容、活力四溢、开放广阔、品质卓越的新风貌。将全面构建高质量教育体系，教育事业发展和人力资源开发的主要指标将接近全球城市先进水平，为普通高中指明了前进的方向，照亮了前行的道路。

青浦区作为"长三角示范区"的核心地带，为了保障高中"双新"实施工作的稳步推进，精准聚焦四大核心领域：一是加强课程领导力，确保学校课程实施的科学性与规范性；二是提升教师能力，从教学设计、实施到评价全方位赋能教师；三是深化校本研究，强化区校间的合作与交流，共享优质教育资源；四是完善教学管理制度，创新评价与反馈机制,确保教育教学活动的有序进行。在具体实践中,紧抓大单元教学、项目式学习等关键环节,以高质量课程改革推动青浦教育实现跨越式发展。

我校自1999年创办以来,便在区域内独树一帜,成为唯一的一所公办初高中一体化的完全中学,也是唯一的一所上海市特色高中。在课程改革的征途上,我校秉承生态素养培育的特色,通过五育并举、融合发展的策略,以及课程与教学领域的"一体化系统改革",全面提升学生的"综合素质"和"学业水平"。同时,我校紧跟国家课程方案和课程标准,以生态系统观为指导,积极构建生态实践基地等开放的外部教育生态系统,开辟了青浦区、本市及外省市多地的"生态系统和生态素养研究培育基地"。

我校坚守"立德树人"的教育根本任务,秉承"面向全体、促进个性发展"的宗旨,强调"三个结合":继承与创新的结合、学校育人目标与学生自主发展需求的结合、综合素质培养与生态素养培育的结合。我们构建了横向合理分类、纵向有序分层的"1+3+N"生态特色课程体系,包括生态通识课程、生态自选课程群、生态素养拔尖系列课程,实现了特色课程与国家课程的完美融合。"双新"课程改革的实施路径丰富多元,如党团活动、生涯规划、军政训练、专题教育、志愿服务等,形成了三大板块、三大系列、七种形态、三项活动的格局,推动学校特色发展迈向更深处。

在"双新"改革的征途上,我校不仅注重高中教学目标的升级,更关注教师能力的发展。我们针对教师课程能力、教材观念、课堂教学转型及命题能力等,提出了切实可行的提升策略。我们坚持以学生为中心,树立系统的教学改革观念,通过"目标引领、课程统领、教材改革、课堂转型、考核促进"五环节一体化改革策略,确保高中新课程新教材改革的全面落地。在此过程中,我们努力构建与"双新"改革相适应的教育生态,让每一位教师都能成为改革的积极参与者和推动者,共同促进学校教育的蓬勃发展。

在新一轮规划中,我校主动思考、高效对接、积极适应,重新梳理、统整教育教学资源,关注"双新"要素内容的细化,推动"双新"分项目标的落地。我们致力于树立新课程教育理念,引领新课程新教材的全面实施;探索新课程实施策略,实现学科课程、综合实践活动课程、跨学科课程的有效统整;构建新课程评价体系,满足学生个性化发展需求;完善新课程管理制度,建立符合本校实际的管理体系;创新新课程培训机制,提升教师的新课程实施能力。

近年来,我校发展成果斐然。2016年,我校成功入选上海市特色高中项目学校,2019年通过初评,2023年正式评为上海市特色普通高中。在科研方面,我校成功立项市级课题5项、区级课题28项,并有多项成果获得表彰和出版。我校还承办了多场专题研讨会和教学论坛,被评为全国生态特色示范校、上海市绿色学校、文明校园等多项荣誉。《人民教育》《中国教育报》等国家级媒体对我校的课堂教学改革经验进行专题报道。

习近平总书记在全国教育大会上强调:"我们要抓住机遇、超前布局,以更高远的历史站位、更宽广的国际视野、更深邃的战略眼光,对加快推进教育现代化、建设教育强国作出总体部署和战略设计。"展望未来,我校将继续发挥生态素养这一特色教育品牌的优势,深入挖掘生态素养的科学内涵,基于生命成长的内涵推进育人方式改革,探索生态式教育的实践路径。我们将持续关注生命发展的内在本质,回归教育的本原,让人的自然性、社会性、艺术性得到全面、和谐、可持续发展,实现人与人、人与社会、人与自然的和谐共生,营造优良的教育生态,办好人民满意的教育。

陆飞军

2024 年 5 月

# 目　录

## 第二部分　全面提高教师个体教育教学素养

# 第三部分　建立低重心、扁平化、高效能、矩阵式教育教学责任机构

第二部分

全面提高教师个体教
育教学素养

# 附七　单篇设计

## 英语六年级第二学期

## Listening and speaking：Windy days

课堂导学设计①

张舒婷②

## 一、学习目标

（一）语言能力

1.根据对话内容，获取有关不同刮风天气的生活场景等细节信息。2.在语篇中理解副词含义，掌握句型 see sb. doing sth. 和理解 when 引导的时间状语从句的含义。

（二）文化意识

1.提升对跨文化沟通和交流的兴趣。2.能在人际交往中，尝试理解对方的感受，适当调整表达方式，体现礼貌、得体与友善。

（三）思维品质

1.通过感受、观察和描述不同刮风天气的生活场景和细节，提升观察与感知能力。2.领略自然之美，领会自然之险，树立生态安全意识。

（四）学习能力

1.能借助多种渠道和资源搜集与"风"主题相关的图片，向学校生态摄影展推荐并阐述原因。2.能以小组形式合作，共同担任生态摄影展览讲解员，介绍摄影作品。

---

① 义务教育英语（上海教育出版社）"牛津英语上海版"六年级第二学期第三模块　第八单元 Listening and speaking：Windy days　课堂导学设计。

② 上海市青浦区第一中学。

## 二、课堂导学设计

主题情景创设:学校正在创建生态特色学校,举办的生态摄影展以"刮风天气"为主题,已经收录了一些精彩的摄影作品……

第一梯度学习任务:学习理解类活动基于语篇,建构知识。学生自学课本,由导学问题引导,引起对问题的思考,提出自己对问题的答案,不论答案正确与否,都要紧紧围绕问题作出自己的解释。也可以根据情况组织小组讨论,交流对疑难问题的不同思考路径和不同的答案。(第一梯度任务侧重英语核心素养中的"语言能力""思维品质"。)

导学问题 1:Look at these photos on the display board. Can you guess what the exhibition is about?(观察展板中的图片,猜一猜,这个展览是关于什么主题的?)

导学问题 2:Kitty is very interested in this activity,so she wants to take some photos of what she can see on windy days. Can you help her to think about what we usually see on windy days?(Kitty 对这项活动很感兴趣,所以她想拍摄在刮风天气能见到的场景。你可以帮助她思考刮风天气的常见场景吗?)

导学问题 3:What can you see in the photos?(你在照片中可以看到什么?)

导学问题 4:How does the wind change?(风是如何变化的?)

导学问题 5:What are the three kinds of wind?(哪三种类型的风?)

导学问题 6:What can you see when there is a gentle wind / a strong wind / a typhoon?(当微风/强风/台风出现的时候,你能看见什么?)

导学问题 7：There are a lot of adverbs here. Can you find something in common?（这里有很多副词,你能找出它们中的相似之处吗?）

导学问题 8：Miss Guo and Kitty are preparing for the photography exhibition. Please listen carefully. What are they talking about?（Miss Guo 和 Kitty 正在筹备摄影展,请听对话,他们正在谈论什么内容?）

导学问题 9：What kind of wind are they talking about?（他们正在谈论哪种类型的风?）

导学问题 10：What does Kitty see when there is a gentle wind?（当有微风时,Kitty 看到了什么?）

导学问题 11：What other questions may Miss Guo ask? Why do you think so?（Miss Guo 还可能提什么问题? 你为什么这么认为?）

导学问题 12：What other questions is Miss Guo asking in the dialogue?（Miss Guo 在对话中还提了什么问题?）

导学问题 13：Let's look at the first three questions. When Miss Guo is talking about different kinds of wind，what sentence pattern does she use?（一起来看前三个问题。当 Miss Guo 谈论不同类型的风时,她使用了什么句型?）

导学问题 14：Why does the boy take flower pots into his flat when there is a typhoon?（当有台风时,为什么这个男孩把花盆拿进了他的公寓?）

导学问题 15：What else does the boy do? Why?（这男孩还做了什么? 为什么?）

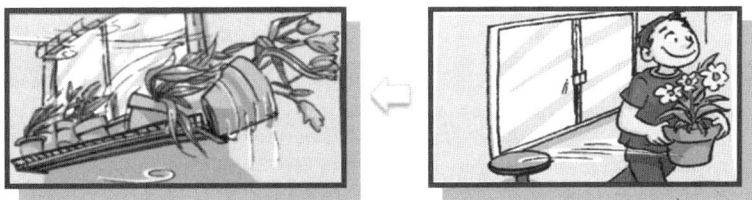

导学问题 16：Why do people wear raincoats when there is a typhoon?（为

什么当有台风时，人们穿雨衣？）

第二梯度学习任务：应用实践类活动：深入语篇，转化能力。根据讨论问题，开展小组讨论交流，组织对话，分析课文主要问题及一些疑难问题，或说说你的想法。（第二梯度任务侧重英语核心素养中的"语言能力""文化意识""学习能力"。）

情景活动：Make a dialogue in pairs：What can we see and what do we usually do when there are different kinds of windy weather?（双人对话：在不同的刮风天气中，我们能看到什么？我们经常做什么事？）

讨论问题1：Look at the photos. What else can you talk about when there're different kinds of wind?（观看照片，在不同的刮风天气中，你还可以谈论什么内容？）

讨论问题2：What do you think of the wind? Why?（你认为风是什么样的？为什么？）

pump water

modern windmills

use wind energy

modern windmills

第三梯度学习任务：迁移创新类活动：超越语篇，形成素养。担任主题为"刮风天气"的生态摄影展的讲解员，讲解内容包括：摄影展关于什么主题？摄影作品中，我们能看到什么？人们的情绪是怎样的？你认为风是怎样的？……在这一环节中，要求进一步联系真实情境，指导学生有目的地运用所学知识与技能、方法与策略和思想与观念，创造性地解决新情境中的问题，从不同角度表达感受和想法，培养学生的创新思维，促进能力向素养转化。（第三梯度任务侧重英语核心素养中的"语言能力""思维品质""学习能力"。）

情景问题1：The photography exhibition will be open to the public soon. We need some guides of the exhibition. The guides need to introduce the photos. If you are thc guides，what can you talk about?（摄影展不久将对公众开放，我们需要几位展览的讲解员介绍摄影作品。如果你是讲解员，你会讲哪些内容?）

导学问题 1：Let's look at this picture. Who wants to have a try and introduce this photo to us?（一起来看这张图片，谁愿意向我们介绍这张图片?）

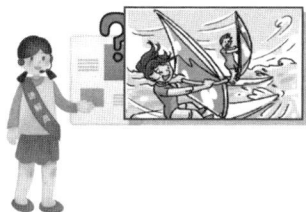

讨论问题 1：Work in groups of four，choose three pictures in all and work as little guides. What's the theme of our school photography exhibition? What can you see when there are different kinds of wind? How do people feel then? What do you think of wind? Why?（四人小组合作，选择三张图片，担任小小讲解员。我们学校摄影展的主题是什么? 在不同的刮风天气中，你能看见什么? 人们当时是什么感受? 你认为风是怎样的? 为什么?）

讨论问题 2：How many stars do you want to give this group? Why?（你想给这组多少颗星? 为什么?）

| Checklist | |
| --- | --- |
| Did he or she ...? | Stars |
| Introduce the theme(主题) of our school photography exhibition，and what you can see in the photos you choose or the pictures you draw. | ☆ |
| Use "We can see ... doing ... when there is a ..." | ☆ |
| Try to add more information like adverbs(副词) and feelings. | ☆ |
| Speak fluently(流利地) and loudly，and be polite(礼貌的) and kind. | ☆ |

# 三、作业设计

(一) 基础性作业

Read the text (P55) after the recording and use the checklist below.(利用以下自测表,跟录音朗读课本 55 页的课文。)

| Self-assessment | |
| --- | --- |
| I can read aloud. | ☐ Yes |
| I can read at proper speed, not too fast or too low. | ☐ Yes |
| I can read all the words and sentences correctly. | ☐ Yes |
| I can read in correct tones as the recording. | ☐ Yes |

(考核:语言能力。)

(二) 思维性作业

Kitty interviews some other students about what they can see on windy days.

Task 1: Listen to the dialogue and match the students with the pictures. Tick the types of wind accordingly.(听录音,将图片和对应的学生配对,并勾选相应风的类型。)

(考核:语言能力。)

Task 2: Make an oral report about what these four students can see when there're different kinds of wind with the help of the pictures above. Present the report to the class tomorrow.（根据上述图片,就四位学生不同刮风天气的见闻进行口头报告,次日当堂交流。）

（考核:语言能力、思维品质。）

（三）情景式作业

Recommend nice pictures of windy weather to our school photography exhibition.（向我们学校摄影展推荐刮风天气相关的精彩照片。）

Draw or collect three pictures of different kinds of wind weather from the Internet or magazines. Describe what you can see and why you want to recommend these pictures. Write 3 - 4 sentences for each picture.（绘制或从网上或杂志上收集不同刮风天气的三张图片,每张图片配 3 至 4 句句子,分别用于描述图片中你所见到的场景,并阐述你的推荐理由。）

| （picture） | |
| --- | --- |
| （picture） | |
| （picture） | |

（考核:语言能力、思维品质、学习能力。）

（四）实践性作业

You're an experienced guide now. And now it's your turn to train the new comers and give them some suggestions. Please offer them a draft of how to introduce the photography exhibition and a to-do list.（你是一位经验丰富的讲解员，现在到了你训练新讲解员的时候了，请给他们一些建议和指导。请给他们提供一份如何进行摄影展导览的草稿和一份任务清单。）

（考核：语言能力、文化意识、思维品质。）

（五）跨学科作业

The photograph exhibition is open to public now. And please make a poster on A4 paper to call on more family members and friends to attend the exhibition and craft the words for the Wechat platform.（学校生态摄影展已经向公众开放，请制作一份 A4 大小的海报，呼吁更多的家人和朋友参观展览，并起草一份投放在微信平台上的宣传文案。）

（考核：语言能力、文化意识、思维品质、学习能力。）

## 物理九年级第二学期

# 电功率

### 课堂导学设计①

陆开朗②

## 一、学习目标

（一）物理观念

1.知道电功率是表示电流做功快慢。2.初步理解电功率的定义、公式、单位。3.知道额定电压、额定电流和额定功率。4.知道绝大部分家用电器的额定电压是 220 伏，了解常见用电器的额定电功率值。

（二）科学思维

1.初步理解用电器的实际电功率是随实际电压和电流的变化而变化的。2.知道电功率、电流、电压之间的关联。

---

① 义务教育物理九年级第二学期(上海教育出版社)　第八章　第一节　电功率　课堂导学设计。

② 上海市青浦区第一中学。

（三）实验探究

1.通过对"测定小灯泡的电功率"实验现象的观察、分析和推理,学习科学探究过程中的科学思想和方法。2.提高逻辑思维和解决实际问题的能力。

（四）科学态度与责任

1.通过对我国用电现状的分析,养成节约用电好习惯。2.了解生活中的用电事故,培育安全用电的意识。3.掌握安全用电的一些基本技能。4.让学生懂得利用物理知识解决问题,体会物理与生活的紧密关联,逐步形成可持续发展观念。

## 二、课堂导学设计

情景问题:

情景1:观察两灯串联时的发光情况（两灯都发光,但亮度不同）。

情景2:通过移动滑动变阻器滑片的位置,观察小灯亮度的变化,直到最终烧毁,再用一盏不同的小灯接入原电路中,小灯却未被烧毁。

第一梯度学习任务:培养兴趣,激发思维。学生先独立思考,再小组交流。根据导学问题,通过对问题的思考,提出问题的答案,设计相关实验,再在具体实验中验证自己的猜想。（第一梯度任务侧重物理核心素养中的"物理观念""科学思维""科学探究与实践"。）

导学问题:将电能转化为其他形式的能,对小灯来讲,主要是发热和发光,即电能转化为内能和光能。从能量守恒角度分析,电流对用电器做多少功,意味着用电器消耗多少电能,同时也转化为多少其他形式的能。大家知道,电流做功与哪些因素有关?

实验活动:观察小灯的发光情况,讨论小灯为什么会出现被烧毁的现象。小组讨论交流。

讨论问题:$W=UIt$,即电功等于电压、电流和通电时间三者的乘积,电功的单位与机械功的单位一样,都是"焦"。如果要求出相应时间内,电流对两盏小灯所做的功分别为多少,应已知哪些条件?

探究活动:电流对不同用电器做功的快慢通常都是不同的,如家庭电路中,当空调和电视机工作时,电流对空调做功显然要比对电视机做功快得多,也就是空调工作时消耗电能的速度要大得多。

拓展问题:思考生活中消耗电能快的用电器有什么共同的特点,为什么它们消耗电能快。

第二梯度学习任务:从实验归纳到理论认知。指导学生结合生活经验、已学知识及实验结果,归纳实验现象背后蕴含的原因,从而学习理解和深入领会"物理服务于生活"这一物理规律。(第二梯度任务侧重物理核心素养中的"科学思维"和"实验探究"。)

　　导学问题:Power,力量、能力的意思。空调,一年四季开不了几天,但电视机每天都开好几个小时,一年下来,电流对电视机做的功,反而比空调小,为什么?

　　讨论问题1:电功率的大小,表示电流做功的大小吗?

　　讨论问题2:怎样计算电功率?

　　探究问题1:怎样测出小灯的电功率?

　　探究问题2:需要哪些器材,实验时有哪些注意点?

　　探究问题3:小灯的亮度取决于哪些因素?

　　第三梯度学习任务:物理服务于生活。学生依据讨论问题的相关指导,查阅相关资料,再分析生活用电的优缺点,讨论解决温室效应的方法。过程中培养学生爱护环境、懂得利用物理知识解决实际问题,逐步形成科学、安全、正确的用电观。(第三梯度任务侧重物理核心素养中的"科学思维"和"科学态度与责任"。)

　　探究问题1:家用电器的铭牌上有哪些内容?

　　探究问题2:分别表示什么意义?

　　探究问题3:生活中用电必须记住哪些注意点?

　　拓展问题1:如何节约用电? 如何安全用电?

　　拓展问题2:节约用电对保护环境有哪些意义?

## 三、作业设计

(一) 基础性作业

电功(率):

1. 定义:_____ 称为电功。_____ 称为电功率,电功率是反映_____的物理量。

2. 物理意义:电流做功的过程,就是_____的过程。

3. 电功符号:_____,单位:_____,计算公式:_____。

4. 电功率符号:_____,单位:_____,计算公式:_____。

(二) 思维性作业

5. 探究影响电功大小的因素:

(1) 猜想:电功的大小可能与_____有关。

(2) 制订计划,实施方案

主题:探究电功的大小与_____的关系。

主题:探究电功的大小与_____的关系。

……

设计电路图:

（3）实验操作:实验数据与现象。

| 小灯 | | | |
|---|---|---|---|
| $L_1$ | | | |
| $L_1$ | | | |
| $L_1$ | | | |
| 小灯 | | | |
| $L_2$ | | | |
| $L_2$ | | | |
| $L_2$ | | | |

实验结论:当_____相等时,_____越大,电流做功越大。

当_____相等时,_____越大,电流做功越大。

……

（4）交流总结

电流做功的大小随着_____、_____和_____的增大而增大。

（三）情景式作业

6. 下列家用电器正常工作时主要是将电能转化为什么能？请写在横线上。

电饭煲　　　　　　电瓶车　　　　　日光灯　　　　　　微波炉

_____　　　　_____　　　　_____　　　　_____

(四) 实践性作业

7. 一盏标有"220 V 40 W"字样的小灯和一盏标有"220 V 10 W"字样的节能灯亮度一样。(物理实验室可提供器材)

(1)"220 V"和"40 W"分别表示什么含义?这两盏灯工作10小时分别消耗几度电?

(2)请查阅资料,找出它们一样亮的原因:

_____

_____

(五) 跨学科作业

8. 我国地大物博,幅员辽阔,山川秀美,资源丰富,自然环境也是复杂多样,请利用所学的物理、地理、生物、化学等知识结合安全、生态、环保等理念综合分析:

(1)在我国什么地方建设发电厂比较好?为什么?

(2)建造用何种方式发电的发电厂比较合理?说出你的理由。

# 化学九年级第一学期

# 碳及其氧化物——二氧化碳

课堂导学设计[①]

代如梅[②]

## 一、学习目标

(一) 化学观念

1.知道二氧化碳物理性质及用途。2.理解二氧化碳的化学性质。3.用二氧化碳的性质解释一些日常生活问题。

---

[①] 义务教育九年级化学第一册(上海教育出版社) 第四章 第二节 碳及其氧化物——二氧化碳 课堂导学设计。

[②] 上海市青浦区第一中学。

（二）科学思维

1.通过分析二氧化碳的性质与用途的关系,体会"性质决定用途"的科学思维。2.以二氧化碳的化学性质为中心,提出猜想、设计实验,并通过实验来论证自己的分析,交流反思。

（三）科学探究与实践

1.通过实验探究,得出二氧化碳的性质,同时学会设计对照实验的一般思路。2.在学习二氧化碳的性质时,引导学生以"假设—设计—实验—结论—应用"的形式展开探究活动,进一步学习常见化学实验的设计思路和一般探究方法。

（四）科学态度与责任

1.在学习二氧化碳的危害时,引导学生关注人类生存环境,激发学生保护环境的责任意识。2.在讨论解决温室效应的方法时,培养学生懂得利用化学知识解决问题,逐步形成可持续发展观念。

## 二、课堂导学设计

情景问题:播放视频《人工合成淀粉》,介绍碳中和的相关知识,引出主题:二氧化碳,并提问视频中二氧化碳发生了怎样的变化;有关二氧化碳的知识,你还了解多少。

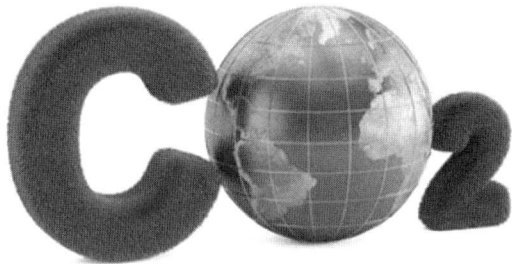

第一梯度学习任务:情景引发学习兴趣。学生先独立思考,再小组交流,梳理二氧化碳的物理性质,同时归纳有关性质的实验验证方法。根据导学问题,通过对问题的思考,提出问题的答案,设计相关实验,并在具体实验中验证自己的猜想。也可以在小组讨论中,交流对特殊性质的验证。（第一梯度任务侧重化学核心素养中的"化学观念""科学思维""科学探究与实践"。）

接下来,结合"二氧化碳树",用具体实验探究二氧化碳的部分物理性质。

导学问题1:如何用实验证明二氧化碳可溶于水?

实验活动1:在两只相同大小的塑料瓶中分别装满 $O_2$ 和 $CO_2$,再加入等量的水,拧紧瓶盖,振荡。结合实验现象确定二氧化碳的溶解性。

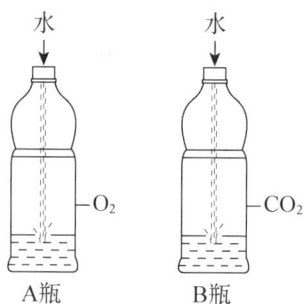

导学问题2:二氧化碳的密度和空气的密度是什么关系? 可以用什么实验证明你的猜想?

实验活动2:向平衡装置的一个纸盒中慢慢倾倒 $CO_2$,观察到什么现象? 结合实验现象可以确定二氧化碳的密度与空气密度的大小关系吗?

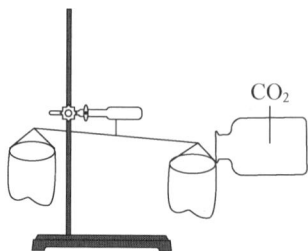

导学问题3:在上述实验中,有少量二氧化碳溶解在水中,其中一部分二氧

化碳和水发生了化学反应。二氧化碳和水发生反应的现象是什么？如何证明反应的发生？

实验活动3：将二氧化碳通入紫色石蕊试液中，观察到什么现象？结论是什么？

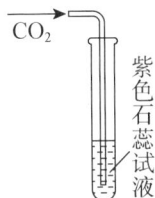

讨论问题1：使紫色石蕊变红色的物质一定是生成物碳酸吗？二氧化碳有可能吗？如何用实验证明猜想？小组讨论，设计实验，可能用到的实验用品：用石蕊试液染色的干花若干、装水的喷瓶、干燥的二氧化碳气体若干瓶。

探究活动1：将一朵用石蕊试液染色的干花直接放入二氧化碳中，将另一朵用石蕊试液染色的干花喷水后放入二氧化碳中。对比观察，两朵花的颜色分别有什么变化？可以得出使石蕊变色的物质是二氧化碳还是碳酸吗？

Ⅰ.直接放入二氧化碳中　　　　　　Ⅱ.喷水后放入二氧化碳中

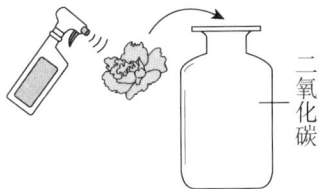

讨论问题2：实验盒中有一瓶汽水，如何证明汽水中冒出的气体是二氧化碳？

探究活动2：将汽水中逸出的气体通入澄清石灰水，观察到什么现象？依据现象，能确定汽水中逸出的气体为二氧化碳吗？

拓展问题：将汽水中逸出的气体继续通入浑浊的石灰水中，会有什么变化？根据现象，思考反应物用量或浓度对化学反应的影响。

导学问题4：通过以上实验，你能概括二氧化碳的性质吗？请完善"二氧化碳树"的相关内容。

第二梯度学习任务:归纳形成理论认知。指导学生结合生活经验、已学知识,分析以上几个实验的结果,通过讨论归纳实验现象后面蕴含的化学原理,从而学习理解和深入领会"性质决定用途"这一化学规律。(第二梯度任务侧重化学核心素养中的"科学思维""实验探究"。)

讨论问题1:根据已有知识,说一说,二氧化碳有哪些用途?

讨论问题2:二氧化碳的各用途分别体现了二氧化碳的哪些性质?

讨论问题3:综上所述,归纳二氧化碳性质和用途之间有什么关系?

讨论问题4:如图,向装有燃着的高低蜡烛的烧杯中倾倒二氧化碳,可观察到哪些现象?体现二氧化碳哪些性质?

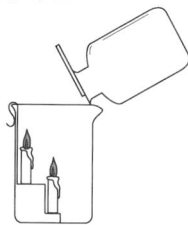

讨论问题5:什么是干冰? 日常生活中干冰有哪些用途?

**相关链接:生活中的干冰**

冷藏食物

降温

用二氧化碳制冰

人工降雨

舞台云雾

第三梯度学习任务:促进知识迁移运用。学生依据讨论问题,查阅相关资料,再分析二氧化碳的危害,讨论解决温室效应的方法。过程中培养学生爱护环境、懂得用化学知识解决问题的意识,逐步形成可持续发展观念。(第三梯度任务侧重化学核心素养中的"科学思维""科学态度与责任"。)

探究问题 1:温室效应产生的原因是什么?

探究问题 2:温室效应有哪些危害?

探究问题 3:缓解温室效应有哪些有效措施?

从预防和治理角度分别阐述。

拓展问题 1:在日常生活中,为保护环境我们可以做什么?

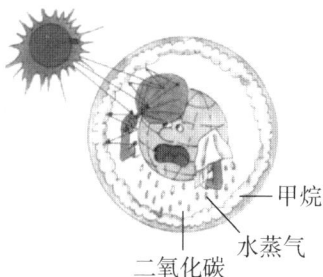

甲烷
水蒸气
二氧化碳

拓展问题 2:通过以上学习,你还能概括二氧化碳哪些知识? 完善"二氧化碳树"的相关内容。

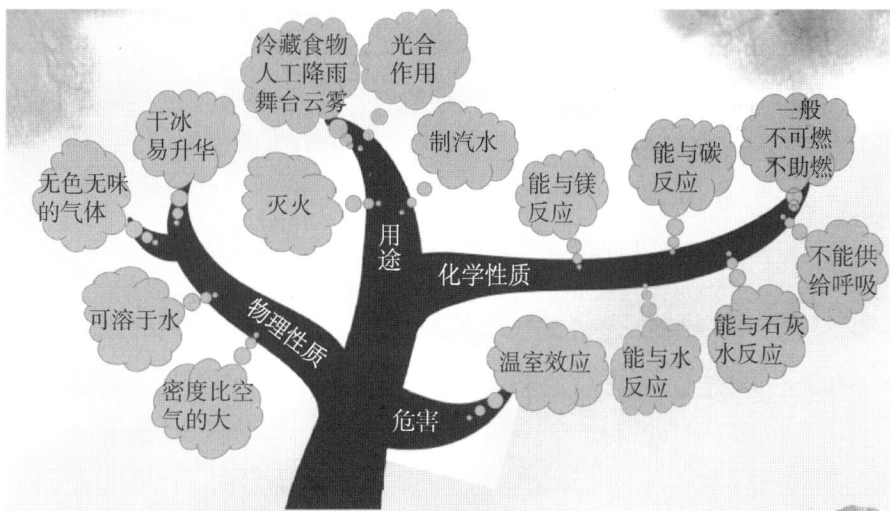

## 三、作业设计

(一) 基础性作业

1. 描述下列实验现象,并说明产生这些现象的原因。

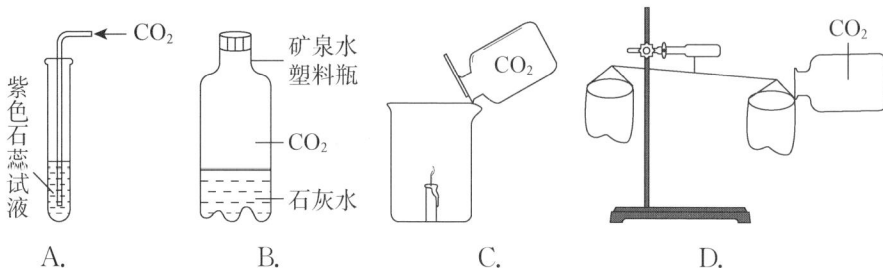

A.　　　　B.　　　　C.　　　　D.

(考核:化学学科核心素养中的"科学思维""实验探究"。)

2. 如图所示,①④为用紫色石蕊溶液润湿的棉球,②③为用石蕊溶液染成紫色的干燥棉球,下列说法正确的是( )。

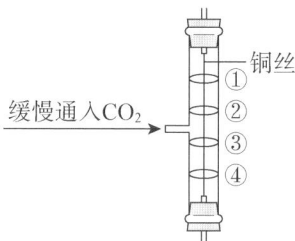

A. ①变红,③不变红

B. ④变红,③不变红

C. ①④变红,②③不变红

D. ④比①先变红,②③不变红

(考核:化学学科核心素养中的"实验探究"。)

3. 在生产过程中,煤矿井下作业场所空气中二氧化碳的来源有( )。

A. 煤　　　　　　　　　　B. 煤自燃

C. 放炮　　　　　　　　　D. 人员呼吸

(考核:化学学科核心素养中的"化学观念"。)

(二) 提高性作业

1. 将一支盛有 $CO_2$ 的试管倒立在一只装满水的烧杯中。

看到的现象为_____,原因是_____。

2. 如果将水换成石蕊试液。

看到的现象为_____，原因是_____。

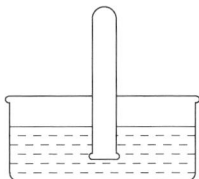

3. 如果将水换成澄清石灰水。

看到的现象为_____，原因是_____。

（考核：化学学科核心素养中的"科学思维""实验探究"。）

（三）情景式作业

1. 据媒体报道，我国科学家利用二氧化碳在实验室中成功实现了淀粉的合成。该方法不依赖植物光合作用，以二氧化碳、电解水产生的氢气为原料，成功合成淀粉，在全世界首次实现了二氧化碳到淀粉的合成，是一次原创性技术突破。该成果的意义在于既可以减少二氧化碳的排放，又能解决人类的粮食危机。根据要求回答问题：

（1）$CO_2$ 是人类不可缺少的物质。固态二氧化碳称为_____，当旱情较为严重时，可用于人工降雨，其过程属于_____（填"物理"或"化学"）变化；请再举一例，说明 $CO_2$ 在人类生产或生活中的应用：_____。

（2）大量排放 $CO_2$ 会造成的环境问题是_____；造成大气中 $CO_2$ 含量增加的主要原因是_____（写1条）。

（3）下列措施中，有利于降低大气中 $CO_2$ 含量的有_____。

A. 减少化石燃料的使用

B. 植树造林，增大植被面积

C. 采用节能技术

D. 利用太阳能、风能

（4）我国科学家通过研究发现，使用某种催化剂，在一定条件下可将二氧化碳和氢气转化为液态燃料甲醇（$CH_3OH$）和水。写出该反应的化学方程式：_____。

（考核：化学学科核心素养中的"化学观念""科学态度与责任"。）

（四）实践性作业

气候变化是人类面临的全球性问题，随着各国二氧化碳的排放，温室气体猛增，对全球环境造成威胁。在这一背景下，世界各国以全球协约的方式减排温室气体，我国由此提出"碳达峰"和"碳中和"的目标。那么，"碳达峰""碳中和"分别表示什么意义？为什么要提出"碳达峰""碳中和"？怎样才能实现"碳达峰""碳中和"的目标？请查阅相关资料，了解相关知识。

（考核：化学学科核心素养中的"科学态度与责任"。）

（五）跨学科作业

随着时代发展，社会进步，人们越来越意识到保护环境的重要性，生活方式也在慢慢发生变化。请结合所学知识并查阅相关资料，简述人们家庭中使用的燃料种类变化，并阐述其变化对保护环境的意义。

（考核：化学学科核心素养中的"科学态度与责任"。）

# 化学九年级第一学期

# 石灰石　钟乳石

课堂导学设计①

徐燕平②

## 一、学习目标

（一）化学观念

1.掌握碳酸钙的化学性质；2.掌握氧化钙、氢氧化钙、碳酸钙三者之间的相互转化关系。

（二）科学思维

1.通过碳酸钙、氧化钙和氢氧化钙相互转化的学习，形成"物质在一定条件下，可以相互转化"的观念，建构完善知识体系。2.能利用所学知识设计简单的实验来模拟溶洞的形成，加深对溶洞形成原理的理解。

（三）实验探究

1.通过实验探究，归纳得出碳酸钙的性质；通过实验分析生活中常见现象及常见用品器具的化学原理，用碳酸钙的性质解释有关现象发生原因及常见用品器具的设计原理。2.通过探究实验，掌握碳酸钙、氧化钙和氢氧化钙相互转化关系；培养学生的观察能力；完善学生的实验能力和创造思维能力。

（四）科学态度与责任

1.通过碳酸钙、氧化钙和氢氧化钙相互转化的学习，形成爱国主义情感和民

---

① 义务教育化学九年级第一学期（上海教育出版社）　第四章　燃料及其燃烧　4.2 石灰石　钟乳石　课堂导学设计。

② 上海市青浦区第一中学。

族自尊感、自豪感。2.通过形成溶洞的模拟实验,体验化学实验带来的乐趣,养成实事求是的科学态度,形成善于合作、勤于思考、严谨求实的科学精神。

## 二、课堂导学设计

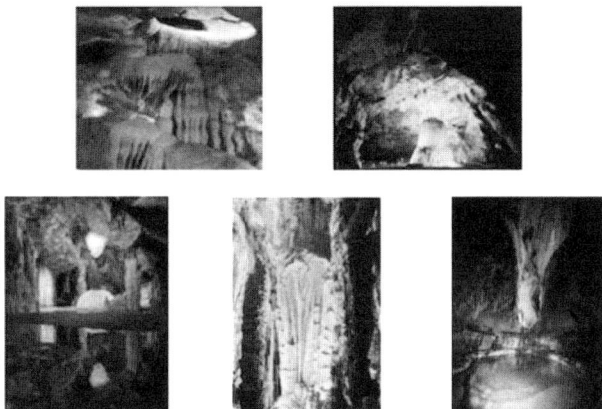

情景问题1:溶洞在我国的分布很广,很多地方有溶洞。洞内布满石柱、石笋、石瀑、石帘等景观,千姿百态,奇妙无比,如此美景是谁雕琢的? 溶洞、钟乳石是怎样形成的?

情景问题2:这首诗抒发了作者怎样的情怀? 这首诗涉及什么变化?

第一梯度学习任务:情景引发学习兴趣。学生依据导学问题,根据对问题的思考,提出问题的答案,不论答案正确与否,都要紧紧围绕问题提出解释。根据情况组织小组讨论,交流对疑难问题的不同思考路径和不同的答案。(第一梯度任务侧重化学核心素养中的"证据推理""科学思维"。)

导学问题1:石灰石的主要成分是碳酸钙,生活中哪些物质的主要成分也是碳酸钙?

导学问题2：请查阅资料，自然界中哪些物质中含有碳酸钙？

导学问题3：碳酸钙有怎样的物理性质？

实践活动：学生观察碳酸钙，了解其颜色、状态，用实验理解其水溶性。

导学问题4：碳酸钙有哪些化学性质和用途？

导学问题5：碳酸钙、氧化钙、氢氧化钙三者之间如何转化？

第二梯度学习任务：归纳形成理论认知。引导学生观察碳酸钙与稀盐酸反应的实验现象，通过讨论归纳实验现象后面蕴含的化学原因。通过网上平台交流讨论，寻找答案，从而学习理解和深入领会物质的性质决定物质的用途。（第二梯度任务侧重化学核心素养中的"化学观念""科学思维""实验探究"。）

讨论问题1：碳酸钙的化学性质我们之前有所了解。在第一章学习体会化学变化时，曾做过在大理石上滴加稀盐酸的实验，发现产生了大量气泡。这是生成了什么物质？

讨论问题2：为什么碑林、石刻会被酸雨腐蚀？

实验活动1：取1支试管，放入少量大理石碎块，逐滴滴入稀盐酸，将生成的气体通入石灰水中。

导学问题1：通过实验，你观察到什么现象？通过实验你能得出什么结论？

导学问题2：分析碑林、石刻会被酸雨腐蚀的原因。

体验活动：1.观察实验1的现象：大理石溶解，产生大量气泡；石灰水变浑浊。

2.明白碳酸钙能与盐酸反应：$CaCO_3 + 2HCl \rightleftharpoons CaCl_2 + H_2O + CO_2 \uparrow$

3.用碑林、石刻的主要成分是碳酸钙和碳酸钙会与酸反应的知识解释酸雨中含有的酸会腐蚀碑林、石刻的原因。

导学问题3：汉白玉主要成分是碳酸钙，人民英雄纪念碑是汉白玉雕塑群建筑，70多年来为何没有被酸雨腐蚀？

拓展活动：查阅资料，为什么人民英雄纪念碑不会被酸雨腐蚀？

导学问题4：在第一章学习中，请同学们制作醋蛋。这是利用什么原理？

醋蛋

圆明园遗址图片

烧毁前的圆明园

烧毁后的圆明园

讨论问题 3：为什么这些坚硬的汉白玉经大火焚烧后会"粉骨碎身"？

实验活动 2：高温煅烧大理石。

取一块白色的石灰石固体，放在酒精喷灯火焰上灼烧。

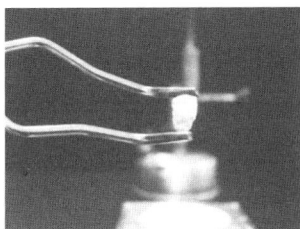

导学问题 5：通过实验，你观察到什么现象？

导学问题 6：通过颜色变化，无法证明有氧化钙生成。请设计实验方案证明石灰石高温灼烧后生成氧化钙。

验证实验 1：设计方案—进行实验—观察现象—得出结论。

实验方案：

| 实验方案 | 实验现象 | 实验结论 |
|---|---|---|
| 在灼烧后的固体中加入水和酚酞溶液 | | |
| 在未灼烧的石灰石中加入水和酚酞溶液 | | |

验证实验 2：在两只培养皿中分别放入灼烧后的固体和未灼烧的石灰石，再

分别加入水和酚酞溶液。

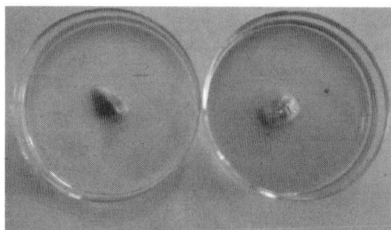

导学问题 7:在灼烧后的固体中加水和酚酞溶液,为什么溶液会变红色?

导学问题 8:为什么还要在未灼烧过的石灰石中加入水和酚酞溶液?

导学问题 9:通过对照实验就能证明石灰石高温灼烧后生成了氧化钙。那么高温灼烧后生成的二氧化碳又该如何证明?

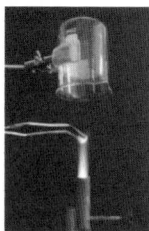

验证实验 3:设计方案—进行实验—观察现象—得出结论。

探究实验 1:把一只内壁涂有石灰水的烧杯罩在火焰上方。

**相关链接**

酒精喷灯中酒精的化学式是 $C_2H_6O$,其在燃烧过程中会产生二氧化碳气体,因此会干扰对石灰石灼烧生成二氧化碳的证明。所以,要改进实验装置,使其既可以收集和检验二氧化碳气体,又不受其他反应的干扰。

修改实验方案:

| 实验方案 | 实验现象 | 实验结论 |
|---|---|---|
| 生成的气体通入石灰水中 | | |

验证实验 3:实验装置如下图所示。

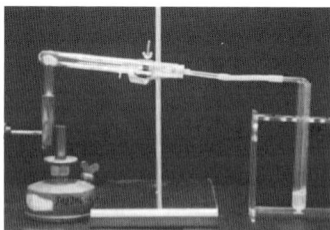

观察现象:

拓展问题:碳酸钙、氧化钙、氢氧化钙三者之间有怎样的转化关系? 请梳理三者之间转换关系。

讨论问题4:学习石灰岩中主要成分碳酸钙的性质后,让我们再来了解溶洞形成的主要化学原理。

视频1:溶洞的形成过程。

讨论问题5:溶洞中的石笋、石柱、钟乳石是如何形成的?

视频2:石笋、石柱、钟乳石的形成过程。

讨论问题6:请同学们根据所学知识设计模拟溶洞形成的实验。

实验方案:在澄清石灰水中吹入少量二氧化碳,观察现象;再吹入过量的二氧化碳,观察现象。

探究实验2:在澄清石灰水中不断吹入二氧化碳。

体验活动:观察实验现象。

导学问题10:石灰水为什么会变浑浊?

导学问题11:吹入过量二氧化碳后又变澄清的原因是什么?

讨论问题7:将得到的澄清溶液加热,又有什么现象产生?

演示实验:将上述得到的澄清溶液加热,观察实验现象。

体验活动:观察实验现象。

导学问题12:澄清溶液加热后为什么又变浑浊?

第三梯度学习任务:促进知识迁移应用。碳酸钙的性质在我们日常生活和工农业生产中有什么作用? 在这一环节中,要求进一步联系生活和生产实际举例,指导学生学会用化学理论对实际进行分析,培养学生应用理论分析问题与解决问题的能力,提升知识应用水平和迁移能力。(第三梯度任务侧重化学核心素养中的"科学探究与实践""科学思维""科学态度与责任"。)

讨论问题1:你能用化学原理解释《石灰吟》这首诗吗?

导学问题1:诗的第一句是什么变化?

导学问题2:诗的第二句涉及什么反应?

导学问题3:诗的第三句涉及什么反应?

导学问题4:诗的第四句涉及什么反应?

讨论问题2:物质的性质决定物质的用途,根据碳酸钙的化学性质,你知道碳酸钙有哪些用途吗?

讨论问题3:归纳总结碳酸钙的物理性质和化学性质,尝试完成思维导图的绘制。

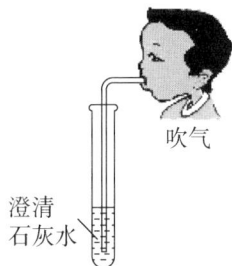

## 三、作业设计

(一) 基础性作业

1. 下列物质的主要成分不是碳酸钙的是( )。

A. 钟乳石 B. 熟石灰 C. 鸡蛋壳 D. 珍珠

(本题侧重考核学生化学核心素养中的"化学观念"。)

2. 水垢的主要成分是碳酸钙,除去玻璃杯中的水垢可选用( )。

A. 盐酸 B. 石灰水 C. 食盐水 D. 双氧水

(本题侧重考核学生化学核心素养中的"科学思维"。)

3. 下列化学式依次表示石灰石、生石灰、熟石灰中主要成分的是( )。

A. $CaCO_3$、$Ca(OH)_2$、$CaO$　　　　B. $CaO$、$Ca(OH)_2$、$CaCO_3$

C. $Ca(OH)_2$、$CaCO_3$、$CaO$　　　　D. $CaCO_3$、$CaO$、$Ca(OH)_2$

(本题侧重考核学生化学核心素养中的"化学观念"。)

4. 在下列生成二氧化碳的反应中,属于化合反应的是( )。

A. 碳酸钙和盐酸 　　　　　　B. 木炭在氧气中充分燃烧

C. 煅烧石灰石 　　　　　　D. 加热氧化铜和木炭的混合物

(本题侧重考核学生化学核心素养中的"科学思维"。)

5. 碳酸钙的化学式为_____,它是一种_____(填"易"或"难")溶于水的_____色固体。在自然界中_____、_____和白垩等物质中的主要成分都是碳酸钙,冰洲石是自然界中含碳酸钙最_____(填"高"或"低")的。

(本题侧重考核学生化学核心素养中的"化学观念"。)

6. "千锤万凿出深山,烈火焚烧若等闲。粉骨碎身浑不怕,要留清白在人间。"请你用化学方程式表达所述的物质转化过程。

(1) _____;

(2) _____;

(3) _____。

(本题侧重考核学生化学核心素养中的"化学观念""科学思维"。)

(二) 提高性作业

1. 纯净的 $CaCO_3$ 可用来测定盐酸的浓度。采用适当的试剂,从石灰石(主要成分为 $CaCO_3$)中获得高纯度 $CaCO_3$ 的流程如下:

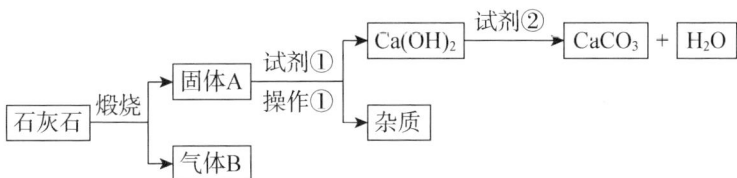

$$石灰石 \xrightarrow{煅烧} \begin{cases} 固体A \xrightarrow[操作①]{试剂①} \begin{cases} Ca(OH)_2 \xrightarrow{试剂②} CaCO_3 + H_2O \\ 杂质 \end{cases} \\ 气体B \end{cases}$$

试回答:

(1) 气体 B 的化学式为_____,产生 B 的反应属于_____(填基本反应类型)反应。

(2) $CaCO_3$ 与盐酸反应的化学方程式为_____。

(3) 使原料中各原子的利用率尽可能达到 100%,是"绿色化学"的核心理念之一。上述流程中有的物质可以再利用,请在流程图上用箭头标示再利用的路线(箭头要求:从可利用的物质出发,指向利用该物质的环节)。

(本题侧重考核学生化学核心素养中的"化学观念""科学思维""科学态度与责任"。)

2. 牙膏是人们生活中的必需品,在牙膏生产过程中常常添加一种摩擦剂。这种摩擦剂是由一种矿石经过一系列加工而制成的极细小的碳酸钙粉末,其生产过程如下:

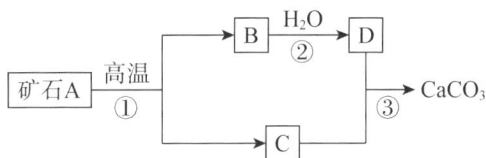

$$矿石A \xrightarrow[①]{高温} \begin{cases} B \xrightarrow[②]{H_2O} D \\ C \end{cases} \xrightarrow{③} CaCO_3$$

(1) 写出 A、B、C、D 的化学式:A_____;B_____;C_____;D_____。

(2) 写出上述各步转变的化学方程式,并指出①和②的基本反应类型。

① _____,反应类型_____;

② _____,反应类型_____;

③ _____。

(本题侧重考核学生化学核心素养中的"化学观念""科学思维""科学态度与责任"。)

(三) 情景式作业

1. 某学生想在一块大理石板上,用化学腐蚀的方法刻上"保护环境"四个大字,请你设计实现这一设想的方案。现提供石蜡、小刀、盐酸、水、火柴等用品(提示：石蜡不与盐酸反应，可作保护层）。写出具体操作步骤：

(1) ＿＿＿＿＿＿＿＿＿＿＿＿＿＿＿＿＿＿＿＿＿＿＿＿＿＿＿＿＿＿；

(2) ＿＿＿＿＿＿＿＿＿＿＿＿＿＿＿＿＿＿＿＿＿＿＿＿＿＿＿＿＿＿；

(3) ＿＿＿＿＿＿＿＿＿＿＿＿＿＿＿＿＿＿＿＿＿＿＿＿＿＿＿＿＿＿。

（本题侧重考核学生化学核心素养中的"化学观念""科学思维""科学探究与实践""科学态度与责任"。）

（四）实践性作业

1. 实验设计：用实验证明鸡蛋壳的主要成分是碳酸钙。

完成下列实验报告：

【实验目的】

＿＿＿＿＿＿＿＿＿＿＿＿＿＿＿＿＿＿＿＿＿＿＿＿＿＿＿＿＿＿＿＿＿

【实验用品】

1. 仪器：试管、带导管的单孔橡皮塞、铁架台等。

2. 药品：碎蛋壳、稀盐酸、澄清石灰水等。

【实验内容】

| 实验操作 | 实验现象 | 结论与分析 |
| --- | --- | --- |
| 1. 将碎鸡蛋壳＿＿＿＿＿＿<br>2. ＿＿＿＿＿＿＿＿＿＿＿ | 1. ＿＿＿＿＿＿＿＿＿＿＿<br>2. ＿＿＿＿＿＿＿＿＿＿＿ | ＿＿＿＿＿＿＿＿＿＿＿<br>＿＿＿＿＿＿＿＿＿＿＿ |

【实验结论】

＿＿＿＿＿＿＿＿＿＿＿＿＿＿＿＿＿＿＿＿＿＿＿＿＿＿＿＿＿＿＿＿。

（本题侧重考核学生化学核心素养中的"化学观念""科学思维""科学探究与实践""科学态度与责任"。）

（五）跨学科作业

在实验室中，可以利用碳酸钙来制造二氧化碳，它还可以作为一些食品的添加剂。例如，在造纸工业和建筑工业中，碳酸钙可用于扣板、塑料、电缆、牙膏膏体、油漆，还可用作饲料添加剂。碳酸钙对缺钙的人有很好的补充作用，碳酸钙不仅能促进骨折愈合，还能用于治疗反流性食管炎、胃灼热、胃酸过多等疾病，请用所学知识解释碳酸钙可以中和过多胃酸的原因。

（本题侧重考核学生化学核心素养中的"科学态度与责任"。）

# 化学九年级第一学期

# 水——水的性质

课堂导学设计①

金童②

## 一、学习目标

（一）化学观念

1.知道水的物理性质。2.知道二氧化碳、氧化钙、硫酸铜能与水反应，能描述反应现象，书写有关化学方程式。

（二）科学思维

1.掌握水的检验方法。2.能运用已有知识建构化学实验探究的一般思路。

（三）实验探究

1.从化学视角对有关与水的生活现象、简单的跨学科问题进行探讨；2.自主制订实验方案，初步形成合作、探究、评价、反思、改进的能力。

（四）科学态度与责任

1.通过对水的特性的学习，树立人与自然和谐共生的科学自然观和绿色发展观。2.关注水资源，形成节约用水、保护水源的意识，感悟化学是一门与社会、生活、生产密切相关的学科。

## 二、课堂导学设计

第一梯度学习任务：激发学生学习兴趣。通过观看视频《查干湖冬季捕鱼》，思考水在自然环境中扮演的角色及特点，将水的物理性质与生产经验相结合。（第一梯度任务侧重化学核心素养中的"化学观念"。）

查干湖冬季捕鱼

---

① 义务教育化学九年级第一学期（上海教育出版社）　第三章　走进溶液世界　第一节　水——水的性质　课堂导学设计。

② 上海市青浦区第一中学。

导学问题1：生活中见到的水有什么样的形态？

导学问题2：不同形态的水有什么特点？

体验活动：通过观察水的形态，得到水的物理性质，进一步举例说明水的性质的广泛应用及性质和用途的关系。

讨论问题：通过对表格中数据分析，得出水在4℃时密度最大这一反常膨胀的性质，对冰漂浮在水面上作出合理解释。

**水在不同温度下的密度**

| 温度（℃） | 25℃ | 4℃ | 0℃ | −10℃ |
|---|---|---|---|---|
| 密度（g/cm³） | 0.997 1 | 1.000 0 | 0.999 8 | 0.998 |

第二梯度学习任务：理解水的性质，知道水能与氧化钙、二氧化碳、硫酸铜反应，并描述实验现象，书写有关反应的化学方程式。（第二梯度任务侧重化学核心素养中的"科学思维"。）

情景问题1：汽水配料表中没有碳酸。那么汽水中的碳酸是从哪里来的？

实验活动1：把二氧化碳通入水中。

情景问题2：干燥剂是用于吸水的，为什么上面却写着"不可浸水"的字样？除了防止干燥剂浸水失效，是否还有其他原因？

实验活动2：生石灰与水反应。

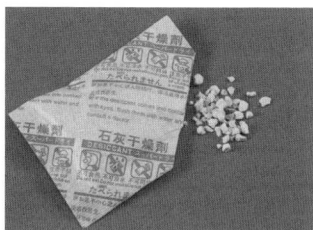

探究活动：发现保存在实验室的一批酒精中含有水分，通过网上查阅资料，硫酸铜可用于检验酒精中的水分。请依据有关资料及现象，利用所给试剂检验桌面上的酒精样品中是否含有水分。

第三梯度学习任务：运用本节课所学的内容，通过知识的迁移，发挥其解释和预测的功能，解决生活中有关于水的实际问题。（第三梯度任务侧重化学核心素养中的"科学探究与实践"。）

讨论问题1：除了书本上的有关知识，你能想到水还能与哪些物质发生反应？和本节课的实验内容有相似之处吗？（例如，水与二氧化硫反应——酸雨的成因。）

探究活动：比较水和生石灰反应放出热量与水和生石灰、碳酸钠、硅藻土、活性炭、铝粉共存时放出热量大小。

## 三、作业设计

（一）基础性作业

一、选择题

1. 下列属于化学性质的是（　　　）。

A. 无色　　　　　　　　　　　B. 通直流电能分解

C. 无味　　　　　　　　　　　D. 常压下，4℃时密度最大

（考核：化学观念。）

2. 下列物质属于氧化物的是（　　　）。

A. 碳酸　　　　　B. 水　　　　　C. 氯酸钾　　　　D. 熟石灰

（考核：化学观念。）

3. 含有杂质的天然水通过蒸发、挥发、过滤、氧化而得到净化，上述过程中肯定涉及化学变化的环节是（　　　）。

A. 蒸发　　　　　B. 挥发　　　　　C. 过滤　　　　　D. 氧化

（考核：科学思维。）

4. 属于纯净物的是（　　　）。

A. 澄清的石灰水　B. 矿泉水　　　　C. 洁净的空气　　D. 氢气

（考核：化学观念。）

5. 下列物质属于混合物的是（　　　）。

A. 蒸馏水　　　　B. 硫酸铜溶液　　C. 胆矾　　　　　D. 熟石灰

（考核：化学观念。）

6. 下列关于水的物理性质的叙述中，错误的是（　　　）。

A. 常温常压下，水是无色透明的液体

B. 水结冰时，体积会变大

C. 在 0℃时，水的密度最大

D. 在 101.3 千帕时，水的沸点是 100℃

（考核：化学观念。）

7. 春天常有寒潮来袭，为保护秧苗不被冻坏，傍晚往秧田里多灌些水。这样，夜间秧田的温度就不会降低太多，这主要是利用（　　　）。

A. 水的密度在 4℃时最大　　　　B. 水的冰点是 0℃

C. 水的比热容大　　　　　　　　D. 水结冰时体积膨胀

（考核：科学思维。）

8. 从微观上看,电解水发生改变的是(　　　　)。

A. 水分子

B. 氢原子、氧原子

C. 氢元素、氧元素

D. 氢分子、氧分子

(考核:科学思维。)

9. 水在生活及生产中应用广泛,下列对水的认识正确的是(　　　　)。

A. 水的比热容较大,可用水作冷却剂

B. 通过电解水的实验,可知水是由氢气和氧气组成的

C. 为了节约用水,提倡用工业废水直接灌溉农田

D. 0℃时,水的密度最大

(考核:科学思维。)

10. 关于 $H_2$、$H_2O$、$H_2O_2$ 三种物质的说法中正确的是(　　　　)。

A. 都含有氢元素

B. 都含有氢分子

C. 都含有氢原子

D. 都是化合物

(考核:化学观念。)

(二) 思维性作业

1. 正常雨水呈弱酸性,请用化学方程式解释其原因：＿＿＿＿＿＿＿＿＿＿＿＿。

(考核:化学观念、科学思维。)

2. 可用作干燥剂的氧化物是＿＿＿＿＿＿＿,用化学方程式解释其干燥的原理：＿＿＿＿＿＿＿＿＿＿＿＿＿＿＿＿。

(考核:化学观念、科学思维。)

3. 科学家还用点燃氢气,证明燃烧产物的方法,证实水的组成。把电解水产生的氢气直接缓缓地通过装有足量无水硫酸铜的仪器 a,在导管口 b 处点燃,然后把干而冷的烧杯置于如下图所示的位置。

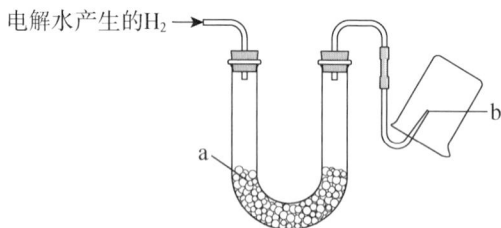

电解水产生的$H_2$

b

a

（夹持仪器均已省略）

实验过程中 a 处观察到的现象为＿＿＿＿＿＿＿,b 处为＿＿＿＿＿＿＿,除了以上两处现象外,还有＿＿＿＿＿＿＿＿＿＿＿＿＿＿＿＿。

(考核:科学探究与实践。)

4. 从微观角度分析,实验 1 和实验 2 的本质区别。

实验 1:_____;

实验 2:_____。

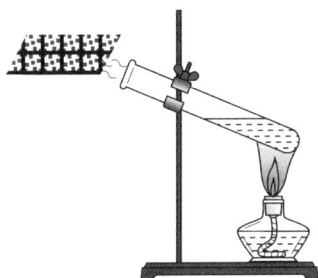

实验 1 水的沸腾                    实验 2 电解水

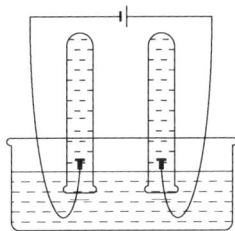

(考核:科学思维、科学探究与实践。)

(三) 情景式作业

化学就在你身边:

请同学们课后结合"天然水与自来水"的有关内容,收集一个月内的雨水,并用 pH 试纸检测其酸碱性,探讨其呈酸性或碱性的原因,并作小组交流。

| 降雨日期 | 雨水的酸碱性 |
|---|---|
|  |  |
|  |  |
|  |  |
|  |  |
| 我认为雨水呈_____性,_____(填"是"或"不是")酸雨,原因是: | |
| 如果自然界中出现了酸雨,改善的方法是: | |

(考核:科学思维、科学探究与实践、科学态度与责任。)

(四) 实践性作业

自热火锅是近年来逐渐流行起来的,其发热原理是水与发热包中的化学药品发生放热反应。发热包中的主要成分是生石灰、碳酸钠、硅藻土、活性炭、铝粉，这些成分在遇到水时分别扮演什么样的角色？

_____

_____

_____

（考核：化学观念、科学思维、科学探究与实践。）

（五）跨学科作业

水不仅在生产生活中扮演重要角色，而且在生物体内同样不可或缺。请查阅有关资料，根据不同浓度的盐水混合时的浓度变化，想一想，为什么生理盐水采用的是质量分数为 0.9% 的氯化钠的水溶液？

_____

_____

_____

（考核：化学观念、科学思维、科学探究与实践。）

# 地理六年级下册

# 河流

课堂导学设计[1]

杨荣[2]

## 一、学习目标

（一）区域认知

1.在读地形图的活动中，学生梳理四大文明古国发祥地——河流所在大洲、发源地、流向和注入地等基本概况，初步认识名川大河。2.结合四条大河的长度、流域面积和流量对比图，进一步认识世界上主要的大河。

---

[1] 义务教育地理（六年级下册）（全球篇）（上海教育出版社） 第二单元 陆地与海洋 第四节 河流 课堂导学设计。

[2] 上海市青浦区第一中学。

（二）综合思维

1.结合河流的概况,认识河流的不同类型,并对文明古国发祥地的河流进行归类。2.选择其中的一个古国——古埃及,以尼罗河为例,通过对比常年河与时令河、外流河与内流河,观察文明古国所处的河段位置,探究河流在文明古国发展过程中所起的作用。3.通过案例分析,体会河流在提供生活用水、灌溉农田、肥沃土壤、发展航运、开发水能等方面的综合价值。

（三）人地协调观

探究亚马孙河没有孕育出文明古国的原因,结合亚马孙河的生态价值,认识保护河流的重要性。

（四）地理实践力

1.用学过的课堂知识,调查家乡河流,引导学生关注家乡的河流。2.从自己做起,从身边的小事做起,保护身边的河流。

## 二、课堂导学设计

情境导入:小理同学在看课外书时,了解到世界上有四大文明古国,分别为中国、古印度、古埃及和古巴比伦王国,通过查阅地图,小理同学进一步发现四大文明古国在地理位置上有共同特点。

第一梯度学习任务:情景引发学习兴趣,启发学生思考。学生自学课本内容,依据导学问题,梳理文明古国发祥地的河流概况,认识河流的类型。（第一梯度任务侧重地理核心素养中的"区域认知"。）

探究活动1:阅读教材内容,结合地图资料,如何判断河流的发源地、流向、注入地及河流的类型?

导学问题1:文明古国在地理位置上有什么共同点?

导学问题2:读"世界文明古国地图",找到孕育四大文明古国的重要河流的名称。

导学问题3:查阅地图册"世界地形图"或"中东地区图",找出孕育四大文明古国的重要河流——尼罗河、幼发拉底河、底格里斯河、印度河、恒河、长江、黄河等,并结合地形图判断河流的发源地、流向、注入地。

| 文明古国 | 重要河流名称 | 所在洲 | 发源地 | 流向 | 注入地 |
| --- | --- | --- | --- | --- | --- |
| 古埃及 | 尼罗河 | | | | |

（续表）

| 文明古国 | 重要河流名称 | 所在洲 | 发源地 | 流向 | 注入地 |
|---|---|---|---|---|---|
| 古巴比伦王国 | 底格里斯河 | | 安纳托利亚高原 | | |
| | 幼发拉底河 | | 亚美尼亚高原 | | |
| 古印度 | 印度河 | | 青藏高原 | | |
| | 恒河 | | | 自西北向东南 | |
| 中国 | 黄河 | | | 自西向东 | 渤海 |
| | 长江 | | | | |

导学问题4:通过梳理发现这些河流都奔向大海。是否所有的河流最终都能入海?

导学问题5:这些孕育了文明古国的大河是什么类型?

第二梯度学习任务:归纳形成理论认知。根据讨论问题,通过查阅资料、小组讨论交流,对河流在孕育文明古国过程中的作用、河流在现代文明中的作用进行讨论探究,并能举例说明。(第二梯度任务侧重地理核心素养中的"区域认知""综合思维"。)

探究活动2:以尼罗河为例,探究河流在孕育古埃及文明和在现代文明中所起的作用。

**相关链接**

材料1:平缓的尼罗河水非常便于航行。连通尼罗河、地中海和红海的地理位置,赋予埃及得天独厚的优势。当时的古埃及人已掌握较为成熟的航海技术。

材料2:尼罗河水退潮后,对土地面积的重新测量,使埃及人民在数学方面有突出的成就。同时,埃及人民根据尼罗河水的涨落和农作物的生长规律,创制了人类历史上第一部太阳历。

材料3:阿斯旺水坝位于埃及境内的尼罗河干流上,是一座大型综合利用水利枢纽工程,水库总库容量为1 689亿立方米,电站总装机容量为210万千瓦,设计年发电量100亿千瓦·时。

材料4:埃及的苏伊士运河于1869年修筑通航,贯通苏伊士地峡,沟通地中海与红海,提供从欧洲至印度洋和西太平洋的最近航线。它是世界上使用最频繁的航线之一,也是亚洲与非洲、欧洲人民来往的主要通道。

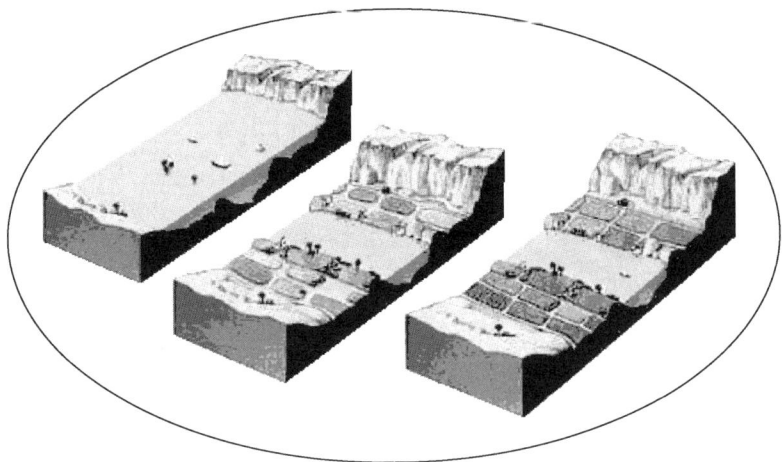

尼罗河泛滥季、播种季、收获季水位对比图

讨论问题1：文明的产生需要哪些最基本的条件？

讨论问题2：对比常年河和时令河的特点，说明尼罗河在孕育古埃及文明过程中发挥了什么作用。

讨论问题3：观察文明古国所在河段，说明尼罗河在孕育古埃及文明过程中发挥了什么作用。

讨论问题4：对比外流河与内流河的特点，说明尼罗河在孕育古埃及文明过程中发挥了什么作用。

讨论问题5：结合阿斯旺大坝、苏伊士运河等资料，说明河流在现代文明中又多了哪些作用。

讨论问题6：举例说出河流在生活供水、灌溉农田、肥沃土壤、发展航运、开发水能等方面的作用。

第三梯度学习任务：促进知识迁移运用。学生依据讨论问题指导，在深入理解教材的基础上，拓阔思维空间，分析亚马孙河没有孕育出文明古国的地理原因，探究亚马孙河的生态价值，树立关注河流、保护河流生态环境的意识。（第三梯度任务侧重地理核心素养中的"区域认知""综合思维""人地协调观"。）

探究活动3：结合河流长度、流域面积和流量情况，从纬度位置和五带位置角度，分析为什么流量巨大的亚马孙河和刚果河没有孕育出文明古国，是否应进一步开发利用。

| | 河流长度<br>（千米） | 流域面积<br>（万平方千米） | 河口平均流量<br>（立方米/秒） |
|---|---|---|---|
| 尼罗河 | 6 671 | 325 | 2 660 |
| 亚马孙河 | 6 480 | 611 | 209 000 |
| 长江 | 6 397 | 180 | 31 900 |
| 密西西比河 | 6 262 | 298 | 18 400 |

■ 流域面积　■ 流量　〜 河流长度

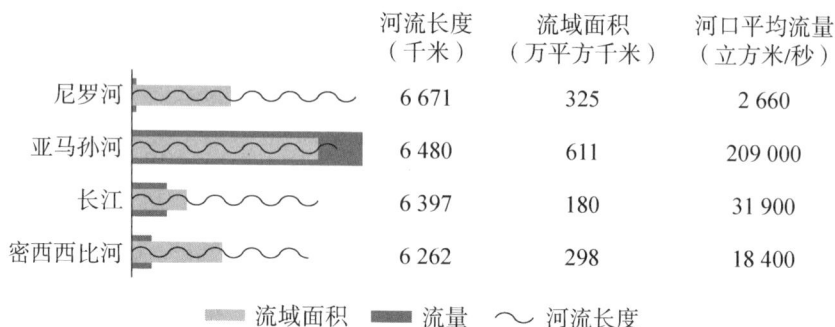

**世界上四大河流长度、流域面积和流量对比图**

讨论问题1：尼罗河对古埃及如此重要，作为世界上第一长河，它的流量也是最大的吗？

讨论问题2：世界上流量最大的是哪一条河流？

讨论问题3：非洲流量最大的是哪一条河流？

讨论问题4：结合"世界上四大河流长度、流域面积和流量对比图"和纪录片视频片段，对比亚马孙河和文明古国河流的纬度位置及五带位置，分析为何世界流量最大的亚马孙河没有孕育出文明古国。

讨论问题5：非洲流量最大的刚果河也没有孕育出文明古国，与南美洲的亚马孙河是否有相似的原因？

讨论问题6：亚马孙河流量如此之大，水资源如此丰富，是否应进一步开发利用？

## 三、作业设计

（一）基础性作业

选择题

1. 非洲有世界上最长的河流（　　）。（考核：区域认知。）

A. 尼罗河　　　　　　　　　　B. 刚果河

C. 澜沧江　　　　　　　　　　D. 怒江

2. 下列河流与所在大洲对应完全正确的是（　　）。（考核：区域认知。）

A. 刚果河—欧洲—世界上第一长河

B. 伏尔加河—南美洲—世界上第二长河

C. 密西西比河—南美洲—世界上第四长河

D. 长江—亚洲—世界上第三长河

3. 欧洲有许多著名的河流,其中世界上最长的内流河是(　　)。(考核:区域认知。)

　　A. 伏尔加河　　　B. 莱茵河　　　C. 多瑙河　　　D. 泰晤士河

4. 流量世界第一也是世界流域面积最大的河流是(　　)。(考核:区域认知。)

　　A. 尼罗河　　　B. 长江　　　C. 亚马孙河　　　D. 密西西比河

(二) 思维性作业

河流,是一个地区各种地理环境要素的综合体。它能给人们提供水源、带来肥沃的土壤、提供便利的交通,甚至孕育人类文明。完成下列小题。

① 密西西比河　② 尼罗河　③ 亚马孙河　④ 长江

1. 四条河流按长度由长到短排序正确的是(　　)。(考核:区域认知。)

　　A. ①②③④　　　B. ②③④①　　　C. ②③①④　　　D. ③④②①

2. 四条河流所在大洲的描述正确的是(　　)。(考核:区域认知、综合思维。)

　　A. ①河流所在大洲东临太平洋,西临大西洋,北临北冰洋,南临墨西哥湾

　　B. ②河流所在大洲是世界上国家数量最多的大洲

　　C. ③河流所在大洲人口稠密、种族众多,有"世界人种的大熔炉"之称

　　D. ④河流所在大洲气候复杂多样,拥有所有的气候类型分布

3. 四条河流所流经国家的描述错误的是(　　)。(考核:区域认知、综合思维。)

　　A. ①河流所流经国家是世界上经济最为发达的国家,其首都纽约是全国最大的城市

　　B. ②河流入海口所在国家有世界"七大奇迹"之一的金字塔

　　C. ③河流所在国家是南美洲经济实力最强的国家,其官方语言为葡萄牙语

　　D. ④河流所在国家地势西高东低,受其影响河流大都东流入海

4. ②河流孕育了_____(填古国名称)文明,说一说,它在其中起到了哪些作用?(考核:区域认知、综合思维、人地协调观。)

5. 四条河流中,还有_____(填序号)河流也孕育了历史悠久的_____文明。(考核:区域认知。)

6. 四条河流中,流量最大的是_____(填序号)河流,谈一谈,它没能孕育出文明古国的可能原因是什么?(考核:区域认知、综合思维、人地协调观。)

（三）情景式作业

情景:小理同学将代表学校参加"河流知多少"的知识竞赛,为了在竞赛中取得好成绩,他想利用课余时间更多地了解河流的相关知识。请帮他梳理以下问题。(考核:区域认知、综合思维、人地协调观。)

问题1:你知道河流有哪些分类方式吗? 按照这些方式将河流分成哪些类型? 你能一一指出代表性河流吗?

问题2:你知道世界河流之最吗? 请具体说明,并选择其中的一条河流作详细介绍。

问题3:你知道河流有哪些作用吗? 请结合生活中的实例,举例说明。

（四）实践性作业

1. 活动说明

"百河绕村镇,千桥卧碧波。"位于上海西部的青浦区拥有纵横交错的河网、星罗棋布的大小湖泊,滋养出上善之城、江南水乡的丰蕴富腴。作为青浦的一分子,你对自己的家乡有足够的了解吗? 那么,请发挥你的聪明才智,行动起来,去查阅书籍、查找资料、采访咨询、实地考察……把你对青浦地区河流的了解和珍爱通过绘制地理小报的方式表达出来。(考核:地理实践力。)

2. 活动要求

（1）选择调查对象

可以是青浦河湖整体,也可以是一条河流、一个湖泊、多条河流、多个湖泊或河湖混合。

（2）确定调查内容

选择感兴趣的几个方面,自由搭配组合。以下仅供参考,不限于此。

① 河流的风光景色:拍一张美照,画一幅河流示意图,写生……

② 河流的基本概况:如河流的发源地、长度、流向……湖泊的大小、形状……

③ 河流的作用、价值等。

④ 河流及其附近的生态环境状况。

⑤ 与河流有关的文化溯源或小故事。

⑥ 以河流为主题的文学创作,如为青浦的某条河或湖泊写一首赞美的诗歌、有感而发的一段感想……

⑦ 河流目前存在的问题。

……

（3）做好准备工作

通过多种途径增加知识储备、丰富调查素材，如查阅书籍、查找资料、采访咨询、实地考察……

实地考察不是必选项目，如选择实地考察，请在大人陪同下完成，切勿下水，安全第一。

（4）展示汇报成果：地理小报。

（五）跨学科作业

为了更好地保护河流，发挥河流的生态价值，请完成下列任务。（考核：地理实践力。）

1. 笔杆子：请设计一条保护河流的宣传语。

_____ 。

2. 金点子：请提出几条保护河流的提案（或建议）。

_____ 。

_____ 。

3. 好口才：结合笔杆子和金点子活动，写一篇演讲稿，利用班会课宣传保护河流的重要性。

_____

_____

# 科学七年级第一学期

# 安全用电

课堂导学设计①

蒋洁②

# 一、学习目标

（一）科学观念

1.知道一些安全用电的措施，养成安全用电的习惯。2.理解科学概念，用科

---

① 义务教育科学七年级第一学期（上海远东出版社）　第九章　第5节　安全用电　课堂导学设计。

② 上海市青浦区第一中学。

学观念解决实际问题。

（二）科学思维

1.以安全用电措施的学习为线索,加深对科学考察的认识。2.加强对客观事物的概括。

（三）实践探究

1.通过用电安全隐患的实地小调查,加强对科学探究一般过程的认识。2.提升制订计划并搜集证据的能力。

（四）态度责任

1.在掌握一些安全用电措施的基础上,逐渐关注校园或家庭附近用电安全的情况。2.能通过实地考察,体会考察的快乐,乐于探究,乐于合作,并能基于证据有逻辑地发表自己的见解。

## 二、课堂导学设计

（一）学习问题一

冬季,气温降低,电气火灾事故频繁,用电安全极为关键。那么,大家关注到校园里有哪些用电安全隐患吗?

第一梯度学习任务:情景引发学习兴趣,展示小组成果。学生根据视频了解到用电不当会引发较大的安全问题,感受关注校园家庭用电安全的重要性,提升对安全用电实地考察必要性的认识。（第一梯度任务侧重科学核心素养中的"实践探究""科学观念"。）

导学问题1:你们小组呈现的用电安全隐患主要有哪些?

展示与分析:主要是教室中讲台电源不及时关闭、电源线一直插在插座上等问题。

第二梯度学习任务:关注解决问题。学生根据自己找到的校园安全隐患提出合理的解决方案,提高安全用电的社会责任意识。（第二梯度任务侧重科学核心素养中的"科学观念""态度责任"。)

导学问题1:如何修正这些安全隐患?

讨论问题1:如何增强安全用电意识? 应及时通知总务处整改一些电线摆放问题。

(二) 学习问题二

第一梯度学习任务:了解某一类别自评表是如何制作的。学生根据教师所展示的测试单进行观察与概括,了解基本的自评表需要哪些元素。(第一梯度任务侧重科学核心素养中的"科学思维"。)

导学问题:观察教师所展示的某一类别的自评表,说一说,一份自评表中有哪些元素? 制订题目时需要怎样排序?

讨论问题:自评表需要哪些元素? 需要有标题、说明、具体的自评内容及对应的分值。对题目的排序应有明显的区域划分。

第二梯度学习任务:制作一份安全用电自评表。学生根据各小组展示与交流,认识一些安全用电的措施,提升对安全用电的认识与关注。(第二梯度任务侧重科学核心素养中的"科学思维""态度责任"。)

导学问题:根据了解的安全用电的措施,结合生活中对用电的所见所闻,你想制作怎样的自评表?

讨论问题:如何制订一份自评表? 先罗列对应的安全用电措施,再整合形成自评表,在班级内互换,并完成自评。

### 安全用电自评表

| | |
|---|---|
| 电源、开关、插座有没有超负荷工作 | □ 有(0分)　□ 无(5分) |
| 不充电时,充电线是否仍插在插座上 | □ 有(0分)　□ 无(5分) |
| 发现电路有故障,有没有自己动手尝试解决 | □ 有(0分)　□ 无(5分) |
| 家中是否有改装电路的情况 | □ 有(0分)　□ 无(5分) |
| 太湿和太热地方的插座有没有保护盖 | □ 有(5分)　□ 无(0分) |
| 手湿时有没有触碰电器、开关、插头 | □ 有(0分)　□ 无(5分) |
| 取暖器有没有放在靠近窗帘或床单的地方 | □ 有(0分)　□ 无(5分) |
| 有没有在浴室里使用电器 | □ 有(0分)　□ 无(5分) |

## 三、作业设计

(一) 基础性作业

选择题

1. 电可以造福人类,但使用不当也会给人们带来危害。下列做法中,符合安全用电要求的是(　　)。

A. 将开关安装在灯具和零线之间

B. 发生触电事故时,首先要切断电源

C. 在高压线附近的空地上放风筝等

D. 家中空气开关跳闸断开后马上将其闭合

2. 下列做法中,符合安全用电原则的是(　　)。

A. 雷雨天气在高大树下避雨

B. 多个大功率用电器同时使用一个插座

C. 发现有人触电时,应立即用手将触电人拉开

D. 使用试电笔时,要用指尖抵住上端的金属笔卡

3. 关于家庭用电及安全常识,下列说法正确的是(　　)。

A. 有时可在电线上晾晒衣服

B. 控制电灯的开关应接在零线上

C. 放风筝时,应远离高压输电线

D. 使用试电笔判断火线、零线时,手不要按住笔尾金属体

问答题:查一查,在生活中还有哪些我们没有关注到的安全用电隐患?

(考核科学观念。运用科学知识和方法解释自然现象和解决实际问题。)

(二) 思维性作业

1. 利用废弃材料,制作一份安全用电教育故事的展板。

2. 设计一份家庭安全用电的方案,并用文字或电路图形式展示。

(考核科学思维。基于课堂所学知识,提出创造性想法。)

(三) 情景式作业

以小组形式,演绎一场安全用电事故,并开展安全用电事故演习和展示。在设计剧情时需要含有的内容:(1)事故发生的原因。(2)如何处理及逃生。

(考核态度与责任。在科学学习和实践中,逐步形成合作分享,严谨求实的态度。)

（四）实践性作业

青浦一中校园用电安全隐患小调查：

1. 调查目的

通过用电安全隐患的实地小调查，了解校园安全用电现状，找出校园内的用电安全隐患，提出安全用电的建议或意见，提高安全用电的意识，培养一定的观察能力。

2. 调查方式

（1）以小组为单位，主要采用实地调查的形式，充分利用课余时间选择校园中某一栋楼实地察看各处的用电情况，尽可能拍照取证，也可在纸上画出观察到的情况。

（2）以小组为单位，采用访谈的形式，对学校总务处老师进行现场采访，以了解学校各处的用电情况，并及时记录采访结果。

（3）以小组为单位，采用问卷调查的形式，通过设计相关的校园安全用电问题来收集有效信息，问卷主要针对班主任或总务处老师。

3. 具体要求

第一步，完成组内分工，组长总负责，共同商讨并制订调查计划（尤其要商定选择哪种调查方式）。

第二步，选择好地点、采访人选及问卷后，进行调查。

第三步，观察并记录安全用电隐患的现状，可以拍照、画图或用文字记录。

第四步，用自己喜欢的方式呈现调查结果（小报、PPT 等方式），主要呈现本组收集到的一些校园用电安全隐患的证据。

第五步，组里每个学生思考小调查活动的收获。

4. 截止时间

2022 年 11 月 23 日（星期三）

| 调查小组成员 | 调查方式 | 调查计划 | 调查取证 |
|---|---|---|---|
|  |  |  |  |

(考核实践探究。实地考察结合科学学习,加强对实践探究这一学习方法与素养的认识与体会。)

(五)跨学科作业

1.编一段安全用电措施的歌曲,演唱或选择一个安全用电知识,并绘成漫画。

2.结合网络了解安全用电相关的法律法规,以小组形式在每节课正式上课前开展安全用电法律法规宣讲台,限时三分钟。

(考核态度与责任。在这一作业的完成过程中,体会科学、社会与环境之间的关系,形成对科学与技术应有的正确态度与责任心。)

# 高中思想政治必修三

# 法治政府

课堂导学设计[①]

徐平 陈露嘉[②]

## 一、学习目标

(一)政治认同

1.自觉关心、支持和监督政府工作。2.体会我国政府推进依法行政、服务人民的重要意义。

(二)科学精神

1.通过调查采访和对调查结果的分析,理解建设法治政府的必要性。2.通过对解决问题措施的研讨,描述法治政府的基本内涵和建设法治政府的重大意义。

(三)法治精神

1.列举实例,说明任何组织或个人都没有超越宪法和法律的特权。2.论证法治在国家治理中的作用和价值。

---

① 高中思想政治必修三(人民教育出版社) 第三单元 全面依法治国 第8课 法治中国建设第二框 法治政府 课堂导学设计。

② 上海市青浦区第一中学。

（四）公共参与

1.联系依法治国的实际,说明依法办事、依法维权、依法解决纠纷的意义。

2.表达法治让生活更美好的感悟,体悟确立法治信仰的价值。

## 二、课堂导学设计

（一）学习问题一:法治政府的基本内涵

第一梯度学习任务:初步感知。通过阅读教材,概述法治政府建设的基本内涵。（第一梯度学习任务侧重核心素养中的"法治精神"。）

导学问题:如何理解法治政府的基本内涵?

讨论问题:法治政府应是怎样的政府? 用几个关键词进行描述,并说明理由。

第二梯度学习任务:理论联系实际,时政新闻评述。讲述我国政府依法履行职责的时政新闻,运用"法治政府"的相关内容对新闻进行评述。（第二梯度任务侧重核心素养中的"政治认同""法治精神"。）

讨论问题1:你如何理解政府的公信力和执行力?

讨论问题2:请结合实例,说明政府如何履行宏观调控、市场监管、社会管理、公共服务、环境保护等基本职能。

第三梯度学习任务:学以致用。学生出示课前对区城管大队的采访报告,以此为问题情景进行课堂讨论。通过采访调查等社会实践,能较全面地掌握信息,从而学会正确认识社会现象的方法,再将采访的内容带入课堂,形成真实的课堂问题情境。通过具有认知冲突的材料和思辨性问题,引发全班探究与质疑,形成正确的价值认同和科学建构学科内容。（第三梯度任务侧重核心素养中的"政治认同""法治精神""公共参与"。）

讨论问题1:你认为城管执法过程中产生矛盾和冲突的原因是什么? 应怎样解决?

讨论问题2:在建设法治政府的过程中,如果出现问题,政府应如何依法处置?

（二）学习问题二:如何建设法治政府

第一梯度学习任务:初步感知。梳理教材要点,结合实例进行分析说明,提出建设法治政府的举措。（第一梯度学习任务侧重核心素养中的"政治认同""法治精神"。）

导学问题:怎样建设法治政府?

讨论问题1:结合实例,分别从个人、社会、国家的角度分析加强法治政府建设的举措及实效。

讨论问题2:市教委在信息公开栏的权力清单中明确列出"评选市三好学生"的职权类别和职权编码。评选市三好学生的工作已经延续多年,以前并没有这样的权力清单,相关权力清单从无到有,向社会公布,有什么意义?

第二梯度学习任务:通过典型案例或社会热点进行分析讨论,如"淄博烧烤出圈"案例,探讨法治政府建设中的关键点。(第二梯度学习任务侧重核心素养中的"法治精神""公共参与""科学精神"。)

讨论问题1:如何看待"淄博烧烤"爆火的现象?

讨论问题2:"淄博烧烤"爆火背后的原因有哪些? 你认为最重要的是什么因素?

讨论问题3:要让"淄博烧烤"继续火下去,政府还要采取哪些措施?

第三梯度学习任务:组织学生开展社会调研,关于老住宅安装电梯问题,了解政府相关部门的工作流程,并对居民进行此项工作的满意度调研。(第三梯度学习任务侧重核心素养中的"法治精神""公共参与"。)

探究问题1:学生查阅国务院《关于全面推进城镇老旧小区改造工作的指导意见》和《上海市政府关于进一步做好本市既有多层住宅加装电梯的若干意见》《关于本市既有多层住宅加装电梯办理政府补贴资金有关事项的通知》等文件,并在此基础上分组进行老住宅安装电梯的满意度调查。

探究问题2:通过走访了解老住宅的特点和老住宅居民的需求、政府的管理部门及安装标准、现阶段所调研社区的签约和安装进度及未来的安排。

探究问题3:实地考察,掌握第一手资料,分析客观事实,整理调研数据,撰写调研报告。

## 三、作业设计

(一) 基础性作业

填空题:

1. 坚定不移地走中国特色社会主义法治道路,全面推进依法治国,坚持依法治国、依法执政、_____,坚持法治国家、_____、法治社会一体化建设,推进法治中国建设。(考核:政治认同、法治意识。)

2. 宏观调控、市场监管、社会管理、_____、环境保护等都是法治政府必须承担的基本职能。(考核:法治意识。)

选择题:

1.(单选)涉及社会公众切身利益的重要规划、重大公共政策和措施、重大公共建设项目等,政府应当依法通过举办听证会等形式加大公众参与度,深入开展风险评估,认真听取和反映利益相关群体的意见及建议。政府依法落实重大行政决策程序(　　)。(考核:法治意识。)

A. 有利于规范政府权力行使,提高行政服务水平

B. 有利于构建开放、动态、透明、便民的阳光司法机制

C. 有利于促进我国科学立法、民主立法

D. 有利于形成政府与公民、社会组织的互信关系

2.(单选)推进全面依法治国,要坚持法治国家、法治政府、法治社会一体化建设,法治政府建设是重点任务,对法治国家、法治社会建设具有示范带动作用。建设法治政府(　　)。(考核:法治意识。)

A. 政府要积极履行科学立法的职能

B. 就要把政府工作全面纳入法治轨道

C. 要求政府不断提高依法执政水平

D. 缩小政府职权,杜绝腐败

(二) 思维性作业

1.(单选)为庆祝中华人民共和国成立70周年,中国人民银行于2019年8月30日起发行2019年版第五套人民币50元、20元、10元、1元纸币和1元、5角、1角硬币。中国人民银行是国家行政机关,是法治政府的重要组成部分。上述材料体现的法治政府的基本职能是(　　)。(考核:科学精神、法治意识。)

A. 社会管理　　　B. 宏观调控　　　C. 公共服务　　　D. 市场监管

2.(材料分析题)

材料一:2020年新年伊始,面对严重的疫情,党中央统揽全局、果断决策,以非常之举应对非常之事,取得了全国抗疫斗争的胜利,充分展现了中国共产党领导和中国特色社会主义制度的优越性。

材料二:习近平总书记在会见世界卫生组织总干事谭德塞时强调:"在中国共产党的坚强领导下,充分发挥中国特色社会主义制度优势,紧紧依靠人民群众,我们完全有信心、有能力打赢这场疫情防控阻击战。"

材料三:习近平总书记强调,要在党中央集中统一领导下,始终把人民群众生命安全和身体健康放在第一位,从立法、执法、司法、守法各环节发力,全面提高依法防控、依法治理能力,为疫情防控工作提供有力法治保障。

根据上述材料,我们可以得到这样的结论:我国抗击疫情取得重大战略成果,充分彰显了我国国家制度和国家治理体系具有多方面的显著优势。请结合材料,综合运用学科内容对此进行分析说明。(考核:政治认同、科学精神、法治意识。)

(三)情景式作业

国家有关部门下发的《关于进一步严格管理　切实防止未成年人沉迷网络游戏的通知》是针对未成年人过度使用甚至沉迷网络游戏问题,进一步严格管理措施,坚决防止未成年人沉迷网络游戏,切实保护未成年人身心健康。

1.《通知》规定,所有网络游戏企业仅可在周五至周日和法定节假日每日20时至21时向未成年人提供_____小时服务,其他时间均不得以任何形式向未成年人提供网络游戏服务。(考核:法治意识。)

2.《通知》要求各级出版管理部门要加强对防止未成年人沉迷网络游戏有关措施落实情况的监督检查,对未严格落实的网络游戏企业,依法依规严肃处理。此举体现政府相关部门在未成年人保护中要做到(　　　)。(考核:法治意识。)

A. 科学立法　　　B. 严格执法　　　C. 公正司法　　　D. 全民守法

3. 未成年人还处在身心发育阶段,自控能力相对较弱,容易过度使用网络游戏,甚至产生依赖,因此一直是网络游戏管理和防沉迷工作的重点。从学校、家庭、政府任一角度,谈谈如何切实防止未成年人沉迷网络游戏。(考核:科学精神、法治意识。)

(四)实践性作业

综合运用所学内容,制订社区文明养狗公约。

查找相关资料,了解关于养狗的法律法规及所在社区文明养狗公约。对小区养狗的实际情况进行调查分析,从不同角度调查各方对小区养狗问题的看法,如养狗方、不养狗方、老人、小孩、物业公司管理人员、保洁员、居委会等,制订社区文明养狗公约。(考核:科学精神、法治意识。)

(五)跨学科作业

查阅有关我国政府建设的历史故事,从中分析得失,谈谈对我国政府建设的当代价值。

如司马迁在《史记·商君列传》中讲述了商鞅"徙木立信"的故事。令既具,未布,恐民之不信,已乃立三丈之木于国都市南门,募民有能徙置北门者予十金。民怪之,莫敢徙。复曰"能徙者予五十金"。有一人徙之,辄予五十金,以明不欺。卒下令。

商鞅"徙木立信"的故事对今天增强政府公信力有什么启示?(考核:科学精神、法治意识。)

# 高中数学选择性必修二

# 条件概率及其相关公式(1)

课堂导学设计[①]

黄深洵[②]

## 一、学习目标

（一）数学抽象

1.结合古典概率模型,经历由现实情境至数学情境抽象得到条件概率定义的过程。2.了解条件概率,发展数学抽象素养。

（二）逻辑推理

1.结合古典概率模型,经历条件概率计算公式和概率乘法公式的推导过程。2.提升分析和解决问题的能力,发展逻辑推理素养。

（三）数学建模

1.经历由现实情境至数学情境抽象得到条件概率定义的过程。2.增强发现问题和提出问题的能力,发展数学建模核心素养。

（四）数学运算

1.结合古典概率模型,经历条件概率计算公式和概率乘法公式的推导过程。2.发展数学运算素养。

## 二、课堂导学设计

情景问题

假设一个箱子里装有大小与质地相同的 2 只黑球、3 只白球,甲乙两人依次随机不放回地摸 1 只球。求:

（1）甲摸到黑球的概率;

（2）乙摸到黑球的概率;

（3）甲乙两人都摸到黑球的概率;

---

① 高中数学选择性必修二（上海教育出版社）　第七章　第一节　条件概率及其相关公式(1)　课堂导学设计。

② 上海市青浦区第一中学。

(4) 在甲摸到黑球的条件下,乙摸到黑球的概率。

第一梯度学习任务:情景引发学生思考。这是一个常见的暗箱摸球问题,学生依据情景问题引导,独立思考后以小组为单位交流,不论答案正确与否,都要紧紧围绕问题作出自己的解释。通过第(1)(2)(3)小题的解答,复习古典概率模型中的概率计算问题,第(4)小题引入条件概率的定义,也为条件概率计算公式作好铺垫。(第一梯度任务侧重数学核心素养中的"数学建模""数学抽象"。)

导学问题 1:在引例中,甲乙依次随机不放回地摸 1 只球,这个随机试验的样本空间 $\Omega$ 是什么? 它是否符合古典概率模型的条件? 为什么?

导学问题 2:在引例中,计算"甲摸到黑球的概率"时,相对应的样本空间的子集是什么?

导学问题 3:在引例中,计算"在甲摸到黑球的条件下,乙摸到黑球的概率"时,此时随机试验的样本空间是什么? 它和此前考虑"甲摸到黑球的概率"时的样本空间一样吗?

导学问题 4:能否结合古典概率模型,用文氏图表示条件概率的定义?

第二梯度学习任务:归纳形成理论认知。教师提出"条件概率"的定义,并通过导学问题帮助学生辨析理解。在古典概率模型中,事件 $A$ 发生后,事件 $B$ 发生的概率称为事件 $B$ 基于条件 $A$ 的概率,或在事件 $A$ 发生的条件下,事件 $B$ 发生的概率,或已知事件 $A$ 发生,事件 $B$ 发生的概率,记为 $P(B|A)$。(第二梯度任务侧重数学核心素养中的"逻辑推理""数学运算"。)

导学问题 1:在事件 $A$ 发生后再考虑事件 $B$,样本空间 $\Omega$ 中的基本事件还是等可能的吗?

导学问题 2:"求事件 $A$ 发生且事件 $B$ 发生的概率"与"已知事件 $A$ 发生,求事件 $B$ 发生的概率"是相同的吗?

导学问题 3:如何计算条件概率 $P(B|A)$?

第三梯度学习任务:促进知识迁移应用。条件概率及其运算在我们实际生活中能解决哪些问题? 在环节 1 中,要求进一步联系生活举例,指导学生学会用数学理论对实际问题进行分析,培养学生应用理论分析问题与解决问题的能力,提升知识应用水平和迁移能力。在环节 2 中,由典型问题的解决,让学生通过公式变形得到概率的乘法公式,为事件同时发生的概率计算增添新的途径,同时,验证了事件独立性定义的合理性,体现了条件概率及公式在数学知识范围的拓展和延伸。(第三梯度任务侧重数学核心素养中的"数学建模""数学运算"。)

环节 1:

讨论问题 1:掷一颗骰子并观察出现的点数。已知出现的点数不超过 3,求出现的点数是奇数的概率。

讨论问题 2:数学王老师在商场内遇到一位许久未见的朋友,聊天中获知朋友有两个孩子,现在正在给自己的女儿买衣服,数学王老师猜测朋友的两个孩子,一个是男孩,另一个是女孩。假设生男孩和生女孩是等可能的,按理说猜男孩和猜女孩是一样的,为什么数学王老师要猜朋友家是一个男孩和一个女孩呢?

环节 2:

拓展问题 1:利用条件概率公式还能解决哪些问题?

拓展问题 2:一只罐子中有大小与质地相同的黑、白、红 3 只球,不放回地摸球。求:

(1) 在第一次没有摸到黑球的条件下,第二次也没有摸到黑球的概率;

(2) 两次都没有摸到黑球的概率。

拓展问题 3:将一枚质地均匀的硬币抛掷两次,设事件 $A$ 为"第一次出现正面",事件 $B$ 为"第二次出现正面"。求 $P(A|B)$ 与 $P(B|A)$。

## 三、作业设计

(一) 基础性作业

1.掷一枚骰子,令事件 $A=\{2,3,5\}$,事件 $B=\{1,2,4,5,6\}$,求 $P(A)$,$P(B)$,$P(A|B)$ 及 $P(B|A)$。(考核:数学运算。)

2. 在一只盒子中有大小和质地相同的 20 只球,其中 10 只红球,10 只白球,两人依次不放回地各摸 1 只球,求:

(1) 在第一个人摸出 1 只红球的条件下,第二个人摸出 1 只白球的概率;

(2) 第一个人摸出 1 只红球,且第二个人摸出 1 只白球的概率。

(考核:逻辑推理、数学运算。)

(二) 提高性作业

1. 在标有 1、2、3、4、5 的五张卡片中依次选取两张,在第一张是奇数的条件下,求第二张也是奇数的概率。

(考核:逻辑推理、数学运算。)

2. 一只袋子中装有 10 只大小与质地相同的小球,其中 2 只红球、3 只白球、5 只黑球。现从中摸 2 只球,已知摸到的都不是红球,求摸到的都是黑球的概率。

(考核:逻辑推理、数学运算。)

（三）情景式作业

1. 一个家庭有两个孩子：

（1）已知年龄大的是女孩，求年龄小的也是女孩的概率；

（2）已知其中一个是女孩，求另一个也是女孩的概率。

（考核：数学建模、逻辑推理、数学运算。）

2. 已知某校的午餐由主食与配菜两部分组成，主食和配菜均有若干不同的选择。某学期的统计结果显示，学生购买主食 $A$ 的概率为 $25\%$，而在购买主食 $A$ 的学生中，又有 $70\%$ 的学生会购买配菜 $B$ 作为搭配，求学生同时购买主食 $A$ 与配菜 $B$ 的概率。

（考核：数学建模、逻辑推理、数学运算。）

（四）实践性作业

在一个系统中，每一个部件能正常工作的概率称为部件的可靠度，而系统能正常工作的概率称为系统的可靠度。现有甲、乙、丙 3 个部件组成的一个如下图所示的系统，已知当甲正常工作，且乙、丙至少有一个也能正常工作时，系统就能正常工作，各部件的可靠度均为 $r(0<r<1)$，而且甲、乙、丙互不影响。求系统的可靠度。

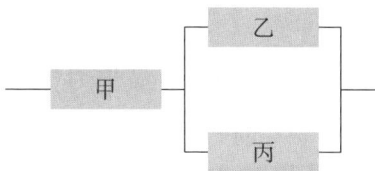

（考核：数学建模、逻辑推理、数学运算。）

（五）跨学科作业

1. 右图展现给我们的是唐代著名诗人杜牧写的《清明》，这首诗不仅意境极好，还准确地描述了清明时节的天气状况，那就是"雨纷纷"，即天气多阴雨。某地区气象监测资料表明，清明节当天下雨的概率是 0.9，连续两天下雨的概率是 0.63，若该地区某年清明节当天下雨，则随后一天也下雨的概率是（　　　）。（考核：逻辑推理、数学运算。）

A. 0.63 　　　B. 0.7 　　　C. 0.9 　　　D. 0.567

2. 在孟德尔豌豆试验中，子二代的基因型为 DD、Dd、dd，其中 D 为显性基因，d 为隐性基因，且这三种基因型的比为 1：2：1。如果在子二代中任意选取

2株豌豆进行杂交试验,那么子三代中基因型为 dd 的概率是多大?

（考核:逻辑推理、数学运算。）

# 高中数学必修一

## 幂函数的图像与性质

课堂导学设计①

叶志丰②

## 一、学习目标

（一）数学抽象

1.掌握幂函数的概念。2.师生共同观察、探求幂函数的性质在图像上的表现,并对幂函数的性质能做简单应用。

（二）逻辑推理

1.通过思考—观察—归纳—总结—应用,在探索的过程中提升数学素养,提高思维的灵活能力。2.通过研究幂函数的图像和性质,经历观察发现、归纳类比、抽象概括等思维过程,进一步体验从特殊到一般、数形结合思想在解决数学问题中的作用。

（三）数学建模

1.能用幂函数的单调性比较指数幂的大小。2.通过具体实例,引导学生了解幂函数模型的实际背景,认识数学与生活之间的联系。

（四）直观想象

1.用描点法和函数的性质作幂函数的图像。2.会观察因指数不同而引起的幂函数图像的位置和形状的变化。

（五）数学运算

1.掌握幂函数的图像与性质。2.能用幂函数的单调性比较指数幂的大小。

（六）数据分析

1.结合图像,理解幂函数的变化规律,了解幂函数。2.根据所学的研究函数

---

① 高中数学必修第一册（上海教育出版社）　第4章　第1节　幂函数的图像与性质　课堂导学设计。

② 上海市青浦区第一中学。

性质的基本方法,分析幂函数的性质与图像。

## 二、课堂导学设计

第一梯度学习任务:通过自学课本内容,依据导学问题引导,在思考认识一些有代表性的特殊幂函数的性质与图像的同时,大胆抽象出指数在不同范围情况下的性质和图像,由特殊到一般,逐步建立幂函数的一般模型。(第一梯度任务侧重数学核心素养中的"数学抽象""数学建模"。)

情景问题:观察以下四个函数:$y=x$,$y=x^2$,$y=x^3$,$y=x^{-1}$,它们具有什么共同特征?

体验活动 1:通过观察,学生发现:这三个都是 $y$ 关于 $x$ 的函数,都有两个变量 $x$ 和 $y$。并且底数都是自变量,而且自变量的指数都是常数。因此,可引出本节课要讲的一类新函数——以底数为自变量,指数为常数的函数称为幂函数。

导学问题:怎样分析一些有代表性的特殊幂函数的性质与图像?

探究活动:分别求出下表中幂函数的定义域,并作出它们的大致图像。

| $a>1$ | | |
|---|---|---|
| 1. $y=x^{\frac{3}{2}}$ | 2. $y=x^{\frac{4}{3}}$ | 3. $y=x^{\frac{5}{3}}$ |
| | | |
| $a=1$ | | |
| | | |

（续表）

| $0<a<1$ | | |
|---|---|---|
| 4. $y=x^{\frac{1}{2}}$ | 5. $y=x^{\frac{2}{3}}$ | 6. $y=x^{\frac{1}{3}}$ |
| | | |

| $a=0$ |
|---|
| |

| $a<0$ | | |
|---|---|---|
| 7. $y=x^{-\frac{1}{2}}$ | 8. $y=x^{-\frac{4}{3}}$ | 9. $y=x^{-\frac{1}{3}}$ |
| | | |

讨论问题:以上 9 个特殊幂函数,有何共同之处和不同之处?

体验活动 2:学生再次体验一些特殊幂函数研究过程。

第二梯度学习任务:根据讨论问题,通过查阅资料、小组讨论交流等方式,根据图形分析幂函数的性质,并进行严格的推理证明,体现解决数学问题的严谨性。通过证明的性质,进而解决其他相关问题,遵循"从特殊到一般,再指导特殊"的认识论规律,在过程中逐步完善幂函数的性质模型。（第二梯度任务侧重数学核心素养中的"直观想象""数学建模"。）

导学问题 1:对于幂函数 $f(x)=x^k(0<k<1,k\in\mathbf{Q})$,是否都通过点 $(1,1)$,并且在 $(0,+\infty)$ 上单调递增?

导学问题 2:对于幂函数 $f(x)=x^k(k>1,k\in\mathbf{Q})$,在 $(0,+\infty)$ 上具有哪些性质和图像?

导学问题 3:对于幂函数 $f(x)=x^k(k=0)$,具有哪些性质和图像?

导学问题 4:如何进一步探索一般幂函数的图像性质?

探究活动 1:研究幂函数 $y=x^a$（$a$ 为常数,$a\in$ **R**）在第一象限内的函数图像与性质。在同一坐标系下,作出幂函数 $y=x^a$（$x>0$）,当 $a<0$、$a=0$、$0<a<1$、$a=1$、$a>1$ 五种情况下的函数图像（可参考表格中具体幂函数的图像）。

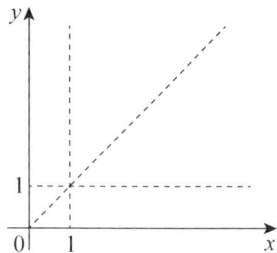

学生观察图像后进行归纳猜想,教师依次用几何画板演示所得图像;教师引导学生判断所得猜想的正确性,无须对结论进行证明,并根据发现者给各个正确猜想命名。

导学问题 5:总结提炼幂函数在第一象限内的图像特征。

探究活动 2:借助第一象限内的幂函数图像,研究幂函数在第一象限及坐标轴上的性质及图像特征。

| $y=x^a,a\in$ **R** | 函数的单调性（仅感知） | 图像恒过定点 | 与坐标轴有无交点 |
|---|---|---|---|
| $a<0$ | | | |
| $a=0$ | | | |
| $0<a<1$ | | | |
| $a=1$ | | | |
| $a>1$ | | | |

导学问题 6:如何确定幂函数在哪些象限有图像,在哪些象限没有图像?

导学问题 7:在同一直角坐标系中观察在区间 $(0,+\infty)$ 上的幂函数 $y=x^k$（$k$ 常,$k\in\mathbf{Q}$）的图像,分析幂函数 $y=x^k$（$k$ 为常数,$k\in\mathbf{Q}$）中的 $k$ 是如何影响其函数图像的形态,并找出其具体的规律。

探究活动3:你能从幂函数的图像中归纳出幂函数的哪些重要性质?

体验活动:通过组间交流的形式,体验特殊幂指数对幂函数图像的影响,并将特殊幂函数抽象为一般的幂函数,小结一般的幂指数对特殊幂函数图像的影响,作出幂函数在第一象限内的图像。

第三梯度学习任务:学生依据讨论的问题,在深入理解教材的基础上,通过运算,对比分析指数不同情况下的问题,促进知识迁移和运用,对幂函数的性质进行应用,进而验证幂函数的模型。通过教师的引导、启发、点拨,以及生生间的合作交流,解决问题,然后带着新的问题走出课堂,实现学习的升华。(第三梯度任务侧重数学核心素养中的"数学运算""数据分析"。)

导学问题1:研究函数 $y=x^{-\frac{1}{6}}$ 的定义域、奇偶性和单调性,并作出其图像。

(考核:逻辑推理、直观想象。)

导学问题2:

幂函数 $y=(m^2-m-1)x^{m^2-2m-3}$,当 $x\in(0,+\infty)$ 时为减函数,求实数 $m$ 的值。

(考核:逻辑推理、直观想象。)

导学问题3:

若幂函数 $y=\dfrac{1}{x^{2-m-m^2}}$ 在第二象限内为 $x$ 的减函数,求实数 $m$ 的范围。

(考核:逻辑推理、直观想象。)

导学问题4:

比大小:(1) $1.2^{\frac{1}{2}}$____$1.5^{\frac{1}{2}}$;(2) $\left(\dfrac{2}{3}\right)^2$____$\left(\dfrac{2}{3}\right)^3$;(3) $\left(\dfrac{2}{3}\right)^{-\frac{1}{2}}$____$\left(\dfrac{1}{2}\right)^{-\frac{1}{2}}$。

(考核:逻辑推理、直观想象。)

导学问题5:若 $(a+2)^{-\frac{1}{3}}<(1-2a)^{-\frac{1}{3}}$,求实数 $a$ 的范围。

(考核:逻辑推理、直观想象。)

体验活动:让学生带着问题进入课堂,通过课堂教学这个载体,教师把数学学科核心素养的理念贯穿课堂的始终,从而真正落实立德树人这个教改的根本任务。相信经过不断尝试、探索、创新,才能把握新课标指导下的学科教学要求,探索新课标下学科教学方法,切实将"双新"理念转化为教育教学实践,实现新旧教材的平稳过渡,真正把教师"讲解·分析"转到学生"问题·活动",体验研究函数性质的过程和方法。

# 三、作业设计

（一）基础性作业

1.下列各式中属于幂函数的是_____（填序号）。

（1）$y=x^2$，（2）$y=2^x$，（3）$y=x^{-\frac{1}{3}}$，（4）$y=x^x$，（5）$y=x^0$。

（考核:数学抽象。）

2.函数 $y=x^{-\frac{2}{3}}$ 的单调递减区间是_____。

（考核:逻辑推理、直观想象。）

3.函数 $y=x^{\frac{2}{5}}$ 的单调递增区间是_____。

（考核:逻辑推理、直观想象。）

（二）提高性作业

1.求下列函数的定义域、值域、奇偶性,并作出图像。

（1）$y=x^{\frac{3}{2}}$，　　　　　　　　（2）$y=x^{\frac{1}{3}}$，

（3）$y=x^{-\frac{1}{4}}$，　　　　　　　　（4）$y=x^{-4}$。

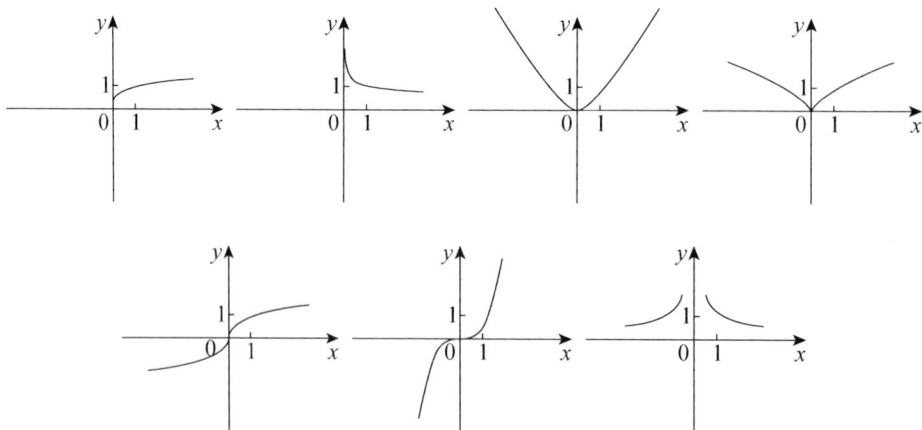

（考核:数学抽象、直观想象。）

2.将下列函数图像的标号填在相应的横线上。

（1）$y=x^{\frac{1}{4}}$_____，　　　　　（2）$y=x^{-\frac{2}{3}}$_____，

（3）$y=x^3$_____，　　　　　　（4）$y=x^{-3}$_____，

（5）$y=x^{\frac{4}{3}}$_____，　　　　　（6）$y=x^{\frac{2}{3}}$_____，

（7）$y=x^{\frac{1}{3}}$_____，　　　　　（8）$y=x^{-\frac{1}{4}}$_____。

（考核:数学抽象、直观想象。）

（三）情景式作业

1. 下图是幂函数 $y = x^n$ 的部分图像,已知 $n$ 取 $\frac{1}{2}$、$2$、$-2$、$-\frac{1}{2}$ 四个值,则与曲线 $C_1$、$C_2$、$C_3$、$C_4$ 相对应的 $n$ 依次为(　　　)。

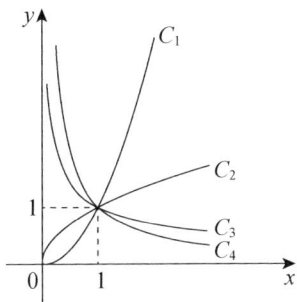

A. $2, \frac{1}{2}, -\frac{1}{2}, -2$

B. $-2, -\frac{1}{2}, \frac{1}{2}, 2$

C. $-\frac{1}{2}, -2, 2, \frac{1}{2}$

D. $2, \frac{1}{2}, -2, -\frac{1}{2}$

（考核:数学抽象、直观想象、数学运算。）

2. 幂函数 $y = x^\alpha$,当 $\alpha$ 取不同的正数时,在区间 $[0,1]$ 上它们的图像是一组美丽的曲线。设点 $A(1,0)$,$B(0,1)$,连接 $AB$,线段 $AB$ 恰好被其中的两个幂函数 $y = x^{\alpha_1}$、$y = x^{\alpha_2}$ 的图像三等分,即有 $BM = MN = NA$。那么 $\alpha_1 \alpha_2 =$ _____ 。

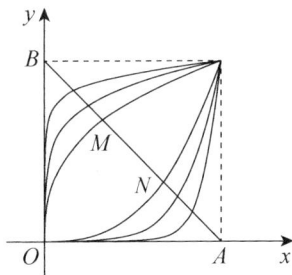

（考核:数学抽象、数学建模、直观想象、数学运算。）

（四）实践性作业

根据所学的研究函数性质的基本方法,指出函数 $f(x) = ax^2 + \dfrac{b}{x^2}$（$a$,$b$ 是正常数）所具有的性质,并加以证明。当 $a = \dfrac{1}{4}$,$b = 4$ 时,画出函数的简图。

（考核:数学抽象、逻辑推理、数学建模、直观想象、数学运算。）

（五）跨学科作业

在固定压力差(压力差为常数)的前提下,当气体通过圆形管道时,其速率 $v$（单位:$cm^3/s$）与管道半径 $r$（单位:cm）的四次方成正比。若在半径为 3 cm 的管道中,某气体的速率为 400 $cm^3/s$,求该气体通过半径为 5 cm 的管道时的速率。（结果精确到 1 $cm^3/s$）。

（考核:逻辑推理、数学建模、直观想象、数学运算、数据分析。）

## 高中数学选择性必修二

# 用导数解决函数综合问题

### 课堂导学设计[1]

沈晨磊[2]

## 一、学习目标

（一）数学抽象

1.通过函数综合问题的求解,掌握用导数求解函数单调性、极值、最值的方法。2.通过函数综合问题的求解,辨析驻点与极值点的区别与异同。

（二）逻辑推理

1.通过函数综合问题的探究,体会导数在函数问题求解中的工具作用。2.提升熟练使用导数知识解决函数问题的能力。

（三）数学建模

1.通过函数综合问题的解决,提升数学运算、逻辑推理等数学素养。2.培养发现问题、分析问题、解决问题的综合能力。

（四）数学运算

1.扎实掌握导数的运算法则,对复杂函数进行正确求导。2.掌握零点存在定理的计算技巧,从而简化导数综合问题。

## 二、课堂导学设计

学习问题一:掌握导数解决函数问题的基础题型。

---

① 普通高中数学选修二(上海教育出版社) 第五章 用导数解决函数综合问题 课堂导学设计。
② 上海市青浦区第一中学。

　　第一梯度学习任务:通过情景式引入,观察和分析,提出问题,建立解决问题的模型。复习引入,联系初高中旧知,先解决基础问题再推广至综合问题。体现由特殊到一般的思想,熟练掌握用导数解决函数问题的基础题型。培养发现问题、思考问题、从不同角度解决问题的能力,初步建立解决数学问题的模型。(第一梯度学习任务侧重数学核心素养中的"数学建模"。)

　　导学问题:在以往的学习中解决过哪些函数综合问题?

　　讨论问题1:如何运用导数知识求解函数的极值问题?

　　(考核:数学运算。)

　　(1) 函数 $y=\dfrac{2x}{x^2+1}$ 的极大值为_____;极小值为_____。

　　讨论问题2:如何运用导数知识求解函数的切线问题?

　　(考核:数学建模、数学运算。)

　　(2) 已知曲线 $y=x(3\ln x+1)$,求曲线在点 $(1,1)$ 处的切线方程。

　　讨论问题3:如何运用导数知识求解函数的单调性问题?

　　(考核:数学建模。)

　　(3) 若函数 $y=f(x)$,其中 $f(x)=kx+\sin x$,$y=f(x)$ 在 $(0,\pi)$ 上是严格增函数,则实数 $k$ 的取值范围是_____。

　　讨论问题4:如何运用导数知识求解函数的最值问题?

　　(考核:数学运算。)

　　(4) 若函数 $y=-x^3+3x^2+9x+a$,在区间 $[-2,2]$ 上的最大值为20,求函数在 $[-2,2]$ 上的最小值。

　　第二梯度学习任务:通过学生的探究活动,仔细聆听学生的讲解过程,并板书记录学生的重点解题思路。分别针对函数的极值问题、函数的切线问题、函数的单调性问题与函数的最值问题,对导数解决函数问题的基础题型进行总结思考。(第二梯度学习任务侧重数学核心素养中的"数学建模""逻辑推理"。)

　　探究活动1:学生在课前已完成了四道题目的求解,选取典型问题,请解法规范正确的学生向其他学生讲解解题思路。全班共同听讲,共同寻找问题,并回顾导数解决函数综合问题中的几类具体问题解法。

　　(考核:数学运算。)

　　1. 函数 $y=\dfrac{2x}{x^2+1}$ 的极大值为_____;极小值为_____。

$$f'(x) = \frac{(2x)'(x^2+1) - (x^2+1)'(2x)}{(x^2+1)^2}$$

$$= \frac{2x^2 + 2 - 4x^2}{(x^2+1)^2}$$

$$= \frac{-2x^2 + 2}{(x^2+1)^2}$$

$f'(x) = 0 \longrightarrow x = \pm 1$

$f'(x) > 0 \longrightarrow x \in (-1, 1)$

$f'(x) < 0 \longrightarrow x \in (-\infty, -1) \cup (1, +\infty)$

| $x$ | $(-\infty, -1)$ | $-1$ | $(-1, 1)$ | $1$ | $(1, +\infty)$ |
|---|---|---|---|---|---|
| $f(x)$ | $<0$ | $=0$ | $>0$ | $=0$ | $<0$ |
| $f'(x)$ | ↘ | 极小值 | ↗ | 极大值 | ↘ |

$f(x)_{max} = f(1) = 1$

$f(x)_{max} = -1$

（考核：数学建模。）

2. 已知曲线 $y = x(3\ln x + 1)$，求曲线在点 $(1,1)$ 处的切线方程。

$f(x) = x(3\ln x + 1)$

$f'(x) = 3\ln x + 1 + x\left(\dfrac{3}{x}\right)$

$k = 4$

$l : y - 1 = 4(x - 1)$

$= 3\ln x + 4$

$4x - y - 3 = 0$

$f'(1) = 4$

（考核：数学建模、逻辑推理。）

3. 若函数 $y = f(x)$，其中 $f(x) = kx + \sin x$，$y = f(x)$ 在 $(0, \pi)$ 上是严格增函数，求实数 $k$ 的取值范围。

$f'(x) = k + \cos x$

$x \in (0, \pi)$

$f'(x) \geqslant 0$

$k \geqslant -\cos x$ 恒成立 最大值

$\because \cos x \in (-1, 1)$

$\therefore -\cos x \in (-1, 1)$

$\therefore k \geqslant 1$

$\therefore k$ 的取值为 $[1, +\infty)$

（考核：数学运算。）

4. 若函数 $y = -x^3 + 3x^2 + 9x + a$，在区间 $[-2, 2]$ 上的最大值为 $20$，求函数在 $[-2, 2]$ 上的最小值。

$$f(x)=-3x^2+6x+9 \quad x\in[-2,2]$$

令 $f(x)=0$ 则 $-3x^2+6x+9=0 \longrightarrow x=-1$ ∵ 最大值为 20

∴ $f(-1)=1+3-9+a=-5+a$　　　　∴ $22+a=20 \longrightarrow a=-2$

$f(2)=-8+12+18+a=22+a$　　　　∴ $f(-1)=-7 \quad f(-2)=0$

$f(3)=8+12-18+a=2+a$　　　　　综上最小值为 $-7$

拓展活动：

问题1：导数的几何意义是什么？

问题2：我们可以利用导数研究函数的哪些问题？

探究活动 2：

问题1：在课前练习中你做错的题目考查了导数的哪些知识点？

问题2：在课前练习中你做错的原因是什么？

学习问题二：导数解决函数最值问题的综合应用。

第一梯度学习任务：依据导学问题 1 的引导，引发对问题的思考，通过数形结合对函数零点存在的问题进行分析，从具体函数出发归纳总结函数最值问题的解决方法，无论准确与否，都要紧紧围绕问题作出解释。再根据情况组织小组讨论，交流对疑难问题的不同思考路径。提升学生数学建模、数学抽象等核心素养。（第三梯度学习任务侧重数学核心素养中的"数学建模""数学抽象"。）

导学问题 1：如何运用导数及其相关知识解决函数零点问题。

（考核：数学建模、数学运算、数学抽象。）

例 1. 已知函数 $f(x)=e^{x-1}+ax^2+1$ 的图像在 $x=1$ 处的切线与直线 $x+3y-1=0$ 垂直。

（1）求 $y=f(x)$ 的解析式；

（2）若 $F(x)=f(x)-(x^2+x+m)$ 在 $[-1,2]$ 内有两个零点，求 $m$ 的取值范围。

探究活动 1：通过数形结合对函数零点存在问题进行分析。（1）判断函数的单调性；（2）结合零点存在定理对函数图像进行分析。

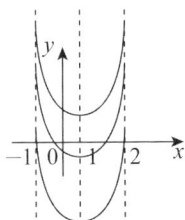

$$\begin{cases} F(1)<0 \\ F(-1)\geqslant 0 \\ F(2)\geqslant 0 \end{cases} \longrightarrow \begin{cases} 1-m<0 \\ e^{-1}+2-m\geqslant 0 \\ e^{-2}+1-m\geqslant 0 \end{cases} \longrightarrow \begin{cases} m>1 \\ m\leqslant e^{-2}+2 \\ m\leqslant e-1 \end{cases}$$

$$m\in(1,\ e-1]$$

例 1 中第一问是对导数几何意义的一个简单应用,第二问是一个零点问题,学生需要利用导数工具对一个复杂的函数性质进行分析,得出函数的大致形状,从而利用零点存在定理解决问题。

导学问题 2:如何运用导数知识求解函数的恒成立问题?

讨论问题 1:函数的驻点与极值点之间的异同之处是什么?

(考核:数学抽象、逻辑推理、数学运算。)

例 2. 已知 $f(x)=x^4+ax^3+2x^2+b$,其中 $a$、$b\in\mathbf{R}$。

(1) 当 $a=-\dfrac{10}{3}$ 时,讨论函数 $y=f(x)$ 的单调性;

(2) 若函数 $y=f(x)$ 仅在 $x=0$ 处有极值,求 $a$ 的取值范围;

(3) 若对任意的 $a\in[-2,2]$,不等式 $f(x)\leqslant 1$ 在 $[-1,1]$ 上恒成立,求实数 $b$ 的取值范围。

体验活动:

(1) 板演完成函数单调性的求解。

(2) 在教师的提问中辨析驻点与极值点的关系。

(3) 小组讨论 $4x^2+3ax+4$ 取值的正负情况与函数极值点是否存在关联性。

① 在第二小问的提示下思考第三小问;

② 回顾三个小问,思考导数在这道函数综合问题求解过程中起到的作用。

探究活动 2:驻点是否一定是极值点?

讨论问题 2:怎样的驻点才是极值点?

引发学生对题目的思考,引导学生对题目进行分析。鼓励学生归纳得出导数在这道函数综合问题求解过程中所起的作用。1.利用导数对高次函数的单调性进行研究。2.对极值点与驻点进行辨析。3.利用导数对 $f(x)$ 的最值进行研究,从而解决恒成立问题。

$$f'(x)=4x^3+3ax^2+4x$$
$$=x\underline{(4x^2+3ax+4)}\ 取值情况$$

驻点不一定是极值点
极值点一定是驻点

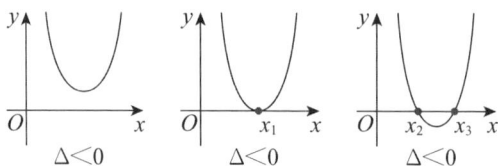

第二梯度学习任务:依据导学问题1与2,引导学生对问题进行思考,从具体函数问题出发,提升学生数学抽象、逻辑推理、数学建模等核心素养。归纳形成理论认知。根据讨论问题完成对导数解决函数综合应用问题求解思路的归纳。(第二梯度学习任务侧重数学核心素养中的"数学建模""逻辑推理""数学抽象"。)

讨论活动:第一小问是对函数单调性的判断,涉及一个简单的三次方程。第二小问是函数极值点与驻点的一个辨析,这是一个难点,在设计上先对问题进行分析,再给学生提供活动讨论的时间,希望学生辨析清楚两者之间的关系。第三小问是一个恒成立问题,需要学生在 $a$ 的范围下 $\Delta<0$,发现 $4x^2+3ax+4$ 恒正这个关键点。三个小问之间看似无关,其实前者都在对后者进行引领和提示,后者都是在前者基础上进行拓展。

第三梯度学习任务:依据讨论问题指导,在深入理解教材的基础上,拓宽思维空间,促进知识迁移运用,对导数解决函数复杂问题有更深入的理解,从而进一步拓展思考复杂函数的最值与极值问题,进而更好地解决数学问题。(第三梯度学习任务侧重数学核心素养中的"数学运算"。)

导学问题:如何运用构造函数的方法解决函数的恒成立问题?

讨论问题:如何根据题干的已知信息构造一个函数?

(考核:数学建模、数学运算、数学抽象。)

设 $y=f'(x)$ 是奇函数 $y=f(x)$ 的导函数,$f(-2)=-3$,且对任意 $x\in\mathbf{R}$ 都有 $f'(x)<2$。

(1) 求 $f(2)$ 的值;

(2) 解关于 $x$ 的不等式 $f(e^x)<2e^x-1$。

体验活动:课后思考,尝试完成对导数解决函数最值问题的复杂应用的求解。

探究活动:导数是初等数学和高等数学的桥梁,是数学知识的一个重要交会点,同时也是联系多个章节内容和解决相关问题的重要工具。它的引入改变了我们研究函数的思想方式,为函数问题的研究打开了新的思路。

**拓展活动：**

**课堂评价**

| 评价内容 | 评价等级 | | | 评价目的 |
|---|---|---|---|---|
| | 优 | 良 | 中 | |
| 我能认真听老师讲,听同学发言 | | | | 能否认真专注 |
| 遇到会答的问题都主动举手 | | | | 能否主动参与 |
| 发言时声音响亮 | | | | 能否自由表达 |
| 我能积极参与小组讨论活动,能与他人合作 | | | | 能否善于合作 |
| 善于思考,并能有条理地表达自己不同的看法 | | | | 能否独立思考 |
| 我会指出同学错误的解答 | | | | 是否敢于否定 |
| 我已养成良好的写批注的学习习惯 | | | | 能否独立思考 |
| 我在学习过程中感到快乐 | | | | 是否兴趣浓厚 |
| 我还有与这节课内容相关的问题要问老师 | | | | |

## 三、作业设计

（一）基础性作业

（考核：数学运算。）

1. 设 $m$ 是实数,若函数 $f(x)=-x^3+3x^2-1$ 在区间 $(m,m+5)$ 上存在最大值,则 $m$ 的取值范围为多少?

（考核：数学建模、数学运算、数学抽象。）

2. 已知函数 $y=\ln x-kx$。

（1）当 $k=1$ 时,求函数 $y=\ln x-kx$ 的单调区间;

（2）若 $y=\ln x-kx$ 是严格增函数,求实数 $k$ 的取值范围;

（3）若 $y=\ln x-kx$ 有两个零点,求实数 $k$ 的取值范围。

（考核：数学建模、数学运算。）

3. 已知函数 $f(x)=x-\ln x$，$g(x)=\dfrac{\ln x}{x}$。

（1）求 $f(x)$ 的最小值；

（2）求证：$f(x)>g(x)$；

（3）（思考题）若 $f(x)+ax+b\geqslant0$，求 $\dfrac{b+1}{a+1}$ 的最小值。

（二）思维性作业

（考核：逻辑推理。）

1. 已知函数 $f(x)=(x_2+ax-a)e_1-x$，其中 $a\in\mathbf{R}$。

（1）讨论函数 $f(x)$ 的单调性；

（2）证明：$a\geqslant0$ 是函数 $f(x)$ 存在最小值的充分不必要条件。

（考核：数学建模、数学运算、数学抽象。）

2. 已知函数 $f(x)=\ln x+\dfrac{a}{x}-x$。

（1）当 $a=-2$ 时，若 $f(x)$ 在 $(0,\sqrt{m})$ 上存在最大值，求 $m$ 的取值范围；

（2）讨论 $f(x)$ 极值点的个数。

（三）情景式作业

（考核：数学建模、数学运算、数学抽象、逻辑推理。）

企业经营一款节能环保产品，其成本由研发成本与生产成本两部分构成。生产成本固定为每台 130 元。根据市场调研，若该产品产量为 $x$ 万台时，每万台产品的销售收入为 $I(x)$ 万元。两者满足关系：$I(x)=220-x(0<x<220)$。

（1）甲企业独家经营，其研发成本为 60 万元，求甲企业能获得利润的最大值。

（2）乙企业见有利可图，也经营该产品，其研发成本为 40 万元。问：乙企业产量多少万台时获得的利润最大（假定甲企业按照原先最大利润生产，并未因乙的加入而改变）。

（3）由于乙企业参与，甲企业将不能得到预期的最大收益，因此会作相应调整，之后乙企业也会随之作出调整，最终双方达到动态平衡（在对方当前产量不变的情况下，乙企业达到利润最大）。求动态平衡时，两企业各自的产量和利润。

（四）实践性作业

（考核：数学建模、数学运算、数学抽象、逻辑推理。）

按照以下步骤探究符合函数求导的一般规律 $y=(x^3-2)$、$y=u^2$、$u=x^3-2$ 的导数，探索三个导函数之间的联系，并根据特例猜想复合函数求导的一般规律,同时举例证明你的猜想。

（五）跨学科作业

（考核:数学建模、数学运算、数学抽象、逻辑推理。）

1. 重量为 $g$ 的木块,停在水平地面,它与地面间的滑动摩擦系数为 $\mu$,一个人想用最小拉力 $f$ 使木块沿地面做匀速运动,则 $f$ 为多少?

（考核:数学建模、数学运算、数学抽象、逻辑推理。）

2. 一半径为 $r$ 的圆盘绕水平轴匀速旋转边缘速度为 $v$,轮边缘有水滴从各位置甩出,求轮边缘抛出的水滴上升的最大高度及相应的抛出点位置。

## 高中数学选择性必修一

# 椭圆的标准方程(1)

课堂导学设计[①]

李思杨[②]

## 一、学习目标

（一）数学抽象

1.通过对人造地球卫星绕地飞行轨迹的情景问题探究,分析椭圆的特征,得出动点与定点之间、定点与定点之间距离的关系,进一步抽象概括出椭圆的概念。2.通过对椭圆概念的分析,得出椭圆的结构特点,并用数学表达式予以表示。

（二）逻辑推理

1.类比圆的概念,得出椭圆、椭圆顶点、椭圆焦点及焦距、椭圆长轴及短轴等概念。2.类比圆的方程,通过猜想整合得到椭圆的方程。3.探索建立适当的坐标系,以推导化简出椭圆的标准方程,并探究及掌握椭圆的相关性质。

（三）数学建模

1.在具体问题情境中,发现有关椭圆的信息,并建立相关的数学模型。2.根

---

① 普通高中数学第一册选择性必修课程(上海教育出版社)　第 2 章　2.2 椭圆的标准方程(1)课堂导学设计。

② 上海市青浦区第一中学。

据椭圆的概念、性质、标准方程等相关知识确定参数,求解相应的数学模型,最终解决相应的实际问题。3.通过动手实验激发学生学习的兴趣,培养学生的观察能力、分析能力、思维能力、探究能力。

(四) 直观想象

1.结合学习小组的实验探究,经历由现实操作及数学情境概括总结出定义的过程,了解熟悉椭圆的形成及其标准方程的衍生过程。同时应用运动变化的观点看待问题,既体现数学的美学价值,又培养学生归纳总结、直观想象和把等价转化为重点的学习思想。2.通过"放收"的设计方案,创设问题、启发引导、探究分析,发展数学学科的核心素养。

(五) 数学运算

1.通过椭圆定义、标准方程及其简单性质的学习和应用,掌握椭圆的知识及相关运算。2.能利用条件求解椭圆的标准方程,会利用椭圆定义解决简单的数学问题。

(六) 数据分析

1.通过对相关数据的收集、整理、归纳,总结出椭圆定义形成的初步结论,椭圆定义的限制条件。感受数学学科体系的系统性与严密性,增强知识发生、发展过程中严谨求实的科学意识。2.在具体情景问题中,通过对数据的整理、分析,构建椭圆模型,进行数据推断,获得结论,解决实际问题。感受数学知识与实际生活的联系,提高学习数学的兴趣与信心。

## 二、课堂导学设计

情景问题:

我国发射的第一颗人造地球卫星,它的运行轨道是以地球的中心 $F_2$ 为一个焦点的椭圆,椭圆长轴的两个端点 A、B 分别为近地点和远地点。卫星在近地点 A 与地球表面的距离约为 440 km,在远地点 $B$ 与地球表面的距离约为 2 384 km,地球中心与 $A$、$B$ 在同一直线上。已知地球的半径 $R$ 约为 6 371 km。以千米为单位,建立适当的平面直角坐标系,求卫星轨道的方程。(结果精确到 1 km)

第一梯度学习任务:情景引发学生思考。椭圆是生活中常见的图形,通过实验演示,创设生动而直观的情境,使学生亲身体会椭圆与生活的联系,有助于激发学生对椭圆知识的学习兴趣;在椭圆概念引入的过程中,改变了直接给出椭圆

概念和动画画出椭圆的方式,而采用师生合作动手画椭圆并合作探究的学习方式,让学生亲身经历椭圆概念形成的数学化过程,有利于培养学生观察分析、抽象概括的能力。

学生依据人造地球卫星绕地飞行轨迹的情景问题进行独立思考后,由教师抛砖引玉地提出解决此类问题的逻辑线索,引出学生探究椭圆定义,并以小组为单位开展实验操作,进而推导出椭圆的标准方程,达成解决情景问题的最终目的。不论探究过程中实验结论准确与否,都要紧紧围绕问题进行解释。通过系列导学问题逐步推演椭圆定义的形成、相关条件的限定、标准方程的建立等。(第一梯度学习任务侧重培养数学核心素养中的"直观想象""数据分析""数学抽象"等。)

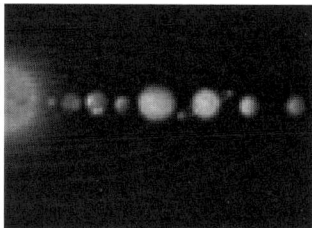

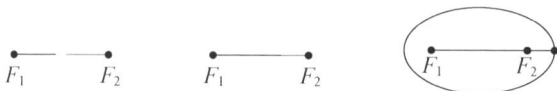

导学问题 1:用绳子、图钉在本子上怎样画一个圆?

师生活动 1:要求不用圆规,学生动手画圆(有的固定绳子一端,另一端拴着铅笔;有的绳子两端点重合固定在图钉上,再把图钉固定在本子上⋯⋯)

导学问题 2:将绳子两端点分开固定在图钉上,再把图钉固定在本子上,用笔勾住绳子运动,能画出什么曲线?

师生活动 2:学生动手操作,大多数学生画出的是椭圆,个别学生画出的是线段,有的画出的曲线不在一个平面内,到了空间无法展示。(向全体学生开放问题,教学重心下移,打破学生原有的知识结构,引发学生探究问题的兴趣)。

探究活动 1:整理试验结果,互动生成归纳出椭圆的定义。激发学生形成深层次思考的意识与习惯。(面对操作结果的多样性,为下一步师生的"交互反馈"提供资源准备。)

导学问题 3:(1) 在活动中学生所画的椭圆形状、大小都不同,小组讨论这些椭圆上的点满足哪些几何条件。

(2) 改变两图钉之间的距离,使其与绳长相等,画出的图形还是椭圆吗?

(3) 绳长能小于两图钉之间的距离吗?

探究活动 2:根据实验过程与结果,引导学生抓住作图的关键,即点与距离之间的关系,鼓励用自己的语言概括定义。(教师收集信息,并开展生生、师生之

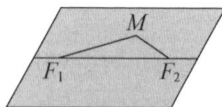

间围绕由图到定义的交流和讨论。）

探究活动 3：根据实验过程与结果，分析总结绳长与两图钉之间距离的关系。

第二梯度学习任务：归纳并形成理论认知。学生通过本组的多次实验结果及与他组实验结果的比对，形成对椭圆定义的准确表达，明确定义中的限制性条件，清楚根据定义如何简便地构建直角坐标系并推导出标准方程等。

其实椭圆方程的化简是学生从未经历的问题。在方程的推导过程中，学生分组探究，师生共同探讨方程的化简、研讨方程的特征，让学生体验椭圆方程建立的具体过程，了解椭圆标准方程的来源，并在师生合作探究、讨论的活动中，体会成功的快乐，提高数学探究能力，培养独立主动获取知识的能力。（第二梯度学习任务侧重培养数学核心素养中的"逻辑推理""数学建模""数学运算"等。）

导学问题 1：椭圆定义中的关键词是什么？缺一个约束条件会变成什么曲线？符号语言怎样表达？（通过多维互动及交互回应反馈生成新问题的"生长元"，从本质上理解椭圆概念的内涵。）

探究活动 1：通过多个学习小组的不同代表，对独特的符号语言表达的实践，来抓住关键词"在平面内""距离之和为常数""常数大于两定点的距离"等，并以此锻炼学生抽象思考及形成准确、严谨的组织表达能力。

导学问题 2：根据学过的"点与距离""点与斜率"，还能提出什么问题？（再次把问题下放，向学生开放，让学生对横向知识进行联想，发展和提升学生的发散性思维能力。在生成性教学环境中实现师生真实的成长。对学生产生的疑问"平面内到两定点的距离之差为常数的点的轨迹是什么曲线"可在课后进行探究，为后面学习双曲线做准备。平面内与两定点的连线的斜率的和、差、积、商各为什么曲线？也可让学生进行求方程研究。）

探究活动 2：学生思考或小组讨论交流"平面内到两定点的距离之差（或之积或之商）为常数的点的轨迹"是什么曲线。

探究活动 3："平面内与两定点的连线的斜率的和、差、积、商"各表示什么曲线？（学生提出问题，但答不出曲线的形状，从而激发学生的求知欲，进行第二次"收"。）

导学问题 3：怎样根据曲线求方程？怎样根据方程知道是什么曲线？椭圆的方程是什么形式？怎样建立坐标系？（坐标系的建立体现数形结合与坐标法的思想。同时又体会建立"适当"平面直角坐标系的意义。因为方程化简是难点，所以进一步体会建立坐标系的不同会导致所求方程的不同，由此总结怎样建立坐标系才"适当"。)

如图，设点A、B的坐标分别为(-5,0)、(5,0)。直线AM、BM相较于M，且它们的斜率之积是 $-\dfrac{4}{9}$，求点M的轨迹方程。

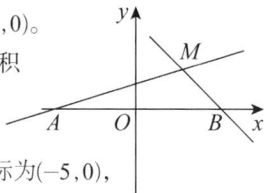

解：设点M的坐标为$(x,y)$，因为点A的坐标为$(-5,0)$，

所以，直线AM的斜率 $k_{AM}=\dfrac{y}{x+5}$ $(x\neq-5)$。

同理，直线BM的斜率 $k_{BM}=\dfrac{y}{x-5}$ $(x\neq5)$。

由已知有 $\dfrac{y}{x+5}\cdot\dfrac{y}{x-5}=-\dfrac{4}{9}$ $(x\neq\pm5)$，

化简，得点M的轨迹方程为 $\dfrac{x^2}{25}+\dfrac{y^2}{\frac{100}{9}}=1(x\neq\pm5)$。

　　第三梯度学习任务:促进知识迁移应用。椭圆是圆锥曲线中重要的一种,本节内容的学习是后继学习其他圆锥曲线的基础。坐标法是解析几何中的重要数学方法,椭圆方程的推导是利用坐标法求曲线方程很好的应用实例。同时本节课中例题的设计、习题的变式训练,都是为了让学生能灵活运用椭圆知识解决问题,更好地调动学生的学习兴趣,提高其数学思维能力等。在解决问题中发展学生的数学应用意识和创新能力,培养学生大胆实践、勇于探索的精神,开阔知识的应用视野。(第三梯度学习任务侧重培养数学核心素养中的"数据分析""逻辑推理""数学运算"等。)

　　典型例题1:已知椭圆的焦距是6,椭圆上一点到两个焦点的距离之和等于10,求椭圆的标准方程。

　　讨论活动1:集体通读题意,判断是否为椭圆定义。

　　讨论活动2:学习小组讨论如何建立直角坐标系,以明确椭圆的类型。明确$2c$ 是多少,$2a$ 是多少。

　　讨论活动3:学生代表陈述解题思路,教师板书规范的解题过程。

　　讨论问题1:学生代表朗读题意,判断是否为椭圆定义。若是,如何求其标准方程? 若不是,如何求其标准方程?

　　讨论问题2:教师再次强调过程中的重点、易错点(特别是当$2a=2c$ 时,动点轨迹为两焦点间的线段)。

　　典型例题2:求焦点在 $x$ 轴上,焦距为 $2\sqrt{6}$,且过点$(\sqrt{3},\sqrt{2})$的椭圆的标准方程。

探究活动 1:学生代表朗读题意,找出本例题与例题 1 的区别。

探究活动 2:学生代表陈述解题思路,教师板书规范的解题过程。

变式问题:焦距为 $2\sqrt{6}$,且过点$(\sqrt{3},\sqrt{2})$的椭圆的标准方程。

探究活动 3:学习小组代表上黑板板书,完成后其他学生点评、质疑、纠错。

探究活动 4:教师针对过程中的重点、易错点用不同色的笔圈画出来以示强调。

拓展探究:学习双曲线定义时与椭圆定义进行类比。学生准备一条拉链,拉开一部分,在拉开的两边各取一点分别固定后画出图形。归纳文字语言和符号语言。在学习椭圆的标准方程后,学习双曲线的标准方程不会感到困难。

讨论问题 3:让学生自主学习。重点放在双曲线性质中的渐进线和离心率的学习。通过学生主动探究,借助研究椭圆的方法和思想使学生形成自觉学习数学的内动力。

讨论问题 4:感悟渗透数学方法与思想,建立判断与选择的自觉意识,形成基本的数学素养。抛物线学习可与现实生活沟通,再次体验和认识转化为自身逻辑推理发展、思维品质提升的力量。运用学习椭圆的方法与步骤结构,反复类比,加强与已有知识的联系,并找出与旧知识的不同之处。这一阶段的学习以加速的方式进行。

## 三、作业设计

(一) 基础性作业

1. 分别写出满足下列条件的动点 $P$ 的轨迹方程:

(1) 点 $P$ 到点 $F_1(-3,0)$、$F_2(3,0)$的距离之和为 10;

(2) 点 $P$ 到点 $F_1(0,-2)$、$F_2(0,2)$的距离之和为 12;

(3) 点 $P$ 到点 $F_1(-4,0)$、$F_2(4,0)$的距离之和为 8。

2. 分别写出满足下列条件的椭圆的标准方程:

(1) 焦点在 $y$ 轴上,焦距为 $2\sqrt{15}$,且经过点$(0,-4)$;

(2) 焦距为 4,且经过点$(\sqrt{5},0)$。

3. 若一椭圆以原点为中心,一个焦点坐标为$(\sqrt{2},0)$,且长轴长是短轴长的 $\sqrt{3}$ 倍,求该椭圆的标准方程。

4. 如果点 $P$ 是椭圆$\dfrac{x^2}{36}+\dfrac{y^2}{20}=1$ 上一个动点,点 $F_1$ 是椭圆的左焦点,求

$|PF_1|$ 的最大值和最小值。

(二) 思维性作业

1. 若方程 $16x^2 + ky^2 = 16k$ 表示焦点在 $y$ 轴上的椭圆,求实数 $k$ 的取值范围。

2. 在 $\triangle ABC$ 中,已知点 $A(-1,0)$ 和点 $C(1,0)$,若边 $a > b > c$,且满足 $2\sin B = \sin A + \sin C$,求顶点 $B$ 的轨迹方程。

3. 直线 $y = 2x + b$ 被椭圆 $4x^2 + y^2 = 16$ 所截得的弦长为 $\sqrt{35}$,求实数 $b$ 的值。

4. 若直线 $y = kx + 1$ 与椭圆 $\dfrac{x^2}{5} + \dfrac{y^2}{m} = 1$ 恒有公共点,求实数 $m$ 的取值范围。

(三) 情景式作业

1. 已知点 $P$ 是椭圆 $\dfrac{x^2}{25} + \dfrac{y^2}{9} = 1$ 上的点,点 $F_1$、$F_2$ 是椭圆的两个焦点。

(1) 若 $\angle F_1PF_2 = 60^0$,求 $S_{\triangle PF_1F_2}$;

(2) 若 $\triangle PF_1F_2$ 的面积为 9,求 $\angle F_1PF_2$ 的大小。

2. 水星的运行轨道是以太阳的中心为焦点的椭圆,轨道上离太阳中心最近的距离约为 $4.7 \times 10^8$ 千米,最远的距离约为 $7.05 \times 10^8$ 千米。以这个轨道的中心为原点,以太阳中心及轨道中心所在直线为 $x$ 轴,建立平面直角坐标系,求水星轨道的方程。(精确到 0.1 千米)

(四) 实践性作业

1. 油纸伞是中国传统工艺品,使用历史已有 1 000 多年。以手工削制的竹条做伞架,以涂刷防水桐油的皮棉纸做伞面。油纸伞是世界上最早的雨伞,纯手工制成,全部取材于大自然,是中国古人智慧的结晶。在某市开展的油纸伞文化艺术节上,某油纸伞撑

开后摆放在户外展览场地上,如图所示,该伞的伞沿是一个半径为 1 的圆,圆心到伞柄底端的距离为 1,阳光照射油纸伞在地面上形成了一个椭圆形的影子,此时阳光照射方向与地面的夹角为 $75^\circ$,若伞柄底端正好位于该椭圆的左焦点位置,则该椭圆的长轴长为( )。

A. $\dfrac{3\sqrt{2} - \sqrt{6}}{2}$ 　　 B. $\dfrac{\sqrt{6} - \sqrt{2}}{2}$ 　　 C. $3\sqrt{2} - \sqrt{6}$ 　　 D. $\sqrt{6} - \sqrt{2}$

（五）跨学科作业

1.古希腊数学家阿波罗·尼奥斯在研究圆锥曲线时发现了椭圆的光学性质:从椭圆的一个焦点射出的光线,经椭圆反射,其反射光线必经过椭圆的另一焦点,设椭圆 $\dfrac{x^2}{a^2}+\dfrac{y^2}{b^2}=1(a>b>0)$ 的左、右焦点分别为 $F_1$、$F_2$,若从椭圆右焦点 $F_2$ 发出的光线经过椭圆上的点 $A$ 和点 $B$ 反射后,满足 $AB\perp AD$,且 $\cos\angle ABC=\dfrac{3}{5}$,则该椭圆的离心率为(　　)。

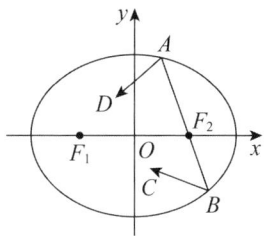

A. $\dfrac{1}{2}$　　　　B. $\dfrac{\sqrt{2}}{2}$　　　　C. $\dfrac{\sqrt{3}}{2}$　　　　D. $\dfrac{\sqrt{5}}{3}$

2.罗马竞技场,建于公元 72 年至 82 年,是古罗马文明的象征,其内部形状近似为一个椭圆,其长轴长约为 188 米,短轴长约为 156 米,竞技场分为表演区与观众区,中间的表演区也近似为椭圆,其长轴长为 86 米,短轴长为 54 米。若椭圆的面积 $\pi ab$(其中 $a$、$b$ 分别为椭圆的长半轴长与短半轴长,$\pi$ 取3.14),已知观众区可以容纳 9 万人,由此推断,观众区每个座位所占面积约为(　　)。

A. 0.41 平方米　　　　　　　　B. 0.32 平方米

C. 0.22 平方米　　　　　　　　D. 0.12 平方米

# 高中数学必修一

# 指数函数的定义与图像

## 课堂导学设计[①]

### 包振宇[②]

## 一、学习目标

（一）数学运算

1.理解指数函数的概念和意义、运算法则。2.掌握指数函数的基本性质及

---

①　高中数学必修第一册(上海教育出版社)　第四章　第一节　指数函数的定义与图像　课堂导学设计。

②　上海市青浦区第一中学。

会解简单的问题(如会判断指数函数的单调性,并能根据指数函数的单调性判断同底幂的大小等)。

(二) 数学抽象

1.通过学生熟知的"描点法"描绘 $y=2^x$, $y=3^x$, $y=\left(\dfrac{1}{2}\right)^x$, $y=\left(\dfrac{1}{3}\right)^x$ 四个指数函数图像,并通过比较,对指数函数性质进行理解归纳,比较它们的异同。

2.通过对指数函数的学习,提高抽象、概括、归纳的能力,体会数形结合的思想。

(三) 逻辑推理

1.在学习过程中体会研究具体函数及其性质的过程和方法,如体验从特殊到一般的学习规律,认识事物之间的普遍联系与相互转化。2.形成由特殊到一般,再由一般到特殊来研究问题的思维习惯。

## 二、课堂导学设计

情景问题1:某种细胞分裂时,由1个分裂成2个,2个分裂成4个……这样的细胞分裂 $x$ 次后,写出细胞个数 $y$ 与 $x$ 的函数关系式。

情景问题2:古人云:一尺之棰,日取其半,万世不竭。已知一把尺子第一次截去它的一半,第二次截去剩余部分的一半,第三次截去第二次剩余部分的一半……写出截的次数 $x$ 与剩余尺子长度 $y$ 之间的函数关系式。(假设原来长度为1个单位。)

第一梯度学习任务:情景引发学习兴趣。学生根据导学问题1的引导,引发对问题的思考,通过类比幂函数,从具体函数出发归纳总结指数函数的式子特征,无论准确与否,都要紧紧围绕问题进行解释。再根据情况组织小组讨论,交流对疑难问题的不同思考路径和不同的答案。(第一梯度学习任务侧重核心素养中的"数学建模""数学抽象"。)

导学问题1:对于刚刚得出的两个函数解析式 $y=2^x$ 与 $y=\left(\dfrac{1}{2}\right)^x$,我们能发现这类函数在形式与结构上有何共同特征? 能否归纳出这类函数的一般形式?(提示:用常数 $a$ 代换两个式子中的底数。)

探究活动:根据上述两个函数解析式,归纳这类函数的一般形式,类比幂函数的探究方式,通过式子去大胆猜测指数函数的式子特征,并与同桌讨论。

拓展问题1:对于 $y=a^x$ 中常数 $a$ 与 $x$ 有何具体取值要求?

拓展问题 2：为什么规定指数函数的底数 $a>0$，且 $a\neq 1$？

拓展活动：通过师生问答的方式，结合与同桌探究所得结论，进一步对指数函数的形式特征有更深入的了解。

讨论问题：由于函数的定义域是 **R**，我们如何规定 $x$ 是无理数时的情形？

体验活动：通过计算器去感受 $x$ 是无理数时的情形，对指数函数的图像与性质有了大致初步的了解。

第二梯度学习任务：学生依据导学问题的引导，引发对问题的思考，从具体函数出发，通过类比幂函数、描点画图等活动抽象出指数函数的图像与性质，无论准确与否，都要紧紧围绕问题进行解释。再根据情况组织小组讨论，交流对疑难问题产生的不同思考路径和不同的答案。（第二梯度学习任务侧重核心素养中的"数学抽象""逻辑推理"。）

导学问题：根据上述两个特殊函数描点画出大致图像，并猜测指数函数的图像与性质。

实践活动 1：全班分为两组，每组都要画出两个相关的指数函数图像，请学生根据自己的组别，用描点法，在同一坐标系中，画出相应的两个指数函数图像，第一组：画出 $y=2^{x}$，$y=3^{x}$ 的图像；第二组：画出 $y=\left(\dfrac{1}{2}\right)^{x}$，$y=\left(\dfrac{1}{3}\right)^{x}$ 的图像。

实践活动 2：对列表的要求：①列表时自变量取值要均匀和对称；②关注好定义域；③选择方便计算的点；④可以借助计算器的妙用：MODE7。对于连线，注意用光滑的曲线连接，再向两个方向伸展，得到图像（教师 PPT 中也可同步进行作图）。学生所画的函数图像参考如下。

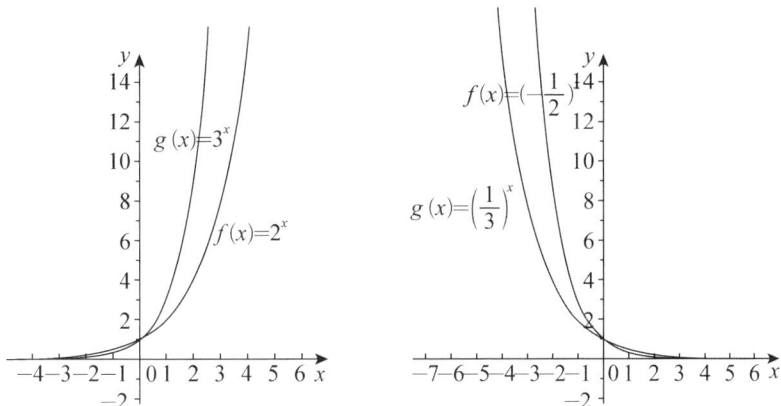

拓展问题：比较自己所作的两个函数图像，它们有何共性特征？（填写图像特征表。）

实践活动 3:第一组:①图像全在 $x$ 轴上方(第一、二象限),且与 $x$ 轴无限接近;

②它们都过 $(0,1)$ 点;

③自左向右,图像逐渐上升;

④图像本身无对称性(既不关于原点对称,也不关于 $y$ 轴对称)。

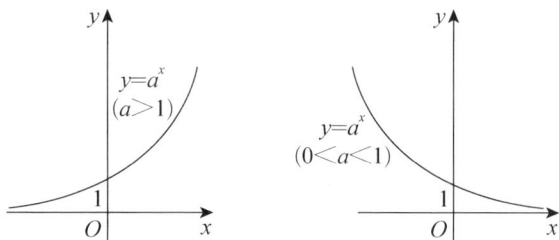

实践活动 4:第二组:①图像全在 $x$ 轴上方(第一、二象限),且与 $x$ 轴无限接近;

②它们都过 $(0,1)$ 点;

③自左向右,图像逐渐下降;

④图像本身无对称性(既不关于原点对称,也不关于 $y$ 轴对称)。

探究问题 1:在研究完指数函数的图像特征后,指数函数的定义域、值域、奇偶性、单调性又是如何的?

探究活动 1:第一组:(1)定义域:**R**;(2)值域:$(0,+\infty)$;(3)在 **R** 上是增函数;(4)奇偶性:非奇非偶函数。

探究活动 2:第二组:(1)定义域:**R**;(2)值域:$(0,+\infty)$;(3)在 **R** 上是减函数;(4)奇偶性:非奇非偶函数。

表 1

| | $a>1$ | | $0<a<1$ | |
|---|---|---|---|---|
| 图像 |  | |  | |
| | $a>1$ | $0<a<1$ | $a>1$ | $0<a<1$ |

（续表）

| a>1 | 0<a<1 |
|---|---|
| 图像特征 | 1. 图像全在 x 轴上方,且与 x 轴无限接近 | 性质 | 1. 定义域为 R |
|  | 2. 图像过定点(0,1) |  | 2. 值域为(0,+x) |
|  | 3. 自左向右,图像逐渐上升 ／ 3. 自左向右,图像逐渐下降 |  | 3. 过(0,1),当 x=0 时,y=1 |
|  |  |  | 4. 在 R 上是增函数 ／ 4. 在 R 上是减函数 |
|  | 4. 图像无对称性(既不关于原点对称,也不关于 y 轴对称) |  | 5. 既不是奇函数,也不是偶函数(无奇偶性) |

表 2

| 图像 | a>1 | 0<a<1 |
|---|---|---|
|  | | |

| | a>1 | 0<a<1 | | a>1 | 0<a<1 |
|---|---|---|---|---|---|
| 图像特征 | 1. 图像全在 x 轴上方,且与 x 轴无限接近 | | 性质 | 1. 定义域为 R,值域为(0,+∞) | |
|  | 2. 图像过定点(0,1) | | | 2. 当 x=0 时,y=1 | |
|  | 3. 自左向右,图像逐渐上升 | 3. 自左向右,图像逐渐下降 | | 3. 在 R 上是增函数 | 3. 在 R 上是减函数 |
|  | 4. 图像分布在左下和右上两个区域 | 4. 图像分布在左上和右下两个区域 | | 4. 当 x>0 时,y>1;当 x<0,0<y<1 | 4. 当 x>0 时,0<y<1;当 x<0 时,y>1 |
|  | 5. 图像无对称性(既不关于原点对称,也不关于 y 轴对称) | | | 5. 既不是奇函数,也不是偶函数(无奇偶性) | |

实践活动 5:例题:利用指数函数性质,不通过求值,比较下列各组数中两个数的大小:

（1） $2^{\sqrt{3}}$ , $2^{1.7}$ ；　（2） $0.6^{-\frac{2}{3}}$ , $0.6^{-\frac{3}{4}}$ ；　（3）（变式） $a^{\frac{1}{2}}$ , $a^{\frac{1}{3}}$ （ $a>0$ 且 $a\neq1$ ）。

解:（1）因为指数函数 $y=2^x$ 在 $(-\infty,+\infty)$ 上是增函数,又 $\sqrt{3}>1.7$ ,所以 $2^{\sqrt{3}}>2^{1.7}$ 。

（2）因为指数函数 $y=0.6^x$ 在 $(-\infty,+\infty)$ 上是减函数,又 $-\dfrac{2}{3}>-\dfrac{3}{4}$ ,所以

$0.6^{-\frac{2}{3}}<0.6^{-\frac{3}{4}}$。

(3)当 $a>1$ 时，指数函数 $y=a^x$ 在 $(-\infty,+\infty)$ 上是增函数，又 $\frac{1}{3}<\frac{1}{2}$，所以 $a^{\frac{1}{2}}>a^{\frac{1}{3}}$。

当 $0<a<1$ 时，指数函数 $y=a^x$ 在 $(-\infty,+\infty)$ 上是减函数，又 $\frac{1}{3}<\frac{1}{2}$，所以 $a^{\frac{1}{2}}<a^{\frac{1}{3}}$。

说明：对变式 3 采用学生自助探究方式进行讨论。

第三梯度学习任务：通过对问题 1、问题 2、活动 1 深入探究，对比分析底数不同的情况下的问题，促进知识迁移运用，对指数函数的性质进行应用，进而验证指数函数的模型，通过教师的引导、启发、点拨，以及生生间的合作交流，解决问题，然后带着新的问题走出课堂，实现学习过程的升华。（第三梯度任务侧重核心素养中的"数学运算""数学抽象"。）

讨论问题 1：我们再来观察 $y=2^x$ 与 $y=\left(\frac{1}{2}\right)^x$ 的图像，可以发现它们之间的对称性质吗？

讨论问题 2：我们继续观察比较 $y=2^x$，$y=\left(\frac{1}{2}\right)^x$，$y=3^x$，$y=\left(\frac{1}{3}\right)^x$ 的图像，继续探索图像的进一步性质。如何比较每个象限内指数函数底数大小？

探究活动：通过比较 $y=2^x$，$y=\left(\frac{1}{2}\right)^x$，$y=3^x$，$y=\left(\frac{1}{3}\right)^x$ 的图像，探究底数对指数函数性质的影响，并归纳总结指数函数的图像与性质。

## 三、作业设计

（一）基础性作业

1. 已知指数函数 $y=(m-2)^x$ 在 **R** 上是严格减函数，求实数 $m$ 的取值范围。

（考核：数学运算。）

2. 已知常数 $a>0$ 且 $a\neq 1$。假设无论 $a$ 取何值，函数 $y=a^{2-x}$ 的图像恒经过一个定点，求此定点的坐标。

（考核：数学抽象。）

3. 比较下列各题中两个数的大小：

(1) $1.2^{2.6}$ 和 $1.2^{2.61}$；

（2）$(\sqrt{3})^{-\frac{1}{3}}$ 和 $\left(\dfrac{\sqrt{3}}{3}\right)^{\frac{1}{2}}$。

（考核：数学运算、逻辑推理。）

4. 求下列不等式的解集：

（1）$3^{x^2-2x+3}<3^{2x}$；

（2）$\left(\dfrac{1}{3}\right)^{\sqrt{x}}\leqslant\dfrac{1}{81}$。

（考核：数学抽象、数学运算。）

5. 设 $a>1$，若 $a^{x^2+2x+1}<a^{2x^2-3x+1}$，求实数 $x$ 的取值范围。

（考核：数学运算、逻辑推理。）

6. 若函数 $y=5^{x+1}+m$ 的图像不经过第二象限，求实数 $m$ 的取值范围。

（考核：直观想象。）

（二）思维性作业

1. 若函数 $y=a^x-(b+2)(a>0$ 且 $a\neq1,b\in\mathbf{R})$ 的图像不经过第二象限，则 $a$、$b$ 的取值范围分别是_____。

（考核：直观想象、逻辑推理。）

2. 无论实数 $a$ 为何值，函数 $y=(a-2)\cdot2^x-\dfrac{a}{2}$ 的图像都经过一个定点，求这个定点的坐标。

（考核：直观想象、逻辑推理。）

（三）情景式作业

1. 同学们，你们是否注意到：自然下垂的铁链；空旷田野上，两根电线杆之间的电线；峡谷的上空，横跨深涧的观光索道的钢索……这些现象中都有相似的曲线形态。这些曲线在数学上常常被称为悬链线。悬链线相关理论在工程、航海、光学等方面有广泛的应用。在恰当的坐标系中，这类函数表达式可以为 $f(x)=ae^x+be^{-x}$（其中 $a,b$ 是非零常数，无理数 $e=2.718\,28\cdots$），对于函数 $f(x)$，以下结论正确的是（　　）。

A. 如果 $a=b$，那么 $f(x)$ 为奇函数

B. 如果 $ab<0$，那么 $f(x)$ 为单调函数

C. 如果 $ab>0$，那么 $f(x)$ 没有零点

D. 如果 $ab=1$，那么 $f(x)$ 的最小值为 2

（考核：数学建模、数学抽象。）

(四) 实践性作业

我们知道,如果指数函数的底数 $a$ 大于 1,当自变量 $x$ 增大时,指数函数 $y=a^x$ 增长得非常快,称为"指数增长"。类似地,可以分析底数 $a$ 大于 1 的对数函数 $y=\log_a x$ 的增长速度。

(1) 当 $x=10^2$、$10^4$、$10^6$、$10^8$、$10^{10}$ 时,计算函数 $y=0.01x$ 和 $y=\lg x$ 的值,并由此比较两个函数的增长速度。

(2) 当 $x=10^{10}$、$10^{20}$、$10^{50}$、$10^{100}$、$10^{200}$ 时,计算函数 $y=x^{0.1}$ 和 $y=\lg x$ 的值,并由此比较两个函数的增长速度。

(3) 当 $x=10^2$、$10^4$、$10^6$、$10^8$、$10^{10}$ 时,计算函数 $y=1.1^x$ 和 $y=\lg x$ 的值,并由此比较两个函数的增长速度。通过上述比较,你对对数函数的增长速度有何体会?

(考核:数学抽象、数学运算。)

(五) 跨学科作业

1. 一种专门占据内存的计算机病毒,开机时占据内存 2 KB,然后每 3 分钟自身复制一次,复制后所占内存是原来的 2 倍。那么开机后多少分钟,该病毒会占据 64 MB 内存(1 MB=1 024 KB)?

附件 1:

学生用 MATLAB 编程软件画出指数函数图像:

$x=-3:0.001:3$;

$y=2.\char`\^x$;

plot($x$,$y$,$'r'$)

hold on

$x=-3:0.001:3$;

$y=0.5.\char`\^x$;

plot($x$,$y$,$'b'$)

hold on

$x=-3:0.001:3$;

$y=3.\char`\^x$;

plot($x$,$y$,$'g'$)

hold on

$x=-3:0.001:3$;

$y=(1/3).\char`\^x$;

$\text{plot}(x, y, {}^{\shortmid}y^{\shortmid})$

（考核：数学运算、数据分析。）

# 高中数学必修二

# 解三角形

课堂导学设计[①]

沈哲琦[②]

## 一、学习目标

（一）数学抽象

1.通过对情景问题中已知条件，用数学语言进行表达，进一步抽象成数学问题。2.通过对情境中的图形进行分析，利用正弦定理和余弦定理进行求解。

（二）逻辑推理

1.通过正余弦定理的应用，类比求解实际生活中的测量问题。2.归纳总结一般数学建模的过程，探索利用数学建模解决实际问题的基本思路。

（三）数学建模

1.在具体问题情境中，利用数学语言表达问题，并建立相关的数学模型。2.利用数学方法求解模型并且根据实际情况修改数学模型，最终得到更加符合实际情况的答案。

（四）直观想象

1.通过实际问题的分析，画出示意图。2.结合两个实例，画出数学建模的流程图。

（五）数学运算

根据已知条件，利用正余弦定理解三角形，计算高度、距离和角度。

（六）数据分析

1.通过对相关数据的收集和整理，选择合适的测量方法。2.在具体情景问题中，构建三角模型，通过数据处理分析，获得结论，解决实际问题。

---

① 高中数学必修第二册（上海教育出版社）　第六章　第三节　解三角形　课堂导学设计。
② 上海市青浦区第一中学。

## 二、课堂导学设计

第一梯度学习任务:温习旧知,温故求新。学生通过温习正余弦定理,解决预习单上的两个导入问题。思考正余弦定理在实际生活中有哪些应用,为后续内容作铺垫。(第一梯度任务侧重数学核心素养中的"数学抽象""数学建模""逻辑推理"。)

导学问题 1:如图所示,在一岸边选定两点 A、B,望对岸标记物 C,测得 $\angle CAB=30°,\angle CBA=75°,AB=120$ m,则 $BC$ 为 _____ m。

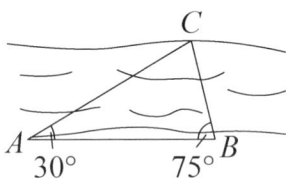

导学问题 2:$A$、$B$ 两地之间隔着一个山岗,如图,现选择另一个点 $C$,测得 $CA=74$ km,$CB=5$ km,$C=60°$,则 $A$、$B$ 两点之间的距离为 _____ km。

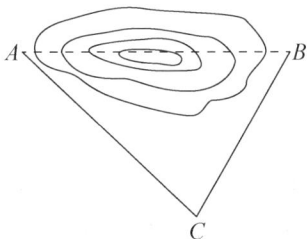

体验活动:学生以小组为单位核对预学单上的导学问题,思考正余弦定理在实际生活中有何应用。进一步讨论利用数学知识解决实际问题的一般思路。

以上导学过程从学生熟悉的问题入手,有如下优点:(1)导学问题设置简单且具体,有助于不同层次的学生进行思考并探究;(2)两个导学问题都源于生活需求,需要从具体情境中抽象出数学问题,并用数学语言将其表达出来,培育学生的数学建模能力;(3)导学问题明确指向学习目标,为后续探究做好准备。

第二梯度学习任务:基于问题链的新知构建。利用例题中所产生的问题链,进一步提升学生在实际生活中对正、余弦定理的应用,体会数学建模最基本的思路,培养学生数学抽象、数学建模和数据分析的核心素养。(第二梯度学习任务侧重数学核心素养中的"数学抽象""数学建模""数据分析"。)

导学问题：正余弦定理在测量中有着重要的作用，除了测量距离外还可应用在测量高度上，如我们现在想测我们现在所在的 6 号楼的高度，请各位学生想一想有什么好的方法。

接下来我们看一位测量爱好者是如何操作并测量金茂大厦高度的。先仔细阅读例 1：

例 1. 金茂大厦是上海超高层标志性建筑。有一位测量爱好者在与金茂大厦底部同一水平线上的 $B$ 处测得金茂大厦顶部 $A$ 的仰角为 15.66°，再向金茂大厦前进 500 m 到达 $C$ 处，测得金茂大厦顶部 $A$ 的仰角为 22.81°。请根据以上数据估算出金茂大厦的高度。（结果精确到 1 m）

实验活动：教师补充相关专业知识，即仰角和俯角。

仰角：在同一铅垂线平面内，视线在水平线上方时与水平线的夹角。

俯角：在同一铅垂线平面内，视线在水平线下方时与水平线的夹角。

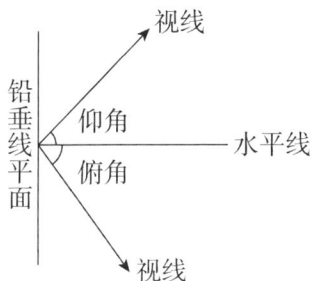

教师引导学生分析题意，欲求 $AD$ 长—设 $AD = x(m)$—构造方程。

讨论问题 1：学生提出自己测量高度的想法，教师根据学生回答的内容进行回应，引出例 1。学生仔细阅读题目并提出问题。

分析实际问题，再转化为数学问题，并画出示意图：

已知条件如图所示。求 $A$ 到直线 $BC$ 的距离，即求边长 $AD$ 的长。

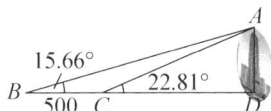

解三角形，学生单独完成，并分享不同的结果。

该问题是利用正余弦定理测量高度的问题，一方面可以让学生体会正余弦定理在实际生活场景中的应用，另一方面有利于培养学生的数学建模、逻辑推理和数学运算的核心素养。

讨论问题 2:你能归纳求解三角测量问题的主要步骤和方法吗?

例 2.甲船在距离 A 港口 24 海里并在南偏西 20°方向的 C 处停留等候进港,乙船在 A 港口南偏东 40°方向的 B 处沿直线行驶入港,甲、乙两船距离为 31 海里。当乙船行驶 20 海里到达 D 处时,接到港口指令,前往救援忽然发生火灾的甲船。求此时甲、乙两船之间的距离。

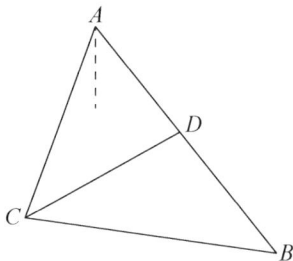

讨论问题 3:你能用数学语言描述例 2 中的情境吗?

如图,已知 $AC=24,BC=31,\angle CAD=20°+40°=60°,DB=20$,求 $CD$。

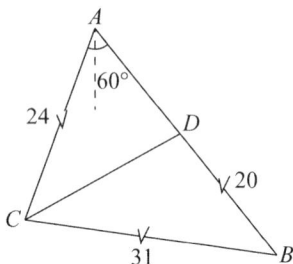

体验活动:通过小组讨论完成例题。(可能出现两解的情况,教师提醒需要结合实际情况。)

探究活动:当乙船接到命令前往救援时,应按何方向行驶可最快抵达甲船处?

教师提出变式,利用正余弦定理解决测量角度问题。教师补充相关专业知识,即方向角、方位角。

方向角:从指定方向线到目标方向线的水平角。

方位角:从正北方向线按顺时针方向到目标方向线所转过的水平角。

最快的行驶方式应该是按照直线行驶,可最快抵达甲船处。

如图,已知 $CD=21,BC=31,DB=20$,先求 $\angle CDB$ 的大小,再求具体的方位角。

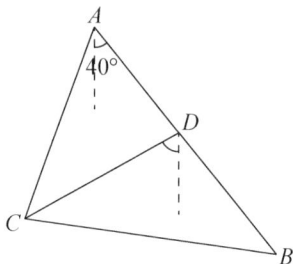

讨论问题 4:学生小组讨论解三角形问题,并且用 arc cos 表示角度,教师总结。

讨论问题 5:例 2 是通过将实际问题转化为数学(解三角形)问题,当过程中出现多解的情况时,需要根据具体问题进行判断是否符合要求,并进行取舍。

讨论问题 6:利用反三角函数表示角度,并且学习使用计算器解出具体的方位角,注意角度值和弧度制的转化。"形"为"数"指引方向,读懂题意,正确作出示意图,方能合理应用正弦定理和余弦定理。

第三梯度学习任务:促进知识迁移运用。学生依据讨论问题的指导,在深入理解教材的基础上,拓宽思维空间,促进知识迁移运用。(第三梯度任务侧重数学核心素养中的"逻辑推理""数据分析""数学建模""直观想象"。)

探究问题:求解三角测量问题的步骤和方法,你有什么想补充说明的?

教师点评学生提出的不同测量高楼高度的方法,提出思考问题。

可能的问题 1:为什么不直接测量 $BD$ 的长度及 $\angle ABD$?

可能的问题 2:为什么不缩短测量 $BD$ 的长度?

讨论问题 1:学生在测量高度问题时可能有各种想法,鼓励学生提出自己的想法,同时对一些以目前的知识还无法回答的问题,如可能问题 1 和 2,需要用三角函数甚至导数的知识,可以鼓励学生形成研究课题,然后进行深入探究,提升他们的学习兴趣。

完成任务单:

任务 1:能借助图形分析求解实际测量问题,完成例 2。

例 3. 能合理选择正弦定理或余弦定理求解三角测量的实际问题,感受解三角形在简单测量问题中的应用。(检测目标 1)

任务 2:回答问题,归纳总结求解三角测量问题的一般思路和方法。(检测目标 2)

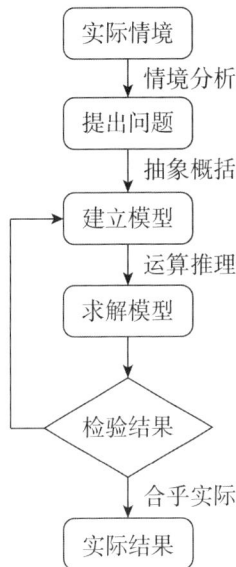

| 评价任务 | 顺利完成 | 基本完成 | 未能完成 | 未能完成的具体问题或例题 |
|---|---|---|---|---|
| 任务一 |  |  |  |  |
| 任务二 |  |  |  |  |

## 三、作业设计

(一) 基础性作业

1. 某货轮在 $A$ 处看灯塔 $S$ 在北偏东 $30°$ 方向,它以每小时 18 海里的速度向正北方向航行,经过 40 分钟航行到达 $B$ 处,看灯塔 $S$ 在北偏东 $75°$ 方向,求此时货轮到灯塔 $S$ 的距离。

2. 我缉私船发现位于正北方向的走私船以每小时 30 海里的速度向北偏东 $45°$ 方向的公海逃窜,已知缉私船的最大时速是 45 海里,为了及时截住走私船,缉私船应以什么方向追击走私船?(结果精确到 $0.01°$)

3. 修建铁路时要在一个山体上开挖一隧道,需要测量隧道口 $D$、$E$ 之间的距离,测量人员在山的一侧选取点 $C$,因有障碍物,无法直接测得 $CE$、$DE$ 的距离。现测得 $CA = 482.80$ m,$CB = 631.50$ m,$\angle ACB = 56.3°$;又测得 $A$ 及 $B$ 两点到隧道口的距离分别是 $80.13$ m 及 $40.24$ m($A$、$D$、$E$、$B$ 在同一直线上),求隧道 $DE$ 的长。(结果精确到 1 m)

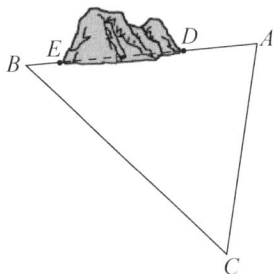

(第 3 题)

4. 如图,自动卸货汽车采用液压机构,设计时需要计算油泵顶杆 $BC$ 的长度。已知车厢的最大仰角为 $60°$,油泵顶点 $B$ 与车厢支点 $A$ 之间的距离为 $1.95$ m,$AB$ 与水平线之间的夹角为 $6°20'$,$AC$ 的长为 $1.4$ m。计算 $BC$ 的长。(结果精确到 $0.01$ m)

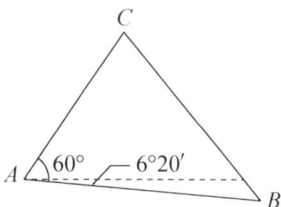

（二）提高性作业

★1. 某船在海面 $A$ 处测得灯塔 $C$ 在北偏东 $30°$ 方向，与 $A$ 相距 $10\sqrt{3}$ 海里，且测得灯塔 $B$ 在北偏西 $75°$ 方向，与 $A$ 相距 $15\sqrt{6}$ 海里。船由 $A$ 向正北方向航行到 $D$ 处，测得灯塔 $B$ 在南偏西 $60°$ 方向。这时灯塔 $C$ 与 $D$ 相距多少海里？$C$ 在 $D$ 的什么方向？

★2. 如图，为了测定对岸 $A$、$B$ 两点之间的距离，在河的一岸定一条基线 $CD$，测得 $CD = 100\ \text{m}$，$\angle ACD = 80°$，$\angle BCD = 45°$，$\angle BDC = 70°$，$\angle ADC = 33°$，求 $A$、$B$ 间的距离。（结果精确到 $0.01\ \text{m}$）

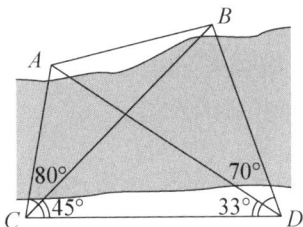

（三）情景式作业

给出下列测量任务：

（1）测量本校的一座教学楼的高度；

（2）测量本校的旗杆的高度；

（3）测量学校院墙外的一座不可及，但在学校操场上可以看得见的物体的高度。

可以每 $2\sim3$ 个学生组成一个测量小组，以小组为单位完成任务；每人填写测量课题报告表，一周后上交。

（四）实践性作业

通过自制的量角器及测距仪，利用正余弦定理，测量本校的一幢大楼高度，并且进行误差分析。

（五）跨学科作业

1. 本市的电视塔的高度是多少米？

2. 一座高度为 $H$ m 的电视塔，信号传播半径是多少？信号覆盖面积有多大？

3. 找一幅本市地图，看一看，本市地域面积有多少平方千米？电视塔的位置在地图上的什么地方？按照计算得到的数据，这座电视塔发出的电视信号是否能覆盖全市区域？

4. 本市(外地)到北京的距离有多少千米? 要用一座电视塔把信号从北京直接发送到本市,这座电视台的高度至少要多少米?

5. 如果采用多个中继站的方式,用 100 m 高的塔接力传输电视信号,从北京到本地至少要建多少座 100 m 高的中继传送塔?

6. 考虑地球大气层和电离层对电磁波的反射作用,重新考虑问题 2、4、5。

7. 如果一座电视塔(300 m 高)不能覆盖全市,请设计一个多塔覆盖方案。

8. 至少发射几颗通信卫星,可以使其信号覆盖整个地球?

9. 如果我国要发射一颗气象监测卫星,监测我国的气象情况,请设计一个合理的卫星定点位置或卫星轨道。

10. 在网上收集资料,了解有关"北斗卫星导航系统"的内容,在班里做一个相关内容的综述,并发表对这件事的看法。

# 高中数学选择性必修二

# 乘法原理

课堂导学设计[1]

金怡雯[2]

## 一、学习目标

(一) 数学抽象

通过对情景问题中计数问题的分析,得出在分步解决问题时,可以将每一个步骤的可能性相乘,从而抽象出乘法原理。

(二) 逻辑推理

从具体情景问题中归纳出更为一般的结论,培养逻辑推理等核心素养。

(三) 数学建模

在具体问题情境中,发现乘法计数原理,并建立相关的数学模型。

---

[1] 高中数学选择性必修二(上海教育出版社) 第六章 计数原理 第一节 乘法原理 课堂导学设计。

[2] 上海市青浦区第一中学。

(四) 数学运算

解决具体的计数问题,培养数学运算的核心素养。

## 二、课堂导学设计

情境导入:手机号码是由 11 位数字组成的,若某手机运营商申请开通了一个新的号码段(前三位号码固定),在不考虑其他因素的前提下,该号码段能容纳多少用户?

探究活动 1:如图,从甲地到丙地,须经过乙地。其中,从甲地到乙地有 3 条路线,而从乙地到丙地有 2 条路线,那么从甲地经由乙地到丙地,共有多少种不同的走法?

探究活动 2:请帮小朋友搭配一套服装。

讨论问题:这两个问题有什么共同特点? 可以采用什么方法解决问题?

第一梯度学习任务:通过与生活相关的实际问题激发学生对计数原理的学习兴趣。通过具体情境问题,归纳出更为一般的结论,初步体会乘法计数原理,培养数学抽象素养。(第一梯度学习任务侧重数学学科核心素养中的"数学抽象"。)

导学问题:乘法原理(又称分步计数原理),是指做一件事情,需要依次完成 $n$ 个步骤,其中完成第一步有 $a_1$ 种不同的方法,完成第二步有 $a_2$ 种不同的方法……完成第 $n$ 步有 $a_n$ 种不同的方法。那么,完成这件事共有 $a_1a_2\cdots a_n$ 种不同的方法。

探究活动:一个三层书架上共放有 9 本书,其中第一层放有 4 本不同的语文书,第二层放有 3 本不同的数学书,第三层放有 2 本不同的英语书。若从书架的第一、二、三层各取 1 本书,共有多少种不同的取法?

第二梯度学习任务:通过前期的情境问题,归纳出更为一般的结论,培养数学抽象素养。通过师生问答、生生补充的形式,让学生用自己的语言来归纳乘法原理,加深学生对乘法原理的认识。能识别具体情境中的数学模型,并运用乘法原理解决问题。(第二梯度学习任务侧重数学学科核心素养中的"数学抽象""数学运算"。)

实践活动1:用1、2、3、4、5,可以组成多少个没有重复数字的三位数?

实践活动2:用1、2、3、4、5,可以组成多少个没有重复数字的三位奇数?

讨论问题:思考讨论实践活动1、2之间的区别,并归纳在应用乘法原理时有什么需要注意的。

第三梯度学习任务:促进知识迁移运用。学生依据讨论问题的指导,在深入理解乘法原理的基础上,学会应用乘法原理相关知识解决实际问题。感受与乘法原理相关的数学模型之间的区别,体会模型中的特殊元素及特殊位置,理解在应用乘法原理时要对特殊元素和特殊位置进行讨论,渗透分类讨论的数学思想方法。(第三梯度学习任务侧重数学学科核心素养中的"数学运算""逻辑推理"。)

导学问题:正整数24有多少个不同的素因数? 有多少个不同的正约数?

讨论问题1:24的正约数和素因数之间有怎样的联系?

探究活动1:如何利用乘法原理求24的正约数的个数?

探究活动2:正整数540有多少个正约数?

探究活动3:正整数540的正约数中有多少个偶数?

讨论问题2:手机号码由11位数字组成,若某手机运营商申请开通了一个新的号码段(固定11位数字中的前3位数字),在不考虑其他因素的前提下,如何计算出该号码段可以容纳的最大用户数量?

讨论问题3:通过例题,你对乘法原理有什么认识与理解? 这些例题,渗透分类讨论的思想方法,你认为这个思想方法,对培育数学运算和逻辑推理核心素养有什么启发?

解决更为复杂的情境问题,并自行归纳总结乘法原理的定义、应用乘法原理时的注意事项,关注特殊元素与特殊位置,提升对乘法原理的理解与应用。

## 三、作业设计

(一) 基础性作业

1. 书架上第1层放有4本不同的计算机书,第2层放有3本不同的文艺书,第3层放有2本不同的体育杂志。从书架的第1、2、3层各取1本书,有_____种不同的取法。

(考核:数学运算素养。)

2.4张卡片的正、反面分别标有0与1,2与3,4与5,6与7,将其中3张卡片排放在一起可组成_____个不同的三位数。

（考核：数学运算、逻辑推理素养。）

3. 2019 年 9 月 1 日，兰州地铁 1 号线正式开通，两名学生同时去乘坐。一列地铁有 6 节车厢，两人进入车厢的方法数共有_____种。

（考核：数学运算素养。）

4. 为响应国家"节约粮食"的号召，某学生决定在某食堂提供的 2 种主食、3 种素菜、2 种大荤、4 种小荤中选取一种主食、一种素菜、一种荤菜作为今日伙食，并在用餐时积极践行"光盘行动"，则不同的选取方法有_____种。

第 5 题图

（考核：数学运算素养。）

5. 如图所示，在由电键组 $A$ 与 $B$ 组成的串联电路（规定每组电键只能合上其中的一个电键）中，接通电源使小灯发光的方法有_____种。

（考核：数学运算、逻辑推理素养。）

6. 现有 6 名学生去听同时进行的 5 个课外知识讲座，每名学生可以自由选择其中的一个讲座，不同的选法种数是（　　）。

　　A. $5^6$　　　　　B. $6^5$　　　　　C. 30　　　　　D. 11

（考核：数学运算素养。）

7. 数独是源于 18 世纪瑞士的一种数学游戏。现有一个数独的简化版，由 3 行 3 列 9 个单元格构成，玩该游戏时，需要将数字 1、2、3（各 3 个）全部填入单元格，每个单元格填一个数字，要求每一行、每一列均有 1、2、3 三个数字，则不同的填法有（　　）。

　　A. 12 种　　　　B. 24 种　　　　C. 72 种　　　　D. 216 种

（考核：数学运算、逻辑推理素养。）

8. 求证：$(a_1+a_2+\cdots+a_m) \cdot (b_1+b_2+\cdots+b_n) \cdot (c_1+c_2+\cdots+c_k)$ 展开式的项数是 $m \cdot n \cdot k$（$m$、$n$、$k$ 均为正整数）。

（考核：数学运算、逻辑推理素养。）

9. 用 0、1、2、3、4、5 可以组成多少个四位整数？

（考核：数学运算、逻辑推理素养。）

（二）提高性作业

1. 某电商为某次活动设计了三种红包，活动规定每人可以依次点击 4 次，每次都会获得三种红包中的一种，若集全三种即可获奖。但是，三种红包出现的顺

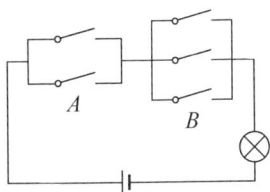

序不同,对应的奖次也不同。员工甲按规定依次点击了 4 次,直到第 4 次才获奖,则他获得奖次的不同情形的种数有_____种。

(考核:数学建模、逻辑推理、数学运算素养。)

2.(多选题)有 4 名学生报名参加三个同一时间活动的社团,则下列说法中正确的是(　　)。

　　A. 每名学生限报其中一个社团,则不同的报名方法共有 $3^4$ 种

　　B. 每名学生限报其中一个社团,则不同的报名方法共有 $4^3$ 种

　　C. 每个社团限报一人,则不同的报名方法共有 24 种

　　D. 每个社团限报一人,则不同的报名方法共有 $3^3$ 种

(考核:数学运算、逻辑推理素养。)

3. 用 0、1、2、3、4、5 可以组成多少个四位偶数?

(考核:数学运算、逻辑推理素养。)

(三) 情景式作业

工人在安装一个六边形零件时,需要固定如图所示的六个位置的螺栓。若按一定顺序将每个螺栓固定紧,但不能连续固定相邻的两个螺栓,则不同的固定螺栓方式的种数有_____种。

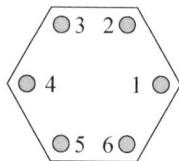

(考核:数学运算、逻辑推理素养。)

(四) 实践性作业

将标有 1、2、3、4 的四只球放到标有 1、2、3、4 的四只盒子中,每只盒子中放一只球,则每一只盒子的标号与该盒子中球的标号均不相同的放法有_____种。

(考核:数学运算、逻辑推理素养。)

(五) 跨学科作业

1. 观察地理教材上的地图,数一数地图上使用了多少种不同的颜色来对不同的国家或区域填色。

2. 查阅四色定理相关材料,并制作相关 PPT,介绍四色定理。

(考核:数学运算、逻辑推理素养。)

# 高中数学必修二

# 实系数一元二次方程

课堂导学设计①

徐明②


## 一、学习目标

（一）数学抽象

1.通过进一步认识一元二次方程在实数集中根的情况，观察生活中的小故事，尝试总结实系数一元二次方程在复数集中根的情况；2.通过观察类比在实数集中解一元二次方程和实数范围内的因式分解，尝试总结复数集中解实系数一元二次方程并能在复数集中对二次三项式进行因式分解。

（二）逻辑推理

1.采用配方法证明实系数一元二次方程的解，思考复数集中求解实系数一元二次方程与实数集中求解的区别；2.通过推理证明实系数一元二次方程中根与系数的关系，区分实数集和复数集中根与系数的区别，逐步渗透分类讨论的数学思想及逻辑推理的核心素养。

（三）数学建模

1.通过类比分析实数集和复数集中一元二次方程的解的区别，建立复数范围求解实系数一元二次方程的模型，在思考过程中体会发现问题、提出问题、解决问题的快乐；2.在实系数一元二次方程根与系数关系的推广中，进一步拓展思考辨析复系数集中一元二次方程是否存在根与系数的关系，对根与系数的关系模型进行修正推广，进而更好地解决问题。

（四）数学运算

1.在复数集中求解实系数一元二次方程，并能对二次三项式在复数集中进行因式分解；2.实数的绝对值和复数的模的运算。

---

① 高中数学必修二（上海教育出版社）　第9章　第3节　实系数一元二次方程　课堂导学设计。
② 上海市青浦区第一中学。

（五）数据分析

1.类比实数集中求解一元二次方程根的情况,分析复数集实系数一元二次方程求解的异同点;2.通过分类讨论,探究实系数方程的两根为实数根和虚数根的区别。

## 二、课堂导学设计

第一梯度学习任务:通过情景式引入,联系初高中旧知,借助数学小故事,由特殊到一般,抽象出复数集中的实系数一元二次方程解的情况,培养发现问题、思考问题、用不同方法解决问题的能力,初步建立解决数学问题的模型。(第一梯度学习任务侧重数学核心素养中的"数学抽象""数学建模"。)

导学问题1:现有一元二次方程 $ax^2+bx+c=0(a,b,c\in\mathbf{R}$ 且 $a\neq0)$ ,对这个方程有哪些认识?

学生活动1:尝试独立复习对实系数一元二次方程的认识。

学生活动2:同桌相互讨论完善一元二次方程根的情况。

**相关链接:数学小故事**

1545年,意大利数学家卡丹(Cardano,1501—1576)解二次方程 $10x-x^2=40$ ,得 $x=5\pm\sqrt{-15}$ ,他称 $\sqrt{-15}$ 为"诡辩量"。

他说:"不管我的良心受到多大的责备,$(5+\sqrt{-15})$ 乘以 $(5-\sqrt{-15})$ 的确刚好等于40。"

导学问题2:结合高中学习的复数范围内的类比实数的平方根,分析实系数一元二次方程 $ax^2+bx+c=0(a,b,c\in\mathbf{R}$ 且 $a\neq0)$ 在复数集C中解的情况。

学生活动3:类比数学家的故事,思考并与同桌讨论负数如何在复数范围内开根号。

学生活动4:写出实系数一元二次方程解的情况,并尝试推导方程解的过程。

第二梯度学习任务:通过学生的探究活动,对复数范围内一元二次方程根的情况的思考和总结,思考根的情况与判别式的关系,渗透分类讨论的思想。类比实数范围内因式分解,抽象出二次三项式在复数范围内的因式分解;类比实数集中的一元二次方程根与系数的关系,抽象出复数范围内实系数一元二次方程根与系数的关系,并进行严格的推理证明,总结知识结构,由特殊到一般,大胆猜测,小心求证,并用辩证思维方法思考结论,建立解决数学问题的一般模型。(第二梯度学习任务侧重数学核心素养中的"逻辑推理""数学建模"。)

探究活动 1:总结实系数一元二次方程在复数集 $C$ 中解的情况:

设一元二次方程 $ax^2+bx+c=0(a,b,c\in\mathbf{R}$ 且 $a\neq0)$。

① $\Delta=b^2-4ac>0$ 时,原方程有两个不相等的实数根:$x=-\dfrac{b}{2a}\pm\dfrac{\sqrt{\Delta}}{2a}$;

② $\Delta=b^2-4ac=0$ 时,原方程有两个相等的实数根 $x=-\dfrac{b}{2a}$;

③ 当 $\Delta=b^2-4ac<0$ 时,此时原方程有两个不相等的虚数根:$x=-\dfrac{b}{2a}\pm$

$\dfrac{\sqrt{-\Delta}}{2a}\mathrm{i}$。

讨论活动:思考总结实系数一元二次方程在判别式不同的情况下根的个数的情况。

探究活动 2:已知 $k$ 是一个实常数,而关于 $x$ 的一元二次方程 $x^2-2kx-k=0$ 有两个虚根,求 $k$ 的取值范围。

(考核:逻辑推理。)

导学问题 1:复数范围内的因式分解。既然实系数一元二次方程在复数范围内必有两个解,那么二次三项式 $ax^2+bx+c(a,b,c\in\mathbf{R}$ 且 $a\neq0)$ 在复数范围内总可以分解成两个一次因式的乘积。若方程 $ax^2+bx+c=0$ 的两个解分别为 $x_1,x_2$,则 $ax^2+bx+c=a(x-x_1)(x-x_2)$。

导学问题 2:在复数集中分解因式。

(1) $2x^2-4x+5$

(2) $x^4-16$

(考核:逻辑推理、数学运算。)

讨论问题:思考小结分解二次三项式 $x^2+2x+a=0$ 时,应注意什么?

$\Delta=b^2-4ac<0$ 根与系数的关系:

导学问题 3:猜测并证明根与系数的关系。

对于实系数一元二次方程 $ax^2+bx+c=0$,当其有实数根时,我们在必修第 1 册已经学过了根与系数的关系:$x_1+x_2=-\dfrac{b}{a}$,$x_1\cdot x_2=\dfrac{c}{a}$(即韦达定理)。

探究问题:实系数一元二次方程有虚数根时,是否也满足根与系数的关系?

利用求根公式 $x_1=-\dfrac{b}{2a}+\dfrac{\sqrt{-\Delta}}{2a}i,x_2=-\dfrac{b}{2a}-\dfrac{\sqrt{-\Delta}}{2a}i$;

容易验证 $x_1+x_2=-\dfrac{b}{a},x_1 \cdot x_2=\dfrac{c}{a}$。

第三梯度学习任务:通过强化巩固在复数范围内解实系数一元二次方程,能合理分类讨论,分析不同题意下的解题方法和策略,解决复数集中实根和虚根的问题。在提高运算能力的同时,结合思考题,进一步思考辨析复系数集中的一元二次方程是否存在根与系数的关系,对根与系数的关系模型进行推广,进而更好地解决数学问题。(第三梯度学习任务侧重数学核心素养中的"数学运算""数据分析"。)

导学问题1:在复数集中解方程:$2x^2-4x+5=0$;

(考核:逻辑推理、数学运算。)

探究活动1:学生独立完成复数范围内解方程的问题,两位学生板书,规范解题格式。

探究活动2:学生完成下列题目:

(1) $x^2-2x+2=0$

(2) $2x^2-4x-5=0$

(3) $x^2+ax+4=0(a\in \mathbf{R})$

(考核:逻辑推理、数学运算。)

探究活动3:学生独立完成,核对答案,进一步总结方法。

学生活动1:总结解 $\Delta<0$ 时实系数一元二次方程的一般步骤。

探究问题1:辨析概念:

若实系数一元二次方程 $ax^2+bx+c=0$ 在复数集中的两个根为 $x_1$、$x_2$,则下列结论中恒成立的序号是:

① $x_1$、$x_2$ 互为共轭复数

② $|x_1-x_2|^2=(x_1+x_2)^2-4x_1x_2$

③ $x_1+x_2=-\dfrac{b}{a},x_1x_2=\dfrac{c}{a}$

(考核:数学抽象、逻辑推理。)

探究活动4:总结探究问题中考查学生对复数概念的理解程度。

导学问题2:已知实系数一元二次方程 $2x^2+px+q=0$ 的一个根为 $-2+3i$,求 $p$、$q$ 的值。

(考核:逻辑推理。)

导学问题3：

变1　已知关于 $x$ 的实系数方程 $x^2+kx+k^2-3k=0$ 有一个模为 $2$ 的虚根，求实数 $k$ 的值。

（考核：逻辑推理。）

变2　已知关于 $x$ 的实系数方程 $x^2+kx+k^2-3k=0$ 有一个模为 $2$ 的根，求实数 $k$ 的值。

（考核：数学抽象、逻辑推理。）

学生活动2：总结归纳共轭虚根及根与系数关系的应用。

探究问题2：请思考，设方程 $x^2+4x+m=0$ 的两虚根为 $\alpha$、$\beta$，且 $|\alpha-\beta|=2$，求实数 $m$ 的值。

（考核：数学抽象、逻辑推理、数学运算。）

变式：设方程 $x^2+4x+m=0$ 的两根为 $\alpha$、$\beta$，且 $|\alpha-\beta|=2$，求实数 $m$ 的值。

（考核：数学抽象、逻辑推理、数学运算。）

讨论问题：这是课堂的延伸，注意两个根为实数和为虚数的区别。

## 三、作业设计

（一）基础性作业

1. 在复数范围内分解因式：$2x^2+2x+3$。

（考核：逻辑推理、数学运算。）

2. 已知方程 $x^2-3x+5m=0(m\in\mathbf{R})$，求方程的解。

（考核：逻辑推理、数学运算。）

3. 已知 $x_1$、$x_2$ 是实系数方程 $x^2+x+p=0$ 的两个根，且满足 $|x_1-x_2|=3$，求实数 $p$ 的值。

（考核：数学抽象、逻辑推理、数学运算。）

4. 已知 $\alpha$、$\beta$ 是实系数一元二次方程 $x^2-mx+3=0$ 的两个根，求 $|\alpha|+|\beta|$ 的值。

（考核：数学抽象、逻辑推理、数学运算。）

5.（1）方程 $x^2-px+k=0(p\in\mathbf{R})$ 有一个根为 $1+2i$，求实数 $k$ 的值；

（2）方程 $x^2-4x+k=0$ 有一个根为 $1+2i$，求 $k$ 的值。

（考核：逻辑推理、数学运算。）

（二）提高性作业

1. 关于 $x$ 的二次方程 $x^2+z_1x+z_2+m=0$ 中，$z_1$、$z_2$、$m$ 都是复数，且 $z_1^2-$

$4z_2=16+20i$,设这个方程的两个根 $\alpha$、$\beta$ 满足 $|\alpha-\beta|=2\sqrt{7}$,求 $|m|$ 的最大值和最小值。

(考核:数学抽象、逻辑推理、数学运算。)

2. 若关于 $x$ 的方程 $2x^2+3ax+a^2-a=0$ 至少有一个模为 1 的根,求实数 $a$ 的值。

(考核:数学抽象、逻辑推理、数学运算。)

3. 若关于 $x$ 的方程 $x^2+zx+4+3i=0$ 有纯虚数根,求 $|z|$ 的最小值。

(考核:数学抽象、逻辑推理、数学运算。)

(三) 情景式作业

1. 关于 $x$ 的方程 $x^2-(2a-bi)x+a-bi=0$ 有实根,且一个根的模是 2,求实数 $a$、$b$ 的值。

(考核:数学抽象、逻辑推理、数学运算。)

2. 复系数一元二次方程满足韦达定理吗? 如满足,尝试证明;如果不满足,请说明理由。

(考核:数学建模、数学抽象、逻辑推理、数学运算、数据分析。)

(四) 实践性作业

在一些数学工具书中,我们可以找到方程 $x^3+ax+b=0$ 的求根公式,这一公式被称为卡丹公式,它是以 16 世纪意大利数学家卡丹(Cardan)的名字命名的。结合公式,研究课本课后阅读,探究三次方程求根公式与复数的起源。

(考核:数学建模、数学抽象、逻辑推理、数学运算、数据分析。)

(五) 跨学科作业

新交规规定:"在没有信号灯的路口,一旦行人走上人行道,机动车车头便不能越过停止线。"如下页图甲所示,一长度为 $D=5$ m 的卡车以 $v_0=36$ km/h 的初速度向左行驶,车头距人行道为 $L_1=40$ m,人行道宽度为 $L_2=5$ m。同时,一距离路口为 $L_3=3$ m 的行人,以 $v_1=1$ m/s 的速度匀速走向长度为 $L_4=9$ m 的人行道。图乙为卡车的侧视图,货箱可视为质点,汽车突然加速或减速时货箱会滑动,且滑动时的加速度大小为 4 mm/s²,货箱距离车头、车尾的间距分别为 $d_1=2.5$ m,$d_2=1.5$ m。重力加速度 $g$ 取 10 m/s²。

(1) 当司机发现行人在图中位置时,立即加速,且以后的加速度恒定,要保证卡车整体穿过人行道时,人还没有走上人行道,卡车的加速度最小为多少?

(2) 如果司机以第(1)问的最小加速度加速,且穿过人行道后立即匀速,货箱是否会掉下来?

（3）当司机发现行人在图示位置时立即减速且以后的加速度恒定,要保证不违反交规,且货箱不撞到车头,求卡车刹车时加速度大小需要满足的条件。

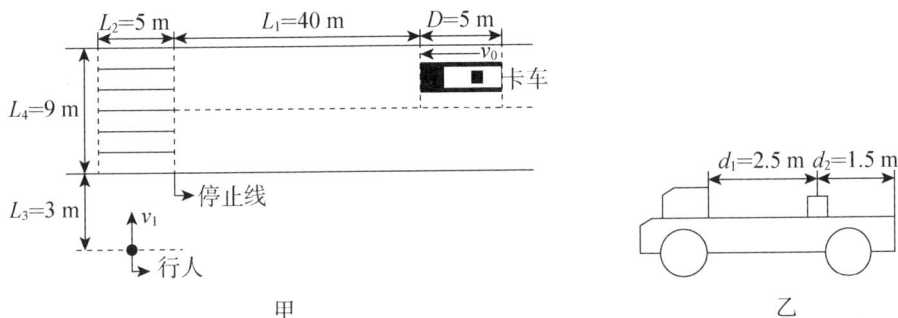

甲

乙

（考核:数学建模、数学抽象、逻辑推理、数学运算、数据分析。）

## 高中物理必修三

# 静电场——静电的利用与防范

## 课堂导学设计①

### 陈希②

## 一、学习目标

（一）物理观念

1.通过本节课学习,知道静电植绒(喷涂)、静电除尘、静电复印的技术流程;

2.知道静电带来的危害及防范措施,并理解应用与危害背后遵循的物理规律——静电吸附与放电现象。

（二）科学思维

1.以放电火花引起的爆炸、雷击等危害为基础,对比分析得出其遵循的物理规律;2.领会静电防范的三个思维层次:不带电—不放电—引电;3.在静电除尘、

---

① 高中物理必修第三册(上海科学技术出版社) 第九章 第七节 静电场——静电的利用与防范课文导学设计。

② 上海市青浦区第一中学。

静电植绒的学生活动中体现学生的模型建构、推理、质疑、创新的科学思维。

（三）科学探究

1.静电应用部分以学生实验探究为主,通过除尘、植绒等内容,让学生经历猜想、操作、改进、交流合作的过程;2.经历科学研究的过程,实验能力、思维能力、表达能力均会有所提升。

（四）科学态度与责任

1.通过本课学习,让学生理解静电的利用可促进科技的发展,改善生活质量和生存环境;2.体会客观事物的两面性,扬长避短,树立正确的科学态度;3.科学的本质是求真,学生要用知识充实自己,肩负起科技兴国的责任。

## 二、课堂导学设计

情境问题引入:

视频:加油站司机加油时发生的一起爆燃事故。

设问:这次爆燃事故产生的原因是什么?

学生回答:手摩擦毛衣使毛衣带上静电,因放电而产生的静电火花引燃了汽油蒸气。

第一梯度学习任务:情境引发学习兴趣。学生自学课本内容,依据导学问题引导,思考事故产生的原因,以及防范此类静电事故的方法。(第一梯度学习任务侧重物理核心素养中的"物理观念的建立,通过静电知识在生产、生活中的广泛应用,感受理论联系实际、科学转化为技术的过程与方法,体验客观事物的两面性,梳理趋利避害的观点,培养把物理知识转化为解决实际问题的能力"。)

环节一:静电的防范

情境再现:加油站爆燃事件常见诸报端。

导学问题:怎样防止加油站产生静电危害? 请从司机和加油站管理人员两个角度思考。

讨论问题 1:有效防范加油站产生静电事故的方法?

学生提出戴橡胶手套、不穿易产生静电的衣服、不用手触摸接地的金属物体等方法。

探讨活动:教师引导总结出不带电、不放电等防范静电的思维手段。

相关实例的应用:飞机的导电性轮胎;危险品汽车的接地导线。

学生应用防范静电的原理解释装置的作用。

讨论问题 2:雷电现象如何防范?

学生回答:用避雷针。

演示实验:避雷针防范静电的模拟。

讨论问题3:避雷针防静电的方式与我们利用绝缘材料防范触电事故发生是否相同?

不同。避雷针是给雷电寻找放电的途径,从而引出"引电"这一防范静电的思想方法。

第二梯度学习任务:归纳形成理论认知。根据讨论问题,通过查阅资料、小组讨论交流等方式,以扩大学生的知识面,提高利用静电现象解决实际问题的能力。静电在生活中的应用,如压电打火机、电蚊拍、空气净化等。静电在生产中的应用,如高压静电对白酒、醋酸和酱油的陈化有促进作用,使其品味更纯正。静电在生物医学技术中的应用,如口罩、熔喷布的制备、静电纺丝等。(第二梯度学习任务侧重物理核心素养中的"对学生科学态度和责任的培养。认识物理学是对自然现象的描述与解释,激发学生学习物理的兴趣及对自然界的好奇心"。)

环节二:静电用途与危害

情景问题:给病人做麻醉的医生和护士都要穿绝缘性能良好的化纤制品,可防止麻醉药产生燃烧的危险。从静电防范原理角度分析,这种想法正确吗?

体验活动:将橡胶手套套在超高压电源的一端,打开超高压电源,发现绝缘手套被击穿。

讨论问题:可以绝缘的橡胶被击穿,产生电火花,发生放电现象,说明绝缘体并不能防范静电,那么静电的防范,其根本原理是什么?

第三梯度学习任务:促进知识迁移运用。学生依据讨论问题指导,在深入理解教材的基础上,拓宽思维空间,促进知识迁移运用。(第三梯度学习任务侧重物理核心素养中的"科学思维的提升""科学探究习惯的养成"。)

环节三:静电的利用

(1) 静电除尘

实践活动1:教师拿出静电除尘的演示器,点燃烟火装置,一缕青烟从烟囱中飞出。打开电源,烟尘渐渐消失。产生这种现象的原因是什么?

探究活动1:学生用PPT课件引导学习。总结静电除尘的原理。(提炼出电荷间的均匀吸附。)

(2) 静电喷涂

实践活动2:学生利用书本上的图片进行自主学习或讨论。

探究活动2:教师引导学生概括分析静电喷涂的基本原理,对学生的思维表述进行点评。

（3）静电植绒

实践活动 3：学生活动：①方案设计：学生利用已有的器材，对平面静电植绒的设计进行研讨。②展示交流：学生将本组设计的方案进行展示，组内组间质疑补充。③实验操作：根据某组设计的方案，学生进行实验操作。

探究活动 3：探究静电植绒的原理是什么？

（4）静电复印

实践活动 4：指导学生利用微视频观察"吸墨显字"的过程，利用所学知识归纳总结"吸墨显字"的原理。

探究活动 4：教师引导：在光学静电打印、复印的过程中，硒鼓起到了关键性作用，请大家通过查阅资料进一步了解其中的道理。

讨论问题：学过这节课，我们如何评价静电？

对静电，我们要趋利避害，扬长避短。事物都是有两面性的，我们要辩证地看待事物。今天，我们经历了由现象到本质再到应用的过程，这也是科学发展的过程。在这个过程中，我们的好奇心、探索精神、对知识的追求是最重要的，当我们掌握了物理知识后，就可以知道危害产生的原因，可以很好地防范，更重要的是进行科技创新。只有科技创新才能使我们的国家更加强大。

## 三、作业设计

（一）基础性作业

下列措施中，属于防止静电危害的是（　　）。

（A）运送汽油的油罐车后有一条拖在地面上的铁链

（B）印染车间总保持适当的湿度

（C）轿车顶部有一根露在外面的天线

（D）铺在房间的地毯中夹杂着 0.05 mm 的不锈钢丝导电纤维

（考核：通过考查静电防范的具体操作措施，对物理观念中的物质观念进行考核。）

（二）提高性作业

下列应用和防护与尖端放电现象无关的是（　　）。

（A）一般高压设备中导体的表面应尽量光滑

（B）一般马路表面建造得很平滑

（C）夜间高压线周围会出现一层绿色光晕

（D）一般高楼大厦顶部装有避雷针

（考核：通过考察尖端放电等具体内容，对物理观念中的物质观念进行考核。）

（三）情景式作业

在科学晚会上，一位教师表演了一个"魔术"：一只没有底的空塑料瓶上固定着一根铁锯条和一块易拉罐（金属）片，把它们分别跟静电起电机的两极相连。在塑料瓶中放一盘点燃的蚊香，很快就看见整只透明塑料瓶中烟雾缭绕。当拿起静电起电机一摇，顿时塑料瓶清澈透明，停止摇动，又是烟雾缭绕。关于以上实验说法正确的是（　　　）。

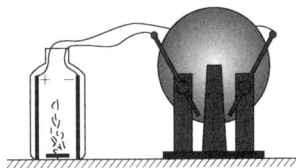

（A）需要加大室内空气的湿度，这个实验才可能完成好

（B）静电起电机摇动前，需先让烟尘颗粒带上电荷才能做成功

（C）静电起电机摇动时，塑料瓶中易拉罐（金属）片边电场强度最大

（D）若锯条接电源负极，金属片接电源正极，则这些烟尘附着在金属片表面

（考核：通过考察静电利用的具体实践操作，对科学概念中的模型建构进行考核。）

（四）实践性作业

利用生活中常用的器材。例如，易拉罐、吸管、橡皮筋等，以及实验室中静电起电机，自己动手制作一个富兰克林铃，思考并回答下列问题：

（1）什么是富兰克林铃？

（2）富兰克林铃是运用了什么物理学原理？

（3）富兰克林铃有什么用途？

（考核：通过考察静电利用的具体操作措施，对科学探究中的证据、解释等要素进行考核。）

（五）跨学科作业

空气中的负氧离子对人体健康极为有益。有的氧吧通常采用人工产生负氧离子使空气清新,从而使顾客愉悦。其最常见的是采用电晕放电法。如图所示,一排针状负极和环形正极之间加上直流高压电,电压达 5000 V 左右,使空气中氧气发生电离,从而产生负氧离子。在负极后面加上小风扇,将大量负氧离子排出,使空气清新化,针状负极与环形正极间距离为 5 mm,且视为匀强电场,电场强度为 $E$,电场对负氧离子的作用力为 $F$,则正确的是(　　　)。

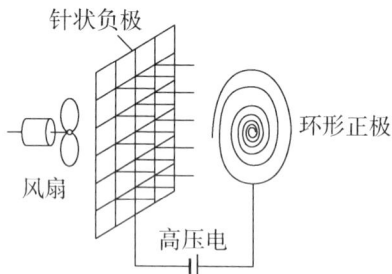

A. $E=10^3$ N/C,$F=1.6\times10^{-16}$ N　　　B. $E=10^6$ N/C,$F=1.6\times10^{-16}$ N

C. $E=10^3$ N/C,$F=3.2\times10^{-13}$ N　　　D. $E=10^6$ N/C,$F=3.2\times10^{-16}$ N

（考核:通过考察静电利用的具体操作措施,对科学态度与责任中的科学态度、社会责任等要素进行考核。）

# 高中物理必修二

# 机械能守恒定律

## 课堂导学设计①

### 夏钦②

## 一、学习目标

（一）物理观念

1.通过对海盗船机械运动的观察,探究运动中动能与势能的转化过程,知道

---

① 高中物理必修第二册(上海科教出版社)　第七章　第五节　机械能守恒定律　课堂导学设计。

② 上海市青浦区第一中学。

机械能和机械能守恒的概念、理解机械能守恒的条件。2.提升学生对实际情境的建模分析能力,使学生树立能量守恒的物理学观念。

(二)科学思维

1.通过对蹦极运动的实验再现,探究运动中的动能与势能的转化过程,理解系统的机械能守恒条件。2.养成学生分析问题时的整体思维,领会在不同的现象中寻找共性的物理方法。

(三)实验探究

1.通过碰鼻实验,体会并理解实验中的动能与势能的转化过程,并理解机械能守恒。2.通过模拟蹦极实验的过程,探究实验中的动能与势能的转化过程。

(四)科学态度与责任

1.提高学生对实际情境的理解和分析能力,学会用物理的思维看待世界;2.在寻找守恒量过程中理解能量变化与耗散,培养学生保护环境的意识。

## 二、课堂导学设计

第一梯度学习任务:情境引发学习兴趣。学生自学课本内容,依据导学问题引导,分析海盗船在运动过程中动能与势能的转化关系。通过海盗船情境引出任务,以问题链的模式引导学生分析讨论该运动过程中的变化量、守恒量及守恒条件。从情境中推理物理规律,并用于分析真实情境问题,提高学生观察、分析和建模的能力。(第一梯度学习任务侧重物理核心素养中的"物理观念""科学思维"。)

导学问题1:分析海盗船在运动过程中的变化量和能量变化。

讨论问题1:1.根据自己的体验,说一说在乘坐海盗船摆动过程中有什么在发生变化。2.在下落过程中,能量会如何变化? 为什么会发生变化?

探究活动:学生通过建模,讨论分析模型在下落过程中能量变化和能量发生变化的原因。

导学问题2:分析运动过程中的守恒量与守恒条件。

　　讨论问题2:1.重力势能减小,动能增加,若重力势能全部转化为动能,会不会有不变的守恒量? 2.思考满足什么条件时,物体的机械能守恒?

　　体验活动1:学生根据已学知识回答问题2;通过对建立的模型进行受力分析,分析做功情况及能量转化过程,得到机械能守恒的条件。

　　导学问题3:根据机械能守恒条件分析真实情境的机械能守恒情况。

　　讨论问题3:1.碰鼻实验为什么不会碰鼻? 2.海盗船摆动没有越来越低,是什么原因?

活动三

若忽略阻力
机械能守恒吗?

由于动力做正功
机械能增加

　　体验活动2:学生现场体验碰鼻实验,分析不会碰到鼻子的原因是阻力做功导致机械能减小。学生通过已学知识分析海盗船越摆越高的原因是动力做功导致机械能增加。

　　第二梯度学习任务:归纳形成理论认知。根据讨论问题,通过查阅资料、小组讨论交流等方式,分析蹦极情境中动能与势能的转化关系。以问题链的模式引导学生分析讨论该运动过程中的变化量、守恒量及守恒条件。(第二梯度学习任务侧重物理核心素养中的"实验探究""科学思维"。)

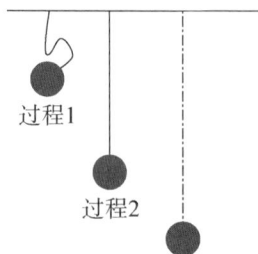

过程1

过程2

　　导学问题1:分析蹦极运动过程中的变化量。

　　讨论问题1:1.根据实验演示,结合实验器材自己演练,仔细观察、思考球在下落过程中,有什么在发生变化。2.下落过程中,这些能量会如何发生变化? 为什么会发生变化?

体验活动1:学生通过建模,讨论模型在下落过程中能量变化和能量发生变化的原因。

导学问题2:分析运动过程中守恒量与守恒条件。

讨论问题2:(1)在这两个过程中,若只有势能与动能相互转化,会有不变的守恒量吗?(2)思考需要满足什么条件时,物体的机械能守恒。

体验活动2:学生根据已学知识回答问题2;通过对建立的模型受力分析,分析做功情况及能量转化过程,得到机械能守恒的条件。

导学问题3:根据机械能守恒条件分析真实情境的机械能守恒情况。

讨论问题3:在蹦极过程中机械能守恒吗?

体验活动3:学生观看视频,讨论分析真实的蹦极过程中机械能是否守恒及其原因。

第三梯度学习任务:促进知识迁移运用。学生依据讨论问题指导,在深入理解教材的基础上,促进知识在实践中迁移运用。(第三梯度学习任务侧重物理核心素养中的"实验探究""科学态度与责任"。)

讨论问题:本节课学了机械运动中寻找变化的能量及变化过程中的守恒量,探究了守恒的条件。请同学们谈谈有了哪些方面的提高。

探究活动:学生讨论交流分析物理知识及物理方法,如用今天所学的知识可以判断平抛运动是机械能守恒;分析真实情境过程中需要建模……

总结

一、机械能:$E=E_k+E_p$

二、机械能守恒定律:在只有重力和弹力做功的系统内,动能和势能相互转化,机械能总量不变。

## 三、作业设计

(一) 基础性作业

1. _____和_____统称机械能;在_____的系统中,动能与势能相互转化,机械能守恒。

2. 如果合力对物体做正功,物体的动能将_____;如果物体克服合力做功,物体的动能将_____;如果重力对物体做正功,物体的重力势能将_____;物体克服重力做功,物体的重力势能将_____(均选填"增大""减小"或"不变")。

3. 从距离地面 30 m 的高处自由落下一只小球,取地面为重力势能零势能面,当小球的高度为_____m 时,它的动能等于重力势能;当高度为_____m 时,它的动能等于重力势能的一半。

4. 关于机械能守恒的叙述,正确的是( )。

A. 做匀速直线运动的物体机械能一定守恒

B. 做匀变速直线运动的物体机械能可能守恒

C. 重力对物体做功不为零时,机械能一定守恒

D. 有重力和弹力对物体做功,物体的机械能一定守恒

5. 关于重力势能,下述说法中正确的是( )。

A. 物体具有的跟它的形变有关的能量叫重力势能

B. 重力对物体做正功,物体的重力势能不一定减小

C. 根据重力对物体所做的功,可以知道该重力势能的变化

D. 重力不做功,其他力做功,物体的重力势能也可能变化

(考核:机械能组成、动能和势能的变化规律及机械能守恒条件的物理观念。)

(二) 提高性作业

6. 如图所示,质量为 $m$ 的小球从桌面竖直向上抛出,桌面离地面高度为 $h_1$,小球能达到的最大离地高度为 $h$。若以桌面作为重力势能的参考平面,不计空气阻力,那么小球落地时的机械能为( )。

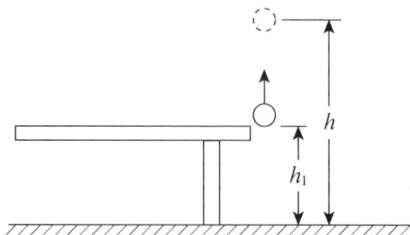

A. $mgh$        B. $mgh_1$        C. $mg(h+h_1)$        D. $mg(h-h_1)$

7. 如图所示,两个质量不同的物体 $A$ 和 $B$,分别从两个相同高度的光滑斜面和光滑圆弧形斜坡的顶点,从静止开始下滑到底部,以下说法正确的

是(　　)。

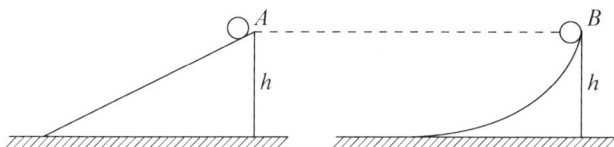

A. 下滑过程中重力做的功相等

B. 它们在顶点时的机械能相等

C. 它们到达底部时的动能相等

D. 它们到达底部时的速度大小相等

(考核:通过在情境中机械能守恒的应用,对构建模型、科学思维进行考核。)

（三）情景式作业

1. 打桩机重锤的质量为 200 kg,将它提升到离地面 10 m 高处,然后让它自由落下,则(以地面为零势能面,不考虑摩擦和空气阻力,$g=9.8$ m/s$^2$):

（1）打桩机下落过程中机械能_____(选填"守恒"或"不守恒")。

（2）判断物体在下列运动过程中,当不计空气阻力时,机械能是否守恒? 为什么?

① 沿光滑斜面下滑的物体。_____

② 沿光滑曲面下滑的物体。_____

③ 斜向上抛出的铅球。_____

④ 匀速上升的电梯。_____

（3）下列各式中,能正确表示机械能守恒定律的是(　　)。

A. $E_p+E_k=$恒量　　　　　　　B. $\Delta E_p-E_k$

C. $E_{p1}+E_{p2}=E_{k1}+E_{k2}$　　　　D. $\Delta E_机=$恒量

（4）重锤落下 5 m 时,机械能为_____J;速度大小是_____m/s。

2. 某学生身高 1.8 m,在运动会上他参加跳高比赛,起跳后身体横着越过了 1.8 m 的横杆,据此可以估算出他起跳时竖直向上的速度大约为(　　)。

A. 2.5 m/s　　　　　　　　　B. 4.2 m/s

C. 6.5 m/s　　　　　　　　　D. 8.5 m/s

(考核:通过在情境中机械能守恒的应用,对构建模型、科学思维进行考核。)

**(四) 实践性作业**

试说明图中一颗小弹丸从离水面不高处落入水中,为什么溅起来的几个小水珠可以跳得很高?(不计能量损失)

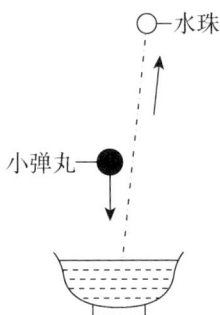

(考核:通过分析实例中机械能变化和做功问题,利用机械能守恒规律解释现象,对构建模型、科学思维进行考核。)

**(五) 跨学科作业**

如图为特种兵过山谷时的简化示意图。将一根不可伸长的细绳两端固定在相距 $d$ 为 20 m 的 $A$、$B$ 两等高点。绳上挂一小滑轮 $P$,战士们相互配合,沿着绳子滑到对面。战士甲(图中未画出)水平拉住滑轮,质量为 50 kg 的战士乙吊

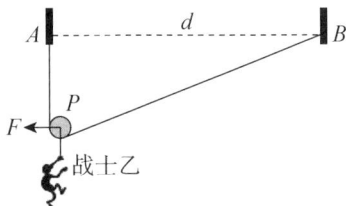

在滑轮上,脚离地,处于静止状态,此时 $AP$ 竖直,$\angle APB = 53°$。然后战士甲将滑轮释放。若不计滑轮摩擦及空气阻力。也不计绳与滑轮的质量(重力加速度 $g$ 取 10 m/s², sin53°=0.8,cos53°=0.6)。求:

(1) 战士甲释放滑轮前对滑轮的水平拉力 $F$。

(2) 假如 $B$ 靠近 $A$,绳长不变,$F$ 将如何变化?简述理由。

(3) 不改变 $d$ 的情况下将滑轮释放,战士乙运动过程中的最大速度。

(考核:通过实例情境分析,考查学生数学、物理学科的探究能力,体现对态度责任、科学精神的考核。)

# 高中化学必修一

# 电解质的电离

课堂导学设计①

包嵩②

## 一、学习目标

（一）宏观辨识与微观探析

通过导电性实验、微观动画等，理解电解质和非电解质的概念，理解电解质的电离过程。

（二）变化观念与平衡思想

1.初步学会用电离方程式这一符号工具来表示电解质的电离过程。2.从电离角度认识酸、碱、盐。

（三）证据推理与模型认知

1.通过实验探究、现象分析、微观解释、符号表征等认识电解质的电离过程及电离方程式。2.发展"宏观—微观—符号"三重表征模型。

（四）实验探究与创新意识

1.学习使用电导率传感器测量溶液的电导率，对比小灯实验。2.体会化学研究方法的多样性。

（五）科学精神与社会责任

1.通过对电解质饮料成分分析、钠离子与人体健康等学习，感受学习化学的意义和价值。2.提升"科学态度与社会责任"的化学学科核心素养。

## 二、课堂导学设计

第一梯度学习任务:情景引发学习兴趣。从学生感兴趣的情境入手，让学生在真实问题解决活动中自主构建概念模型。通过几组导电性实验探究 NaCl 溶

---

① 高中化学必修一（上海科学技术出版社）　第 2 章　第 2 节　氧化还原反应和离子反应　"电解质的电离"　课堂导学设计。

② 上海市青浦区第一中学。

液能导电的原因,经历"提出猜测、设计对比实验、实验验证、结果分析"等实验探究步骤,引发学生从微观层面探究本质原因,基于溶液导电性认识电解质的概念。(第一梯度学习任务侧重化学学科核心素养中的"宏观辨识与微观探析""实验探究与创新意识"。)

情景问题:安全用电的宣传片中,经常会看到这样的字样"请勿用湿手触碰电源"。为什么湿手容易发生触电? 出汗的手更容易发生触电事故,这是什么原因?

实验活动:学习小组设计实验证明 NaCl 溶液能否导电(搭建闭合回路,小灯泡会发亮)。

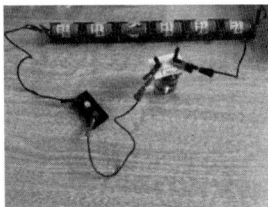

导学问题:NaCl 溶液是由蒸馏水和 NaCl 固体组成的,按照控制变量原则,到底是什么引起导电的?

◆ 提出猜想

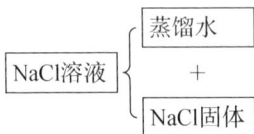

➤ 猜想A:蒸馏水能导电

➤ 猜想B:NaCl固体能导电

➤ 猜想C:水和NaCl共同作用后才能导电

探究活动:提出猜想、设计对比实验(测试蒸馏水和 NaCl 固体的导电性)、实验验证、得出结论(猜想 C 正确)。

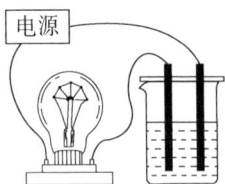

| 序号 | 物质名称 | 实验现象 | 是否导电 |
|---|---|---|---|
| 1 | NaCl 溶液 | 小灯亮 | √ |
| 2 | 蒸馏水 | 小灯不亮 | × |
| 3 | NaCl 固体 | 小灯不亮 | × |

第二梯度学习任务:归纳形成理论认知。通过学习"电解质的电离",要求学生分析水溶液问题的视角从"宏观—静态"水平发展到"微观—动态"水平,基于

宏观事实或现象,深入讨论微观构成。通过宏微结合体验电离、符号表征描述电离、证据推理理解电离、融合史料应用电离等,使感知体验化、微观可视化、认识观念化、符号意义化。(第二梯度学习任务侧重化学学科核心素养中的"宏观辨识与微观探析""证据推理与模型认知"。)

导学问题1:金属导电的原因是什么? 在NaCl溶液中,存在哪些带电微粒?

讨论问题1:对照导电条件(存在自由移动的带电微粒),想一想,NaCl固体为什么不导电? 如何让离子自由移动?

学生讨论分析:

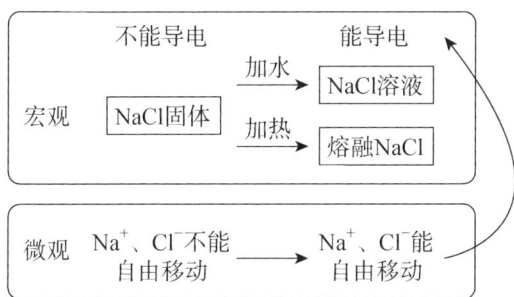

情景问题:人体需要维持体内的电解质平衡。当运动员大汗淋漓时,需要及时补充什么饮料? 配料表中的白砂糖是不是电解质?

实验活动:小组实验测试蔗糖溶液的导电性,并根据熔融状态下导电性判断蔗糖是否属于电解质。

讨论问题2:电解质在水溶液或熔融状态下为什么能导电?

学生讨论分析:阅读课本P58"化学史话"——阿伦尼乌斯电离学说。

瑞典物理化学家阿伦尼乌斯:电离学说(1887年)

电解质在水中自动离解成带相反电荷的正、负离子

● 1903年诺贝尔化学奖

科学的发展启示我们，很多问题的攻克单靠一门学科是难以完成的，必须学会用跨学科、多维度的知识或思维去探究。

导学问题2：从电离角度认识酸，为什么酸具有相似的化学性质？

第三梯度学习任务：促进知识迁移运用。学习数字化实验手段（电导率传感器），深化认识电解质与非电解质、电离的概念，体会化学研究方法的多样性，发展"宏观—微观—符号"三重表征模型。（第三梯度学习任务侧重化学学科核心素养中的"实验探究与创新意识""科学精神与社会责任"。）

拓展问题：通过小灯是否发亮这个直观的现象，我们可以判断物质是否属于电解质，也可以采用更加简单、易操作的数字化手段——电导率传感器。请同学们设计实验证明酒精、硝酸钾是否属于电解质。

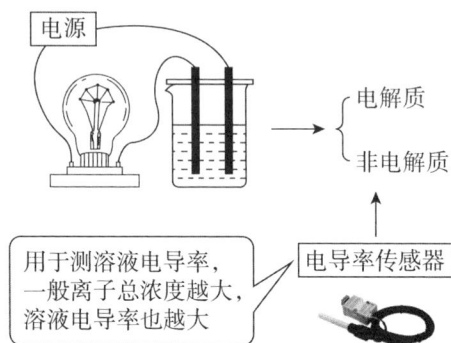

拓展活动：用电导率传感器测酒精溶液、0.1 mol/L硝酸钾溶液的导电率，并判断它们是否属于电解质。

讨论问题：学了本节课知识后，请同学们从"宏观""微观""符号"三个维度建构电解质电离的模型。

学生讨论分析：

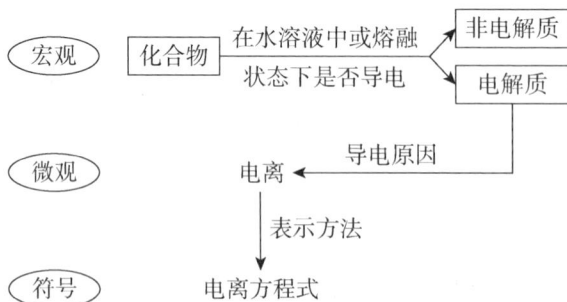

体验活动：通过对电解质饮料成分分析、钠离子与人体健康等的学习，养成

用科学方法理解生活现象背后原理的习惯。

钠离子与人体健康

► 功：维持人体渗透平衡、细胞代谢活动
► 过：动脉硬化、高血压

配料：水，白砂糖，食用葡萄糖，食品添加剂（柠檬酸，柠檬酸钠，磷酸二氢钾，食用香精，亮蓝）食用盐。

正常成年人每日盐的摄入量为多少？

≤6 g

## 三、作业设计

（一）基础性作业

1. 流感来袭时，保持环境消杀很重要，下列消毒的试剂中属于电解质的是（　　）。

A. $Ca(ClO)_2$　　B. 84 消毒液　　C. 乙醇　　D. $O_3$

（考核：宏观辨识与微观探析。）

2. 食品添加剂通常必须在一定范围内使用，否则会损害人体健康，下列食品添加剂不属于电解质的是（　　）。

A. 氯化钠　　B. 乙醇　　C. 乙酸　　D. $NaHCO_3$

（考核：宏观辨识与微观探析。）

3. 日常生活和化学实验中，常会接触下列物质，其中属于电解质的是（　　）。

A. 做核酸用的红色溶液　　B. 碘酒

C. 做焰色试验用的铁丝　　D. $FeCl_2·4H_2O$

（考核：宏观辨识与微观探析。）

4. 小明用家庭用品进行如图所示的导电性实验。用蒸馏水配制约 0.2 mol/L 的下列溶液，实验时小灯不亮的是（　　）。

A. 白醋　　B. 食盐

C. 蔗糖　　D. 小苏打

电源　小灯

（考核：证据推理与模型认知。）

121

(二) 提高性作业

1. 如图是电解质导电实验装置,接通电源后,下列说法正确的是(　　)。

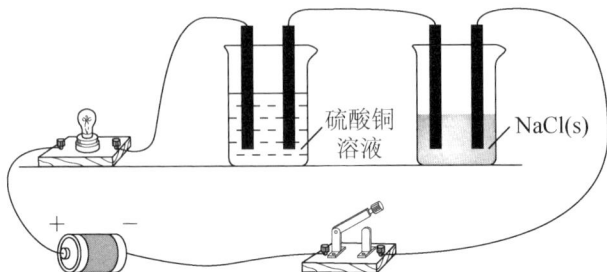

A. $CuSO_4$、$NaCl$ 均为电解质,小灯发亮

B. 在 $NaCl$ 粉末中加入适量水,小灯发亮

C. $CuSO_4$ 的电离方程式:$CuSO_4 \xrightarrow{\text{通电}} Cu^{2+} + SO_4^{2-}$

D. 将 $NaCl(s)$ 改为 $NaCl$ 溶液,在 $CuSO_4$ 溶液中加入少量 $NaOH$ 固体,小灯明显变暗

(考核:宏观辨识与微观探析、证据推理与模型认知。)

2. 判断下列说法是否正确,在括号中填入"√"或"×",如果错误,请圈出错误之处,并说明理由。

(1) 氯化钠溶液能导电,是因为氯化钠在电流作用下能产生自由移动的钠离子和氯离子。　　　　　　　　　　　　　　　　　　(　　)

(2) 二氧化硫溶于水,其水溶液能导电,因而二氧化硫是电解质。(　　)

(3) 碳酸钙难溶于水,其水溶液不导电,因而其不是电解质。(　　)

(考核:宏观辨识与微观探析、证据推理与模型认知。)

(三) 情景式作业

1. 做心电图检查时,为了保证电极探头与皮肤的良好接触,医生需要在皮肤上擦一种电解质溶液。下列溶液中适合使用的是(　　)。

A. $NaOH$ 稀溶液　　B. 医用酒精　　　　C. 稀硫酸　　　　　D. $NaCl$ 溶液

(考核:宏观辨识与微观探析。)

2. 为了使我们的美食变得色、香、味俱全,烹饪时常添加一些食品调味剂。下列食品添加剂中既属于有机物,又属于电解质的是(　　)。

A. 食盐中的氯化钠　　　　　　　　B. 食醋中的醋酸($CH_3COOH$)

C. 料酒中的酒精($CH_3CH_2OH$)　　D. 白砂糖中的蔗糖($C_{12}H_{22}O_{11}$)

(考核:宏观辨识与微观探析。)

3. 人的手上常会沾有 NaCl（汗液的成分之一），给电器设备通电时，湿手操作容易发生触电事故。这一生活常识说明（　　）。

A. NaCl 溶液能导电，因此 NaCl 溶液是电解质

B. NaCl 固体不导电，因此 NaCl 固体不是电解质

C. 易溶电解质形成的水溶液可以导电

D. 电解质只有在水溶液中才可能导电

（考核：宏观辨识与微观探析、证据推理与模型认知、科学态度与社会责任。）

（四）实践性作业

向 $Ba(OH)_2$ 溶液中逐滴滴入稀硫酸至过量，则溶液的导电能力如何变化？

请感兴趣的学生在拓展课或社团时间，小组合作，利用电导率传感器、滴数传感器（或滴定管）完成实验，绘制变化曲线图，并撰写实验报告。

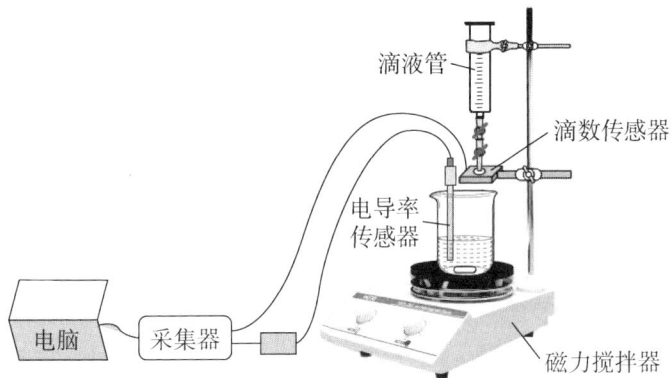

（考核：证据推理与模型认知、科学探究与创新意识。）

（五）跨学科作业

电离在自然界中广泛存在。

（1）电离有化学电离和物理电离之分，试查阅资料，了解两者的区别和联系。

（2）在医院中，我们会看到"当心电离辐射"的标志，什么是电离辐射？对人体有哪些影响？试查阅资料了解电离辐射。

（考核：科学态度与社会责任。）

# 高中化学必修一

## 化学研究的天地——物质的分类

课堂导学设计①

李蓓蓓②

## 一、学习目标

（一）宏观辨识与微观探析

通过理论探究、利用比较等方法，通过对比分析物质三态的微观模型及结构特征，从微观角度认识和解释物质的宏观和微观性质。

（二）变化观念与平衡思想

1.了解物质可以从多个角度进行分类；2.由物质分类的一般原则，根据物质的聚集状态认识每类物质的宏观和微观性质。

（三）证据推理与模型认识

1.通过对物质进行分类，体会从不同视角和层次认识物质的多样性；2.认识物质的三态变化，通过分析不同聚集状态物质的宏观和微观性质，体会从微观层次认识物质这一学科特征。

（四）科学态度与社会责任

形成科学的价值观和实事求是的科学态度，增强合作学习的能力。

## 二、课堂导学设计

第一梯度学习任务：由情境引发学习兴趣。学生自学课本内容，依据导学问题引导、情境引入，引出"分类"这一方法。（第一梯度学习任务侧重化学核心素养中的"证据推理与模型认识"。）

情境引入：从今天起，同学们将正式开始高中化学学习。首先学习一种科学方法，请同学们看视频《机器人对快递件的高速分拣》。

---

① 高中化学必修第一册（上海科技出版社） 第 1 章 第 1 节 化学研究的天地——物质的分类课堂导学设计。

② 上海市青浦区第一中学。

导学问题1:在日常生活中我们还会在什么地方用到分类的方法?

导学问题2:在这样的场合中分类有哪些意义?

学生活动:学生通过观看简单视频《机器人对快递件的高速分拣》,感受到"分类"这一关键词,再依据导学问题引导,引起对该关键词的进一步思考。分类在生活场景中比比皆是:图书馆、商场、药房、查字典、户籍管理……其中分类的意义在于比较容易寻找所需要的物品。

第二梯度学习任务:从初步体验到实践尝试各种分类,从而归纳形成如何进行科学分类。根据讨论的问题,通过阅读课本、独立思考、小组讨论和交流等方式,深入思考如何进行分类并尝试从不同角度进行科学分类。(第二梯度学习任务侧重化学核心素养中的"证据推理与模型认识""科学探究与创新意识"。)

导学问题1:分类是根据研究对象的共同点和差异点,将其区分为不同种类和层次的科学方法。那么,我们应如何对化学物质进行分类呢?

情景问题1:根据初中学过的化学知识,尝试将化学物质进行分类,并且交流大家的分类结果。

探究活动1:先尝试将化学物质进行分类,再全班进行展示和交流。

展示1、2:(投影)物质分类的结果如图1、图2所示。

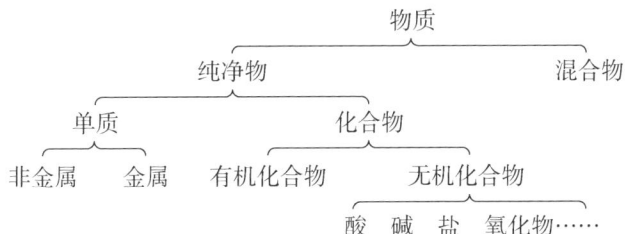

**图1**

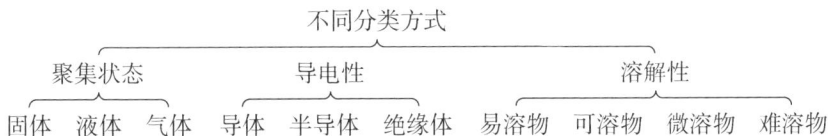

**图2**

情景问题2:将以下物质进行分类,并说出分类的依据? 如空气、水、铜、食盐、糖水、碳酸钙、氧气、石墨、乙醇。

探究活动2:先尝试将给定物质进行分类,再全班展示交流,并说明理由,同时展开师生、生生间评价。

学生活动:全班展示。从纯净物、混合物角度进行分类(如图3所示);从物质的聚集状态角度进行分类。

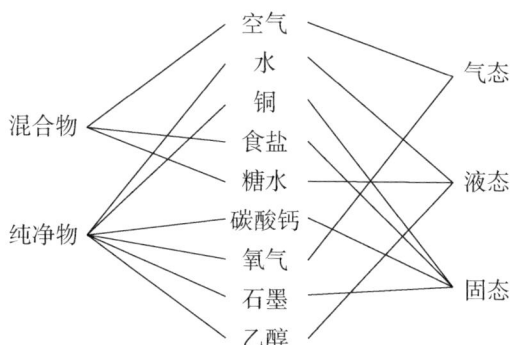

图 3

第三梯度学习任务:促进对物质结构、性质的深入理解和知识的迁移、运用。学生学会从不同角度进行分类,在深入了解物质分类的基本原则后,继续拓宽思维空间,尝试从微观角度(物质的聚集状态)认识和解释物质的宏观、微观性质。最后学以致用,解决生活中的常见问题。(第三梯度学习任务侧重化学核心素养中的"宏观辨识与微观探析""变化观念与平衡思想""证据推理与模型认知""科学探究与创新意识"。)

导学问题 1:我们知道,物质有三种聚集状态,即气态、液态和固态,处在不同聚集状态的同一种物质,它们的宏观性质也表现出差异性,怎样解释?

探究活动:阅读课本第 8 页图(如图 4 所示)。

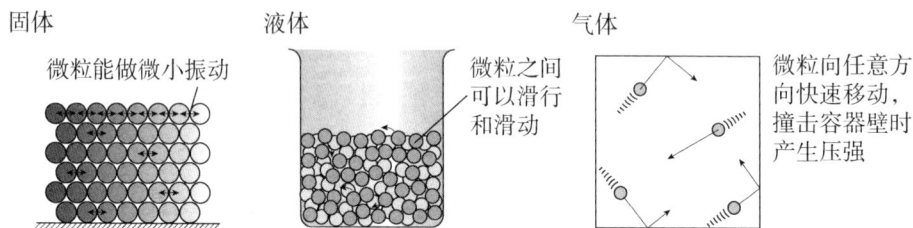

图 4

结合生活常识,完成第 8 页《想一想》栏目。

| 聚集状态 | 宏观 | 性质 | 微观 | 性质 |
|---|---|---|---|---|
| | 是否有固定形状 | 是否有固定体积 | 微粒间距离的远近 | 微粒间作用力的强弱 |
| 气态 | | | | |
| 液态 | | | | |
| 固态 | | | | |

讨论问题 1:从微观结构分析,三种聚集状态的宏观性质的差异性产生的原因是什么?

实践活动 1:学生先独立思考,再开展小组内合作学习,结合三种聚集状态的结构模型,尝试解释三种聚集状态宏观性质的差异性。

学生活动 1:全班展示,并展开师生、生生间评价。

展示 1:主要从三种聚集状态的微粒之间的平均距离、作用力及运动方式等方面的差异性进行展示。

展示 2:在固态物质中,分子的排列十分紧密,分子间有强大的作用力,将分子凝聚在一起。分子做微小振动,但位置相对稳定。因此,固体具有一定的体积和形状。

展示 3:在液态物质中,分子没有固定的位置,运动比较自由,粒子间的作用力比固体的小。因而,液体没有确定的形状,具有流动性。

展示 4:在气态物质中,分子间距很大,并向任意方向快速运动,粒子间作用力极小,易被压缩。因此,气体具有很强的流动性。

导学问题 2:了解了三种聚集状态微粒之间的平均距离、作用力及运动方式等方面的差异性,我们是否能通过改变微粒间的距离和作用力的强弱来实现三态之间的转化?

实践活动 2:思考并完成课本第 9 页《想一想》栏目。体会可通过改变外界的压强和温度来改变微粒间的距离,实现三态之间的转化。

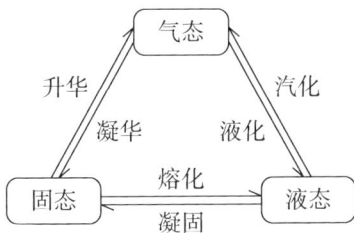

**图 5**

讨论问题 2:水汽化变成水蒸气,如何从微观角度解释?

实践活动 3:完成课本《想一想》栏目:温度和压强都会对物质微粒间的平均距离产生影响。一次性打火机内灌充的燃料是易挥发的有机化合物——丁烷(常压下沸点为 −0.5℃),丁烷气体在打火机内却呈液态,请解释这一现象。

体验活动:谈一谈你对物质分类原则的理解及从物质聚集状态角度对物质的宏观和微观性质的认识。

学生活动 2:全班交流,畅所欲言。

展示5:物质分类的一般原则是将具有相似性质的物质归为一类。所以根据物质分类的一般原则、物质的聚集状态等性质,也可以对物质进行分类。故可以从不同角度或用不同方法进行分类。

展示6:构成物质微粒间距离的远近、微粒间作用力的大小,以及微粒的运动方式决定物质宏观性质的差异。

展示7:从物质三态的微观模型角度,可以通过改变外在条件(温度和压强)来实现三态之间的相互转化。

## 三、作业设计

(一)基础性作业

1. 现有①氧气、②空气、③碱式碳酸铜、④氯酸钾、⑤硫、⑥水、⑦氧化镁、⑧氯化钠等物质,其中属于单质的有_____(填序号,下同);属于化合物的有_____,其中_____属于含氧化合物,_____属于氧化物;属于混合物的有_____。

(考核:通过对物质进行分类,即纯净物与混合物的区别、单质和化合物的区别等,侧重化学核心素养中的"证据推理与模型认识"。)

(二)提高性作业

2. 航天科学技术测得三氧化二碳($C_2O_3$)是金星大气层的成分之一。下列有关($C_2O_3$)的说法不正确的是(　　)。

A. $C_2O_3$ 和 $CO_2$ 都属于非金属氧化物

B. $C_2O_3$ 和 $CO$ 的完全燃烧产物都是 $CO_2$

C. $C_2O_3$ 和 $CO$ 都是碱性氧化物

D. $C_2O_3$ 和 $CO$ 都具有还原性

(考核:通过对三氧化二碳的概念和性质的分析,侧重化学核心素养中的"证据推理与模型认识"。)

(三)情景式作业

3.《神农本草经》写道:"水银……熔化(加热)还复为丹。"《黄帝九鼎神丹经》中的"柔丹""伏丹"都是在土釜中加热 Hg 制得的。这里的"丹"是指(　　)。

A. 氯化物　　　　　B. 合金　　　　　C. 硫化物　　　　　D. 氧化物

(考核:通过对信息的筛选和分析,继而得出物质的分类,侧重化学核心素养中的"证据推理与模型认识"。)

(四)实践性作业

4. 某兴趣小组按如下实验步骤制备氢氧化铜胶体:用洁净的烧杯取少量蒸

馏水,加热至沸腾,向烧杯中慢慢加入数滴浓 $CuCl_2$ 溶液,得到蓝色透明的液体。制备原理可以用化学方程式表示为:

$$CuCl_2 + 2H_2O \xrightarrow{\triangle} Cu(OH)_2(胶体) + 2HCl$$

（1）氢氧化铜胶体中分散质微粒直径范围是多少?

（2）该兴趣小组可以用什么简便方法判断胶体制备成功了?

（3）在实验过程中,某学生向烧杯中一次性加入大量 $CuCl_2$ 溶液,结果没有制得胶体,反而出现了浑浊,请分析他实验失败的原因。

（考核:通过对实验现象的分析,继而得出胶体的有关概念和相关性质。侧重化学核心素养中的"证据推理与模型认识""实验探究与创新意识"。）

（五）跨学科作业

物质的第四态——等离子体:

当温度达到数千摄氏度时,原子外层电子会具有足够的能量而摆脱原子核的束缚,成为自由电子,该过程称为电离。由电荷总数相等的正离子和自由电子构成的电离状态的气体称为等离子体,被视为物质的第四种存在状态,它在自然界和宇宙中普遍存在。查阅相关资料,了解等离子体技术在生产生活中有怎样的应用? 原理又是什么?

（考核:通过阅读及搜索资料了解等离子体。侧重化学核心素养中的"证据推理与模型认识""科学态度与社会责任"。）

# 高中化学必修一

# 粗盐提纯

课堂导学设计[1]

王莉莉[2]

## 一、学习目标

（一）宏观辨识与微观探析

1.认识除去粗盐中可溶性杂质离子的原理和方法。2.从微观离子角度,根

---

① 普通高中化学必修一（上海科学技术出版社） 第二章 海水中的氯 第一节 第一课时:粗盐提纯 课堂导学设计。

② 上海市青浦区第一中学。

据离子反应,寻找除杂试剂。

(二) 变化观念与平衡思想

1.掌握将可溶性杂质转化为沉淀再过滤除去的方法。2.在除杂过程中体会转化的思想。

(三) 证据推理与模型认知

1.能设计除去粗盐中可溶性杂质的实验方案,初步形成物质分离提纯的基本思路和方法。2.形成从海水中提取物质的一般思路。

(四) 科学探究与创新意识

1.体会化学实验对认识和研究物质性质的意义。2.认识化学变化在生产中的重要作用。

(五) 科学态度与社会责任

1.通过了解上海盐业史及海水提盐的发展史,感悟我国古代劳动人民的智慧。2.增强上海本土文化自信和科技兴国的使命感。

## 二、课堂导学设计

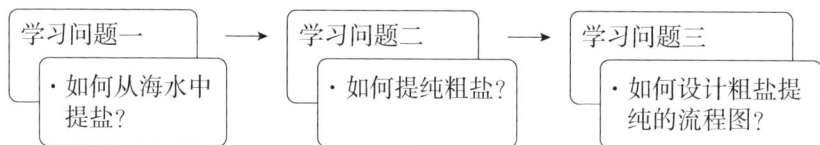

| 学习问题一 | → | 学习问题二 | → | 学习问题三 |
| --- | --- | --- | --- | --- |
| ·如何从海水中提盐? | | ·如何提纯粗盐? | | ·如何设计粗盐提纯的流程图? |

学习问题一:如何从海水中提盐?

通过图片展示古代上海盐场及上海市卫星遥感地图,由浦东新区、奉贤区、金山区的靠海地理位置追溯食盐的源头主要来自大海。提出第一个问题:"如何从海水中提盐?"

第一梯度学习任务 1:本土化情境引入。课堂导入环节提出用"北斗"导航地图搜索"灶"字这一真实情况,贴近生活,引入情境,带领学生初步了解上海古代盐场史。

体验活动:用"北斗"导航地图搜索"灶"字。

情景问题 1:如果用"北斗"导航地图搜索"灶"字,会发现上海有很多地名与"灶"字有关,如三灶镇、六灶港、七灶村等。这个"灶"与乡下农村的灶头之间有什么关系?

情景问题 2:这三个地方都集中在浦东新区,结合上海卫星遥感地图思考原因。

第一梯度学习任务 2:了解海水提盐的历史和方法。从汉末《说文解字》提到的海水煮盐,到明末《天工开物》提到的海水晒盐,再到现代化机械化收盐,了解海水提盐史。(第一梯度学习任务侧重核心素养中的"科学态度与社会责任"。)

体验活动:观看历史图片和视频。

导学问题 1:通过观察海水中主要元素的含量表,能获得什么信息?

导学问题 2:根据氯化钠溶解度变化曲线,思考如何从溶液中得到氯化钠固体?

《天工开物》中制海盐图

学习问题二:如何提纯粗盐?

在工业生产中,粗盐中的杂质会导致下游产品质量不高,还会造成堵塞生产管道等安全隐患,必须通过进一步提纯除杂得到精盐才能投入工业生产,提出第二个问题:"如何提纯粗盐?"

第二梯度学习任务 1:掌握粗盐中难溶性杂质的除杂方法和思路。学生在初中阶段已学过粗盐提纯中关于难溶性杂质除杂的方法,在必修第一册"1.3 物质的分离和提纯"中也复习了该方法中涉及的过滤、蒸发等实验技能,因此可以直接借助课堂练习链接旧知、深化记忆。

导学问题 1:已知粗盐中含有泥沙等难溶性杂质,如何除去难溶性杂质?

导学问题 2:如何搭建过滤装置?

第二梯度学习任务 2:掌握粗盐中可溶性杂质的除杂方法和思路。在巩固除去难溶性杂质方法的同时迁移应用,提出可以将可溶性杂质转化为沉淀再过滤除去的解决方案。由物理除杂法衍生出化学除杂法,在把可溶性杂质转化为沉淀再过滤除去的过程中感悟转化的思想。同时,在这一过程中引导学生对溶液中杂质的认识,从宏观物质层面过渡到微观粒子层面。(第二梯度学习任务侧重核心素养中的"科学探究与创新意识""变化观念与平衡思想"。)

导学问题:粗盐中还含有 $CaSO_4$、$MgCl_2$、$MgSO_4$ 等可溶性杂质,如何除去可溶性杂质?

讨论问题:假设粗盐中只有 $Ca^{2+}$ 一种可溶性杂质离子,如何除去 $Ca^{2+}$?

思考:① 在除杂过程中选择哪种除杂试剂?

② 在除杂过程中如何保证完全除去 $Ca^{2+}$?

③ 在除杂过程中如何确定试剂已加过量?

学习问题三:如何设计粗盐提纯的流程图?

粗盐中有 $Ca^{2+}$、$SO_4^{2-}$、$Mg^{2+}$ 等可溶性杂质离子,并提出第三个问题:"如何设计粗盐提纯的流程图?"

第三梯度学习任务 1:除杂试剂的确定。通过查阅一些物质的溶解性表,培养学生分析图表数据及从中提取有效信息的能力。

探究活动:根据提供的溶解性表,确定除去粗盐中 $Ca^{2+}$、$SO_4^{2-}$、$Mg^{2+}$ 等杂质离子的除杂试剂。

导学问题 1:除 $Ca^{2+}$、$SO_4^{2-}$、$Mg^{2+}$ 分别选用什么试剂?

导学问题 2:选择除杂试剂需要满足哪些要求?

---

根据提供的溶解性表,确定除去粗盐中 $Ca^{2+}$、$SO_4^{2-}$、$Mg^{2+}$ 等杂质离子的除杂试剂。

资料 1:一些物质的溶解性表

| | $OH^-$ | $Cl^-$ | $SO_4^{2-}$ | $CO_3^{2-}$ |
|---|---|---|---|---|
| $H^+$ | | 溶、挥 | 溶 | 溶、挥 |
| $Na^+$ | 溶 | 溶 | 溶 | 溶 |
| $Ca^{2+}$ | 微 | 溶 | 微 | 不 |
| $Ba^{2+}$ | 溶 | 溶 | 不 | 不 |
| $Mg^{2+}$ | 不 | 溶 | 溶 | 微 |

除 $Ca^{2+}$ 使用_____溶液;

除 $SO_4^{2-}$ 使用_____溶液;

除 $Mg^{2+}$ 使用_____溶液。

---

第三梯度学习任务 2:设计粗盐除杂方案的完整流程图。要求学生应用所选择的除杂试剂,分小组设计粗盐除杂方案的完整流程图。在学生代表上台交流、展示小组方案后,再根据各组方案的对比归纳除杂试剂的正确添加顺序及碳酸钠、盐酸的双重作用,最终掌握除去可溶性杂质的试剂选择、用量要求及添加顺序的一般方法。

在设计流程图的整个过程中发展了学生设计实验方案的能力,并形成"首先分析混合物的组成,然后根据杂质的特点选择除杂试剂和分离方法,同时考虑所加试剂的顺序、用量及过量后如何处理"的物质分离提纯的一般思路,建立了除去可溶性杂质常见方法的认知模型。因此通过这两个分支任务既落实了课堂重点——除去粗盐中可溶性杂质离子的原理和方法，又突破了课堂难点——设计除杂实验方案的流程图。

探究活动：根据示例，完成设计粗盐除杂方案的完整流程图。

根据示例，将粗盐除杂方案的流程图补充完整。

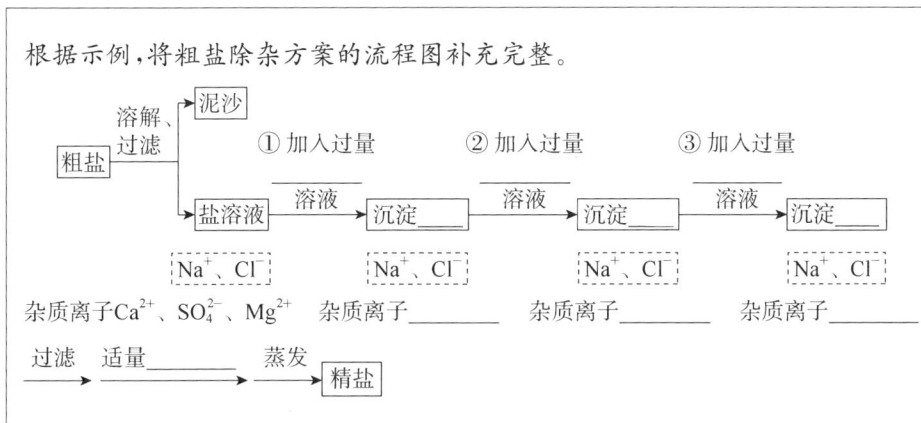

讨论问题：从上述几组方案中你能归纳出对除杂试剂添加的顺序有什么要求吗？

第三梯度学习任务 3：完成粗盐中可溶性杂质的除杂实验。在正确的除杂方案的基础上，完成粗盐中可溶性杂质的除杂实验。通过实验操作，掌握化学沉淀法除杂的基本原理和方法，拓展和深化学生认识，培养学生设计实验方案的能力。（第三梯度学习任务侧重核心素养中的"科学探究与创新意识""证据推理与模型认知"。）

实验活动：粗盐中可溶性杂质的除杂实验。

以五人小组为单位，取 3 滴管粗盐溶液（已过滤）于试管中，任选以上三个正确方案中的一个，完成粗盐中可溶性杂质的除杂实验。

第_____小组：选择实验方案_____：

除杂试剂的添加顺序：

_____ → _____ → _____ → _____。

注意：1. 滴加 NaOH 溶液后易生成氢氧化镁胶体，不便观察，因此 NaOH 溶液滴加至溶液的 pH 为 11。

2. 过滤后取上层清液于另一支试管中，滴加盐酸至 pH 为 7。

## 三、作业设计

(一)基础性作业

1. 海水中含有许多丰富的化学资源,其中含量最多的金属元素是(    )。

A. 氯　　　　　　　B. 镁　　　　　　　C. 钠　　　　　　　D. 钾

2. 不利于"盐田法"生产海盐的操作是(    )。

A. 气温高,水分挥发很快

B. 海边风大,加速水分挥发

C. 天旱,久未下雨

D. 盐池用塑料布罩住,防止尘土进入

3. 在粗盐的提纯过程中,不需要进行操作的是(    )。

A. 溶解　　　　　　B. 过滤　　　　　　C. 洗涤　　　　　　D. 蒸馏

4. 分离下列混合物,按溶解、过滤、蒸发顺序进行的是(    )。

A. 氧化铜、木炭　　　　　　　　B. 碳酸钙、氯化钠

C. 硝酸钾、氯化钠　　　　　　　D. 乙醇、水

5. 下列有关粗盐提纯的方法,正确的是(    )。

A. 溶解粗盐时,应尽量多加水,以免食盐不溶解

B. 滤去不溶性杂质后,将滤液移至蒸发皿中加热浓缩并不断搅拌

C. 必须蒸发到所有溶质全部结晶才可停止

D. 将制得的晶体转移到新制的过滤器中,并用大量水进行洗涤

6. 粗盐提纯时需要用到的仪器是_____。

a. 烧杯　b. 试管　c. 玻璃棒　d. 蒸发皿　e. 坩埚　　f. 酒精灯　　g. 漏斗

h. 滤纸　i. 圆底烧瓶

(二)思维性作业

某化学兴趣小组欲除去 16 g 固体氯化钠中混有的少量氯化钙和硫酸镁杂质,设计实验方案如下(已知常温下 NaCl 的溶解度为 36 g):

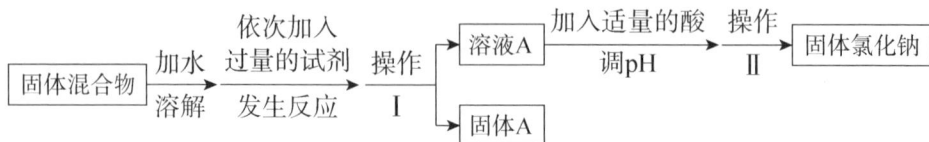

(1)加水溶解时,适宜的水量为_____mL。

A. 20 mL　　　　　　B. 45 mL　　　　　　C. 75 mL　　　　　　D. 100 mL

为增大溶解速率,可采取的方法是_____和_____(任写2种)。

(2) 依次加入的过量试剂为_____、_____和_____,试剂过量的目的是_____。溶液A中加入的适量酸为_____,若该酸也过量,对所得到氯化钠的纯度_____(填"有"或"没有")影响。

(3) 操作Ⅰ的名称是_____;操作Ⅱ的名称是_____。两种操作中都用到的玻璃仪器是_____。

(4) 最后得到的固体氯化钠与原固体混合物中氯化钠的质量相比,结果_____(填"增大""减小"或"不变")。

(5) 固体A中所含的盐的化学式为_____。

(三) 情景式作业

某粗盐中含有约80%～90%(质量分数)氯化钠,还含有$Mg^{2+}$、$SO_4^{2-}$、$Ca^{2+}$等离子和泥沙等难溶性杂质。某学生进行了如下粗盐提纯实验:称取10 g粗盐,加入30 mL水充分溶解、过滤,将滤液加热、蒸发结晶,得到食盐。(已知:20℃时氯化钠的溶解度为36 g)

(1) 为什么用30 mL水溶解粗盐?

(2) 实验中,哪些操作需要使用玻璃棒?其作用分别是什么?

(四) 实践性作业

1. 在本节课实验操作的基础上,进一步完善粗盐提纯整套实验方案的设计。

2. 参观浦东新场古镇的盐文化馆,走访上海盐文化遗址,从《熬波图》中学习古代海水提盐的方法和步骤。

（五）跨学科作业

氯化钠有广泛的应用领域。在生活中,氯化钠作为食盐的主要成分,用于调味食物,它能增添食物的咸味,改善口感,并帮助提升食物的保鲜性。在工业生产中,氯化钠在许多工业领域中有广泛应用,如化工、冶金、制盐、玻璃制造、纺织和皮革工业等。在医疗中,氯化钠溶液常用作注射液和静脉滴注液,用于补充体液和电解质,调节体内酸碱平衡,以及用于治疗脱水和电解质紊乱等疾病。通过查询资料,进一步了解:

1. 在生物学中,过量摄入氯化钠会对人体健康产生哪些不利影响?

2. 在物理学中,如何借用"布拉格定律"厘清组成氯化钠的钠离子和氯离子在盐晶体内的排序方式及 NaCl 溶液在磁场作用后的物理特性变化。

# 高中化学必修二

# 钠的重要化合物

课堂导学设计①

陈少茹②

## 一、学习目标

（一）宏观辨识与微观探析

1.在实验探究过程中,通过观察和归纳得出氧化钠和过氧化钠性质的异同。2.通过实验分析生活中常见现象及常见用品器具的化学原理,用过氧化钠的性质解释有关现象发生原因及常见用品器具的设计原理。

（二）变化观念与平衡思想

1.以钠及其化合物知识的学习为线索,初步形成金属及其化合物的研究思路。2.在研究钠及其化合物性质的过程中,能依据研究目的设计探究方案,形成证据推理意识,培养求实、创新的良好品质。

---

① 普通高中化学必修第二册(上海科学技术出版社)　第五章　第二节　重要的金属化合物　钠的重要化合物　课堂导学设计。

② 上海市青浦区第一中学。

（三）证据推理与模型认知

1.通过实验探究、现象分析、微观解释、符号表征等认识氧化纳和过氧化钠的区别和联系。2.发展"宏观—微观—符号"三重表征模型。

（四）科学探究与创新意识

1.通过探究氧化钠和过氧化钠的性质，认识过氧化物在工业生产和日常生活中的重要作用，增强学生探索自然奥秘的兴趣与动力，同时建立通过实验得到性质结论的认知模型。2.体会化学研究方法的多样性。

（五）科学态度与社会责任

1.通过学习氧化钠和过氧化钠的化学性质，进一步理解性质决定用途，形成严谨认真、实事求是的科学态度，同时感受学习化学的意义和价值。2.发展"科学态度与社会责任"的化学学科核心素养。

## 二、课堂导学设计

情境问题1:如果化学实验室中某个角落着火了,该如何处理?

情境问题2:在处理有毒有害物质时通常要戴防毒面具进入事故现场,防毒面具内部装有什么物质? 其原理是什么?

第一梯度学习任务:情境引发学习兴趣。学生依据导学问题引导,引起对问题的思考,给出自己的答案,不论答案正确与否,都要紧紧围绕问题作出解释。也可以根据情况组织小组讨论,交流对疑难问题的不同思考路径和不同的答案。（第一梯度学习任务侧重化学核心素养中的"宏观辨识""变化观念"。）

导学问题1:扑灭常见可燃物（如酒精、木炭等）的燃烧,该如何操作? 并分析原因。

导学问题2:扑灭金属钠等活泼金属的燃烧,该如何操作? 并分析原因。

导学问题3:金属钠是活泼金属,根据所学知识推测金属钠可能具有哪些化学性质？

导学问题4：金属钠与氧气反应的产物是什么？如何证实你的结论？

第二梯度学习任务：归纳形成理论认知。引导学生观察钠与氧气在不同条件下反应的产物，通过讨论归纳实验现象后面蕴含的化学原理。也可以通过网上平台交流讨论，在寻找答案过程中，学习理解和深入领会"金属钠在不同条件下与氧气反应的产物不同"这一结论。让学生通过较复杂的实验再次经历预测—实验—解释—得出结论的过程。通过该过程，学生初步构建金属及其化合物的研究模型，为学习元素化合物知识打下基础。(第二梯度学习任务侧重化学核心素养中的"变化观念""证据推理""科学探究"。)

讨论问题1：金属钠很活泼，常温下能否跟水发生反应？

探究实验1：在烧杯中加入一些水，滴入几滴酚酞溶液，然后把一块绿豆大小的金属钠放入水中。

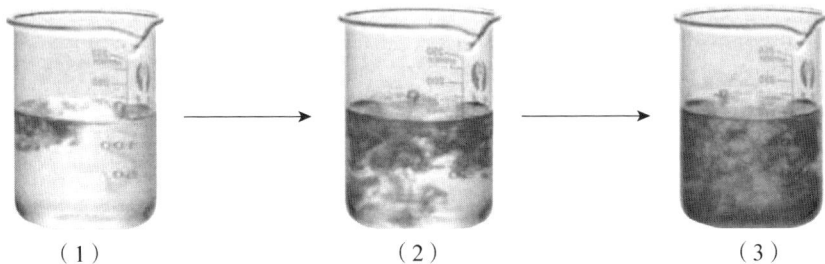

（1）　　　　　　　　（2）　　　　　　　　（3）

导学问题1：从金属钠在水中的位置、金属钠形状的变化、溶液颜色的变化等角度观察和描述实验现象。分析实验现象，你能得出哪些结论？

| 实验现象 | 分析及结论 |
| --- | --- |
| 浮在水面上 | 钠的密度比水的小 |
| 熔化成光亮小球，且周围有水雾产生 | 反应放热，且钠的熔点低 |
| 四处游动 | 有气体生成，推动小球四处游动 |
| 嘶嘶作响，小球逐渐变小，最后完全消失。有时可能有火花，或伴有爆鸣声…… | 有气体生成，反应剧烈 |
| 溶液由无色变成红色 | 溶液呈碱性 |

讨论问题2：为什么会发生这种反应？钠的性质非常活泼，能与水发生剧烈

反应;反应时放出热量;反应后得到的溶液显碱性。$2Na+2H_2O \rule[0.5ex]{1.5em}{0.4pt} 2NaOH+H_2\uparrow$

导学问题2:根据初中已学知识归纳金属钠的化学性质。

讨论问题3:金属钠为什么要保存在煤油中?

讨论问题4:金属钠在常温下与氧气反应的产物是什么?

实验活动1:用镊子取一小块钠,用滤纸吸干表面的煤油后,观察钠的光泽和颜色,用刀切去一端的表层,再观察钠的光泽和颜色,并注意新切开的钠的表面所发生的变化。

观察活动:取出的金属钠表面有一层灰黄色层,切开后的切口处露出银白色光泽;在空气中迅速变暗。

常温下:$4Na+O_2 \rule[0.5ex]{1.5em}{0.4pt} 2Na_2O$　银白色→变暗(灰白)

讨论问题5:金属钠在氧气中燃烧后的产物是什么?

实验活动2:将一只干燥的坩埚加热,同时切取一块绿豆大小的金属钠,迅速投入热坩埚中。继续加热坩埚片刻,待钠熔化后立即撤掉酒精灯,观察现象。

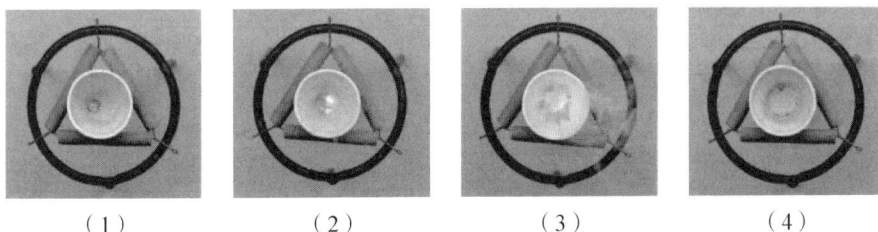

（1）　　　　（2）　　　　（3）　　　　（4）

观察现象:熔化成小球,剧烈燃烧,发出黄色火焰,生成淡黄色固体。

$$2Na+O_2 \xrightarrow{\triangle} Na_2O_2$$

**相关链接**

从化学结构角度看,过氧化钠比氧化钠稳定。此外氧化钠被氧气氧化生成过氧化钠,氧化钠的还原性比过氧化钠强,所以过氧化钠比氧化钠稳定。

讨论问题6:从物质分类角度分析氧化钠属于哪种氧化物? 具有哪些化学性质?

氧化钠和氧化钙都属于碱性氧化物,可以与 $H_2O$、$CO_2$、盐酸发生反应。

$4Na+O_2 \Longrightarrow 2Na_2O$

$Na_2O+H_2O \Longrightarrow 2NaOH$ $Na_2O+CO_2 \Longrightarrow Na_2CO_3$ $Na_2O+2HCl \Longrightarrow 2NaCl+H_2O$

碱性氧化物:与酸反应生成盐和水的氧化物。

特征:都是金属氧化物,如 $CaO$、$Na_2O$ 等。

$$碱性氧化物（化学通性）\begin{cases} +水 \longrightarrow 碱 \\ +酸性氧化物 \longrightarrow 盐 \\ +酸 \longrightarrow 盐+水 \end{cases}$$

讨论问题7:$Na_2O_2$ 是否与 $Na_2O$ 一样也能与水、$CO_2$、盐酸反应? 产物是否相同?

实验探究1:演示实验"滴水生火"(用脱脂棉包裹少量过氧化钠,放在石棉网上,用胶头滴管向脱脂棉上滴一滴管蒸馏水)。"嘴吹火"(用脱脂棉包裹少量过氧化钠,放在石棉网上,用吸管向脱脂棉上吹气)。

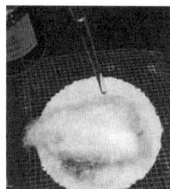 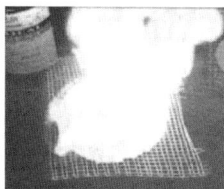 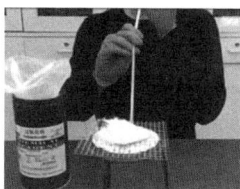 

滴水前　　　　　滴水后　　　　　吹气前　　　　　吹气后

实验探究2:将 $1\sim2$ mL 水滴入盛有 $1\sim2$ g 过氧化钠固体的试管中,立即把带火星的木条伸入试管中,检验生成的气体。用手轻轻触摸试管外壁,有什么感觉? 用 pH 试纸检验溶液的酸碱性。

观察现象:滴入水后有大量气泡产生,生成的气体使带火星的木条复燃(说明有 $O_2$ 生成);试管外壁发热;pH 试纸变蓝(说明有碱生成)。

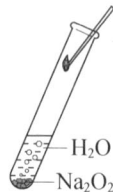

结论:$2Na_2O_2+2H_2O \Longrightarrow 4NaOH+O_2\uparrow$

$2Na_2O_2+2CO_2 \Longrightarrow 2Na_2CO_3+O_2$

**过氧化钠与水反应**

第三梯度学习任务:促进知识迁移应用。过氧化钠性质在日常生活和工业生产中有什么用? 在这一环节中,要求进一步联系生活和生产实际,指导学生学会运用化学理论对实际进行分析,培养学生应用理论分析问题与解决问题的能力,提升知识应用水平和迁移能力。(第三梯度学习任务侧重化学核心素养中的"科学探究""社会责任"。)

讨论问题 1:实验室中过氧化钠样品需要定期更换的原因是什么?

导学问题 1:实验室中如何保存过氧化钠?

导学问题 2:如何快速判断长期放置的过氧化钠样品已经变质?

导学问题 3:过氧化钠样品长期放置最终变成什么物质?

讨论问题 2:消防员处理有毒有害物质时通常要戴防毒面具进入事故现场,防毒面具内部装有什么物质? 其中的反应原理是什么?

## 三、作业设计

(一) 基础性作业

1. 下面关于金属钠的描述正确的是(　　　)。

A. 钠的化学性质很活泼,在自然界中不能以游离态存在

B. 钠离子具有较强的还原性

C. 钠很软,在新材料领域中没有用途

D. 将一小块金属钠投入水中,立即放出氧气

(学科素养的落实:宏观辨识。)

2. 为高空或海底作业提供氧气的物质是(　　　)。

A. $KClO_3$　　　　　B. $KMnO_4$　　　　　C. $Na_2O_2$　　　　　D. $H_2O$

(学科素养的落实:宏观辨识和变化观念。)

3. 下列变化中,不属于氧化还原反应的是(　　　)。

A. 金属钠露置在空气中迅速变暗

B. 将锌片投入稀盐酸中有气泡产生

C. 露置在空气中的过氧化钠固体变白

D. 将碳酸钙粉末投入稀盐酸中有气泡产生

(学科素养的落实:宏观辨识、变化观念和证据推理。)

4. 下列对过氧化钠的叙述正确的是(　　　)。

A. 过氧化钠能与水反应,所以过氧化钠可以作为很多气体的干燥剂

B. 过氧化钠与水反应时,过氧化钠是氧化剂,水是还原剂

C. 过氧化钠与二氧化碳反应时，过氧化钠既是氧化剂又是还原剂

D. 7.8 g $Na_2O_2$ 与足量水反应，生成氧气 3.2 g

（学科素养的落实：宏观辨识和变化观念。）

5. 下列叙述正确的是（　　）。

A. $Na_2O$ 与 $Na_2O_2$ 中阴、阳离子的个数比均为 1：2

B. 足量 $Cl_2$、$O_2$ 分别和两份等质量的 Na 反应，前者得到电子多

C. 过氧化钠可以和盐酸反应，所以过氧化钠属于碱性氧化物

D. 钠投入水中会熔化成小球，并四处游动，说明钠与水反应放热并生成氧气

（学科素养的落实：宏观辨识与微观探析、变化观念。）

6. 等质量的两块钠，第一块在足量氧气中加热，第二块在足量空气（常温）中充分反应，则下列说法正确的是（　　）。

A. 第一块钠失去电子多

B. 两块钠失去电子一样多

C. 第二块钠的反应产物质量大

D. 两块钠的反应产物质量一样大

（学科素养的落实：宏观辨识与微观探析、变化观念。）

（二）提高性作业

7. 实验室中，下列行为不符合安全要求的是（　　）。

A. 熄灭酒精灯时，用灯帽盖灭

B. 金属钠着火时，立即用沙土覆盖

C. 实验结束后将废液倒入指定容器中

D. 稀释浓硫酸时，将水注入浓硫酸中并不断搅拌

（学科素养的落实：证据推理、科学精神与社会责任。）

8. 下列各组中的两物质相互反应时，若改变反应条件（温度、反应物用量比），化学反应的本质并不改变的是（　　）。

A. Na 和 $O_2$

B. 澄清石灰水和 $CO_2$

C. $Na_2O_2$ 和 $CO_2$

D. 木炭（C）和 $O_2$

（学科素养的落实：变化观念、证据推理。）

（三）思维性作业

1. 钠云称为"人造梦星"，因某些发射的火箭装有特制的钠蒸发器，在一定

条件下喷发出钠云,在日光的激发下黄色可以变得很亮,并逐渐扩散而形成类似彗星的形状而得名,也可由此推算火箭在空中的位置。下列说法错误的是( )。

    A. 黄色的钠云是由生成黄色的过氧化钠而导致的

    B. 钠钾合金在常温下为液态,可作原子反应堆的导热剂

    C. 过氧化钠可作为航天飞船中航天员的供氧剂

    D. 利用金属钠可以制备航天用的金属钛

(学科素养的落实:宏观辨识与微观探析、变化观念、科学探究与创新意识。)

2. 研究物质时会涉及物质的组成、分类、性质和用途等方面。

(1) $Na_2O_2$ 属于_____(填物质的类别),检验其组成中所含阳离子的方法是_____。

(2) 将包有少量_____色 $Na_2O_2$ 固体的棉花放在石棉网上,用滴管向棉花上滴几滴水,棉花立刻燃烧起来。由该实验你能得出的结论是_____

_____。

(学科素养的落实:宏观辨识与微观探析、变化观念、科学探究与创新意识。)

3. 将一小块金属钠从煤油中取出,用滤纸除去表面煤油后,用小刀切开金属钠,会看到切开面有下列变化:银白色—变暗—"出汗"—最终变为白色粉末,请结合所学知识解释上述变化过程(请用化学方程式结合文字描述):_____

_____。

(学科素养的落实:宏观辨识、变化观念、科学探究与创新意识。)

(四) 情景式作业

1. 如图所示,在烧杯中加入水和苯(苯的密度为 $0.88\ g\cdot cm^{-3}$,与水互不相溶,且不与钠反应)各 50 mL,将一小块金属钠(密度为 $0.97\ g\cdot cm^{-3}$)投入烧杯中,观察到的现象为_____。

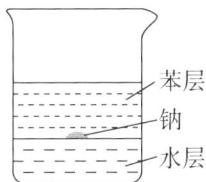

(学科素养的落实:宏观辨识与微观探析、变化观念与平衡思想、证据推理。)

2. 在潜水艇和消防员的呼吸面具中,盛放的化学试剂主要有_____,所发生反应的化学方程式为_____。

从氧化剂和还原剂角度分析,在这个反应中 $Na_2O_2$ 的作用是_____。

某潜水艇上有 50 人,如果每人每分钟消耗的 $O_2$ 在标准状况下体积为 0.80 L(标准状况下 $O_2$ 的密度为 1.429 g/L),假设所需的 $O_2$ 全部由 $Na_2O_2$ 提供,则该潜水艇一天所需要的 $Na_2O_2$ 的质量是_____kg。

(学科素养的落实:宏观辨识、变化观念、科学精神与社会责任。)

(五) 实践性作业

1. 学生自主创编的思维导图

学生把这些作品命名为"钠"家族的"钠"些事,并给每幅作品都取了具体的名称。

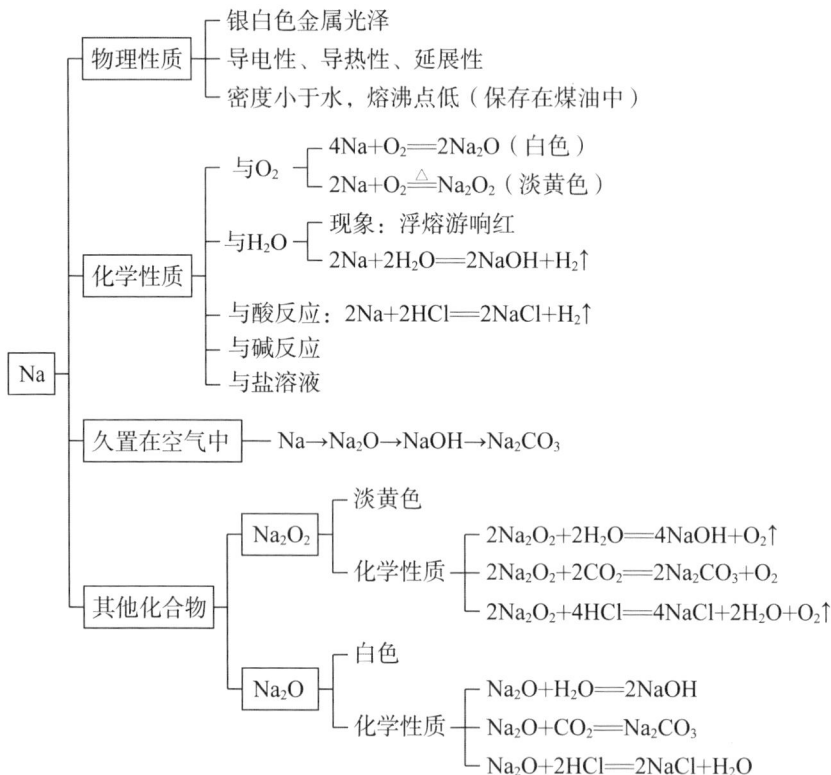

```
                  ┌─ 银白色金属光泽
         物理性质 ─┼─ 导电性、导热性、延展性
                  └─ 密度小于水，熔沸点低（保存在煤油中）

                  ┌─ 与O₂ ─┬─ 4Na+O₂══2Na₂O（白色）
                  │        └─ 2Na+O₂ ──△── Na₂O₂（淡黄色）
                  │
                  │        ┌─ 现象：浮熔游响红
         化学性质 ─┼─ 与H₂O ┴─ 2Na+2H₂O══2NaOH+H₂↑
                  │
                  ├─ 与酸反应：2Na+2HCl══2NaCl+H₂↑
                  ├─ 与碱反应
  Na ─┤           └─ 与盐溶液

         久置在空气中 ── Na→Na₂O→NaOH→Na₂CO₃

                            ┌─ 淡黄色
                  ┌─ Na₂O₂ ─┤              ┌─ 2Na₂O₂+2H₂O══4NaOH+O₂↑
                  │         └─ 化学性质 ────┼─ 2Na₂O₂+2CO₂══2Na₂CO₃+O₂
         其他化合物 ─┤                       └─ 2Na₂O₂+4HCl══4NaCl+2H₂O+O₂↑
                  │         ┌─ 白色
                  └─ Na₂O ─┤              ┌─ Na₂O+H₂O══2NaOH
                            └─ 化学性质 ────┼─ Na₂O+CO₂══Na₂CO₃
                                           └─ Na₂O+2HCl══2NaCl+H₂O
```

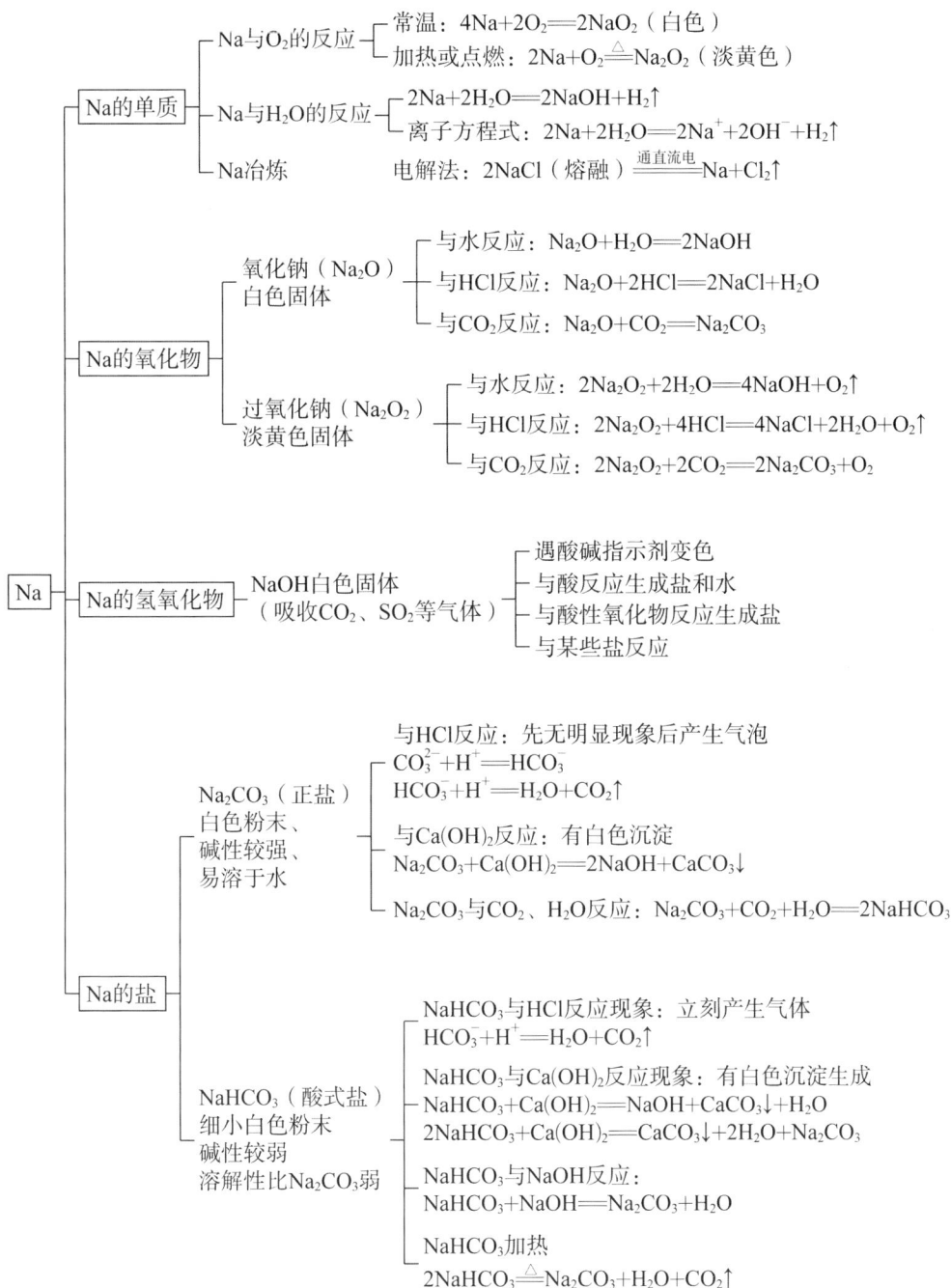

Na — Na的单质
- Na与$O_2$的反应
  - 常温：$4Na+2O_2\!=\!\!=\!2NaO_2$（白色）
  - 加热或点燃：$2Na+O_2\xrightarrow{\triangle}Na_2O_2$（淡黄色）
- Na与$H_2O$的反应
  - $2Na+2H_2O\!=\!\!=\!2NaOH+H_2\uparrow$
  - 离子方程式：$2Na+2H_2O\!=\!\!=\!2Na^++2OH^-+H_2\uparrow$
- Na冶炼
  - 电解法：$2NaCl$（熔融）$\xrightarrow{通直流电}Na+Cl_2\uparrow$

Na的氧化物
- 氧化钠（$Na_2O$）白色固体
  - 与水反应：$Na_2O+H_2O\!=\!\!=\!2NaOH$
  - 与HCl反应：$Na_2O+2HCl\!=\!\!=\!2NaCl+H_2O$
  - 与$CO_2$反应：$Na_2O+CO_2\!=\!\!=\!Na_2CO_3$
- 过氧化钠（$Na_2O_2$）淡黄色固体
  - 与水反应：$2Na_2O_2+2H_2O\!=\!\!=\!4NaOH+O_2\uparrow$
  - 与HCl反应：$2Na_2O_2+4HCl\!=\!\!=\!4NaCl+2H_2O+O_2\uparrow$
  - 与$CO_2$反应：$2Na_2O_2+2CO_2\!=\!\!=\!2Na_2CO_3+O_2$

Na的氢氧化物
- NaOH白色固体（吸收$CO_2$、$SO_2$等气体）
  - 遇酸碱指示剂变色
  - 与酸反应生成盐和水
  - 与酸性氧化物反应生成盐
  - 与某些盐反应

Na的盐
- $Na_2CO_3$（正盐）白色粉末、碱性较强、易溶于水
  - 与HCl反应：先无明显现象后产生气泡
  - $CO_3^{2-}+H^+\!=\!\!=\!HCO_3^-$
  - $HCO_3^-+H^+\!=\!\!=\!H_2O+CO_2\uparrow$
  - 与$Ca(OH)_2$反应：有白色沉淀
  - $Na_2CO_3+Ca(OH)_2\!=\!\!=\!2NaOH+CaCO_3\downarrow$
  - $Na_2CO_3$与$CO_2$、$H_2O$反应：$Na_2CO_3+CO_2+H_2O\!=\!\!=\!2NaHCO_3$
- $NaHCO_3$（酸式盐）细小白色粉末 碱性较弱 溶解性比$Na_2CO_3$弱
  - $NaHCO_3$与HCl反应现象：立刻产生气体
  - $HCO_3^-+H^+\!=\!\!=\!H_2O+CO_2\uparrow$
  - $NaHCO_3$与$Ca(OH)_2$反应现象：有白色沉淀生成
  - $NaHCO_3+Ca(OH)_2\!=\!\!=\!NaOH+CaCO_3\downarrow+H_2O$
  - $2NaHCO_3+Ca(OH)_2\!=\!\!=\!CaCO_3\downarrow+2H_2O+Na_2CO_3$
  - $NaHCO_3$与NaOH反应：
  - $NaHCO_3+NaOH\!=\!\!=\!Na_2CO_3+H_2O$
  - $NaHCO_3$加热
  - $2NaHCO_3\xrightarrow{\triangle}Na_2CO_3+H_2O+CO_2\uparrow$

# 高中生物必修一
# 细胞由质膜包裹

课堂导学设计[①]

魏欣[②]

## 一、学习目标

（一）生命观念

1.阅读质膜的相关资料,运用归纳与概括、模型与建模的方法,分析质膜的成分,构建质膜的结构模型。2.形成结构与功能相适应的生命观念。

（二）科学思维

1.在模型搭建和资料分析中,学习科学探究的方法,体验科学发展的过程。2.通过肝炎药物脂质体的设计,发展归纳、概括、推理、演绎的科学思维。

（三）科学探究

借助质膜的结构模型,结合生活实例,说出质膜的功能。

（四）社会责任

1.通过对肝炎资料的分析,设计肝炎药物脂质体;2.树立关爱生命、关注健康的责任意识。

## 二、课堂导学设计

情景问题1:

谷丙转氨酶合成并主要存在于肝细胞中,血浆中含量极少,当肝细胞受损时,谷丙转氨酶会流出细胞,进入血液,使血浆中谷丙转氨酶指标明显增高。肝损伤病人为什么血浆中谷丙转氨酶指标明显增高?

情景问题2:

正如国家有边界线、校园有围墙一样,薄薄的细胞质膜将细胞与外界环境分开,保护着细胞内部的稳定和生命活动的进行,同时也负责细胞与外界的物质交

---

① 高中生物必修一(上海科学技术出版社)　第三章　第一节　细胞由质膜包裹　课堂导学设计。
② 上海市青浦区第一中学。

换和信息交流。质膜的结构有哪些特殊之处,使其具有这些功能?

第一梯度学习任务:情景引发学习兴趣。学生依据导学问题,引发对问题的思考,提出自己的答案,不论答案正确与否,都要紧紧围绕问题作出解释。也可以根据情况组织小组讨论,交流对疑难问题的不同思考路径和不同的答案。(第一梯度学习任务侧重高中生物核心素养中的"生命观念""科学思维"。)

导学问题1:细胞质膜主要由哪些生物分子组成?

导学问题2:表中列出部分生物细胞质膜的主要成分及其质量百分比,请分析不同生物细胞质膜组成成分的共同特点,有何差异?结合生物分子的特性和功能,推测质膜主要成分的作用。

| 细胞 | 质膜主要成分的质量百分比(%) | | |
|---|---|---|---|
| | 蛋白质 | 磷脂 | 固醇 |
| 小鼠肝脏细胞 | 45 | 27 | 25 |
| 草履虫 | 56 | 40 | 4 |
| 玉米叶细胞 | 47 | 26 | 7 |
| 酵母 | 52 | 7 | 4 |
| 大肠杆菌 | 75 | 25 | 0 |

导学问题3:虽然植物细胞最外层有细胞壁,但细胞质膜还是被认定为细胞的边界,你是否认同这一观点?为什么?

导学问题4:随着技术的发展和研究的深入,人们对细胞质膜结构与功能的认识不断趋于完善和合理,并提出了相应的结构模型和假说。请查阅资料,看看科学家都提出了哪些结构模型和假说。

导学问题5:梳理科学家对细胞质膜的成分、结构和功能的科学探索历程,并谈谈你对这一探索历程的体会或认识。

第二梯度学习任务:归纳形成理论认知。展示欧文顿对质膜结构研究的实验结果,引导学生分析资料,说出质膜的成分。回忆细胞的分子组成,引导学生思考:常见的脂质包括哪些?结合细胞生活的环境,哪类分子最可能组成质膜?(第二梯度学习任务侧重高中生物核心素养中的"生命观念""科学思维""科学探究"。)

体验活动:搭建质膜结构模型。

导学问题1:非脂溶性物质无法穿透质膜,脂溶性物质容易透过质膜。由这个实验结果,你推测质膜中可能含有的成分。

导学问题2:1925年戈特和格伦德尔从成熟红细胞中提取脂质,置于空气-

水界面上铺成单分子层,发现该界面上脂质的面积是红细胞表面积的2倍。由此实验结果推测,质膜中的脂质是如何分布的?

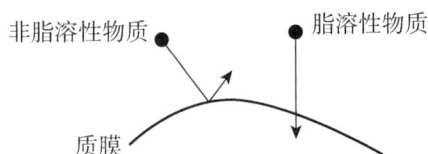

非脂溶性物质　　脂溶性物质

质膜

导学问题3:1935年,丹尼利和戴维森采用物理学方法研究细胞的表面张力,发现质膜的表面张力明显低于油-水界面的表面张力,如果在油脂表面附有蛋白质成分,则其表面张力会降低。研究发现蛋白质也有亲水和疏水部分。质膜中的蛋白质是如何分布的?

探究小结:质膜的结构模型。

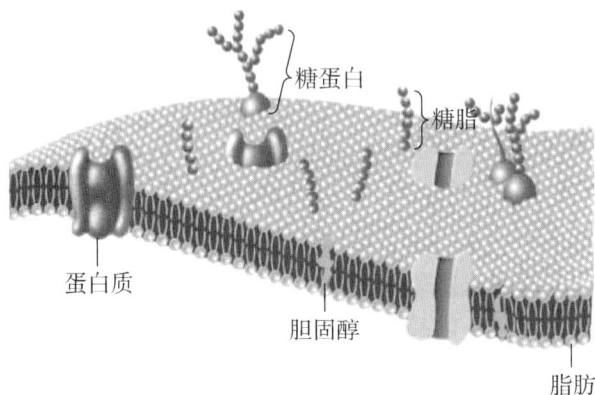

糖蛋白
糖脂
蛋白质
胆固醇
脂肪

探究活动1:阅读资料,借助所学的知识,得出质膜中磷脂分子的排列方式,感受科学研究中科学思维的重要性。通过资料分析质膜的其他成分,推测蛋白质在质膜上的分布特点,并与实验观察的结果对比,认同技术对科学发展的推动作用,感悟科学知识是逐步修正发展的。

探究活动2:质膜是静止不动的吗?1970年,科学家用红、绿两种荧光抗体分别标记人类细胞和小鼠细胞的膜蛋白,再让两种细胞融合。刚融合的细胞一半发红色荧光,另一半发绿色荧光。放置1 h后,发现两种荧光抗体均匀分布(如下图)。这一实验表明有一些膜蛋白在质膜中可以横向运动。

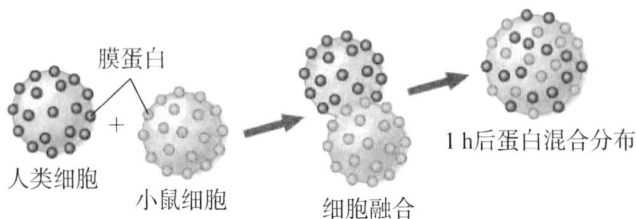

膜蛋白
人类细胞　小鼠细胞　细胞融合　1 h后蛋白混合分布

导学问题 4：为什么要用荧光抗体标记膜蛋白？

导学问题 5：为什么荧光抗体的移动可以说明膜蛋白具有流动性？请分析科学家得出膜蛋白具有流动性的推理过程。

探究小结：组成质膜的各成分都在不断运动——质膜具有一定的流动性。

探究活动 3：通过分析，了解质膜的结构特点，使学生认识到科学理论或模型应用能解释自然现象，形成结构与功能相适应的生命观念。借助模型，认识胆固醇在动物细胞质膜中的作用，展示不同细胞生命活动的动画，分析质膜流动性的意义。借助搭建的模型，了解多糖在质膜上的分布，并总结质膜的流动镶嵌模型。

第三梯度学习任务：促进知识迁移应用。通过实例分析，从结构与功能相适应角度，了解质膜的功能，培养学生分析问题、解决问题的能力，促进知识的迁移应用。（第三梯度任务侧重高中生物核心素养中的"科学探究""科学思维""社会责任"。）

实验活动：制备紫草素脂质体。紫草素：从紫草中提取并呈现紫红色的物质，不溶于水，溶于乙醇、有机溶剂和植物油。临床上可用于治疗急慢性肝炎、肝硬化。

讨论问题 1：借助模型，从结构与功能相适应角度解释肝损伤时血浆中谷丙转氨酶升高的原因。

导学问题 1：肝损伤时血浆中谷丙转氨酶为什么会升高？

讨论问题 2：紫草素（用 * 表示）作为疏水性药物，画出其在脂质体中的嵌入位置。

导学问题 2：结合质膜的功能，推测为了使药物脂质体能特异性地识别肝细胞，可对脂质体表面增加怎样的结构？

讨论问题 3：依据质膜的结构特点，推测脂质体到达肝细胞后，药物将如何进入细胞发挥作用？

## 三、作业设计

（一）基础性作业

1. 大肠杆菌在生长过程中，细胞内钾离子的质量分数是培养液的 3 000 倍。如果在培养液中加入一种叫箭毒素的药物（并不影响细胞内能量的产生），大肠杆菌细胞内钾离子的质量分数会立即下降。这种药物的作用机理是（　　　）。（考核：生命观念、科学探究。）

A. 使细胞膜不能将细胞与外界环境分隔开

B. 使细胞无法进行细胞间的信息交流

C. 改变细胞的遗传特性

D. 使细胞膜无法控制钾离子的进出

2. 在处理污水时,人们设计出一种膜结构,有选择地将重金属离子阻挡在膜的一侧,以降低重金属离子对水的污染。这是试图模拟细胞膜的(　　　)。(考核:科学思维、科学探究。)

A. 将细胞与外界环境分隔开的功能

B. 控制物质进出细胞的功能

C. 进行细胞间信息交流的功能

D. 具有免疫作用的功能

3. 取细胞膜上糖蛋白成分相同的两种海绵动物,将其细胞都分散成单个后混合培养,发现这两种细胞能结合在一起。但是,将细胞膜上糖蛋白成分不相同的两种海绵动物的细胞分散后,混合培养,会发现这两种细胞不能结合在一起。这一实验现象说明细胞膜上的糖蛋白与(　　　)。(考核:生命观念、科学探究。)

A. 细胞间的相互识别有关

B. 细胞间的免疫作用有关

C. 细胞的分泌作用有关

D. 细胞间物质交流有关

4. 物质的跨膜运输对细胞的生存和生长至关重要。下图为几种物质跨膜运输方式的示意图,请判断有关叙述中不正确的是(　　　)。(考核:生命观念、科学探究。)

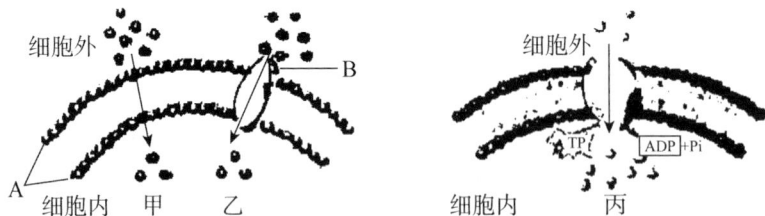

A. 组成细胞膜的 A、B 两种物质通常不是静止的

B. 在丙物质跨膜运输方式中物质一般要从低浓度一侧向高浓度一侧运输

C. 甲、乙、丙三种物质跨膜运输方式对维持活细胞正常的生命活动均有重要意义

D. 胆固醇跨膜运输以甲的方式进行是 B 物质的缘故

（二）提高性作业

1. 人工肾能部分替代真正的肾脏在人体内起的作用。患者的血液在中空纤维中向一侧流动，一种称为透析液的水溶液在中空纤维外向相反方向流动。血液中的小分子废物通过血液透析膜（中空纤维壁）进入透析液中。血液从患者臂部或腿部的血管通路流入人工肾，经过人工肾得到净化后，又流回静脉。（考核：科学思维、科学探究、社会责任。）

A. 为了防止蛋白质类等有用的物质随着废物离开血液，透析液中的蛋白质类等有用的物质应与血液中的基本相同

B. 为了防止某些盐类等有用的物质随着废物离开血液，透析液中的酸碱度和渗透压应与血液中的基本相同

C. 患者的血液要流经人工肾许多次后，才能除去大部分小分子废物

D. 由于血液与透析液中的物质存在浓度差，患者的血液流经人工肾后，大部分小分子废物被除去

2. 一系列实验证明细胞膜具有流动性。荧光抗体免疫标记实验就是其中的一个典型例子。

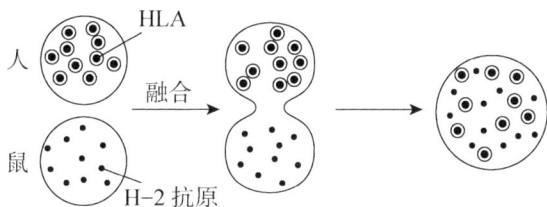

上图表示了人、鼠细胞融合的过程，研究中分别将带有绿色荧光、能与人体细胞膜上 HLA 抗原特异性结合的抗体和带有红色荧光、能与小鼠细胞膜上 H-2 抗原特异性结合的抗体放入细胞培养液中，并对人、鼠细胞进行标记。下列有关该实验的叙述不正确的是（ ）。（考核：生命观念、科学探究、科学思维。）

A. 要使实验现象明显，可以适当提高细胞培养液的温度

B. 选取不同生物细胞进行融合是因为不同生物细胞表面抗原差异较大

C. 实验表明不同种细胞可以杂交，而同种生物细胞不能进行融合

D. 实验结果可以直接证明细胞膜上的蛋白质分子可以运动

3. 下面是真核细胞膜结构的示意图。请据图回答问题。在括号内填图中

编号,横线上写文字。(考核:生命观念、科学探究、科学思维。)

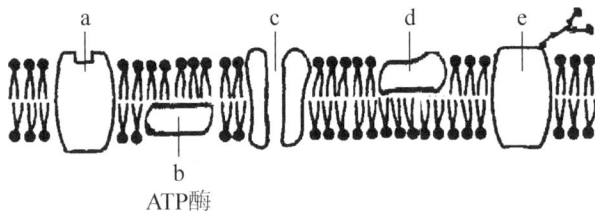

ATP酶

(1) 这是真核细胞膜的_____结构。判别细胞膜内外的物质是(    )。

(2) 若这是水稻的根毛细胞膜,则与吸收 $Si^{2+}$ 有关的是(    )_____;若这是人体的红细胞膜,则与吸收葡萄糖有关的是(    )_____;若这是人体的神经细胞膜,则与接受神经递质有关的是(    )_____;若这是人体小肠绒毛上皮细胞膜,则与吸收水有关的是(    )。

(3) 造成 a、b、c、d、e 功能各异的原因是_____。

(三) 情景式作业

线粒体是真核细胞的重要细胞器。当线粒体受损时,细胞通过清理受损的线粒体来维持细胞内的稳态。我国科研人员对此开展研究。(考核:生命观念、科学探究、科学思维。)

(1) 线粒体中进行的代谢反应会生成大量 ATP 酶,这些 ATP 酶被用于细胞内多种_____(填"吸能"或"放能")反应。

(2) 科研人员推测受损线粒体可通过进入迁移体(细胞在迁移中形成的一种囊泡结构)而被释放到细胞外,即"线粒体胞吐"。为此,科研人员利用绿色荧光标记迁移体,红色荧光标记线粒体,用药物 C 处理细胞使线粒体受损,若观察到_____,则可初步验证上述推测。

(3) 为研究受损线粒体进入迁移体的机制,科研人员进一步实验。

① 真核细胞内的_____锚定并支撑着细胞器,与细胞器在细胞内的运输有关。

② 为研究 D 蛋白和 K 蛋白在线粒体胞吐中的作用,对红色荧光标记了线粒体的细胞进行相应操作,检测迁移体中的红色荧光,操作及结果如图 1 和图 2 所示。

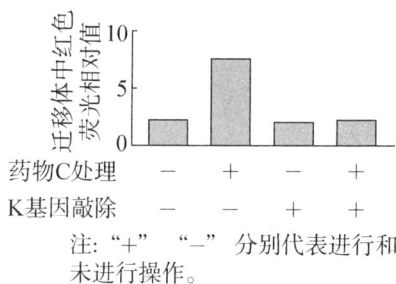

图 1

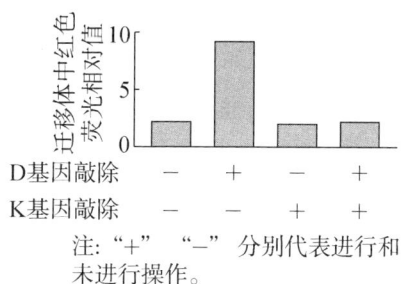

图 2

图 1 结果表明,K 蛋白_____。图 2 结果表明,_____。

（4）研究表明,正常线粒体内膜两侧离子分布不均,形成线粒体膜电位,而使受损线粒体的膜电位丧失或降低。科研人员构建了 D 蛋白基因敲除的细胞系,测定并计算经药物 C 处理的正常细胞和 D 蛋白基因敲除细胞系的线粒体膜电位平均值,结果如下表。

| 细胞类型 | 正常细胞 | D 蛋白基因敲除细胞系 |
|---|---|---|
| 细胞中全部线粒体膜电位的平均值（荧光强度相对值） | 4.1 | 5.8 |

D 蛋白基因敲除细胞系线粒体膜电位的平均值升高的原因是_____。

（四）实践性作业

在医药领域中,很多药物的治疗机理和细胞质膜密切相关,不少药物针对细胞质膜上的物质运输通道研发。例如,某治疗高血压的药物说明书有如下药物机理描述:"本品为二氢吡啶类钙通道阻滞剂,抑制血管平滑肌和心肌细胞的跨膜钙离子内流,但以血管作用为主。本品引起冠状动脉、肾小动脉等全身血管的扩张,产生降压作用。"请查找资料,搜集其他针对细胞质膜的药物,梳理其作用机理,制作成科普宣传小报。（考核:社会责任、科学探究。）

（五）跨学科作业

请利用生活中的材料,制作细胞质膜的三维结构模型。例如,制作计算机三维动画模型或利用泡沫塑料、木块、纸板、纸片、塑料袋、布、线绳、细铁丝、大头针等材料制作实物模型,还可以用 3D 打印技术制作模型等。（考核:科学思维、科学探究。）

# 高中地理选择性必修一

## 自然环境的整体性

课堂导学设计①

王佳伟②

## 一、学习目标

（一）区域认知

1.结合地图,说明蒙古国的地理位置及自然环境特征。2.结合区域图表资料,说明当地自然环境的各组成要素及其相互关系。

（二）综合思维

1.结合材料,综合分析蒙古国南部成为影响我国北方沙尘天气主要来源的原因。2.结合图表数据,并运用整体性原理绘制思维导图,探究当地沙尘暴愈加多发的原因。

（三）人地协调观

1.能运用整体性原理,解释并预测某区域受到自然因素或人类活动影响后自然环境的发展变化趋势。2.通过案例学习,认识到人类活动对自然环境的积极或不利影响,建立尊重自然、顺应自然、保护自然的观念。

（四）地理实践力

能运用图表数据材料,分析并预测自然环境的演变特征,提高地理实践能力。

## 二、课堂导学设计

第一梯度学习任务:情景引发学习兴趣。通过近期我国北方甚至上海遭遇沙尘天气这一时事热点创设学习情境,引导学生主动探究,并依据导学问题进行思考,结合区域地图和相关资料,初步认识蒙古国的地理位置和自然环境特征,

---

① 高中地理选择性必修一(中国地图出版社)　第5单元　主题9　自然环境的整体性　课堂导学设计。

② 上海市青浦区第一中学。

理解自然环境的整体性内涵。(第一梯度学习任务侧重地理核心素养中的"区域认知""综合思维"。)

　　情境问题:蒙古国在哪里? 它的自然环境特征是怎样的?

　　导学问题:举例说明该区域自然地理各要素之间有怎样的联系?

　　讨论问题:结合材料,分析蒙古国南部成为影响我国北方沙尘天气主要来源的原因。

　　体验活动1:结合蒙古国区域地图和相关资料,描述其南部地区的自然环境特征。

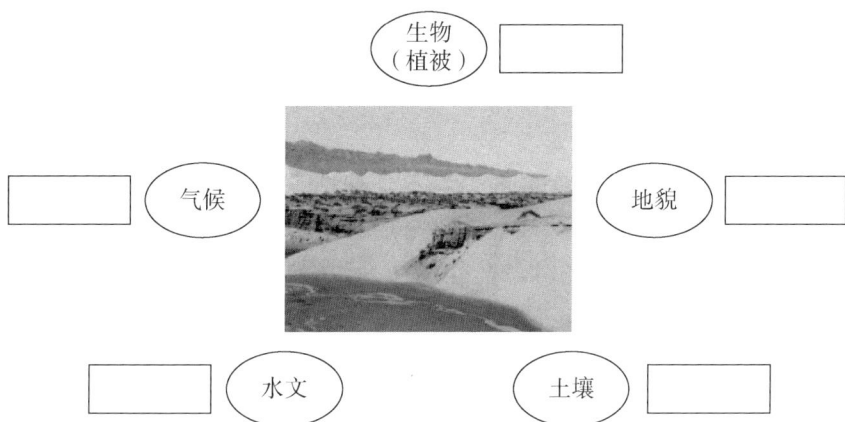

　　体验活动2:在图中添加箭头,举例说明该区域自然地理各要素之间的联系。

　　探究活动:同桌交流,分析蒙古国南部成为影响我国北方沙尘天气主要来源的原因。

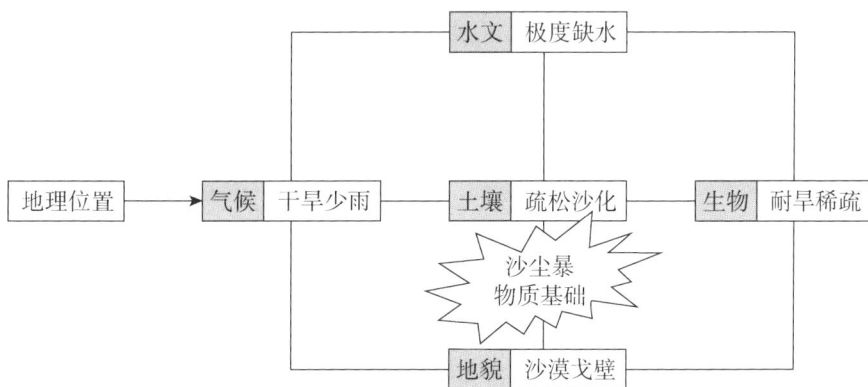

　　第二梯度学习任务:归纳形成理论认知。继续在蒙古国沙尘暴成因分析

的基础上,结合材料探究近年来蒙古国沙尘天气越加多发的原因,绘制思维导图,进一步理解自然环境的整体性表现。培养学生解读图表和信息的能力,从要素综合、时空综合等维度全面分析问题的能力,提升合作学习能力与综合思维能力。(第二梯度学习任务侧重地理核心素养中的"地理实践力""综合思维"。)

导学问题:出示1960—2007年蒙古国沙尘暴平均发生天数图,说出其变化趋势,并推测其未来变化。

讨论问题1:出示蒙古国气温、降水量变化图及畜牧业、采矿业等相关材料。运用整体性原理分析蒙古国沙尘暴次数增多的原因,用逻辑图的方式展示。

探究活动1:读图推测蒙古国沙尘暴变化趋势;小组合作,运用整体性原理分析蒙古国沙尘暴次数增多的原因,用逻辑图的方式展示。

资料一

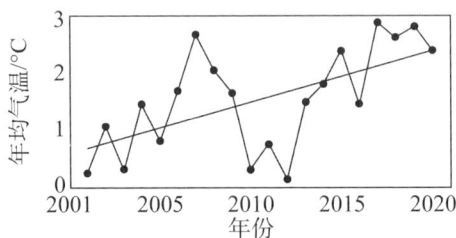

2001—2020年蒙古国年均气温变化趋势

b.蒙古国年均降水量时间变化

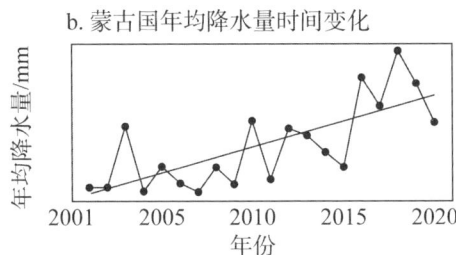

2001—2020年蒙古国年均降水量变化趋势

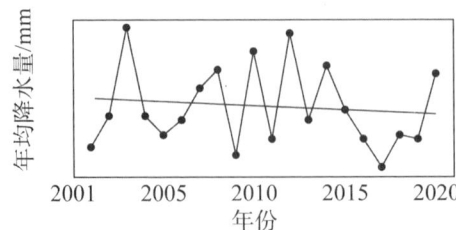

2001—2020年蒙古国南部年均降水量变化趋势

资料二

材料一：

　　蒙古国畜牧业比例占农业总产值70%以上，绵羊和山羊占比高达86%。

　　蒙古国矿产资源丰富，截至2019年，蒙古国矿业占国内生产总值的71%，出口创汇占全部总额的88%。矿产资源中煤炭储量最大，但多为露天煤矿，品质较低，绝大部分是煤化程度非常低的褐煤，不仅易风化，而且燃烧时还容易产生大量的烟尘。

材料二：

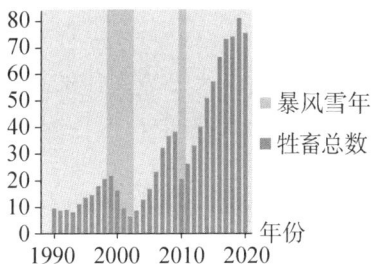

蒙古国牲畜总数（1990—2020年）（百万/年）

露天煤矿开采

　　讨论问题2:蒙古国沙尘暴次数日益增多对我国北方地区会产生什么影响？对比我国北方地区沙尘天气天数变化图，思考沙尘天数降低的原因。

　　探究活动2:结合我国毛乌素沙漠变绿地案例，说明植树造林对缓解沙尘天气的正面效益。

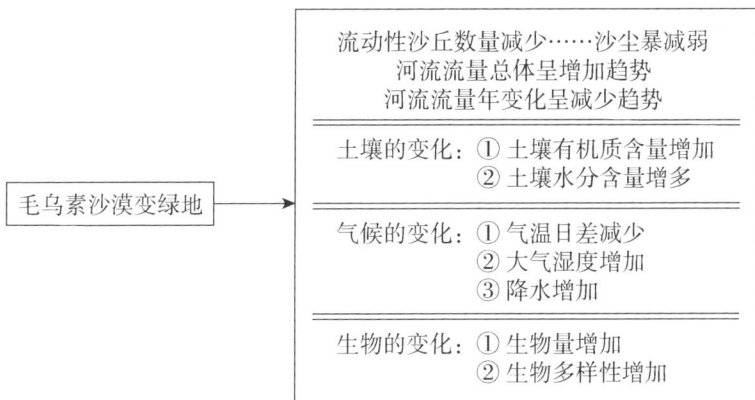

毛乌素沙漠变绿地

流动性沙丘数量减少……沙尘暴减弱
河流流量总体呈增加趋势
河流流量年变化呈减少趋势

土壤的变化：① 土壤有机质含量增加
　　　　　　② 土壤水分含量增多

气候的变化：① 气温日差减少
　　　　　　② 大气湿度增加
　　　　　　③ 降水增加

生物的变化：① 生物量增加
　　　　　　② 生物多样性增加

　　第三梯度学习任务:促进知识迁移运用。学生依据讨论问题，在深入理解自然环境整体性内涵和表现的基础上，进一步认识到人类活动也可以对自然环境造成正面或负面效益，应因地制宜采取合理措施以减少自然灾害的发生。（第三梯度学习任务侧重地理核心素养中的"综合思维""人地协调观"。）

讨论问题:我国应如何与蒙古国开展合作,共同应对沙尘暴灾害?

体验活动:分小组讨论中国和蒙古国,从经济、社会、生态等角度交流应对沙尘暴灾害可以开展合作的具体措施,组内讨论,各组交流。

拓展活动:结合教师提供的资料,进一步说明中蒙两国共同应对沙尘暴灾害所采取的措施。

## 三、作业设计

(一) 基础性作业

1. 巴西热带雨林区植被恢复过程使上游山区水土流失逐渐减少、土壤肥力逐步恢复、径流含沙量变少,"山水林土是一个生命共同体",这些蕴含的地理原理主要是(　　)。(考核:综合思维。)

A. 水循环与水平衡原理

B. 陆地水体相互转化原理

C. 地理环境整体性原理

D. 地理环境地域分异原理

2. 地理环境各要素相互影响、相互制约,构成了地理环境的整体性。最能体现如下图所示的区域地理环境整体性特征的地区是(　　)。(考核:区域认知、综合思维。)

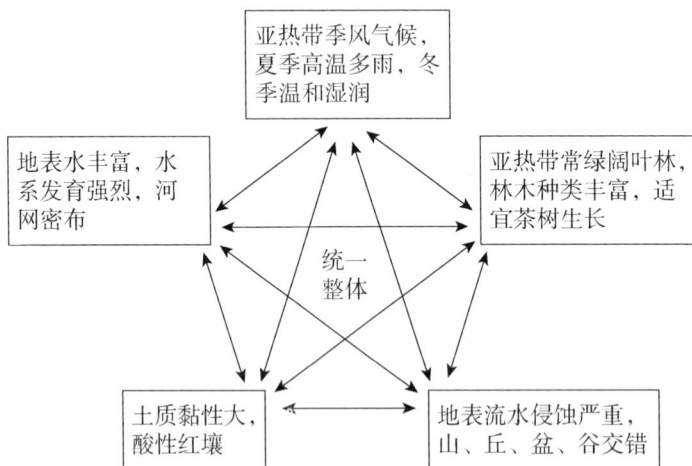

A. 长江三角洲　　　　　　　　B. 珠江三角洲

C. 江南丘陵　　　　　　　　　D. 青藏高原

3. 依据 1984—2009 年新疆某县人口、牲畜增长及草场退化情况表,分析导致该县草场退化的原因主要是(　　)。(考核:综合思维、人地协调观。)

| 牧民人口数<br>(万人) | | 牲畜存栏量(万头) | | 可利用草场<br>面积(万亩) | 与 20 世纪 80 年代<br>相比亩产草量<br>下降率(%) | 草地退化<br>面积(万亩) | 草地退<br>化率(%) |
|---|---|---|---|---|---|---|---|
| 1984 年 | 2009 年 | 1984 年 | 2009 年 | | | | |
| 1.4 | 3.1 | 19.4 | 65 | 1 800 | 25.47 | 774 | 43 |

① 人口增加　② 过度放牧　③ 全球变暖　④ 降水量增加

A. ①②　　　　　　B. ①③　　　　　　C. ②④　　　　　　D. ③④

＊4. 在我国某区域绿洲农业系统水、气、生物相互作用图中①②③所代表的环节分别是(　　)。(考核:区域认知、综合思维。)

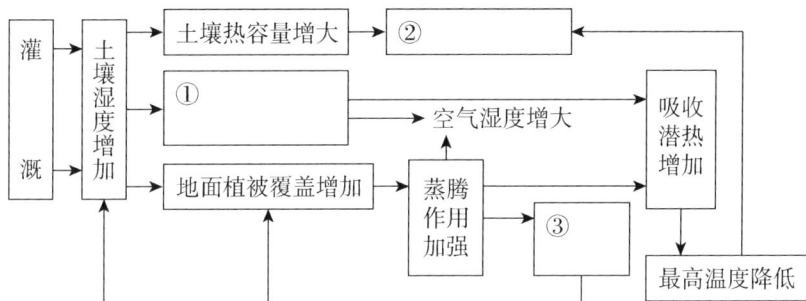

A. 降水增加、大陆性增强、降水减少

B. 地面蒸发的水量增多、气温变化减小、降水增加

C. 气温变化减小、蒸发增强、降水增加

D. 地下水位上升、气温变化变大、土壤表层盐分积累

(二) 思维性作业

张家口市位于河北省西北部,东南与北京相邻,这里地势险要,有"塞外山城"之称。该地自然环境优美,崇礼县和赤城县有华北地区最大的天然滑雪场,境内还有众多古长城,但生态环境脆弱,经济落后。20 世纪末,当地政府为农民脱贫致富在其北部大力发展蔬菜种植业。查阅张家口市地图,结合下面材料回答问题。

```
                    ┌─────────┐
                    │ 天然草地 │
                    └────┬────┘
                         │
                         ▼
                    ┌─────────┐
                    │ 蔬菜种植 │
                    └────┬────┘
                         │
        ┌─────────┐      ▼
    ┌──▶│ 气候干旱 │  ┌─────────┐
    │   └─────────┘  │  灌溉   │
    │        ▲       └────┬────┘
    │        │            │
┌───┴────┐   │      ┌─────┴───┐
│ 生物多样 │◀──────│ 土壤盐  │
│ 性减少  │        │ 碱化   │
└────────┘        └─────────┘
```

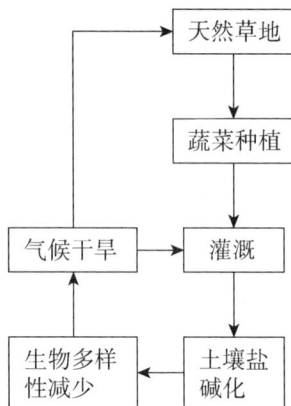

应用整体性原理,简述张家口北部草地变为蔬菜种植区后,气候、植被和土壤等要素发生的变化。

(考核:区域认知、综合思维。)

(三) 情景式作业

阅读青藏高原的有关材料,完成下列问题。

材料一:青藏高原的隆起是数百万年来地球史上重大的事件之一,对我国和亚洲地区产生许多方面的影响。

材料二:喜马拉雅山脉山区共有 15 万多条冰川,近年来,喜马拉雅山区冰川后退的速度在逐渐加快。巴尔纳克冰川,自 1990 年以来后退了近 800 米。国际冰雪研究委员会指出:如果按目前的融化速度继续下去,这些冰川在 2035 年之前消失的可能性非常大。

(1) 根据材料和所学内容,分析关联示意图,并从下列选项中对应选择。

①_____　②_____　③_____　④_____

A. 阻挡印度洋和太平洋暖湿气流深入

B. 中亚和西亚粉尘东输,沉积形成高原

C. 改变海陆分布和亚欧大陆轮廓,阻挡西伯利亚南下气流

D. 东亚和南亚地区形成季风区

(考核:区域认知、综合思维。)

(2) 青藏高原的隆起及其对地理环境的影响,体现了地理环境的_____特征。(考核:区域认知、综合思维。)

(3) 材料二中的喜马拉雅山是一条巨大的褶皱山脉,主要是由_____板块和_____板块碰撞而成的。(考核:区域认知。)

```
┌─────────────────────────────────────────┐
│雨热同期、物种最丰富、产量最高、生态环境优越│
└─────────────────────────────────────────┘
        ↑                      ↑
  ┌─────────┐           ┌─────────┐
  │    ①    │ ────────→ │    ②    │
  └─────────┘           └─────────┘
        ↑        ╲    ╱        ↑
              ╲╱
          ┌────────┐
          │ 青藏高 │
          │ 原隆起 │
          └────────┘
              ╱╲
        ↓        ╲    ╲        ↓
  ┌─────────┐           ┌──────────────────┐
  │    ③    │           │ 阻挡西伯利亚南下气流│
  └─────────┘           └──────────────────┘
       ↓                         ↓
┌──────────────┐        ┌──────────────┐
│中亚、西亚形   │ ─────→ │      ④       │
│成"干旱核心"   │        │              │
└──────────────┘        └──────────────┘
       ↓                         ↓
┌──────────────┐        ┌──────────────┐
│沙漠戈壁连绵、草│       │黄土疏松易冲蚀、│
│原黄土横亘、森林│       │黄河泥沙易淤积 │
│湿地限于沿海   │       │              │
└──────────────┘        └──────────────┘
```

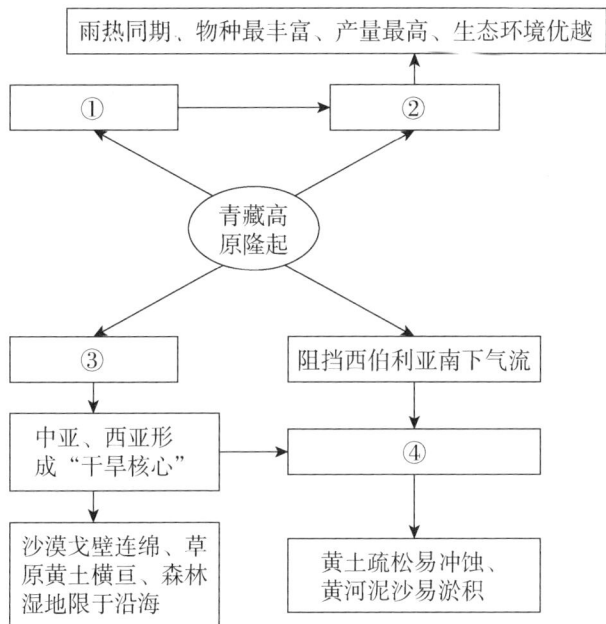

（4）材料二中冰川快速融化的原因是什么？我们应如何防止冰川的消失？（考核：人地协调观。）

（5）试将下列选项按其因果关系，设计一个网络联系框图（注意：框图内只能填字母代号且不能重复）。

    A. 全球海平面上升

    B. 海洋表层出现膨胀

    C. 沿海低地、良田、城市被淹没

    D. 极地冰雪融化

    E. 大气中温室气体浓度增高

    F. 大量燃烧矿物燃料

    G. 全球平均气温上升

    H. 大量森林植被遭受破坏与砍伐

（考核：综合思维、人地协调观。）

（四）实践性作业

在学习本节课内容的基础上，以我国某一地区为例，查阅相关资料，用知识结构图的方式分析说明该区域的自然环境整体性特征。

（考核：区域认知、综合思维、地理实践力。）

（五）跨学科作业

对校园内任一生态园进行调查，查阅资料或咨询任课教师，从自然环境整体性角度，评价其小环境生态系统的优势和不足。确定研究主题，撰写研究性报告。

（考核：区域认知、综合思维、地理实践力、人地协调观。）

# 高中体育与健康必修选学

# 正手拉弧旋球

### 课堂导学设计[①]

### 鲍红艳[②]

## 一、学习目标

（一）运动能力

1.能分析乒乓球正手拉弧圈球的基本动作原理，知道影响弧圈球质量的相关力学知识；2.能正确做出正手拉弧圈球技术动作，并能尝试在乒乓球对抗赛中运用；3.灵敏、速度、反应、力量等体能得到提升。

（二）健康行为

1.具有主动进行乒乓球锻炼的意识和习惯；2.在对抗练习和比赛的情境下保持积极的心理状态，主动与同伴进行合作探究，能主动判断、思考和反应；3.能用所学技能主动消除运动疲劳。

---

① 普通高中体育与健康必修选学（上海教育出版社）　十年级乒乓球大单元：正手拉弧旋球　课堂导学设计。

② 上海市青浦区第一中学。

（三）体育品德

1.在乒乓球练习与比赛中，能遵守规则、积极进取、勇敢顽强；2.能积极面对比赛结果，胜不骄，败不馁。

## 二、课堂导学设计

学习背景：前面的课我们学习了搓球，大多数学生能将球搓得线路长、有旋转，基本掌握了搓球动作技术要领。但是，大家在回击对手搓过来的下旋球时，有没有尝试除了搓球以外的技术？

第一梯度学习任务：探究分析动作原理，观察并分析弧圈球动作技术特点。（第一梯度学习任务侧重学科核心素养中的"运动能力"。）

导学问题：

（1）在连续对搓下旋球时，如何打破僵局？

（2）足球中的"香蕉球"与乒乓球中的"弧圈球"的动作原理有哪些相同点？

合作探究：

（1）思考、讨论并回答问题：连续搓下旋球时，运用已学过的正手攻球很容易下网；知道正手拉弧圈球是解决问题的方法，对学习充满期待。

（2）播放足球比赛中贝克汉姆发出的世纪"香蕉球"与邓亚萍在奥运会乒乓球比赛中连续多拍拉弧旋球的场景，学生带着问题观看视频，通过足球与乒乓球强烈旋转的慢镜头播放，讨论如何产生下旋球。

### 相关资料

弧旋球，英语 screw shot，又称弧线球、香蕉球，是足球运动中的技术名词，是指运动员运用脚法，踢出球后并使球在空中向前作弧线运行的踢球技术。贝克汉姆在对方禁区附近获得直接任意球时，利用其弧线运行状态，避开人墙而直接射门得分。球发生的运动与力的大小、方向、作用点有关，利用力的三要素之间的相互关系改变球运行的方向，即产生弧线。通过不同项目之间共同原理的分析，打通运动项目之间的壁垒，培养学生深度思维能力和分析归纳能力，增进对动作技术原理的理解。

任务一：改变力的大小

导学问题：

（1）正手拉弧旋球与正手攻球的区别是什么？

（2）如何提高拉弧旋球的力量？

合作学练：

（1）自主体验：通过两人一组喂多球的方式，体会在不同远度（近台、中远台、远台）的正手拉弧旋球。四人一个球台，分组轮换，互助捡球，相互观察提示。

（2）小组讨论：在充分发挥大臂挥动速度的基础上力的改变要注意收前臂和挥手腕的力量，前臂的手臂力量与手腕的内收方向一定要与挥拍路线相同，防止力量分散。增加腿部蹬地力量和腰部的控制力量，以此加强挥拍力量。正手拉弧旋球与正手攻球的动作有相似性，但动作幅度不一样，正手拉弧旋球动作更大。

（3）主要问题：力量小容易下网，力量大容易出台，如何改进提高？

任务二：改变力的作用点

导学问题：通过任务一的反馈，总结出即使击球力量比较大，也容易下网或出台，很多球的运行轨迹是直线状态，如何拉出弧旋球增强球的旋转呢？

探究学习：

（1）观看慢放视频，分析力的作用点。通过手腕的内旋可以增加击球的面积，加大力的作用点，从而达到摩擦的效果，提高球的旋转速度。

（2）合作练习：采用发球机、喂多球等方法，通过转动手腕提高摩擦力。创设练习情境，在多球练习中，从同一落点感受如何加大挥臂速度，增大力的作用点及提高摩擦力。通过重复练习法，不断调整动作技术，提高击球成功率。在练习中相互纠错提醒，体育骨干进行示范，在轮换间歇可以做连续徒手挥拍练习，提高动作熟练程度和全身协调用力。轮流捡球，提高练习效率，互帮互助，积极交流，营造积极活跃的小组合作学习氛围。

任务三：改变力的方向

导学问题：正手拉弧旋球挥拍动作的起点和终点在哪里？

观察分析：教师与学生代表示范，同学们主要观察挥拍的方向、路径和还原时的位置，手臂挥动平面与地面形成的夹角，决定向上拉还是向前冲。由右向左挥拍时不能太向左，不然容易下网，挥拍拉球后往前往左一点就顺势还原。

改进提高：两人一组，发球后对搓球两三板接正手拉弧旋球。小组间轮换，相互交流，评价鼓励，改进提高动作质量。边练习边思考边调整，能全身协调发力，尝试打几个有质量的旋转球。

任务四：融会贯通

新的挑战：组合技术学练。依据大屏幕中所提供的基本技术和组合技术提示，选择一两种适合自己的学练方法，通过合作学习体验新老技术的合理组合运用。鼓励学生大胆尝试、不怕失误、总结经验、挑战自我。

第二梯度学习任务:创设复杂的学练情境,进行分组探究性学习。通过观察、判断、分析、讨论,在练习中解决真实问题,提高运用技战术的能力;建立良好的友伴关系,学会接纳、包容和倾听,同伴间互帮互助,共同提高。(第二梯度学习任务侧重学科核心素养中的"运动能力""健康行为"。)

导学问题:

(1) 如何准确把握正手拉弧旋球的运用时机?

(2) 面对什么样的发球能直接尝试正手拉弧旋球?

(3) 在对练中如何做到多拍正手拉弧旋球? 与同伴如何配合?

合作探究:

(1) 四人一组轮流配对,进行发球、接发球对攻练习。自主选择发球方法,接发球队员判断发球方法,迅速做出反应,并尝试运用正手拉弧旋球。

(2) 讨论:如何迅速做出正手拉弧旋球的准备姿势及击球动作? 在配对练习中相互纠错,互相鼓励帮助,共同进步。

第三梯度学习任务:主动参与挑战赛,面对不同对手不畏惧,勇于展示自己的动作技术,面对输赢具有稳定的心理品质,比赛中表现出勇敢顽强、敢于争先的品质。(第三梯度学习任务侧重学科核心素养中的"运动能力""体育品德"。)

(1) 距离挑战赛

① 比赛规则:每人在近台、中近台、中远台和远台四种远度完成正手拉弧旋球比赛,在每种距离上击 5 次球,以不同距离相对应的得分乘以命中次数作为距离挑战赛的得分总分。

② 比赛方法:两人一组,一人喂球一人正手拉弧旋球,并在成绩板上记录比赛成绩。两人轮流喂球,相互配合。

(2) 旋转挑战赛

① 比赛规则:两个小组间进行对抗,一组发多球下旋球,另一组正手弧旋球拉下旋球,每组每人 5 次,以小组命中总次数作为旋转挑战赛的得分总分。

② 比赛方法:同质组间进行自由组合对抗赛,组长负责担任裁判,根据小组总成绩计算比赛成绩,检验正手拉弧旋球动作技术掌握情况,激发学生的学习兴趣。

(3) 组间挑战赛

① 比赛规则:使用正手拉弧旋球的得 2 分,其余规则参考《乒乓球竞赛规则》。在乒乓球比赛规则中,一局比赛先得 11 分的为胜方,10 平后,先多得 2 分

的为胜方。

② 比赛方法:组与组之间进行挑战赛,由小组长组织,并安排一名教练员、一名裁判员和一名记分员,学生轮流担任裁判。

## 三、作业设计

(一) 基础性作业

检测对动作技术理论知识的了解和动作概念的掌握。

1. 站在近台时,正手拉弧圈球的力量应该更_____(填"大"或"小");站在远台时,正手拉弧圈球的力量应该更_____(填"大"或"小")。

2. 面对上旋球时,使用正手拉弧圈球技术的用力方向应稍_____(填"向前"或"向上");面对下旋球时,使用正手拉弧圈球技术的用力方向应稍_____(填"向前"或"向上")。

3. 面对上旋球时应接触球的_____(填"中部到中上部"或"中下部到中上部");面对下旋球时应接触球的_____(填"中部到中上部"或"中下部到中上部")。

(二) 提高性作业

分析课堂教学中学习目标的达成,对自己各方面的表现有正确的评价和认识。

| 我能做到 | | 
|---|---|
| 我的运动能力 | 1. 我今天成功完成了_____正手拉弧旋球 |
| | 2. 我今天发展了_____体能 |
| | 3. 我今天在比赛中运用了_____次正手拉弧旋球 |
| 我的健康行为 | 1. 我今天运用了_____进行课后锻炼 |
| | 2. 我今天学会了_____的科学锻炼方法 |
| | 3. 我今天调整了或帮助同学调整了_____次情绪 |
| | 4. 我今天加入了_____次集体或小组活动(包括讨论) |
| 我的体育品德 | 1. 我今天勇敢做到了_____ |
| | 2. 我今天在比赛中遵守了_____比赛规则 |
| | 3. 我今天_____,体现了我的责任意识 |

（三）情景式作业

情景1：课外，与同伴进行乒乓球对练时，对手发上旋球，用什么方法接球？

情景2：课外，与同伴进行乒乓球对练时，对手发下旋球，用什么方法接球？

情景3：课外，与同伴进行乒乓球对练时，面对对手的正手拉弧旋球，如何接球？

（四）实践性作业

1. 利用课外锻炼时间，能在多球练习中击50次正手拉弧旋球。

2. 课外能主动与同伴进行乒乓球比赛，主动运用正手拉弧旋球。

（五）跨学科作业

1. 查找相关资料，进一步了解正手拉弧旋球的力学原理。

2. 了解我国曾经有几位领导人善于运用乒乓球运动与其他国家进行友好外交。

3. 乒乓球运动对改善用眼疲劳有哪些作用？

第三部分

建立低重心、扁平化、高效能、矩阵式教育教学责任机构

# 一、培养高素质、专业化、合作型、研究型教师团队

问题的核心是实现教育教学专业化管理。教育管理专家格鲁克曾做过一个形象比喻，作为一个专业乐队管理（指挥）有四个基本特征（知识管理的基本要求）：

一是所有演奏员都有一个共同的目标或愿景——乐谱；

二是指挥直接面对所有演奏员，而不是一层层向下传达；

三是每个成员都有明确的分工与责任；

四是所有成员之间天衣无缝的配合与协调，依靠的是及时、准确的信息交流。

从中可以概括出专业管理的主要特征，对学校的教育教学管理有启发意义与借鉴价值。

我国中小学教育教学专业管理，有一个科学的制度设计：有两个基本组织。一个是年级组，专门负责一个年级学生的教育教学管理；另一个是教研组，专门负责各学科教育教学管理。为了使两个组织成为教育教学专业化管理组织或机构，我们要做的是：通过分权、放权、赋权，把管理重心下移到年级组，管理关口前移到教研组。

近年来，青浦区第一中学在这两方面取得了有效的成果和经验，我们以此来探讨培养高素质、专业化、合作型、研究型教师团队的方法与路径。

## （一）管理重心下移到年级组

年级组作为学校教育教学管理的一个层面，需要分权、放权、赋权，强化其教育教学管理责任职能。通过赋权提升其管理权限，实行年级组教育质量责任制，年级组长是年级教育质量的第一责任人。

# 学习参考1:年级管理委员会管理规范

## 《青浦区第一中学年级管理委员会管理规范》

一、年级管理委员会的性质与地位

(一)年级管理委员会的性质

年级组,全称年级管理组。根据学校规模大小,有的称年级管理部、年级管理委员会等。

年级组最早产生于20世纪60年代,中小学校普遍设立于20世纪80年代初,最初作为学生组织纪律管理、思想政治教育机构,属于德育管理范畴,归政教处领导(或归学校共青团组织、少先队组织领导)。

现在要建立现代学校管理制度,完善中小学内部治理结构,年级组的改革成为一项重点工作,对其性质的确认也成为一个关键问题。

我国中小学内部管理,基本沿用行政管理模式,学校按行政级别划分,校长是行政干部,行政化管理色彩浓厚。单一行政化管理不利于教育改革和学校发展。

中小学校作为专门的教育组织,不是政府部门,也不是企业单位,因此学校管理是一种不同于行政管理和企业管理的教育专业管理。

年级管理委会员是构建低重心、扁平化、矩阵式、高效能学校治理体系的一个重点,是负责学校一个年级的教育教学治理的专业组织,也是一个年级学生全面发展的责任组织。

(二)年级管理委员会的地位

在传统的学校内部管理中,年级组处于一种"尴尬"地位:不是一级行政组织,其与处室的关系主要有以下几种:一是从属于某处室,接受某处室的领导;二是与各处室成平行关系;三是由分管副校长兼任年级组负责人,形成一种特殊关系。

上述情况是将学校作为行政机构,采取行政管理模式的结果。现在,把学校作为一个专门教育机构,把学校治理作为一种专业管理,那么年级组就是学校专业管理中的一个组成部分,是学校专业管理中的一个层次。年级组负责学校一个年级的教育教学管理工作,年级组负责人是一个年级教育教学质量的第一责任人。

## 二、年级管理委员会管理特点与原则

### （一）年级管理委员会管理的特点

年级组不是一级行政组织，年级组管理不属于行政管理；年级组不是学校职能部门（如教导处、总务处等），年级组管理不属于事务管理。具有以下特点：

1. 年级管理委员会管理属于责任型管理，即接受学校委托，承担一个年级的管理责任，年级组必须对所承担的管理负责。

年级管理委员会在学校党总支、校长室的统一领导下开展各项工作。其基本任务是根据党的教育方针，组织年级全体教师教育和管理学生，使学生在德智体美劳等方面得到全面发展。年级管理委员会主任应根据学校安排，结合年级实际制订学年或学期工作计划，团结、带领全体教师，为推进素质教育、努力提高教育教学质量而尽职尽责。

2. 年级管理委员会管理属于任务型管理，即有着明确的管理任务，必须全面完成学校下达的教育教学任务，并根据年级情况创造性地完成任务。

A. 按照学校工作计划，根据本年级学生特点（包括特殊学生），制订完善的年级组活动方案，协调年级组全体教工，共同参与活动，形成全员育人的工作氛围。

B. 协助校长做好本年级正副班主任的配备和工作安排，及时反映本年级教师教育教学情况、意见和要求，实事求是地向校务会提出对本年级教师的奖惩意见。

C. 配合年级组长，召开年级组教师会议，认真落实学校各项工作，及时向校务会反馈教育教学实际问题，并提出意见与建议，包括班主任的班级管理工作、教师的课堂教学质量、家校沟通情况等。

D. 关心本年级组教师的工作和生活。组内有教师病事假，核心组成员协商，协调年级组内教师代课，确保本年级各班良好的教学秩序。年级组内教师有困难时，核心组成员应主动关心慰问，建立良好的团队友谊。

E. 配合年级组教师（包括班主任）处理好本年级学生的突发事件，情节严重的，报学生部备案。同时协助学生部做好学生期终评优和队长竞选工作。

F. 根据本年级学生年龄、心理、生理特点，以学生座谈会、问卷调查等形式，分析学生的思想动态、教育教学情况，听取意见和建议，及时向相关部门和任课教师反馈。

G. 经常关心年级组教师，以教工社团、年级组活动为依托，融合老、中、青教师的才能，增强年级组的凝聚力和战斗力。

3. 年级管理委员会管理属于规范性管理,即有统一的管理原则和规范,年级组必须严格遵守教育法规和学校管理规定。

A. 汇报制。年级管理委员会每周一向分管领导汇报年级组上周工作情况,并听取学校领导的建议。该项制度具体负责人:中层干部及年级组长。

B. 例会制。年级管理常务委员会成员每周五下午自习课开一次碰头会,总结一周来各方面工作情况,并研讨下一周工作要点。召集所有年级管理委员会成员每月底开一次会,总结本月各方面工作情况,研讨下月的工作要点。该项制度具体负责人:年级组长。

C. 教学活动督导制。为打造道德课堂,推行分组教学。为提高课堂教学的有效性,年级管理委员会成员定期深入课堂,进行课堂观察评估,定期抽检学案编制情况、批阅情况及作业布置量,并及时反馈,督促整改。该项制度具体负责人:年级组副组长。

D. 值班巡察制。周一至周五年级管理委员会成员每人轮值一天,值班人员在上课时、课间、放学时应巡视教室及校园,检查年级教育教学实际工作;遇到突发事件应及时处理;发现安全问题应及时反映。该项制度具体负责人:管理委员会成员。

E. 反馈座谈制。为更好地了解学生思想状况及学习情况,每次月考后召开不同层次的座谈会,解决学生迫切性问题。该项制度具体负责人:管理委员会成员。

(二) 年级管理委员会管理的原则

1. 责任管理原则。年级管理委员会实行责任管理,根据学校要求和授权,对一个年级的教育教学工作和教育教学质量负有全部责任,学校对年级组实行质量问责制。

A. 班主任"联管"责任值班、反馈制度。

B. "三级"日常教育管理体制(年级、班主任、学生干部)。

C. 每周日年级管理委员会例会制度。

D. 年级每周简报制度。

E. "培优、治中、补差"制度。

F. 每周一教研例会制度。

G. 班主任会议制度。

H. 楼长职责制度。

I. 班主任职责制度。

J. 备课组长职责制度。

K. 科任教师职责制度。

2. 自主管理原则。年级管理委员会实行自主管理,根据国家规定和学校要求,年级管理委员会在年级管理中享有自主权,可以根据年级特点,采取适合年级情况的具体管理措施,鼓励年级管理委员会创造性地实施管理工作。

A. 学校对年级组教师指标数实行定量控制,年级管理委员会有管理本组教师的权力。

B. 有权向校长建议调整本组内不服从工作安排或在工作中出现严重失误的教职工的工作。

C. 在民主评议基础上,按学校相关考核办法决定推荐本年级晋职、晋级、先进、选模范。

D. 在德育处指导下有权对本年级组班主任进行考核,并决定是否发放津贴。

E. 会同教导处、德育处决定是否接受留级生、借读生、插班生、转学生等。

F. 会同教导处决定本年级学生的分班。

G. 有权通过家长委员会决定是否开展研学等活动。

H. 有权检查教师到岗、备课、批改作业等教学环节情况,提倡组内实行坐班签名制度,并纳入考核。

3. 集体管理原则。年级管理委员会实行集体管理,年级组负责人是年级教育教学工作责任人,根据学校规定和要求组建年级管理组(或年级管理委员会),制定管理目标和管理规程。

A. 学生管理目标。重点关注学生的学习、生活和心理健康问题,制定相应的计划和措施,提高学生的学习成绩和综合素质。

B. 教师管理目标。建立健全的教师发展机制,提高教师的教育教学水平和专业素养,促进教师的个人成长和事业发展。

C. 班级管理目标。组织开展多种形式的班级活动和管理,加强班级文化建设,营造和谐、积极向上的班级氛围。

D. 家校合作目标。积极开展家校联合活动,创造良好的教育环境,促进学生全面发展和家庭教育水平提高。

E. 社会实践目标。组织学生参与各种社会实践活动,培养学生社会责任感,提高他们的社会适应能力和实践能力。

F. 思想政治教育目标。加强思想政治教育,培养学生的爱国主义、集体主义和社会主义核心价值观，促进学生全面发展。

年级组管理目标的实现需要教师、学生和家长的共同努力和配合，必须注重实践和创新，不断完善和提高，才能取得良好的效果。

三、年级管理委员会主任的职能与权力

（一）年级管理委员会主任的职能

年级组负责人称为年级组长（或年级部主任、年级管理委员会主任），全面负责一个年级的教育教学管理工作，年级管理委员会主任由校长授权，并对学校（校长）负责。

每年级设年级管理委员会主任一人，依据年级规模也可设副主任一人协助工作。年级管理委员会主任的职能主要有以下四方面：

第一，负责一个年级的整体管理工作。

A. 建立目标和愿景。首先要确立一个明确的目标和愿景，以指导整个年级的发展和提高。这个目标应是可衡量、可实现的，并与学校的整体目标一致。

B. 制定教学计划。根据学校的教学大纲和教育政策，制定年级教育教学计划。包括每学期的课程安排、教学方法、评估方式等，以确保学生在各学科领域中得到全面发展。

C. 确保教师专业发展。为了提高整个年级的教育质量，教师的专业发展至关重要。要与教师密切合作、提供培训机会、分享教学资源和经验，并定期进行教学反馈和评估。

D. 建立有效的沟通渠道。在学生、家长和教师之间建立起有效的沟通渠道是年级管理工作的重点之一。定期组织家长会议、教师会议和学生座谈会，倾听他们的意见和建议，并及时解决问题和困难。

E. 进行教学质量评估。教学质量评估是确保年级教学质量的重要手段。要制定合理的评估标准和方法，对学生的学习成效进行评估，并及时提供反馈和改进意见。

F. 营造积极的学习氛围。积极的学习氛围是学生学习的重要保障。应鼓励学生参与各种课外活动、竞赛和社团组织，提供丰富的学习资源，激发学生的学习兴趣和潜能。

G. 关注学生发展和福利。应关注学生的综合发展和福利。应建立健全的学生档案管理系统，关注学生的学习情况、行为表现和心理健康，及时提供帮助和支持。

第二，负责一个年级的教师管理工作。

A. 立足学校的教育理念和"生态素养培育"的办学特色，与学校管理层和组内教师密切合作，以确保管理工作与学校的整体发展方向保持一致。

B. 建立良好的沟通渠道。与教师保持密切的沟通是管理的关键。定期组织会议，提供一个平台，让教师交流经验和教学资源。此外，建立一个透明的沟通渠道，使教师随时提出问题和建议，营造团结和融洽的工作环境。

C. 建立明确的目标和期望。与教师一起制定明确的目标和期望。这些目标和期望应与学校的整体目标一致，并能激励教师积极投入工作。确保目标具体、可测量，并与教师的个人发展和学生的学习成果相关联。

D. 提供支持和资源。确保教师有所需的支持和资源以便有效地履行职责，包括提供专业发展机会、教学资源、技术支持和管理支持等。确保教师在一个良好的工作环境中发挥潜力，并获得优秀的教学成果。

E. 建立合作和团队精神。建立合作和团队精神。鼓励教师相互合作、分享经验和资源，促进互相学习和成长。组织团队建设活动，加强教师之间的联系和合作，以提高整个年级的教学质量。

F. 持续评估和改进。定期评估教师的工作效果，并根据评估结果做出必要的改进。与教师一起总结工作经验，分享成功和挑战，以不断提高教师的管理水平和工作效能。

第三，负责一个年级的学生管理工作。

A. 建立良好的沟通渠道。与学生建立良好的沟通关系是管理工作的基础。定期组织班会或学生代表会议，听取学生的意见和建议，了解他们的需求和问题，并及时提供解决方案。此外，还可以利用社交平台或在线平台与学生进行交流，并及时传达重要信息和通知。

B. 制定明确的规章制度。为了维护学校的秩序和学生的安全，制定一套明确的规章制度，并向学生进行宣传和解释。这些规章制度应涵盖学生的行为准则、校园安全、考试制度等方面。

C. 组建学生管理团队。为了更好地管理学生，组建一个学生管理团队，由学生代表组成。这个团队可以协助组织校内活动、解决学生问题、宣传规章制度等。通过让学生参与管理工作，可以增强他们的责任感和参与感。

D. 提供个性化的辅导和关怀。每个学生都有不同的需求和问题，作为负责学生管理的人员，应关注每个学生的情况，并提供个性化辅导和关怀。可以与班主任、辅导员和家长合作，共同关心学生的学习和生活状况，及时解决他们遇到的问题。

E. 加强学校文化建设。积极向上、团结友爱的学校文化有助于学生的全面发展。作为负责学生管理的人员，可以组织各类文化活动、运动会、志愿者活动等，鼓励学生参与，培养他们的团队合作精神和社会责任感。

F. 建立家校合作机制。与家长保持良好的沟通和合作对学生的管理工作至关重要。定期召开家长会议，向他们介绍学校的主要情况和重要事项，征求他们的意见和建议。此外，还可以通过家校通信、家访等方式与家长保持联系，及时了解学生的家庭情况，共同关心学生的成长。

第四，负责一个年级的教育教学质量监控。

A. 设定明确的目标和标准。制定年级教育教学质量的目标和标准，包括学科知识的掌握程度、学生综合素质的发展等方面。这些目标和标准要与年级特色相符合，具体明确，便于监控和评估。

B. 建立有效的评估体系。建立科学、全面的评估体系，包括定期考试、作业评价、综合素质评估等方面。在评估过程中，要充分考虑学生的个性差异，注重发现和培养学生的特长和潜能。

C. 实施教学观摩和交流。定期组织教师观摩和交流活动，教师之间相互学习、借鉴，提高教学水平。具体可以通过课堂观摩、教学研讨会、教学案例分享等形式进行，以促进教师专业成长和教学质量的提升。

D. 强化教学督导和反馈。建立有效的教学督导机制，通过定期的教学督导和反馈，对教师的教学进行跟踪和评估。教学督导可以由年级组长或专门的教研组成员负责，通过课堂观察、教学文件审查等方式，提供针对性指导和建议。

E. 注重家校合作。家校合作对提升教育教学质量至关重要。以年级为单位建立家长会、家校沟通平台，与家长保持密切联系，了解学生的学习情况和家庭背景，及时解决学生在学习上遇到的问题。

F. 进行定期的教学质量分析和总结。根据教学评估和监控结果，定期进行教学质量分析和总结，总结经验，发现问题，提出改进措施。这些分析和总结可以作为提升年级教育教学质量的依据，为今后的工作提供指导。

（二）年级管理委员会主任的权力

实行年级组教育教学责任制，年级组长是一个年级教育教学质量的第一责任人。年级组长具有以下管理权力：

1. 有权组建年级管理委员会，由有关班主任、教师代表组成（必要时可有学生代表参加）

A. 确定目标。首先，需要明确年级管理委员会的目标和任务。包括提高学生的学习成绩、促进学生的全面发展、增强学生之间的团结和友谊等。

B. 选拔委员。为了确保委员会的多样性和代表性，可以通过以下方式选拔委员，如推荐制、面试制、竞选制等。委员应具备领导才能、团队合作精神和责任感，同时考虑性别、文化背景和兴趣爱好等。

C. 分工合作。根据委员会的目标，将委员分成不同的小组，每个小组负责不同的任务。例如，学术小组负责学习指导、文化小组负责文艺活动、体育小组负责体育运动等。这样，可以让委员更加专注和深入地参与具体工作。

D. 制订计划。每个小组应制订具体的工作计划，明确任务和时间节点。同时，还要制订合理的工作流程和监督机制，确保按时完成任务。

E. 开展活动。积极开展各种活动，以满足学生的需求并提高学生的参与度。可组织学术讲座、文化展览、体育比赛、志愿者活动等。定期举行委员会会议，让委员分享工作经验和交流心得。

F. 评估和调整。定期对年级管理委员会工作进行评估，了解活动的效果和存在的问题。根据评估结果，及时调整工作计划和活动内容，以提高委员会的工作质量和影响力。

2. 有权参加（或列席）学校校务会议，直接参与讨论研究学校教育教学管理工作

A. 对本年级教师实行行政管理。要求教师坚持社会主义办学方向，认真完成学校工作计划中的有关任务。主持年级组有关会议，制订年级组工作计划，及时做好工作总结等。组织年级组内教师的评比工作，做好教师履行职责情况的考核及其思想政治工作。落实学校分派给年级组或组内教师的工作任务。开好每周班主任例会，向教师及时传达学校下达的有关任务。督促组内教师遵守规章制度。定期组织年级中各科教师研究分析教学情况，进行总结、交流。安排组内日常工作。定期向学校汇报工作，重大或特殊事件必须及时汇报。

B. 对本年级学生实行全面管理。加强班集体建设，掌握本年级学生的思想动态，并根据实际情况，采取相应的措施，促使形成良好的班风、校风。了解学生的学习和生活情况，及时做好统筹工作，协同教学处安排好本年级学生的学科竞赛、辅导等工作。抓好学生行为规范教育，督促班主任管理好各班的出勤、早操、眼保健操、课堂纪律、打扫卫生、课外活动等活动。会同班主任处理好本年级学生的突发事件，做好本年级学生的奖惩事宜和操行评定。指导、参与班级"特殊学生"的工作。

C. 指导班主任工作和班级建设。督促指导本年级各班各项管理，创建文明

集体,指导新班主任开展工作。组织班主任、德育岗位教师研讨优秀班集体建设的新课题,召开班级工作经验交流会。开好年级组家长会,做好家长委员会工作。

3. 年级管理委员会主任负责(或参与)班主任的选聘、管理、考核工作,负责班级管理指导和考评工作。

A. 选聘年级班主任。

设立明确的选拔标准。明确年级班主任的职责和要求,并制定相应的选拔标准。包括教学经验、教育理念、管理能力等要求。

组织选拔程序。通过面试、考核、教学示范等方式,对候选人进行选拔。同时,应邀请相关人员参与评审,确保选拔过程的公正性和客观性。

B. 管理年级班主任。

提供支持与培训。向年级班主任提供必要的支持与培训,帮助他们更好地履行职责。包括教学方法、心理健康支持、教育政策更新等方面的培训。

建立有效的沟通渠道。与年级班主任建立良好的沟通渠道,及时了解班级情况,解决问题和困惑。

提供必要的资源支持。向年级班主任提供必要的资源支持,包括教学设备、教材、教辅资料等。

C. 考核年级班主任。

设立明确的考核指标。制定明确的考核指标,包括教学质量、班级管理、学生发展等方面的要求。这有助于年级班主任了解自己的工作情况,并不断改进和提高。

定期考核与评估。定期对年级班主任进行考核与评估,以评估他们的工作表现。通过观察课堂教学、听取学生和家长的反馈、查阅教学记录等方式进行。

提供反馈与支持。在考核过程中,应及时向年级班主任提供具体的反馈与支持。帮助他们发现问题、改进工作,同时增强他们工作的动力和满意度。

4. 年级管理委员会主任参与本年级任课教师的聘任、教学质量考评工作。

5. 年级管理委员会主任负责本年级学生的教育工作,努力提高学生的综合素质。

A. 制订本年级教育工作计划。根据学校的教育目标和学生的实际情况,制订本年级教育工作计划。包括学生的学习、生活、健康等方面的内容,并明确具体的实施措施和时间安排。

B. 组织本年级教育活动。通过组织各种形式的教育活动,增强学生的综合素质和社会责任感。组织讲座、座谈会、主题班会等,引导学生关注社会热点问题、培养创新思维和团队合作精神。

C. 加强学生心理健康教育。关注学生的心理健康问题,开展心理辅导和心理健康教育活动。邀请专业心理咨询师开设心理健康讲座,组织学生参加心理素质训练等活动,帮助学生解决心理问题,提高心理素质。

D. 加强学生安全教育。组织开展学生安全教育活动,提高学生的自我保护意识和能力。邀请警察、消防员等专业人士进行安全知识讲座;组织学生参加消防演习和应急疏散演练等活动,确保学生安全。

E. 加强学生品德教育。注重培养学生道德品质和社会责任感。通过举办德育活动、开展志愿者服务等方式,引导学生树立正确的价值观,培养学生的良好品德和社会责任感。

F. 建立健全学生评价机制。建立全面、科学的学生评价机制,对学生进行全面、客观的评价。评价结果可以作为学生学习和发展的参考,帮助学生发现自己的优势和不足,促进学生的全面发展。

6. 年级管理委员会主任负责本年级教学质量监控工作。

A. 制定教学质量监控目标。确定本年级教学质量监控的目标,包括提高学生学习成绩、提升教师教学水平等方面的指标。

B. 设计监控指标和评估体系。制定本年级教学质量监控的指标和评估体系,包括学生学习情况、教师教学质量、教学资源利用等方面,并确定评估的方法和标准。

C. 建立信息化教学管理系统。利用信息技术建立年级教学管理系统,包括学生信息管理、教师信息管理、教学资源管理等模块,实现教学过程的信息化管理。

D. 教学数据采集和分析。利用信息化教学管理系统收集和分析教学数据,包括学生的学习成绩、教师的教学评价、教学资源的利用情况等方面,以便及时发现问题和改进教学质量。

E. 教学质量报告和反馈。根据教学数据的分析结果,编制教学质量报告,向学校领导和教师反馈教学质量情况,提出改进意见和建议。

F. 教学质量改进措施。根据教学质量报告和反馈意见,制定教学质量改进措施,包括教师培训计划、教学资源的更新等,以提高教学质量。

G. 定期评估和持续改进。定期对本年级的教学质量进行评估,根据评估结果不断改进监控工作,确保持续提高教学质量。

四、年级管理委员会管理要点与方法

（一）年级管理委员会管理要点

1. 规划年级整体发展与协调班级发展

A. 分析评估。首先，对本年级学生进行全面分析和评估，包括学生的学习水平、个人特点、兴趣爱好、学科优势等方面。这有助于为制订发展计划提供依据。

B. 设定目标。根据评估结果，制订本年级的长期和短期发展目标。这些目标应是具体、可衡量和可实现的，并与学校教育目标保持一致。

C. 制订计划。在制订本年级发展计划时，要考虑到学生的个体差异和班级特点。

D. 协调班级发展。在本年级发展计划的基础上，协调各班级的发展。

2. 指导班级组织建设与班集体的形成

A. 建立良好的班级氛围。注重班级的健康氛围营造，通过鼓励合作、尊重和互助来塑造班级文化。组织班会讨论班级规章制度、班级目标和团队合作等主题，增强学生的参与感和归属感。

B. 培养班级干部的领导能力。通过选拔和培训班级干部来提高学生的领导能力。例如，组织干部培训班，培养干部的沟通、协调和组织能力，使他们能有效地推动班级活动。

C. 开展班级活动。定期组织班级活动是提升班集体凝聚力的重要途径。根据学生的兴趣和特长，组织一些有趣的活动，如班级联谊、文艺演出、体育竞赛等，以增强班级凝聚力和学生的集体荣誉感。

D. 建立班级合作小组。根据学生的不同特长和兴趣，组织班级合作小组，让学生在小组合作中完成任务。这不仅可以培养学生的团队合作能力，还可以增强班级的凝聚力和学生的归属感。

E. 倡导班级文化。每个班级都应有自己的特色和文化。鼓励学生参与班级文化的建设，如设计班级标志、口号、歌曲等，以增强班级的凝聚力。

F. 建立良好的师生关系。关心学生的成长和发展。通过与学生的互动和交流，更好地了解学生的需求和问题，并给他们适当的指导和支持。

3. 指导班级活动与班主任的工作

A. 鼓励学生参与决策。高中学生希望更多地参与决策和规划过程。鼓励学生提出自己的想法和建议，并采纳他们的意见。这样可以增强学生的主动性和参与感。

B. 关注学生的兴趣。高中学生的兴趣多样化,他们各有自己的喜好。在组织班级活动时,可以结合学生的兴趣爱好,选择适合大多数人的活动内容。例如,可以组织文化艺术展示、体育竞赛、科技创新等活动,满足学生多元化需求。

C. 强调团队合作。高中学生正处于社交发展的关键时期,他们需要培养团队合作能力。在班级活动中,可以设计一些团队合作项目,如拓展训练、小组竞赛等。通过活动,学会互相合作、协调和沟通,培养团队精神和领导才能。

D. 提供个性化发展机会。高中学生的个性和才能各异,他们需要有机会展示自己的特长和能力。在班级活动中,可以设置一些个性化发展项目,如演讲比赛、艺术展示、科技创新等。通过这些机会,学生可以展示自己的才华,增强自信心。

E. 关注学生的情感需求。高中学生在成长过程中面临着许多情感和心理的压力。在班级活动中,可以设置一些关注学生情感需求的项目,如心理健康讲座、情感交流活动等。通过这些活动,学生可以得到情感上的支持和关怀,增强心理健康。

4. 掌握学生全面发展与个性发展状况

A. 多元化评估。通过多种评估方式,如观察、问卷调查、作品展示、小组讨论等,来获取学生的全面信息。不仅要关注学生的学业表现,还要了解他们的兴趣爱好、社交能力、情绪状态等方面。

B. 个别沟通。与每个学生进行个别沟通,了解他们的学习进展、困难和兴趣。通过与学生交流,教师可以更好地把握他们的个性特点和发展需求。

C. 学生档案。建立学生档案,记录学生的学习情况、个人特点和发展需求。这样可以帮助教师更好地观察学生的发展,并为个别指导提供依据。

D. 课程个性化。根据学生的兴趣和能力水平,设计个性化学习任务和活动。通过提供多样化学习机会,激发学生的学习兴趣,促进他们个性发展。

E. 合作学习。鼓励学生进行合作学习,通过小组活动和项目合作,培养学生的团队合作能力和交流技巧。同时,教师可以观察学生在合作中的表现,了解他们的领导才能、合作态度等方面的发展情况。

F. 家校合作。与家长保持密切联系,了解学生在家庭环境中的发展情况和个性特点。家长是孩子全面发展的重要支持者和观察者,与家长的合作可以更全面地了解学生的发展状况。

5. 了解学生学习情况与学业质量监控

A. 学生学习档案管理。建立学生学习档案,记录学生的学习成绩、学习计划、作业完成情况、考试成绩等信息。通过学生学习档案可以全面了解学生的学习情况，并及时发现学生的学习问题。

B. 课堂表现观察。通过观察学生在课堂上的表现，如参与度、注意力集中程度、问题解决能力等，来评估学生的学习情况。同时，还可以通过课堂作业、小组活动等方式了解学生的学习能力和学习态度。

C. 学业评估工具。制定科学的学业评估工具，如学业考试、学业测评等，对学生的学习情况进行评估。这些评估可以定期进行，以获得学生学习的动态信息，并对学生的学习情况进行监控。

D. 学习反馈机制。建立学生学习反馈机制，鼓励学生对自己的学习情况进行自我评估，并及时向教师反馈。同时，通过与学生的面谈、家长会等方式与学生及家长进行沟通，了解学生的学习情况和问题，并进行针对性指导和帮助。

E. 数据分析与挖掘。利用现代技术手段，对学生学习情况的数据进行分析和挖掘，发现学生的学习规律和问题，并为学校提供决策参考。

6. 了解学科教学状况与教师教学情况

A. 观察课堂。定期观察教师的课堂教学活动，了解教师的教学内容、教学方法和学生的学习情况。

B. 与教师交流。定期与教师进行交流，了解他们的教学思路、教学目标和教学计划。

C. 学科竞赛和考试。通过学科竞赛和考试，可以评估学生的学习情况和学科教学的效果。

D. 学生评价和问卷调查。定期进行学生评价和问卷调查，了解学生对教师的评价和对课堂教学的反馈。

E. 教学观摩和交流。组织教师观摩和交流活动，相互学习、交流教学经验和分享教学成果。

F. 教育技术的应用。利用教育技术工具，如在线教学平台、教学录像等，收集教师的教学资料和学生的学习情况。

(二)年级管理委员会管理方法

年级管理委员会管理的总要求是：全面规划，规范要求；强化指导，引领发展；调查分析，反馈建议；协调促进，监控保障。具体管理工作方法如下：

1. 制订年级教育教学发展计划

A. 根据学校的整体发展方向和年级的特点，确定年级教育教学发展的重点，以确保资源的合理配置和教学目标的达成。重点是某一学科得到提升，也可以是某一能力得到培养,还可以是某一项目得到推进。考虑学生的需求和社会的需求,形成年级教育教学的特色和亮点。

B. 将年级教育教学发展计划分解为阶段性目标和任务,并逐步推进。这样可以确保教育教学工作的连续性和稳定性,同时也可以根据实际情况进行调整和改进。

2. 协助学校开发多样化的学生社会体验与教育基地

A. 确定目标和定位。首先明确学生社会体验与教育基地的目标和定位,确定其主要服务对象和功能定位。为学生提供实践机会、促进学科交叉、推动科研成果转化等。

B. 寻找合适的场地。选择合适的场地用于社会体验与教育基地活动,可以是学校内部的实验室、工作室、图书馆等,也可以与外单位合作,利用他们的实践场地。

C. 资金筹措。通过申请校内外科研项目经费、与企业进行合作或引入社会资本等方式筹集资金。

D. 设备和资源配置。包括实验设备、计算机、图书资料、实践工具等。可以通过购置、接受捐赠或与外部单位合作共享资源等方式获取。

E. 建立合作网络。与学校内外的相关学科、企业、研究机构等建立合作关系,共同开展课题研究。可以通过签订合作协议、建立实习基地或开展联合培养等方式,促进互利共赢。

F. 制定规章制度。制定学生参与社会体验与教育基地的规章制度,明确各项权责和流程,确保基地的正常运行和学生的安全。

G. 提供导师指导。安排专业导师或相关领域的专家对学生进行指导,帮助他们选择合适的课题、制订研究方案,并提供实践指导和反馈意见。

H. 定期评估和改进。定期评估社会体验与教育基地的运行情况和效果,根据评估结果进行改进和优化,不断提高基地的服务质量和学生的实践能力。

3. 组织学生综合素质考查评价

A. 学生综合素质考查评价应多角度、多层次地进行。除了学习成绩,还应关注学生的创新能力、沟通能力、团队协作能力、实践能力等方面。评价方式可以包括课堂表现、小组合作、实践活动、社会实践等,以全面展现学生的综合素质。

B. 学生综合素质考查评价应公正、客观、科学。评价标准应明确、具体,并且与学校的教育目标相匹配。评价过程中应避免主观偏见和个人喜好,尽量客观地评价学生的表现。评价结果应真实反映学生的实际水平,以便为学生提供准确的发展指导。

C. 学生综合素质考查评价的结果要登记在案,以备日后参考。评价结果以学生档案的形式进行保存,包括学生的学习成绩、课堂表现、实践活动等。同时,学校可以定期向家长提供评价报告,以便他们了解自己孩子的发展情况,并为学生个性化发展提供参考。

4. 强化班级组织建设

A. 培育班级文化。通过制定班级规章制度、定期举办班会、组织集体活动等方式来培育班级文化、提升凝聚力。

B. 培养班级合作意识。鼓励学生互相帮助,合作完成任务。组织团队建设活动,培养学生团队合作精神和集体荣誉感。

C. 强化班级管理。建立健全的班级管理机制,包括学生考勤、纪律管理、班级评比等,确保班级秩序良好。

D. 创建班级特色。每个班级都应有自己的特点和特色,可以通过组织各类文化活动、开展特色课程、举办班级展示等方式,挖掘并展示班级特色,增强班级影响力。

E. 营造良好的学习环境。包括整洁的教室、先进的教学设备、丰富的学习资源等。

5. 建立学生素质发展与个性特长发展跟踪档案

A. 确定跟踪目标。首先,需要明确跟踪学生素质发展的目标。这包括学习成绩、社交技能、情绪管理能力、兴趣爱好等方面。明确目标有助于选择适当的跟踪指标和方法。

B. 选择跟踪指标。根据跟踪目标,选择适当的指标来评估学生的素质发展情况。这些指标可以是定量的,如考试成绩、标准化测试结果;也可以是定性的,如观察记录、学生自评等。

C. 收集数据。包括学生的学习记录、教师的评估报告、家长的反馈等。确保数据收集方式准确、客观,并保护学生的隐私。

D. 建立档案系统。建立一个结构化档案系统,以便存储和管理学生的素质发展跟踪数据。可以使用电子档案系统或纸质档案系统,根据实际情况选择最适合的方式。确保档案系统的安全性和可访问性。

E. 分析和解读数据。对收集到的数据进行分析和解读,以便了解学生的素质发展情况。发现学生的优势和需求,并为他们提供相应的支持和指导。

F. 制订个性化计划。基于数据分析,制订个性化发展计划。包括为学生提供特殊教育服务、个性化学习计划、社交技能培训等。确保计划的可行性和有效性,并与学生、家长和教育团队进行沟通和协作。

G. 定期评估和更新。定期评估学生的素质发展情况,并根据需要更新跟踪档案和个性化计划。跟踪学生的进展,及时调整支持措施,确保他们的素质发展得到持续关注和支持。

6. 建立学生学习情况调查制度

A. 培养学习兴趣。鼓励学生选择他们感兴趣的学科和课程,提供多样化学习资源和活动,激发学生的学习兴趣和动力。

B. 设定学习目标。帮助学生制定具体、可衡量的学习目标,让他们知道自己正在朝什么方向努力,有助于提高学生的学习动力和自律性。

C. 创造自主学习环境。为学生提供良好的学习环境,包括舒适的学习空间、丰富的学习资源和支持学习的设施。

D. 培养学习策略和技能。向学生教授各种学习策略和技能,如阅读技巧、记忆技巧、时间管理方法等,帮助他们更有效地学习和掌握知识。

E. 鼓励自主学习和合作学习。给学生一定的自主学习时间和空间,让他们独立思考和解决问题。同时,鼓励学生合作学习,通过小组讨论、合作项目等方式培养学生的合作能力和团队精神。

F. 提供及时的反馈和评价。给学生提供学习成果的反馈和评价,帮助他们认识自己的学习进展和不足,激发他们的学习动力和自我调整能力。

G. 培养学习习惯。帮助学生培养良好的学习习惯,如定期复习、做好笔记等,同时培养他们的自律性,让他们自觉地管理自己的学习时间和任务。

7. 准确了解教师课堂教学情况及学生学习质量状况

A. 制定明确的课堂规则。在课程开始前,教师应与学生一起制定明确的课堂规则。包括学生的行为准则、上课时间安排、提问方式等。通过制定规则,帮助学生明确自己在课堂中的责任和义务,从而提高课堂教学效率。

B. 使用互动教学方法。传统的单向授课易让学生产生厌倦和失去兴趣。为了激发学生的积极性,教师可以采用互动教学方法。例如,可以通过小组讨论、问题解答、角色扮演等方式,让学生积极参与课堂教学,增强他们的学习动力。

C. 设计多样化教学活动。根据不同的学习目标和学生的兴趣,设计多样化教学活动。例如,可以组织实验、观察、讨论等,让学生通过实践来巩固和应用所学知识。

D. 注重课堂管理技巧。在课堂管理中应注重灵活运用各种管理技巧。例如，通过合理的座位安排、有效的时间管理、积极的表扬和奖励机制等，来维护课堂秩序和激励学生的学习兴趣。

E. 制订个性化学习计划。每个学生的学习能力和兴趣是不同的，教师应根据学生的个性化需求，制订相应的学习计划。例如，为学生提供不同难度的学习任务，让他们根据自己的兴趣和能力进行选择。

五、年级组与班级关系

（一）年级管理委员会对本年级的管理是通过班级实施的，年级组对班级的管理包括教育管理和教学质量管理。

（二）年级管理委员会管理本年级的各班级。班级是学校最基本、最核心的教育教学组织，班主任承担班级管理全部责任，对班级中每个学生的全面发展负责。年级组接受学校授权，对班主任的班级工作进行领导和考评。

（三）年级管理委员会对班级教育工作管理负有领导、指导、协调、考评等权力和责任。统一领导本年级各班级的教育活动，指导班主任开展各项教育工作，交流协调班级之间的教育工作，对班级教育工作进行考核评价。

（四）年级管理委员会对年级教学质量管理负有调查、反馈、建议等责任和权力。年级组不直接干预学科教学工作（学科教学工作由教研组长和备课组长负责），年级组通过对各学科教师课堂教学情况的调查，学生对教师教学意见和要求的调查，各学科教学质量情况的调查等途径收集信息，并反馈给备课组、教研组、教导处，以供有关组织研究、调节、改进，促进教学质量提高。

（五）年级管理委员会主任带领班主任，贯彻落实学校的教育教学工作，形成年级层面的教育管理系统。这个横向管理系统与教研组、备课组形成学科教学质量纵向管理系统，共同组成纵横结合的教育教学保障体系。两个系统不仅相互配合，且职责分明。

# （二）管理关口前移到教研组

在纵向上，教研组作为学科教育教学管理的另一主线，需要通过分权、放权、赋权，强化其教育教学管理职能。实行教研组学科教学质量责任制，教研组长是学科教学质量的第一责任人。

年级组和教研组要纵横结合，形成一个矩阵式教育教学管理网络，减少管理层次且增进管理效用,管理权力分解且管理效率提高。

实际上,这一点很难实现。因为这两个组织的负责人有很多困难。首先,他们不属于学校管理人员,需要学校领导向他们传达或通知相关信息。其次,他们的管理权有限。最后,他们是教育教学管理者,但没有单独的职称系列。

在这种情况下,怎样才能做好教育教学工作?课堂是教育教学的重要载体,是切实落实学科核心素养、提高教学质量的关键环节。只有通过课堂教育教学才能把课程与教材的要求付诸实施,把预期的核心素养转变为学生切实的素养。因此教师要研究"教学论"和"教学心理学",提高对课堂教学的设计能力与领导能力。

我国教学行政部门一直要求转变教师的"教学方式"和学生的"学习方式"。但是,有些教师习惯于"全面讲解、透彻分析",认为"讲"是教师的本分,是教师水平高低的标志;唯恐学生听不懂、学不会,甚至认为不讲解分析是教师没有尽到责任。所以今天的课堂,"教学方式"转型很慢,"学习方式"转型更难。课堂仍以教师讲解为主,学生还没有真正成为"学习的主人"。学生"学习方式"转变的前提,在于教师"教学方式"转变。首先,要重新认识教师在课堂中的角色与作用,转变教学观念。同时,要建立一种学生"自主学习"的课堂学习方式。教师要从"教为主"转变为"导为主":教师在课堂中的角色是"导师",作用主要是"引导学习方向、指导学习方法、疏导学习难点"。这样才能转变"学习方式":从"被动学"转变为"主动学",具体来说就是"自主学习、合作讨论、积极探究"。简而言之,课堂要从传递知识逐步走向探究知识。

教育部发布的《关于加强初中学业水平考试命题工作的意见》在"发挥引导教育教学作用"部分强调:"引导教师积极探索基于情境、问题导向、深度思维、高度参与的教育教学模式,引导学生自主、合作、探究学习。"教育部发布的《关于深化教育教学改革全面提高义务教育质量的意见》要求"把单纯的满堂灌填鸭式教育变为启发式、互动式、探究式,推进课堂革命,让学生在学校课堂上学得活一点,实效大一点"。根据文件精神要实现课堂转型,建立现代教学方式和学习方式,关键是教学要从碎片化转向大单元,从以教师为中心转向以学生学习为中心。

教育部为什么提出课堂转型核心的四点要求?因为这是符合课堂教学客观规律的,符合学生核心素养培养发展现实要求的。

一是基于情境。学习的基础是情境,没有情境就无法实现理论与实践结合。因此,要用多样化活动创设体验场景与探究情境,促进学生体验和探究。

二是问题导向。学习的重要方法是问题引导,无问题就无法启迪思维。因此,要用系列化问题补充教师的讲解、分析、解释,引导和指导学生学习。

三是深度思维。只有情境化和问题化,才能打开思路,促进思维的深化。同时,要用新情境或新材料设计题目,推动学生能力的迁移。

四是高度参与。高度参与是学习的关键。教师应充分运用多种情境、真实问题,改变单纯讲解分析,学生才能积极参与学习。

综上所述,课堂转型主要体现在问题化与情境化教学设计上。

# 学习参考2:学科教学专业委员会管理规范

## 《青浦区第一中学学科教学专业委员会管理规范》

一、教研组的性质与地位

(一)教研组的性质

教研组,全称学科教学研究组(也称学科学术委员会、学科教学专业委员会)。自1953年起在我国中小学校设立,1957年教育部颁布《中学教学研究组工作条例(草案)》,对教研组工作作出比较完备的规定,根据其内容可知教研组的性质主要是中小学校内开展学科教学研究的学术性组织,而不是行政组织。

70多年来,教研组始终保持其建制,然而由于受各种因素的影响,教研组的作用未能充分发挥。今天,建立现代学校治理制度,完善中小学内部治理体系,教研组建设成为一个重点,对其性质的确认也成为一个关键。

我校是一所完全中学,包括初中和高中,涉及七个年级。班级多、学科多,而且高中和初中课程不同,根据学校情况,我们将"教研组"定名为"学科教学专业委员会"。

学科教学专业委员会是构建低重心、扁平化、矩阵式、高效能学校治理体系的一个重点,是学科教学研究的学术组织,是学科教学质量保障的管理组织,是学科教师专业发展的校本培养组织。因此,教研组具有学科教学的学术、专业、培训、管理等多种性质。

(二)学科教学专业委员会的地位

教研组是中小学教师专业发展、学科教学水平提高、教学质量保障等方面重要的专业和管理组织。由于教研组地位的重要性,现在有的学校把教研组称为学科教学专业委员会,提升其在教学研究和教学质量管理方面的地位,以便充分发挥教研组的功能。

二、学科教学专业委员会的职能与任务要求

（一）学科教学专业委员会主任的职能

学科教学专业委员会的负责人称为主任（或称学科学术委员会或学科教学专业委员会主任），全面负责学校某个学科的教师专业发展和学生教学质量提升。

学科教学专业委员会主任的职能主要有以下四个方面：

第一，负责学校某个学科教师的专业发展。

1. 发展内容。本学科的专业理念（专业态度、教育理念、专业道德）、专业知识（本体性知识、条件性知识、实践性知识、一般性知识）和专业能力（教学设计能力、教学语言能力、教育教学交往能力、组织和把控课堂的能力、教育教研能力、创新能力、教育机智）。

2. 发展方法。理论学习、教学反思、同伴互助、同业反馈、课题研究等。

3. 发展特点。自主生长性、情景性、阶段性、连续性、多样性，一切指向学生发展性。

4. 发展创新。基于学习共同体理念，学校创新学科教师专业发展机制——四个实践平台：晒课交流平台、临床诊断平台、主题研修平台和成就分享平台，着力建设四个实践平台，以晒课促互动，以诊断促改进，以研修促反思，以分享促发展，助力学科教师群体成长。

第二，负责学校某个学科的教育教学研究。

1. 研究内容。服务学校教学目标，以课堂教学为中心，围绕课程标准、教学内容、教学评价等，对教育、教学、教师、教材、教程、教法等进行研究。

2. 研究方法。比较法、观察法、文献法、实验法、调查统计法、个案分析法等。

3. 研究特点。

① 真实性：基于真实的教育实践和现象，通过观察、调查、实验等方法，获取真实的数据和资料，以揭示教育问题的本质和规律。

② 创新性：关注新的教育问题，探索新的解决方法和思路，具有一定的创新性和探索性。

③ 系统性：采用科学的方法和手段，对研究对象进行全面、系统分析和研究，避免主观性和片面性。

④ 生态性：研究教育问题与周围环境的关系，以及教育在不同文化背景下的差异和特点。

⑤ 反思性:通过对研究过程和结果的反思和审视,不断完善研究方法,提高研究的准确性和可靠性。

⑥ 应用性:研究结果可直接应用于实际教育问题的解决和教育实践的改进,为教育决策和教育改革提供科学依据。

4.创新之处。通过融合学校特色发展的校本行动,形成"内外合力、资源整合、依托平台"的保障促进机制;"研发框架性文本、制定工作'流水线'、实施多元化开发"的课程开发促进机制;"融合目标、分解要素、量化评价"的课堂变革促进机制;"'点'上塑人、'线'上育人、'面'上化人"的专题培训促进机制。

第三,负责学校某个学科的教育教学管理。

1.建立学科教育教学管理体系。建立监督机制;加强常规教学管理,夯实教学环节;加强教学科学评价,提升教学效能。

2.保障学科教育教学管理的科学性。在充分调动教师教学积极性的同时,辅之以科学的教学量化评估手段,对教师的工作态度、工作效率及劳动纪律等方面进行公正合理的评估考核和量化评分。在量化评分中,做到公平、公正、准确,实事求是评估。

3.学科教育教学管理特点。复杂性、层次性、延续性、动态性、可控性等。

4.学科教育教学管理创新之处。重视规划建设、强化组织建设、健全制度机制。

第四,负责学校某个学科的教学质量监控。

1.建立学科教学质量监控体系。学科教学质量监控是教学管理的重要环节之一,直接影响学校教学管理水平和教学质量。要提高教学质量和人才培养质量,必须建立科学的教学质量监控体系。

2.保障学科教学质量监控的科学性。建立科学、客观、公正、可行的课堂教学质量评价体系是进行教学质量监控的有效保证,可以增强教师的教学责任心,发挥教师的教学积极性和创造性,不断提高教学质量。

3.学科教学质量监控的便捷性。在大数据时代,建立数据库大大提升了教学质量的监控和教学管理的效率,有助于节约成本、节约时间、提高工作效率。积极推动资源共享,从而形成全面、全过程、全方位的教学质量保障监控与评价体系。

4.学科教学质量监控创新之处。学校组建多个"临床诊断小组",深入教学现场,就课堂教学问题进行"会诊",与执教教师面对面互动,提出专业意见,帮助教师找准上升台阶。

学科教学专业委员会主任不仅是学科教学的优秀教师，而且应是学科的首席教师，承担着引领和培养学科教师的责任；教研组长不仅是学科教育教学专家，而且应是学科教育教学研究专家，承担着组织学科教育教学研究的责任；教研组长不仅是学科教育教学的模范执行者，而且应是学科教学质量管理专家，是学科教学质量的第一责任人。

第一，主任要成为"首席教师"。

在教学上有鲜明的风格，课堂效果好；要有较强的专业水平，对学科的理解较透彻；要有丰富的教育教学经验，教学效果好；要有较强的奉献精神，不计个人得失；在同行、学生中有一定的人格魅力，同行信服、学生敬佩。

第二，主任要成为"学科教学研究专家"。

要把教学实践和教育科研融在一起，做研究型实践家；将即时性研究与课题研究融为一体，以研究的方式推动教育教学；将问题转化为课题，确定一段时期内的研究重点。

第三，主任要成为"学科教学质量专家"，并在实践中发挥应有的作用。

作为学科教学质量专家，肩负着三大任务：一是提高本组教师的教育教学水平，促进每一位教师的专业成长，打造一支敬业爱岗、业务精良的师资队伍；二是实施学科教学管理，增强学科凝聚力，提高学科教学质量；三是积累本学科教学经验，形成本学科教育教学特色。

第四，主任的选聘方法、标准和考核办法。

选聘方法。首先，由个人申报，各学科教师参照竞聘条件，根据个人意愿进行申报。其次，进行资格审查，学校办公室和教导处对申报教师进行资格审查，对符合条件的学科教师进行公示。再次，组织评选，由学校领导和全体学科教师进行投票。最后，学校聘任，投票结果经公示，无异议后，学校公布学科主任聘任决定，颁发聘书。

选聘标准。忠诚教育事业，立志教书育人，有良好的师德素养。有一定的教育理论水平，对所教学科有扎实的专业知识和教学基本功，有较强的教育科研能力。积极参与教育教学改革实践，并取得较为显著的成果和较为成熟的经验，形成自己的教育教学特色，在全区本学科或专业范围内有较高的知名度。有较好的计算机应用能力，能熟练运用现代化教育技术手段。

考核办法。学校对学科主任实行动态管理。学校按工作业绩、业务水平、履行职责等，建立学科主任业务档案。每年由办公室牵头，对照工作职责，对学科主任进行考核，记入本人业务档案。

（二）学科教学专业委员会主任的任务要求

第一，组织学习，创建学习型组织。

学科教学专业委员会主任必须成为教师学习的组织者，使教师明白教育者必须先接受教育，只有学高才为人师，只有通过学习才能达到学高。教师要学理论，要学政策，还要学会把理论和政策转化为可操作的程序。主任要把教研组创建为一个学习型组织。

1. 创建方法。确定共同的学习目标；构建适合学习型组织的组织结构，确定学习型组织的核心和组员；明确分工，组员各司其职、特长互补，形成合力；塑造学习文化；确定学习型组织的运行规则和基本制度，建立引导学习的促进机制，实施组织的过程性管理。

2. 学习内容。国家教育方针、文件精神、课程方案、课程标准、本学科的理论前沿和专业最新进展、教育教学理论、教学方法应用、信息技术应用、课程开发等。

3. 把理论政策转化为实践能力。及时关注最新的理论政策，与教学实践相结合，在教学实践各环节中深化对理论政策的理解；勤于思考、精耕细作、刻苦钻研，做实践型、反思型教师。

第二，引领研究，创建研究型团队。

学科教学专业委员会主任必须成为教师研究的引领者，使研究成为教师的职业习惯。注重从问题出发的实践研究路线，突出实证的研究方法，使教师在研究中不断完善自我。

1. 创建方法。确定共同的研究目标，明确研究方向和研究目的；确定研究型团队的核心和队员；明确分工，团队成员各司其职、特长互补，形成合力，以合作争共赢，增强团队凝聚力和向心力；以实践为导向，在研究中促进教学改革；以激励促动力，在量化评价中提升研究效率；确定研究型团队的运行规则和基本制度，实施团队的过程性管理。

2. 创建内容。团队教师要提升学科教学五个环节的理论水平与实践能力。包括懂得教育目标学与目标的选择、确定；课程论与课程开发、课程管理；教材编纂学与教材分析、应用；教学论与教学设计；考试学与命题、组卷能力等。不仅会一门学科的教学，还要能开发跨学科课程，具备跨学科教学设计、跨学科作业设计和命题的能力等。

3. 研究习惯的培养。科学知识不断发展，团队教师必须不断学习；面对不同学生，必须不断研究教学方法；教育教学改革的深化发展，使教师不断学习研究、更新教育观念与思想。要在做中学，学做思相结合，把教学实践和教育科研融为一体；关注教育教学实践中的问题，学会将问题转换为课题。

第三，倡导合作，创建合作型团队。

学科教学专业委员会主任必须成为教师合作的倡导者，使教师明白教育教学是一项集体合作事业，每个教师都是教育链的一环，只有在合作中才能成就事业。

1. 团队组建步骤。确定团队的合作目标；确保成员能力互补；细化分工与协作；建立清晰的合作与沟通机制；形成团队积极向上的良好氛围。

2. 团队必须养成"合作"的习惯。在各方面大力宣传教师合作精神，鼓励教师合作，努力建设教师合作的职业规范。当教师都形成这样的职业规范，教学质量肯定会因教师密切合作而获得大幅度提高。

3. 团队必须建立"合作"的制度。学校必须建立教师合作的创新机制，使教师密切合作、善于合作，使教师在合作中成就国家的育人事业。

第四，强化管理，创建管理型机构。

学科教学专业委员会主任必须把教研组构建成一个专业化管理型机构，使教师懂得自己不仅是教学者，而且是教学质量管理者，只有懂管理、善管理，才能获得教育教学的最大成功。

1. 管理型机构必须强化"专业化管理"。在不改变目前中小学总体管理体系的基础上，通过建立功能型研发机构、组建核心团队等方式推动学校管理走向专业化。

2. 管理型机构必须建立"专业化管理"制度。完善中小学内部治理体系，实现低重心、扁平化、高效能的教学管理。通过系统化制度设计明确的权责边界，将管理职能从经验驱动转向科学化、专业化和精细化。

3. 管理型机构必须培养教师成为"教学质量管理者"。学校需要增设功能型教育教学指导机构，对专业要求高的工作开展专业研究，对教师进行专业指导，为学校工作提供支持，适应教育深化发展要求。

三、学科教学专业委员会研究内容与方法

（一）学科教学专业委员会研究内容

学科教学专业委员会的研究是学科教育教学专业研究，目的是提高教师的整体专业能力和专业水平，培养高素质、专业化、创新型教师团队。学科教学专业委员会的专业研究主要有以下内容：

1. 学科教育教学的"三论"研究

通过深入学习教育理论和学科教育理论，深入学习和研究课程标准，掌握本学科的学科本质论、教育价值论、教学方法论,将教师专业水平从教材教法的层面提升到课程的高度。

2. 学科教学五个重要环节的研究

现代教学改革把"目标、课程、教材、教学、评价"五个重要环节作为教学的完整系统,因此教研组应改变单纯研究"课本"(教材教法)的做法,要整体学习研究教学的五个环节,组织教研组教师深入学习与研究"教学目标学""课程论""教材编纂学""教学论""考试学"等各教学分支科学,由单一教学型教师向全面型教师转化。

新课程在"目标、课程、教材、教学、评价"五个方面进行改革,主要包括:

学习目标:从"知识点学习"转变为"学科核心素养"培育;

课程结构:以学科大概念为核心组织内容使课程实现结构化;

教材体例:从单篇课文变为大单元课文作为学习的载体;

教学方式:转变"教学方式"和"学习方式",培养自主学习;

考核评价:用情境化考核题促进学生知识能力内化、深化、活化。

3. 学科主要认知特点和教学方法研究

通过对本学科主要认知特点的研究,寻找适合本学科的教学模式和教学方法。教学方法研究应立足学科的认知特点和学习特点。通过研究,明确没有最好的教学方法,最适合的就是最好的,从而提高课堂教学效率。

4. 学科的学习规律与方法研究

带领与指导教师研究学生的学习规律、学习特点、学习心理,通过理论学习、调查研究和实证研究,获得对学生的学习规律的具体了解,使教学更有针对性,更有实效性。要研究"学术逻辑""生活逻辑""学习逻辑"三者关系;要研究"学科实践"与"社会实践"的关系;要研究如何推动学习过程,实现"认识的两个飞跃"等规律。让教师懂得,教与学是密不可分的,教的规律和学的规律必须一致,教的方法要符合学的方法。因此,教师的教必须适应学生的学。要探索现代"教学方式"和"学习方式",明确教师"教学方式"改革是学生"学习方式"改革的前提。

学生"学习方式"转变的前提,在于教师"教学方式"的转变。一定要重新认识教师在课堂中的角色与作用,转变教师教学观念,要建立一种"学生自主学习"的课堂方法或模式。要从"教为主"转变为"导为主",教师在课堂中的角色是"导师",作用主要是"引导学习方向、指导学习方法、疏导学习难点"。这样,学生才能从"被动学"转变为"主动学",即"自主学习、合作讨论、积极探究"。简而言之,课堂教学要超越单纯知识传递,走向学生主动探究知识。

5. 学科教育科学方法研究

学科教学专业委员会要指导教师开展学科教育教学研究,提倡"小课题研究"。小课题是指研究的切入点小,研究周期短(以一学期为限),但研究要求不降低,研究价值不小。提倡研究从问题出发,以实证研究为主,解决教育教学中的实际问题。

6. 学科学业质量检测、考试与命题研究

作业、检测和考试是教学过程的有机组成部分,通过作业练习巩固知识和能力,通过质量检测和考试反馈教与学的效果。因此,教研组长要带领教师学习考试学的基础知识,掌握作业设计、布置、批改和考试命题、组卷等技能,这是专业化教师的基本功。

教研组长组织教师开展校本题库建设,根据教学目标精选和精编习题与试题,既能使教学效果反馈更清晰,又能使学生摆脱题海之苦,使减负得以真正落实。

题库中以核心题为主,围绕核心题编制变式题(变换提问的角度、情景、难度等),尤其注意联系生活与学习情境编制题目,因为在相同情境下只能测试学生的记忆水平,只有在不同的情境下才能考出学生的能力。要特别注意跨学科题目的编制,培养学生跨学科思维能力。

7. 专家型教师培养和重点学科建设研究

学科教学专业委员会要对教师进行全方位培养,培养教师成为"四有好教师",特别是专业理想、专业道德、专业理论、专业能力等。要致力于发展教师的教育教学特长,形成教学风格,逐步成为专家型教师。要加强学科建设研究,提升学科教学水平和研究层次。

专家型教师是从教 15 年以上,具有教学专长的教师,他们具有丰富合理的知识结构、高效的问题解决能力和敏锐的洞察力。在专业知识方面,专家型教师运用知识的能力远超新手教师。在其专长领域中,能在较短时间内完成更多工作。在处理突发问题时,专家型教师更能找到新颖和适当的解决方法。

重点学科建设是促进学校育人能力创新、增强科研能力、提高教学质量、造就高水平师资队伍、提高学校整体办学水平、培养创新人才的重要举措;重点学科离不开专家型教师的支撑,建设重点学科的关键任务就是培养专家型教师。

本校高中语文等七大学科为青浦区学科教师研修基地;现拥有专家型教师即"青浦区名优教师"39 位。

(二) 学科教学专业委员会研究方法

学科教学专业委员会的研究是教育教学专业研究,主体是教师。因此,其研究方法主要有：

1."临床诊断"，具体指导

学科教学专业委员会主任或聘请的专家对教师进行深入的"临床诊断"，通过诊断对每个教师提出专业发展定位，并指导教师规划职业生涯，填写专业发展计划书，使教师队伍建设具有计划性。

2. 理论前导，实践跟进

作为教育教学专业研究的教研组研究，必须坚持理论前导、实践跟进的研究思路，要着眼于学习理论，并把理论实践化；致力于深化实践，并把实践理论化；要遵循学理论、用理论、发展理论、创新理论的研究路线；要提倡、坚持实证性研究方法。

3. 合作研究，共同提升

要发扬团队合作精神，备课组、教研组组成合作型研究团队，发挥集体经验和智慧，共同研究和提升。要制定"合作"制度，通过制度巩固合作习惯，通过习惯发扬合作精神。

4. 骨干先行，滚动推进

教研组的研究要考虑教师年龄、知识、经验、水平等差异，采取骨干先行、滚动推进、全面覆盖的策略。着力培养年轻的骨干力量，发挥骨干先行引领作用。通过滚动推进，达到全面覆盖的目的。全面提升理论素养，是打造研究型教师团队的基础。

5. 搭建平台，全员提高

要提升学科教学专业委员会的研究水平，提高研究质量。要为学科教学专业委员会所有成员创设多样的、广泛的、平等的发展平台，使每个教师的专业素养和专业能力都得到充分发展。学科教学专业委员会不只是为了培养一两个名师，其目的是打造研究型教师团队。

四、管理职责与方法

（一）管理职责

学科教学专业委员会的管理职责是学科教育教学专业管理，目的是提高学科教育教学整体水平和学科教育教学质量。主要有以下内容：

1. 课程资源开发与课程管理

（1）大概念课程开发；

（2）学科知识综合化课程开发；

（3）跨学科课程开发。

2. 教学资源开发与应用管理

（1）课堂教学"导学稿"编写与完善；

（2）课堂系列化问题设计；

（3）课堂系列化活动设计。

3. 教法研究与课堂教学管理

（1）"课堂导学"实施过程与方法；

（2）课堂讨论方法；

（3）课堂活动方法与实施方法。

4. 学业质量监控与质量管理

（1）课堂"五类"作业设计与应用；

（2）课堂学习效果检测命题与跟踪反馈；

（3）阶段性学习效果检测命题与分析评价；

（4）学期学习效果检测命题与分析评价。

（二）管理方法

学科教学专业委员会作为教育教学专业管理组织，管理方法必须转变传统的管理方式，建立现代课程教学管理和学业质量管理体系。主要有以下四个方面：

1. 建立学科教育教学校本资源库；

2. 建立学科教育教学的管理平台；

3. 运用现代教育技术和管理技术；

4. 建立学业质量跟踪与反馈系统。

为此，打造六大平台：

平台1：构建人力资源开发与管理平台，建立学科教育教学人才库。

变教师个体人才劣势为群体人才优势，整体提升学科教师队伍专业水平，实现人力资源有效培育发展，放大优秀教师的溢出效用。有计划有系统地培养人才，重点是培养年轻人才，充分发挥年轻教师优势，带动学校人力资源整体发展。着力发挥优秀教师的作用，带动全体教师的发展与优化。

平台2：构建课程资源开发与整合平台，建立课程资源库。

积极推进课程改革与课程建设，开发与建设学校优质课程与特色课程。建立校本课程与教学资源库，特别是围绕"五育并举"开发学校课程。建立校本导学资源库，着力提升优秀教师引领作用，变优秀教师智慧为集体智慧。积累和建设学校优质课程、特色课程资源库，并通过优秀课程创建学校特色。

平台3:构建学科教学资源共建与共享平台,建立集体共享教学资源库。

实现教学资源合作开发,使优秀教师的智慧和经验成为集体共享资源,让每个学生享受到优质教育教学。

构建学科教学资源共建与共享平台,建立集体共享教学资源库。

使优秀教师智慧和经验成为共享资源,让每个学生享受到优质教育教学。

平台4:构建学科考试评价资源开发平台,建立校本习题库和试题库。

使学生作业练习和考试命题科学化,切实减轻学业负担,提高学业质量。

构建学科考试评价资源开发平台,建立"校本习题库和试题库"(统称校本题库)。

平台5:构建学业质量检测与调控平台,建立学业质量跟踪数据库。

建立和完善学业考试命题流程管理制度,对学业质量进行有效调控和改进,促进学业质量评价的科学化、标准化、绿色化。

努力建设学校"学业质量检测与调控平台",并建立"校本学业质量跟踪数据库";在此基础上,"建立和完善学业考试命题流程管理制度",对学业质量进行有效调控和改进。

努力实现"学业质量评价的科学化、标准化、绿色化"。

平台6:构建学生特长发现与培养平台,建立学生特长发展资料库。

实现学生特长发现及培养跟踪,使学生的特长发展和创造力培养更有成效。致力于"学生全面而又个性发展",建立学生特长发展资料库,定期和不定期发现与登记学生特长发展情况。构建学生特长发现与培养平台,为特殊学生个性发展创造机会与平台。组建各种科技、文学、艺术、体育等特色组,为各类学生特长发展提供机会。积极参加各种国际、国内比赛,为发现特长学生和培养学生特长提供机会和平台。

五、备课组的性质与职责

(一)性质

备课组是学科教学专业委员会的下设组织,一门学科教研组下分设若干年级备课组,有的学校称年级教研组或小教研组。其性质与学科教学专业委员会基本相同,是学科教育教学专业委员会的二级组织。备课组和学科教学专业委员会的区别在于其负责的范围不同,备课组以年级为单位。

备课组长在学科教学专业委员会领导下开展本年级的学科备课、上课、教学研究、教学反馈、质量检测等工作。

（二）职责

1. 研究课程标准与教材，合作开发教学资源库

认真学习课程标准，深入钻研教材，把握学科知识体系与特点，研究学生学习本学科的思维特点与主要方法。在此基础上，进行集体备课，合作开发教学资源，整合教师的智慧和经验，建设共享的教学资源库，变传统的个体劳动为集体智力活动。

由于教师个体经验有局限性，个人对教材的理解也不同，因此备课组应发挥集体智慧合作开发教学资源库，把个人的经验转化为共享的资源，做到共建、共享、共同发展。

（1）认真学习研究各学科的课程方案与课程标准，深入钻研教材，把握学科知识体系与特点。

（2）具有学习本学科的思维特点与主要方法，指导学生有效学习本学科知识。

（3）组织集体备课，合作开发教学资源，建设学科教师共享的教学资源库，变传统教师个体劳动为集体智力活动。

2. 研究教与学的规律，提高课堂教学效率

深入研究本学科知识构成特点与学习方法，运用学习心理学规律，探索本学科主要思维特点与教学方法，努力使教的方法和学的方法相一致，提高课堂教学效率。

备课组应通过多种渠道与方法，如听课交流、教学案例编写与研究、学科小课题研究、教学软件开发制作等，以提高教师教学能力和教学效果。

（1）深入研究本学科知识构成特点与学习方法，运用学习心理学规律，探索本学科主要思维特点与教学方法。

（2）探索本学科主要思维特点与教学方法，努力使教的方法和学的方法相一致，提高课堂教学效率。

认真学习国内外教学理论，尤其深入学习《礼记·学记》和现代教学理论。探索中学课堂"导学"方法。运用系列化问题和活动设计，进行启发式教学，充分发挥学生思维自主性。

3. 研究学业考试评价，建设学科校本题库

努力学习教学评价理论和考试学，探索本学科知识考查、能力测试等科学规律和操作方法。在此基础上，集体开发与建设学科校本题库（包括习题与试题），发挥考试评价的诊断、反馈、激励、促进、校正、调控等多样功能，减轻教师和学生

的负担，完善学业考试评价体系。

4. 指导年轻教师，提升优秀教师

备课组应负责本组新教师和年轻教师的专业发展指导，落实教学基本规范，通过老教师带教、听课评课、专题研究、教学反思等多种途径和方法，使年轻教师缩短成熟周期，迅速掌握教育教学基本技能和工作规范。备课组有责任培养优秀教师，使其成为学科教学骨干，逐步成长为专家型教师。

5. 学科教学质量检测、分析、调控

备课组负责本年级学科教学质量管理，通过科学规范的质量检测，获取学业质量数据，组织教师进行具体深入分析研究，掌握每个学生学业水平状况，提出针对性改进措施，对教学质量实行调控，整体提高教学质量。

（1）备课组应该担负本年级学科教学质量管理，通过科学规范的质量检测，获取学业质量数据。

（2）备课组应该指导和组织教师，进行具体深入分析研究，切实掌握每个学生学业水平状况。

备课组负责组织集体合作开发与建设学科的校本题库（包括习题与试题），构建校本题库基本架构，自主建设校本题库。

（3）备课组应充分发挥考试评价的诊断、反馈，激励、促进，矫正、调控等多样功能，减轻教师和学生负担，完善学业考试评价体系。

六、备课组教学研究方法

备课组的教学研究具有具体性、应用性、实效性等特点，因此需要采取有效的研究方法，主要有以下几方面：

（一）学生学习动机和学习方法研究

影响学生学习效果的两个重要因素是学生的学习动机和学习方法，备课组应通过问卷调查、座谈会、个别访谈等形式，深入了解学生的学习目的、动机、方法和习惯，从而进行针对性教育指导，从根本上提高学生的学习水平。

（1）学习动机和学习方法是决定学生学习效果的两个基本因素，备课组应通过多种途径和方法，深入了解学生学习目的动机，方法习惯，进行针对性的教育指导。

（2）课堂教学随机调查与分析研究。课堂教学是具体的、多样的，因此，对教师课堂教学应采取随机听课、抽样调查的方法，获得具体、生动、真实的信息，作为研究的资料。

备课组应不定期开展随机听课和学生问卷调查，在此基础上，召开座谈会、研讨会等,形成教学研究机制。

（二）课堂案例和学生个案研究

教学具有很强的实践性与操作性,因此案例研究和个案研究对提高教与学的有效性具有重要作用。备课组应引导教师开展"课堂教学典型案例"和"学生学习典型个案"的编写和研究,积累大量教学案例与典型个案,破解教与学的难题,快速提升教师教学能力。

（三）课堂教学实证研究与追因分析

实证研究与追因分析是相辅相成的,它是建立在实证数据基础上,通过数据分析寻找事物因果关系的科学研究方法。备课组通过课堂教学效果的实证数据,进行追因分析,从而归纳提高教学效果的主要因素,帮助教师寻找规律,提高教学效率。

（四）学业质量档案与跟踪分析研究

学生的学习水平和学业质量具有变动性,备课组应及时掌握每个学生的学习情况。因此,备课组要完善学生学业质量档案并跟踪分析,客观认真地填写学业质量分析表,并将它作为学业质量调控和个性化教学的依据,使每位学生的学业质量都得到提高。

# 二、建立功能型教育教学研发与指导中心,促进学校治理走向专业化

功能型机构的设置,能使学校工作更加专门化。工作专门化是指把工作任务细化成若干方面来完成,是从纵向对教育教学任务进行划分。一个部门不能承担学校教学的全部工作,只能完成某一环节或某一部分。

功能型机构专注于教学工作的某一方面,集中学校优质资源,把某一方面素质较高、能力较强的教师集中起来,可以做得更专业、更科学、更高效,能高效地为教育教学工作做好指导与服务工作。

功能型指导机构的设置,可以根据学校发展要求而定,其成员采取专职为辅、兼职为主的模式,根据需要可以聘请校外专业人员兼职。例如,学校课程开发指导中心,可由分管教学的副校长或教导主任牵头,教研组长、优秀教师、外聘专家组成。集中力量开发一门大概念校本课程,积累经验后再辐射,指导其他教

师开发课程。这样不但能开发高质量的课程,还能培训和指导教师,是提高学校管理效率、提升教学质量、实现精细化管理的一个有效途径。

功能型教育教学研发与指导中心机构主要有教师专业发展指导中心、课程开发与管理指导中心、现代教学技术应用中心、学业质量检测指导中心、考试命题及成绩分析中心等。

# 学习参考3:学校学业质量检测指导中心工作职责

## 《青浦区第一中学业质量检测指导中心工作职责》

为了进一步完善学校学业质量检测制度,推动落实"立德树人"根本任务,促进学业质量提升,特明确如下工作职责。

一、指导思想

紧密围绕落实"立德树人"根本任务,积极引导学业评价,引导聚焦学业质量、遵循教育规律,以全面客观的检测支撑教育教学管理、改进教育教学,培养德智体美劳全面发展的学生。

二、工作目标

通过检测学业质量,了解本校学生学业水平状况,全面掌握各学科课程标准的执行力,为教师改进教学提供有力指导。

三、组织架构

(一)领导小组

组长:沈方梅(党总支书记)、陆飞军(党总支副书记、校长)。

组员:林晓浦(副校长)、浦真(副校长)、浦妙芬(副校长)。

(二)工作小组

组长:叶萍(教学管理处主任)。

组员:学科组长、年级组长。

四、工作职责

(一)检测职责

检测的主要目的是规范学业过程的各种活动,如检测题目的编制、题库的建设、试卷的编制、检测的实施、评分及数据处理等方面的工作。良好的检测制度是保证学业质量检测权威性、公正性的重要前提。

1.选择检测人员

在学业质量检测中,精心选择各学科组长、备课组长、名优教师等作为骨干力量,确保其具备专业素养、保密意识、命题能力。

2.重视检测质量

明确检测年级和学科、检测时间和总分等基本信息,要求各学科学业检测的难度比例控制在 7∶2∶1。在"双新"背景下,要求检测教师紧扣各学科课程标准,在检测中内化学科核心素养目标。

3.开展检测研修

开展一次学科及跨学科研修活动,聚焦本学科本质、异学科共性等,促进教师更好地根据实际教情和学情有的放矢地开展学业质量检测工作。

（二）报告职责

报告的目的是保障学科组长、教师、学生及家长等各方面对学业质量状况的知情权,即保障学业质量相关者对学生学业质量的了解,从而为教学决策提供依据,为教师改进教学、提高学生的学业质量提供有效信息。

1.形成科学数据报告

在网上阅卷系统中形成各类横向、纵向的数据报告,作为学业质量分析的一手依据。

2.开展学业质量分析

根据学生数据情况分析典型的共性问题,总结教学经验、反思教学问题,开展任课教师、备课组长、学科组长三层学业质量分析。

（三）反馈职责

学业质量检测结果的反馈,可作为课程实施系统的一项重要环节,不仅可以落实学校有关部门对学科组的管理,同时也能为学校改进管理制度提供参考。

1.组织毕业班学业质量分析

在毕业班每次大型学业质量检测后,由学校组织开展毕业班学业质量分析,开展异学科之间的质量经验交流。

2.开展全校质量分析

由教学管理部门开展全校范围内的学业质量分析,既对数据展开深入分析,也对各年级教学提出相应建议。

3.召开年级家长会

以年级为单位召开家长会,对学生个体、班级整体的学业质量检测进行反馈,并听取家长对评教情况的反馈。

（四）考核职责

检测校内学业质量,教师及相应的学科组负有主要责任。学校根据学业质量的检测结果,可以对相关责任者实施考核,实行必要的奖惩措施,进一步推动教师个体和学科组整体担负起提升本校学生学业质量的职责。

1. 出具检测命题证明,作为教师评优评先、职称评定和岗位晋升等方面的校级材料证明。

2. 对检测命题进行绩效考核,含命题费、考核费。命题费按照统一标准,而考核费则依据命题质量、差错率、保密情况等进行考核。

3. 将个人、备课组、学科组的学业质量分析分别作为每月常规考核、备课组长考核和学科组长考核的项目之一。

4. 学业质量的检测数据,作为执教教师、备课组个体或集体考核的依据,在绩效中予以体现。

# 三、建立任务型核心团队式教育教学研发与指导中心,推动学校工作更专业、更科学、更有效

随着教育的不断深化和发展,需要与时俱进,不断研究新问题,实现教育管理创新。组建核心团队式教育教学研发与指导中心,能集中优质资源开展专业攻关,解决教育教学出现的新问题或新难题,是学校建设质量与效率导向的教育教学,治理机构的有效途径。

学校教育教学工作有很多悬而未决的难题,更有新出现的问题需要校长、教师破解。例如,学生学习心理规律问题、学校教学组织形式问题、高中走班制管理问题、课堂教学方式与学习方式转型问题、独生子女心理特点及教育问题等。

学校或因缺乏专业人才无法解决,或因问题复杂无法依靠自身力量解决。如果习惯通过“群众”运动,难以深入;如果盲目跟风赶时尚,可能误人误事。

因此需要组建任务型核心团队,以规范、严谨、专业的方法,严格按照研发、试验、推广等流程,使问题得到科学解决,同时锻炼教师队伍,提高教师专业素养。

任务型核心团队式研发与指导中心的任务是针对教育教学中重大、复杂问题,组建由校外专家和校内骨干相结合的核心团队。经研究开发、点上试验、滚动推进,全面实行完整的步骤,解决学校教育教学发展中的重点与难点问题。

任务型核心团队式研发与指导中心的性质顾名思义,是为解决特定任务而

成立的非常设机构,其职责是研究和开发,其成员为校外专家和校内骨干,其工作特点是专业、科学、规范。

在教育转型发展、深化改革,在法制健全、公民法治意识增强的背景下,学校管理者不能跟风赶时髦办学,也不能未经科学论证贸然推进某项措施,会在无意中侵犯学生权利或伤害学生。所以组建任务型核心团队式研发与指导中心,对教育教学的发展,培养专业队伍,尤其是推动教师专业化发展很有必要,更能促进教育教学深入发展。

## 学习参考4:各学科课程与教学改革核心团队工作计划

### 1. 青浦一中《高中思想政治课程与教学改革核心团队工作计划》

陈露嘉　2023 年 8 月

一、指导思想

坚持以习近平新时代中国特色社会主义思想为指导,深入学习贯彻党的二十大、全国高校思想政治工作会议、全国思想政治理论课教师座谈会精神,坚持社会主义办学方向,落实"立德树人"根本任务,充分发挥思想政治理论课主渠道作用,坚持"八个统一",把思想政治工作贯穿教育教学全过程。把握思政课的本质是讲道理,要注重方式方法,把道理讲深、讲透、讲活,实现知识传授、能力培养与价值引领的有机统一,培养具有社会主义理想、民族精神和时代精神,牢固树立"五个认同""四个自信",具有责任担当、扎实学识、实践能力、身心健康的高素质人才。结合"双新"背景要求,坚持"以人为本、立德树人、基于标准、与时俱进"的理念,汲取上海市高中思政学科长期以来的教育教学改革经验,在继承中发展、在稳定中创新。

二、建设目标

立足"双新",以教学内容研究为基础,推动课程建设,加强实践教学建设力度,改革教学方法,形成特色教学模式,提高教学效果和人才培养质量。

结合"双新"背景下课程改革的要求,对标把道理讲深讲活讲透,以单元教学设计为抓手推进思政课内涵式高质量发展,凝心聚力讲好道理。突出思想政治理论课专题教学;彰显实践教学特色;打造区内外知名的具有"生态素养培育"特色的思政课。

### 三、团队组成

组长:陈露嘉。

成员:徐平、吴前岚、冷怡彤、陈义荣、吴海霞、汪婷。

### 四、团队分工

教学团队由学科组长、备课组长、骨干教师、青年教师组成,根据学校发展与团队建设需要设置岗位和分配任务。

1.学科组长。主要负责团队发展规划、团队业务分工、团队成员考核等工作,推进思想政治课程教育教学质量提升。学科组长由学校任命。

2.备课组长。担任学科组长副手,负责牵头团队主要方向的业务工作,落实团队负责人安排的工作。备课组长由学科组长提名、团队讨论通过,报学校教导处备案。

3.骨干教师。负责落实学科组长安排的工作。热爱本学科专业的教学科研工作,具有卓越意识与奉献精神;团队骨干教师应为本学科的经验教师,具有中学一级教师以上职称,具有较好的教学科研潜力;业务水平精良、工作作风扎实、群众基础良好。年龄不超过45岁。骨干教师由学科组长提名、团队讨论通过。

4.青年教师。负责落实学科组长安排的工作。热爱教学科研本职工作,能较好完成团队工作任务。

### 五、课程建设

持续推动思想政治学科新课程、新教材的实施,持续推进习近平新时代中国特色社会主义思想的"三进"工作,推进思想政治单元教学、在线课程、时政教学、特色课堂"四位一体"立体教学格局。

(一)推进单元教学。以备课组长为核心,进行本年级单元教学设计及实践。备课组长负责统筹协调、组织大单元、大概念的研讨和集体备课,最终确定单元教学内容和实施进程;组织编写完整讲义,制作配套PPT、习题集、试题库,选定相应的参考文献和课外阅读资料;出版或发表单元教学研究论文。

(二)加强在线课程建设。备课组长以现有的精品课程和精品资源共享课程为基础,将相关的微课视频、文字材料、PPT和习题集上传校级和区级资源平台,有计划地申报省级和国家级精品资源共享课、省级和国家级在线课程。备课组长按教务处在线课程建设管理文件完成建设项目,学校加强监督与管理。

(三)强化时政教学特色。不断优化课前五分钟的时政演讲环节。确保每个学生都有参与的机会,每节课都有时政信息分享。根据本班实际和真实学情,合理设置演讲要求。"时政竞赛"作为思想政治课的必选实践计4课时列入教学计划。学科组长负责每学年的方案策划,按计划组织各项教学实践活动,方案报学校备案。总结时政教学经验、优秀实践案例等,撰写案例、论文。

(四)打造精品"生态素养培育"选修课。以培育学生生态素养为目标,确定课程团队负责人,开设选修课,每学期拟定若干专题,专题内容涉及政治、经济、文化、社会、生态、党建、科技、军事、外交等领域,突出生态特色。组建工作小组,设专题负责人,策划实施专题教学内容。每学期前1个月确定专题,专程负责人做好统筹协调工作,并做好课后的反馈与宣传。

### 六、团队建设

#### (一)建设任务

对照思想政治课建设任务,推进思想政治理论课单元教学、在线课程、时政教学、特色课堂"四位一体"建设;促进学科组、备课组、教师多维互动,推进学科建设与教学建设一体化,提升教师队伍教育教学总体水平。

#### (二)团队建设目标

教学团队建设以两年为一个周期,每年度主要目标如下:

1. 建设完成1门在线课程;

2. 在各级各类专业期刊发表教学研究论文不少于1篇;

3. 开展区级及以上教研活动、公开课教学不少于2次;

4. 申报并立项区级及以上教科研课题或项目不少于1项;

5. 获得区级及以上教学成果二等奖及以上奖项不少于1项;

6. 获得区级及以上教学竞赛二等奖及以上奖项不少于1项;

7. 师生获得感提升,教师教学科研融合有成就感,学生知识掌握系统、视野拓宽、师生互动加强;

8. 教学成绩良好,全区统一考试在全区公办高中组中名次不低于第四名。

#### (三)教学核心团队申报、管理与考核

1. 团队申报与立项

团队申报由学科组长领衔,采取团队立项建设机制,设立教学团队及小组。

(1)采取学科组长责任制。学科组长全面负责本团队建设的各项工作;按目标任务组织实施;与团队成员签订岗位任务书。

(2)根据学校支持,给予相应比例立项团队经费,作为团队运营经费。

(3)学校鼓励团队利用团队立项经费自主设立项目,项目经费使用先期拨付50%,结项时再拨付余下的50%。

（4）经费使用按学校教学、学科建设、科研等财务管理制度执行。

2. 团队管理

教学团队管理坚持党支部建设、教学队伍建设与教研队伍建设融合，把团队建成在党坚强领导下的自主发展、业务精良的战斗堡垒。

（1）明确分工协作。学科组长全面负责团队建设，负责把握政治方向与团队发展议题；备课组长负责教学科研运行保障；团队可根据学校相关规定，制定议事规则。

（2）实行民主集中制。涉及人、财、物等重大事项须执行民主集中制，由学科组长、备课组长和学科教师民主协商；涉及学科发展、教学工作等其他重大事项，报学校审定。

（3）完善团队管理机制。学科组长可根据团队建设需要，在民主决策基础上出台团队内部管理制度，报学校备案。

3. 团队考核

（1）团队考核。学校成立团队考核小组，由党政班子成员、学校相关职能部门负责人及同行评审专家组成。团队立项一年后进行年度考核，考核合格的须完成团队建设任务 6 项以上，其中 1、2、3 项必须完成，否则考核不合格；学校在评优评先指标、年度绩效分配、进人指标、下一轮立项经费等方面对优秀团队倾斜；考核不合格团队，要制订整改方案，并在教学委员会督导下开展整改；团队建设两年为一周期，结项考核不合格的，团队负责人自动辞职。

（2）核心团队成员考核。由教导处牵头，联合德育处、教科室，以及各学科组长，成立考核小组；每年考核一次，考核结果报学校党政联席会审核；考核结果纳入学校年度考核、学校岗位聘期考核，与个人年度绩效、评优评先等挂钩。

七、本方案自发布之日起执行，未尽事宜由领导小组解释和议定。

## 2. 青浦一中《高中语文课程与教学改革核心团队工作计划》

王志江　2023 年 8 月

一、指导思想与主要任务

以《普通高中语文课程标准(2017 年版 2020 年修订)》《上海市中小学学业质量绿色指标》为导向，以学科建设和"以学定教、少教多学、鼓励挑战性学习"的新课堂实验项目为工作重点，以教研组和备课组为依托推进课堂教学的改进，切实提高课堂教学效率。

全面提升教师的语文学科素养,包括学科态度、学科追求、学科知识、学科技能和学科研究能力。

开展以"立足单元教学,关注学习过程"为重点的主题研修,结合"生态素养的培育"特色主题,摸索学科核心素养与学校生态素养双落实的有效路径。

二、工作目标

以"生态课堂"为抓手,以"学习任务的设计与实施"为目标落实"双新"要求。

在实施过程中,备课组长带领组内年轻教师对"学习任务的设计和实施"进行理论学习。在此基础上进行课堂实践,指导年轻教师进行案例写作,逐步梳理单元视域下学习任务设计的方法和策略,并在区内进行辐射。

三、团队组成

组长:王志江(团队整体安排及计划实施)。

顾问:吴颖芳(为团队改革提供辅导和建议)。

四、团队分工

浦妙芬:古诗文教学单元学习任务实施案例搜集与整理;

祝晶:新高考高三复习教学的任务实施与策略研究;

毛文武:单元视域下学习任务设计与实施相关文献的搜集与整理;

王婷:散文教学单元学习任务实施案例搜集与整理;

马睿嵘:小说教学单元学习任务实施案例搜集与整理;

邹珊珊、邵静贤:思辨阅读与表达单元学习任务实施案例搜集与整理。

五、课题核心内容

(一)(大)单元教学的内涵

"大单元"教学的"单元"是根据课标、教材和学情等实际情况确立的"学习单元",不是"教材单元",也不是"内容单元"。它需要遵循"教材单元"的体例,但可以基于学生学习需求灵活组合单元内外的文本,采用单篇、多篇、专题等多种形态来设计教学方案。"大单元"的"大"不是大容量、大难度,而是强调教师要有高站位和大格局,对教学进行整体观照,以促进学生完整发展为目标。从这个层面来审视,我们不应把单元教学、大单元教学当作一种教学模式或方法,而应作为一种"单元整体教学思想"来理解。同时,在本文的讨论语境下,我们也可以把单元教学和大单元教学等同视之。譬如,语文教材中一个单元通常是一个主题下的几篇课文,如果这几篇课文没有完整的大任务驱动,没能组成一个围绕目标、内容、实施与评价的完整的学习事件,那不是单元概念,确切地说,那只是内容单元,而不是学习单元。

（二）单元整合的内涵

现在倡导的"单元教学"更具有专题性、辐辏性和综合性等特点。专题性是指一个单元分解成几个专题进行教学；辐辏性是指每个专题从不同角度、专题来落实单元的"人文主题"和"学习任务群"目标；综合性是指每一专题都要实现"双环扣"（既体现单元人文主题，又呼应相应的学习任务群）。

单元整合的三个要点：(1)确立单元大概念（主题），提取单元内多篇选文的共性（内容、形式），既要体现单元人文主题，也要点明单元所对标的单元学习任务群。(2)在落实时可分解成若干关键概念，使其更具体，更有可操作性；一个单元可以分为多个专题。(3)兼顾选文的共性和个性，不能忽视选文的个性特点。

（三）学习任务的设计

聚焦两个主要问题展开：任务设计、任务完成的多步骤设计及情境任务的设计。

课标以学习任务群的形式组织与呈现语文课程内容。学习任务群的关键词是"任务"，定义了语文学习活动的基本形态，核心意图是按照"立德树人"的要求，从语文课程的特点出发使学习内容建立结构化关系，划分学习单元，设计学习任务。依托学习任务整合学习情境、学习内容、学习方法和学习资源，安排连贯的语文实践活动。学习任务是指为了达到既定的学习目标而展开的一种有意义的语文实践活动。语文学习任务包含主体行为（要做什么）、达到结果（做成什么）、人际关系（与谁一起做）、时空情境（何时何地）、语言文字（用什么做）和育人导向（有什么用）六个要素。学习任务设计要点包括指向高阶思维训练；融合阅读与鉴赏、表达与交流、梳理与探究；可以分解为结构化子任务；有结果表征。

（四）教学评价的开展

我们要实现教学评一体化。首先理解教、学、评：教是指教师根据学情和教学内容设计教学目标及教学过程；学是指学生作为主体在教师的指导下参与语言实践活动；评是指监控教与学的过程和效果的活动。三者相互依存，相互影响，相互促进。参见《义务教育语文课程标准(2022年版)》。

再来理解教学评的一致性。它具有双重内涵：其一，从课程视角来看，涉及课程标准、教学、评价之间的一致性。根据崔允漷教授的观点，这里是指围绕课程标准的教材、教学、考试与评估，形成了一个大的闭环。其二，从教学视角来看，是指围绕实现学习目标教学、学习、评价之间的一致性。这里是指围绕学习目标的教、学、评，形成了一个小的闭环。两个闭环相互作用，共同形成了教、学、评的一致性。

教、学、评是基于目标展开的专业实践,判断是否一致,就是看教学、学习与评价是否都围绕共同的目标展开。因此,也有学者把教、学、评一致性称作"目标—教—学—评"一致性。在这个理论中,目标是指学生的学习目标;教是指教师帮助学生实现目标的指导活动;学是指学生为实现目标而付出的种种努力;评是指教师和学生对学生学习表现的评价,以监测学生的目标达成。

六、教学团队管理

语文教学课程与教学改革核心团队成员在组长带领下认真研读课程标准,深入了解课程标准的新内涵、新思想,了解总目标和课程结构内容。

指导小组专家对课程方案进行论证,提出方案的改进建议,并对语文教学改革提出指导性意见。

课改核心团队根据实施计划进行课堂教学实践,从备课、磨课、上课、评课等方面展开实践与研究。

指导小组专家参与实践研究的各个部分,形式采用线上和线下相结合,主要围绕研究主题给予深度指导,提出具体改进建议。

指导小组专家对核心团队成员进行理论专题指导,开展"情境创设、单元整合""单元教学任务设计与实施""语文大单元教学的思考"等主题讲座和讨论。

指导小组专家指导攻关团队教师进行课堂教学实践和课后分析,指导梳理过程性资料和研究报告的撰写。

## 3. 青浦一中《高中数学课程与教学改革核心团队工作计划》

**叶志丰　2023 年 8 月**

为了进一步推进新课程、新教材在本校本学科教学中全面实施,根据《普通高中数学课程标准(2020 年版)》等要求,结合学校"十四五"规划及高中数学学科建设任务,制订数学学科改革核心团队实施方案。

一、指导思想

坚持以习近平新时代中国特色社会主义思想为指导,深入学习贯彻党的二十大精神,全面贯彻党的教育方针,落实"立德树人"根本任务,发展素质教育,推进教育公平,以社会主义核心价值观统领课程改革,着力提升课程思想性、科学性、时代性、系统性、指导性,推动人才培养模式的改革创新,培养德智体美劳全面发展的社会主义建设者和接班人。

二、工作目标

以教学内容研究为基础,推动课程建设,加强实践教学建设力度,改革教学方法,形成特色教学模式,继续扩大影响,提高教学效果和人才培养质量。在"双新"背景下,构建尊重知识的发生、发展规律,尊重学生的认知规律,尊重学生的差异,让师生可持续发展、区内外知名、兼有数学学科特质和"生态素养培育"特色的高中数学课。

三、团队组成

组长:叶志丰。

成员:黄深洵、沈秋艳、沈哲琦、金怡雯、李思扬、陈欣、郑敏、徐明、沈晨磊、包振宇。

四、团队分工

教学团队由学科组长、备课组长、骨干教师、青年教师组成,根据学校发展与团队建设需要设置岗位和分配任务。

1. 学科组长。主要负责团队发展规划、团队业务分工、团队成员考核等工作,推进数学课程教育教学质量提升。学科组长由学校任命。

2. 备课组长。担任学科组长副手,牵头团队主要方向的业务工作,落实团队负责人安排的工作。团队骨干教师应为本学科经验教师,具有中学一级教师以上职称,具有较好的教学科研潜力;业务水平精良、工作作风扎实、群众基础良好。备课组长由学科组长提名、团队讨论通过,报学校教导处备案。

3. 骨干教师。落实学科组长安排的工作。热爱本学科教学科研工作,具有较好的教学科研潜力,具有卓越意识与奉献精神,年龄不超过 45 岁。骨干教师由学科组长提名、团队讨论通过。

4. 青年教师。落实学科组长安排的工作。热爱教学科研工作,能较好完成团队工作任务。

五、课程建设

持续推动数学学科新课程、新教材的实施,适度建构基于"大概念"的高中数学课程,厘清大概念与单元学习之间的关系,紧扣学科核心素养培育目标,创建"目标引领、课程统领、教材改革、课堂转型、考核促进"五环节一体化的教学改革新格局。

(一)建构"大概念"视域下的数学课程

以课程团队负责人为核心组建课程开发团队,以备课组为单位,先行先试。建构"大概念"视域下的数学课程,研讨高中数学教材,在取得学科组多数人同意的基础上,适度建构基于"大概念"的有实用价值的高中数学课程。

（二）建构数学课程五环一体的实践策略

虽然大概念教学发展比较迅猛,但是基于大概念课程的单元学习的目标设计、教学设计、课堂转型及作业设计中运用大概念理论的研究与实践非常少,高中教学实践更是难觅踪迹,因此有必要厘清大概念与单元学习之间的关系,紧扣现代学科核心素养培育目标,建构自信的"目标引领、课程统领、教材改革、课堂转型、考核促进"五环一体的实践策略。

六、团队建设

（一）团队建设任务

对照数学学科建设任务,围绕建构大概念视域下的数学课程和建构数学课程五环一体的实践策略两大中心任务,促进学科组、备课组、教师间的多维互动,推进学科建设与教学建设一体化,提升教师队伍总体水平。

（二）团队建设目标

教学团队建设以两年为一个周期,每年度目标如下:

1. 建设完成 3 门"大概念"视域下的数学课程,原则上高一、高二、高三各 1 门课程;

2. 在各级各类专业期刊发表教学研究论文不少于 2 篇;

3. 开展区级及以上教研活动、公开课教学不少于 2 次;

4. 申报并立项区级及以上教科研课题或项目不少于 2 项;

5. 师生获得感提升,教师教学科研融合有成就感,学生掌握知识系统化、视野拓宽、师生互动加强;

6. 教学成绩良好,全区统一考试在全区公办高中组中名次不低于入学名次。

（三）团队申报、管理与考核

1. 团队申报与立项

团队申报由学科组长领衔,采取团队立项建设机制,学校与团队签订团队任务书。设立教学团队及小组。

（1）采取学科组长责任制。学科组长全面负责本团队建设的各项工作;按目标任务组织实施;与团队成员签订岗位任务书。

（2）根据学校支持,给予相应比例立项团队经费,作为团队运营经费。

（3）学校鼓励团队利用团队立项经费自主设立项目,项目经费使用先期拨付 50%,结项时再拨付余下的 50%。

（4）经费使用按学校教学、学科建设、科研等财务管理制度执行。

2. 团队管理

教学团队管理坚持党支部建设、教学队伍建设与教研队伍建设融合，在党组织坚强领导下把团队建成自主发展、业务精良的战斗堡垒。

（1）明确分工协作。学科组长全面负责团队建设，负责把握政治方向与团队发展议题；备课组长负责教学科研运行保障；团队可根据学校相关规定，制定议事规则。

（2）实行民主集中制。涉及人、财、物等重大事项须执行民主集中制，由学科组长、备课组长和学科教师民主协商；涉及学科发展、教学工作等其他重大事项，报学校审定。

（3）完善团队管理机制。学科组长根据团队建设需要，在民主决策基础上出台团队内部管理制度，报学校备案。

3. 团队考核

（1）团队考核。学校成立团队考核小组，由党政班子成员、学校相关职能部门负责人及同行评审专家组成。

（2）团队成员考核。由教导处牵头，联合德育处、教科室，以及各学科组长成立考核小组；每年考核一次，考核结果报学校党政联席会审核；考核结果纳入学校年度考核、学校岗位聘期考核，与个人年度绩效、评优评先等挂钩。

七、本方案自发布之日起执行，未尽事宜由领导小组解释和议定。

## 4. 青浦一中《高中英语课程与教学改革核心团队工作计划》

蔡璐　2023 年 8 月

一、工作目标

通过核心团队攻关，深入研究高中英语课程改革的相关文件和要求，以"高中英语'学用合一'项目式教学建构研究"课题为抓手，探索高中英语基于项目式教学的"学用合一"单元教学构建的路径与方法。

通过核心团队课题实践研究，真正转变教育观念，变"教"室为"学"室，教师教学理念得到更新，教学行为得到改变，教师角色从发号施令向指导者转换。尊重学生需求与兴趣，以学生发展为出发点，提高学生主动学习意识和探究学习能力，进行深度学习，落实英语学科核心素养的培育。

二、团队组成

1.高中英语课程与教学改革核心团队以骨干教师为核心，以中青年教师为主体组成。

成员：蔡璐、丁磊、翁勤、陶惠珍、周玉萍、李川、徐华、代思洋、顾玮、管荣臻、柴道华、周庆龄、肖丽莎。

2.由学校校长及教学专业部门组成攻关领导小组。

成员：陆飞军、浦妙芬、葛燕、蔡璐。

3.由上海市特级正高级教师陆跃勤、区高中英语教研员郝民老师组成指导小组。

三、团队分工

1.翁勤、陶惠珍：研究文献资料收集、整理；

2.周庆龄、李川：研究实践过程的拍摄、过程性资料的收集和整理；

3.徐华、代思洋：学生测试数据收集与整理；

4.蔡璐、管荣臻、肖丽莎：课堂教学实践；

5.丁磊、顾玮、柴道华：理论指导及统筹。

四、课题核心内容

1."双新"背景下的高中英语课堂是什么样的课堂？

"双新"背景下的高中英语课堂，旨在发展学生的语言能力、文化意识、思维品质和学习能力等英语学科核心素养，落实立德树人根本任务，以德育为魂、能力为重、基础为先、创新为上，注重在发展学生英语语言运用能力的过程中，帮助他们学习、理解和鉴赏中外优秀文化，培育中国情怀，坚定文化自信，拓宽国际视野，增进国际理解，逐步提升跨文化沟通能力、思辨能力、学习能力和创新能力，形成正确的世界观、人生观和价值观。

2.什么是大单元教学？基于情境的结构化大单元教学具体有哪些特点？大单元教学设计与深度学习之间有什么关系？

大单元教学应以主题意义为引领，以语篇为依托，整合语言知识、文化知识、语言技能和学习策略等学习内容，形成单元整体教与学。创设具有综合性、关联性和实践性的英语学习活动，学习语言知识、发展语言技能。汲取文化营养，促进多元思维，塑造良好品格，优化学习策略，提高学习效率，确保语言能力、文化意识、思维品质和学习能力的同步提升。

3.高中英语课堂教学情境创设的形式与方法有哪些？

教学情境是通过一定事件，形象描述或设置、模拟一定环境，激发学生的情感和思维,使学生产生身临其境的逼真感,以达到一定的教育目的的教学手段。课堂教学情境创设方式多样,如游戏情境、问题情境、活动情境、比赛情境、生活情境、音乐情境、德育情境、故事情境、体能情境、主题情境等。以问题情境为例,要切中知识与技术的重难点,有序地逐步引导学生发现问题并解决问题。学生带着问题去学习,目标性强,有解决问题的渴望,能提高学习兴趣和效率。巧妙的问题情境能引导学生步步探究,培养思维能力。

高中英语课堂教学中真实情境的创设路径是:以单元主题为中心,以学生真实生活为出发点,以多模态语篇形式,围绕项目式单元整体教学,开展课堂教学与作业情境创设。高中英语学习形态需要多样化发展:社会学习、可视学习、移动学习、游戏学习、自主学习、合作学习、探究学习、深度学习、建构学习等。

4.“双新”背景下高中英语课堂教学变革主要体现在哪些方面?

“双新”背景下的高中英语课堂变革主要具有思想性、时代性、基础性、选择性与关联性,教师应当努力开展英语学习活动,着力提高学生应用能力,着力培养具有中国情怀、国际视野和跨文化沟通能力的社会主义建设者和接班人。

“双新”背景下高中英语课堂教学变革主要体现在以下几个方面:

(1) 发展英语学科核心素养,落实立德树人根本任务

注重在发展学生英语语言应用能力的过程中,帮助他们学习、理解和鉴赏中外优秀文化。培育中国情怀,拓宽国际视野,增进国际理解,逐步提升跨文化沟通能力、思辨能力、学习能力和创新能力。

(2) 构建高中英语共同基础,满足学生个性发展需求

通过必修课程为学生搭建英语学科核心素养的共同基础。根据高中学生的心理特征、认知水平、学习特点及未来发展的不同需求,开设选修课程,满足学生个性发展的需求。

(3) 实践英语学习观,着力提高学生学用能力

基于指向学科核心素养的英语学习观,结合自主学习、合作学习、探究学习等学习方式,设计具有综合性、关联性和实践性特点的融语言、思维、文化于一体的英语学习活动,经过学习理解、应用实践、迁移创新等环节,使学生获取、阐释和评判语篇意义,表达个人观点、意图和情感态度,分析中外文化异同,发展多元思维和批判性思维,提高英语学习能力和语言应用能力。

(4) 重视现代信息技术应用,丰富英语课程学习资源

充分利用信息技术,促进信息技术与课程教学的深度融合。根据信息化环境下英语学习的特点,科学地组织和开展线上线下混合式教学,丰富课程资源,

拓展学习渠道。

五、主要措施

1. 核心团队成员在组长带领下认真研读课程标准,深入领会课程标准的新内涵、新思想,掌握总目标和课程结构内容。

2. 指导小组专家对课题进行论证,提出课题实施方案的改进建议,并对高中英语教学改革提出指导性意见。

3. 核心团队根据实施计划进行课堂教学实践,从备课、磨课、上课、评课等方面展开实践与研究。

4. 指导小组专家参与实践研究的各个环节,采用线上和线下相结合形式,围绕研究主题给予深度指导,提出具体改进建议。

5. 指导小组专家指导团队教师进行课堂教学实践和课后分析,指导梳理过程性资料和撰写研究报告。

六、实施计划

核心团队攻关研究时间为一年。

1. 2023 年 9 月—2023 年 12 月。

(1) 团队成员研究学习新课标新理念,提高理论素养;

(2) 团队成员进行数据测试的前期准备工作;

(3) 指导专家进行课堂教学实践的备课、听课、评课,对每个环节进行针对性分析与指导。

2. 2024 年 1 月—2024 年 3 月。

(1) 数据测试小组和资料收集小组进行数据整理与分析;

(2) 团队成员和指导专家根据实验数据进行阶段性小结,讨论、归纳研究情况,明确下一步研究重点;

(3) 团队成员在专家的指导下,聚力研究大单元教学,进行教学设计的分析与改进。

3. 2024 年 4 月—2024 年 8 月。

(1) 团队开展项目教学展示研讨活动,检验新课程新理念在课堂改革中的探索与运用,请专家同行进行评价指导,提出建议;

(2) 专家和团队成员进行实验过程的分析和讨论,形成完整的分析报告,并整理汇总实证研究资料;

(3) 团队成员汇总所有材料并作进一步分析研究,形成课题研究报告,集结成册。

## 5. 青浦一中《高中物理课程与教学改革核心团队工作计划》

叶强　2023 年 8 月

一、工作目标

通过核心团队课题研究，学习研究物理课程改革要求，以"双新"背景下高中物理单元教学设计、"双新"背景下高中物理单元作业设计为主题，探索物理学科基于情境的大单元重构和实施的路径与方法。

通过核心团队课题研究，探索适应新课程、新教材要求，运用物理"学习任务群教学""单元教学""整本书教学"的方法，探索物理如何培养学生核心素养，融合我校生态特色，形成我校物理教学特色。

通过核心团队课题研究，研究从单元教学目标出发，基于教材教法，基于学生需求等方面整体构建大单元的方法。探索物理教学方式改革和学生学习方式改革，提高教师"课堂导学设计"能力，提高学生"自主探究学习"能力，提高物理教学质量与效率。

通过核心团队课题研究，探索我校物理教师核心团队建设的途径与方法，提升物理教师专业素养。

二、团队组成

1. 高中物理核心团队以学校骨干教师为核心，以年轻教师为主体

成员：孙秀丽、陈希、叶强、夏钦、王雯、莫春静、冯春萤。

2. 课题研究领导小组由校长及有关机构组成

成员：陆飞军、浦妙芬、陈希、叶强。

三、团队分工

1. 学科组长。负责团队发展规划、团队业务分工、团队成员考核等工作，统筹"高中物理课程与教学改革核心团队"各项工作，带头实施课题研究。

2. 备课组长。担任学科组长副手，牵头团队主要工作，落实团队负责人安排的工作。负责收集物理课程改革研究文献，开展课堂教学实践，分享教学实践经验。

3. 骨干教师和青年教师。落实学科组长安排的工作。负责物理收集课程改革研究文献，开展课堂教学实践，分享教学实践经验。

四、课题核心内容

1. 高中物理课程与教学改革的根本目的是什么？改革的意义是什么？

2."双新"背景下高中物理单元教学设计的意义是什么？如何组织和实施？

3."双新"背景下高中物理单元作业设计的意义是什么？如何组织和实施？

4."双新"背景下高中物理教学方式和学习方式的改革如何具体落实在课堂教学中？

5.如何在大单元设计中体现跨学科主题？如何进行学科融合教学？

五、主要措施

1.指导小组专家深入分析高中物理新课程和新教材的特点，提出高中物理课程改革与课堂教学改革的建议。

2.指导小组专家指导团队成员，开展高中物理"单元教学设计"与"单元作业设计"，并组织讨论研究。

3.指导小组专家深入课堂进行听课，研究分析，指出教师物理教学的优点和不足，引导教师实证研究分析。

4.指导小组专家指导团队成员，深入学习研究高中物理新课程，并指导教师进行教学试验，课后组织教师讨论，学生座谈，作出实证分析。

5.指导小组专家指导团队成员，开展"跨学科主题学习"与"学科融合教学实践"开发试点。

六、实施计划

高中物理课题核心团队攻关研究时间为一年。

1.2023年9月—2023年11月

（1）团队成员开始学习研究新课程、新理念，提高理论素养；

（2）团队成员进行课堂实践准备，组内反复研讨；

（3）指导专家进行课堂教学听课，团队成员开展讨论分析。

2.2023年12月—2024年2月

（1）团队成员开展高中物理课程分类研究，并深入讨论课程改革的要求与目的；

（2）团队成员和指导小组专家进行阶段性小结，讨论、归纳研究情况，明确下一步研究重点；

（3）团队成员全员开展课堂教学听课分析，并深入分析讨论，形成较全面的分析结果。

3.2024年3月—2025年8月

（1）团队成员全员开展课程开发展示研讨活动，检验新课程、新理念在课堂改革中的探索与运用，并深入讨论，积累资料；

（2）小组专家对团队成员的课堂教学展示进行分析和点评，团队成员进行讨论和反思，整理汇总实证研究资料，形成完整的分析报告；

（3）团队成员汇总所有材料并作进一步分析研究，形成课题研究报告。

# 6. 青浦一中《高中化学课程与教学改革核心团队工作计划》

包嵩　2023 年 9 月

为推动高中化学课程与教学的改革，提高化学教学质量，发展学生的化学学科核心素养，我们组建了高中化学课程与教学改革核心团队。本团队由一批热衷于化学教育事业的教师组成，旨在通过协作创新和深入研究，实现高中化学教学的优化和发展。

一、指导思想

以《普通高中化学课程标准（2017 年版 2020 年修订）》为指导，进一步提高我校高中化学新课程的教学质量，在学校领导、学校职能部门的领导下，严格执行学校的各项教育教学制度和要求，坚持以学生发展为本，以解决高中化学教育教学中存在的问题和提高教学质量为主要任务，以实施新课程改革为契机，以集体备课研究为突破口，进一步深化教育科研理论的学习和校本研究，为打造优秀的教师队伍和优秀化学教研组而努力。

二、工作目标

1. 提高高中化学课程的教学质量，培养学生的化学学科核心素养和创新能力。

2. 推进高中化学课程与教学改革，形成具有特色的高中化学课程体系。

3. 建立高中化学课程与教学改革的核心团队，提升团队成员的教学能力和研究水平。

三、团队组成

组长：包嵩

成员：李蓓蓓、王莉莉、吴广凤、朱迪、金童、沈洁婷、戴弘毅。

四、课程建设

1. 依据普通高中课程方案，满足学生发展的多元需求，设置必修、选择性必修和选修课程

依据普通高中课程方案，在义务教育化学课程的基础上为学生提供基础性、多样化和可选择的课程。必修课程为全体学生奠定共同基础；选择性必修课程

根据学生个性发展和升学考试的需要设置;选修课程满足不同学生的学习兴趣与个人需求,如我校高中化学教师开设了"生态素养培育"系列选修课。三类课程不仅适应学生的多元发展需求,而且赋予学生和学校更大的选择权和自主权。通过设置多层次、多样化、可选择的化学课程,拓宽学生的学习空间,在保证基础的前提下,引导不同层次的学生学习不同的化学内容,以适应未来发展的多样化需求。

2. 借鉴国内外课程研究成果、反映课程实施的现实需要,设计课程组织形式

在对基础教育阶段化学课程的国际比较研究和国内课程实施经验的调研基础上,优化设计课程组织形式。基于学生共同学习的特点,必修课程内容依据主题组织,提高课程实施的整体性。基于课程的定位和学生的升学需求,选择性必修课程采用模块结构,以体现化学学习领域的特点和与大学化学课程的关联性,保持课程的持续性和连贯性。选修课程采用系列模式,以提高课程的兼容性和灵活性,有利于学生的自主选修和学校的自主开设。

3. 基于化学学科特点及核心素养内涵,确定课程主题、模块和系列

普通高中化学课程以全面发展学生化学学科核心素养为主旨,确定课程的主题、模块和系列。在必修课程阶段,突出化学基本观念(大概念)的统领作用,选取"化学科学与实验探究""常见的无机物及其应用""物质结构基础与化学反应规律""简单的有机化合物及其应用""化学与社会发展"5 个主题。在选择性必修课程中,依据化学学科的基础性研究领域,设置"化学反应原理""物质结构与性质""有机化学基础"3 个模块。在选修课程中,设置"实验化学""化学与社会""发展中的化学科学"3 个系列,综合体现化学学科的特点、社会发展价值和时代性,反映化学学科核心素养的内涵多样性。既有利于激发学生的学习兴趣,又有利于校本化课程开设和管理。

五、团队建设

1. 积极互动,团结协作

通过各种教学活动,如集体备课、观摩教学、小组讨论、研讨会等,加强教师之间的互动,鼓励教师分享教学经验和研究成果,以实现教学水平的共同提高。同时,应鼓励教师将研究成果应用于实际教学中,以提高教学质量和效果。

2. 以教为研,以研促教

核心团队建设应注重教学与研究相结合,鼓励教师结合教学实践开展研究工作,积极申报课题,同时将研究成果应用于教学实践中。通过这种方式,不断

提高教师的教学水平和研究能力,实现教学与研究的相互促进。

3. 整体发展

核心团队建设应注重整体发展,既包括教师个人的发展,也包括团队整体的发展。通过团队内部的交流和合作,鼓励教师不断学习和进步,提高自身的教学和研究能力,同时为团队的发展贡献力量。

## 7. 青浦一中《生物学课程与教学改革核心团队工作计划》

魏欣　2023 年 8 月

一、工作目标

牢牢把握发展学生核心素养体系的主线,依托"双新"实施,开展课堂攻坚行动,探索教研方式的变革,提升课程教学的实施效能。把"核心素养视角下高中生物单元学习活动的设计与实践"作为核心团队攻关项目,以项目推进研修的纵深发展,深化课程改革,总结提炼"为学而教"新课堂实验,促进教师专业素养的提升。围绕"课堂—队伍"主线开展研修工作,以"学科建设与课堂改进"为中心,深耕课堂,扎根一线深入开展"为学而教"新课堂实验。

把团队的研究项目与生物学课程建设、课堂教学改革紧密结合,以项目推动教师发展,以行动提升教师素养,以研究来形成教师特色,激发团队成员对生物学教学的感悟和理解,解决教师成长中的实际问题,进一步提高教师教育教学水平,形成浓厚的教研氛围和独特的教学风格。

二、团队组成

1. 以学校生物学骨干教师为核心,以年轻教师为主体,以对生物学教育事业有生涯规划和职业追求的教师作为攻关主体。

成员:叶萍、魏欣、王佳怡、刘新华、林菁菁、金美芳、薛婧媛、蒋洁。

2. 由学校校长及有关教学专业部门负责人组成课题攻关领导小组。

成员:陆飞军、叶萍、魏欣。

3. 由上海市生物学专家、区学科带头人秦剑钧老师,区教研员陈望春老师组成指导小组。

三、团队分工

1. 金美芳、蒋洁:文献资料收集、整理;

2. 薛婧媛、刘新华、林菁菁、王佳怡:课堂教学实践;

3. 叶萍、魏欣:理论指导及统筹。

四、课题核心内容

1. 总体框架

通过系统梳理、课堂实践与循证，以单元学习活动的设计与实施为抓手，为核心素养背景下课堂改进提供操作思路与方法，形成基于单元的课堂教学结构和整体教学样本，促进学科教学质量提升。

2. 重点与难点

形成基于单元的课堂教学结构和整体教学样本，在此基础上梳理提升，形成教师培训课程。

3. 研究路径

（1）基于项目主题，进行课堂实践活动，跟进课堂实践前的设计、课堂改进和课后的反思，帮助形成高质量的教学设计，并撰写有价值的教学研究案例，形成教学设计汇编和教学研究案例汇编。

（2）进一步将基地项目研究由课堂延伸到课例，最后形成课程，切实加强基地的辐射推广和示范引领作用。

（3）每个子项目要跟进专家讲座，提高教师的理论水平，保证行动研究的方向正确，为开拓方法提供充分保证。

五、主要措施

1. 围绕指向学科核心素养的单元教学设计，以活动设计为抓手

以新课标、新教材为基准，组织核心团队成员学习文本，聘请专家开设教学讲座，提高核心团队成员的理论水平，以活动设计为抓手，具体针对典型单元进行单元教学设计，提高单元视角下的教学设计能力。

2. 进行核心素养视角下典型单元教学设计的课堂教学实践

依托典型单元教学设计，实施课堂实践，积累"学科新课堂典型经验（案例）"，通过有效设计，支持目标实现。结合教学季活动和学科基地活动，落实课堂攻坚研究任务。结合课例，形成单元设计的典型课例，开展生物学学科课堂教学展示、研讨活动，推进项目研究进一步深入。通过重点活动探索指向学科核心素养培育的课堂新内涵，以学生学习为中心，完善课堂新范式，创生课堂形态，促进学生的自主学习、有意义学习和深度学习。

3. 加强核心团队教师队伍建设，利用学科研修基地的平台开展教师培训，提升校本研修的品质和核心团队教师队伍专业化水平。

以核心团队建设为抓手，以项目研究为核心，促进团队教师进一步树立课程意识，更新教学思想，改变教学方式，强调"为学而教"，提高课堂教学的有效性。

完善对新课堂的学科化演绎的经验总结与梳理,深入推进新课堂转型。

4. 以活动促发展,以活动推动学科基地资源建设

(1)开展新一轮生物学科教学与学科德育有机融合的典型案例征集活动,开发建设指向教师育德意识和能力提升的教师教育课程和教育教学资源包。

(2)进一步完善"单元教学设计"典型案例。围绕单元教学设计的研究,对已形成的典型案例进行修改,完成学科单元教学典型案例的编写,为全体教师开展单元教学设计提供可借鉴的范式。

六、实施计划

生物学课程与教学改革核心团队攻关研究时间为一年。

1. 2023 年 9 月—2023 年 12 月

(1)团队人员研究学习新课标新理念,提高理论素养;

(2)团队成员进行课堂实践的准备,组内进行反复研讨;

(3)指导专家进行课堂教学实践的备课、听课、评课,每个环节进行针对性分析与指导。

2. 2024 年 1 月—2024 年 3 月

(1)团队人员合作进行同一项目不同年级的大单元教学设计,并进行课堂教学实施。

(2)团队成员在专家指导下,聚力深研大单元教学,分析与改进教学设计。

3. 2024 年 4 月—2024 年 8 月

(1)4 月底,完成单元教学设计修改。

(2)8 月底,指导专家完成审核与修订。

# 8. 青浦一中《历史课程与教学改革核心团队工作计划》

杨静　2023 年 8 月

一、工作目标

为适应教育教学变革发展形式,配合学校教育教学专业治理和课程开发要求,在学校领导的支持下,依据《普通高中历史学科课程标准(2017 版 2020 年修订)》要求,历史教研组组建核心团队,集中优质资源开展专业攻关,解决出现的新问题和难题,推进我校历史教育教学的精细化、高效化。

二、团队组成

组长:杨静。

成员：张玉霞、严海峰、何亚新、陆丹、沈芳怡、吴如康。

三、团队分工

教学团队由学科组长、备课组长、骨干教师、青年教师组成，根据学校发展与团队建设需要设置岗位和分配任务。核心团队的工作秉持民主集中原则，在任务落实过程中采取分工协作、责任到人、定期考核的方式。

1. 学科组长。负责统筹规划，协调团队工作，总体推进历史教育教学质量的提升。学科组长由学校任命。

2. 备课组长。是年级或学段层面历史教学的负责人，牵头团队主要方向的工作，落实团队负责人安排的工作。备课组长由学科组长提名、团队讨论通过，报学校教导处备案。

团队骨干教师应为本学科具有中学一级教师以上职称，具有丰富经验和具有较好教学科研潜力的教师；业务水平精良、工作作风扎实、群众基础良好。备课组长由学科组长提名，由学校审核、任命。

3. 骨干教师。是本学科富有经验的教师，业务水平精良、工作作风扎实、群众基础良好、具有卓越意识与奉献精神。协助学科组长和备课组长做好团队工作。骨干教师由学科组长提名、团队讨论通过。

4. 青年教师。落实学科组长、备课组长安排的团队工作。

四、课程建设

1. 整合模块教学

在两轮教学实践和经验反思的基础上，抓住核心概念，关联课程中"纲要"与"选必"教材的相应模块，或进行知识内容的跨单元整合，或对素养、关键能力进行专项突破。

2. 打造精品课程

在教学实践中，打磨精品教学设计、课件、导学单，逐步积累，形成"人人有精品课、学科有优质课系列"的学科特点。

（1）核心素养与关键能力培养的精品课系列。紧随"双新"推进的改革形势，紧扣核心素养和关键能力培养，整理 2019 年新教材实施以来的市级区级公开课、校内公开课和录播课资料，先完善和汇编出一批我校历史教学的精品课。随后，结合组内听课和诊断课反馈，相关教师调整教学设计、课件和作业设计，再开发出一批精品课，做到人人都有一节或几节拿得出手的精品课。在此基础上，学科组根据精品课的特点，做成专项课程精品，打造学科的优质课系列。

（2）生态素养培育篇。围绕学校的生态特色，从人与人、人与社会、人与自然三个方面,持续开发整理汇编出生态素养培育的教学系列。

(3) 大概念教学篇。在合力统整课程的过程中,在统编教材中提炼有宏观统整效力的核心概念。以学情为基础,以核心概念为抓手,设计和实施大概念教学,并对大概念教学篇目进行整理、统筹,以期在几轮教学后,最终形成一份大概念教学的实践总结文本。

(4) 跨学科教学篇。充分利用历史学科的综合性特点,从历史与地理、政治、自然学科的交叉点切入,开发跨学科的教学实践案例,并以切片分析方式探索出跨学科教学的基本策略与途径,并形成实践的总结文本。

(5) 选修课程开发与完善。借助学校的选修课程平台,在课标选修模块的指引下,对已经开发的选修课程进行调整,先形成"古今丝路""宅之中国""江南的桥文化""青龙镇的演变"等选修课程,再从史料选读等角度,合力开发出符合"双新学史"方式和生态素养培育目标的选修课程。

3. 重塑校本作业

每一届备课组,在充分研究课标要求和学业评估标准的基础上,以备课组长为核心,撰写学情分析、确定作业选编目标,在学科组积累的作业库基础上,有针对地修订汇编新一轮作业,并做好实施笔记和实施后反思,逐步建设有青浦一中特点的校本作业资源。

(1) 作业类型系统化。作业类型梳理为:课堂评估自测、课时作业、单元作业、定期检测作业、期中期末作业、假期作业、追踪作业。

(2) 作业结构科学化。作业分为三个层次:基础夯实—重难点突破—分层提升;情景设置类型多样化;选编与创编相结合,问题设置科学化。

(3) 作业方式多样化。除常规的书面作业形式外,口头表达形式可以在课堂评估自测、假期在线音频、分层作业面批等情况中使用。

(4) 作业反馈科学化。根据我校学情,每一类作业,都有相应的反馈模式。在往届作业实践的基础上,结合每一届的学情分析,形成基础习题:自评—教师二批;重难点题目:教师一批—学生订正—教师二批;分层提升题目:面批;假期作业:线上批改与订正的反馈模式。

4. 形成反思案例集

(1) 日常教学笔记。借助备课组、学科组日常教研平台,将日常教育教学感悟写成或长或短的案例片段,每位教师每学期完成 5 份,最后由学科组按时序汇编成册。

(2) 公开课后案例反思。在校级、区级或市级公开课后,及时形成案例反思或文章,学科组汇集成册。

（3）学期教研文章。围绕每学期教研主题,结合开课、听课和日常教学笔记片段,形成文章,学科组汇集成册。

5. 课题研究

（1）鼓励成员自主申报。力争每 3 年完成 1 项区级及以上课题申报。

（2）参与市、区级课题研究。以团队或教师个人的方式,参与市、区级课题研究。

五、实施周期

以三年为一个周期。

# 9. 青浦一中《高中地理课程与教学改革核心团队工作计划》

赵丽萍　2023 年 8 月

为了进一步推进新课程、新教材在本校地理学科中的全面实施,根据《普通高中地理课程标准（2017 年版 2020 年修订）》,结合"双新"推进工作和学校"十四五"规划,制订地理学科改革核心团队实施方案。

一、指导思想

坚持以习近平新时代中国特色社会主义思想为指导,深入学习贯彻党的二十大精神、全面贯彻党的教育方针,落实"立德树人"根本任务,发展素质教育,推进教育平等,以社会主义核心价值观统领课程改革,着力提升课程思想性、时代性、系统性、指导性,从而构建以地理学科核心素养为主的地理课程,使学生强化人类与环境协调发展的观念,提升学生地理学科的关键能力,具备家国情怀和世界眼光,形成关注地方、国家和全球地理问题及可持续发展问题的意识,培养具有社会主义理想、民族精神和时代精神的高素质人才。

二、工作目标

以面向核心素养、研习新课标、实施新课程、探索新教学、推进新教研、培育新动能、激发新优势为核心工作目标,加强教学专题研究与经验总结,优化教研的内涵品质,扩大教研活动的影响力,努力提高教师的课程执行力与教研能力。

立足"双新"实施,以教学内容研究为基础,改革教学方法、提升实践教学力度,形成特色教学模式。同时加强"三类课程"建设,突出地理理论课专题教学,研究必修课程、选择性必修课程与选修课程的实施方法及路径,提高教学效果和人才培养质量。

面向核心素养,加强单元作业设计和课时作业设计的研究,实现单元作业质量有效提升,提炼单元作业设计的方法与路径,促进学生能力发展。

加强学科资源建设,逐步形成系统的学科教学经验及产生较高教学质量的学科教学"当家经验",打造区内外知名的具有"生态素养培育"特色的地理课。

三、团队组成

组长:赵丽萍。

成员:沈慧其、林晓浦、王佳伟、廖梦思、杨荣、席雅娟、张雨霖。

四、团队分工

教学团队由学科组长、备课组长、骨干教师、青年教师组成,根据学校发展与团队建设需要设置岗位和分配任务。

1. 学科组长。负责团队发展规划、团队业务分工、团队成员考核等工作,推进地理课程教育教学质量提升。学科组长由学校任命。

2. 备课组长。担任学科组长副手,牵头团队主要工作,落实团队负责人安排的工作。团队骨干教师应为本学科具有中学一级教师以上职称,具有丰富经验,具有较好教学科研潜力的教师;业务水平精良、工作作风扎实、群众基础良好。备课组长由学科组长提名、团队讨论通过,报学校教导处备案。

3. 骨干教师。落实学科组长安排的工作。热爱本学科专业的教学科研工作,具有较好的教学科研潜力,具有卓越意识与奉献精神,年龄不超过 45 岁。骨干教师由学科组长提名、团队讨论通过。

4. 青年教师。落实学科组长安排的工作。热爱教学科研本职工作,能较好地完成团队工作任务。

五、课程建设

持续推动地理学科新课程、新教材的实施,推进地理学科单元教学改革与单元作业改革,逐步形成一套基于国家课程、突出校本课程符合学校学生发展需要的地理课程体系。

1. 聚焦课堂,构建"2+1"地理课程体系

（1）提高实践课质量。以备课组为单位,以备课组长为负责人,每学期初各团队向学校提交实践教学计划,包括必修"地理 1"、必修"地理 2"、选择性必修 1"自然地理基础"、选择性必修 2"区域发展"、选择性必修 3"资源、环境与国家安全"。各团队深入研究课程标准,确定课题内容,并选择一个单元开展课堂实践,形成"主题教学—单元复习教学—单元实践活动"教学模块,落实大单元、大概念

的理念。在此基础上，各团队完成听课、研讨，撰写相关案例。

（2）强化地理实践教学。课程标准关注三个方面的地理实践，即考察、调查和实验，将实践的内涵落实到行动，让学生在实践中获得直接经验，形成"真"认识、"真"感觉。因此，将地理实践教学作为各团队必须达成的目标之一，由团队负责人负责每学年的方案策划。通过对教材的深入研讨，设计适合开展实践教学的内容，并组织成员开展实施。在此基础上，总结地理实践教学经验、优秀实践作业案例等，撰写案例、论文。

（3）打造精品"生态素养培育"选修课。以培育学生生态素养为目标，确定课程团队负责人，开设选修课，每学期明确若干专题，专题内容涉及自然地理、人文地理、地理信息技术等领域，突出生态特色。设置专题负责人，策划实施专题教学内容。每学期前1个月确定专题团队负责人，做好统筹协调工作，并做好课后的反馈与宣传，由专题负责人落实。

2. 聚焦作业，形成完整的单元作业体系

由学科组长领衔，制订单元作业设计方案，统筹分工；以学科核心素养为指导，探索并构建高中地理单元作业及单元复习作业的框架与路径，形成作业设计的经验，推广示范科研、教学一体化建设案例；以高中地理必修和选必课程为基础，编制5本教材的单元作业集，形成高质量的校本作业体系。

六、团队建设

1. 团队建设任务

对照地理课程建设，从单元教学实践和单元作业设计两方面出发，并根据团队成员任教学段、特长等组建核心团队，落实工作任务。

2. 团队建设目标

教学团队建设以两年为一个周期，每年度主要目标任务如下：

（1）在各级各类专业期刊发表教学研究论文不少于2篇；

（2）开展区级及以上教研活动、公开课教学不少于2次；

（3）申报并立项区级及以上教科研课题或项目不少于1项；

（4）获得区级及以上教育教学成果、作业设计二等奖及以上奖项不少于2项；

（5）完成校本作业设计不少于2册；

（6）师生获得感提升，教师教学科研融合有成就感，学生知识掌握系统、视野拓宽、师生互动加强。

3. 团队申报、管理与考核

（1）团队申报与立项

团队申报由学科组长领衔，采取团队立项建设机制。

① 采取学科组长责任制。学科组长全面负责本团队建设的各项工作，并按目标任务组织实施；与团队成员签订岗位任务书。

② 根据学校支持，给予相应比例的团队运营经费。

③ 学校鼓励团队自主设立项目，项目经费先期拨付 50％，结项时再拨付余下的 50％。

④ 经费使用按学校教学、学科建设、科研等财务管理制度执行。

（2）团队管理

教学团队管理坚持党支部建设、教学队伍建设与教研队伍建设融合，在党组织坚强领导下把团队建成自主发展、业务精良的战斗堡垒。

① 明确分工协作。学科组长全面负责团队建设，负责把握政治方向与团队发展方向；备课组长负责教学科研运行保障；团队可根据学校相关规定，制定议事规则。

② 实行民主集中制。涉及人、财、物等重大事项须执行民主集中制，由学科组长、备课组长和学科教师民主协商；涉及学科发展、教学工作等重大事项，报学校审定。

③ 完善团队管理机制。学科组长可根据团队建设需要，在民主决策基础上出台团队内部管理制度，报学校备案。

（3）团队考核

① 团队考核。学校成立团队考核小组，由党政班子成员、学校相关职能部门负责人及同行评审专家组成。团队立项一年后进行年度考核，年度考核合格，须完成团队建设任务的 4 项以上；学校对考核优秀团队在评优评先指标、年度绩效分配、进人指标、下一轮立项经费等方面给予倾斜；考核不合格团队，要制订整改方案，并在教学委员会督导下开展整改；团队建设两年为一周期，结项考核不合格，团队负责人主动辞职。

② 成员考核。由学科教导处牵头，联合德育处、教科室，以及各学科组长牵头，成立考核小组；每年考核一次，考核结果报学校党政联席会审核；考核结果纳入学校年度考核、学校岗位聘期考核，与个人年度绩效、评优评先等挂钩。

七、本方案自发布之日起执行，未尽事宜由领导小组解释和议定。

# 10. 青浦一中《高中综合课程与教学改革核心团队工作计划》

张瑜　2023 年 8 月

一、工作目标

通过核心团队课题攻关，深入研究综合课程改革的相关文件和要求，以"基于双新背景的课题教学的实践与研究"课题为依托，探索综合学科基于双新背景的课题教学实施的路径与方法。信息技术课程围绕高中信息技术学科核心素养，精炼学科大概念，吸纳学科领域的前沿成果，构建具有时代特征的学习内容；课程注重理论学习和实践应用，通过丰富多样的任务情境，鼓励学生在数字化环境中学习与实践；课程倡导基于项目的学习方式，将知识建构、技能培养与思维发展融入运用数字化工具解决问题和完成任务的过程中；课程提供学习机会，让学生参与信息技术支持的沟通、共享、合作与协商，体验知识的社会性建构，增强信息意识，理解信息技术对人类社会的影响，提高信息社会参与的责任感与行为能力，从而成为具备较高信息素养的中国公民。通用技术课程培养学生获得未来发展、终身学习、美好生活和担当民族复兴大任所必需的学科核心素养，使之成为有理念、会设计、能动手、善创造的社会主义建设者和接班人。

通过核心团队课题实践研究，真正转变教育观念，变"教"室为"学"室，教师教学理念得到更新，教学行为得到改变，教师角色从综合学科教师的发号施令到指导者身份进行转换。尊重学生需求与兴趣，以学生发展为出发点，提高学生主动学习意识和探究学习能力，进行深度学习，落实综合学科核心素养的培育。

通过核心团队课题攻关，探索我校综合学科核心教师团队建设的途径与方法，提高专题研修能力，提高教科研和课堂教学水平，提升综合学科教师整体专业素养。

二、团队组成

1. 综合课程与教学改革核心团队以学校信息技术、通用技术、心理健康教育骨干教师为核心，以年轻教师为主体组成。以对信息技术、通用技术、心理健康教育的教育事业有生涯规划和职业追求的教师作为攻关主体。

2. 由学校校长及有关机构组成课题攻关领导小组。

3. 由上海市特级教师、正高级教师李伟牵头组成指导小组。

三、团队分工

1. 浦真、孙力威、杨帆：信息技术课程、信息技术教学改革研究文献收集、整理；

2. 董怡玲、李少莹：心理健康教育课程、心理健康教育教学改革研究文献收集、整理；

3. 蒋晓江、王云霞：通用技术课程、通用技术教学改革研究文献收集、整理；

4. 张瑜、何华玲、万婷婷：研究实践过程的拍摄、过程性资料的收集和整理；

5. 孙力威、何华玲、万婷婷：课堂教学实践；

6. 张瑜：理论指导及统筹。

四、课题核心内容

1. "双新"背景下的综合课堂是什么样的课堂？

"双新"背景下的综合课堂，是从"知识中心观"走向"素养中心观"，从知识技能的培养转化为综合学科核心素养的培育，注重培养完整的人。综合课堂教学要体现少教多学，以学定教。少教多学，让教师的教更有针对性；以学定教，让教师的教更具有效性。教师是课堂的组织者，要让学生成为课堂的主人。"双新"背景下的综合课堂，是学生主动学习的课堂，是生动的课堂，是玩乐的课堂，是挑战的课堂，是发现问题解决问题的课堂，是每一位学生都喜爱的课堂。

2. 什么是大单元教学？基于情境的结构化大单元教学有哪些特点？大单元教学设计与深度学习之间有什么关系？

大单元教学是一种教育教学方法，它强调将学习内容划分为较大的主题单元，以促进更深入、更有意义的学习。这种方法有助于学生更好地理解知识，将各主题联系起来，培养跨学科思维能力，并提高长期记忆和理解能力。基于情境的结构化大单元教学则是大单元教学的一种变体，它注重将学习内容放置在实际情境中，以帮助学生更好地理解和应用所学知识。大单元教学设计与深度学习之间存在密切的关系。深度学习是指学生在学习过程中对知识进行深入的理解和掌握，而不仅是表面性的记忆和应付考试。基于情境的结构化大单元教学是一种有助于学生实现深度学习的有效方法，它将知识与实际情境相结合，培养学生的综合能力和深度理解。学生通过大概念、大单元、大任务和大问题设计，以目标、问题、教学、评价为具体步骤，厘清大单元"目标、评估、活动"三方面的逻辑关系，以学定教、以评促教、以评促学。通过教学方式和学习方式的改变，实现学生深度学习。

五、主要措施

1. 团队成员在组长带领下认真研读课程标准，深入了解课程标准的新内涵新思想，了解总目标和课程结构内容。

2. 小组专家对课题进行论证，提出课题实施方案的改进建议，并对综合教学改革提出指导性意见。

3. 课改核心团队根据实施计划进行课堂教学实践，从备课、磨课、上课、评课等方面展开实践与研究。

4. 指导小组专家参与实践研究的各部分，形式采用线上和线下相结合，围绕研究主题给予深度指导，提出具体改进建议。

5. 指导小组专家对核心团队成员进行理论专题指导，开展"数据赋能，聚焦单元""学科融合，以技育人""跨学科大单元教学的思考"等主题讨论。

6. 小组专家指导攻关团队教师进行课堂教学实践和课后分析，指导梳理过程性资料和撰写研究报告。

六、课题实施计划

综合课程与教学改革核心团队攻关研究时间为一年。

1. 2023 年 9 月—2023 年 12 月

（1）团队成员研究学习新课标新理念，提高理论素养；

（2）团队成员进行课堂实践准备，组内进行反复研讨；

（3）团队成员进行数据测试的前期准备工作；

（4）指导专家进行课堂教学实践的备课、听课、评课，对每个环节进行针对性分析与指导。

2. 2024 年 1 月—2024 年 3 月

（1）资料收集小组成员进行数据整理与分析；

（2）团队成员和指导专家根据实验数据进行阶段性小结，讨论、归纳研究情况，明确下一步研究重点；

（3）团队成员开始合作，进行同一项目不同学科的大单元教学设计，并全面进行课堂教学实施。

（4）团队成员在专家团队的指导下，聚力深研大单元教学，进行教学设计的分析与改进。

3. 2024 年 4 月—2024 年 8 月

（1）团队开展项目教学展示研讨活动，检验新课程新理念在课堂改革中的探索与运用，请专家同行进行评价指导，提出建议；

（2）专家和团队成员进行实验过程的分析和讨论，形成完整的分析报告，并整理汇总实证研究资料；

（3）团队成员汇总所有材料并作进一步分析研究，形成课题研究报告，结集成书。

## 11. 青浦一中《高中艺术课程与教学改革核心团队工作计划》

康诗乃 2023年8月

一、工作目标

通过核心团队课题攻关，深入研究艺术课程改革的相关文件和要求，以"基于'双新'背景下单元教学设计的实践研究"课题为导向，探索中学艺术学科基于情境的大单元重构与实施的路径与方法。艺术大单元是基于学生立场，对学生围绕某一单元开展的完整学习过程所做的学习设计。要重新整体审视、通盘安排各学段及单元教学的目标与内容，全面分析学生的学情和能力，确立各学段及单元目标内容，提高单元课程的科学性、针对性、连贯性、适切性和整体性。

通过核心团队课题实践研究，真正转变教育观念，变"教"室为"学"室，教师教学理念得到更新，教学行为得到改变，教师角色从发号施令者向引导者转换。尊重学生需求与兴趣，以学生发展为出发点，提高学生主动学习意识和探究学习能力，进行深度学习，落实艺术学科核心素养的培育。

通过核心团队课题攻关，探索我校艺术核心教师团队建设的途径与方法，提高专题研修能力，提高教科研和课堂教学水平，提升艺术教师专业素养。

二、团队组成

1. 艺术课程与教学改革核心团队以学校艺术骨干教师为核心，以年轻教师为主体，以对艺术教育事业有生涯规划和职业追求的教师作为攻关主体。

成员：王斌、赵洁、顾萍、康诗乃、潘明鑫、肖向宏。

2. 由学校校长及有关机构负责人组成课题攻关领导小组。

成员：陆飞军、王斌、王根章。

三、团队分工

1. 顾萍、肖向宏：艺术课程、艺术教学改革研究文献收集、整理。

2. 康诗乃、赵洁：研究实践过程的实施、过程性资料收集、整理。

3. 康诗乃、潘明鑫、肖向宏、赵洁：课堂教学实践。

4. 王斌：理论指导及统筹。

四、课题核心内容

1. "双新"背景下的艺术课堂是什么样的课堂？

"双新"背景下的艺术课堂是在新课程改革和新艺术教育观念的背景下，以培养学生的艺术素养和创新能力为主要目标构建的一种新型艺术教学课堂。在这样的课堂中,教师需要尊重学生的个性发展,引导学生积极参与艺术创作和体验,培养他们的审美能力、创造力和团队合作精神。教师还需要关注学生的兴趣和特长,结合不同学生的特点制定个性化的教学计划和评价标准,激发学生的学习兴趣和潜能。

在双新背景下,艺术课堂应注重以下几个方面:

(1) 多元化教学。采用多种教学手段和方法,如小组合作、项目制学习、多媒体教学等,以激发学生的学习兴趣和创造力。

(2) 实践性教学。注重艺术实践,让学生通过动手操作、创作和表演等方式,亲身体验艺术的魅力和价值。

(3) 创新性教学。鼓励学生尝试新的艺术形式和表达方式,培养他们的创新意识和创新能力。

(4) 评价多元化。采用多种评价方式,如过程性评价、作品评价、自我评价等,关注学生的个体差异,促进学生的全面发展。

2. 什么是单元教学? 基于情境的单元教学具体有哪些特点? 单元教学设计与深度学习之间有什么关系?

艺术大单元是依据学生的实际学情,对教学内容重新组织,指向学生核心素养形成的教学单元,它是发展学生素养的基本单位。单元教学是一种教学组织形式,它以某个主题或概念为核心,将相关的知识点和技能组合起来,形成一个完整的单元,通过系统学习和教学,达到综合提升学生知识和能力的目的。

基于情境的单元教学更关注真实问题的解决和实际技能的运用,它以情境为载体,将知识、技能、态度和情感等要素有机地结合起来,使学生在真实情境中运用所学知识解决问题,提高其应用能力和适应能力。具体特点如下:

(1) 情境性。强调情境的真实性和复杂性,通过模拟现实生活中的各种情境,使学生更好地理解和运用所学知识。

(2) 整合性。注重知识的整合和技能的融合,将不同的知识点和技能有机地结合起来,形成一个完整的单元,以提高学生的综合能力和素质。

(3) 实践性。强调实践性和应用性,通过实践活动和实际操作,使学生将所学知识运用到实际生活中,提高其实践能力和解决问题的能力。

单元教学设计与深度学习之间存在着密切的关系。首先,单元教学设计需要明确教学目标和内容,这需要教师对教学内容进行深度挖掘和整合,有利于深度学习的开展。其次,单元教学注重情境创设和问题解决,有利于激发学生的探究精神和创新意识,促进深度学习的发生。最后,单元教学强调合作学习和小组讨论,培养学生的合作精神和沟通能力,也有利于深度学习的实现。因此,单元教学设计可以帮助教师更好地实现深度学习的目标,提高教学效果和质量。

3. 艺术课堂教学情境创设的形式与方法有哪些?

在"双新"背景下,艺术课堂教学的情境创设可以通过以下几种形式和方法来实现:

(1)生活化情境创设。教师利用学生熟悉的生活素材,将教学内容与学生生活相联系,让学生在熟悉的生活情境中学习和理解知识。比如,在学习美术课程中的人物动态时,可以让学生观察生活中不同场景中的人物动态,从而更好地理解人物动态的表现方法。

(2)游戏化情境创设。教师根据教学内容和目标,设计有趣的游戏情境,让学生在游戏中学习和掌握知识。比如,在学习音乐课程中的节奏和节拍时,可以通过拍手、跺脚等身体动作进行节奏训练,让学生在游戏中感受音乐的节奏和韵律。

(3)问题化情境创设。教师根据教学内容和目标,设计一些具有启发性和探究性问题,让学生在解决问题的过程中学习和掌握知识。比如,在学习美术课程中的色彩搭配时,可以让学生尝试搭配不同的色彩组合,并讨论哪种组合更适合表达某种情感或意境。

(4)故事化情境创设。教师根据教学内容和目标,选择一些具有故事性的素材或故事情节,将教学内容融入其中,让学生在故事情境中学习和理解知识。比如,在学习音乐课程中的歌曲创作时,可以讲述一些音乐家的创作故事,让学生了解音乐创作的过程和方法。

(5)多媒体情境创设。利用多媒体技术,如视频、音频、图像等,创设生动形象的教学情境。比如,在学习美术课程中的立体构成时,可以通过多媒体展示各种立体构成作品,让学生了解立体构成的基本原理和表现方法。

这些形式和方法可以帮助教师更好地创设艺术课堂教学的情境,激发学生的学习兴趣和参与度,提高教学效果和质量。同时,教师还可以根据具体的教学内容和目标,灵活运用多种情境创设方法,使课堂教学更加生动有趣。

4. "双新"背景下艺术课堂教学变革主要体现在哪些方面?

"双新"背景下的艺术课堂,教师由发号施令者变为教学引导者,建立学生学习共同体,充分利用学习资源,营造互帮互助共同受益的学习氛围。要将学生的差异转化为教学资源,学生通过合作学习和探究学习。培养学生主动学习,主动探究问题的真相,学会解决问题,达到学以致用。

"双新"背景下艺术课堂教学变革主要体现在以下几个方面：

（1）教学内容的更新。教师需要更新教学内容，引入新的艺术形式和内容，以适应时代的发展和学生的需求。

（2）教学方式的变革。教师需要改变传统的教学方式，采用更加生动、有趣、互动性强的教学方式，激发学生的学习兴趣和积极性。

（3）课堂情境的创设。教师可以通过创设生活化情境、问题情境、游戏情境等，营造良好的课堂氛围，激发学生的学习兴趣和参与度。

（4）评价方式的转变。教师需要改变传统的单一评价方式，采用多元化的评价方式，关注学生的综合素质和创新能力，鼓励学生发挥自己的个性和创造力。

五、主要措施

1. 艺术课程与教学改革核心团队成员在组长带领下认真研读课程标准，深入了解课程标准的新内涵新思想，了解总目标和课程结构内容。

2. 小组专家对课题进行论证，提出对课题实施方案的改进建议，并对艺术教学改革提出指导性意见。

3. 课改核心团队根据实施计划进行课堂教学实践，从备课、磨课、上课、评课等方面展开实践与研究。

4. 小组专家参与实践研究的各部分，采用线上和线下相结合形式，围绕研究主题给予深度指导，提出具体改进建议。

5. 指导小组专家对团队成员进行理论专题指导，开展"情境赋能、重构单元""学科融合、以美育人""艺术单元教学的思考"等讨论。

6. 小组专家指导攻关团队教师进行课堂教学实践和课后分析，指导梳理过程性资料和撰写研究报告。

六、实施计划

学校艺术课题核心团队攻关研究周期为一年。

1. 2023 年 9 月—2023 年 12 月

（1）团队成员学习讨论，开始学习研究；

（2）专家进行课堂教学听课，开展讨论分析；

（3）团队第一批成员开展探索，并深入讨论座谈。

2. 2024 年 1 月—2024 年 3 月

（1）团队成员开始进行同主题不同年级的教学设计；

（2）团队成员在专家的指导下，聚力深研教学设计，进行教学设计的分析与改进；

（3）团队成员全员开展课堂教学听课分析，并深入分析讨论，形成较全面的分析结果；

（4）团队成员分批开展艺术课程分类研究，并深入讨论课程改革的要求与目的。

3. 2024 年 4 月—2024 年 8 月

（1）团队成员全员开展课程开发探索试验，并深入讨论座谈，积累资料；

（2）指导小组专家和团队成员进行课堂教学方式和学生学习方式探索试验，形成完整的分析报告，并整理汇总实证研究资料；

（3）召开学校艺术核心团队课题攻关研究汇报会，在学校教研组开展听课与讨论，提出意见或建议，汇总并作进一步分析研究。

## 12. 青浦一中《高中体育课程与教学改革核心团队工作计划》

鲍红艳　2023 年 8 月

一、工作目标

通过核心团队课题攻关，深入研究体育课程改革的相关文件和要求，以"'双新'视域下中学体育大单元的重构与实施"课题为导向，探索中学体育学科基于情境的大单元重构与实施的路径与方法。体育大单元是基于学生立场，对学生围绕某一单元开展的完整学习过程所做的专业设计。要重新整体审视、通盘安排各学段及单元教学的目标与内容，全面分析学生的学情和能力，通盘考虑运动项目的运动文化内涵和技术结构，确立各学段及单元目标内容，提高单元课程的科学性、针对性、连贯性、适切性和整体性。

通过核心团队课题实践研究，真正转变教育观念，变"教"室为"学"室，教师教学理念得到更新，教学行为得到改变，教师角色从发号施令者向引导者转换。尊重学生需求与兴趣，以学生发展为出发点，提高学生主动学习意识和探究学习能力，进行深度学习，落实体育学科核心素养的培育。

通过核心团队课题攻关，探索我校体育核心教师团队建设的途径与方法，提高专题研修能力，提高教科研和课堂教学水平，提升体育教师专业素养。

二、团队组成

1. 体育课程与教学改革核心团队以学校骨干教师为核心，以年轻教师为主体，以对体育教育事业有生涯规划和职业追求的教师作为攻关主体。

成员：鲍红艳、黄桢、李静、党慧玲、白清华、杜西阳、毕胜、吴立坤、赵戴伟、董春军。

2.由学校校长及有关机构负责人组成课题攻关领导小组。

成员：陆飞军、王斌、浦妙芬、鲍红艳。

3.由上海市特级校长正高级老师沈洪、特级教师俞定智老师组成指导小组。

三、团队分工

1.吴立坤、赵戴伟：体育课程、体育教学改革研究文献资料收集、整理；

2.杜西阳、董春军：研究实践过程的拍摄、过程性资料收集、整理；

3.毕胜：学生测试数据收集、整理；

4.黄桢、李静、白清华、党慧玲：课堂教学实践；

5.鲍红艳：理论指导及统筹。

四、课题核心内容

1.“双新”背景下的体育课堂是什么样的课堂？

“双新”背景下的体育课堂，是从“知识中心观”走向“素养中心观”，从知识技能的培养转化为学生体育学科核心素养的培育，注重培养完整的人。体育课堂教学要体现少教多学，以学定教。少教多学，让教师的教更有针对性；以学定教，让教师的教更具有效性。教师是课堂的组织者，要让学生成为课堂的主人。“双新”背景下的体育课堂，是学生主动学习的课堂，是生动的课堂，是玩乐的课堂，是挑战的课堂，是发现问题解决问题的课堂，是每一位学生都喜爱的课堂。

2.什么是大单元教学？基于情境的结构化大单元教学具体有哪些特点？大单元教学设计与深度学习之间有什么关系？

体育大单元是依据学生的实际学情，对教学内容重新组织，指向学生核心素养形成的教学单元，它是发展学生素养的基本单位。大单元教学是指对某个运动项目或运动组合进行18课时及以上相对系统和完整的教学，是教学专业性的体现。大单元教学中创设丰富多彩、生动有趣、真实复杂的教学情境，倡导将教师的动作示范、重点讲解与学生的自主学习、合作学习、探究学习有机结合，保证学生学习和掌握结构化的基本运动技能、体能、专项运动技能和健康技能等，为学生参与运动和养成健康的生活方式奠定基础。学生通过大概念、大单元、大任务和大问题设计，以目标、问题、教学、评价为具体环节，大单元“目标—评估—活动”三方面的逻辑关系，以学定教、以评促教、以评促学。通过教学方式和学习方式的改变，实现学生深度学习。

以构建实战教学情境为主线的篮球大单元设计为例,以篮球运动技能、技术组合、战术配合为主体,进行结构化教学和关联战术的运用,以实战比赛情境的方式构建大单元。从增强实战意识、增强实战技能、创造进攻时空、开展战术策划、控制进攻比赛态势、调整比赛策略和判断比赛胜负等方面进行大单元教学设计,提高学生篮球比赛意识和篮球实战能力。

3. 体育课堂教学情境创设的形式与方法有哪些?

教学情境是通过一定事件,形象描述或设置、模拟一定环境,激发学生的情感和思维,使学生产生身临其境的逼真感,以达到一定的教育目的。情境创设的关键在于建构。体育课堂教学情境创设方式非常多样,如游戏情境、问题情境、活动情境、比赛情境、生活情境、音乐情境、德育情境、故事情境、体能情境、主题情境等。以问题情境为例,要切中知识与技战术的重难点,逐步引导学生发现问题并解决问题。学生带着问题去练习,目标性强,有解决问题的渴望,能提高练习兴趣,增强练习效率。巧妙的问题情境能引导学生步步探究,培养思维兴趣和习惯。

体育课堂教学中真实情境的创设能提高学生的实践操作和运用能力。以"境"激"情",以"境"促"行",要还原动作运用时的真实性。如在足球或篮球教学中,一些基本技战术在无人防守时或防守不严密时都可以做出来,但在比赛中遇到对手真实防守时,为什么很多动作不敢用呢? 要想提高学生运用技战术能力,可以从练习条件、练习环境、人员结构等方面入手,创设更为真实复杂的教学情境。例如,在篮球3打2快攻战术中,通过逐渐增加防守强度,来提高学生在3打2快攻中判断、反应和运用技战术的能力。面对不同防守强度和不同位置的防守队员,如何选择传球与跑动路线,如何选择上篮方法,以提高进攻的效率? 在这样的真实教学情境中学练,对提高队员的判断力和反应能力提出了很高的要求。

4. "双新"背景下体育课堂教学变革主要体现在哪些方面?

"双新"背景下的体育课堂,教师由发号施令者变为教学引导者,建立学生学习共同体,充分利用学习资源,营造互帮互助共同受益的学习氛围。要将学生的差异转化为教学资源,培养学生合作学习、探究学习、主动学习,主动探究问题的真相,学会解决问题,达到学以致用。

"双新"背景下体育课堂教学变革主要体现在以下几个方面:

(1) 现代信息技术的运用。实现数字化教学,图像、声音、视频、动画、文字等各教学元素的增加,能更好地实现教与学活动的互动性。学生运用直观、形象、生动的学习资源,开阔知识领域,激发创造性思维能力,极大提高教学效果。现代信息技术有利于学生建立正确的动作表象,提高运动技术的学习效果。如篮球战术学习,通过多媒体呈现出多种战术路线,以及相应的比赛片段,让学生直观了解战术方法与运用价值,同时自主创设情境,达到举一反三。如在体操教学中,对疑难动作进行慢动作播放,让学生分析动作重难点,提高分析问题和解决问题的能力。体育教师要重视现代信息技术教学的优势和实用价值,正确使用。

（2）跨学科教学。跨学科教学是跨学科整合的一种教学方法,在发现和解决问题过程中,实现综合能力的提升,是培养完整的人的重要方式。跨学科是学科与学科之间的合作和融合,打破学科壁垒,构建本学科与其他学科之间的联系。比如,在羽毛球正手吊球教学中,击打球托的不同方向会让球飞向不同的方向,这可以用牛顿第二定律来解释:物体的加速度的大小跟它受到的合外力成正比,跟它的质量成反比,加速度的方向跟合外力的方向相同。吊球时,作用在羽毛球上力的方向决定加速度方向。学生用体育学习中的具体案例来解释物理学知识,加深对动作的理解,激活思维,提升学科核心素养。

（3）10分钟综合体能练习。"双新"背景下的体育课堂要求每节课设置10分钟综合体能练习,以提高学生体能水平,磨炼学生意志。根据学生年龄,选择适合他们的练习方法,完成4种以上的综合体能练习,全面提高体能水平。通过多样化体能练习方法,体现体能练习的多样性、趣味性、补偿性、综合性等特点。通过团队互相激励和个人自我挑战,培养主动锻炼、团结协作、积极挑战的品质,同时有效保障了全课运动密度达到75％以上,平均心率在每分钟140—160次/分的运动负荷要求。

五、主要措施

1.团队成员在组长带领下认真研读课程标准,深入了解课程标准的新内涵新思想,了解总目标和课程结构内容。

2.小组专家对课题进行论证,提出对课题实施方案的改进建议,并对体育教学改革提出指导性意见。

3.课改核心团队根据实施计划进行课堂教学实践,从备课、磨课、上课、评课等方面展开实践与研究。

4.小组专家参与实践研究的各个部分,采用线上和线下相结合形式,围绕研究主题给予深度指导,提出具体改进建议。

5.小组专家对团队成员进行理论专题指导,开展"情境赋能、重构单元""学科融合、以体育人""体育大单元教学的思考"等讨论。

6. 小组专家指导攻关团队教师进行课堂教学实践和课后分析，指导梳理过程性资料和撰写研究报告。

六、课题实施计划

体育课程与教学改革核心团队攻关研究时间为一年。

1. 2023 年 9 月—2023 年 12 月

（1）团队成员研究学习新课标新理念，提高理论素养；

（2）团队成员进行课堂实践准备，组内进行反复研讨；

（3）团队成员进行数据测试的前期准备工作；

（4）教师进行课堂教学实践的备课、听课、评课，专家对每个环节进行针对性的分析与指导。

2. 2024 年 1 月—2024 年 3 月

（1）数据测试小组成员和资料收集小组成员进行数据整理与分析；

（2）团队成员和专家根据实验数据进行阶段性小结，讨论、归纳研究情况，明确下一步研究重点；

（3）团队成员开始合作进行同一项目不同年级的大单元教学设计，并全面进行课堂教学实施。

（4）团队成员在专家团队的指导下，聚焦大单元教学，进行教学设计的分析与改进。

3. 2024 年 4 月—2024 年 8 月

（1）团队开展项目教学展示研讨活动，检验新课程新理念在课堂改革中的探索与运用，请专家进行评价指导，提出建议；

（2）专家和团队成员进行实验过程的分析和讨论，形成完整的分析报告，并整理汇总实证研究资料；

（3）团队成员汇总所有材料并作进一步分析研究，形成课题研究报告，结集成书。

## 13. 青浦一中《高中通用技术课程与教学改革核心团队工作计划》

万婷婷 2023 年 8 月

为进一步推进新课程、新教材在本校通用技术学科中的全面实施，根据《普通高中课程方案（2017 年版 2020 年修订）》《普通高中通用技术课程标准（2017

版 2020 年修订)》等文件要求,结合学校"十四五"规划及通用技术课程建设任务,制订通用技术学科改革核心团队实施方案。

一、指导思想

以习近平新时代中国特色社会主义思想为指导,深入贯彻党的二十大精神,全面贯彻党的教育方针,落实"立德树人"根本任务,发展素质教育,推进教育公平,以社会主义核心价值观统领课程改革,着力提升课程思想性、科学性、时代性、系统性、指导性,推动人才培养模式的改革创新,培养德智体美劳全面发展的社会主义建设者和接班人。通用技术学科课程建设结合"双新"背景要求,坚持"立德树人"、服务国家战略、体现国际视野、注重实践创新、关注教育公平等原则,推动通用技术教育的全面发展。

二、工作目标

立足"双新"背景,以教学内容研究为基础,推动课程建设,加强实践教学建设力度,改革教学方法,形成特色教学模式,提高教学效果和人才培养质量。根据"双新"背景下课程改革的要求,对标"课程标准",以大单元大项目为抓手,推进通用技术课程主题式高质量发展,突出技术的价值与魅力;凸显在项目式学习中培育学科核心素养;打造有区域色彩的"生态素养培育"特色课程。内容包括:构建完善的课程体系;提升学生的技术素养和创新能力;加强师资队伍建设;推进课程评价与改革。

三、团队组成

组长兼组员:万婷婷。

四、课程建设

1. 课程体系与内容设计

确立通用技术学科的核心概念和基本框架,构建层次清晰、内容连贯的课程体系,以满足学生不同发展阶段的需求。结合课程标准和教育要求,制定教学目标,确保课程内容既符合国家标准又具有区域特色、校园特色。加强课程资源的整合和优化,充分利用各类教育资源,提高课程资源的利用效率和质量。

通用技术学科课程应构建清晰、连贯的课程结构,包括基础理论知识、实践操作技能和项目学习等多个模块。在内容上,应涵盖设计、电子、计算机、材料等多个领域,注重跨学科的知识融合和实际应用。同时,要关注最新的科技发展动态,将前沿技术知识纳入课程内容中,使学生及时了解并掌握最新的技术信息。

## 2. 教学方法与手段创新

通用技术学科课程应注重教学方法和手段的创新,采用项目式学习、实践操作、案例分析等多种教学方式,激发学生的学习兴趣和积极性。同时,利用现代信息技术手段,如虚拟现实、增强现实等数字化教学方式,为学生提供更加直观、生动的学习体验。此外,还可以开展线上线下相结合的混合式教学,为学生提供更加灵活多样的学习方式。

通过通用技术学科的学习,使学生掌握基本的技术知识和技能,具备解决实际问题的能力。培养学生的创新思维和实践能力,鼓励学生在技术实践中发挥想象力和创造力,探索新的技术应用和发展方向。提升学生的信息素养,使学生能够熟练运用信息技术工具进行学习和交流,适应信息化社会的发展需求。

## 3. 实践环节与项目设计

通用技术学科课程应强化实践环节的设计与实施,通过设计具有实际意义的项目任务,让学生在实践中掌握技术知识和技能。项目设计应具有挑战性和创新性,能激发学生的探索精神和创新能力。同时,要加强学校与企业、社区的合作,为学生提供更多的实践平台和职业发展机会。

## 4. 师资队伍建设与培训

通用技术学科课程的建设需要一支高素质、专业化的教师队伍来支撑。因此,要加强教师的培训和进修,提高教师的专业素养和教学能力。培训内容可以包括最新的科技知识、教学方法和手段、课程设计与实施等。同时,还可以邀请行业专家、学者来校举办讲座或进行指导,为教师提供更多的学习交流机会。

加强教师的培训和进修,提高教师的专业素养和教学能力,使教师具备扎实的学科基础和教育教学能力。鼓励教师参与课程研究和教学改革,推动教学方法和手段的创新,提高教学效果和质量。

## 5. 课程评价与反馈机制

通用技术学科课程应建立科学的评价体系和反馈机制,对学生的学习成果和教师的教学质量进行全面、客观的评价。评价方式可以包括作品展示、实践操作考核、项目报告等多种形式。同时,要建立课程实施的反馈机制,及时收集和分析课程实施过程中的问题和建议,为课程改革提供有力支持。

五、建设目标

教学团队建设以一学年为一个周期,每学年目标如下:

1. 建设完成 1 个完整的项目案例。

2．在各级各类专业期刊上发表教学研究论文不少于1篇。

3．开展区级及以上教研活动，公开课、交流不少于1次。

4．积极参与各级各类教学评比活动，力争取得好成绩。

5．积极开展课题研究，并申报区级及以上教科研课题或项目。

6．指导学生参加区级、市级学科竞赛，力争取得好成绩。

# 参 考 文 献

[1] 中华人民共和国教育部.义务教育课程方案(2022年版)[S].北京:北京师范大学出版社,2022.

[2] 中华人民共和国教育部.义务教育英语课程标准(2022年版)[S].北京:北京师范大学出版社,2022.

[3] 中华人民共和国教育部.义务教育地理课程标准(2022年版)[S].北京:北京师范大学出版社,2022.

[4] 中华人民共和国教育部.普通高中数学课程标准(2017年版2020年修订)[S].北京:人民教育出版社.

[5] 崔允漷.学科核心素养呼唤大单元教学设计[J].上海教育科研,2019(04):1-6.

[6] 崔允漷.借助"新方案""新课标"开创义务教育课程改革新局面[J].中国基础教育,2022(10):66-70.

[7] 刘飞.语文统编教材大单元教学设计框架构建及其运用[J].基础教育课程,2020(23):40-51.

[8] 冯刚.习近平新时代中国特色社会主义思想政治教育的创新发展[J].中国高等教育,2018(Z1):28-32.

[9] 冯爽.中学物理课程跨学科实践主题的模型构建及实施路径[J].物理教师,2022,43(05):59-62.

[10] 郑林.历史学科大概念的内涵、本质以及在教学中的作用[J].课程·教材·教法,2023,43(04):97-104.

# 后　记

在本书终篇落笔之际,我感慨万千,思绪如织。

2023年,青浦一中荣获上海市特色普通高中之殊荣,这既是对前两任校长卓越贡献的赞颂,亦是对我接任以来不懈努力的肯定。然而,每当夜深人静之时,我时常陷入沉思:如何全面贯彻落实普通高中教学改革发展的纲领性文件,引领学校走向更高峰?

2021年,我校申报了"坚持系统观念,建设高中高质量课程与教学体系""坚持系统观念,建设高中高质量教学保障体系"两项龙头课题,2022年9月被上海市教师教育学院(上海市教委教研室)批准立项。我校也被荣幸地认定为上海市普通高中新课程新教材实施研究与实践项目校,标志着学校在教育教学改革领域中迈出了重要一步。自此,我与学校同仁踏上了"双新"研究与实施的征途——我们的目标更加明确,我们的步伐更加稳健。

这条道路并非坦途。初时,我们遭遇了核心研究人员对选题范畴过大的质疑,随后又陷入"坚持系统观念,建设高中高质量课程与教学体系"和"坚持系统观念,构建高中高质量教学保障体系"两大研究瓶颈。幸有华东师范大学教育管理学院原副院长、教育部中学校长培训中心原副主任郭景扬教授的全程指导,他深入浅出地诠释了"系统观念"在教育教学中的精髓,为我们指明了前进的方向。

在探索过程中,学校研究团队和全体教师如同攀登者一般,从"一棵树"的微观视角逐渐拓宽至"一片森林"的宏观视野。我们坚持教学五环节一体化实施策略,使教学目标、课程结构、教材体例、教学转型、考核评价形成紧密相连的有机整体。学校多次举办"双新"课程建设、学科教学、教师培养、校本研修等展示活动,将全体教师的智慧和力量凝聚成推动学校发展的磅礴之力。特别是2023年成立青浦一中基础教育集团以来,我们将研究成果和经验辐射至小学、初中,在更广泛的教育领域中贡献力量。

在项目的申报、立项、开题、中期论证等各环节中,我们得到了青浦区教育局领导的直接关心,也得到了青浦区教师进修学院专家的精心指导。沈方梅、秦剑钧、王根章、叶萍、浦妙芬、林晓浦等核心研究人员全程参与项目的设计、推进、实践、总结等工作。同时,王亮、王冬梅、杨荣和学校全体初高中学科教研组长、年级组长及部分组员也为书稿的撰写付出了辛勤努力。能有这样一支充满研究与实践能力的团队,我深感荣幸,并在此向他们表达我最诚挚的谢意。

对郭景扬教授的悉心指导,我更是感激不尽。在此,我谨代表全校师生向郭景扬教授表示衷心的感谢和崇高的敬意。

由于水平有限,书中难免存在不足之处,恳请各位读者不吝赐教,提出宝贵意见。让我们携手共进,在教育的道路上不断前行。

陆飞军

2024 年 5 月

**策　　划** 徐建飞工作室
**责任编辑** 徐建飞
**封面设计** 金一哲

双新驱动
素养导向

教材网
官方微信平台

上海教育出版社
官方微信平台

上架建议：教师教育理论

ISBN 978-7-5720-3432-9

9 787572 034329 >

官方网站：
www.iseph.com

官方网站：
www.seph.com.cn

定价：150.00元（上下册）

世纪出版

坚持以学生为中心，树立系统的教学改革观念，通过"目标引领、课程统领、教材改革、课堂转型、考核促进"五环节一体化改革策略，确保高中新课程新教材改革的全面落地。

——陆飞军

　　坚守"立德树人"的教育根本任务，秉承"面向全体、促进个性发展"的宗旨，营造优良的教育生态，办好人民满意的教育。

——郭景扬

华东师范大学教育管理学院原副院长

陆飞军 ◎ 主编

# 双新驱动
# 素养导向

## 高质量课程与教学体系的
## 探索与实践

（上册）

上海教育出版社
SHANGHAI EDUCATIONAL
PUBLISHING HOUSE

# 营造良好教育生态　办好人民满意的教育

## （代序）

遵循党中央、国务院深化教育教学改革的宏伟蓝图，教育部颁布了《普通高中课程方案(2017 版 2020 年修订)》及一系列学科《普通高中课程标准(2017 版 2020 年修订)》，这标志着我国普通高中踏上了建设高质量教育体系、推进育人方式改革、实现教育现代化、构筑教育强国的新征途。这些纲领性文件在教育理念、教学目标、课程结构、教材体例、课堂教学及考试评价等方面，均深刻体现了教育发展的时代潮流与育人方式的革新。如何将这些改革精神全面贯彻与实施，成为每一所普通高中亟待深思的重大课题。

上海作为国家教育综合改革实验区，在《上海教育发展"十四五"规划》中描绘了一幅波澜壮阔的教育发展蓝图：至 2025 年，上海将全面深化教育现代化，展现出更加包容、活力四溢、开放广阔、品质卓越的新风貌。将全面构建高质量教育体系，教育事业发展和人力资源开发的主要指标将接近全球城市先进水平，为普通高中指明了前进的方向，照亮了前行的道路。

青浦区作为"长三角示范区"的核心地带，为了保障高中"双新"实施工作的稳步推进，精准聚焦四大核心领域：一是加强课程领导力，确保学校课程实施的科学性与规范性；二是提升教师能力，从教学设计、实施到评价全方位赋能教师；三是深化校本研究，强化区校间的合作与交流，共享优质教育资源；四是完善教学管理制度，创新评价与反馈机制,确保教育教学活动的有序进行。在具体实践中,紧抓大单元教学、项目式学习等关键环节,以高质量课程改革推动青浦教育实现跨越式发展。

我校自1999年创办以来,便在区域内独树一帜,成为唯一的一所公办初高中一体化的完全中学,也是唯一的一所上海市特色高中。在课程改革的征途上,我校秉承生态素养培育的特色,通过五育并举、融合发展的策略,以及课程与教学领域的"一体化系统改革",全面提升学生的"综合素质"和"学业水平"。同时,我校紧跟国家课程方案和课程标准,以生态系统观为指导,积极构建生态实践基地等开放的外部教育生态系统,开辟了青浦区、本市及外省市多地的"生态系统和生态素养研究培育基地"。

我校坚守"立德树人"的教育根本任务,秉承"面向全体、促进个性发展"的宗旨,强调"三个结合":继承与创新的结合、学校育人目标与学生自主发展需求的结合、综合素质培养与生态素养培育的结合。我们构建了横向合理分类、纵向有序分层的"1+3+N"生态特色课程体系,包括生态通识课程、生态自选课程群、生态素养拔尖系列课程,实现了特色课程与国家课程的完美融合。"双新"课程改革的实施路径丰富多元,如党团活动、生涯规划、军政训练、专题教育、志愿服务等,形成了三大板块、三大系列、七种形态、三项活动的格局,推动学校特色发展迈向更深处。

在"双新"改革的征途上,我校不仅注重高中教学目标的升级,更关注教师能力的发展。我们针对教师课程能力、教材观念、课堂教学转型及命题能力等,提出了切实可行的提升策略。我们坚持以学生为中心,树立系统的教学改革观念,通过"目标引领、课程统领、教材改革、课堂转型、考核促进"五环节一体化改革策略,确保高中新课程新教材改革的全面落地。在此过程中,我们努力构建与"双新"改革相适应的教育生态,让每一位教师都能成为改革的积极参与者和推动者,共同促进学校教育的蓬勃发展。

在新一轮规划中,我校主动思考、高效对接、积极适应,重新梳理、统整教育教学资源,关注"双新"要素内容的细化,推动"双新"分项目标的落地。我们致力于树立新课程教育理念,引领新课程新教材的全面实施;探索新课程实施策略,实现学科课程、综合实践活动课程、跨学科课程的有效统整;构建新课程评价体系,满足学生个性化发展需求;完善新课程管理制度,建立符合本校实际的管理体系;创新新课程培训机制,提升教师的新课程实施能力。

近年来,我校发展成果斐然。2016 年,我校成功入选上海市特色高中项目学校,2019 年通过初评,2023 年正式评为上海市特色普通高中。在科研方面,我校成功立项市级课题 5 项、区级课题 28 项,并有多项成果获得表彰和出版。我校还承办了多场专题研讨会和教学论坛,被评为全国生态特色示范校、上海市绿色学校、文明校园等多项荣誉。《人民教育》《中国教育报》等国家级媒体对我校的课堂教学改革经验进行专题报道。

习近平总书记在全国教育大会上强调:"我们要抓住机遇、超前布局,以更高远的历史站位、更宽广的国际视野、更深邃的战略眼光,对加快推进教育现代化、建设教育强国作出总体部署和战略设计。"展望未来,我校将继续发挥生态素养这一特色教育品牌的优势,深入挖掘生态素养的科学内涵,基于生命成长的内涵推进育人方式改革,探索生态式教育的实践路径。我们将持续关注生命发展的内在本质,回归教育的本原,让人的自然性、社会性、艺术性得到全面、和谐、可持续发展,实现人与人、人与社会、人与自然的和谐共生,营造优良的教育生态,办好人民满意的教育。

陆飞军

2024 年 5 月

# 目　录

第一部分

# 关于建设高质量课程与教学体系总论

上海市青浦一中继完成上海市重点课题"普通高中学生生态素养培育实践与研究"的研究后，于 2022 年 9 月出版《和合共生　和谐发展》研究成果，全校教师和学生深感这个课题非常有价值，必须沿着这条思路，推动学校在生态教育道路上继续发展。在青浦区教育局领导的大力支持下，在各单位专家积极帮助和指导下，在 2021 年经过深入学习和讨论，申报了第二个市级课题"坚持系统观念，建设高中高质量课程与教学体系"，并于 2023 年批准立项。在"普通高中学生生态素养培育实践与研究"的研究成果基础上，开始深化研究"坚持系统观念，建设高中高质量课程与教学体系"。这个课题是在前一个课题研究基础上的深化研究。深在哪里？把教育作为一个系统化、一体化的生态系统，进一步深化新时代教育教学改革，推动学校初高中学生提升生态素养，优化学校各方面的生态环境，使基础教育课程与教学进行全面改革，建设高质量教育体系，培养大批有理想、有担当、有能力的新时代的建设者和劳动者。

党的十九届五中全会通过的《中共中央关于制定国民经济和社会发展第十四个五年规划和二〇三五年远景目标的建议》，明确了"建设高质量教育体系"的政策导向和重点要求，是锚定 2035 年建成教育强国的决策部署。教育高质量发展跃升为教育改革发展的核心任务。

# 一、教育高质量发展的新时代内涵

从教育发展的本质要求角度看，教育高质量发展必须贯彻党的教育方针，落实立德树人的根本任务。基础教育的高质量发展，是面向经济发展和社会建设的主战场，是促进人的全面发展的高质量发展。其最终判断标准是能否坚守为党育人、为国育才的总体要求，坚持社会主义办学方向，培养出能担当民族复兴大任的时代新人。

这种高质量是全面的质量、科学的质量，是公平和质量的统一。其质量内涵更加丰富多样，不再是原有指向数量规模的"单数质量"，而且是基于过程的更具包容性的"复数质量"，包括数量规模、合理结构、均衡与公平、推动社会进步、促进学生全面发展、面向未来教育创新趋向。它不是个别方面的高质量，更不是围绕分数和升学"内卷化"的高质量。我们必须树立全面的教育质量观、整体的教育质量观、科学的教育质量观。

# 二、教育高质量发展的指导思想

## （一）"教育高质量发展"目标导向：培养高素养人才的需要

教育在国民经济发展中处于基础性和先行性地位，现代化首先是人才培养规格的现代化。面对当今信息化发展和智能化趋势的科学技术，现代人才内涵不仅是知识与技能，更是素质与素养。教育是人力资源培养的主要途径，建设高质量教育体系，就是要适应 21 世纪科学、技术发展，经济、社会变革，政治、文化创新，深化教育教学改革发展，为我国社会主义现代化建设培养数以亿计高素质劳动者和数以百万计的高素养接班人。

我国不但要实现现代化，而且肩负构建人类命运共同体的历史责任。教育与文化作为一个国家发展的软实力，具有凝聚人心、激发创新、振奋精神的力量。今天我国已经从发展中大国走近世界舞台中央，我们不仅在科学技术、物质文明方面实现现代化，也必须在教育文化软实力方面实现现代化，这是实现人类命运共同体的需要。为了帮助世界各国人民实现共同富裕，我们应建设现代化高质量教育体系，并通过教育提高各国人民的基本素质与核心素养，为各国发展培养大批高素质人才，为各国经济建设与科学发展发挥更大的作用。

## （二）"教育高质量发展"问题导向：构建优良教育生态环境

党的十八大首次将"生态文明"纳入中国特色社会主义建设"五位一体"总体布局，是营造优美生态环境和创造美好生活的集物质文明、精神文明、政治文明、社会文明于一体的系统工程，它集中展现了人与自然作为生命共同体的鲜明特质。党的十九大首次将"美丽中国"作为我国全面建成社会主义现代化强国的奋斗目标之一，开启我国建设生态文明的新时代。

2018 年 5 月，在全国生态环境保护大会上，习近平同志首次提出"生态文明体系",包括生态文化体系、生态经济体系、生态环境质量目标责任体系、生态文明制度体系和生态安全体系五大方面。为建设人与自然和谐的生态文明社会提出实践体系,提供基于经济建设、政治建设、文化建设和社会建设全方位、绿色化的转向转型之路,也为从根本上、整体上推动物质文明、政治文明、精神文明、社会文明和生态文明协调发展提供理论基石。生态素养培育旨在引导受教育者从人与自然、人与社会相互依存及和谐共生的生态道德观点出发,将人类社会与自然环境视为整体生态循环系统,自觉养成爱护自然环境和生态系统的生态保护意识、思想觉悟和相应的道德文明行为习惯,推动人与自然的和谐共存和人类社会的可持续发展,推动全社会形成有利于科学发展、和谐发展的良好氛围。

教育是生态环境重要组成部分,建设高质量教育体系必然包括教育生态环境,要求构建优良的教育生态环境,树立教育生态意识。四十年来我国改革开放取得了巨大成就,但是由于历史原因和认识原因,我们在经济发展的同时,忽视了对自然生态的保护,造成生态环境的破坏。

在教育领域中,一方面,由于受错误教育思想影响,产生了唯分数、唯升学等现象,违背了教育规律和学生身心发展规律。同时,由于受教育市场化影响,教育界也深受其害,受到"资本"的绑架。有一些校外教辅机构违背国家政策,单纯以赚钱为目的,助推错误教育观念与做法,干扰了学校教育教学正常秩序,破坏了教育的良好生态,带来极其恶劣的后果,因此急需修复被破坏的教育生态,建设优良的教育生态系统。我们目前开展"双减"的本质,就是要把被破坏的教育生态修复,使教育在优良的生态环境中健康发展。

## (三)"教育高质量发展"效率导向:坚持教育发展系统观念

世界百年未有之大变局,已进入加速演变期,这是当前教育发展所处的最大环境。党的十九届五中全会明确了"十四五"时期经济社会发展的指导思想,提出必须遵循的"五个坚持"的重要原则:

(1)坚持党的全面领导。这是实现高质量教育发展的根本保证。要坚持和完善党对教育发展的领导,坚持和完善中国特色社会主义教育制度。

(2)坚持以人民为中心。这是实现高质量教育发展的根本目的。在学校教育中,要坚持于漪老师提出的把"学生作为第一立场",坚持"以学生发展为中心",以学生整体素养发展为核心,坚持提高人民群众教育获得感和教育满足感,办人民满意的教育,创群众家门口的优质学校。

（3）坚持新发展理念。这是实现高质量教育发展的思想引领。新发展理念是党的重大创新理论，新发展理念是发展行动的先导，是管全局、管根本、管方向、管长远的，是发展思路、发展方向、发展着力点的集中体现。要把新发展理念贯穿教育发展全过程，构建新发展格局，切实转变发展方式，推动质量变革、效率变革、动力变革，实现更高质量、更有效率、更加公平、更可持续、更为安全的发展。

（4）坚持深化改革开放。这是实现高质量教育发展的重要动力。要坚持深化改革开放，加强国家治理体系和治理能力现代化建设，破除制约教育高质量发展的体制机制障碍，调动全社会参与教育改革的积极性，持续增强发展动力和活力。

（5）坚持系统观念。这是实现高质量教育发展的工作方法。系统观念是党的十八大以来，以习近平同志为核心的党中央治国理政实践经验的升华，是党对我国教育发展规律认识的进一步深化，为夺取全面建设社会主义现代化国家新胜利提供了根本遵循，对我们在新的起点上推进高质量教育发展、加快建设现代化教育指明了方向。

# 三、教育高质量发展的基础和核心

## （一）教育高质量发展的基础和核心

教育高质量发展是全面的教育质量观、科学的教育质量观，是立足学生素质的全面发展和自主发展。高质量教育概括为两个方面：一方面，提升学生的综合素质，这是高质量教育的核心；另一方面，提升学生的学业质量，这是高质量教育的基础。因此，建设高质量教育体系，重点要研究提升学生综合素质和提高学生学业质量的具体途径和方法。

教育高质量发展的实质是学生素质高水平发展。综合素质和学业质量是高质量教育体系两方面的重要内容，两者都以培养学生素质为目的。一个是提升综合素质；另一个是提高学业质量。两者既是紧密联系的，学业质量是基础教育高质量发展的基础，综合素质是高质量发展的核心，两者又是辩证关系，综合素质包含学业质量，学业质量又促进综合素质发展。不但要明确两者的区别，还必须把两者紧密结合起来。

## （二）教育高质量发展要坚持系统观念

按照系统观念，教育是一个大系统，包括外部开放系统和内部循环系统。它是一个在教育目标引领下，能进行自我调节、自我控制、自我改进的有机系统。只有把教育作为一个有机循环系统，才能使教育工作达成预期目的，才能使高质量教育获得真正效果。

我国教育工作的重心又一次发生历史性战略转移，世界大背景是适应信息化普及与面向智能化趋势。核心任务是建设高质量教育体系，培养高素质时代新人。

习近平总书记高瞻远瞩地指出："当代中国身处世界百年未有之大变局，唯有具备战略眼光、树立全球视野，才能把握航向、抓住机遇、赢得未来。"在2018年全国教育大会讲话上习近平总书记强调指出："我们要抓住机遇、超前布局，以更高远的历史站位、更宽广的国际视野、更深邃的战略眼光，对加快推进教育现代化、建设教育强国作出总体部署和战略设计。"

人类对两个领域所知还很少：一个是宇宙（包括宏观世界与微观世界），另一个是人脑。但是，我们清楚地知道宇宙中奥秘是无限的，也清楚地知道人脑认知能力是无穷的。正如习近平总书记所说的，人类在浩瀚的宇宙面前是渺小的，但人类的探索精神是伟大的。今天，教育究竟应承担怎样的历史使命？

党的十九大提出建设教育强国，实现教育现代化的新时代教育改革宏伟目标，2019年2月，党中央、国务院公布《中国教育现代化2035》，标志着适应信息化、面向智能化时代发展趋势，构建我国现代人才培养新模式。基础教育要实现战略转型，提出整体构想与实施计划。建设教育强国，实现中华民族伟大复兴，我们能参与其中，既是时代给予我们的幸运，更是历史赋予我们的使命。

教育高质量发展必须按照系统观念，创建良好教育生态体系，作为深化教育教学改革的基本保障。进一步讨论研究，教育生态作为一个系统包含两方面：

一是开放的外部教育生态系统。按照现代社会需求，设定人的培养目标、编制课程、编写教材、实施教学、考核评价，并实施"家庭—学校—社会"合作、统筹、协调发展，开辟家庭、社会"教育体验实践基地"，核心是提高学生社会责任心、实践能力和创新精神。

二是有序的内部教育生态系统。依据现代社会需要，设计教学目标、编制课程、编写教材、实施教学、考核评价，并且实现自我调节、自我控制、自我改进。

进一步分析，高质量教育体系包括提升学生综合素质和提高学生学业水平两方面。学生综合素质提升主要通过"五育并举、融通发展"实现；学生学业水平提高主要通过教学领域"五环一体、系统改革"实现。我们认识到建设高质量教育体系，必须树立系统化观念与实行一体化战略。主要有五点：

第一，确立系统培养观念与一体化改革发展战略：推进各级各类教育贯通发展与一体化改革。

根据系统观念，教育有外部和内部两大系统。外部系统是指制约和规定教育的外部条件，其规律是科技发展推动经济发展，经济发展决定社会发展，社会发展要求人才规格变化，人才规格改变需要教育体系变革。

教育内部系统是指依据学生成长规律和教育教学规律，以及适应社会对人才需求变化，而确定的教育治理体制机制、课程教学评价体系等。

为了实现新时代教育改革发展要求，必须实现学校沟通、学段贯通、学校内外联通，整体构建符合教育规律、体现时代特征、具有中国特色的人才培养体系，建立综合协调、充满活力的育人体制机制。

树立系统培养观念，形成大学、高中、初中、小学，乃至幼儿教育有机衔接、体系开放、机制灵活、渠道互通、选择多样的人才培养体制，以及学校教育、家庭教育和社会教育密切配合、互相协调的大教育格局。

实现德育、智育、体育、美育、劳动教育有机统一的教育体系，使五育相互渗透、协调发展，促进学生全面发展和健康成长。构建大学、高中、初中、小学、幼儿园各学段上下贯通、有机衔接、相互协调、科学合理的课程与教材体系。

第二，确立多样化人才观念与人人皆可成才战略：促进学生潜能开发和全面而有个性的发展。

确立人人皆可成才观念，使教育面向全体学生、学生全面发展方针进一步落实。树立多样化人才观念，尊重个性差异，提供多样选择，鼓励特长发展，不拘一格培养人才，是人才培养理念的重要突破。

在人人成才理念指导下，提出关注学生不同特点和个性差异，关注学生个性化、多样化学习和发展需求，发展每一个学生的潜能潜质，注重因材施教，促进每个学生主动生动活泼发展，为每个学生提供适合的教育，培养造就数以亿计的高素质劳动者、数以千万计的专门人才和一大批拔尖创新人才。要把拔尖创新人才培养贯穿各级各类教育。

第三，确立围绕核心素养创新人才培养模式战略：确定学生核心素养以及学科核心素养体系。

为贯彻党的教育方针,落实立德树人根本任务,进一步推进素质教育,我国研制学生发展核心素养和学科核心素养体系。依据学生成长规律和教育规律,社会对人才需求的变化,对德智体美劳全面发展总体要求和社会主义核心价值观内容具体化、细化,使教育方针和素质教育要求更有可操作性和可检测性。

围绕现代学生核心素养培育目标,实现目标、课程、教材、教学、评价等五个重要环节一体化改革。全面发挥课程标准的统领作用,协同推进教材编写、教学实施、评价方式、考试命题等环节改革,使其有效配合、相互促进,整体构建符合教育规律、体现时代特征、具有中国特色的人才培养体系。

围绕核心素养开展教学与评价改革。改变知识传授教学方式,坚持学生主体、教师主导的教与学方式改革。着力转变学生学习方式,推进关注学生学习过程,创设生活关联、任务导向的真实情境,形成学生"自主、合作、探究"学习方式;推广教师"启发、讨论、参与"教学方式,增强课堂教学的针对性、实效性,提高学生自主学习能力。

围绕核心素养培养,推进以学生全面发展为根本、科学多元评价制度改革,实施分类考试、综合评价、多元录取的考试招生制度改革。

第四,确立"五育并举"素质全面发展育人战略:坚持"五育并举",培养全面发展育人方式。

习近平总书记在 2018 年全国教育大会上提出"五育并举",是对党的教育方针的完善和发展,是对我国教育全面发展和全面培养目标的完善和发展,是基础教育"育人方式"改革重点,更是落实立德树人教育根本任务,培养社会主义建设者和接班人的新要求和新发展。"五育并举",抓住深化育人重点领域改革,充分把握育人的客观规律,把教育的核心任务放在培养学生综合素质方面。

"五育"在人的培育上是一个整体,我们要确立系统培养观念和教育改革战略,把"五育"作为学生培养的一个整体,坚持"五育并举",发挥五育整体育人价值。也要明确各育在学生全面发展中所具有的不同育人价值和育人功能,突出"五育"各自的独特育人价值,促进五育相互融通,全面发展学生素质。

第五,确立构建"课程与学程"一体化改革战略:构建中小学教学"五环一体",深化改革思路。

实现教育现代化,必须实现一次"课程与学程"的战略转型。这个改革要点是,在学科核心素养引领下,紧紧抓住"学什么"与"怎么学"两大方面开展改革。"学什么"属于课程领域,其中课程是学习的路径,教材是课程的载体与媒体;"怎样学"属于学程领域,其中教学是在教师引导和指导下,学生自主学习与发展;教学评价是对学生核心素养发展的反馈、评价、调节、改进。

提出"课程与学程"概念,把所有关联教学的要素组成一个有机整体:其中引领"课程与学程"改革的纲是学科核心素养。"课程与学程"改革的目的是围绕培养高素质现代人才,实施高质量教学体系的整体化改革。

培养目标是一切教育教学的出发点与落脚点,由目标、课程、教材、教学、评价构成学校教学内部循环系统。真正高效的教育改革必须实现教学五环节一体化,采取"目标引领、课程统领、五环一体"的"课程与学程"一体化改革战略。因为有什么样的育人目标,就要有匹配的课程体系作路径,要有配套教材体系作载体的媒体,要有适合的教与学的实施方式,最后要有相应的考试方法和检验评价,才能构成完整的人才培养体系。

# 四、教育高质量发展的生态课程图谱

在"普通高中学生生态素养培育实践与研究"课题研究中,青浦一中明确提出构建以课程为核心的中小学生生态教育课程图谱,并在实践中努力构建促进学生生态素养发展的课程图谱。在高中和义务教育新课程与新教材公布后,这一点更成为学生学习发展的核心,2022年9月《和合共生　和谐发展》一书问世后,青浦一中明确把生态课程作为学校培养的核心。在高中新课程实施后,这一点更加成为学校课程建设的重点与核心,并逐步建设为覆盖全体学生的核心学习网络。同时,建立跨区和跨省市的学习、体验、研究、创新基地,形成以家庭—学校—社会互相协调的教育网,这将会对学生发展与创新带来难以估量的教育效果。

# 附一　青浦一中教育生态发展课程图谱

# 附二 青浦一中教育生态发展课程类别与课程内容

| 课程类别 | 课程内容 | | 学习时间 | 学习对象 |
|---|---|---|---|---|
| 生态通识类 | 生态品格培育课程 | | 高一高二高三 | 面向全体 |
| | 校园生态系列节日 | 读书节 | | |
| | | 生态科技节 | | |
| | | 家校共育节 | | |
| | | 阳光体育节 | | |
| | | 生态环保纪念日 | | |
| | | 心理健康节 | | |
| | 资源循环利用课程 | | | |
| | 生态自主学习课程 "绿叶的秘密""植物为什么要长很长的根""植物为什么要蒸腾水分""怎么样使百果园中果实更加'多产'""旱涝对作物生长有什么影响" | | | |
| | "和合共生"系列读本课程 "校园植物100种名录（一）""校园植物100种名录（二）""生态书籍""生态纪录片""生态节日""青浦河湖""24节气""20个趣味心理测试""40个心理效应" | | | |
| | 生涯规划课程 "如何健康地走进大学生涯""自我探索课程""职业探索课程""生涯抉择课程""生涯规划团体活动课程""社会生态系列" | | | |
| | 生态前沿热点课程（生态前沿科技新成果见附件） "航空器模拟飞行""激光造物""生态科学技术的创意设计""智慧生态实验室——物语课堂""智能传感与环保城市""生态气象社" | | | |
| | 生态伦理教育课程 "环境与健康""打开'绿水'的大门""美丽如花，美丽如'化'""生态手账""生活垃圾的生态化处理" | | | |
| | 生态危机意识教育课程 "对水华的初步探索""水污染与净水""淀山湖生态ABC""工业'三废'的治理" | | | |
| | 生态政策法规教育课程 | | | |

（续表）

| 课程类别 | | | 课程内容 | 学习时间 | 学习对象 |
|---|---|---|---|---|---|
| 兴趣提高类 | 生命课程群 | 生命视野课程 | **生命史话课程**<br>"生命起源""生命科学与古代文明""生命未解之谜""信息化与生命历程" | 高一高二高三 | 服务部分 |
| | | | **生命前沿课程**<br>"生命密码""基因武器""生命科学与医学发展""数学与自然的故事" | | |
| | | | **生命研究课程**<br>"生物学常用技术""人类基因""小蜗来也""生物入侵与生物多样性""科学大求真" | | |
| | | 技能养成课程 | **健康生命课程**<br>"生态体能训练""环境污染与疾病""我心中的小世界——沙盘游戏之旅""趣味软式排球""玩转篮球""快乐足球""心理、卫生安全系列课程""和父母做朋友——亲子关系团体心理辅导""走进青春期课程""高三体心结合放松训练课程" | | |
| | | | **生涯规划课程**<br>"如何健康地走进大学生涯""自我探索课程""职业探索课程""生涯抉择课程""生涯规划团体活动课程""社会生态系列" | | |
| | | | **应急救护课程**<br>"野外生存技能""防灾减灾""疏散演练课程""公共安全教育课程""防汛防台知识" | | |
| | | 素养提升课程 | **生活历练课程**<br>"爱自然、爱生活——生态演讲培养""演讲与口才——让语言插上梦想的翅膀""沟通无极限""中学生礼仪——激活社交与生活技能""构建和谐人境关系""生态场馆巡游""生态基地实践""生态志愿服务""军训课程""学农课程" | | |
| | | | **生命文化课程**<br>"世界那么大，我们一起去看看""读书节系列课程""在那遥远的地方——走近新疆" | | |
| | | | **生命潜能课程**<br>"脑科学""万维空间""玩转 3D""人工智能入门——Python 程序设计""Scratch 趣味编程" | | |

（续表）

| 课程类别 | 课程内容 | | | 学习时间 | 学习对象 |
|---|---|---|---|---|---|
| 兴趣提高类 | 环境课程群 | 环保知识课程 | **水环境污染与治理课程**<br>"探究3种沉水植物对淀山湖水质的影响""水与健康""旅游地理——青浦水生态旅游资源的开发与利用""'水'之密语""探究水体污染的原因""印染废水与分子筛""生活中的水污染""水生植物与水体生态修复""对水华的初步探索""池塘养殖" | | |
| | | | **大气环境污染与治理课程**<br>"大气污染与城市绿化植物""绿色新能源——太阳能的应用及原理""太阳观测与研究" | | |
| | | | **土壤环境污染与治理课程**<br>"工业'三废'的检验和处理""化学——你我来动手""生活中的发酵技术""我'化'你'学'" | | |
| | | 环保意识课程 | **我爱新青浦课程**<br>"生态绘本""生态动漫""创建青浦'未来城市'""智能传感""基于GIS的绿色青浦""青浦地区旅游景点实地考察""'玩'图游家乡""生态水乡" | | |
| | | | **我爱校园课程**<br>"走进地理生态课堂——生态校园漫画地理""校园植物摄影（仅限单反）""用物理创建生态校园""小小沙世界里的青浦一中""一米花园""校园气象漫谈""校园植物微景观制作" | | |
| | | | **我爱绿色课程**<br>"走进自然，揭秘自然""淀山湖生态ABC""'纸'上绿植""数学眼光看环保""智慧工业绿色制造 3D建模""太阳能简介及其在电子产品中的应用""没有垃圾的世界""绿色出行——自行车的拆装、维修及改造""多肉植物培育""与环境友好相处""化学使生活更美好" | | |

（续表）

| 课程类别 | 课程内容 | | | 学习时间 | 学习对象 |
|---|---|---|---|---|---|
| 兴趣提高类 | 环境课程群 | 环保能力课程 | **青浦乡村环保课程**<br>"生态渔业""生态与现代农业""生态环境与有机农耕""环保纸艺手工""工艺木工""清洁能源开发利用背景下的模型制作与实践""电动装置的制作、使用和节能化改良""'孙桥现代农业园'主题研学""菌菇养殖""休闲渔业""人工湿地在河湖水生态修复中的应用" | | |
| | | | **青浦城市环保课程**<br>"模拟政协：外卖行业对生态环境影响的调查及治理提案""绿色建筑与城市发展""居住小区绿地设计""青浦'环城水系公园'建设""城市生态生活中的物理学""建筑中的力学结构""生态城市""生态美学影响下的绿色建筑""环保社区""生态环境与生活""城镇污水处理""上海市节水型社会建设'十三五'规划介绍" | | |
| | | | **青一校园环保课程**<br>"无人机与遥感""地理学具DIY""校园微生物""变废为宝""校园酸碱性大探秘""空中菜园""校园常见垃圾的再利用""低碳校园创意行""'享'应生态——人工智能下的校园生态" | | |
| | 社会课程群 | "青一"共荣课程 | **青一文化课程**<br>"青浦一中——兰州周边生态研学""校本生态研学课程开发""综合打击乐""上善研学路，生态陇西行""文化生态系列课程""和谐之音合唱团" | | |
| | | | **青一校史课程**<br>"责任教育""新课堂实验探索历程""状元楼的变迁" | | |
| | | | **青一人物(选哪些人物)课程**<br>"生态小达人""唐忠英评奖课程" | | |

（续表）

| 课程类别 | | | 课程内容 | 学习时间 | 学习对象 |
|---|---|---|---|---|---|
| 兴趣提高类 | 社会课程群 | 国家认同课程 | **江南文化课程**<br>"生态城市——上海生态园林调查研究""青浦生态文化""茭白叶的编织""侬侬吴语、浓浓乡情""爷爷奶奶说青浦""桥之韵——青浦'桥'文化""舌尖上的淀山湖""跨越百年，守望一方——'桥'乡览胜""中国名亭与名文""走进古镇经济""剪纸和刺绣中的生态""生态美术" | | |
| | | | **红色文化课程**<br>"声之魅——红色经典诵读""青浦区第一中学青年马克思主义培养工程""原生态民族舞""学雷锋课程""国庆阅兵观摩课程" | | |
| | | | **传统文化课程**<br>"弟子规""成之于语，立之于人""生态国学启蒙""中国经典人文地理""传统文学作品中的生态""古诗词中的二十四节气""中华五千年经典事件(物)点评""古诗词里的春夏秋冬""生活中的历史""生态茶文化——茶的那些事""成语故事365""丝路古今""中国南北方饮食文化""诗之韵""古诗文中的生态智慧""农历秋天下的古诗词""汉字之美""生态古文10讲""中国传统文化元素""传统文化主题升旗仪式课程" | | |
| | | 国际视野课程 | **海外游学课程**<br>"上海—长崎的友域友好关系" | | |
| | | | **国际合作课程**<br>"中美共探'空气污染'" | | |
| | | | **国际比较课程**<br>"中外文学中的生态素养之异同""湖区小镇漫步——中英湖区生态环境对比研究""淀山湖湖区园林和英格兰湖区园林生态环境的对比研究""欧美生态题材记录片'赏析""西方传统节日""放眼看世界" | | |

（续表）

| 课程类别 | 课程内容 | | 学习时间 | 学习对象 |
|---|---|---|---|---|
| 创新拔尖类 | 创新实验室系列课程 | "筑梦生态水乡"系列课程<br>"淀山湖生态 ABC""青浦水乡人文探究""青浦生态乡村文化" | 高一<br>高二<br>高三 | 支持个体 |
| | | "创造美好生活"系列课程<br>"环境与健康""打开'绿水'的大门""美丽如花,美丽如'化'""生态手账""生活垃圾的生态化处理" | | |
| | | "拥抱灿烂星空"系列课程<br>"太阳观测""航空器模拟飞行""利用无人机遥感研究城市绿化分布" | | |
| | | "呵护阳光心态"系列课程<br>"生涯漫游""沙画创意表达""高三心理放松之旅""走进青春期""心路启航" | | |
| | 校园八大生态系统课程 | 鱼菜共生研究<br>(生态探究角中鱼菜共生生态系统,将水产养殖与水耕栽培通过生态化设计,使两者巧妙地达到科学的协同共生,实现了养鱼不换水而无水质忧虑,种菜不施肥而助其正常生长的互利效应,从而激发学生的探究兴趣。)<br>"校园雨水资源研究"<br>"校园生态气象研究"<br>"校园生态种植研究"<br>"校园垃圾生态化处理研究" | | |
| | 生态社团活动课程 | "城市生态生活中的物理学""飞翔""变废为宝生态创意""超级记忆力:最强大脑""生态工艺术工""快乐篮球""$H_2O$化学社""风吟朗诵""'烯炔'人才""DIET""新闻传媒""心言""矩阵实验室""日本文化""日本动漫IP学习研究""培绿舞蹈""'结布同行'生态手工""生态建筑""水之源""3S创意""快乐足球""特色打击乐""未来科学家""言吧""社会观察""万维空间""和谐之音""生态编制""时食社""人工智能机器人""动漫设计""服装设计""影视编导艺术""书法""速写""小小讲解员""机器人" | | |

17

（续表）

| 课程类别 | 课程内容 | | | 学习时间 | 学习对象 |
|---|---|---|---|---|---|
| 创新拔尖类 | 生态研学课程 | 城市发展系列 | "环城水系""长三角一体化""华为园区""城际铁路研学" | | |
| | | 自然生态系列 | "青西郊野公园""元荡""淀山湖""太浦河"等 | | |
| | | 历史文化系列 | "崧泽文化""朱家角""金泽""青龙古镇""广富林""文庙"等 | | |
| | | 乡村振兴系列 | "青浦新农村考察""东庄村""东西村""徐姚村"等 | | |
| | 生态实践综合活动 | "校外环境监测研究""无人机遥感研究城市绿化研究""智慧出行，你我同行""变'巢'为'潮'——创意生态""防止水华，我在行动"等品牌课程 | | | |
| | 生态品格、能力提升课程 | "生态教育微信公众号运营" | | | |
| | | "生态理性辩论课程" | | | |
| | | "校园生态准则课程" | | | |
| | | "'行走'的思政课 走进人大夏令营课程" | | | |

# 附三 青浦一中学生生态前沿科技部分新成果

| | |
|---|---|
| 第一类<br>地理 | 1. 基于 GIS 的环城水系公园空间分布的研究与优化分析(市二等奖) |
| | 2. 印象青浦——在无人机技术支持下航拍宣传片制作(市二等奖) |
| | 3. 基于 GIS 的与地铁 17 号线接驳公交线路的优化分析(市二等奖) |
| | 4. 基于 GIS 的青浦林荫道的优化分析(市三等奖) |
| | 5. 运用 ArcGIS 软件分析公园垃圾桶分布的合理性(市三等奖) |
| | 6. 青浦区养老机构空间分布现状与优化 |
| | 7. 运用 scs 曲线分析校园积水问题 |
| | 8. 在生态校园建设背景下的植物群落调查 |
| | 9. 长三角一体化,先行示范区湿地农业发展现状调查与分析 |
| | 10. 基于 ArcGIS 的校园地面温度场的空间分布及其影响因素分析 |
| | 11. 用校园气象站 $PM_{2.5}$ 监测数据分析污染过程特征 |
| | 12. 练塘茭白地理环境特征的调查分析 |
| | 13. 无人机技术支持下青西郊野公园湿地判读 |
| | 14. 关于共享汽车分布是否合理的调查研究 |
| | 15. 庆华小区绿地二次规划 |
| | 16. 基于 GIS 的校园绿化分布的研究 |
| | 17. 运用 ArcGIS 分析青浦一中周边便利店布局的合理性 |
| 第二类<br>工程 | 18. 月球生态建筑设计(市一等奖) |
| | 19. 3D 打印——解压碳防水笔自动铅笔(市二等奖) |
| | 20. 螺旋式蜂巢月球营地创意设计及制作(市二等奖) |
| | 21. 爱劳动的小河豚(市二等奖) |
| | 22. 基于蓝牙 4.0 系统的报警徽章钥匙扣设计(市二等奖) |
| | 23. 绿植守护者——360°多功能机器人(市二等奖) |
| | 24. 一种为青少年设计的笔(市三等奖) |
| | 25. 锹形虫仿生清扫器(市三等奖) |
| | 26. 旋转木马(市三等奖) |

(续表)

| | |
|---|---|
| 第二类<br>工程 | 27. 空气检测进化"飞鸽"设计(市三等奖) |
| | 28. 臭氧水在学校消毒中的应用(市三等奖) |
| | 29. 基于3D打印的对汽车三元催化器的改良设计(市三等奖) |
| | 30. 一种自动围棋分拣装置的设计 |
| | 31. 能显示温度的杯子 |
| | 32. 医用新型除雾护目镜 |
| | 33. 小区智能垃圾处理装置 |
| | 34. 便携式自救包 |
| | 35. 生态智能化车棚 |
| | 36. 一种智能煤气检测装置的设计 |
| | 37. 一种简易可拆分型天桥的创意设计 |
| | 38. 多功能手机支架 |
| | 39. 一种防随身物品遗忘的智能装置设计 |
| | 40. 可控量勺盖一体调味罐 |
| | 41. 自动钱币分类与收集产品 |
| | 42. 商场自动导览机 |
| | 43. 智能浇水机器人 |
| | 44. 更方便的书包 |
| | 45. 智能控温公寓 |
| | 46. 城市轨道交通车站瓶颈设施问题特性研究及改善 |
| | 47. 无人机在校园安全中的应用 |
| | 48. 城市轨道交通车站瓶颈设施处问题特性研究及改善 |
| | 49. 轨道结构伤损技术研究 |
| | 50. 多功能晾衣架 |
| | 51. 路边的小猪垃圾桶 |
| | 52. 无人机在高层消防中的应用 |
| | 53. 新型多功能鞋 |
| | 54. 多功能雨伞 |
| | 55. 新型多功能能源屋的设计 |
| | 56. 未来店铺设计畅想 |
| | 57. 蓝天白云在招手之月球营地 |
| | 58. 环卫工人的新时代——清洁科技战车 |

（续表）

| | |
|---|---|
| 第三类<br>行为与社会科学 | 59. 城市微更新视角下的青浦老旧小区整治策略研究——以上海市青浦区庆华新村二、三村为例（市三等奖） |
| | 60. 青浦城区夜市选址初探 |
| | 61. 浅析青浦东西片方言差异及产生原因 |
| | 62. 疫情期间父母教养方式与初中生网络使用情况的相关性研究 |
| | 63. 初中生视角下中学生一般自我效能感影响因素探究——以青浦地区为例 |
| | 64. 基于大众点评网数据的朱家角古镇旅游资源现状评价与优化策略研究 |
| | 65. 青浦区义务教育资源空间均衡性研究 |
| | 66. 对青浦城区的外卖行业带来的环境问题的影响的调查 |
| | 67. 基于居民对于小区停车问题的分析与优化 |
| | 68. 上海市共享单车可持续发展的研究和构想 |
| | 69. "停车难"现状的调研及思考 |
| | 70. 调查市民对于短视频的看法 |
| | 71. 朱家角古镇消防改进设计 |
| | 72. 对乐清女孩乘车遇害案后民众对打车软件的态度的调查研究 |
| | 73. 15—25岁青少年对网络小说的阅读情况及看法 |
| | 74. 初中生手机使用情况调查与建议 |
| 第四类<br>环境科学与工程 | 75. 毛峰茶叶中防晒成分的提取研究（市二等奖） |
| | 76. 探究西瓜保存过程中理化指标和新鲜程度的相关性 |
| | 77. 过期牛奶对鸡毛菜生长影响的探究 |
| | 78. 周边河道水污染治理情况 |
| | 79. 利用简易方法从稻壳中提取硅 |
| | 80. 草莓害虫的有机防治 |
| | 81. 夹竹桃提取液扑杀果蝇 |
| | 82. 植物类农药效果研究 |
| | 83. 植物色素的提取与应用 |
| | 84. 植物生态净水 |
| | 85. 稻壳灰对染料亚甲基蓝的吸附性能研究 |

（续表）

| | |
|---|---|
| 第四类<br>环境科学与工程 | 86. 浅析防治雾霾措施对预防雾霾疾病的有效性 |
| | 87. 水质对于鱼类养殖的影响 |
| | 88. 鲜花酸碱指示剂的探究和制作 |
| | 89. 以桂圆壳为原料制备净水材料 |
| | 90. 朝天椒提取液的驱赶刺毛虫效果 |
| | 91. 利用简易方法从稻壳中提取二氧化硅 |
| | 92. 稻壳灰对亚甲基蓝的吸附性能研究 |
| | 93. 乡村旅游与有机农耕相结合的未来前景状况 |
| | 94. 学校及工业区湿垃圾就地能源化利用的可行性调研 |
| | 95. 上海垃圾"四分法"的后续研究——新型垃圾分类方式的探究 |
| 第五类<br>物理与天文学 | 96. 氧化锌 $\Sigma 7$ 晶界的受主复合缺陷 AsZn—VZn：第一性原理研究（市三等奖） |
| | 97. 用第一性原理计算研究 Si 晶界的杂质分凝和磁性特性 |
| | 98. 月相与吴淞潮汐变化规律分析 |
| | 99. 太阳黑子变化与我国三地降水相关度的分析 |
| | 100. 基于万维望远镜的八大行星小视频制作 |
| | 101. 二十四节气棋盘游戏设计及测评 |
| | 102. 太阳辐射影响因子的分析与研究 |
| | 103. 无人机遥感在校园绿化建设方面的应用 |
| 第六类<br>动物与植物学 | 104. 不同光质及对植物的影响 |
| | 105. 如何维持生态平衡 |
| | 106. 研究水芹对青浦河道水质的改善 |
| | 107. 茶多酚对叶绿素含量的影响进而影响绿萝长势的探究 |

第二部分

# 全面提高教师个体教育教学素养

# 一、教学目标更新:提升对学习目标的认知与确定能力

## （一）教学目标的又一次现代更新

### 1. 教学目标的现代更新

我国进入 21 世纪初的课程改革,具有跨越世纪的重大意义。关键是新修订的高中(24 门课程)和义务教育(16 门课程)课程和教材体系,从整体角度分析,把以"知识为本"的课程体系和教材体系,改为以"人为本"的体系。

我国甚至世界各国的教育,传统上都是以学科"知识点"作为课程和教材目的及教师教学与学生学习目标。这个目标,为大机器工业化生产培养了大批人才。但是,现在再把"知识点"作为学习目标,已不适应现代社会和现代科技的发展,于是本次课程改革,首次提出以"学科核心素养"(正确价值观、必备品格和关键能力)作为学科课程与教学目标,这就把传统上以"知识为本"的课程一下子提升到以"人为本"的课程。这就把"以人为本"真正落到实地,而不再是口号。

"以人为本"的课程与教学,需要有新的目标。这就把"三维"目标结合各学科具体内容与特点加以整合,也是基于各学科本质凝练出的"学科核心素养",是我国中小学教学目标又一次提升和发展。因此,教育工作者必须深刻学习与领会这个重要变化。同时,要研究目标的变化对整个教学体系带来的巨大变革。

### 2. "以人为本"目标的重要作用

为什么学习目标更新对教育培养的人具有决定与引领作用? 在"学科核心素养"引领下,基础教育整个课程体系都发生了变化。例如,以"大概念课程"统领整个高中和义务教育课程,学科内容结构化,以及义务教育各门学科都要有10％的跨学科课程内容。新课标强调核心素养,以学科核心素养作为课程目标和教学目标,教学要以学科核心素养为纲。我国基础教育长期以学科"知识点"作为教师教学和学生学习目标。如今再把"知识点"作为学习目标,已不适应现

代社会和现代科技发展，提出把"学科核心素养"作为教学目标是符合现代教育发展趋势的。2017 年公布的 24 门学科的《普通高中课程标准》，把学习目标定为"学科核心素养"；2023 年公布的 16 门学科的《义务教育课程标准》，把学习目标定为"学生核心素养"，这就使我国培养的人才更具现代化，符合"教育信息化"与"教育智能化"发展大趋势，也符合教育发展大要求。

### 3. 我国教学目标发展变化过程与内涵

我国中小学生教学目标从整体上看，经历了三次发展，也实现了三次升级。从 20 世纪七八十年代的传统教学"双基目标"——学科基础知识与基本技能，到 21 世纪初及 2001 年教育部《基础教育课程改革纲要（试行）》公布时，发展为三维目标：知识与技能、过程与方法、情感态度与价值观。由于教师长期以知识与技能作为教学目标，对学科核心素养不了解，必须帮助教师深入学习领会与理解"学科核心素养"的性质、特点与内涵。我国中小学教学目标由"知识点"转变为"学科核心素养"，不仅范围拓宽了、层次提高了，而且学生素养也提升了。中小学教师必须认真学习、深入理解学科核心素养的内涵，不仅对一门学科的本质特征有深入理解，而且对一门学科的主要思维方式有具体了解。同时，帮助教师分析理解教科书，更准确地选择与确定课堂教学目标，对提升教师学科专业素养和能力具有重要作用。

## （二）"教学目标"与"学习目标"的区别

### 1. 建议把"教学目标"改为"学习目标"

我们建议把传统的"教学目标"改为"学习目标"，因为学科核心素养作为学生的学习目标，不是专家的素养，不是教师的素养，而是学生的素养、学生的学习目标。这样使学习目标的含义更加明确：是学生学习后会做什么。使学科核心素养成为可教、可学、可评价，不能评价的就不能成为目标。

### 2. 教师要善于科学选择与确定学习目标

教师不但要学习理解学科核心素养的内涵，还要善于选择与确定目标。因为"学科核心素养"是对各学科本质的凝练，因此学科核心素养的内涵更丰富。教师选择哪些"核心素养"与具体确定哪些"核心素养"作为"本课"学习目标，要善于选择、分解、细化目标。以语文"审美鉴赏"学习目标为例,教师要确定学习哪些审美方法:是语言的音韵美,还是语言的意境美？是文章的直观形式美,还是文章整体结构美？这不仅要求对课文进行深入研究和理解,还要求对学生认知有具体了解,甚至学校教研组对语文教学内容要有整体安排——这是教研组必须做的第一件大事。

### 3. 学习目标是学习的出发点,也是归宿点

我们必须把"学科核心素养·教学内容要点·学习质量要点·学习考核题型"四项内容放在一起,才能真正领会"目标既是出发点,也是归宿点"的含义。按照学校管理学,目标是学习的出发点,也是学习的归宿点。新课标在这个问题上更加明确,并用表格形式对它们进行对照比较。新课标强调核心素养,以学科核心素养作为教学和学习目标,教学要以学科核心素养为纲。我国基础教育长期以来都是以学科知识点作为教师教学和学生学习目标。今天再把知识点作为学习目标,已不适应现代社会和现代科技的发展,提出"学科核心素养"作为学科教学目标是符合现代教育发展趋势的。

## （三）教材的体例（编纂学）要认真研究分析

教材编纂学是我国古代用的词语。它是指教材的编写方法或架构。我们强烈建议应保留这一词语。例如,古代编写历史书,采用的有三种编纂方法（或者三种体例）。一是按照时间顺序编写（如《春秋》）；二是按照人物顺序编写（如《史记》）；三是按照事件顺序编写（如《宋史记事本末体》）。这三种编写方法是历史书编写的三种基本架构（编纂体例）,是历史学科编写人员所熟知的。今天我们应恢复这三种（编纂体例）。今天编写教科书,建议也应恢复这种编纂体例。

# 二、教材分析：提升教师的教材分析与应用能力

## （一）深刻认识教材属性与双重作用：
## 学习内容载体＋沟通师生媒体

学科核心素养作为学生学习目标，具有十分重要的地位。如何顺利达成目标？不但需要以大概念编制课程内容以便使知识结构化，还要编写与之相应的大单元教科书，作为教与学的依据。这样才能使教学的每个重要环节前后保持一致，形成一体化的教学系统。因此，教师要了解"教科书编纂学"基本常识并提高教科书分析与应用能力。

深化课堂教学改革的一个重要问题是对教科书观念和教科书功能认知的转变。一百多年来，我们一直把课本作为教材的全部，作为教学的唯一依据，师范院校把"教材教法"作为教师培养的主课，教师也把对教科书的分析和教法的设计作为教学能力高低的主要标准。

20世纪后半叶随着科学技术的飞速发展，知识增长速度很快，特别是进入21世纪后，随着信息技术的普及和网络的迅速发展，知识更新速度更快，且人们获得知识的途径日趋多元化，获得知识的方式更加便利化，运用教学技术的手段更加现代化。因此，教材的内涵更加丰富，教材的外延出现扩大趋势，组成教材的材料更加多样化，形成教材系列化和成套化的趋势，使教材成为教与学的一个资源平台。

今天，我们对教材观念(包括性质、任务、体例等)需要更新，对教材功能也要从传授知识点转变到培育学科核心素养上来。对教材应用能力与教材内容的综合能力更加需要研究和思考。教科书不再是教学的唯一依据，而变成教与学的主要载体和媒体，成为教学资源平台的主要部分。

## （二）如何对待教材是"教学法的颠倒"的问题

我们常说："要用教材教，不能教教材，更不能让学生背教材。"怎样才是"用教材教"？我们还说："教是为了不教。"怎样的"教"才能做到"不教"？这就要明

白一般教科书的特点。

对教材（教科书），20世纪下半叶荷兰数学家和数学教育家弗赖登塔尔（1905—1990）这样描述数学表达形式：没有一种数学思想是以它被发现时的那个样子公开发表出来的。一个问题被解决后，相应地发展为一种形式化技巧，结果把求解思维过程丢在一边，使得火热的发明变成冰冷的美丽。因此，他说，教材是"教学法的颠倒"。

因为教材所呈现的是形式化的、冰冷的结果，所以教学如果是从这些"冰冷"的形式开始的，学生就不可能经历"火热"的数学思考过程。教学就会变成对"冰冷"的概念、公式、定理的背诵和记忆，而远离学生"火热"的数学思维过程。

弗赖登塔尔还指出：儿童也不可能通过演绎法学会新的数学知识。演绎法，就是把学科的概念、公式、定理，通过教师的讲解分析，一点一点、一步一步地讲解分析给学生听和记，希望让学生学会推理和思考，这对初中和小学生来说是非常困难的，因为学生的逻辑思维没有发展到演绎推理的水平。

如果数学教学时，从"形式"开始，学生就容易出现"形式"上的理解。为了避免"形式"上的教，一线教师需要将"学术形态的数学转化为教育形态的数学"，为此需要关注学生的生活概念与数学概念之间的本质联系与区别，实现杜威所说的"由生活概念向科学概念的运动"。所以，我们过去批评教科书只是科学知识的"压缩饼干"，就是指教科书把科学知识浓缩成概念、公式、定理。

## （三）要厘清"学科逻辑""生活逻辑"和"学习逻辑"联系的链条

这就涉及"学科逻辑""生活逻辑"和"学习逻辑"（或教学逻辑）之间的关系。这是教科书编写改革的重要指导思想："学科逻辑"是指高度抽象的冰冷的学科的概念、公式、定理；"生活逻辑"是指火热的学科活动或思考过程。如果教科书都是"学科逻辑"，学生就无法学习，只能死记硬背。因此，教师要善于把学科理论知识情景化，使"学科逻辑"回归火热的思维过程，就是回归"生活逻辑"。这个情景化过程就是"学习逻辑"（或"教学逻辑"），要帮助教师善于把抽象的理论情景化，提高教师对教科书的应用能力。

概括地说，把学术概念回归生活经验，就需要教师有扎实的学科学识，真正搞懂学科理论知识的内涵，同时把理论回归生活经验，通过生活情景引导学生理解学科概念、公式、定理等，切实提升对理论知识的理解。实现毛主席所说的：认识的第一次飞跃。也就是通过具体情景实现从生活经验向理论的飞跃。

## (四) 提高教科书的应用能力:善于把理论知识问题化

学习不仅是把"外部世界的知识装进学生头脑中",而且是在持续地发现问题和解决问题的过程中,真正掌握知识并能运用知识。今天学习方式的革命,必须把以讲授为中心的课堂转变为以学习为中心的课堂。

帮助教师提高对教科书的应用能力,就是把知识问题化,改变教师单纯讲解分析知识的传授方法。把知识问题化,引导学生在思考与讨论问题过程中,理解、领会理论知识,促进知识内化、深化、活化。要把教材内容转化为系列化问题,一定要对理论内容有深入理解和研究,这就需要提升教师"学科专业学识水平"。

同时,这也是从实践向理论转变的第一次飞跃,通过问题促进思维实现从生活经验向理论认识的飞跃。所以,美国教学专家麦克泰格和威金斯提出要让教师学会提问:用问题打开学生对知识的理解之门。

# 三、教材观念:提升教师教材分析与教材设计意识(略)

# 四、课程意识:提升教师的课程意识与课程观念(略)

# 五、课堂转型:从教师"讲解·分析"到学生通过"问题·活动"领悟

这种教师"教学方式"和学生"学习方式"的转变,需要有一种教师"导为主"和学生"主动学"的课堂方法,这就是"问题引导"与"活动深化"。具体是:

- 用系列化问题替代教师讲解分析灌输,引导和指导学生学习。

- 用多样化活动,创设体验场景和探究情境,促进学生知识体验内化和探

究发现。

- 用新情景和新材料设计考核评价题目,推动学生能力迁移。

# (一)课堂导学序列化问题设计要求

如何实现课堂转型?首先要改变教师讲解分析的教学方法,用系列化问题替代教师的讲解、分析、解释,引导和指导学生学习,通过问题链设计引导和指导学生的自主学习。

课堂上的问题主要有四种类型,每种问题有其特殊的核心素养培养功能。

第一种是导学问题。用于一般内容的问题设计,引导学生自主学习。

第二种是讨论问题。内容比较复杂、难度较大的问题设计,用于学生相互讨论,指导加深理解。

第三种是情境问题。通过创设具体情境,使问题具体生动形象。通过情境问题设计,突出问题蕴含的道理,通过情境促进学生完成学习。

第四种是拓展问题。问题向课本外、课堂外拓展,向生活、生产和科研领域拓展,推动学生善于迁移知识和运用知识。高年级学生要注意跨学科问题延伸。我们说的是深度思维。

活动也有四种:

第一种是实验活动。例如,物理、化学、生物、地理等学科的实验活动设计,通过实验活动学习与理解知识和理论。注意实验活动设计也有四类不同的实验活动。

第一类是给学生一个科学结论,然后通过一个实验来证明,这叫验证性实验,即证明前人的理论是正确的。现在中小学大多数实验是验证性实验,这种实验可能会激发学生思考,但有一个缺点:先给学生一个结论,一般都是正确的结论,让学生再通过实验证明它,所以验证性实验大多数是强化学生对知识的记忆和理解。

第二类是探究性实验。就是倒过来,教师先不告诉学生结论,也不让学生看书上的结论,而是让学生先做实验,通过观察、分析、归纳获得规律性认识,这就是"知识生成"或"知识建构"。比如,通电导体周围会产生磁场,为什么?按照验证性实验,先讲知识,学生会问:"你怎么知道的?"再用实验证明,这叫验证性实验,目的是证明结论是正确的,学生思维和能力提高不大。换成探究性实验:过程正好反过来,先不讲结论,只设计实验方案,如放很多小磁针或细铁屑,把导线放在其中，让学生观察导线没有电流通过时，小磁针会发生什么变化。引导学生思考是什么原理。这样学生获得的知识不是教师传授的，而是用实验验证的。是学生通过对实验现象的观察、分析、归纳得出的结论，这叫探究性实验。

第三类是操作性实验。比如，让学生做一个制取氧气的实验等，这只是考查学生操作技能熟练或记忆程度，现在大多数实验考试基本上属于这一类。

第四类是创新性实验。比如，学生自己动手设计新的证明磁生电的实验，这是创新思维培养。我们在洛阳五十五中听过一节化学课，化学教师在课堂上演示的是与课本上不同的实验，他对学生讲他做的实验跟课本上不一样，因为课本上的实验是最早的实验，比较费材料，效果也不明显。为了使实验效果更明显，教师重新设计了一个。教师请学生再设计一个实验，这就是创新性实验。

第二种是体验活动。学科体验活动的目的是通过活动获得体验，加深与内化认识。

第三种是探究活动。教师不要把问题设计与活动设计混淆起来，在活动设计中肯定要有问题设计配合，引导活动的开展，使活动深化。

第四种是拓展活动。另外也不要把不同活动的作用混淆起来。

中小学教师为什么大多数愿意自己讲解分析而很少设计问题与活动？除了时间不够外，主要是把课本知识讲解清楚比较容易，把知识用问题或活动表达清楚，则需要对知识有深刻理解与实践把握。

什么是学习？建构主义认为，知识不是通过教师传授得到的，而是学习者在一定的情境即社会文化背景下，借助教师和学习伙伴的协助，利用必要的学习情境，通过意义建构方式而获取知识的过程，由于学习是在一定的情境下，通过人际间的协作活动而实现的意义建构过程，因此建构主义学习理论认为"情境""协作""会话""意义建构"是学习环境中的四大要素或四大属性。

什么是学习的方法？建构主义提倡在教师引导和指导下，以学习者为中心的学习，也就是既强调学习者的认知主体作用，又不忽视教师的指导作用。教师是意义建构的帮助者与促进者，而不是知识的传授者与灌输者。学生是信息加工的主体，是意义的主动建构者，而不是外部刺激的被动接受者和被灌输的对象。

核心是以学生为中心：强调学生对知识的主动探索、主动发现和对所学知识意义的主动建构。关键是强调主动"学"。

以教师为中心则强调"教"。由于当代信息技术发展的强有力支持，课堂学习所要求的学习情境得到充分满足，使建构教学理论和方法日益与广大教师的教学实践结合,从而成为国内外学校深化教学改革的指导思想。

# （二）引导学生"理解学科基本思想和思维方法"

关于教学转型的迫切性问题,一个是课堂教学一定要从知识点学习中跳出来,才能适应现代教学发展。另一个是要引导学生"理解学科基本思想和思维方法"。

2021年,教育部等六部门发布的《义务教育质量评价指南》指出,要将"理解学科基本思想和思维方法"作为学生学业水平考查的要点。概括地说,就是要把学科核心素养作为重点培养与考查,这样才能让学生真正理解一门学科或课程,以及这门学科或课程的主要思维方法,而不是掌握具体的知识点。

一门学科的基本思想主要是指学科的本质,也就是这门学科主要研究什么,以及有什么用途。思维方法主要是指这门学科的研究方法。只有深刻理解学科的本质,才能深入了解这门学科的用途。只有理解这门学科的研究方法,才能更好地研究和破解它的奥秘。这些都是深刻把握和研究一门学科的关键,而碎片化的知识点对科学研究没有大的用处。

关于思维方法,基本上有五种思维类型:形象思维、逻辑思维、直觉思维、辩证思维、创造思维。每种思维方法还可以分为五种思维品质:思维的深刻性、敏捷性、灵活性、批判性、独创性。

"学科基本思想"举例:关于学科基本思想,也就是学科的本质与学科的价值,这里举几个例子加以说明。

**语文学科基本思想(学科本质与价值)(摘要)**

学习一门学科,理解和把握学科的本质和特点是前提。"文以载道",所以"道以文存"。因此,"文"是指语文的工具性,"道"是指语文的人文性,两者密不可分。这就是语文学科的本质。

学习语文的目的是学会运用语言的规律,提高和他人进行交流沟通的能力。就是要达到有效地理解别人的态度、观点、立场,有效地表达自己的态度、观点、立场。一句话,准确地理解与表达各自态度、观点、立场,并提升为思想、情感、价值观。

具体来说,语言和文字都是思维的载体、思维的表现方式。因此,说话或文章的紊乱,也就表现出思维的紊乱。

既然是交流,就会有信息输入与输出两方面;交流需要通过口头或书面两种途径,即需要阅读与写作(书面表达就是读与写,口头表达则是听与说)两项基本功。所以,学会阅读与学会写作(或学会读与写、听与说)就是语文学习的两大任务。

### 道德与法治学科基本思想(学科本质与价值)(摘要)

道德与法治的本质是学会正确认识和处理人与人、人与群体、人与社会、人与国家的关系,使人适应社会生活、承担社会责任、为社会作贡献。

道德与法治学科具有理论性与实践性,比较而言其实践性更强。本学科内容都与人有关系,都涉及人的态度、观点、立场,并进一步提升为思想、情感、价值观。在学习过程中,应使人的知、情、意、行四方面高度一致,这是学习效果评价的重要标志。

### 物理学科基本思想(学科本质与价值)(摘要)

物理学是以物质基本结构、相互作用和基本运动规律为研究对象的自然科学,是人们认识物质世界的本质,揭示物质世界的规律,具有基础性和应用性的重要学科。中学物理课程是以观察和实验为基础,以物理现象、物理概念和规律、物理过程和方法为载体,以科学探究为主线,以提高全体学生科学素养为基本目标的基础性自然科学课程,是中学自然科学学习领域的重要组成部分。

### 生物学科基本思想(学科本质与价值)(摘要)

生命科学和物理、化学都是研究客观物质世界的科学,区别在于物理、化学的研究对象是地球和宇宙中没有生命的物质世界,而生命科学研究的是生命体发展变化的现象与规律,包括动物、植物、微生物,以及高等动物人的发展变化。因此生命科学与人类的生存和发展息息相关,它既是中小学的一门基础课程,又是具有无限发展前景的一门前沿科学。生命科学不仅能帮助学生认识自然界的动物、植物、微生物,而且能认识人自身,促进人自身的完善与发展。因此,是基础教育阶段一门重要学科。

# (三)探索核心素养引领下"课程与学程"改革

教学改革,或者说课堂教学改革,是对我国一百多年来中小学教学体系的深刻改革和发展,是适应信息化时代和面对智能化发展趋势,依据现代人才规格变化,对教学体系的一个完整的转变与改革,是对我国优秀教学传统的传承与发展。

为实现教育现代化,教育必须实现一次"课程与学程"的战略转型。

这个改革要点是,在学科核心素养引领下,紧紧抓住"学什么"与"怎么学"两大方面开展改革探索。"学什么"属于课程领域,其中课程是学习的路径,教材是课程的载体与媒体;"怎么学"属于学程领域,其中教学是在教师引导和指导下,学生自主学习与发展;教学评价是对学习效果的反馈、评价、调节、改进。

提出课程与学程改革概念,就是把所有关联教学的要素组成一个有机整体:其中引领"课程与学程"改革的纲是学科核心素养,这是引领教与学的目标与方向。"课程与学程"改革的目的是围绕培养高素质的现代人才,建立高质量教学体系的整体改革。

## 1. "课程与学程"改革的重点

"课程与学程"改革的主要目的是提升学生的学业质量,培养学生学科核心素养。培养重点是学生的自主学习能力,包括思维能力、应用(实践)能力、迁移能力、创新能力。关键是培养学生理解学科基本思想和思维方法。其中重点是教师"教学方式"和学生"学习方式"的转型。

教师"教学方式"转型,即教师从"教"转向"导"。具体来说,就是学习方向的引导,学习方法的指导,学习疑难的疏导。

学生"学习方式"转型,即学生从"被动学"转向"主动学"。具体来说,就是自主学习,合作学习,探究学习。

## 2. 课堂教学往哪里转

重新认识教师角色与作用:"教学方式转型"是从"教为主"转向"学为主";"学习方式转型"是从"被动学"转向"主动学"。

转型要素:基于情境、问题导向达到高度参与和深度思维;教学要超越知识传递,走向主动探究知识(建构主义)。

从教师"讲解·分析"转到"问题·活动":通过系列化"问题链"引导并指导学生自主学习;通过多样化"活动链"促进学生体验、内化、活化。

需要指出的是我们说的"问题"不是指一两个"问题";我们说的"活动"不是举一两个例子。

## （四）全面提升教师个人教育教学素养：教科书体例单元化

1. 学科核心素养。教科书体例变化，将给课堂教学带来哪些新变化？

2. 教科书单元体例将给课堂教学带来哪些新变化？

3. 教科书单元体例将给教师带来哪些新变化？

4. 探索课堂教学有哪些新方法与新方式？（见上海市教研室编《单元教学设计指南》）

请阅读附五，并思考、实践、反思上述问题。

## （五）全面提升教师个人教育教学素养：教科书体例带来什么

1. 单元设计给教师带来哪些变化？

2. 单元设计与单课设计有哪些课堂改革的新要求？

3. 单元设计与单课设计的目的与方法有什么变化？

请阅读附六、附七，并思考、实践、反思上述问题。

# 附四　把教学目标作为"四合一"要求举例

（学科核心素养·知识学习要点·考核要求要点·考试题型）

✳ **初中**

## 八年级语文（上册）（第一单元—第六单元）

杨忍①

### "学科核心素养·教学内容要点·学习质量要求·教学检测题型"对比表

第一单元　活动·探究

| 标号 | 学科核心素养 | 教学内容要点 | 学习质量要求 | 教学检测题型 |
|---|---|---|---|---|
| 1 | 语言运用 思维能力 | 新闻的六要素；消息的特点 | 阅读新闻报道,能区分事实与观点；能提取、归纳、概括主要信息,把握信息之间的联系,得出有意义的结论；能利用掌握的多种证据判断信息的真实性与可信度,能运用文本信息解决具体问题 | 积累运用题 阅读鉴赏题 比较归纳题 新闻写作题 |
| 2 | 语言运用 思维能力 | 消息的"倒金字塔结构" | | |
| 3 | 语言运用 审美创造 | 新闻特写的特点及写法 | | |
| 4 | 语言运用 思维能力 | 通信的特点及写法 | | |
| 5 | 语言运用 思维能力 | 新闻评论的结构特点 | | |

---

① 上海市青浦区第一中学初中语文教研组。

第二单元

| 标号 | 学科核心素养 | 教学内容要点 | 学习质量要求 | 教学检测题型 |
|---|---|---|---|---|
| 6 | 语言运用 思维能力 审美创造 | 回忆性散文的基本特点；藤野先生的形象及"我"的思想感情变化 | 在阅读中能把握主要内容，并通过朗读、概括、讲述等方式，表达对作品的理解；能从多角度揣摩、品味经典作品中的重要词句和富有表现力的语言，通过圈点、批注等多种方法呈现对作品的语言、形象、情感、主题的理解；能通过对阅读过程的梳理、反思，总结不同类型文学作品的阅读经验与方法 | 积累运用题 阅读鉴赏题 思考探究题 |
| 7 | 语言运用 思维能力 审美创造 | "母亲"的形象；文中议论抒情句的含义和作用 | | |
| 8 | 语言运用 思维能力 审美创造 | 列夫·托尔斯泰的形象；先抑后扬的写作手法 | | |
| 9 | 语言运用 思维能力 审美创造 | 传记的主要特点；居里夫人的形象 | | |

第三单元

| 标号 | 学科核心素养 | 教学内容要点 | 学习质量要求 | 教学检测题型 |
|---|---|---|---|---|
| 10 | 语言运用 审美创造 文化自信 | 不同季节三峡景物的特征；作者的情感 | 了解中国古代基本的文化常语；通过朗诵、概括、讲述等方式，表达对作品的理解；能分类整理富有表现力的词语、精彩段落和经典诗文名句，分析作品表现手法的作用；能从作品中找出值得借鉴的地方，对照他人的语言表达反思自己的语言实践 | 朗读背诵题 积累运用题 阅读鉴赏题 思考探究题 |
| 11 | 语言运用 思维能力 审美创造 文化自信 | 《答谢中书书》与《记承天寺夜游》所写景物的特征；作者的情感 | | |
| 12 | 语言运用 思维能力 审美创造 文化自信 | 富春江的突出特征；作者的情感；作者描绘景物的方法 | | |
| 13 | 语言运用 思维能力 审美创造 文化自信 | 律诗起承转合的结构特点；诗歌主旨和诗人的情感 | | |

**第四单元**

| 标号 | 学科核心素养 | 教学内容要点 | 学习质量要求 | 教学检测题型 |
|---|---|---|---|---|
| 14 | 语言运用<br>思维能力<br>审美创造 | 父亲的形象及"我"的情感变化；<br>"背影"在全文中的作用 | 广泛阅读古今中外的诗歌、小说、散文、戏剧等文学作品,在阅读过程中把握主要内容；<br>能从多角度揣摩、品味经典作品中的重要词句和富有表现力的语言,通过圈点、批注等多种方法呈现对作品的语言、形象、情感、主题的理解；<br>能与他人分享自己获得的对自然、社会、人生的有益启示,能借鉴他人的经验并调整自己的表达,能根据需要,运用积累的语言进行口头或书面表达 | 积累运用题<br>阅读鉴赏题<br>片段写作题 |
| 15 | 语言运用<br>思维能力<br>审美创造<br>文化自信 | 白杨树的特征及象征意义；<br>烘托、对比、欲扬先抑等写作技巧的表达效果；<br>托物言志散文的基本特点 | | |
| 16 | 语言运用<br>思维能力<br>审美创造 | 课文的中心观点及包含的人生哲理；<br>层层推进阐释哲理的写法 | | |
| 17 | 语言运用<br>思维能力<br>审美创造 | 昆明的雨和雨季相关的景、事、物的特点；<br>作者的情感；<br>本文形散神聚的特点 | | |

**第五单元**

| 标号 | 学科核心素养 | 教学内容要点 | 学习质量要求 | 教学检测题型 |
|---|---|---|---|---|
| 18 | 语言运用<br>思维能力<br>审美创造<br>文化自信 | 中国石拱桥的特点；<br>说明方法及作用；<br>说明文语言的特点 | 阅读说明性文字,能区分事实与观点；<br>能提取、归纳、概括主要信息,把握信息之间的联系,得出有意义的结论；<br>能从多角度观察生活,抓住事物特征,选择恰当的表达方式,安排合理详略,条理清楚地表达自己的感受和认识 | 积累运用题<br>阅读鉴赏题<br>思考探究题<br>图文写作题 |
| 19 | 语言运用<br>思维能力<br>审美创造<br>文化自信 | 苏州园林的特点；<br>说明顺序；<br>说明方法及作用 | | |
| 20 | 语言运用<br>思维能力<br>审美创造<br>文化自信 | 人民英雄纪念碑的整体特点；<br>说明顺序；<br>纪念碑的内涵 | | |

（续表）

| 标号 | 学科核心素养 | 教学内容要点 | 学习质量要求 | 教学检测题型 |
|---|---|---|---|---|
| 21 | 语言运用<br>思维能力<br>审美创造 | 蝉的特点和习性；<br>作者对昆虫的情感；<br>科学性与文学性的语言 | | |
| 22 | 语言运用<br>思维能力<br>审美创造<br>文化自信 | 说明顺序；<br>作者恰当选择和使用说明方法；<br>科学性与文学性的语言 | | |

第六单元

| 标号 | 学科核心素养 | 教学内容要点 | 学习质量要求 | 教学检测题型 |
|---|---|---|---|---|
| 23 | 语言运用<br>思维能力<br>审美创造<br>文化自信 | 文章的观点和论证思路；<br>孟子说理的特点 | 阅读简单议论性文章，能区分观点与材料，并能解释观点与材料之间的关系；<br>广泛阅读古今中外的诗歌、小说、散文、戏剧等文学作品，在阅读过程中把握主要内容；<br>能从多角度揣摩、品味经典作品中的重要词句和富有表现力的语言，通过圈点、批注等多种方法呈现对作品的语言、形象、情感、主题的理解；<br>能分类整理富有表现力的词语、精彩段落和经典诗文名句，分析作品表现手法的作用 | 朗读背诵题<br>积累运用题<br>阅读鉴赏题<br>想象片段写作题 |
| 24 | 语言运用<br>思维能力<br>审美创造<br>文化自信 | 文言常用词语；<br>愚公与智叟的形象；<br>本文的寓意 | | |
| 25 | 语言运用<br>思维能力<br>审美创造<br>文化自信 | 古代文化常识与文言常用词语；<br>周亚夫和汉文帝的形象；<br>正面描写与侧面描写相结合的写作手法 | | |
| 26 | 语言运用<br>思维能力<br>审美创造<br>文化自信 | 不同诗歌体裁的韵律特点；<br>作者的情感；<br>诗歌的写作手法 | | |

# 九年级语文(上册)(第一单元—第九单元)

於丹丽①

## "学科核心素养·教学内容要点·学习质量要求·教学检测题型"对比表

### 第一单元　活动·探究

| 标号 | 学科核心素养 | 教学内容要点 | 学习质量要求 | 教学检测题型 |
|---|---|---|---|---|
| 任务一 1.1 | 文化自信 语言运用 思维能力 审美创造 | 诗歌的音乐美和意境美; 上阕写景与下阕抒情相结合; 作者博大的胸襟和豪迈的情怀 | 了解诗歌的意象,能结合意象的内涵理解诗人的情感,感受诗歌的艺术魅力; 把握诗作的感情基调,揣摩诗人情感的发展脉络,能在朗诵时通过重音、停连、节奏等传达出诗人的思想感情; 学习诗歌借景或借物表达情志的写法,尝试小诗创作 | 语言分析题 配乐朗诵 |
| 任务一 1.2 | 文化自信 语言运用 思维能力 审美创造 | 诗歌循环往复的节奏; 揣摩构思的巧妙; 体会人们对周总理的缅怀 | | |
| 任务一 1.3 | 文化自信 语言运用 思维能力 审美创造 | 把握诗歌意象"土地""风""河流""黎明"的内涵; 体会爱国之情 | | |
| 任务一 1.4 | 文化自信 语言运用 思维能力 审美创造 | 诗歌循环往复的节奏; 诗歌意象"邮票""船票""坟墓""海峡",体会家国情怀 | | |
| 任务一 1.5 | 文化自信 语言运用 思维能力 审美创造 | 诗歌的音乐美和绘画美; 理解意象"四月天",把握意境,体会情感; 诗歌的多种表现形式 | | |
| 任务一 1.6 | 文化自信 语言运用 思维能力 审美创造 | 诗歌主题和诗人情感; 分析意象"春风""飞鸟"; 品味陌生化语言的表达效果 | | |

---

① 上海市青浦区第一中学语文教研组。

（续表）

| 标号 | 学科核心素养 | 教学内容要点 | 学习质量要求 | 教学检测题型 |
|------|-------------|-------------|-------------|-------------|
| 任务二 | 文化自信<br>语言运用<br>审美创造 | 组织诗歌朗诵活动的基本流程 | 能运用重音、停连等朗诵技巧读出诗歌的情感和韵律；<br>能围绕主题安排诗歌朗诵会的基本流程 | 制定朗诵评价表 |
| 任务三 | 语言运用<br>思维能力<br>审美创造 | 选择合适意象，表达情感 | 能运用合适的句式、选择合适的意象表达自己的感受 | 小诗写作 |

## 第二单元　议论文

| 标号 | 学科核心素养 | 教学内容要点 | 学习质量要求 | 教学检测题型 |
|------|-------------|-------------|-------------|-------------|
| 第1课 | 语言运用<br>思维能力 | 区分观点和材料；<br>厘清文章论证思路：提出观点—论证观点—强调观点；<br>举例论证、引用论证、对比论证 | 了解议论性文章的基本特点；<br>正确把握作者的观点，区分观点与材料；<br>厘清论证的思路，学习论证的方法 | 绘制议论文行文思路结构图 |
| 第2课 | 语言运用<br>思维能力 | 展示美好与美好被毁的对比式结构；<br>铺陈、类比的写作书法；<br>反语的表达效果 | | |
| 第3课 | 语言运用<br>思维能力 | 什么是教养—为什么要有教养—怎样培养教养的论证思路；<br>从生活小事中挖掘积极意义的构思；<br>对比论证 | | |
| 第4课 | 语言运用<br>思维能力 | 引入话题—论述观点—总结深化观点的论证思路；<br>比喻论证和对比论证 | | |
| 写作 | 语言运用<br>思维能力 | 发现现象—思考原因—提出观点 | 能就热点问题或社会现象搜集资料，提取信息，概括观点 | 新闻材料分析 |

### 第三单元　古诗文

| 标号 | 学科核心素养 | 教学内容要点 | 学习质量要求 | 教学检测题型 |
|---|---|---|---|---|
| 第1课 | 文化自信<br>语言运用<br>思维能力<br>审美创造 | 常用实词与虚词；<br>览物情、悲喜观、忧乐观；<br>骈散结合的语言特点 | 能了解古代写景记游散文的文体特点,体会作者在景物描写中寄寓的政治理想和思想情感；<br>能背诵积累经典诗文名篇,并运用于自己的语言表达中；<br>能结合具体语句,体会古诗文语言简洁、音韵和谐、意境深远的特点；<br>积累文言常用实词的意义；<br>积累常见文言虚词,并能结合具体语境来体会其特殊的作用 | 语句分析题 |
| 第2课 | 文化自信<br>语言运用<br>思维能力<br>审美创造 | 面对挫折的精神和胸襟；<br>骈偶句的语言美感；<br>常用实词的意义和用法；<br>"也"的作用 | | 阅读分析题 |
| 第3课 | 文化自信<br>语言运用<br>思维能力<br>审美创造 | 白描手法；<br>雪的文化内涵；<br>家国之思 | | 语句分析题 |
| 第4课 | 文化自信<br>语言运用<br>思维能力<br>审美创造 | 不同体裁的诗歌在形式上的特点；<br>诗歌表现的情感 | | 情景默写 |

### 第四单元　小说世界

| 标号 | 学科核心素养 | 教学内容要点 | 学习质量要求 | 教学检测题型 |
|---|---|---|---|---|
| 第1课 | 语言运用<br>思维能力<br>审美创造 | 以"现实"和"回忆"穿插交织的效果；<br>人物形象的复杂性；<br>小说的写作目的 | 能把握小说的主要情节,初步感知小说的叙事手法,尝试分析人物形象；<br>能结合自己的生活体验,理解小说的主题；<br>能借助小说的阅读体验加深对社会和人生的理解 | 小说阅读分析；<br>小说人物专题探究报告 |
| 第2课 | 语言运用<br>思维能力<br>审美创造 | 小说叙事视角；<br>人物形象和小说的批判性；<br>正确人生观 | | |
| 第3课 | 语言运用<br>思维能力<br>审美创造 | 人物描写对揭示小说主题的作用；<br>小说富有诗意的语言对表现人物形象的作用 | | |

（续表）

| 标号 | 学科核心素养 | 教学内容要点 | 学习质量要求 | 教学检测题型 |
|------|------------|------------|------------|------------|
| 第4课 | 语言运用<br>思维能力 | 缩写的基本方法与技能；<br>不同文体的缩写要领；<br>缩写对解决生活实际问题的作用 | | |

## 第五单元 议论文阅读

| 标号 | 学科核心素养 | 教学内容要点 | 学习质量要求 | 教学检测题型 |
|------|------------|------------|------------|------------|
| 第1课 | 语言运用<br>思维能力 | 时代背景；<br>作者观点；<br>先破后立的论证思路；<br>尖锐犀利、富有战斗性、讽刺性的语言 | 能联系时代背景，把握作者的观点，理解文章的中心论点；<br>能区分观点和材料，把握观点和材料之间的联系，了解驳论的特点，体会议论文逻辑严密、思辨性强的特点；<br>掌握常见的论证方法，体会议论文严谨、准确的语言特点 | 论证思路结构图；<br>语言品析 |
| 第2课 | 语言运用<br>思维能力 | 怀疑精神的内涵及重要意义论证思路；<br>精准、严谨的议论性语言 | | 论证思路结构图；<br>语言分析 |
| 第3课 | 语言运用<br>思维能力 | 观点和材料之间的联系；<br>论证思路 | | 辨析题 |
| 第4课 | 语言运用<br>思维能力 | 作者批驳的观点和主张；<br>明确材料和观点的关系；<br>清晰的论证思路 | | 论证思路结构图 |
| 写作 | 语言运用<br>思维能力 | 学写观点统一、论证严密的议论文；<br>借助材料和论证方法论证观点 | 能针对生活中的某个现象提出自己的思考与主张，并借助材料与论证方法论述自己的观点 | 议论文写作 |
| 口语交际 | 语言运用<br>思维能力 | 讨论的意义和作用；<br>讨论的特点和规则；<br>常见的讨论方法 | 能围绕一个话题有理有据地发表自己的见解；<br>能认真倾听他人的见解，并能对他人的观点做出评价 | 确定运动会开幕式表演的讨论会 |

第六单元　中国古典小说

| 标号 | 学科核心素养 | 教学内容要点 | 学习质量要求 | 教学检测题型 |
|---|---|---|---|---|
| 第1课 | 文化自信<br>语言运用<br>思维能力<br>审美创造 | 小说的情节发展；<br>小说的主要人物形象，<br>生辰纲丢失的原因；<br>早期白话文的特点，古<br>今汉语的联系与贯通 | 了解明清白话小说的<br>特点，能概括分析故事<br>情节；<br>能联系全书，并运用小<br>说要素的分析方法分<br>析人物形象；<br>能结合历史背景，探究<br>小说的主题和故事；<br>积累相关的文学文化<br>常识，感受古今语言的<br>变化 | 人物描写<br>分析；<br>情节发展结<br>构图 |
| 第2课 | 文化自信<br>语言运用<br>思维能力<br>审美创造 | 小说的情节发展；<br>从范进等人前后不同<br>的表现中显示不同的<br>人物形象；<br>讽刺小说的特点；<br>科举制度对读书人的<br>戕害 | | 人物描写分析 |
| 第3课 | 文化自信<br>语言运用<br>思维能力<br>审美创造 | 刘备、诸葛亮等人的不<br>同形象特点；<br>多种描写手法的作用；<br>中国文化中礼贤下士、<br>尊重人才的传统 | | 对比阅读分析 |
| 第4课 | 文化自信<br>语言运用<br>思维能力<br>审美创造 | 按刘姥姥的行踪梳理<br>小说情节；<br>人物典型语言和动作<br>描写中体现的人物<br>形象；<br>传统名著的文化意义<br>和美学意义 | | 人物描写分析 |
| 写作 | 语言运用<br>思维能力 | 改写的常见形式及基<br>本特点；<br>改写的基本方法；<br>改写的基本原则 | | 例文改写 |

# 六年级英语(牛津英语版)(第一单元—第四单元)

张舒婷①

## "学科核心素养·教学内容要点·学习质量要求·教学检测题型"对比表

### 第一单元　Great cities in Asia

| 标号 | 学科核心素养 | 教学内容要点 | 学习质量要求 | 教学检测题型 |
|---|---|---|---|---|
| 1.1 | 语言能力<br>思维品质<br>学习能力 | 了解不同国家首都,明确该地与上海的地理位置关系 | 正确拼读理解本课词汇并能在语境中初步使用,完成交际任务;理解表示方位的副词,并在实际语境中初步运用;掌握两个城市相对位置的重点句型 | 朗读题<br>音标题<br>词汇题<br>能力提升题 |
| 1.2 | 语言能力<br>文化意识<br>思维品质<br>学习能力 | 了解上海到不同国家首都之间的距离、出行方式与相应的时间 | 理解疑问句"How far is it from ... to ...?""How long does it take to travel from ... to ...?""How can we travel to ...?"的意义,能在语境中用来询问并能正确应答 | 朗读题<br>听说题<br>问答题<br>合作探究题 |
| 1.3 | 语言能力<br>文化意识<br>思维品质<br>学习能力 | 三个平行说明文本分别介绍了北京、东京和曼谷三个亚洲城市的相关信息,包含地理位置、当地风光、人口、特色美食等 | 在听、读活动中,听懂或读懂关于城市话题的语篇。准确获取城市的风貌、人口及饮食等相关信息 | 音标题<br>听说题<br>问答题<br>能力提升题<br>读写题 |
| 1.4 | 语言能力<br>文化意识<br>思维品质 | 根据北京、东京、曼谷三个城市的介绍信息,设计快问快答测试题 | 能围绕"Great cities in Asia"这一话题进行口头和书面表达;培养热爱城市生活,热爱自己的城市生活,成为高素质的市民 | 问答题<br>写作题<br>翻译题<br>读写题<br>合作探究题 |

---

①　上海市青浦区第一中学英语教研组。

### 第二单元　At the airport

| 标号 | 学科核心素养 | 教学内容要点 | 学习质量要求 | 教学检测题型 |
|---|---|---|---|---|
| 2.1 | 语言能力<br>思维品质<br>学习能力 | 介绍 Mrs Wang 和 Grandma 在去洛杉矶之前所做的准备,谈论两人已做的和未做的事情 | 正确拼读理解本课词汇并能在语境中初步使用,完成交际任务;能在阅读中理解现在完成时的时态意义,并能在语境中正确运用;能使用现在完成时描述已做和未做的准备 | 朗读题<br>音标题<br>问答题<br>词汇题<br>能力提升题 |
| 2.2 | 语言能力<br>文化意识<br>思维品质<br>学习能力 | Mr Wang、Mrs Wang 和 Grandma 三人的日常对话,Mr Wang 询问两人离家时间、路上所花费的时间、到达机场的时间、起飞时间等信息,以时间线展开对话 | 通过阅读标题和图片,学会根据关键信息对文本的核心内容进行预测;能使用 what time、how long 引导的特殊疑问句进行情境问答 | 朗读题<br>听说题<br>问答题<br>能力提升题<br>合作探究题 |
| 2.3 | 语言能力<br>思维品质<br>学习能力 | 学习三人到达机场后见到的各类标识,辨别标识的含义,并进行配对 | 理解机场不同标识的含义,并准确描述其表达的内涵;能有效使用标识,并找到相应设施或位置 | 问答题<br>词汇题<br>能力提升题 |
| 2.4 | 语言能力<br>思维品质<br>学习能力 | 在机场内复查物品是否已准备齐全,勾选检查清单,用现在完成时对物品进行询问和检查 | 理解疑问句"Have you … yet?"的意义,能在语境中用于询问并能正确应答;学生在情境中能更好地理解现在完成时的时态含义 | 音标题<br>听说题<br>问答题<br>读写题<br>翻译题<br>合作探究题 |

### 第三单元　Dragon Boat Festival

| 标号 | 学科核心素养 | 教学内容要点 | 学习质量要求 | 教学检测题型 |
|---|---|---|---|---|
| 3.1 | 语言能力<br>文化意识<br>思维品质<br>学习能力 | 阐述端午节的起源、屈原的生平以及如今端午节的庆祝方式,涉及的时态为一般过去时 | 正确拼读理解本课词汇并能在语境中初步使用,完成交际任务;在读的活动中,听懂或读懂关于节日话题的语篇,准确获取节日的时间、起源、活动、食物等相关信息;能用一般过去时描述过去发生的事件或故事 | 朗读题<br>音标题<br>词汇题<br>读写题<br>能力提升题 |

（续表）

| 标号 | 学科核心素养 | 教学内容要点 | 学习质量要求 | 教学检测题型 |
|---|---|---|---|---|
| 3.2 | 语言能力<br>文化意识<br>思维品质<br>学习能力 | 谈论同学们所喜爱的不同粽子的口味，并灵活使用介词"with"和"without"表述不同种类的粽子，调查询问同学们的喜好；发出一同品尝粽子的邀请，并根据个人喜好回复 | 理解介词"with"和"without"，并在实际语境中初步运用；理解疑问句"Would you like some …?"和回答"Yes, please. / No, thanks. I'd rather …"的意义，并能在语境中用于询问并能正确应答 | 朗读题<br>听说题<br>问答题<br>能力提升题 |
| 3.3 | 语言能力<br>文化意识<br>思维品质<br>学习能力 | 写一封电子邮件，向外国好友 Lucy 介绍中国传统节日端午节，综合之前两课时的所学内容进行书面表达 | 能围绕"Dragon Boat Festival"这一话题进行口头和书面表达；培养热爱中华传统文化和中国传统节日的情感，增强民族意识和民族自信心 | 音标题<br>听说题<br>问答题<br>能力提升题<br>写作题 |

## 第四单元  Staying Healthy

| 标号 | 学科核心素养 | 教学内容要点 | 学习质量要求 | 教学检测题型 |
|---|---|---|---|---|
| 4.1 | 语言能力<br>文化意识<br>思维品质<br>学习能力 | 学唱"Play and work"为主题的歌曲，理解学习、生活两者之间的平衡 | 正确拼读理解本课词汇并能在语境中初步使用，完成交际任务 | 朗读题<br>音标题<br>词汇题<br>合作探究题 |
| 4.2 | 语言能力<br>思维品质 | 讨论各自喜爱的室内、室外活动，并在班级范围内进行调查，根据调查结果绘制柱状图 | 学会使用"What's your favourite indoor / outdoor activity?"句型进行提问，完成班内活动喜爱度调查；能用"I like …, but I don't like …"表达好恶 | 朗读题<br>词汇题<br>问答题<br>能力提升题 |
| 4.3 | 语言能力<br>思维品质<br>学习能力 | 通过医患情境，根据病人症状，推断病因，并给出相应的改善建议 | 在听、读活动中，听懂或读懂关于健康话题的语篇。准确获取症状、病因、建议等相关信息；运用"It's because you …, I'm afraid."的句型推测病因；能正确使用情态动词"should"根据病因和症状，给出相应建议 | 音标题<br>听说题<br>问答题<br>能力提升题<br>翻译题 |

（续表）

| 标号 | 学科核心素养 | 教学内容要点 | 学习质量要求 | 教学检测题型 |
|------|------------|------------|------------|------------|
| 4.4 | 语言能力<br>文化意识<br>思维品质<br>学习能力 | 医生询问患者的日常行为习惯,患者告知行为的频次;通过调查询问,了解学生的日常习惯及频率,将自己的习惯与学生的习惯进行比较,分析谁的行为习惯更健康 | 理解疑问句"How often …?"和频度副词"once / twice / three times a day / week / month / year"的意义,并能在语境中用于询问并能正确应答;分析谁的习惯更有利于健康,并给出理由和建议 | 问答题<br>写作题<br>读写题<br>合作探究题 |

# 六年级英语(牛津英语版)(第五单元—第七单元)

岳春苗①

## "学科核心素养·教学内容要点·学习质量要求·教学检测题型"对比表

### 第五单元　What will I be like

| 标号 | 学科核心素养 | 教学内容要点 | 学习质量要求 | 教学检测题型 |
|------|------------|------------|------------|------------|
| 5.1 | 语言能力<br>思维品质<br>学习能力 | 第一课时是阅读文本,使用魔法相机,知晓Kitty的未来 | 要求学生根据常见字母和字母组合的发音规则,并借助音标拼读单词,理解文本大意。熟悉句型结构:"What will … be like in … years' time?" | 朗读题<br>音标题<br>词汇题<br>能力提升题 |
| 5.2 | 语言能力<br>文化意识<br>思维品质<br>学习能力 | 第二课时根据Peter和Jill的爱好和特长,推测他们未来的职业,并表示是否赞同。听懂或读懂关于未来话题的语篇。准确获取长相、身高、体重、特长、职业等相关信息 | 学会用"What will he / she possibly be in … years' time?"询问未来的工作,并对可能的职业推测进行判断,用"Yes, I agree." "No, I don't agree."表示赞同或反对 | 朗读题<br>听说题<br>问答题<br>合作探究题 |

① 上海市青浦区第一中学英语教研组。

（续表）

| 标号 | 学科核心素养 | 教学内容要点 | 学习质量要求 | 教学检测题型 |
|---|---|---|---|---|
| 5.3 | 语言能力<br>文化意识<br>思维品质<br>学习能力 | 第三课时描述十五年后 Joe 和 Ben 的变化，包括长相和职业 | 在听和读的活动中，熟练使用句型结构："What will ... be like in ... years' time?" 并会用 "Yes, I agree." "No, I don't agree." 表示赞同或反对 | 音标题<br>听说题<br>问答题<br>能力提升题<br>合作探究题 |
| 5.4 | 语言能力<br>文化意识<br>思维品质 | 第四课时书写自己可能的未来报告，说明自己目前的特长，将来可能从事的职业以及为未来职业所做的准备 | 能使用重点时态：一般将来时 "will do" 或 "be going to do"。能围绕 "My possible future" 的话题有意识地思考未来从事的职业，制订未来的计划，培养独立思考能力 | 问答题<br>写作题<br>翻译题<br>读写题<br>合作探究题 |

### 第六单元　Seasonal changes

| 标号 | 学科核心素养 | 教学内容要点 | 学习质量要求 | 教学检测题型 |
|---|---|---|---|---|
| 6.1 | 语言能力<br>思维品质<br>学习能力 | 第一课时学习"夏季校服"的通知，学会描述男生、女生夏季校服以及写通知的语言，从而完成"冬季校服"通知的书写 | 能根据连读规则朗读句子；能正确理解特殊疑问句降调的含义；在听说活动中运用恰当的语调。理解描述衣着的词语，并且能按照一定的顺序描述某人的衣着穿戴 | 朗读题<br>音标题<br>问答题<br>词汇题<br>能力提升题 |
| 6.2 | 语言能力<br>文化意识<br>思维品质<br>学习能力 | 第二课时通过"听"，学习如何描述"夏季的校园生活"的对话，并正确使用 "Many / Not many ... like doing ... ＋方位＋because" 句型 | 理解对话 "What can you see in ...? We can see ..." 和 "What / Why do many ... like doing ...? Many / Not many ... like doing ... in the ... because ..." 的意义，并能在语境中用来询问并能正确应答。<br>在听和读的活动中，听懂或读懂关于季节变化话题的语篇。准确获取季节、校服、校园生活变化等相关信息 | 朗读题<br>听说题<br>问答题<br>能力提升题<br>合作探究题 |

（续表）

| 标号 | 学科核心素养 | 教学内容要点 | 学习质量要求 | 教学检测题型 |
|---|---|---|---|---|
| 6.3 | 语言能力<br>思维品质<br>学习能力 | 第三课时建立在"听与说"的基础上,用恰当的语言描述"冬季的校园生活" | 能围绕"Seasonal changes"这一话题进行口头和书面表达。能自主学习本单元内容,对学习内容进行归类、组织相关知识和信息 | 音标题<br>听说题<br>问答题<br>读写题<br>翻译题<br>合作探究题 |

### 第七单元　Travelling in Garden City

| 标号 | 学科核心素养 | 教学内容要点 | 学习质量要求 | 教学检测题型 |
|---|---|---|---|---|
| 7.1 | 语言能力<br>文化意识<br>思维品质<br>学习能力 | 第一课时是阅读文本,了解过去与现在不同时代乘坐公交出行的对比。熟悉两种重点时态(一般过去时和一般将来时)之间的转换 | 正确拼读理解本课词汇,能在语境中初步使用,同时完成交际任务;学习本课的核心词汇: instead, most / none of …, still, perhaps, few double / single-decker, nowadays, pavement 等,以及句型结构 : What will travelling in our city be like in 10 years' time? | 朗读题<br>音标题<br>词汇题<br>读写题<br>能力提升题 |
| 7.2 | 语言能力<br>文化意识<br>思维品质<br>学习能力 | 第二课时根据 Miss Guo 与学生的对话,了解 10 年后对人们出行方式和交通工具变化的推测 | 能用一般将来时和情态动词来描述未来可能的出行方式。<br>理解疑问句"What will travelling be like in … years' time?""What was travelling like in the past?"和"In the past, / Nowadays …""Perhaps …""None / most of …"表示推断,并能在语境中用来询问并能正确应答 | 朗读题<br>听说题<br>问答题<br>能力提升题 |

（续表）

| 标号 | 学科核心素养 | 教学内容要点 | 学习质量要求 | 教学检测题型 |
|---|---|---|---|---|
| 7.3 | 语言能力 文化意识 思维品质 学习能力 | 第三课时针对未来的出行方式,大胆想象未来的出行会是什么样子的。在听、读活动中,听懂或读懂关于未来交通方式话题的语篇。准确获取过去、现在和未来不同的相关信息 | 能围绕"Future travelling"这一话题进行口头和书面表达。培养学生有意识地思考今昔出行方式的变化,畅想未来交通出行方式,提高想象力 | 音标题 听说题 问答题 能力提升题 写作题 |

# 六年级英语(牛津英语版)(第八单元—第十单元)

吕建红①

## "学科核心素养·教学内容要点·学习质量要求·教学检测题型"对比表

### 第八单元　Windy weather

| 标号 | 学科核心素养 | 教学内容要点 | 学习质量要求 | 教学检测题型 |
|---|---|---|---|---|
| 8.1 | 语言能力 思维品质 学习能力 | Listening and speaking 板块,通过学习 Miss Guo 和 Kitty 谈论微风天气下的短对话,学习谈论不同刮风天的日常生活场景;学会表达不同天气下的谈话,并进行展板宣传 | 正确拼读理解本课词汇并能在语境中初步使用完成交际任务;熟练运用句型"I can see people doing … When there is a …" | 朗读题 听说题 读写题 能力提升题 |
| 8.2 | 语言能力 安全意识 思维品质 学习能力 | 学习并理解 Reading 板块,Kitty 和 Ben 外出放风筝遭遇台风的配图故事,用一般过去时和副词来描述过去发生的事 | 学习核心词汇:sink, pass, happen, fiercely, immediately, carefully, slightly, tightly 等,并能用一般过去时和副词来复述课文故事 | 朗读题 听说题 词汇语法题 能力提升题 合作探究题 |

---

①　上海市青浦区第一中学英语教研组。

（续表）

| 标号 | 学科核心素养 | 教学内容要点 | 学习质量要求 | 教学检测题型 |
|---|---|---|---|---|
| 8.3 | 语言能力<br>安全意识<br>思维品质<br>学习能力 | Look，read and match 板块，通过学习 Miss Guo 用幻灯片向学生介绍台风天潜在的危险，了解台风可能带来的危险 | 在听、读活动中，准确获取图片和语篇信息，学习用英语进行表述并从思想上重视台风可能带来的危害，思考如何应对 | 朗读题<br>听说题<br>问答题<br>能力提升题<br>读写题 |
| 8.4 | 语言能力<br>安全意识<br>思维品质<br>学习能力 | Writing 板块要求根据海报配图，完成台风天安全注意事项的海报 | 能围绕"When a typhoon is coming ……"这一话题进行口头和书面表达；思考预防台风的措施 | 问答题<br>写作题<br>读写题<br>合作探究题 |

第九单元　Sea water and rain water

| 标号 | 学科核心素养 | 教学内容要点 | 学习质量要求 | 教学检测题型 |
|---|---|---|---|---|
| 9.1 | 语言能力<br>思维品质<br>环保意识<br>学习能力 | 第一课时结合海洋的说明文文本，学习海洋的基本信息，包含"one of＋形容词最高级，get … from …，use sth to do sth"的用法等 | 正确拼读理解本课词汇并能在语境中初步使用和完成交际任务；了解海洋的基本信息并掌握句型"one of＋形容词最高级，及词汇 get … from …，use sth to do sth"等的用法 | 朗读题<br>音标题<br>词汇语法题<br>问答题<br>能力提升题 |
| 9.2 | 语言能力<br>环保意识<br>思维品质<br>学习能力 | 第二课时涉及无水时的情况描述，运用"If there is no rain，we will …"及"use water to do …"的句型来表达水的用途及其重要性 | 学习并了解文本内容，学会运用"If there is no rain，we will …"句型来描述无水时的情况，并运用"use water to do …"的句型来探讨水对人们工作及生活产生的重要影响 | 音标题<br>朗读题<br>听说题<br>问答题<br>合作探究题 |
| 9.3 | 语言能力<br>环保意识<br>思维品质<br>学习能力 | 第三课时学习节约水资源的方法，学习"We can save water by doing"的结构 | 在听、读活动中，听懂或读懂关于节水话题的语篇。准确获取节水方法的相关信息并通过学习和讨论探究更多节水方法，形成节水意识 | 音标题<br>听说题<br>问答题<br>能力提升题<br>读写题<br>合作探究题 |

第十单元　Forests and land

| 标号 | 学科核心素养 | 教学内容要点 | 学习质量要求 | 教学检测题型 |
|---|---|---|---|---|
| 10.1 | 语言能力<br>环保意识<br>思维品质<br>学习能力 | 第一课时结合森林的说明文文本，学习森林的基本信息，包含森林的定义、重要作用、严峻现状及保护措施 | 正确拼读理解本课词汇并能在语境中初步使用，完成交际任务；理解森林的基本信息，包含定义、重要作用、严峻现状及保护措施 | 朗读题<br>音标题<br>词汇和语法题<br>能力提升题 |
| 10.2 | 语言能力<br>环保意识<br>思维品质<br>学习能力 | 第二课时学习从自然界获得的原料物质内容，运用"get … from …"和"use … to do sth"的结构表达 | 在听、读活动中，听懂或读懂关于"things from the environment"的语篇。准确获取从自然界中获得的相关原料物质的内容，并运用"get … from …"和"use … to do sth"来表达 | 朗读题<br>听说题<br>问答题<br>阅读题<br>合作探究题 |
| 10.3 | 语言能力<br>环保意识<br>思维品质<br>学习能力 | 第三课时学习不同材质的触感表达，学习"be made of"和"How does it feel? It is＋adj"的句型结构 | 在游戏活动中，听懂或猜出相关环境物质的名称、手感、原料来源等。准确运用"be made of"和"How does it feel? It is＋adj"来获取所猜材料的相关信息 | 音标题<br>听说题<br>问答题<br>能力提升题<br>读写题 |
| 10.4 | 语言能力<br>环保意识<br>思维品质<br>学习能力 | 第四课时是根据单元学习内容进行保护环境的写作实践 | 能围绕"protect the environment"话题进行口头和书面表达；培养环保意识，成为环保小卫士 | 问答题<br>阅读题<br>写作题<br>合作探究题 |

# 九年级英语(牛津英语版)(第三单元—第四单元)

王冬梅①

## "学科核心素养·教学内容要点·学习质量要求·教学检测题型"对比表

### 第三单元　Going places

| 标号 | 学科核心素养 | 教学内容要点 | 学习质量要求 | 教学检测题型 |
|---|---|---|---|---|
| 3.1 | 语言能力<br>学习能力<br>思维品质 | 词汇:<br>本单元的核心词汇:<br>population, such, set out, while, couple, style, commercial, trade, amazed, artist, introduce, request, career, aim, industry, available, appreciate;<br>拓展词汇:<br>architecture, exhausting, marvellous, recreation, teenager, sword, European nickname, waterfront, jade, pavilion, zigzag | 1. 识别单词词形变化,指导构词法,如合成词,以及派生法中常用的前缀、后缀。<br>2. 在听读活动中,理解词汇的基本含义及在特定语境中的意义。<br>3. 掌握核心词汇的读音、拼写、词性和词义。<br>4. 在阅读中,根据单词释义理解单词在语境中的含义,解释有关话题的词汇和短语。<br>5. 在教师引导下反思,总结词汇学习的成效并做出调整。<br>6. 在交际过程中,感知和了解中外表达文化习俗的词汇的差异 | 对话口语题<br>中译英翻译 |
| 3.2 | 语言能力<br>学习能力<br>思维品质 | 语法:<br>The past perfect tense | 1. 能识别并理解过去完成时的用法和意义。<br>2. 能通过读、写活动运用过去完成时。<br>3. 在书面和口头表达中,尝试用过去完成时提高语言表达的逻辑性,丰富语言表达的形式 | 语法改错题 |

---

① 上海市青浦区第一中学英语教研组。

（续表）

| 标号 | 学科核心素养 | 教学内容要点 | 学习质量要求 | 教学检测题型 |
|---|---|---|---|---|
| 3.3 | 语言能力<br>学习能力<br>思维品质<br>文化意识 | 语篇：<br>Reading：on holiday<br>More practice：<br>educational visits | 1. 通过阅读活动，运用预测、跳读、浏览等阅读策略，获取所需信息，理解文本大意。<br>2. 巩固旅游、教育访谈等话题相关词汇。<br>3. 阅读旅游类语篇，获取相关信息，推断隐含意义，把握主旨大意 | 语篇阅读题 |
| 3.4 | 语言能力<br>学习能力<br>思维品质<br>文化意识 | 功能意念：<br>Making a phone call for information | 1. 在听说活动中，运用电话用语针对信息的获取等功能进行模仿表达。<br>2. 在交际活动中进行口头表达，发展语言能力，解决实际问题。<br>3. 自主选择适合自己的交际策略，运用功能意念完成合作或交际任务 | 语篇阅读题 |
| 3.5 | 思维品质<br>文化意识 | 话题：<br>"人与社会"范畴中的"娱乐与运动"主题下的"旅游度假"话题 | 1. 在听读活动中，识别旅游话题的相关表达和呈现形式，准确获取话题重要信息。<br>2. 在交际活动中，积极思考和辨析话题的相关语言、文化等知识与现象。<br>3. 理解旅游话题意义，主动探索与选择合适资源、交际策略等完成任务 | 话题撰写题 |

## 第四单元　All about films and TV

| 标号 | 学科核心素养 | 教学内容要点 | 学习质量要求 | 教学检测题型 |
|---|---|---|---|---|
| 4.1 | 语言能力<br>学习能力<br>思维品质 | 词汇：<br>本单元的核心词汇：<br>set，movie，highlight，shoot，impress，awesome，violently，director，select，dictionary，nervous，apartment，influence，brilliant；<br>拓展词汇：<br>see stars，Hollywood，studio，jungle，humid，terrific，extra，actress，envy，a piece of cake | 1. 识别单词词形变化，指导构词法，如合成词，以及派生法中常用的前缀、后缀。<br>2. 在听读活动中，理解词汇的基本含义及在特定语境中的意义。<br>3. 掌握核心词汇的读音、拼写、词性和词义。<br>4. 在阅读中，根据单词释义理解单词在语境中的含义，解释有关话题的词汇和短语。<br>5. 在教师引导下反思，总结词汇学习的成效并做出调整。<br>6. 在交际过程中，感知和了解中外表达文化习俗的词汇的差异 | 听力填空题<br>情境对话题<br>选词填空题 |
| 4.2 | 语言能力<br>学习能力<br>思维品质 | 语法：<br>Reported speech | 1. 巩固间接引语的构成，并根据语境正确使用间接引语。<br>2. 在书面和口头表达中，尝试运用间接引语提高语言表达的生动性和多样性 | 直接间接<br>引语转换题 |
| 4.3 | 语言能力<br>学习能力<br>思维品质<br>文化意识 | 语篇：<br>Reading：students see stars in Hollywood<br>More practice：<br>WALL-E | 1. 通过阅读活动，运用预测、跳读、浏览等阅读策略，获取所需信息，理解文本大意。<br>2. 巩固电影电视等话题相关词汇。<br>3. 阅读影评类语篇，获取相关信息，推断隐含意义，把握主旨大意 | 影评撰写题 |

（续表）

| 标号 | 学科核心素养 | 教学内容要点 | 学习质量要求 | 教学检测题型 |
|------|------------|------------|------------|------------|
| 4.4 | 语言能力<br>学习能力<br>思维品质<br>文化意识 | 功能意念：<br>A questionnaire in TV viewing | 1. 在听说活动中，围绕问卷的询问与回答、爱好的表达等功能进行模仿表达。<br>2. 在交际活动中进行口头表达，发展语言能力，解决实际问题。<br>3. 自主选择适合自己的交际策略，运用功能意念完成合作或交际任务 | 影评撰写题 |
| 4.5 | 思维品质<br>文化意识 | 话题：<br>"人与社会"范畴中的"娱乐与运动"主题下的"大众传媒"话题 | 1. 在听读活动中，识别影视话题的相关表达和呈现形式，准确获取话题重要信息。<br>2. 在交际活动中，积极思考辨析话题的相关语言、文化等知识与现象。<br>3. 理解影视话题意义，主动探索与选择合适资源、交际策略等完成任务 | 影评设计题 |

# 八年级物理(下册)(第四章一第五章)

陆开朗①

## "学科核心素养·教学内容要点·学习质量要点·学习考核题型"对比表

### 第四章　机械和功

| 标号 | 学科核心素养 | 教学内容要点 | 学习质量要求 | 教学检测题型 |
|---|---|---|---|---|
| 4.1 | 物理观念<br>科学思维<br>实验探究<br>科学态度和责任 | 1. 杠杆的分类。<br>2. 滑轮的分类及定义。<br>3. 定、动滑轮的应用及计算。<br>4. 探究杠杆平衡条件。<br>5. 探究定、动滑轮的使用特点 | 1. 理解杠杆的分类。<br>2. 掌握杠杆平衡条件及计算。<br>3. 理解滑轮的分类及定义。<br>4. 掌握定、动滑轮的应用及计算。<br>5. 通过同伴交流讨论、教师指正、思维辨析，找出方法。<br>6. 能运用所学的知识与实际生活相联系，从而很好地利用简单机械 | 选择题<br>计算题<br>情景分析题<br>实验探究题<br>跨学科分析题 |
| 4.2 | 物理观念<br>科学思维<br>实验探究<br>科学态度和责任 | 1. 机械功的概念、定义、公式、单位等。<br>2. 功率的概念、定义、公式、单位。<br>3. 做功的两个必要因素。<br>4. 对实验现象的观察、分析和推理，学习科学探究过程中的科学思想和方法。<br>5. 如何改变功和功率 | 1. 理解做功定义和两个必要因素，计算公式和单位。<br>2. 理解功率的概念、计算公式及单位；熟悉机械功、功率的应用。<br>3. 通过对现象的观察、分析和推理，学习科学的思想和方法，提高逻辑思维和解决实际问题的能力。<br>4. 养成节约能源的好习惯 | 选择题<br>计算题<br>实验探究题<br>情景分析题<br>实验综合题<br>跨学科分析题 |

---

① 上海市青浦区第一中学物理教研组。

（续表）

| 标号 | 学科核心素养 | 教学内容要点 | 学习质量要求 | 教学检测题型 |
|---|---|---|---|---|
| 4.3 | 物理观念<br>科学思维<br>实验探究<br>科学态度和责任 | 1. 动能、势能及机械能的概念。<br>2. 机械能的转化 | 1. 知道动能、势能、机械能的概念及能量的转化。<br>2. 学会从物理现象中归纳物理规律，用物理规律分析具体现象和问题。<br>3. 培养学生观察生活中的物理现象的能力，体验科学探究的乐趣，培养学生实事求是的科学态度和勇于探索的科学精神。<br>4. 在实验探究中培养他们独立思考、合作学习及对问题探索的意识，培养学生的创新精神 | 选择题<br>实验探究题<br>情景分析题<br>实验综合题<br>跨学科分析题 |

## 第五章 热和能

| 标号 | 学科核心素养 | 教学内容要点 | 学习质量要求 | 教学检测题型 |
|---|---|---|---|---|
| 5.1 | 物理观念<br>科学思维<br>实验探究<br>科学态度和责任 | 温度；<br>温度计；<br>摄氏温标；<br>体温计；<br>分子动理论 | 1. 知道温度、温标的概念。<br>2. 培养学生观察生活中的物理现象的能力，体验科学探究的乐趣，培养学生实事求是的科学态度和勇于探索的科学精神。<br>3. 在实验探究中培养他们独立思考、合作学习及对问题探索的意识，培养学生的创新精神 | 选择题<br>实验探究题<br>情景分析题<br>实验综合题<br>跨学科分析题 |

（续表）

| 标号 | 学科核心素养 | 教学内容要点 | 学习质量要求 | 教学检测题型 |
|---|---|---|---|---|
| 5.2 | 物理观念<br>科学思维<br>实验探究<br>科学态度和<br>责任 | 热量；<br>比热容；<br>知识拓展，热量的计量；<br>比热容的测定；<br>热传递 | 1. 理解热量、比热容的定义和概念。<br>2. 知识拓展，知道热量如何计量。<br>3. 在实验探究中培养他们独立思考、合作学习及对问题探索的意识，培养学生的创新精神。<br>4. 通过对现象的观察、分析和推理，学习科学思想和方法，提高逻辑思维和解决实际问题的能力。<br>5. 养成节约能源的好习惯 | 选择题<br>计算题<br>跨学科分析题<br>实验探究题<br>情景分析题<br>实验综合题 |
| 5.3 | 物理观念<br>科学思维<br>实验探究<br>科学态度和<br>责任 | 1. 内能的概念；<br>2. 改变内能的方式；<br>3. 改变内能的应用 | 1. 理解内能的定义和概念。<br>2. 知道如何改变物体的内能。<br>3. 通过对现象的观察、分析和推理，学习科学思想和方法，提高逻辑思维和解决实际问题的能力 | 选择题<br>跨学科分析题<br>实验探究题<br>情景分析题<br>实验综合题<br>跨学科分析题 |
| 5.4 | 物理观念<br>科学思维<br>实验探究<br>科学态度和<br>责任 | 燃料的热值；<br>热机概念；<br>内燃机 | 1. 知道热机、内燃机。<br>2. 通过对现象的观察、分析和推理，学习科学思想和方法，提高逻辑思维和解决实际问题的能力。<br>3. 养成节约能源的好习惯 | 选择题<br>跨学科分析题<br>实验探究题<br>情景分析题<br>跨学科分析题 |

# 九年级物理(下册)(第八章)

陆开朗①

## "学科核心素养·教学内容要点·学习质量要点·学习考核题型"对比表

第八章　第一单元 电功率　第二单元　电流的磁场

| 标号 | 学科核心素养 | 教学内容要点 | 学习质量要点 | 学习考核题型 |
|------|------------|------------|------------|------------|
| 8.11 | 物理观念<br>科学思维<br>实验探究<br>科学态度和责任 | 1. 电功的定义、单位。<br>2. 电功公式 $W=UIt=Pt=UQ$。<br>3. 家用电能表的用途,计算用电器消耗的电能。<br>4. 估算家庭用电量。<br>5. 节约、安全用电 | 1. 理解电功;能运用公式 $W=UIt=Pt=UQ$ 进行有关的计算。<br>2. 能说出家用电能表的用途,会计算用电器消耗的电能。<br>3. 通过同伴交流讨论、教师指正、思维辨析,找出方法。<br>4. 能运用所学的知识与实际生活相联系,从而节约用电和安全用电 | 选择题<br>计算题<br>情景分析题<br>实验探究题<br>跨学科分析题 |
| 8.12 | 物理观念<br>科学思维<br>实验探究<br>科学态度和责任 | 1. 电功率的概念。<br>2. 电功率的定义、公式、单位。<br>3. 额定电压、额定电流和额定功率。<br>4. 实际电功率是随实际电压和电流的变化而变化的。<br>5. 对实验现象的观察、分析和推理,学习探究过程中的科学思想和方法。<br>6. 节约用电、安全用电,物理与生活的紧密联系 | 1. 知道电功率表示电流做功快慢。<br>2. 初步理解电功率的定义、公式、单位。<br>3. 知道额定电压、额定电流和额定功率。知道绝大部分家用电器的额定电压是 220 伏,了解常见用电器的额定电功率值。<br>4. 初步理解用电器的实际电功率是随实际电压和电流的变化而变化的。<br>5. 通过对实验现象的观察、分析和推理,学习探究过程中的科学思想和方法,提高逻辑思维和解决实际问题的能力。<br>6. 养成节约用电、安全用电的好习惯 | 选择题<br>计算题<br>跨学科分析题<br>实验探究题<br>情景分析题<br>实验综合题 |

---

① 上海市青浦区第一中学物理教研组。

（续表）

| 标号 | 学科核心素养 | 教学内容要点 | 学习质量要点 | 学习考核题型 |
|------|------------|------------|------------|------------|
| 8.13 | 物理观念 科学思维 实验探究科学态度和责任 | 1. 奥斯特实验—电流周围存在磁场。 2. 通电螺线管对外相当于一个条形磁铁。 3. 右手螺旋定则。 4. "探究通电螺线管磁场"实验 | 1. 知道奥斯特实验,理解电流周围存在磁场。知道通电螺线管对外相当于一个条形磁铁。 2. 会用右手螺旋定则判断通电螺线管的磁极或通电螺线管的电流方向。 3. 通过认识电流磁效应的现象和"探究通电螺线管磁场"实验,感受实验、观察、分析、归纳的研究方法。 4. 通过介绍奥斯特实验,懂得机遇垂青有准备的人的道理。 5. 通过探究通电螺线管磁场,增强协作意识 | 选择题 跨学科分析题 实验探究题 情景分析题 实验综合题 |

# 九年级化学(下册)

杨锦宏[①]

## "学科核心素养·教学内容要点·学习质量要求·教学检测题型"对比表

| 标号 | 学科核心素养 | 教学内容要点 | 学习质量要求 | 教学检测题型 |
|------|------------|------------|------------|------------|
| 5.1 | 化学观念 | 知道酸和碱是生活中常见的化合物 认识常见的酸和碱 理解酸和碱的组成和若干分类及其命名的方法 | 通过酸碱组成及其结构的学习,感受演绎、推理在学习中的重要性。 通过酸碱中和反应的实验探究,认识一些简单的科学探究方法 | 填空题 选择题 |

---

① 上海市青浦区第一中学初中化学教研组。

（续表）

| 标号 | 学科核心素养 | 教学内容要点 | 学习质量要求 | 教学检测题型 |
|---|---|---|---|---|
| 5.1 | 科学思维 | 探究稀酸和验证碱溶液的化学性质 | 初步形成演绎、推理的学习能力,并能了解探究性实验和验证性实验的特点 | 实验题<br>简答题 |
| | 科学探究与实践 | 理解中和反应的原理。通过实验知道中和反应是放热反应 | 通过中和反应的实验探究,了解尊重事实、实事求是的科学态度在学习和科研中的重要性 | 材料分析题 |
| | 科学态度与责任 | 知道中和反应在生活中的一些应用 | 通过了解生活中酸和碱的应用,体验化学与人类的密切关系,关注社会问题,增强环保意识 | 实践作业:环境调查与分析 |
| 5.2 | 化学观念 | 知道浓盐酸和浓硫酸的物理性质和特性 | 通过酸、碱化学性质的探究和验证,养成尊重实验事实的科学态度 | 填空题<br>选择题 |
| | | 理解稀盐酸和稀硫酸的物理性质和化学性质 | | |
| | | 理解氢氧化钠和氢氧化钙的物理性质、化学性质和俗名 | | |
| | 科学思维 | 理解氧化物的分类和性质 | 能依据物质性质对物质进行分类 | 填空题<br>选择题 |
| | 科学探究与实践 | 理解二氧化碳和氢氧化钠反应的原理 | 通过设计实验探究二氧化碳气体与氢氧化钠溶液的反应,初步感受用科学实验法解决化学问题的愉悦感 | 实验题<br>简答题 |
| | 科学态度与责任 | 知道常见的酸、氢氧化钠和氢氧化钙的主要用途 | 认识酸、碱在生活中的应用不当对人们的生活、生产造成的伤害,体验化学与人类的密切关系,注重绿色化学,增强社会责任意识 | 实践题 |

（续表）

| 标号 | 学科核心素养 | 教学内容要点 | 学习质量要求 | 教学检测题型 |
|---|---|---|---|---|
| 6.1 | 化学观念 | 了解金属的分类和共性 | 能用金属活动性顺序对有关的置换反应进行简单的判断,并能利用金属活动性顺序解释一些与日常生活有关的化学问题 | 填空题 选择题 |
| | | 初步认识常见金属与稀盐酸、稀硫酸的置换反应,以及与盐溶液的置换反应 | | |
| | 科学思维 | 理解金属的化学性质 | 通过对金属活动顺序的探究,初步学会运用观察、实验等方法获取信息,并能用图表和化学语言表达有关的信息 | 实验题 简答题 |
| | 科学探究与实践 | 探究金属的化学性质 | 1. 通过学生动手做探究实验,激发学习化学的浓厚兴趣。2. 通过对实验的探究、分析,培养严谨、认真、实事求是的科学态度 | 材料分析题 |
| | 科学态度与责任 | 认识金属材料与人类生活和社会发展的密切关系 | 通过讨论探究物质的性质与用途的关系,初步学会综合分析问题的能力 | 实践题 |
| 6.2 | 化学观念 | 能根据盐的组成对盐进行分类 | 通过演绎、归纳盐的分类和命名,具有初步的类比、分类的思想。会查阅部分酸、碱、盐的溶解性表,提高读表能力和归纳能力 | 填空题 选择题 |
| | | 识记一些常见的盐类水合物的化学式 | | |
| | | 会用焰色反应鉴别钠盐、钾盐 | | |
| | | 理解盐的化学性质 | | |
| | | 理解复分解反应的概念及发生的条件 | | |
| | | 理解硫酸盐、盐酸盐的检验 | | |

（续表）

| 标号 | 学科核心素养 | 教学内容要点 | 学习质量要求 | 教学检测题型 |
|---|---|---|---|---|
| 6.2 | | 知道常用化肥的种类是氮肥、磷肥和钾肥，以及它们对农作物的作用 | | |
| | | 知道几种常用氮肥的化学式 | | |
| | | 知道常见磷肥、钾肥的成分 | | |
| | 科学思维 | 盐的化学性质 | 通过实验，提高观察、分析、比较和归纳的能力。学会阅读、整理资料以及交流的能力 | 实验题 简答题 |
| | 科学探究与实践 | 盐的组成和分类 | 会查阅部分酸、碱、盐的溶解性表，提高读表能力和归纳能力 | 材料分析题 |
| | 科学态度与责任 | 了解科学合理使用化肥的重要性 | 了解化学对农业生产的重要贡献和对人类社会发展的促进作用，引发学习化学的热情 | 实践题 |
| 7.1 | 化学观念 | 有机物的组成和特点 甲烷和乙醇 | 知道有机物的概念，能从物质组成角度识别有机物和无机物。知道有机物的组成和特点，甲烷是最简单的有机物 | 填空题 选择题 |
| | 科学思维 | 知道有机物的特点 | 在探究有机物的特点和甲烷的性质实验过程中，感受实验观察、现象分析、归纳总结等科学方法 | 实验题 简答题 |
| | 科学态度与责任 | 知道有机物的特点 | 知道自然界中有机物占绝大多数，种类繁多，性质各异，人类的生活离不开有机物 | 实践作业：环境调查与分析 |

（续表）

| 标号 | 学科核心素养 | 教学内容要点 | 学习质量要求 | 教学检测题型 |
|------|------------|------------|------------|------------|
| 7.2 | 化学观念 | 人体所需的六大营养素 | 知道人体所需的六大营养素 | 填空题<br>选择题 |
| | 科学思维 | 人体所需的六大营养素 | 阅读、资料收集与讨论的学习方法 | 实验题<br>简答题 |
| | 科学态度与责任 | 人体所需的六大营养素 | 通过本章学习，提高科学素养，了解健康与营养素的关系，从而更珍惜和尊重生命 | 实践题 |

# 六年级地理（第一学期）

杨荣①

## "学科核心素养·教学内容要点·学习质量要求·教学检测题型"对比表

| 标号 | 学科核心素养 | 教学内容要点 | 学习质量要求 | 教学检测题型 |
|------|------------|------------|------------|------------|
| 1 | 地理实践力<br>综合思维<br>区域认知 | 地球仪<br>• 观察地球仪，并用简易材料制作地球仪模型。<br>• 在地球仪上识别经线和纬线，说出经度和纬度的分布规律；用经纬度描述某一地理事物或现象所在地的位置。<br>• 在地球仪上识别两极、赤道、南北回归线、南北极圈、本初子午线等，说出划分南北半球、东西半球的依据 | 学习本部分后，学生能设计、制作简易地球仪模型，在地球仪上识别经线和纬线，说明经度和纬度的分布特征，并利用经纬网对现实中的地理事物和现象进行定位，描述地理事物和现象所在地的经纬度位置和相对位置等 | 选择题<br>材料解析题<br>跨学科分析题 |

---

①　上海市青浦区第一中学地理教研组。

（续表）

| 标号 | 学科核心素养 | 教学内容要点 | 学习质量要求 | 教学检测题型 |
|---|---|---|---|---|
| 2 | 区域认知综合思维人地协调观 | **地图**<br>• 在地图上辨别方向，判读经度和纬度，量算距离，识别图例所表示的地理事物或现象，并描述地理事物或现象的空间分布特征。<br>• 结合地形观察，说出等高线地形图、分层设色地形图表示地形的方法；在地形图上识别一些基本地形。<br>• 根据需要选择适用的地图，查找所需要的地理信息，养成使用地图的习惯。<br>• 结合生活实例，描述数字地图和卫星导航系统给人们生活带来的便捷。<br>• 结合实例，描述数字地图在城市管理、资源调查、灾害监测等方面的应用 | 能在地形图上判别和描述基本的地形特征，能阅读和提取地图上的地理信息，并利用地理信息说明和分析地理事物和现象；能养成在生活中使用数字地图的习惯，感悟信息技术的发展给生活带来的便利；能恰当地使用地理工具和方法进行地理实验、社会调查和野外考察 | 选择题<br>材料解析题<br>跨学科分析题 |
| 3 | 区域认知综合思维人地协调观 | **认识国家**<br>• 运用地图和相关资料，说出某国家的地理位置、范围、领土构成和首都；选择与该国地理位置差异明显的国家，比较它们纬度位置和海陆位置的差异。<br>• 运用地图和相关资料，描述某国家突出的自然地理特征。<br>• 运用地图和相关资料，说出某国家人文地理主要特点及其与自然地理环境的联系。<br>• 运用地图和相关资料，联系某国家的自然地理环境特点，结合实例简要分析该国因地制宜发展经济的途径。<br>• 运用地图和相关资料，简要分析某国家在资源开发、环境保护方面的经验和教训。<br>• 结合实例，简要说明一个国家对某地自然环境的改造活动及对其他地方自然环境的影响。<br>• 结合某国家的实例，简要说明该国家与其他国家在经济社会等方面的联系及其意义 | 学习本主题后，学生能运用地图及其他地理工具，从地理位置、地理事物和现象的空间分布、人与自然的关系，以及区域差异和区域联系等角度，描述并简要分析某大洲、地区和国家的主要地理特征，能结合世界政治、经济、社会、文化事物和现象，运用认识区域的方法，简要分析这些事物和现象发生的区域地理背景，形成从地理视角看待、探究现实世界的意识和能力，初步具备全球视野和社会责任感 | 选择题<br>材料解析题<br>跨学科分析题 |

✳ **高中**

# 高一语文必修上册(第一单元—第七单元)

马睿嵘　邵静贤　檀瀛锌①

## "学科核心素养·教学内容要点·学习质量要求·教学检测题型"对比表

### 第一单元　青春激扬

| 标号 | 学科核心素养 | 教学内容要点 | 学习质量要求 | 教学检测题型 |
|---|---|---|---|---|
| 1.1 | 语言建构与运用 审美鉴赏与创造 文化传承与理解 | 诗歌中的意象和意境 | 领略毛主席以天下为己任的胸怀,品味其中意象和意境 | 图表题 赏析题 |
| 1.2 | 语言建构与运用 审美鉴赏与创造 文化传承与理解 | 诗歌中意象的象征意义 | 把握意象内涵,感悟诗人抒发的情思,体会象征手法 | 赏析题 |
| 1.3 | 语言建构与运用 审美鉴赏与创造 文化传承与理解 | 小说中人物形象和细节描写 | 把握小说对人物形象的刻画及心理变化和情感 | 图表题 赏析题 |

### 第二单元　劳动光荣

| 标号 | 学科核心素养 | 教学内容要点 | 学习质量要求 | 教学检测题型 |
|---|---|---|---|---|
| 2.1 | 语言建构与运用 审美鉴赏与创造 文化传承与理解 | 典型事件塑造人物形象 | 了解通信报道的一般特点。 理解事实与观点的关系,把握作者表达观点的方法。 理解人物形象,认识人物业绩价值,理解所揭示的时代精神的内涵 | 赏析题 摘抄整理 |

---

① 上海市青浦区第一中学语文教研组。

（续表）

| 标号 | 学科核心素养 | 教学内容要点 | 学习质量要求 | 教学检测题型 |
|---|---|---|---|---|
| 2.2 | 语言建构与运用 审美鉴赏与创造 思维发展与提升 文化传承与理解 | 从工匠精神的内涵、现实意义及当代价值分析观点 | 理解工匠精神的内涵与价值 | 赏析题 |
| 2.3 | 语言建构与运用 审美鉴赏与创造 文化传承与理解 | 重章叠句的手法;语言特点 | 感受劳动时的欢乐与情趣。 学习重章叠句的手法和口语化的语言特点 | 赏析题 |

### 第三单元　生命的诗意

| 标号 | 学科核心素养 | 教学内容要点 | 学习质量要求 | 教学检测题型 |
|---|---|---|---|---|
| 3.1 | 语言建构与运用 审美鉴赏与创造 文化传承与理解 | 结合诗人身世背景,体会两首诗不同的韵律、节奏、表达技巧,把握诗中情感 | 理解诗人的人生思考和选择。 掌握鉴赏古诗词的基本方法。 了解古诗词的形式特征 | 填空题 赏析题 文学短评 |
| 3.2 | 语言建构与运用 审美鉴赏与创造 文化传承与理解 | 诗体形式与诗人情感抒发之间的关系;音乐描写与景物描写的方法 | 理解文学作品丰富的内涵和语言的独特表达,提升审美能力。 欣赏古诗词独特的艺术魅力 | 填空题 赏析题 文学短评 |
| 3.3 | 语言建构与运用 审美鉴赏与创造 文化传承与理解 | 词作的风格特点、词人的生命思考与精神追求、情景关系、叠字的使用 | 了解婉约派与豪放派的词作风格。 学习了解叠字的语言特点与使用效果 | 填空题 赏析题 文学短评 |

### 第六单元　学习之道

| 标号 | 学科核心素养 | 教学内容要点 | 学习质量要求 | 教学检测题型 |
|---|---|---|---|---|
| 6.1 | 语言建构与运用 审美鉴赏与创造 文化传承与理解 | 把握学习的价值、意义、原则和方法 | 形成正确的学习观,提高学习能力 | 默写题 填空题 赏析题 |

（续表）

| 标号 | 学科核心素养 | 教学内容要点 | 学习质量要求 | 教学检测题型 |
|---|---|---|---|---|
| 6.2 | 语言建构与运用<br>审美鉴赏与创造<br>文化传承与理解 | 把握思辨类文本中作者的观点和态度 | 学会有针对性地表达观点 | 赏析题 |
| 6.3 | 语言建构与运用<br>审美鉴赏与创造<br>思维发展与提升 | 研读课文，把握说理的逻辑思路 | 感受思辨中蕴含的逻辑思维，感受思辨的力量，提高理性思维水平 | 图表题<br>逻辑关系题 |
| 6.4 | 语言建构与运用<br>审美鉴赏与创造<br>思维发展与提升<br>文化传承与理解 | 阅读文本、学习文本论述方法 | 学会选择合适的角度、以恰当的方式、有针对性地阐述自己的观点 | 写作题<br>赏析题 |

## 第七单元　自然情怀

| 标号 | 学科核心素养 | 教学内容要点 | 学习质量要求 | 教学检测题型 |
|---|---|---|---|---|
| 7.1 | 语言建构与运用<br>审美鉴赏与创造<br>文化传承与理解 | 学习不同时期、不同风格的写景抒情散文，感受文人笔下的美景，关注作品中的景物描写和人生思考 | 体会民族审美心理，增强对民族文化的认识和了解 | 赏析题 |
| 7.2 | 语言建构与运用<br>审美鉴赏与创造<br>文化传承与理解 | 学习散文作品，要重点关注作者是如何抓住景物的特点，表现景物的独特之美的 | 引导学生体会文章情景交融、情理结合的特点 | 赏析题 |
| 7.3 | 语言建构与运用<br>审美鉴赏与创造<br>文化传承与理解 | 感受作品的语言之美，品味散文独特的语言美 | 从用词、句式等方面入手，对一些精彩语段加以分析、品味 | 赏析题 |
| 7.4 | 语言建构与运用<br>审美鉴赏与创造<br>文化传承与理解 | 了解写景抒情散文的特点，把握写景抒情散文的写法 | 学生选取自己最喜欢的景物，借鉴本单元文章的写法，写一篇散文，力争做到情景交融 | 写作题<br>赏析题 |

# 高一思想政治必修1

陈义荣[①]

## "学科核心素养·教学内容要点·学习质量要求·教学检测题型"对比表

| 标号 | 学科核心素养 | 教学内容要点 | 学习质量要求 | 教学检测题型 |
|------|------|------|------|------|
| 第一课 | 政治认同：理解并认同社会主义制度，坚定制度自信。科学精神：理解马克思主义唯物史观，理解人类社会发展的趋势 | 1. 原始社会解体的过程和原因。<br>2. 奴隶社会、封建社会、资本主义社会生产力与生产关系的矛盾运动是人类社会形态发展的历程。<br>3. 科学社会主义产生的历史条件。科学社会主义的创立。社会主义从空想到科学、从理论到实践的发展 | 1.1 学生学会通过结合不同社会形态的本质特征，运用辩证唯物主义观点解释和分析人类社会发展的历史进程。<br>1.2 分析资本主义社会的历史地位，概述社会主义从空想到科学、从理论到现实的历史轨迹，阐明人类社会发展的趋势 | 选择题<br>填空题<br>连线题<br>材料解析题<br>跨学科分析题 |
| 第二课 | 政治认同：理解新中国确立社会主义制度的历史必然性，坚定认同只有社会主义才能救中国。科学精神：学生要具备正确理解和评价近代中国选择社会主义道路的必然性，理解并阐述新民主主义革命的性质和特点的能力 | 1. 近代中国基本国情决定了中国革命两步走。<br>2. 新民主主义革命的性质和特点及意义。<br>3. 社会主义制度在中国的确立及意义 | 学会通过近代中国探索复兴之路的历程和三种不同道路的结局，以及新民主主义革命、社会主义制度在中国确立并取得胜利的意义，理解并评价：只有社会主义才能救中国的观点 | 选择题<br>填空题<br>问答题<br>材料解析题 |

---

① 上海市青浦区第一中学思想政治教研组。

（续表）

| 标号 | 学科核心素养 | 教学内容要点 | 学习质量要求 | 教学检测题型 |
|---|---|---|---|---|
| 第三课 | 政治认同:树立对中国特色社会主义道路的自信和坚定。<br>科学精神:具备正确理解和评价中国特色社会主义道路的能力,掌握马克思主义基本原理与中国具体实践相结合的理论体系,理解中国特色社会主义的内涵和实质 | 1.改革开放的进程和意义。<br>2.改革开放以来党的全部理论和实践的主题。<br>3.中国特色社会主义道路理论、制度、文化 | 2.2 阐明中国特色社会主义道路、理论、制度、文化是党和人民长期奋斗、创造、积累的根本成就。<br>2.3 论证中国特色社会主义是当代中国发展的根本方向,坚定坚持和发展中国特色社会主义的自信 | 选择题<br>填空题<br>连线题<br>问答题<br>材料解析题<br>跨学科综合分析题 |
| 第四课 | 政治认同:树立对中国特色社会主义道路的自信和坚定。<br>科学精神:具备正确理解和评价只有坚持中国特色社会主义道路才能实现中华民族伟大复兴,理解习近平新时代中国特色社会主义思想的内涵和实质。<br>公共参与:明确担当民族伟大复兴的责任感与使命感 | 1.中国特色社会主义进入新时代:新时代的科学内涵、主要矛盾、坚持和发展中国特色社会主义一以贯之。<br>2.中华民族伟大复兴的中国梦:中国梦的本质,新时代党的历史使命,战略目标。<br>3.习近平新时代中国特色社会主义思想的科学内涵,伟大意义及地位 | 2.3 论证中国特色社会主义是当代社会主义,是当代中国发展的根本方向,坚定和坚持发展中国特色社会主义的自信。<br>2.4 阐明中国特色社会主义进入新时代,我们比历史上任何时期都更接近、更有信心和能力实现中华民族伟大复兴的目标,明确把爱国情、强国志、报国行自觉融入坚持和发展中国特色社会主义事业、建设社会主义现代化强国、实现中华民族伟大复兴的奋斗之路 | 选择题<br>连线题<br>问答题<br>材料分析题<br>评价题 |

# 高一思想政治必修2

吴前岚①

## "学科核心素养·教学内容要点·学习质量要求·教学检测题型"对比表

### 第一单元　基本经济制度与经济体制

| 标号 | 学科核心素养 | 教学内容要点 | 学习质量要求 | 教学检测题型 |
|------|------|------|------|------|
| 1.1 | 政治认同<br>科学精神 | 理解公有制为主体，多种所有制经济共同发展，按劳分配为主体，多种分配方式并存，社会主义市场经济体制等社会基本经济制度优越性，与我国社会主义初级阶段社会生产力发展水平相适应，是党和人民的伟大创造 | 解释我国基本经济制度的内容；阐释我国基本经济制度的优越性 | 选择题<br>填空题<br>连线题<br>材料分析题 |
| 1.2 | 政治认同<br>科学精神 | 了解各种所有制经济的地位与作用，阐释公有制经济与非公有制经济相互促进、共同发展，明确坚持毫不动摇巩固和发展公有制经济、毫不动摇鼓励、支持、引导非公有制经济发展 | 认识我国各种所有制经济的形式；知道我国各种所有制经济的地位与作用；分析社会主义初级阶段多种所有制经济共同发展的意义；了解混合所有制经济如何实现公有制与非公有制经济相互促进、共同发展；把握毫不动摇巩固和发展公有制经济，必须发展壮大国有经济、农村集体经济；把握毫不动摇鼓励、支持、引导非公有制经济发展；阐明新时代坚持和发展中国特色社会主义必须毫不动摇巩固和发展公有制经济，毫不动摇鼓励、支持和引导非公有制经济发展 | 填空题<br>选择题<br>材料分析题 |

---

① 上海市青浦区第一中学思想政治教研组。

（续表）

| 标号 | 学科核心素养 | 教学内容要点 | 学习质量要求 | 教学检测题型 |
|---|---|---|---|---|
| 1.3 | 政治认同<br>科学精神 | 阐述建设高标准市场体系的意义,辨析经济运行中政府与市场的关系,解析宏观调控的目标 | 描述市场体系和市场调节的缺陷;概述市场在资源配置中如何发挥决定性作用;理解社会主义市场经济的特点;阐释完善社会主义市场经济体制既要充分发挥市场的决定性作用,也要更好发挥政府作用;辨识我国政府的经济职能和作用;理解宏观调控的目标和手段 | 填空题<br>选择题<br>材料分析题 |

### 第二单元　经济发展与社会进步

| 标号 | 学科核心素养 | 教学内容要点 | 学习质量要求 | 教学检测题型 |
|---|---|---|---|---|
| 2.1 | 政治认同<br>科学精神<br>公共参与 | 阐释以人民为中心的发展思想与创新、协调、绿色、开放、共享的新发展理念,解释经济发展方式的转变和供给侧结构性改革,评析经济发展中践行社会责任的实例 | 解析我国坚持以人民为中心的发展思想;揭示我国坚持新发展理念的意义;理解建设现代化经济体系的必要性;阐明我国国内经济高质量发展、转变经济发展方式的意义;理解深化供给侧结构性改革的必要性、意义和途径;分析我国推动经济高质量发展的实例;评析劳动者在经济发展中应践行的社会责任 | 选择题<br>填空题<br>连线题<br>材料分析题 |
| 2.2 | 政治认同<br>科学精神<br>法治意识 | 了解我国收入的方式与合法途径,解释个人收入分配政策的完善;评析实现共同富裕、促进社会公平正义的收入分配与社会保障政策,列举完善社会保障体系的措施 | 知道我国现阶段存在的个人收入分配方式及其作用;了解我国居民获取收入的合法途径;阐释完善我国个人收入分配政策的基本途径;评析实现共同富裕、促进社会公平正义的收入分配政策;说明我国现阶段的社会保障政策;阐释完善我国社会保障体系的要求 | 填空题<br>选择题<br>连线题<br>材料分析题 |

（续表）

| 标号 | 学科核心素养 | 教学内容要点 | 学习质量要求 | 教学检测题型 |
|---|---|---|---|---|
| 2.3 | 政治认同<br>公共参与 | 阐明劳动对社会发展和进步的意义，弘扬劳动精神，树立崇尚劳动、热爱劳动的观念 | 解释劳动对社会发展和进步的作用；弘扬劳动精神，树立崇尚劳动、热爱劳动的观念，确信劳动最光荣、劳动最崇高、劳动最伟大、劳动最美丽 | 填空题<br>选择题<br>材料分析题 |

# 高一思想政治必修3

陈露嘉①

## "学科核心素养·教学内容要点·学习质量要求·教学检测题型"对比表

### 第一单元　中国共产党的领导

| 标号 | 学科核心素养 | 教学内容要点 | 学习质量要求 | 教学检测题型 |
|---|---|---|---|---|
| 3.1.1 | 政治认同<br>科学精神 | 引述宪法序言，说明没有中国共产党就没有新中国，阐明中国共产党成为执政党的必然性 | 通过对中国近现代史的回顾，依循历史逻辑证实走中国特色社会主义道路是历史和人民的选择 | 填空题<br>选择题<br>连线题<br>跨学科分析题 |
| 3.1.2 | 政治认同<br>科学精神 | 引述党章规定，明确党的性质、宗旨和指导思想 | 叙述马克思主义"一脉相承、与时俱进"的发展，明确习近平新时代中国特色社会主义思想是对马克思列宁主义、毛泽东思想、邓小平理论、"三个代表"重要思想、科学发展观的继承和发展，是马克思主义中国化最新成果 | 填空题<br>选择题<br>连线题<br>材料分析题 |
| 3.1.3 | 政治认同<br>科学精神 | 理解坚持党对一切工作领导的意义，阐述中国共产党依宪执政、依法执政的道理、方式和表现 | 运用具体事例，展示中国共产党依法执政的方式，说明加强和改善党的领导的意义 | 填空题<br>选择题<br>连线题<br>材料分析题<br>论述题 |

---

① 上海市青浦区第一中学思想政治教研组。

## 第二单元　人民当家作主

| 标号 | 学科核心素养 | 教学内容要点 | 学习质量要求 | 教学检测题型 |
|---|---|---|---|---|
| 3.2.1 | 政治认同 科学精神 | 列举宪法有关人民主体地位的规定,说明我国是人民民主专政的社会主义国家,人民代表大会制度是我国的根本政治制度 | 分析具体事例,归纳中国特色社会主义政治制度、经济制度的特点和优点 | 填空题 选择题 连线题 材料分析题 |
| 3.2.2 | 政治认同 科学精神 | 阐明中国共产党领导的多党合作和政治协商制度是具有中国特色的基本政治制度 | 分析具体事例,阐释中国特色社会主义政党制度的基本内容与中国人民政治协商会议的基本内容,明确我国新型政党制度的优越性 | 填空题 选择题 连线题 材料分析题 |
| 3.2.3 | 政治认同 科学精神 | 阐述民族区域自治制度是符合我国国情的基本政治制度,铸牢中华民族共同体意识;解释公民享有宗教信仰自由的含义 | 分析具体事例,归纳中国特色社会主义政治制度的特点和优点 | 填空题 选择题 连线题 跨学科分析题 |
| 3.2.4 | 政治认同 科学精神 公共参与 | 领悟基层群众自治制度是我国人民依法直接行使民主权利的基本政治制度 | 解释基层群众自治的价值,阐述公民有序参与、直接行使民主权利的意义;分享公共参与的体验,表达参与公益事业的幸福感和成就感;评析公共参与的实例,展现我国人民的主人翁意识和社会责任感 | 填空题 选择题 连线题 材料分析题 |

### 第三单元　全面依法治国

| 标号 | 学科核心素养 | 教学内容要点 | 学习质量要求 | 教学检测题型 |
|---|---|---|---|---|
| 3.3.1 | 政治认同<br>法治精神 | 简述我国法治建设的成就;明确全面推进依法治国的总目标是建设中国特色社会主义法治体系,建设社会主义法治国家 | 了解全面推进依法治国的总目标,知道科学立法、严格执法、公正司法、全民守法的基本要求;懂得走中国特色社会主义道路,必须坚持党的领导、人民当家作主、依法治国有机统一 | 填空题<br>选择题<br>连线题<br>材料分析题<br>跨学科分析题 |
| 3.3.2 | 政治认同<br>法治精神<br>公共参与 | 搜集材料,阐述科学立法、严格执法、公正司法、全民守法的基本要求 | 举例说明各领域、各层级公共机构与公民生活的关系,并表达对这些机构的工作方式和规则的期望;针对人们当前关注的公共事务,评议政府履行职责的行为 | 填空题<br>选择题<br>连线题<br>材料分析题<br>论述题 |
| 3.3.3 | 政治认同<br>法治精神<br>公共参与 | 列举事例,阐明建设法治国家、法治政府、法治社会的意义 | 描述法治国家、法治政府、法治社会的基本内涵,说明依法治国是党领导人民治理国家的基本方式;阐明宪法法律至上、法律面前人人平等的法治理念;剖析实例,比较不同的涉法行为,预测其后果,阐释权利与义务的关系;联系依法治理的实际,证实依法办事、依法维权、依法解决纠纷的意义,表达法治让生活更美好的感悟 | 填空题<br>选择题<br>连线题<br>材料分析题<br>论述题 |

# 高一历史《中外历史纲要(上)》

*严海峰①*

## "学科核心素养·教学内容要点·学习质量要求·教学检测题型"对比表

### 第一单元　从中华文明起源到秦汉统一多民族封建国家的建立与巩固

| 标号 | 学科核心素养 | 教学内容要点 | 学习质量要求 | 教学检测题型 |
|---|---|---|---|---|
| 1.1 | 唯物史观<br>史料实证 | 石器时代的古人类和文化遗存 | 了解石器时代中国境内有代表性的文化遗存,认识它们与中华文明起源以及私有制、阶级和国家产生的关系 | 选择题<br>识图题<br>材料解析题<br>情境分析题<br>跨学科分析题 |
| 1.2 | 唯物史观<br>史料实证 | 从部落到国家 | | |
| 1.3 | 史料实证 | 商周社会治理制度、文化及特征 | 通过甲骨文、青铜铭文及其他文献记载,了解私有制、阶级和早期国家的特征 | 选择题<br>问答题<br>材料解析题<br>情境分析题 |
| 1.4 | 历史解释 | 列国纷争与华夏认同 | 了解春秋战国时期的经济发展和政治变动,理解战国时期变法运动的必然性 | 选择题<br>问答题<br>材料解析题<br>情境分析题 |
| 1.5 | 唯物史观<br>历史解释 | 经济发展与变法运动 | | |
| 1.6 | 时空观念<br>家国情怀 | 孔子和老子 | 了解老子、孔子学说,通过孟子、荀子、庄子等了解"百家争鸣"的局面及其意义 | 选择题<br>连线题<br>问答题<br>跨学科分析题 |
| 1.7 | 时空观念<br>家国情怀 | 百家争鸣 | | |
| 1.8 | 史料实证<br>历史解释<br>家国情怀 | 秦的统一 | 了解秦朝的统一业绩和汉朝削藩、开疆拓土、尊崇儒术等举措,认识统一多民族封建国家的建立及巩固在中国历史上的意义 | 选择题<br>问答题<br>材料解析题<br>情境分析题 |
| 1.9 | 史料实证<br>历史解释 | 西汉的建立与"文景之治" | | |
| 1.10 | 史料实证<br>历史解释<br>家国情怀 | 西汉的强盛 | | |
| 1.11 | 家国情怀 | 两汉的文化 | | |

---

① 上海市青浦区第一中学历史教研组。

（续表）

| 标号 | 学科核心素养 | 教学内容要点 | 学习质量要求 | 教学检测题型 |
|---|---|---|---|---|
| 1.12 | 唯物史观 历史解释 | 秦末农民起义与秦的速亡 | 了解秦汉时期的社会矛盾和农民起义，认识秦朝崩溃和两汉衰亡的原因 | 选择题 问答题 材料解析题 情境分析题 |
| 1.13 | 唯物史观 历史解释 | 东汉的兴衰 | | |

**第二单元 三国两晋南北朝时期的民族交融与隋唐统一多民族封建国家的发展**

| 标号 | 学科核心素养 | 教学内容要点 | 学习质量要求 | 教学检测题型 |
|---|---|---|---|---|
| 2.1 | 时空观念 历史解释 | 三国两晋南北朝时期的分裂 | 了解三国两晋南北朝政权更迭的历史脉络和隋唐时期封建社会的高度繁荣 | 填空题 选择题 问答题 材料解析题 跨学科分析题 情境分析题 |
| 2.2 | 历史解释 家国情怀 | 隋唐的统一 | | |
| 2.3 | 历史解释 | 隋朝各项建设的作用与影响 | | |
| 2.4 | 历史解释 家国情怀 | "贞观之治"与"开元盛世"的表现 | | |
| 2.5 | 历史解释 家国情怀 | 唐朝由盛而衰的标志 | | |
| 2.6 | 史料实证 历史解释 | 两晋南北朝时期少数民族区域的开发 | 认识三国、两晋、南北朝至隋唐时期的制度变化与创新、民族交融、区域开发和思想文化领域的新成就 | 选择题 问答题 材料解析题 跨学科分析题 情境分析题 |
| 2.7 | 史料实证 历史解释 | 北魏孝文帝改革的作用与影响 | | |
| 2.8 | 史料实证 历史解释 | 隋唐官员选拔制度的创新 | | |
| 2.9 | 史料实证 历史解释 | 隋唐中央决策、行政和赋税体系的完善 | | |
| 2.10 | 史料实证 历史解释 | 儒学、道教与佛教的发展 | | |
| 2.11 | 史料实证 历史解释 | 中外文化的交流 | | |

## 第三单元　辽宋夏金多民族政权的并立与元朝的统一

| 标号 | 学科核心素养 | 教学内容要点 | 学习质量要求 | 教学检测题型 |
|---|---|---|---|---|
| 3.1 | 时空观念 史料实证 历史解释 | 北宋的建立；南宋的偏安 | 了解两宋的政治和军事 | 选择题 问答题 材料解析题 情境分析题 |
| 3.2 | 时空观念 史料实证 历史解释 | 宋初强化中央集权的原则 | | |
| 3.3 | 时空观念 史料实证 历史解释 | 两宋对边防压力与财政危机的应对 | | |
| 3.4 | 时空观念 历史解释 | 辽夏金元政权的建立 | 了解辽夏金元诸政权的建立、发展和相关制度建设 | 选择题 识图题 问答题 材料解析题 情境分析题 |
| 3.5 | 时空观念 历史解释 | 辽夏金元诸政权的主要制度 | | |
| 3.6 | 唯物史观 历史解释 家国情怀 | 经济领域的发展；城市的繁荣 | 认识这一时期在政治、经济、文化与社会等方面的新变化 | 选择题 问答题 材料解析题 跨学科分析题 情境分析题 |
| 3.7 | 唯物史观 历史解释 家国情怀 | 经济重心南移 | | |
| 3.8 | 历史解释 家国情怀 | 儒学复兴；宋词、元曲与杂剧 | | |
| 3.9 | 唯物史观 历史解释 | 辽宋夏金元社会变化的趋势与原因 | | |
| 3.10 | 史料实证 历史解释 | 辽夏金元制度的共性 | 认识北方少数民族政权在统一多民族封建国家发展中的重要作用 | 选择题 问答题 材料解析题 情境分析题 |
| 3.11 | 史料实证 历史解释 | 元的统一 | | |

### 第四单元　明清中国版图的奠定与面临的挑战

| 标号 | 学科核心素养 | 教学内容要点 | 学习质量要求 | 教学检测题型 |
|---|---|---|---|---|
| 4.1 | 时空观念<br>史料实证<br>历史解释 | 明朝建立、明清易代 | 了解明清时期统一全国和经略边疆的相关举措,知道南海诸岛、台湾及其包括钓鱼岛在内的附属岛屿是中国版图的一部分 | 选择题<br>填空题<br>识图题<br>情境分析题 |
| 4.2 | 时空观念<br>史料实证<br>历史解释 | 明清时期对内陆边疆的管理 | | |
| 4.3 | 时空观念<br>史料实证<br>历史解释<br>家国情怀 | 明清时期对东南沿海地区的管理 | | |
| 4.4 | 时空观念<br>史料实证<br>历史解释 | 康乾时期对中国版图的奠定 | 认识明清时期统一多民族国家版图奠定的重要意义 | 选择题<br>填空题<br>识图题<br>问答题<br>材料解析题<br>情境分析题 |
| 4.5 | 时空观念<br>史料实证<br>历史解释 | 明清政治制度对巩固统一多民族封建国家的作用 | | |
| 4.6 | 唯物史观<br>历史解释 | 明清时期社会经济、科技文化的发展与思想观念的变化 | 了解明清时期社会经济、思想文化的重要变化 | 选择题<br>问答题<br>材料解析题<br>跨学科分析题<br>情境分析题 |
| 4.7 | 时空观念<br>史料实证<br>历史解释 | 加强君主专制中央集权举措的政治、经济、文化与社会影响 | 通过了解明清时期封建专制的发展、世界的变化对中国的影响,认识中国社会面临的危机 | 选择题<br>问答题<br>材料解析题 |
| 4.8 | 时空观念<br>史料实证<br>历史解释 | 西方资本主义国家早期殖民活动带来的挑战 | | |
| 4.9 | 时空观念<br>史料实证<br>历史解释 | 早期西学的传入 | | |

## 第五单元　晚清时期的内忧外患与救亡图存

| 标号 | 学科核心素养 | 教学内容要点 | 学习质量要求 | 教学检测题型 |
|------|------------|------------|------------|------------|
| 5.1 | 唯物史观<br>时空观念<br>史料实证<br>历史解释 | 两次鸦片战争、中法战争、中日甲午战争、八国联军侵华战争 | 认识列强侵华对中国社会的影响 | 选择题<br>填空题<br>识图题<br>连线题<br>问答题<br>材料解析题<br>情境分析题 |
| 5.2 | 时空观念<br>史料实证<br>历史解释 | 不平等条约体系 | | |
| 5.3 | 时空观念<br>史料实证<br>历史解释 | 列强掀起瓜分中国的狂潮 | | |
| 5.4 | 时空观念<br>史料实证<br>历史解释<br>家国情怀 | 虎门销烟 | 了解中国人民反抗外来侵略的斗争事迹,理解其性质和意义 | 选择题<br>问答题<br>材料解析题<br>情境分析题 |
| 5.5 | 时空观念<br>史料实证<br>历史解释<br>家国情怀 | 左宗棠收复新疆;黄海海战中的邓世昌、林永升;刘永福与台湾义勇军 | | |
| 5.6 | 时空观念<br>史料实证<br>历史解释<br>家国情怀 | 义和团运动 | | |
| 5.7 | 时空观念<br>史料实证<br>历史解释<br>家国情怀 | 林则徐、魏源、徐继畬"开眼看世界"的主张 | 认识社会各阶级为挽救危局所作出的努力及存在的局限性 | 选择题<br>填空题<br>问答题<br>材料解析题<br>情境分析题 |
| 5.8 | 时空观念<br>史料实证<br>历史解释<br>家国情怀 | 太平天国运动 | | |

(续表)

| 标号 | 学科核心素养 | 教学内容要点 | 学习质量要求 | 教学检测题型 |
|---|---|---|---|---|
| 5.9 | 时空观念<br>史料实证<br>历史解释<br>家国情怀 | 洋务运动 | | |
| 5.10 | 时空观念<br>史料实证<br>历史解释<br>家国情怀 | 戊戌维新运动 | | |

第六单元　辛亥革命与中华民国的建立

| 标号 | 学科核心素养 | 教学内容要点 | 学习质量要求 | 教学检测题型 |
|---|---|---|---|---|
| 6.1 | 史料实证<br>家国情怀 | 中国同盟会 | 了解孙中山三民主义的基本内容 | 选择题<br>填空题<br>问答题<br>材料解析题<br>情境分析题 |
| 6.2 | 史料实证<br>历史解释 | 武昌起义与中华民国成立 | 理解辛亥革命与中华民国建立对中国结束帝制、建立民国的意义及局限性 | 选择题<br>问答题<br>材料解析题<br>情境分析题 |
| 6.3 | 史料实证<br>历史解释 | 民国初年经济与社会新现象 | | |
| 6.4 | 史料实证<br>历史解释 | 清帝退位 | | |
| 6.5 | 史料实证<br>历史解释 | 辛亥革命的历史意义和历史局限 | | |
| 6.6 | 史料实证<br>历史解释 | 袁世凯复辟帝制与护国运动 | 了解北洋军阀的统治及特点 | 选择题<br>问答题<br>材料解析题<br>情境分析题 |
| 6.7 | 史料实证<br>历史解释 | 北洋时期的军阀割据 | | |
| 6.8 | 史料实证<br>历史解释 | 新文化运动的主要内容 | 概述新文化运动的主要内容,探讨其对近代中国思想解放的影响 | 选择题<br>填空题<br>问答题<br>材料解析题<br>情境分析题 |
| 6.9 | 史料实证<br>历史解释<br>家国情怀 | 新文化运动对近代中国思想解放的意义 | | |

## 第七单元　中国共产党成立与新民主主义革命兴起

| 标号 | 学科核心素养 | 教学内容要点 | 学习质量要求 | 教学检测题型 |
|------|------------|------------|------------|------------|
| 7.1 | 史料实证<br>家国情怀 | 五四运动 | 认识五四爱国运动的历史意义 | 选择题<br>问答题<br>材料解析题<br>情境分析题 |
| 7.2 | 时空观念<br>历史解释 | 马克思主义在中国的传播 | 认识马克思主义在中国的传播与中国共产党成立对中国革命的深远影响 | 选择题<br>问答题<br>材料解析题<br>情境分析题 |
| 7.3 | 时空观念<br>历史解释 | 中国共产党的诞生 | | |
| 7.4 | 时空观念<br>历史解释 | 第一次国共合作的形成 | 认识国共合作领导国民革命的历史作用 | 选择题<br>问答题<br>材料解析题<br>情境分析题 |
| 7.5 | 时空观念<br>历史解释 | 国民革命运动 | | |
| 7.6 | 史料实证<br>历史解释 | 国民政府形式上基本统一全国 | 了解南京国民政府的成立 | 选择题<br>问答题<br>材料解析题<br>情境分析题 |
| 7.7 | 唯物史观<br>史料实证<br>历史解释 | 工农武装割据开辟革命新道路 | 认识中国共产党开辟革命新道路的意义 | 选择题<br>问答题<br>材料解析题<br>情境分析题 |
| 7.8 | 史料实证<br>历史解释 | 红军长征的开始 | 认识红军长征的意义 | 识图题<br>问答题<br>材料解析题<br>跨学科分析题<br>情境分析题 |
| 7.9 | 唯物史观<br>史料实证<br>历史解释 | 遵义会议 | | |
| 7.10 | 史料实证<br>历史解释 | 长征的胜利及意义 | | |

## 第八单元 中华民族的抗日战争和人民解放战争

| 标号 | 学科核心素养 | 教学内容要点 | 学习质量要求 | 教学检测题型 |
|------|------------|------------|------------|------------|
| 8.1 | 史料实证 历史解释 | 九一八事变、伪满洲国、华北事变 | 了解日本军国主义的侵略罪行 | 选择题 填空题 材料解析题 情境分析题 |
| 8.2 | 史料实证 历史解释 | 七七事变、日军的侵华暴行 | | |
| 8.3 | 时空观念 家国情怀 | 西安事变、抗日民族统一战线形成 | 通过了解正面战场和敌后战场的抗战，感悟中华民族英勇不屈的精神，认识中国共产党是全民族团结抗战的中流砥柱 | 选择题 识图题 问答题 材料解析题 情境分析题 |
| 8.4 | 时空观念 家国情怀 | 正面战场的抗战 | | |
| 8.5 | 时空观念 家国情怀 | 敌后战场的抗战 | | |
| 8.6 | 史料实证 历史解释 家国情怀 | 东方主战场 | 认识中国战场是世界反法西斯战争的东方主战场，理解十四年抗战胜利在中华民族伟大复兴中的历史意义 | 选择题 问答题 材料解析题 情境分析题 |
| 8.7 | 史料实证 历史解释 | 中共七大和毛泽东思想 | | |
| 8.8 | 史料实证 历史解释 家国情怀 | 抗日战争的胜利及意义 | | |
| 8.9 | 时空观念 史料实证 历史解释 | 全面内战的爆发 | 通过了解全面内战的爆发及人民解放战争的进程，分析国民党政权在大陆统治灭亡的原因，探讨中国共产党领导人民取得中国革命胜利的原因和意义 | 选择题 识图题 连线题 材料解析题 情境分析题 |
| 8.10 | 史料实证 历史解释 | 国民党政权的统治危机 | | |
| 8.11 | 时空观念 史料实证 历史解释 | 三大战役、渡江战役 | | |
| 8.12 | 史料实证 历史解释 | 人民解放战争的胜利及意义 | | |

### 第九单元 中华人民共和国成立和社会主义革命与建设

| 标号 | 学科核心素养 | 教学内容要点 | 学习质量要求 | 教学检测题型 |
|---|---|---|---|---|
| 9.1 | 历史解释<br>家国情怀 | 中华人民共和国成立 | 认识中华人民共和国成立的伟大意义 | 选择题<br>填空题<br>问答题<br>材料解析题<br>情境分析题 |
| 9.2 | 史料实证<br>历史解释 | 土地改革、"银元之战"和"米棉之战" | 概述新中国巩固人民政权的主要举措 | 选择题<br>填空题<br>问答题<br>情境分析题 |
| 9.3 | 史料实证<br>历史解释 | 抗美援朝 | | |
| 9.4 | 唯物史观<br>史料实证<br>历史解释 | 三大改造 | 认识新中国为民主政治建设和向社会主义过渡所作出的努力 | 选择题<br>问答题<br>材料解析题<br>情境分析题 |
| 9.5 | 史料实证<br>历史解释 | 第一届全国人民代表大会 | | |
| 9.6 | 史料实证<br>历史解释 | 全面建设社会主义 | 了解20世纪50—70年代中国在探索社会主义建设道路的曲折中发展和取得的伟大成就,认识"文革"的错误及教训 | 选择题<br>连线题<br>情境分析题 |
| 9.7 | 史料实证<br>历史解释 | "文化大革命" | | |
| 9.8 | 史料实证<br>历史解释 | 独立自主的和平外交 | 理解这一时期政治、经济、外交、国防等领域所取得的成就在新中国历史上所具有的开创性、奠基性意义。<br>了解和感悟这一时期中国人民艰苦奋斗、奋发图强的精神风貌 | 选择题<br>填空题<br>问答题<br>材料解析题<br>情境分析题 |
| 9.9 | 史料实证<br>历史解释<br>家国情怀 | 伟大的建设成就 | | |

## 第十单元　改革开放与社会主义现代化建设新时期

| 标号 | 学科核心素养 | 教学内容要点 | 学习质量要求 | 教学检测题型 |
|------|------------|------------|------------|------------|
| 10.1 | 史料实证<br>历史解释 | 真理标准问题的讨论 | 认识真理标准问题讨论和党的十一届三中全会的历史意义 | 选择题<br>填空题<br>问答题<br>材料解析题<br>情境分析题 |
| 10.2 | 史料实证<br>历史解释 | 中共十一届三中全会 | | |
| 10.3 | 史料实证<br>历史解释 | 中国加入世界贸易组织 | 认识改革开放以来中国在各个领域取得的成就、综合国力及国际影响力的不断提高，认识"一国两制"对实现祖国完全统一的重大意义 | 选择题<br>填空题<br>问答题<br>跨学科分析题<br>情境分析题 |
| 10.4 | 史料实证<br>历史解释 | "一国两制"与香港、澳门回归 | | |
| 10.5 | 史料实证<br>家国情怀 | 综合国力不断提升 | | |
| 10.6 | 史料实证<br>家国情怀 | 国际影响力不断扩大 | | |
| 10.7 | 史料实证<br>历史解释 | 邓小平理论 | 认识邓小平理论对建设中国特色社会主义的重要指导意义。<br>认识"三个代表"重要思想是加强和改进党的建设、推进我国社会主义自我完善和发展的强大理论武器。<br>认识科学发展观是马克思主义关于发展的世界观和方法论的集中体现。<br>认识中国特色社会主义进入新时代的重大意义，认清我国发展新的历史方位。<br>认识习近平新时代中国特色社会主义思想是全党全国人民为实现中华民族伟大复兴而奋斗的行动指南，形成对中国特色社会主义道路、理论体系、制度、文化的形成过程及意义的系统认识 | 选择题<br>填空题<br>连线题<br>问答题<br>跨学科分析题<br>情境分析题 |
| 10.8 | 史料实证<br>历史解释 | "三个代表"重要思想 | | |
| 10.9 | 史料实证<br>历史解释 | 科学发展观 | | |
| 10.10 | 史料实证<br>历史解释 | 习近平新时代中国特色社会主义思想 | | |

# 高二历史《中外历史纲要(下)》

杨静①

## "学科核心素养·教学内容要点·学习质量要求·教学检测题型"对比表

### 第一单元　古代文明的产生与发展

| 标号 | 学科核心素养 | 教学内容要点 | 学习质量要求 | 教学检测题型 |
|---|---|---|---|---|
| 1.1 | 唯物史观 史料实证 | 农耕与畜牧 | 知道早期人类文明的产生 | 选择题 史实/史论判断题 材料解析题 |
| 1.2 | 唯物史观 | 私有制与阶级 | | |
| 1.3 | 唯物史观 历史解释 | 进入"文明"阶段的主要标志 | | |
| 1.4 | 时空观念 | 主要古代文明的地理位置 | 了解各文明古国发展的不同特点,并分析、认识这些特点形成的不同时空条件 | 地图识读题 配伍题 史实/史论判断题 材料解析题 |
| 1.5 | 时空观念 史料实证 | 主要古代文明的文明成果 | | |
| 1.6 | 时空观念 史料解释 | 地理环境与早期文明的关系 | | |
| 1.7 | 时空观念 史料实证 历史解释 | 古代文明扩展的不同方式 | 古代文明扩展的不同方式 | 地图识读题 判断题 史料实证题 材料解析题 |
| 1.8 | 时空观念 史料实证 | 古代世界帝国的扩张 | 古代世界帝国的扩张 | |
| 1.9 | 史料实证 历史解释 | 文明的交流 | 文明的交流 | |

---

① 上海市青浦区第一中学历史教研组。

### 第二单元　中古时期的世界

| 标号 | 学科核心素养 | 教学内容要点 | 学习质量要求 | 教学检测题型 |
|---|---|---|---|---|
| 2.1 | 时空观念 历史解释 | 西欧封建制度 | 了解中古时期欧亚地区的不同国家、民族、宗教和社会变化 | 地图识读题 材料解析题 |
| 2.2 | 时空观念 历史解释 | 西欧的王权、教会与城市 | | |
| 2.3 | 时空观念 | 拜占庭与俄罗斯 | | 地图识读题 选择题 判断题 匹配题 |
| 2.4 | 时空观念 史料实证 | 阿拉伯帝国和奥斯曼帝国的兴起 | | |
| 2.5 | 时空观念 | 南亚与东亚国家 | | |
| 2.6 | 时空观念 | 古代非洲文明 | 了解世界其他地区的社会状况 | |
| 2.7 | 时空观念 | 古代美洲文明 | | |
| 2.8 | 时空观念 史料实证 | 民族交融与宗教因素对文明发展的作用 | 认识中古时期世界各区域文明的多元面貌 | 情境解释题 |
| 2.9 | 时空观念 | 美洲文明独立发展的原因 | | |

### 第三单元　走向整体的世界

| 标号 | 学科核心素养 | 教学内容要点 | 学习质量要求 | 教学检测题型 |
|---|---|---|---|---|
| 3.1 | 时空观念 史料实证 历史解释 | 新航路开辟的动因和条件 | 了解新航路开辟所引发的全球性流动、人类认识世界的视野和能力大改变，以及对世界各区域文明的不同影响，理解新航路开辟是人类历史从分散走向整体过程中的重要节点 | 材料解析题 |
| 3.2 | 唯物史观 时空观念 | 新航路及其他航路的开辟 | | 地图识读题 |
| 3.3 | 时空观念 史料实证 历史解释 | 人口迁移与物种交换 | | 史料实证题 观点辨析题 地图与文字等史料的解析题 |
| 3.4 | 时空观念 历史解释 | 商品的世界性流动 | | |
| 3.5 | 时空观念 史料实证 | 早期殖民扩张 | | |

（续表）

| 标号 | 学科核心素养 | 教学内容要点 | 学习质量要求 | 教学检测题型 |
|---|---|---|---|---|
| 3.6 | 唯物史观<br>时空观念<br>历史解释 | 全球联系的建立 | | |
| 4.7 | 唯物史观<br>时空观念<br>历史解释 | 世界格局的改变 | | |

### 第四单元　资本主义制度的确立

| 标号 | 学科核心素养 | 教学内容要点 | 学习质量要求 | 教学检测题型 |
|---|---|---|---|---|
| 4.1 | 唯物史观<br>时空观念<br>史料实证 | 文艺复兴的精神内核与实质 | 了解文艺复兴、宗教改革、启蒙运动与资产阶级革命的历史渊源 | 文献材料情境下的<br>选择题<br>判断题<br>简答题 |
| 4.2 | 时空观念 | 宗教改革的原因与结果 | | |
| 4.3 | 唯物史观<br>史料实证 | 近代科学的兴起 | | |
| 4.4 | 历史解释 | 启蒙运动的精神内核 | | |
| 4.5 | 唯物史观<br>史料实证<br>历史解释 | 启蒙思想家政治主张的异同 | | |
| 4.6 | 唯物史观<br>历史解释 | 西欧思想解放运动发生的根本原因 | | |
| 4.7 | 唯物史观<br>历史解释 | 英、美、法资产阶级革命 | 认识资产阶级革命的发生和资本主义制度的确立,是近代西方政治思想理念的初步实现 | 地图和文字材料情境下的<br>选择题<br>简答题 |
| 4.8 | 唯物史观<br>历史解释 | 资本主义制度的确立 | | |
| 4.9 | 时空观念<br>史料实证 | 资本主义的扩展 | | |
| 5.10 | 唯物史观<br>历史解释 | 思想变革对社会变革的引领作用 | | |

### 第五单元　工业革命与马克思主义的诞生

| 标号 | 学科核心素养 | 教学内容要点 | 学习质量要求 | 教学检测题型 |
|---|---|---|---|---|
| 5.1 | 唯物史观 历史解释 | 工业革命的背景 | 了解工业革命带来的社会生产力的极大发展以及所引起的生产关系的深刻变化，理解工业革命对资本主义世界体系的形成及对人类社会生活的深远影响 | 材料解析题 选择题 |
| 5.2 | 史料实证 | 工业革命的进程与典型成果 | | 多种史料情境下的 选择题 简答题 观点辨析题 |
| 5.3 | 唯物史观 历史解释 | 生产生活方式与社会结构的变化 | | |
| 5.4 | 唯物史观 历史解释 | 资本主义世界经济体系基本形成 | | |
| 5.5 | 唯物史观 历史解释 | 工业时代的社会矛盾 | 了解马克思主义产生的时代背景以及马克思、恩格斯的理论探索与革命实践。 了解《共产党宣言》的主要内容，理解马克思主义产生的世界意义 | 选择题 材料解析题 |
| 5.6 | 唯物史观 历史解释 | 早期工人运动与社会主义思想的萌发 | | |
| 5.7 | 唯物史观 历史解释 | 马克思主义的诞生 | | |
| 6.8 | 唯物史观 历史解释 | 国际工人运动的发展 | | |

### 第六单元　世界殖民体系与亚非拉民族独立运动

| 标号 | 学科核心素养 | 教学内容要点 | 学习质量要求 | 教学检测题型 |
|---|---|---|---|---|
| 6.1 | 时空意识 | 西班牙、葡萄牙在美洲建立殖民地 | 了解西方列强对亚非拉的殖民扩张、理解世界殖民体系的建立对世界历史的影响 | 地图识读题 材料解析题 |
| 6.2 | 时空意识 史料实证 | 西班牙、葡萄牙对美洲殖民掠夺 | | |
| 6.3 | 时空意识 史料实证 | 亚洲沦为殖民地半殖民地 | | |
| 6.4 | 时空意识 史料实证 | 瓜分非洲 | | |
| 6.5 | 时空意识 史料实证 历史解释 | 列强瓜分世界 | | |

（续表）

| 标号 | 学科核心素养 | 教学内容要点 | 学习质量要求 | 教学检测题型 |
|------|------|------|------|------|
| 6.6 | 时空意识 | 西属拉丁美洲独立运动 | 了解亚非拉人民的抗争以及理解民族独立运动对世界历史的影响 | 地图和文字史料情境下的选择题判断题填空题 |
| 6.7 | 时空意识 | 印度人民反英斗争 | | |
| 6.8 | 时空意识 | 苏丹马赫迪起义 | | |

### 第七单元　两次世界大战、十月革命与国际秩序的演变

| 标号 | 学科核心素养 | 教学内容要点 | 学习质量要求 | 教学检测题型 |
|------|------|------|------|------|
| 7.1 | 时空意识 | 两次世界大战的结局 | 通过了解两次世界大战，理解20世纪上半叶国际秩序的变动 | 地图和文字史料情境下的填空题选择题 |
| 7.2 | 时空意识 | 法西斯的侵略扩张 | | |
| 7.3 | 时空意识历史解释 | 凡尔赛-华盛顿体系、国际联盟 | | 材料分析题问答题 |
| 7.4 | 时空意识历史解释 | 雅尔塔体系、联合国 | | |
| 7.5 | 时空意识历史解释 | 列宁主义形成 | 了解列宁领导的十月革命爆发的原因、过程,理解十月革命的世界历史意义 | 实物史料和文字史料情境下的填空题选择题简答题 |
| 7.6 | 时空意识史料实证 | 十月革命胜利 | | |
| 7.7 | 时空意识 | "苏联模式" | | |
| 7.8 | 时空意识历史解释 | 印度非暴力不合作运动 | 理解两次世界大战之间亚非拉民族民主运动对国际秩序的影响 | 地图和文字史料情境下的填空题选择题史料实证题 |
| 7.9 | 时空意识历史解释 | 埃塞俄比亚反抗意大利侵略 | | |
| 7.10 | 时空意识历史解释 | 卡德纳斯改革 | | |

### 第八单元 20世纪下半叶世界的新变化

| 标号 | 学科核心素养 | 教学内容要点 | 学习质量要求 | 教学检测题型 |
|------|------------|------------|------------|------------|
| 8.1 | 时空观念 历史解释 | 国家调控、福利国家与社会运动 | 了解第二次世界大战后资本主义、社会主义与第三世界的变化，认识其发展中的成就与问题 | 地图和文字史料情境下的填空题 选择题 历史解释题 |
| 8.2 | 时空观念 史料实证 | 赫鲁晓夫改革、戈尔巴乔夫改革、东欧剧变、中国改革开放 | | |
| 8.3 | 时空观念 历史解释 | 世界殖民体系的崩溃 | | 填空题 材料解析题 |
| 8.4 | 时空观念 历史解释 | 发展中国家的成就与面临的挑战 | | |
| 8.5 | 时空观念 史料实证 | 杜鲁门主义与共产党和工人党情报局、马歇尔计划与经互会；北约与华约 | 通过了解冷战时期典型事件，认识冷战的基本特征，理解冷战的发生、发展与世界格局变化之间的相互影响 | 匹配题 选择题 材料解析题 |
| 8.6 | 时空观念 史料实证 | 柏林危机、古巴导弹危机 | | |
| 8.7 | 时空观念 史料实证 | 两大阵营的分化与瓦解、第三世界兴起、苏联解体 | | |

### 第九单元 当代世界发展的特点与主要趋势

| 标号 | 学科核心素养 | 教学内容要点 | 学习质量要求 | 教学检测题型 |
|------|------------|------------|------------|------------|
| 9.1 | 时空意识 历史解释 | 世界多极化发展趋势 | 了解冷战结束后世界多极化、经济全球化、社会信息化、文化多样性的发展特点 | 地图和文字史料情境下的填空题 选择题 简答题 |
| 9.2 | 时空意识 | 经济全球化进程加快 | | |
| 9.3 | 时空意识 | 社会信息化和文化多样性 | | |
| 9.4 | 历史解释 | 人类发展面临的问题 | 理解和平、发展、合作、共赢是时代潮流；了解全球化进程中人类社会面临的机遇与挑战 | 情景分析题 |
| 9.5 | 历史解释 | 和平发展的时代主题 | | |
| 9.6 | 时空意识 历史解释 | 在合作共赢中促进全球共同发展 | 牢固树立构建人类命运共同体意识，共同担当，同舟共济，共促全球的和平与发展 | |

# 高一英语上册(必修1　第一单元—必修2　第二单元)

蔡璐①

## "学科核心素养·教学内容要点·学习质量要求·教学检测题型"对比表

### 必修1　第一单元　校园生活

| 标号 | 学科核心素养 | 教学内容要点 | 学习质量要求 | 教学检测题型 |
|---|---|---|---|---|
| 1.1 | 人与自我<br>生活与学习 | 有关写作课上发生的故事 | 能通过交流、分享校园生活经历与对高中生活的感受与期许。 | 课文词组单<br>关于校园生活的翻译练习 |
| 1.2 | 人与自我<br>生活与学习 | 有关校园生活的词汇语义网 | 能简单描述校园生活,构建有关校园生活的词汇语义网 | |
| 1.3 | 人与自我<br>生活与学习 | 各国学校的开学活动安排及特点。<br>父女对话交流学校生活经历与感受 | 能依据听力材料获取对话中提供的具体建议、事例与理由。<br>能依据任务筛选视频中多模态资源,获取女孩对初中生活的回忆、高中新生活的担忧及父亲的相关建议等信息 | 小作文<br>the first day on my high school |
| 1.4 | 人与自我<br>生活与学习 | 复习初中学过的各种时态的形式、意义与用法 | 能在语篇中识别、理解和使用相关时态 | 语法练习<br>句子填空 |
| 1.5 | 人与自我<br>生活与学习 | 口头及笔头描述第一周的高中生活 | 能运用功能语言和得体语言形式表达兴趣、态度、意图与个人观点。<br>能围绕开学第一周的经历与感受写60—80词的语段,运用"主题句" | 一段带有主题句的第一周高中生活 |

---

① 上海市青浦区第一中学高中英语教研组。

（续表）

| 标号 | 学科核心素养 | 教学内容要点 | 学习质量要求 | 教学检测题型 |
|---|---|---|---|---|
| 1.6 | 人与自我<br>生活与学习 | 母亲给女儿的一封关于高中生活的信 | 能梳理妈妈对女儿提出的具体建议。<br>能利用文本的话题词汇和语义网中的语言概述课文内容 | 课文词组单关于校园生活的翻译练习 |
| 1.7 | 人与自我<br>生活与学习 | 分析和评价单元给新生提出的建议 | 能根据提示词整合单元各语篇中的主要信息 | 绘制不同视角下给高中生建议的思维导图 |

## 必修1　第二单元　语言与文化

| 标号 | 学科核心素养 | 教学内容要点 | 学习质量要求 | 教学检测题型 |
|---|---|---|---|---|
| 2.1 | 人与社会<br>跨文化沟通、包容与合作 | 墨西哥与英国对时间的不同文化理解 | 能交流并分享不同文化中的打招呼方式,将语言与文化相联系。 | 课文词组单关于文化差异的翻译练习 |
| 2.2 | 人与社会<br>跨文化沟通、包容与合作 | 有关时间与文化差异的词汇语义网 | 能构建有关语言与文化的词汇语义网 | |
| 2.3 | 人与社会<br>跨文化沟通、包容与合作 | 不同文化中对"点头、摇头"的不同理解；英美之间"无所谓"不同表达的文化差异 | 了解不同文化体态语在表达与理解上的差异,了解文化异同,尊重文化的多样性。<br>能理解多媒体资源所传达的关于英式英语与美式英语在"I don't care." "I don't mind." 具体使用上的文化差异 | 口述英、美对"无所谓"的表述差异所带来的困惑 |
| 2.4 | 人与社会<br>跨文化沟通、包容与合作 | 句子成分学习 | 能识别主谓宾补 | 长难句成分分析练习 |

（续表）

| 标号 | 学科核心素养 | 教学内容要点 | 学习质量要求 | 教学检测题型 |
|---|---|---|---|---|
| 2.5 | 人与社会<br>跨文化沟通、包容与合作 | 关于中文文字易趣的演讲。<br>根据主题句选择恰当的细节描述并予以支持 | 能根据交际场合和交际对象选择恰当的语言形式进行观点陈述，并突出重点。<br>能围绕中文文字的趣意写60—80词的语段 | 描述中文文字趣意的段落写作 |
| 2.6 | 人与社会<br>跨文化沟通、包容与合作 | 英国人在美国对美式英语用法的困惑 | 能理解美式英语和英式英语的具体差异。<br>能掌握描述个人体验的词汇语义网所体现的语言特征 | 课文词组单关于文化差异的翻译练习 |
| 2.7 | 人与社会<br>跨文化沟通、包容与合作 | 跨文化交际中文化差异的重要性 | 能整合本单元各语篇的主要信息，思考影响跨文化交际的因素，并能用例子加以说明。<br>能理解、感悟跨文化交流的意义 | 绘制跨文化交流误解的思维导图 |

### 必修1　第三单元　旅行

| 标号 | 学科核心素养 | 教学内容要点 | 学习质量要求 | 教学检测题型 |
|---|---|---|---|---|
| 3.1 | 人与自我<br>生活与学习 | 罗马假日的经历与感受 | 能看图并描述不同旅游景点的特色。<br>能构建旅游话题的词汇语义网 | 课文词组单关于旅游的翻译练习 |
| 3.2 | 人与自我<br>生活与学习 | 旅游话题的词汇语义网 | | |
| 3.3 | 人与自我<br>生活与学习 | 旅行前准备与计划<br>旅行的意义 | 了解旅行途中可能遇到的各类场景。<br>能理解视频传达的旅行的意义，引发思考 | 口头描述旅行经历与意义 |
| 3.4 | 人与自我<br>生活与学习 | 初中学习的状语从句形式、用法和意义 | 能在语篇中识别状语从句，并理解其表达的意义 | 语法练习句子填空 |

（续表）

| 标号 | 学科核心素养 | 教学内容要点 | 学习质量要求 | 教学检测题型 |
|------|------------|------------|------------|------------|
| 3.5 | 人与自我<br>生活与学习 | 如何选择一个旅行的地点。<br>推荐一个旅行的地点 | 能根据交际场合和交际对象选择恰当的语言表达个人观点与感想。<br>能围绕个人的旅行经历运用"总结句"写60—80字的语段 | 描写一段个人的旅行经历与感想 |
| 3.6 | 人与自我<br>生活与学习 | 年轻人追求梦想与脚踏实地的思考 | 能理解作者对年轻人给予的期许。<br>能掌握与"期许、追逐梦想"有关的词汇语义网所体现的语言特征 | 课文词组单关于旅游的翻译练习 |
| 3.7 | 人与自我<br>生活与学习 | 解决旅行问题 | 能整合本单元各语篇的主要信息，并提出解决旅行问题的方法 | 绘制旅行问题及解决方法思维导图 |

必修 1　第四单元　传统与文化

| 标号 | 学科核心素养 | 教学内容要点 | 学习质量要求 | 教学检测题型 |
|------|------------|------------|------------|------------|
| 4.1 | 人与社会<br>传统节日与习俗 | 各国新年习俗 | 能联系自身经历讨论各地的新年习俗。 | 课文词组单关于新年习俗的翻译练习 |
| 4.2 | 人与社会<br>传统节日与习俗 | 风俗习惯相关的词汇 | 能使用和风俗习惯相关的词汇，构建相应的词汇语义网 | |
| 4.3 | 人与社会<br>传统节日与习俗 | 庆祝活动的具体描述<br>不同国家庆祝生日的方式及其差异 | 能从广播节目中获取韩国人对成人礼的理解。<br>能理解不同国家庆祝生日的方式及其差异 | 口头描述不同国家对成人礼的观点 |
| 4.4 | 人与社会<br>传统节日与习俗 | 介绍中国返校日活动 | 能了解正式演讲中开场白的几大主要功能。<br>能运用"主题句—支撑句—总结句"的结构理清逻辑关系 | 写一个段落，用"主题句—支撑句—总结句"的结构，介绍中国返校日活动 |

（续表）

| 标号 | 学科核心素养 | 教学内容要点 | 学习质量要求 | 教学检测题型 |
|---|---|---|---|---|
| 4.5 | 人与社会<br>传统节日与习俗 | 现在进行时和现在完成时的被动语态 | 能在语篇中识别、理解和运用现在进行时和现在完成时的被动语态 | 语法练习<br>句子填空 |
| 4.6 | 人与社会<br>传统节日与习俗 | 美国高中毕业生的返校节活动 | 能初步了解说明文语篇的必备要素和可选要素。<br>能理解美国高中返校活动的内容及其意义 | 课文词组单<br>关于成人礼的翻译练习 |
| 4.7 | 人与社会<br>传统节日与习俗 | 比较不同国家在文化传统和习俗方面的异同 | 能总结和比较不同国家在文化传统和习俗方面的异同 | 绘制不同国家成人礼仪的思维导图 |

### 必修 2　第一单元　自然

| 标号 | 学科核心素养 | 教学内容要点 | 学习质量要求 | 教学检测题型 |
|---|---|---|---|---|
| 5.1 | 人与自然<br>自然生态和环境保护 | 一则关于自然周期循环的故事 | 能通过思维导图说出与本单元主题相关的词汇。 | 课文词组单<br>关于自然平衡的翻译练习 |
| 5.2 | 人与自然<br>自然生态和环境保护 | 自然周期的词汇语义网 | 能意识到自然界与人类和谐共生的关系及其重要性 | |
| 5.3 | 人与自然<br>自然生态和环境保护 | 定语从句关系代词的用法 | 能在语篇中识别并理解由 who，whom，that，which 和 whose 引导的定语从句 | 语法练习<br>句子填空 |
| 5.4 | 人与自然<br>自然生态和环境保护 | 人与自然和谐相处为主题的歌曲。<br>自然带给人类的礼物 | 能理解歌词语篇的情景语境，以及涉及的含义。<br>能根据预测策略，帮助准确理解和预判内容 | 口述人与自然和谐相处的意义 |

（续表）

| 标号 | 学科核心素养 | 教学内容要点 | 学习质量要求 | 教学检测题型 |
|------|-------------|-------------|-------------|-------------|
| 5.5 | 人与自然<br>自然生态和环境保护 | 号召参加志愿者工作描写艺术作品 | 能采用空间顺序，借助图片和照片描述情景细节 | 按照空间顺序，写一段70—90字的描述性短文，并做到生动细致 |
| 5.6 | 人与自然<br>自然生态和环境保护 | 自然之美 | 能通过美文赏析，感受文字之美，自然之美。能举例说明语言选择与修辞的功能，如排比句的使用，恰当的选词 | 课文词组单关于自然之美的翻译练习 |
| 5.7 | 人与自然<br>自然生态和环境保护 | 结合自身经历分享在描写自然景物过程中所传递出的情感 | 能根据提示词整合本单元与片中的重要形式，并对信息进行分析归类 | 绘制自然界生物、具体实例与人的感悟表格 |

必修2　第二单元　动物

| 标号 | 学科核心素养 | 教学内容要点 | 学习质量要求 | 教学检测题型 |
|------|-------------|-------------|-------------|-------------|
| 6.1 | 人与自然<br>环境保护 | 动物园利弊的不同观点 | 能描述图片中动物所处的生活环境和可能的感受。 | 课文词组单关于人与动物主题的翻译练习 |
| 6.2 | 人与自然<br>环境保护 | 与动物主题相关的词汇语义网 | 构建人与动物关系的词汇语义网 | |
| 6.3 | 人与自然<br>环境保护 | 动物爱好者采访的电台节目。<br>动物拯救人类的纪录片 | 能根据广播节目语篇有选择地记录所需的信息。<br>能了解动物目前的不利处境，认识动物对人类生活的重要性，并增强对动物保护的意识 | 口头介绍人与动物的关系与感受 |

（续表）

| 标号 | 学科核心素养 | 教学内容要点 | 学习质量要求 | 教学检测题型 |
|------|------------|------------|------------|------------|
| 6.4 | 人与自然环境保护 | 救助流浪猫的利与弊 | 能口头表达救助流浪猫的利与弊。能围绕救助流浪猫的利与弊这一话题写一篇70—90字的语段 | 写一篇70—90字的关于救助流浪猫的语段 |
| 6.5 | 人与自然环境保护 | 定语从句关系副词的用法 | 能在语篇中识别、理解并应用由 when，where，why 以及介词＋关系代词的定语从句 | 语法练习句子填空 |
| 6.6 | 人与自然环境保护 | 老人拯救企鹅的新闻故事 | 能归纳以人物经历、事件发展和情感变化为主要内容的记叙文文体特征。能分享语篇中隐含的道德品质，如友爱、关爱他人等 | 课文词组单关于人与动物的翻译练习 |
| 6.7 | 人与自然环境保护 | 动物实际和希望被对待的对比 | 能介绍世界各地一些保护动物机构和组织的故事 | 写一篇关于保护动物的研究报告 |

# 高一数学必修二

沈哲琦　沈秋艳　谢诗怡　陈欣　秦水芳　叶志丰①

## "学科核心素养·教学内容要点·学习质量要求·教学检测题型"对比表

### 第6章　三角

| 标号 | 学科核心素养 | 教学内容要点 | 学习质量要求 | 教学检测题型 |
|---|---|---|---|---|
| 6.1 | 数学抽象、数学运算、直观想象 | 锐角的正弦、余弦、正切、余切。<br>任意角及其度量。<br>任意角的正弦、余弦、正切、余切。<br>诱导公式。<br>已知正弦、余弦或正切值求角 | 1. 了解任意角的概念和弧度制，能进行弧度与角度的互化，理解正弦、余弦、正切和余切的定义。<br>2. 理解同角三角的基本关系式并简单运用。<br>3. 推导出诱导公式并简单运用。<br>4. 能在已知角的正弦、余弦、正切的条件下求角。<br>5. 能推导出两角差的余弦公式。 | 选择题<br>填空题<br>解答题 |
| 6.2 | 数学运算、逻辑推理 | 两角和与差的正弦、余弦、正切公式。<br>二倍角公式。<br>三角变换的应用 | 6. 能通过两角差的余弦公式推导两角和与差的正弦、余弦、正切公式以及二倍角的正弦、余弦、正切公式，并了解它们的内在联系。<br>7. 能运用上述公式进行简单的恒等变换，包括推导出半角公式、积化和差与和差化积公式。<br>8. 掌握正弦定理、余弦定理。 | |
| 6.3 | 数学建模、数学抽象、数学运算 | 正弦定理。<br>余弦定理。 | 9. 能用正弦定理、余弦定理解决简单的实际问题 | |

---

① 上海市青浦区第一中学高中数学教研组。

## 第7章　三角函数

| 标号 | 学科核心素养 | 教学内容要点 | 学习质量要求 | 教学检测题型 |
|---|---|---|---|---|
| 7.1 | 数学运算、数学建模、逻辑推理 | 正弦函数的图像。正弦函数的性质 | 1. 正弦函数 $y=\sin x$、余弦函数 $y=\cos x$ 和正切函数 $y=\tan x$ 的图像，以及奇偶性、周期性、单调性、值域与最值等性质。<br>2. 五点法画函数 $y=A\sin(\omega x+\varphi)$ 的图像及从函数 $y=A\sin(\omega x+\varphi)$ 的图像中获取参数的值。<br>3. 用三角函数解决简单的实际问题及构建刻画事物周期性变化的简单的数学模型 | 选择题<br>填空题<br>解答题 |
| 7.2 | 逻辑推理 | 余弦函数的图像。余弦函数的性质 | | |
| 7.3 | 直观想象、逻辑推理 | 函数 $y=A\sin(\omega x+\varphi)$ 的图像 | | |
| 7.4 | 直观想象、逻辑推理 | 正切函数的图像。正切函数的性质 | | |

## 第8章　平面向量

| 标号 | 学科核心素养 | 教学内容要点 | 学习质量要求 | 教学检测题型 |
|---|---|---|---|---|
| 8.1 | 数学抽象、数学运算 | 向量的概念。向量的加法和减法。实数和向量的乘法 | 1. 向量概念和向量的有向线段表示、向量的线性运算、向量的数量积。<br>2. 向量基本定理与向量的坐标表示 | 选择题<br>填空题<br>解答题 |
| 8.2 | 数学抽象 | 向量的投影。向量的数量积的定义与运算律 | | |
| 8.3 | 数学运算和逻辑推理 | 向量的基本定理。向量的正交分解与坐标表示。向量线性运算的坐标表示。向量数量积与夹角的坐标表示 | | |
| 8.4 | 直观想象、数学运算和逻辑推理 | 向量的应用 | | |

### 第 9 章　复数

| 标号 | 学科核心素养 | 教学内容要点 | 学习质量要求 | 教学检测题型 |
|---|---|---|---|---|
| 9.1 | 数学运算 | 复数的引入与复数的四则运算。<br>复数的实部、虚部与共轭 | 1. 复数的相关概念、复数的运算以及复数的几何性质。<br>2. 以复数知识为载体，通过教学评价，促进数学抽象、数学运算、逻辑推理以及直观想象等核心素养的提升 | 选择题<br>填空题<br>解答题 |
| 9.2 | 直观想象 | 复平面与复数的坐标表示。<br>复数的向量表示。<br>复数加法的平行四边形法则。<br>复数的模 | | |
| 9.3 | 数学抽象、逻辑推理和数学运算 | 实数的平方根。<br>实系数一元二次方程 | | |
| 9.4 | 数学运算 | 复数的三角形式。<br>三角形式下的复数乘除运算。<br>三角形式下复数的乘方与开方 | | |

# 高二物理必修三

陈希[①]

## "学科核心素养·教学内容要点·学习质量要求·教学检测题型"对比表

### 第九单元　静电场

| 标号 | 学科核心素养 | 教学内容要点 | 学习质量要求 | 教学检测题型 |
|---|---|---|---|---|
| 9.1 | 物理观念<br>科学思维 | 静电现象　电荷 | 了解静电现象；能列举静电现象和静电产生的方式；能说出电荷量的概念；能说出元电荷的概念；能说出电荷守恒定律的内容，能用原 | 选择题<br>材料解释题<br>问答题<br>计算题 |
| 9.2 | 物理观念 | 电荷的相互作用　库仑定律 | | |

---

　　① 上海市青浦区第一中学物理教研组。

（续表）

| 标号 | 学科核心素养 | 教学内容要点 | 学习质量要求 | 教学检测题型 |
|------|-------------|-------------|-------------|-------------|
| 9.3 | 物理观念<br>科学思维 | 电场力　电场强度 | 子结构模型和电荷守恒的知识分析静电现象 | |
| 9.4 | 物理观念<br>科学思维<br>科学态度与责任 | 电势能　电势 | 了解电势能；知道电荷在静电场中具有电势能；能说出电势能的概念；知道电势能具有系统性和相对性；能说出电场力做功与电势能变化之间的关系；能用电场力做功与电势能变化之间的关系计算电荷在电场中的电势能 | 选择题<br>填空题<br>实验题<br>计算题 |
| 9.5 | 科学思维<br>科学探究 | 带电粒子在电场中的运动 | | |
| 9.6 | 物理观念<br>科学思维<br>科学探究<br>科学态度与责任 | 电容　电容器 | | |
| 9.7 | 物理观念<br>科学思维<br>科学探究<br>科学态度与责任 | 静电的利用和防范 | 会"观察电容器的充、放电现象"；能说出实验目的；会选用实验器材连接电路；会观察电容器的充、放电现象；能描述电容器的充、放电现象 | 选择题<br>填空题<br>实验题<br>计算题 |

## 第十单元　单元电路及其应用

| 标号 | 学科核心素养 | 教学内容要点 | 学习质量要求 | 教学检测题型 |
|------|-------------|-------------|-------------|-------------|
| 10.1 | 物理观念<br>科学思维<br>科学探究 | 简单串联、并联组合电路 | 了解常见的电路元件；能识别电路中的电源、电阻、开关、电灯、电动机等常见元器件及其符号；能说出元器件在电路中的作用 | 选择题<br>填空题<br>实验题<br>计算题 |
| 10.2 | 物理观念<br>科学思维<br>科学探究 | 电阻定律 | | |
| 10.3 | 物理观念<br>科学思维<br>科学探究<br>科学态度与责任 | 测量金属丝的电阻率 | | 选择题<br>填空题<br>实验题<br>计算题 |

（续表）

| 标号 | 学科核心素养 | 教学内容要点 | 学习质量要求 | 教学检测题型 |
|---|---|---|---|---|
| 10.4 | 物理观念<br>科学思维<br>科学探究<br>科学态度与责任 | 多用电表 | | |
| 10.5 | 物理观念<br>科学思维<br>科学态度与责任 | 闭合电路欧姆定律、电源电动势及内阻 | | |
| 10.6 | 物理观念<br>科学思维<br>科学探究<br>科学态度与责任 | 电源电动势和内阻的测量 | 了解金属导体的电阻与材料、长度和横截面积的定量关系；能说出金属导体的电阻与材料、长度和横截面积的定量关系；能说出电阻率的概念；能说出温度对金属导体电阻率的影响 | |
| 10.7 | 物理观念<br>科学思维<br>科学探究<br>科学态度与责任 | 电功、电功率及焦耳定律 | | |
| 10.8 | 物理观念<br>科学思维<br>科学探究<br>科学态度与责任 | 家庭电路 | 能分析和解决家庭电路中的简单问题；能说出家用电路中电表、保险丝、用电器的连接方式；能读出电表示数并说出其意义；能分析家用电路中的常见故障；能将安全用电和节约用电的知识应用于生活实际；能列举安全用电和节约用电的举措 | 选择题<br>填空题<br>实验题<br>计算题 |

### 第十一单元　电磁场与电磁波初步

| 标号 | 学科核心素养 | 教学内容要点 | 学习质量要求 | 教学检测题型 |
|---|---|---|---|---|
| 11.1 | 物理观念<br>科学思维<br>科学探究 | 磁现象　磁感线 | 了解磁现象;能列举磁现象在生产生活中的应用;能列举中国古代磁学研究成果和与磁相关的现代技术发展;能说出其对人类文明的影响。了解磁感线;能说出磁感线的特点;能用磁感线分析通电直导线和通电线圈周围磁场分布;能用右手螺旋定则判断通电直导线和通电线圈周围磁场的方向;能比较电场线和磁感线。初步了解光的"波粒二象性";知道光是一种电磁波;能说出光具有波动性;能说出在真空中光速与电磁波传播的速度相等;知道光的能量是不连续的;能说出光子的概念 | 选择题<br>填空题<br>实验题<br>计算题 |
| 11.2 | 物理观念<br>科学思维<br>科学探究 | 电流的磁场　磁感应强度 | | 选择题<br>填空题<br>实验题<br>计算题 |
| 11.3 | 物理观念<br>科学思维<br>科学探究<br>科学态度与责任 | 磁通量　电磁感应现象 | | 选择题<br>填空题<br>实验题<br>计算题 |
| 11.4 | 物理观念<br>科学思维<br>科学探究 | 电磁场与电磁波 | | |

### 第十二单元　能源利用

| 标号 | 学科核心素养 | 教学内容要点 | 学习质量要求 | 教学检测题型 |
|---|---|---|---|---|
| 12.1 | 物理观念<br>科学态度与责任 | 能源及其应用 | 能简述电磁感应现象;能说出产生感应电流的条件;能在实际问题中判断是否有感应电流产生;能解释相关现象;知道电磁感应现象的应用及其对现代社会的影响;能列举电磁感应现象在生活中的应用 | 选择题<br>填空题<br>实验题<br>计算题 |
| 12.2 | 物理观念<br>科学态度与责任 | 能量的转化 | | |
| 12.3 | 物理观念<br>科学态度与责任 | 能源与环境 | | |

# 高中化学必修课程主题 1

王莉莉①

## "学科核心素养·教学内容要点·学习质量要求·教学检测题型"对比表

### 主题 1 化学科学与实验研究

| 标号 | 学科核心素养 | 教学内容要点 | 学习质量要求 | 教学检测题型 |
|---|---|---|---|---|
| 1.1 | 科学探究与创新意识<br>科学态度与社会责任<br>宏观辨识与微观探析 | 1. 认识化学是在原子、分子水平上研究物质的组成、结构、性质及其应用的一门基础学科，其特征是认识物质和创造物质。<br>2. 了解化学科学的发展历程及其趋势。<br>3. 了解物质的量及其相关物理量的含义和应用，体会定量研究对化学科学的重要作用 | 1. 能列举化学科学发展的重要事件，说明其对推动社会发展的贡献，能说出其中的创新点。<br>2. 能基于物质的量认识物质组成及其化学变化。<br>3. 运用物质的量、摩尔质量、气体摩尔体积、物质的量浓度之间的相互关系进行简单计算 | 跨学科分析题<br>选择题<br>计算题 |
| 1.2 | 科学探究与创新意识<br>科学精神与社会责任<br>证据推理与模型认知 | 1. 认识科学探究是进行科学解释与发现、应用与创造的科学实践活动。<br>2. 了解科学探究过程包括提出问题和假设、设计方案、实施实验、获取证据、分析解释或建构模型、形成结论及交流评价等核心要素。<br>3. 理解从问题和假设出发确定研究目的、依据研究目的设计方案、基于证据进行分析和推理等对科学探究的重要性 | 1. 能运用实验基本操作实施实验方案，具有安全意识和环保意识。<br>2. 能观察并如实记录实验现象和数据，进行分析和推理，得出合理的结论。<br>3. 能与同学合作交流，对实验过程和结果进行反思，说明假设、证据和结论之间的关系，用恰当形式表达和展示实验成果 | 实验探究题<br>实验综合题<br>情景分析题 |

---

① 上海市青浦区第一中学化学教研组。

（续表）

| 标号 | 学科核心素养 | 教学内容要点 | 学习质量要求 | 教学检测题型 |
|---|---|---|---|---|
| 1.3 | 科学探究与创新意识<br>科学探究与创新意识<br>变化观念与平衡思想 | 1. 认识化学实验是研究和学习物质及其变化的基本方法,是科学探究的一种重要途径。<br>2. 初步学会物质检验、分离、提纯和溶液配制等化学实验基础知识和基本技能。<br>3. 学习研究物质性质,探究反应规律,进行物质分离、检验和制备等不同类型化学实验及探究活动的核心思路与基本方法。体会实验条件控制对完成科学实验及探究活动的作用 | 1. 能根据不同类型实验的特点,设计并实施实验。<br>2. 能根据物质性质的差异选择物质分离的实验方法。<br>3. 能用变量控制法初步探究反应规律。能预测物质的某些性质,并进行实验验证 | 情景分析题<br>实验探究题<br>实验综合题 |
| 1.4 | 科学探究与创新意识<br>科学精神与社会责任 | 1. 发展对化学实验探究活动的好奇心和兴趣,养成注重实证、严谨求实的科学态度,增强合作探究意识,形成独立思考、敢于质疑和勇于创新的精神。<br>2. 树立安全意识和环保意识。熟悉化学品安全使用标识,知道常见废弃物的处理方法,知道应对实验室突发事件的方法 | 1. 能根据物质的特征反应和干扰因素选取适当的检验试剂;能根据反应原理选取实验装置制取物质。<br>2. 初步形成良好的实验工作习惯 | 实验探究题<br>情景分析题 |

# 高中化学选择性必修 1

李蓓蓓①

## "学科核心素养·教学内容要点·学习质量要求·教学检测题型"对比表

### 第1—4单元 化学反应原理

| 标号 | 学科核心素养 | 教学内容要点 | 学习质量要求 | 教学检测题型 |
|---|---|---|---|---|
| 1.1 | 能从宏观与微观定性与定量等多角度对物质变化中的能量变化进行分析和表征。在养成"宏观辨识与微观探析"素养的同时感受化学"变化观念"的丰富内涵和思想 | 体系与能量 1. 认识化学能可以与热能、电能等其他形式能量之间相互转化，能量的转化遵循能量守恒定律。2. 知道内能是体系内物质的各种能量的总和，受温度、压强、物质的聚集状态的影响 | 能辨识化学反应中的能量转化形式，能解释化学变化中能量变化的本质 | 判断题 单选题 情景分析题 综合题（包括不定项选择、填空、计算等） |
| 1.2 1.3 | 能依据反应热效应测量实验的需要，选择合适的实验仪器和试剂，完成相关测定实验，初步学习定量实验中如何做到"精准"的要求。培养严谨的科学探究精神。理解盖斯定律并建构对化学反应中热效应相关定量分析的认知模型 | 化学反应与热能 1. 认识化学能与热能的相互转化。2. 恒温恒压条件下化学反应的反应热可以用焓变表示，了解盖斯定律及其简单应用 | 能进行反应焓变的简单计算，能用热化学方程式表示反应中的能量变化，能用反应焓变合理选择和利用化学反应 | 判断题 单选题 情景分析题 综合题（包括不定项选择、填空、计算等） |

① 上海市青浦区第一中学化学教研组。

（续表）

| 标号 | 学科核心素养 | 教学内容要点 | 学习质量要求 | 教学检测题型 |
|---|---|---|---|---|
| 1.3 1.4 | 能运用化学变化中的热效应相关知识分析和讨论生产生活中简单的能量利用问题。认识化学反应中的能量变化与燃料的充分利用及自然资源和环境保护之间的密切关联性。培养科学态度与社会责任 | 化学反应与电能 1. 认识化学能与电能相互转化的实际意义及其重要应用。了解原电池及常见化学电源的工作原理。 2. 了解电解池的工作原理，认识电解在实现物质转化和储存能量中的具体应用。 3. 了解金属发生电化学腐蚀的本质，知道金属腐蚀的危害，了解防止金属腐蚀的措施。 4. 学生必做实验： (1) 简单的电镀实验。 (2) 制作简单的燃料电池 | 1. 能分析、解释原电池、电解池的工作原理，能设计简单的原电池和电解池。 2. 能列举常见的化学电源，并能利用相关信息分析化学电源的工作原理。能利用电化学原理解释金属腐蚀现象，选择并设计防腐措施。 3. 能举例说明化学在解决能源危机中的重要作用，能分析能源的利用对自然环境和社会发展的影响。能从化学变化中的物质变化和能量变化角度来分析、解决实际问题，如煤炭的综合利用、新型电池的开发等 | 判断题 单选题 情景分析题 综合题（包括不定项选择、填空、计算等） |
| 2.1 | 能从化学反应方向、限度、快慢和历程等角度认识化学反应，丰富对化学反应的认识角度 | 知道化学反应是有方向的，知道化学反应的方向与反应的焓变和熵变有关 | 知道化学反应是有方向的，了解化学反应的方向与反应的焓变和熵变有关 | 选择题 综合题（包括不定项选择、填空、计算等） |

（续表）

| 标号 | 学科核心素养 | 教学内容要点 | 学习质量要求 | 教学检测题型 |
|------|------------|------------|------------|------------|
| 2.2 | 认识反应条件对化学平衡和反应速率的影响，发展化学变化是有条件的观念。<br>能运用化学实验方法进行科学探究，发展运用变量控制思想设计、实施实验的能力，能从定性和定量角度收集证据，能通过定性分析和定量计算推出合理的结论。<br>建立相应认知模型，解释化学平衡移动的影响等问题 | 认识化学平衡常数<br>1. 表征反应限度的物理量，知道化学平衡常数的含义。<br>2. 了解浓度商和化学平衡常数的相对大小与反应进行方向间的联系。<br>3. 通过实验探究，了解浓度、压强、温度对化学平衡状态的影响 | 1. 能书写平衡常数表达式，能进行平衡常数、转化率的简单计算。<br>2. 能利用平衡常数和浓度商的关系判断化学反应是否达到平衡状态以及平衡移动的方向。<br>3. 能运用浓度、压强、温度对化学平衡的影响规律，推测平衡移动方向及浓度、转化率等相关物理量的变化，能讨论化学反应条件的选择和优化。<br>4. 能分析、解释原电池、电解池的工作原理，能设计简单的原电池和电解池 | 判断题<br>单选题<br>情景分析题<br>综合题（包括不定项选择、填空、计算等） |

（续表）

| 标号 | 学科核心素养 | 教学内容要点 | 学习质量要求 | 教学检测题型 |
|---|---|---|---|---|
| 2.3<br>2.4 | 认识反应条件对化学反应速率的影响，发展化学变化是有条件的观念。能运用化学实验方法进行科学探究，发展运用变量控制思想设计、实施实验的能力，能从定性和定量角度收集证据，能通过定性分析和定量计算推出合理的结论。建立相应认知模型，解释外界因素对化学反应速率的影响等问题，并解决典型的化工生产中适宜生产条件选择的问题 | 1. 化学反应速率<br>（1）知道化学反应速率的表示方法，了解测定化学反应速率的简单方法。<br>（2）通过实验探究，了解温度、浓度、压强和催化剂对化学反应速率的影响。<br>（3）知道化学反应是有历程的，认识基元反应活化能对化学反应速率的影响。<br>2. 化学反应的调控<br>（1）认识化学反应速率和化学平衡的综合调控在生产、生活和科学研究领域中的重要作用。<br>（2）知道催化剂可以改变反应历程，对调控反应速率具有重要意义。<br>（3）学生必做实验：探究影响化学平衡移动的因素 | | |

（续表）

| 标号 | 学科核心素养 | 教学内容要点 | 学习质量要求 | 教学检测题型 |
|---|---|---|---|---|
| 3.1<br>3.2<br>3.3 | 通过水的电离、弱电解质的电离平衡、盐类水解、沉淀的溶解与转化等内容的学习，在溶液组成、宏观现象等宏观角度与微粒行为、微粒种类、微粒数量等微观角度之间建立关联，进一步发展微粒观。<br>应用平衡思想来分析溶液中水的电离、弱电解质的电离平衡、水解平衡、沉淀溶解平衡等具体平衡问题，并在一般化学平衡的基础上，系统分析溶液体系中的多个平衡以及平衡间的相互影响，并在调控各种反应平衡的过程中，进一步发展变化观念和平衡思想。<br>系统分析实际溶液的物质组成与可能的变化，基于现象、信息、数据和概念原理等开展证据推理。建立认识水溶液中离子反应与平衡的基本思路以及从微观、动态以及定量角度系统认识溶液组成、性质和变化的认知模型 | 1. 电解质在水溶液中的行为<br>从电离、离子反应、化学平衡的角度认识电解质水溶液的组成、性质和反应。<br>2. 电离平衡<br>（1）认识弱电解质在水溶液中存在电离平衡，了解电离平衡常数的含义。<br>（2）认识水的电离，了解水的离子积常数。<br>（3）认识溶液的酸碱性及 pH，掌握检测溶液 pH 的方法 | 1. 能用化学用语正确表示水溶液中的离子反应与平衡。<br>2. 能通过实验证明水溶液中存在的离子平衡。<br>3. 能举例说明离子反应与平衡在生产、生活中的应用。<br>4. 能从电离、离子反应、化学平衡的角度分析溶液的性质，如酸碱性、导电性等。<br>5. 能进行溶液 pH 的简单计算，能正确测定溶液的 pH，能调控溶液的酸碱性。<br>6. 能选择实例说明溶液 pH 的调控在工农业生产和科学研究中的重要作用。<br>7. 能综合运用离子反应、化学平衡原理，分析和解决生产生活中有关电解质溶液的实际问题 | 判断题<br>单选题<br>情景分析题<br>综合题（包括不定项选择、填空、计算等） |

# 高一生物必修一(第一单元—第五单元)

林菁菁①

## "学科核心素养·教学内容要点·学习质量要求·教学检测题型"对比表

### 第一单元　走进生物学

| 标号 | 学科核心素养 | 教学内容要点 | 学习质量要求 | 教学检测题型 |
|---|---|---|---|---|
| 1.1.1 | 社会责任 科学探究与 创新意识 | 杂交水稻技术的发展为我国乃至世界的粮食供给做出重大贡献,实验探究 | 举例说明生物学研究成果推动人类社会的进步。 通过了解现代生物学研究成果与人类的密切关系,感悟学习生物学的价值所在 | 选择题 情景分析题 |
| 1.1.2 | | 基因编辑技术为农业和医学提供了更广阔的发展空间 | | |
| 1.1.3 | | 免疫治疗开启清除肿瘤细胞新途径 | | |
| 1.1.4 | | 现代发酵工程在生产和生活中广泛应用 | | |
| 1.1.5 | | 生态学原理指导人类可持续发展 | | |
| 1.2.1 | 归纳与概括 科学探究与 创新意识 | 实验探究需要合理的思路和方法探究;实验探究NaCl含量对小麦幼苗生长的影响 | 说出生物学实验探究活动的基本步骤,学会使用高倍镜观察细胞。 尝试用比较和归纳等方法,以文、图、表等方式说明实验结果 | 选择题 计算题 实验探究题 实验综合题 情景分析题 跨学科分析题 |
| 1.2.2 | | 实验探究需要熟练的技能 实验1-1　用高倍镜观察动植物细胞 | | |

---

① 上海市青浦区第一中学生物教研组。

（续表）

| 标号 | 学科核心素养 | 教学内容要点 | 学习质量要求 | 教学检测题型 |
|------|------------|------------|------------|------------|
| 1.3.1 | 归纳与概括 模型与建模 结构与功能观 | 生物体由多种多样的细胞构成 | 举例说明细胞形态与功能的多样性，描述原核细胞与真核细胞的区别 | 选择题 情景分析题 跨学科分析题 |
| 1.3.2 | | 不同形态和功能的真核细胞具有相似的基本结构 | | |
| 1.3.3 | | 原核细胞没有由核膜包被的细胞核 | | |

**第二单元　细胞的分子组成**

| 标号 | 学科核心素养 | 教学内容要点 | 学习质量要求 | 教学检测题型 |
|------|------------|------------|------------|------------|
| 2.1.1 | 归纳与概括 结构与功能观 | 细胞主要由 C、H、O、N、P、S 等元素组成 | 说出组成细胞的主要元素。 初步学会用比较归纳的方法建构生物学概念，认同组成细胞的元素都来自自然界 | |
| 2.1.2 | | 以碳链为骨架形成生物分子 | | |
| 2.2.1 | 结构与功能观 归纳与概括 演绎与推理 模型与建模 | 蛋白质是生命活动的主要承担者 | 通过分析归纳，认识细胞中蛋白质的主要功能。 通过比较分析，概括氨基酸分子在结构上的共同点。 举例说明蛋白质的功能以及空间结构、氨基酸序列之间的关系。 说出核酸由核苷酸组成，能储存与传递遗传信息 | 选择题 计算题 情景分析题 跨学科分析题 |
| 2.2.2 | | 蛋白质由氨基酸组成 | | |
| 2.2.3 | | 蛋白质的结构与功能密切相关 | | |
| 2.2.4 | | 核酸由核苷酸聚合而成 | | |
| 2.2.5 | | 核酸是储存与传递信息的生物大分子 | | |

（续表）

| 标号 | 学科核心素养 | 教学内容要点 | 学习质量要求 | 教学检测题型 |
|---|---|---|---|---|
| 2.3.1 | 归纳与概括<br>演绎与推理<br>科学探究<br>结构与功能观<br>社会责任 | 糖类既是能源物质也是结构成分 | 通过分析归纳概括糖类的类型及其在细胞中的作用。通过实例分析，说出不同脂质对维持细胞结构及在生命活动中的作用。通过实验探究，学会检测生物组织中还原糖、脂肪和蛋白质的方法 | 选择题<br>实验探究题<br>跨学科分析题 |
| 2.3.2 | | 脂质对维持细胞结构与功能有重要作用 | | |
| 2.3.3 | | 实验 2－1 检测生物组织中的还原糖、脂肪和蛋白质 | | |
| 2.4.1 | 结构与功能观<br>科学探究与创新意识<br>社会责任 | 水赋予细胞生命特性 | 说出水在生命活动中的重要作用。<br>举例说明无机盐与生命活动有着密切关系 | 选择题<br>实验综合题<br>情景分析题<br>跨学科分析题 |
| 2.4.2 | | 无机盐与生命活动密切相关 | | |

## 第三单元　细胞的结构

| 标号 | 学科核心素养 | 教学内容要点 | 学习质量要求 | 教学检测题型 |
|---|---|---|---|---|
| 3.1.1 | 结构与功能观<br>模型与建模 | 质膜主要由磷脂和蛋白质组成 | 概述细胞质膜的主要功能。<br>从结构与功能相适应的角度解释质膜的结构特征 | |
| 3.1.2 | | 质膜参与细胞的物质交换和信息交流 | | |
| 3.2.1 | 归纳与概括<br>史料分析模型构建<br>科学探究<br>结构与功能观<br>社会责任 | 细胞内具有多种相对独立的结构 | 结合电镜照片概述动植物细胞内部结构特点及其主要功能。<br>举例说明细胞各部分结构能分工合作，共同执行细胞的各项生命活动。<br>通过显微镜观察，感性认识细胞质是流动的。<br>搭建并展示细胞的结构模型，解释各部分结构的分工合作 | 选择题<br>实验探究题<br>实验综合题<br>情景分析题 |
| 3.2.2 | | 遗传信息主要储存在细胞核中 | | |
| 3.2.3 | | 实验 3－1 观察叶绿体和细胞质流动 | | |
| 3.2.4 | | 建模 3－2 制作真核细胞的结构模型 | | |

## 第四单元　细胞的代谢

| 标号 | 学科核心素养 | 教学内容要点 | 学习质量要求 | 教学检测题型 |
|---|---|---|---|---|
| 4.1.1 | 结构与功能观 进化与适应观 稳态与平衡观 归纳与概括 科学探究 | 细胞质膜具有选择透过性 | 从结构与功能相适应的角度解释细胞质膜具有选择透过性。 举例说明被动运输、主动运输、胞吞和胞吐的特点和区别。 学会使用显微镜观察细胞质壁分离观察现象，探究外界溶液对植物细胞质壁分离和复原的影响 | 选择题 实验探究题 实验综合题 情景分析题 跨学科分析题 |
| 4.1.2 | | 小分子物质经被动或主动运输进出细胞 | | |
| 4.1.3 | | 大分子物质通过胞吞和胞吐进出细胞 | | |
| 4.1.4 | | 实验4-1　观察外界溶液对植物细胞质壁分离和复原的影响 | | |
| 4.2.1 | 归纳与概括 演绎与推理 结构与功能观 科学探究与创新意识 | 酶是生物催化剂 | 从蛋白质结构与功能相适应的角度说出酶作用的特点。 应用实验数据解释温度、pH等条件对酶活性的影响 | |
| 4.2.2 | | 酶的功能与其分子结构相关 | | |
| 4.2.3 | | 酶活性受环境因素影响 | | |
| 4.2.4 | | 实验4-2　探究温度对淀粉酶活性的影响 | | |
| 4.3.1 | 归纳与概括 演绎与推理 模型与建模 科学探究 物质与能量观 | ATP是生命活动的直接能源物质 | 用文字和图示解释ATP是驱动生命活动的直接能源物质。 从物质与能量角度说明细胞呼吸过程。 通过探究酵母的呼吸方式，认识不同条件下细胞获取能量的方式不同 | 选择题 计算题 实验探究题 实验综合题 情景分析题 |
| 4.3.2 | | 有氧呼吸产生大量ATP | | |
| 4.3.3 | | 无氧呼吸产生少量ATP | | |
| 4.3.4 | | 其他有机分子也可被氧化分解 | | |

（续表）

| 标号 | 学科核心素养 | 教学内容要点 | 学习质量要求 | 教学检测题型 |
|---|---|---|---|---|
| 4.4.1 | 结构与功能观 物质与能量观 科学探究与创新意识 社会责任 | 叶绿体是植物光合作用的场所 | 从物质与能量角度,以文字或图示的形式说明光合作用的过程。 学会色素分离和光合作用速率测定方法,设计实验探究影响光合作用的因素。 举例说明环境因素对光合作用的影响 | 选择题 计算题 实验探究题 实验综合题 情景分析题 |
| 4.4.2 | | 实验4-3　叶绿体色素的提取、分离及叶绿素含量的测定 | | |
| 4.4.3 | | 光合作用是物质与能量的转换过程 | | |
| 4.4.4 | | 光合作用受环境因素影响。 实验4-4　探究影响光合作用强度的环境条件 | | |

### 第五单元　细胞的生命进程

| 标号 | 学科核心素养 | 教学内容要点 | 学习质量要求 | 教学检测题型 |
|---|---|---|---|---|
| 5.1.1 | 结构与功能观 模型与建模 归纳与概括 演绎与推理 科学探究 | 有丝分裂,保证遗传信息的准确传递 | 通过实验和模型观察,描述细胞增殖的方式和主要特征。 学会制作和观察根尖细胞有丝分裂简易装片 | 选择题 实验综合题 情景分析题 |
| 5.1.2 | | 实验5-1　观察植物根尖细胞有丝分裂 | | |
| 5.1.3 | | 细胞分裂具有周期性 | | |
| 5.1.4 | | 细胞有多种分裂方式 | | |
| 5.2.1 | 进化与适应观 归纳与概括 演绎与推理 社会责任 | 细胞通过分化形成组织器官 | 通过实例分析说明复杂的多细胞生物体由细胞分化而成。 举例说明细胞分化能力具有差异性。 举例说明细胞分化研究对促进农业和医学等发展的意义 | |
| 5.2.2 | | 不同细胞的分化能力具有差异性 | | |

（续表）

| 标号 | 学科核心素养 | 教学内容要点 | 学习质量要求 | 教学检测题型 |
|------|------------|------------|------------|------------|
| 5.3.1 | 稳态与平衡观 部分与整体观 社会责任 | 细胞存在衰老现象 | 通过实例学习说明细胞衰老和死亡是一种自然生理过程 | 选择题 情景分析题 |
| 5.3.2 | | 细胞具有不同的死亡方式 | 通过案例分析阐述细胞不同死亡方式的生理意义 | |

# 高一地理必修1

赵丽萍[①]

## "学科核心素养·教学内容要点·学习质量要求·教学检测题型"对比表

### 第一单元　行星地球

| 标号 | 学科核心素养 | 教学内容要点 | 学习质量要求 | 教学检测题型 |
|------|------------|------------|------------|------------|
| 1.1 | 综合思维 区域认知 地理实践力 | 地球在宇宙中 | 利用天体系统示意图,描述地球在宇宙中的位置;举例说明太阳辐射和太阳活动对地球的影响;运用资料,描述地球所处的宇宙环境,说明太阳对地球的影响 | 选择题 填空题 作图题 简答题 |
| 1.2 | 综合思维 | 太阳系八大行星 | | |
| 1.3 | 综合思维 人地协调观 | 太阳对地球的影响 | | |
| 1.4 | 综合思维 人地协调观 | 地球适合生命存在的条件 | | |
| 1.5 | 综合思维 | 地球内部圈层 | 依据材料,描述地球内部圈层的划分依据;运用示意图,说明地球的圈层结构特点;结合实例,认识人类与大气圈、水圈和生物圈的相互联系 | 选择题 填空题 作图题 简答题 |
| 1.6 | 综合思维 人地协调观 | 地球外部圈层 | | |
| 1.7 | 综合思维 | 地质年代的划分 | 运用地质年代表等资料,概述各地质年代的演化特点,描述生物演化的一般进程;理解人类本身是自然环境发展、生物演化的产物 | 选择题 填空题 |
| 1.8 | 综合思维 人地协调观 | 地球的演化史 | | |

---

① 上海市青浦区第一中学地理教研组。

### 第二单元 大气环境

| 标号 | 学科核心素养 | 教学内容要点 | 学习质量要求 | 教学检测题型 |
|---|---|---|---|---|
| 2.1 | 综合思维 | 大气的组成 | 根据相关图表,说明大气的组成、分层及主要特点;结合生活中常见大气现象,说明大气各个分层对人类活动的影响;通过对雾霾现象成因及危害的探究,提高保护大气环境的意识 | 选择题 填空题 作图题 简答题 |
| 2.2 | 综合思维 人地协调观 | 大气的垂直分层 | | |
| 2.3 | 综合思维 区域认知 人地协调观 | 大气受热过程 | 运用示意图,说出太阳、地面和大气之间能量转换的过程;以海陆风为例,理解大气热力环流的形成原理;举例说明大气的保温作用 | 选择题 填空题 作图题 简答题 |
| 2.4 | 综合思维 区域认知 地理实践力 | 热力环流 | | |
| 2.5 | 综合思维 人地协调观 | 大气水平运动——风 | | |
| 2.6 | 综合思维 区域认知 人地协调观 | 台风 | 查阅相关资料,列举我国主要气象灾害类型;以台风、洪涝等气象灾害为例,说明其形成过程及影响;结合某种具体气象灾害,了解其防灾、减灾的措施 | 选择题 填空题 简答题 |
| 2.7 | 综合思维 区域认知 人地协调观 | 洪涝 | | |

### 第三单元 水环境

| 标号 | 学科核心素养 | 教学内容要点 | 学习质量要求 | 教学检测题型 |
|---|---|---|---|---|
| 3.1 | 综合思维 | 水圈构成 | 认识水圈的构成和相互联系;运用水循环示意图,说明水循环的过程;结合实例,理解水循环的地理意义 | 选择题 填空题 作图题 简答题 |
| 3.2 | 综合思维 区域认知 地理实践力 | 水循环过程 | | |
| 3.3 | 综合思维 区域认知 人地协调观 | 水循环的地理意义 | | |

（续表）

| 标号 | 学科核心素养 | 教学内容要点 | 学习质量要求 | 教学检测题型 |
|---|---|---|---|---|
| 3.4 | 综合思维<br>区域认知<br>地理实践力 | 海水的性质及其影响 | 认识海水温度、盐度和密度的变化特点，理解它们的主要影响因素；理解波浪、潮汐、洋流对不同区域人类生产生活的影响 | 选择题<br>填空题<br>简答题 |
| 3.5 | 综合思维<br>区域认知<br>地理实践力<br>人地协调观 | 海水的运动及其影响 | | |
| 3.6 | 综合思维<br>区域认知<br>人地协调观 | 风暴潮 | 掌握我国风暴潮、赤潮等常见海洋灾害的空间分布特征；通过实例分析，理解海洋灾害形成的原因；了解海洋灾害的危害，客观认识灾害形成的人为原因 | 选择题<br>填空题<br>简答题 |
| 3.7 | 综合思维<br>区域认知<br>人地协调观 | 赤潮 | | |

## 第四单元 陆地环境

| 标号 | 学科核心素养 | 教学内容要点 | 学习质量要求 | 教学检测题型 |
|---|---|---|---|---|
| 4.1 | 综合思维<br>区域认知<br>人地协调观 | 流水地貌 | 根据景观图，判读各类地貌类型，描述其景观特征；简要说出流水地貌、喀斯特地貌、风成地貌和黄土地貌的典型分布区；结合材料分析地貌景观的形成条件，举例说明不同地貌类型对人类活动的影响 | 选择题<br>填空题<br>简答题 |
| 4.2 | 综合思维<br>区域认知<br>人地协调观 | 喀斯特地貌 | | |
| 4.3 | 综合思维<br>区域认知<br>地理实践力 | 风成地貌 | | |
| 4.4 | 综合思维<br>区域认知<br>人地协调观 | 黄土地貌 | | |

（续表）

| 标号 | 学科核心素养 | 教学内容要点 | 学习质量要求 | 教学检测题型 |
|---|---|---|---|---|
| 4.5 | 综合思维<br>区域认知<br>地理实践力 | 土壤 | 识别、描述影响不同地区土壤的形成因素和典型植被的景观特征；通过观察土壤剖面，描述土壤特性；根据植被景观特征，判断植被类型；通过实地考察，从多角度解释土壤成因；通过植被景观特征的分析，理解景观与自然环境的关系；结合具体材料，概括人类活动对土壤的重要影响，说明植被与人类活动的关系 | 选择题<br>填空题<br>简答题 |
| 4.6 | 综合思维<br>区域认知<br>地理实践力<br>人地协调观 | 植被 | | |
| 4.6 | 综合思维<br>区域认知<br>人地协调观 | 地震 | 掌握我国常见地质灾害的空间分布特征；通过材料，综合分析地震、滑坡和泥石流地质灾害的形成原因，掌握地质灾害防范技能 | 选择题<br>填空题<br>简答题 |
| 4.7 | 综合思维<br>区域认知<br>人地协调观 | 滑坡和泥石流 | | |

# 高一信息技术必修 1

孙力威[①]

## "学科核心素养·教学内容要点·学习质量要求·教学检测题型"对比表

### 第一章 数据与大数据

| 标号 | 学科核心素养 | 教学内容要点 | 学习质量要求 | 教学检测题型 |
|---|---|---|---|---|
| 1.1.1 | 信息意识 | 1. 数据概念。<br>2. 信息概念。<br>3. 数据、信息与知识的关系 | 在实际生活与学习中感知数据与信息，知道数据与信息的特征，理解数据、信息与知识的区别和联系，认识数据与信息对社会发展和个人学习成长的影响 | 填空题<br>单项选择题<br>多项选择题<br>连线题 |

① 上海市青浦区第一中学信息技术教研组。

（续表）

| 标号 | 学科核心素养 | 教学内容要点 | 学习质量要求 | 教学检测题型 |
|---|---|---|---|---|
| 1.1.2 | 信息意识 计算思维 数字化学习 与创新 | 1. 进位计数制及其转换。 2. 数字化及其作用。 3. 数据编码。 （1）字符编码。 （2）图像编码。 （3）声音编码。 4. 数据压缩 | 理解进位计数制及其转换、数据的存储单位，介绍数字化的过程与意义，使学生理解不同数据编码的基本方式，并通过探究活动了解数据压缩的目的和方法 | 填空题 单项选择题 多项选择题 |
| 1.1.3 | 信息意识 信息社会责任 | 1. 大数据的特征。 2. 大数据处理过程。 3. 大数据的作用及社会影响 | 理解大数据的特点，了解大数据的处理过程，认识大数据的作用及社会影响 | 填空题 单项选择题 多项选择题 |

## 第二章　算法与程序实现

| 标号 | 学科核心素养 | 教学内容要点 | 学习质量要求 | 教学检测题型 |
|---|---|---|---|---|
| 1.2.1 | 计算思维 | 1. 算法的概念。 2. 算法的特征。 3. 算法的描述。 4. 算法的基本控制结构。 5. 编程解决问题的过程 | 从生活实例出发，概述算法的概念与特征，运用恰当的描述方法和三种基本控制结构表示简单算法，强调用编程的方法解决问题必须经过抽象与建模、设计算法、编写程序和调试运行四个步骤 | 填空题 单项选择题 多项选择题 编程题 |
| 1.2.2 | 计算思维 | 1. 程序及程序设计语言。 2. Python常用数据类型。 3. Python中的常量、变量与赋值符。 4. Python中的运算符和与表达式。 5. Python中的内置函数与模块导入。 6. Python中的字符串。 7. Python中的列表。 8. 顺序结构的Python实现。 9. 分支结构的Python实现。 10. 循环结构的Python实现 | 在用编程解决实际问题的过程中，逐步了解程序及程序设计语言的发展和分类，掌握Python程序设计语言的基本语法，包括变量、常量、运算符、表达式、内置函数和模块导入、字符串和列表等，通过具体任务学会使用Python语言实现顺序、分支和循环结构，并在实现过程中巩固用编程解决问题的四个步骤的学习 | 填空题 单项选择题 多项选择题 编程题 |

（续表）

| 标号 | 学科核心素养 | 教学内容要点 | 学习质量要求 | 教学检测题型 |
|------|------------|------------|------------|------------|
| 1.2.3 | 计算思维 | 1. 枚举算法的基本原理。<br>2. 枚举算法的程序实现 | 通过问题解决的方法,理解枚举法的基本原理、一般模式和程序实现,并通过使用不同算法解决同一问题的对比,感受算法的效率 | 填空题<br>单项选择题<br>多项选择题<br>编程题 |

### 第三章　数据处理与应用

| 标号 | 学科核心素养 | 教学内容要点 | 学习质量要求 | 教学检测题型 |
|------|------------|------------|------------|------------|
| 1.3.1 | 信息意识<br>计算思维<br>数字化学习与创新、信息社会责任 | 1. 数据采集。<br>2. 数据整理。<br>(1) 检测与处理重复值。<br>(2) 检测与处理缺失值。<br>(3) 检测与处理异常值。<br>(4) 数据读取与存储。<br>3. 数据安全 | 了解数据获取的一般途径,掌握数据采集和整理的基本方法,能根据需求选用合适的方法获取、整理数据;了解数据安全防护的基本方法,理解数据保护的意义,增强数据安全意识 | 填空题<br>单项选择题<br>多项选择题<br>编程题 |
| 1.3.2 | 信息意识<br>计算思维<br>数字化学习与创新 | 1. 数据分析。<br>(1) 数据分析基本方法。<br>(2) 数据分析常用工具。<br>2. 数据可视化。<br>(1) 数据可视化的基本工具。<br>(2) 常用的数据分析图 | 了解数据分析的常用方法,能根据需求选用适当的方法进行数据分析;掌握数据可视化的基本方法,能选择合适的软件工具或平台将数据可视化表达,理解数据分析与可视化的意义 | 填空题<br>单项选择题<br>多项选择题<br>编程题 |
| 1.3.3 | 信息意识<br>计算思维<br>数字化学习与创新 | 1. 数据分析报告的种类。<br>2. 数据分析报告的组成。<br>3. 数据分析报告的价值 | 了解数据分析报告的种类和组成;理解数据分析报告的作用,能根据需求撰写数据分析报告 | 填空题<br>单项选择题<br>多项选择题 |

## 第四章　走近人工智能

| 标号 | 学科核心素养 | 教学内容要点 | 学习质量要求 | 教学检测题型 |
|---|---|---|---|---|
| 1.4.1 | 信息意识 计算思维 数字化学习 与创新 | 1. 计算机视觉系统。 2. 人脸图像智能处理 | 通过对人工智能平台中人脸识别功能的简单应用，了解计算机视觉系统的作用和应用场景 | 填空题 单项选择题 多项选择题 编程题 |
| 1.4.2 | 计算思维 数字化学习 与创新 | 1. 专家系统。 2. 机器学习。 （1）监督学习。 （2）非监督学习 | 通过对人机对弈的体验和思考，了解人工智能技术发展过程中最有代表性的突破领域：专家系统和机器学习；在完成鸢尾花识别程序的开发过程中，体验机器学习的基本过程；了解监督学习与非监督学习的特点，以及分类、回归、聚类任务的含义 | 填空题 单项选择题 多项选择题 编程题 |
| 1.4.3 | 数字化学习 与创新 信息社会 责任 | 1. 人工智能在不同领域中的作用。 2. 人工智能创新发展方向。 3. 人工智能对社会发展的影响 | 认识人工智能在信息社会中的作用，通过对我国首批人工智能开放创新平台的学习，了解人工智能创新与发展方向；采用研讨方式探讨人工智能可能会引发的社会问题及应对策略 | 填空题 单项选择题 多项选择题 |

# 高一通用技术必修 1

万婷婷[①]

## "学科核心素养·教学内容要点·学习质量要求·教学检测题型"对比表

### 第一单元　技术及其性质

| 标号 | 学科核心素养 | 教学内容要点 | 学习质量要求 | 教学检测题型 |
|------|------------|------------|------------|------------|
| 1.1 | 技术意识 | 走进技术、技术的性质、技术的应用 | 能感知技术现象的普遍性、重要性,知道技术体系是如何构建的;了解技术的基本性质;知道技术与自然、与社会的关系 | 选择题<br>填空题 |
| 1.2 | 工程思维 | "北斗"卫星导航系统 | 了解"北斗"卫星导航系统由哪三部分组成 | 选择题 |
| 1.3 | 创新设计 | 自动翻转卸料装置设计 | 能列举活塞-铰链曲柄组合还可用于哪些产品中 | 选择题 |
| 1.4 | 物化能力 | 钻木取火技术体验 | 在体验中感受技术 | 实践 |

### 第二单元　技术设计及表达

| 标号 | 学科核心素养 | 教学内容要点 | 学习质量要求 | 教学检测题型 |
|------|------------|------------|------------|------------|
| 2.1 | 技术意识<br>工程思维 | 技术设计的一般过程;技术设计的基本原则 | 能体验技术设计的一般过程,理解技术设计的一般原则和方法 | 选择题<br>填空题 |
| 2.2 | 技术意识<br>工程思维<br>创新能力 | 设计分析,方案构思及多个方案的比较、权衡、决策 | 尝试制订解决同一技术问题的2~3个方案,并进行比较、权衡,形成有效迁移 | 文创书签的设计方案 |
| 2.3 | 工程思维<br>图样表达 | 了解常见技术语言;手工绘制草图的绘制方法和绘制要点;计算机辅助制图 | 会用手工和计算机软件等方式绘制简单的草图表达设计构想。<br>具有技术使用的规范意识 | 文创书签的草图表达、计算机辅助设计 |

---

① 上海市青浦区第一中学综合教研组。

（续表）

| 标号 | 学科核心素养 | 教学内容要点 | 学习质量要求 | 教学检测题型 |
|---|---|---|---|---|
| 2.4 | 图样表达<br>工程思维<br>物化能力<br>创新能力 | 材料的分类、性能及应用。<br>合理规划材料提高材料的利用率。<br>工艺、工具的选择。<br>加工设备的操作方法，并进行操作实践 | 能了解常用材料属性，加工工艺，学会模型或产品的成型制作和装配。<br>辨析技术的两面性，具有技术使用的安全意识、规范意识、环保意思和责任意识 | 文创书签的模型或原型 |
| 2.5 | 工程思维<br>技术意识 | 设计简单技术试验方案。<br>分析试验数据，优化设计方案 | 能进行简单的技术试验设计并加以实施，能分析试验数据，形成试验结果 | 文创书签的使用说明书 |

## 第三单元 工艺及方案实现

| 标号 | 学科核心素养 | 教学内容要点 | 学习质量要求 | 教学检测题型 |
|---|---|---|---|---|
| 3.1 | 技术意识 | 方案实现的材料 | 能结合某一材料的发展，分析其对今后的社会、文化、经济、环境等可能产生的影响 | 实践题 |
| | | 工艺技术基础 | 能在某一加工过程中，恰当处理人技关系，形成规范、安全的技术习惯 | 实践题 |
| | | 技术产品的制作、组装与调试 | 能结合某一加工工艺的分析，形成对技术的理性态度和评价 | 实践题 |
| 3.2 | 工程思维 | 方案实现的材料 | 通过材料选择的过程，初步进行设计方案的多因素分析，了解比较、权衡、优化等系统分析方法 | 选择题 |
| | | 工艺技术基础 | 在某一类技术加工体系中，能解释某一具体工艺环节对加工质量是如何影响的，形成初步的工程意识与思维 | 实践题 |

（续表）

| 标号 | 学科核心素养 | 教学内容要点 | 学习质量要求 | 教学检测题型 |
|------|------------|------------|------------|------------|
| 3.2 | 工程思维 | 技术产品的制作、组装与调试 | 在循迹小车的调试过程中，能分析影响小车循迹的因素，尝试通过改变输入和干扰等对循迹效果进行优化 | 实践题 |
| 3.3 | 创新设计 | 方案实现的材料 | 能尝试用不同的材料解决同一个技术问题，并能说明理由 | 选择题 |
| | | 工艺技术基础 | 能尝试用不同的加工工序解决同一个技术问题 | 实践题 |
| | | 技术产品的制作、组装与调试 | 能选择用适当的方法解决循迹小车组装与调试中出现的问题 | 实践题 |
| 3.4 | 图样表达 | 方案实现的材料 | 能识读简单的机械图，辨析材料的连接形式 | 选择题 |
| | | 工艺技术基础 | 能识读机械零件图和电子电路图等，并能完成加工 | 实践题 |
| 3.5 | 物化能力 | 方案实现的材料 | 在实施设计方案的过程中，能从环境、经济、质量、美学等方面考虑材料的使用 | 选择题实践题 |
| | | 工艺技术基础 | 能分析设计方案，并根据方案设计要求选择合适的材料，具有初步的工具思维和工匠精神，完成天鹅摆件、钥匙收纳盒等作品的制作 | 选择题实践题 |
| | | 技术产品的制作、组装与调试 | 能分析设计方案，并根据方案设计要求选择合适的材料，具有初步的工匠精神，完成循迹小车的装配 | 选择题实践题 |

## 第四单元　《技术交流与评价》

| 标号 | 学科核心素养 | 教学内容要点 | 学习质量要求 | 教学检测题型 |
|---|---|---|---|---|
| 4.1 | 技术意识 | 技术交流 | 了解技术交流的意义和价值；知道技术交流的常用语言 | 选择题 填空题 |
| | | 技术标准及试验 | 理解技术标准的意义及分类，能根据试验的数据记录及分析，撰写技术试验报告 | 选择题 填空题 |
| | | 技术评价 | 能正确说明技术产品的功用性和可靠性；准确说明技术产品的创新性和文化性 | 选择题 填空题 |
| 4.2 | 工程思维 | 第五代移动通信技术标准 | 了解我国的技术水平和贡献 | 选择题 |
| | | 嫦娥探月工程 | 了解嫦娥奔月工程分几个阶段及每个阶段的试验目标 | 选择题 |
| | | 天文望远镜发展史 | 知道技术的类型及实现途径 | 选择题 |
| 4.3 | 创新设计 | 应用拉伸试验判断橡皮筋质量好坏 | 学会自我测评 | 实践题 |
| 4.4 | 物化能力 | 循迹小车直线行驶试验测试 | 检查运行情况 | 实践题 |

# 高一艺术必修 1

潘明鑫①

## "学科核心素养·教学内容要点·学习质量要求·教学检测题型"对比表

| 标号 | 学科核心素养 | 教学内容要点 | 学习质量要求 | 教学检测题型 |
|---|---|---|---|---|
| 1.1.1 | 艺术感知 | 认识艺术起源于人类的生活、生产实践。探索人类如何运用艺术语言表现社会生活 | 能了解艺术起源的不同观点,认识艺术与生活和生产实践的密切联系,了解艺术语言的多样性与综合性;能分析艺术作品中艺术语言的品位和意蕴 | 论述题分析题 |
| 1.1.2 | 创意表达 | 关注青年群体在发型服饰、旅游摄影、街头表演、场馆观摩等方面的艺术喜好,探究如何在生活中提升个人艺术品位 | 能模仿不同艺术门类的艺术形式美法则表现特定主题;能借鉴不同艺术门类的艺术作品,运用艺术基本知识技能进行设计实践 | 艺术作品创作 |
| 1.1.3 | 审美情趣 | 认识艺术起源于人类的生活、生产实践。探索人类如何运用艺术语言表现社会生活 | 感受日常生活中的美,在多角度审美体验中感受传统艺术的美;能在多元艺术起源中作出自己的审美判断 | 作品创作与临摹二度创作 |
| 1.1.4 | 文化理解 | 认识艺术起源于人类的生活、生产实践。探索人类如何运用艺术语言表现社会生活 | 研究艺术起源或艺术作品隐含的文化现象和信息,感受艺术对当代生活的影响;认同中华优秀传统文化;能尊重世界文明多样性,分享世界各民族艺术 | 论述题分析题 |

---

① 上海市青浦区第一中学艺术教研组。

（续表）

| 标号 | 学科核心素养 | 教学内容要点 | 学习质量要求 | 教学检测题型 |
|---|---|---|---|---|
| 1.4.1 | 艺术感知 | 选择讴歌党、讴歌祖国、讴歌人民、讴歌英雄的精品力作，以及中外表现社会生活的艺术经典作品，探究艺术与时代的内在联系 | 能从历史或文化角度分析、领悟艺术家对不同时代生活的反映，分析其艺术作品独特的审美价值 | 论述题分析题 |
| 1.4.2 | 创意表达 | 关注青年群体在发型服饰、旅游摄影、街头表演、场馆观摩等方面的艺术喜好，探究如何在生活中提升个人艺术品位 | 从生活中提炼"时代楷模"人物形象的创作素材，进行新颖独特的创编、设计和实践；能撰写评论文章，发表自己的看法和意见 | 艺术作品创作 |
| 1.4.3 | 审美情趣 | 选择讴歌党、讴歌祖国、讴歌人民、讴歌英雄的精品力作，以及中外表现社会生活的艺术经典作品，探究艺术与时代的内在联系 | 在多元文化情境中，认识讴歌"时代楷模"的不同艺术形式在情感表达方面的多样性 | 作品创作与临摹二度创作 |
| 1.4.4 | 文化理解 | 选择讴歌党、讴歌祖国、讴歌人民、讴歌英雄的精品力作，以及中外表现社会生活的艺术经典作品，探究艺术与时代的内在联系 | 能主动参与艺术活动，搜集与时代楷模相关的文化背景资料 | 论述题分析题 |
| 1.2.1、1.3.1 | 艺术感知 | 发现、感受日月星辰、山川湖海、春夏秋冬等自然景观的美，探究人类在生活中如何运用艺术形式借景抒情 | 发现自然景观中蕴含的艺术要素，认识不同艺术门类表现自然景观美的区别与关联，能理解借景抒情的艺术表现方式。了解各民族节日的民俗活动，能感受民俗题材艺术作品的表现力，探究各艺术门类的综合性表现 | 论述题分析题 |

（续表）

| 标号 | 学科核心素养 | 教学内容要点 | 学习质量要求 | 教学检测题型 |
|---|---|---|---|---|
| 1.2.2、1.3.2 | 创意表达 | 关注青年群体在发型服饰、旅游摄影、街头表演、场馆观摩等方面的艺术喜好，探究如何在生活中提升个人艺术品位 | 能选择赞颂自然的艺术作品和形式营造艺术环境，表达对自然的赞美；模仿多种艺术形式的经典作品，发挥想象力，进行有创意的再现。<br>能选择表现节庆的艺术作品和形式，营造家庭、社区的艺术环境，在个人行为上体现情趣品位，引发情感共鸣 | 艺术作品创作 |
| 1.2.3、1.3.3 | 审美情趣 | 发现和感受日月星辰、山川湖海、春夏秋冬等自然景观的美，探究人类在生活中如何运用艺术形式借景抒情 | 在作品赏析、分享交流中，发现和感受艺术作品对自然的赞美，能描述作品的艺术语言、形象塑造和情感表达。<br>探索发现民俗节庆中的艺术活动，并感知其美感和意蕴 | 作品创作与临摹<br>二度创作 |
| 1.2.4、1.3.4 | 文化理解 | 了解各民族节日庆典等民俗活动，探究各艺术门类的综合性表现，发现各艺术门类之间的内在联系 | 理解借景抒情的美学内涵，自觉弘扬中华优秀传统文化的艺术精神，理解世界多元文化艺术。<br>积极参与民俗艺术活动，表现出对民俗艺术的兴趣爱好；能弘扬和传承传统节日文化 | 论述题分析题 |
| 1.5.1 | 艺术感知 | 观察现实生活中的艺术设计，认识艺术在生活环境、产品创意等方面的应用及其体现的审美价值 | 观察现实生活中的艺术设计，了解设计的类别和表现形式，感受和描述设计作品中融入的艺术元素 | 论述题分析题 |

（续表）

| 标号 | 学科核心素养 | 教学内容要点 | 学习质量要求 | 教学检测题型 |
|---|---|---|---|---|
| 1.5.2 | 创意表达 | 关注青年群体在发型服饰、旅游摄影、街头表演、场馆观摩等方面的艺术喜好，探究如何在生活中提升个人艺术品位 | 体会不同设计手法带来的不同设计效果，选择适当的设计手法，运用现代技术进行新颖独特的创意设计 | 艺术作品创作 |
| 1.5.3 | 审美情趣 | 观察现实生活中的艺术设计，认识艺术在生活环境、产品创意等方面的应用及其体现的审美价值 | 欣赏和理解设计作品中的艺术规律及审美特征，能对中外有代表性设计风格流派作出自己的审美判断 | 作品创作与临摹 二度创作 |
| 1.5.4 | 文化理解 | 观察现实生活中的艺术设计，认识艺术在生活环境、产品创意等方面的应用及其体现的审美价值 | 能从不同文化背景角度理解中外优秀设计作品，并对其文化内涵作出初步的辨析与评价 | 论述题 分析题 |

# 高二体育《篮球传切配合大单元》

鲍红艳　许俊擘[①]

## "学科核心素养·教学内容要点·活动设计评价"对比表

### 高中十年级篮球传切配合大单元教学设计

| 年级 | 十年级 | 人数 | 20 | 课时 | 18 |
|---|---|---|---|---|---|
| 单元学习目标 | 1. 运动能力：理解传切配合进攻战术的概念，明确战术发生时机，掌握传切配合的跑动路线、传球及摆脱方法；能在具体的比赛情境中合理运用相关技术串联，提高传切配合战术意识；发展速度、爆发力和协调性等体能。<br>2. 健康行为：主动组织和参与篮球比赛，表现出良好的合作交往能力，能在激烈的篮球比赛中保持良好情绪，善于调节自我，养成健康的生活方式和良好的锻炼习惯。<br>3. 体育品德：在实战中展现出顽强拼搏与遵守篮球比赛规则的体育精神，在团队配合中表现出勇于负责，敢于担当的优良品质 | | | | |

---

① 上海市青浦区第一中学体育教研组。

（续表）

| 课次 | 教学内容 | 学习目标 | 活动设计与评价 |
|---|---|---|---|
| 1 | 1. 变向运球。<br>2. 背后运球。<br>3. 转身运球。<br>4. 双手胸前平传球。<br>5. 双手胸前击地传球。<br>6. 全场技巧挑战赛。<br>7. 相关体能 | 1. 能正确做出 4 种基本运球和 2 种基本传球；知道运球、传球相关理论知识及竞赛规则。积极发展相关体能，了解多种学练方法。<br>2. 能运用健康知识与方法进行并积极参与篮球锻炼，形成健康的生活方式与良好的锻炼习惯，在辛苦的练习中改善心理调节能力、合作能力以及环境适应能力。<br>3. 学练过程中主动克服困难，展现出积极进取、追求卓越的体育精神 | **活动一**<br>解决问题：如何提升运球稳定性？<br>活动实施：<br>1. 球性球感练习，如指尖拨球、绕球等辅助练习。<br>2. 原地运球练习。<br>3. 行进间绕固定标志桶运球。<br>4. 两人一组，由消极防守转积极防守下的行进间运球。<br>评价要点：完成动作的连贯性。<br>**活动二**<br>解决问题：如何提升传球准确性？<br>活动实施：<br>1. 对墙传固定位，随熟练程度调整传球距离。<br>2. 两人一组固定距离，随胸前传球的正确落点准确度，调整两人间的距离。<br>3. 三人一组，两人互传，一人消极防守下的传球准确率，随熟练后适当调整距离。 |
| 2 | 1. 行进间变向运球后低手上篮。<br>2. 行进间背后运球后低手上篮。<br>3. 行进间转身运球后低手上篮。<br>4. 单手肩上传球。<br>5. 投篮。<br>6. 全场技巧挑战赛。<br>7. 相关体能 | 1. 能正确做出单手肩上传球，准确完成行进间四项基本运球；知道运球、传球、投篮相关理论知识及竞赛规则。积极发展相关体能，了解多种学练方法。<br>2. 能运用健康知识与方法进行并积极参与篮球锻炼，形成健康的生活方式与良好的锻炼习惯，在辛苦的练习中改善心理调节能力、合作能力以及环境适应能力。<br>3. 学练过程中主动克服困难，展现出积极进取、追求卓越的体育精神 | 4. 多人围成一圈，委派两至三人在圈内抢断，培养传球方法和时机。<br>评价要点：传接球部位均在胸部左右，球的后旋。<br>**活动三**<br>解决问题：如何提升投篮的稳定性？<br>活动实施：<br>1. 固定近距离的投篮练习随稳定程度调整距离。<br>2. 运一次球固定距离投篮，随稳定程度调整距离。<br>3. 两人一组，固定距离一传一投。<br>4. 利用道具，轻微干扰投篮的练习。<br>评价要点：干扰身体姿态的稳定程度。 |

（续表）

| 课次 | 教学内容 | 学习目标 | 活动设计与评价 |
|---|---|---|---|
| 3 | 1. 两人胸前平传球推进。<br>2. 一人平传球,一人击地传球推进。<br>3. 限定次数全场传球。<br>4. 三人绕8字上篮。<br>5. 三人四次球绕8字上篮。<br>6. 全场快攻上篮比赛。<br>7. 相关体能 | 1. 能灵活做出胸前平传球及击地传球技术;了解传球、投篮相关理论知识及竞赛规则。积极发展相关体能,了解多种学练方法。<br>2. 能运用健康知识与方法进行并积极参与篮球锻炼,形成健康的生活方式与良好的锻炼习惯,在辛苦的练习中改善心理调节能力、合作能力以及环境适应能力。<br>3. 学练过程中主动克服困难,展现出积极进取、追求卓越的体育精神 | **活动四**<br>解决问题:如何提高行进间传球准确率?<br>活动实施:<br>1. 两人一组固定位长传球练习。<br>2. 四角传球练习强调侧身及线路。<br>3. 两人一组远距离传球练习,强调球的提前量。<br>评价要点:人到球到,球引领人的跑动。<br><br>**活动五**<br>解决问题:如何进行有效突破?<br>活动实施:<br>1. 设置重心起伏、跨步幅度辅助练习。<br>2. 固定障碍物突破练习。<br>3. 两人一组,消极防守下突破练习。<br>4. 不同防守姿势下,突破方法的运用练习。<br>评价要点:突破方法的选择,姿态的控制 |
| 4 | 1. 原地突破练习。<br>2. 突一步练习。<br>3. 突破上篮练习。<br>4. 1vs1、1vs2突破练习。<br>5. 2vs1突破分球练习。<br>6. 3vs3比赛。<br>7. 相关体能 | 1. 能正确做出转体探肩的突破技术;能合理运用相关传球技术串联提高两人配合。清楚明白传球、投篮、运球的相关理论知识及竞赛规则。积极发展相关体能,指导多种学练方法。<br>2. 掌握科学的健身方法,培养良好的锻炼习惯,在篮球比赛中保持良好的情绪,能通过积极的行为感染和激励同伴。<br>3. 树立正确的胜负观,在比赛中做到公平竞争、尊重对手,表现出负责任、敢担当、善担当的良好行为 | |
| 5 | 1. 运一次球突破练习。<br>2. 多次运球突破上篮练习。<br>3. 1vs1、1vs2突破练习。<br>4. 半场3vs3比赛。<br>5. 相关裁判法。<br>6. 相关体能 | 1. 能准确做出转体探肩的突破技术;能合理运用相关传球技术串联提高两人配合。清楚明白传球、投篮、运球的相关理论知识及竞赛规则。积极发展相关体能,指导多种学练方法。<br>2. 掌握科学的健身方法,培养良好的锻炼习惯,在篮球比赛中保持良好的情绪,能通过积极的行为感染和激励同伴。<br>3. 树立正确的胜负观,在比赛中做到公平竞争、尊重对手,表现出负责任、敢担当、善担当的良好行为 | |

（续表）

| 课次 | 教学内容 | 学习目标 | 活动设计与评价 |
|---|---|---|---|
| 6 | 1. 四项基本运球组合上篮。<br>2. 三人绕 8 字上篮。<br>3. 全场 3vs3 比赛。<br>4. 比赛裁判法。<br>5. 考核评价。<br>6. 相关体能 | 1. 能熟练运用四项基本运球，有较高的传球准确率；清楚明白传球、投篮、运球的相关理论知识及竞赛规则。积极发展相关体能，指导多种学练方法。<br>2. 掌握科学的健身方法，培养良好的锻炼习惯，在篮球比赛中保持良好的情绪，能通过积极的行为感染和激励同伴。<br>3. 树立正确的胜负观，在比赛中做到公平竞争、尊重对手，表现出负责任、敢担当、善担当的良好行为 | |
| 7 | 1. 双人半场传球上篮练习。<br>2. 无防守的空切配合。<br>3. 消极防守下的传切配合。<br>4. 3vs3 比赛演练。<br>5. 相关体能 | 1. 理解传切配合的战术概念，掌握两人传球上篮的理论知识和竞赛规则。在比赛中合理运用相关技术串联提高竞赛水平。积极发展相关体能专项体能和一般体能，掌握多种学练方法。<br>2. 能运用健康知识与方法并积极参与篮球锻炼，形成健康的生活方式与良好的锻炼习惯，在比赛中改善心理调节能力、合作能力以及环境适应能力。<br>3. 尊重对手、尊重裁判、遵守规则、形成正确的胜负观；能胜任不同的运动角色，表现出负责任的行为。积极进取、挑战自我、坚韧不拔、追求卓越的精神 | 活动一<br>解决问题：如何沿正确的线路跑动？<br>活动实施：<br>1. 观看比赛视频，标注跑动线路。<br>2. 多种防守位置下跑动线路的讲解。<br>3. 优秀学生选择线路的思考分享。<br>评价要点：伸手要球，弧线跑动。 |

(续表)

| 课次 | 教学内容 | 学习目标 | 活动设计与评价 |
|---|---|---|---|
| 8 | 1. 双人半场传接球上篮练习。<br>2. 消极防守下传切练习。<br>3. 积极防守下传切练习。<br>4. 3vs3 教学比赛。<br>5. 相关体能 | 1. 明确传切配合的战术概念,掌握两人传球上篮的理论知识和竞赛规则。在比赛中合理运用相关技术串联提高竞赛水平。积极发展相关体能、专项体能和一般体能,掌握多种学练方法。<br>2. 能运用健康知识与方法并积极参与篮球锻炼,形成健康的生活方式与良好的锻炼习惯,在比赛中改善心理调节能力、合作能力以及环境适应能力。<br>3. 尊重对手、尊重裁判、遵守规则,形成正确的胜负观;能胜任不同的运动角色,表现出负责任的行为。积极进取、挑战自我、坚韧不拔、追求卓越的精神 | 活动一<br>解决问题:如何提高进攻时两人传球的配合能力?<br>活动实施:<br>1. 多种传球方式的组合运用。<br>2. 制定暗号、手势等跑动信号。<br>评价要点:伙伴间的观察,传球的提前量、跑动线路及正确的时机。<br>活动二<br>解决问题:如何提高传切配合上篮终结的能力?<br>活动实施:<br>1. 两人一组由远及近地进行上篮练习。<br>2. 不同防守情况下终结方式的选择,如高低手上篮、上反篮等技术。<br>3. 利用多媒体拍摄,讲解合理有效的进攻手段。<br>评价要点:跑动的线路,侧身要球。 |
| 9 | 1. 双人半场传接球上篮练习。<br>2. 消极防守下传切练习。<br>3. 积极防守下传切练习。<br>4. 3vs3 教学比赛。<br>5. 相关体能 | 1. 在防守情境下能作出传切配合的战术。在比赛中合理运用相关战术提高竞赛水平。积极发展相关体能专项体能和一般体能,掌握多种学练方法。<br>2. 能运用健康知识与方法并积极参与篮球锻炼,形成健康的生活方式与良好的锻炼习惯,在比赛中改善心理调节能力及环境适应能力。<br>3. 尊重对手、尊重裁判、遵守规则,形成正确的胜负观;能胜任不同的运动角色,表现出负责任的行为。积极进取、挑战自我、坚韧不拔、追求卓越的精神 | 活动三<br>解决问题:如何形成高效切入?<br>活动实施:<br>1. 观看比赛视频,观察反切跑动的方式。<br>2. 急停急起的锻炼。<br>评价要点:跑动的时机。<br>活动四<br>解决问题:如何提高传球的时机?<br>活动实施:<br>1. 观看视频,讲解机会出现的时机。<br>2. 两人一组传切练习。<br>3. 各种防守情境下,两人传球练习。<br>评价要点:球领人,球的落点准确。 |

（续表）

| 课次 | 教学内容 | 学习目标 | 活动设计与评价 |
|---|---|---|---|
| 10 | 1. 双人半场传接球上篮练习。<br>2. 消极防守下传切练习。<br>3. 积极防守下传切练习。<br>4. 3vs3 教学比赛。<br>5. 相关体能 | 1. 熟练作出传切配合的战术，并在比赛中灵活运用相关战术提高比赛水平。掌握多种体能训练方法。<br>2. 能运用健康知识与方法并积极参与篮球锻炼，形成健康的生活方式与良好的锻炼习惯，在比赛中改善心理调节能力、合作能力以及环境适应能力。<br>3. 尊重对手、尊重裁判、遵守规则，形成正确的胜负观；能胜任不同的运动角色，表现出负责任的行为。积极进取、挑战自我、坚韧不拔、追求卓越的精神 | 活动五<br>解决问题：如何提升传球的准确性？<br>活动实施：<br>1. 规定时间两人平传球上篮。<br>2. 规定次数的三人8字上篮。<br>3. 四角传球多球练习的运用。<br>评价要点：球领人，落点在胸部附近。<br>活动六<br>解决问题：如何发展学生专项体能？<br>活动实施：<br>1. 四种方向的核心力量训练。<br>2. 快推等爆发力力量训练。<br>3. 负重深蹲等腿部力量训练。<br>评价要点：动作不变形，力量练习有爆发感 |
| 11 | 1. 防守脚步练习。<br>2. 双人半场传接球上篮练习。<br>3. 消极防守下传切练习。<br>4. 积极防守下传切练习。<br>5. 3vs3 教学比赛。<br>6. 相关体能 | 1. 在真实情境下能灵活运用传切配合的战术，掌握两人传球上篮的理论知识和竞赛规则。在比赛中合理运用相关技术串联提高竞赛水平。积极发展相关体能、专项体能和一般体能，掌握多种学练方法。<br>2. 能运用健康知识与方法并积极参与篮球锻炼，形成健康的生活方式与良好的锻炼习惯，在比赛中改善心理调节能力、合作能力以及环境适应能力。<br>3. 尊重对手、尊重裁判、遵守规则，形成正确的胜负观；能胜任不同的运动角色，表现出负责任的行为。具有积极进取、挑战自我、坚韧不拔、追求卓越的精神 | 活动一<br>解决问题：如何进行正确的防守？<br>活动实施：<br>1. 观看视频，了解防守的基本站位。<br>2. 滑步、上步的练习。<br>3. 投篮能力好的进攻情景设置，贴身防守练习。<br>4. 多情境下，防守方法的练习。<br>评价要点：正确的防守位置，重心的控制 |

(续表)

| 课次 | 教学内容 | 学习目标 | 活动设计与评价 |
|---|---|---|---|
| 12 | 1. 防守脚步练习。<br>2. 积极防守下两人传切练习。<br>3. 2vs2 的两人传切练习。<br>4. 3vs3 教学比赛。<br>5. 专项体能 | 1. 在紧逼防守下能灵活运用传切配合的战术,掌握两人传球上篮的理论知识和竞赛规则。在比赛中合理运用相关战术提高竞赛水平。积极发展相关体能、专项体能和一般体能,掌握多种学练方法。<br>2. 能运用健康知识与方法并积极参与篮球锻炼,形成健康的生活方式与良好的锻炼习惯,在比赛中改善心理调节能力、合作能力以及环境适应能力。<br>3. 尊重对手、尊重裁判、遵守规则,形成正确的胜负观;能胜任不同的运动角色,表现出负责任的行为。表现出挑战自我、坚韧不拔、追求卓越的精神 | 活动一<br>解决问题:如何快速有效地摆脱防守队员?<br>活动实施:<br>1. 观看比赛视频,观察摆脱防守队员的各种方法。<br>2. 消极防守下,利用速度的摆脱练习。<br>3. 积极防守下,利用转身、对抗、划船手等技巧的摆脱练习。<br>4. 摆脱过程中,防守队员跟随,利用节奏变换的摆脱练习。<br>评价要点:判断防守位置及方法,顺利接球上篮 |
| 13 | 1. 防守脚步练习。<br>2. 积极防守下两人传切练习。<br>3. 2vs2 的两人传切练习。<br>4. 3vs3 教学比赛。<br>5. 专项体能 | 1. 能自主创设多种传切配合的战术,掌握两人传球上篮的理论知识和竞赛规则。在比赛中合理运用相关技术串联提高竞赛水平。积极发展相关体能、专项体能和一般体能,掌握多种学练方法,会正确评价比赛。<br>2. 能运用健康知识与方法并积极参与篮球锻炼,形成健康的生活方式与良好的锻炼习惯,在比赛中改善心理调节能力、合作能力以及环境适应能力。<br>3. 尊重对手、尊重裁判、遵守规则,形成正确的胜负观;能胜任不同的运动角色,表现出负责任的行为。积极进取、挑战自我、坚韧不拔、追求卓越的精神 | 活动一<br>解决问题:如何提升终结能力?<br>活动实施:<br>1. 无防守的传切上篮联系。<br>2. 消极防守下,传切上篮联系。<br>3. 积极防守下,传切上篮联系。<br>4. 创设不同防守情境下,训练处理球的能力。<br>5. 专项体能的锻炼,提升空中对抗能力。<br>评价要点:敢于对抗,手型稳定。<br>活动二<br>解决问题:如何准确找到分球对象?<br>活动实施:<br>1. 固定位置分球练习。<br>2. 两人切入的分球练习。<br>3. 设置固定情景,讲解分球思路。<br>评价要点:分球的合理性,传球的到位性 |

（续表）

| 课次 | 教学内容 | 学习目标 | 活动设计与评价 |
|------|---------|---------|---------------|
| 14 | 1. 积极防守下 2vs1、2vs2 传切练习。<br>2. 空切配合。<br>3. 3vs3、4vs4 教学比赛。<br>4. 专项体能 | 1. 灵活运用传切配合的战术，掌握两人传球上篮的理论知识和竞赛规则。在比赛中合理运用相关技术串联提高竞赛水平。积极发展相关体能、专项体能和一般体能，掌握多种学练方法，会正确评价比赛。<br>2. 能运用健康知识与方法并积极参与篮球锻炼，形成健康的生活方式与良好的锻炼习惯，在比赛中改善心理调节能力、合作能力以及环境适应能力。<br>3. 尊重对手、尊重裁判、遵守规则，形成正确的胜负观；能胜任不同的运动角色，表现出负责任的行为 | 活动三<br>解决问题：如何提升分球准确率？<br>活动实施：<br>1. 两人切入上篮练习。<br>2. 固定位分球练习。<br>3. 设置防守情境下，固定跑位的分球练习。<br>评价要点：正确的传球位置。<br>活动四<br>解决问题：如何确定多人切入时机？<br>活动实施：<br>1. 多人依次跑固定线路传切练习。<br>2. 设置比赛防守情境，体会切入时间。<br>3. 评价要点：切入时机的把握。 |
| 15 | 1. 防守脚步练习。<br>2. 积极防守下两人传切练习。<br>3. 2vs2 的两人传切练习。<br>4. 3vs3 教学比赛。<br>5. 专项体能 | 1. 灵活运用传切配合的战术，掌握两人传球上篮的理论知识和竞赛规则。在比赛中合理运用相关技术串联提高竞赛水平。积极发展相关体能、专项体能和一般体能，掌握多种学练方法，会正确评价比赛。<br>2. 能运用健康知识与方法并积极参与篮球锻炼，形成健康的生活方式与良好的锻炼习惯，在比赛中改善心理调节能力、合作能力以及环境适应能力。<br>3. 尊重对手、尊重裁判、遵守规则，形成正确的胜负观；能胜任不同的运动角色，表现出负责任的行为。表现出积极进取、挑战自我、坚韧不拔、追求卓越的精神 | 活动五<br>解决问题：如何提升团队默契度？<br>活动实施：<br>1. 两人一组传切练习。<br>2. 三人一组 8 字绕球练习。<br>3. 四人一组平传球上篮。<br>4. 创设固定进攻场景，多次跑位训练。<br>评价要点：正确的传球线路，人到球到。<br>活动六<br>解决问题：如何发展灵敏、速度、力量等专项体能？<br>活动实施：<br>1. 四种方向的核心力量训练。<br>2. 快推等爆发力力量训练。<br>3. 负重深蹲等腿部力量训练。<br>评价要点：动作不变形，力量练习有爆发感 |

（续表）

| 课次 | 教学内容 | 学习目标 | 活动设计与评价 |
|---|---|---|---|
| 16 | 1. 传切战术配合的组合演练。<br>2. 篮球比赛规则普及。<br>3. 半场3vs3教学比赛。<br>4. 优秀小组展示，交流评价。<br>5. 相关体能 | 1. 能绘制战术图，掌握进攻战术配合的方法与运用时机，并能根据场上情况做出战术调整。提高速度、灵敏、爆发力等体能。<br>2. 在分组挑战赛中能合理调控情绪，保持良好的心态，积极挑战擂主。<br>3. 比赛中尊重对手、遵守规则、服从判罚，能胜任篮球比赛中的不同角色 | **活动一**<br>解决问题：如何选择合适的跑动线路和摆脱方法？<br>活动实施：<br>1. 观看NBA、CBA等高水平比赛的视频，引导发现摆脱方法和线路的运用。<br>2. 结合实战情境，通过防守队员不同位置，选择合适的摆脱方法。<br>3. 通过教学比赛，引导小组长进行跑动线路的设计与演练。<br>评价要点：合理的摆脱方法，传球及时，线路准确。 |
| 17 | 1. 半场3vs3比赛。<br>2. 裁判法普及。<br>3. 优秀小组展示。<br>4. 相关体能 | 1. 能阐述进攻战术配合的运用策略，能在比赛情境中灵活运用，增强力量、速度、灵敏等体能。<br>2. 掌握科学的健身方法，培养良好的锻炼习惯，在篮球比赛中保持良好的情绪，能通过积极的行为感染和激励同伴。<br>3. 树立正确的胜负观，在比赛中做到公平竞争、尊重对手，表现出负责任、敢担当、善担当的良好行为 | **活动二**<br>解决问题：如何提升学生对犯规动作的判断？<br>活动实施：<br>1. 对教学比赛中出现的犯规、违例问题进行讲解。<br>2. 学生吹罚一次教学比赛。<br>**活动三**<br>解决问题：如何判断传切战术发动的实际？<br>活动实施：<br>1. 创设特定发动情境，帮助学生了解发动契机。 |
| 18 | 1. 半场5vs5比赛。<br>2. 比赛欣赏。<br>3. 裁判法普及。<br>4. 考核评价。<br>5. 总结分享 | 1. 在比赛情境中灵活运用，增强力量、速度、灵敏等体能。<br>2. 掌握科学的健身方法，培养良好的锻炼习惯，在篮球比赛中保持良好的情绪，能通过积极的行为感染和激励同伴。<br>3. 树立正确的胜负观，在比赛中做到公平竞争、尊重对手，表现出负责任、敢担当、善担当的良好行为 | 2. 学生自主设计传切跑位战术，在实战中不断完善，改进。<br>评价要点：正确的发动时机 |

# 附五　大概念课程

## 科学教育大概念课程(物理学科)

夏钦　叶强[1]

### 科学是在究其所以,或是发现自然现象的原因

——伽利略的实验方法和逻辑方法对牛顿力学诞生的
贡献及牛顿力学的成就和局限性

### (高中/20 课时)

#### 一、整合主题

在了解伽利略的实验方法和逻辑方法对牛顿力学诞生的贡献,及了解牛顿力学的成就和局限性的学习过程中,让学生感悟科学探究和发现的艰苦历程,树立科学精神,掌握科学方法,激发学生持久的学习兴趣和求知欲望,养成敢于质疑、勇于实践的科学态度。

#### 二、整合思路

选择伽利略的实验方法和逻辑方法对牛顿力学诞生的贡献及牛顿力学的成就和局限性的学习主题,对科学家的研究过程、科学方法、探索精神进行分析比较,引导学生了解科学研究的基本思路,指导学生科学的研究方法,从而培养科学学科核心素养。

#### 三、整合内容

本课程整合物理中运动与力两个大概念。

大概念课程整合提纲:

1. 通过与伽利略相关的高中物理实验,经历完整探究的科学过程,了解伽

---

①　上海市青浦区第一中学物理教研组。

利略的生平和实验研究工作，认识伽利略有关实验的科学思想和方法。

2. 以高中物理知识和实验作为桥梁，进一步了解伽利略的平生和研究方法，从而感受伽利略对物理学的贡献，如自由落体运动、牛顿力学等。

3. 了解伽利略和牛顿是经典力学的奠基人，认识牛顿力学的成就和局限性。

## 一、了解伽利略的生平和实验研究工作，认识伽利略有关实验的科学思想和方法

（一）教学背景分析

新教材必修一第二章和第四章等内容，都涉及伽利略的科学研究方法。本课程主要是通过与伽利略相关的高中物理实验，经历完整探究的科学过程，了解伽利略的生平和实验研究工作，从而认识伽利略有关实验的科学思想和方法。学生已经通过伽利略对自由落体运动的研究，了解过其开创的科学研究方法，但学生往往对物理方法遗忘率较高，对伽利略生平不了解。通过本课程的学习，以高中物理知识和实验作为桥梁，进一步了解伽利略的生平和研究方法，从而感受伽利略对物理学的贡献，认识实践是检验真理的唯一标准。

（二）教学流程

1. 结合物理学史，展示伽利略相关贡献：

| 物理学史 | |
| --- | --- |
| 1592—1610 年，帕多瓦大学 | 比萨斜塔吊灯传说、摆锤周期运动——单摆的等时性 |
| 1591 年，比萨大学 | 落体实验——物体下落快慢与重力无关 |
| 1609 年 | 制作天文望远镜，支持哥白尼（对万有引力定律的贡献） |
| 1638 年，完成《两种科学的对话》 | ① 惯性运动；<br>② 研究落体运动的规律（为牛顿第一定律和第二定律铺平了道路） |
| | 研究抛体运动 |

教师通过 PPT 结合物理学史，介绍伽利略的生平研究以及相关贡献。

2. 重点展示伽利略对力学研究的贡献及其研究方法。

3. 布置任务：小组合作，制作 PPT，进一步感受伽利略对物理学的贡献。

（1）伽利略研究自由落体运动

早在学生时代，伽利略就对近两千年前亚里士多德提出的"重物越重，下落越快"的落体规律产生过怀疑。从 1633 年当他被囚禁时起，这一疑问就明确地

提了出来。

伽利略开创了一套新的科学方法——实验检验和数学推理结合,即将观察、实验、理想化条件、物理思想和数学工具结合起来。研究方法可总结为:观察现象—提出问题—合理假设—数学推理—实验验证—修正或合理推广。这是从观察到实验的历史性转变,从此使物理学的发展建立在可靠的实验基础之上,使物理学的研究从定性阶段过渡到定量阶段。特别是伽利略还把实验的观测同数学的演绎结合起来,而不是单纯依靠经验,他所发现的许多定理,都通过了实验和数学的双重证明。

（2）伽利略得出惯性定律

牛顿第一定律的发现,是伽利略在实验基础上,充分发挥他的高度抽象概括能力和丰富的想象力,运用理想实验和数学理论思维紧密结合的科学研究方法所取得的又一成果。

亚里士多德曾得出:当推出一个物体的力不再推动物体时,物体便归于静止。近两千年来,不断有一些具有先进思想的人提出不同的观点,他们或从哲学思想角度,或通过实际观测和思维推理得到对惯性的一些正确的认识,但都遭到了神权思想和教会的迫害。伽利略在晚年被监禁的情况下,正确地解决了物体运动的惯性问题。

如下图所示,一个光滑小球从高度均为 $h$、倾斜角度不同的光滑斜面上下落,它将会沿任何一个对接斜面上升到同样高度处。图 a 中小球上升时的加速度较图 b 中的大。因此,随着斜面倾角的减小,小球上升的加速度就会越来越小,小球运动的时间也就越来越长,在图 c 的水平面上,加速度减小至零,小球的速度将不会改变,则它将以恒定的速度永远运动下去。于是伽利略得出结论:任何物体不能自己改变其运动状态。这也是伽利略关于惯性运动的思想。

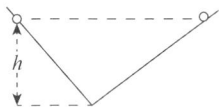

图a

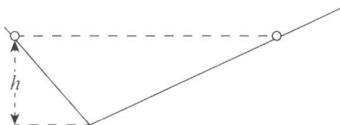

图b

图c

伽利略正是在对大量实验事实分析的基础上,透过表面现象,抓住主要因素,抽象出理想化实验过程,再把理想实验和数学推理紧密地结合起来,从而揭示了力和运动的本质联系。

（3）伽利略对抛体运动的研究

有了惯性运动思想和自由落体运动的性质,伽利略扩大了他的研究范围,开始讨论抛体运动。伽利略把抛体运动分解为两种运动:一种是竖直方向的上抛和自由落体运动,另一种是水平方向的匀速直线运动(均不考虑空气阻力)。伽利略把运动同物体的本质属性分离开来,通过对抛体速度的讨论,不仅改变了自亚氏以来人们思想中固有的错误观念,而且揭示出自然界运动所遵循的简单性法则——运动的独立性和叠加性。由于运动的独立性,所以运动与运动不会相互影响。这样一来,一个物体可以同时具有几个运动,合运动的结果遵从纯粹的几何学法则,相反每一种运动也可以遵从相同的规则分解为若干个分运动。根据运动叠加原理,抛体运动是这两种运动的合运动。把这两种运动相加就能确定物体的运动轨迹和在运动轨迹上各点的速度等。

## 大单元导学设计

第一阶段:自学研读资料,思考导学问题。

研读提示:

1. 自学前请通览课程的目录,整体了解课程主要内容及内在联系;

2. 仔细阅读本部分全部内容,可以依据标题把握阅读的主要内容;

3. 阅读中要眼、脑、手配合,边看、边想、边圈画,用彩笔标注;

4. 学习本部分内容时,应结合前面所学内容及其他方面获得知识思考。

导学问题1:伽利略的生平及实验研究工作有哪些?（考核:物理观念、态度责任)

导学问题2:伽利略对物理学的发展有哪些贡献?（考核:物理观念、态度责任)

导学问题3:伽利略有关实验的科学思想和方法有哪些?（考核:物理观念、科学思维)

导学问题4:社会上和历史上的许多科学家对伽利略的研究方法和实验结论有哪些看法?（考核:科学精神)

第二阶段:小组互助研习,大组交流讨论。

讨论提示:

1. 请围绕问题进行准备和展开讨论,不要偏离讨论的主题;

2.说理要有力,证据要确切,不要转移话题,不要偷换概念;

3.讨论时要认真聆听他人不同意见,不要打断别人发言。

讨论问题1:搜集资料,讨论和展示伽利略的生平和他的实验研究工作。(考核:物理观念、态度责任)

讨论问题2:生活中有哪些可以证明伽利略观点的物理现象?(考核:物理观念、态度责任)

讨论问题3:伽利略有关实验的科学思想和方法对物理学的发展产生了怎样的影响?(考核:物理观念、科学思维)

讨论问题4:列举当时或后世的科学家对伽利略的评价。(考核:物理观念、科学思维)

## 二、感受伽利略对物理学的贡献,如自由落体运动、牛顿力学等

(一)教学背景分析

这节课主要是在了解伽利略的生平和实验研究工作的基础上,学生以小组合作形式,分工合作,展示和交流自己对于伽利略的发现和伽利略的研究方法对物理学贡献的感受与理解。学生在查阅资料、合作完成PPT、分享交流感受的过程中培养学生合作学习能力和表达能力,让学生体会伽利略科学研究方法对物理研究的重要性,感受伽利略对物理学的重大贡献。

(二)教学流程

1.学生以小组为单位展示交流(针对学生补充的内容可适当拓展引申)。

2.组间可提出质疑与补充。在交流过程中,不断促进学生对伽利略及其发现与物理方法的完整认识。

(1)以伽利略为代表的惯性观念的改变,是科学史上重大的科学飞跃之一。惯性现象已不再是哲学家头脑中的猜想,而是既有严格的逻辑推理,又有理想的科学实验作为依据,是中世纪自然哲学过渡到经典物理学最重要的标志。

(2)伽利略通过对抛体运动的研究,不仅建立了一门新的涉及古老课题的科学,正确解决了抛体问题,而且还为人们提供了新的理论、新的思想。他所运用的方法和手段正像他所预言的那样,不仅对那个时代的科学家和科学思想产生了巨大的影响,也为牛顿力学的建立奠定了基础。

总之,伽利略的惯性定律和运动叠加原理等为力学理论奠定了基石,他具体研究的自由落体运动、斜面、抛体和单摆运动奠定了运动学和动力学的基础,并提供了解决实际力学问题的第一批范例,特别是他的实验方法、理想化方法、雄

辩的推理与严格的数学推证方法等。爱因斯坦和英费尔德在《物理学的进化》中写道："伽利略的发现及他所应用的科学推理方法是人类思想史上最伟大的成就之一，而且标志着物理学的真正开端。"

## 大单元导学设计

第一阶段：自学研读资料，思考导学问题。

导学问题1：伽利略是如何质疑越重的物体下落得越快的论断的？（考核：物理观念、科学思维）

导学问题2：伽利略是如何研究自由落体运动规律的？（考核：科学思维、实验探究）

导学问题3：伽利略的科学推理方法对科学发展有什么意义？（考核：态度责任、科学精神）

导学问题4：社会上和历史上的许多科学家对伽利略的研究方法和实验结论有什么讨论和看法？（考核：科学精神）

第二阶段：小组互助研习，大组交流讨论。

实践活动1：越重的物体下落越快吗？体验活动，你能解释你所看到的现象吗？若忽略空气阻力猜想下落快慢有什么特点？（考核：科学思维、实验探究）

（1）比较一张纸和一枚硬币下落快慢的活动：一张展开的纸与一枚硬币同时下落，比下落快慢；一张团成纸球的纸与一枚硬币同时下落，比下落快慢。

（2）两张相同大小的纸同时下落，比较下落快慢。学生讨论实验方案，并解释观察到的现象。

实践活动2：你如何理解伽利略对自由落体运动的研究过程？（考核：物理观念、科学思维、态度责任、科学精神）

（1）通过观察，伽利略发现物体下落时运动得越来越快，并提出："当一块原来静止的石头从高处落下的速度连续增加时，为什么不应当相信速度以一种简单的、人们最容易理解的方式增加呢？"他猜想，落体运动的速度 $v$ 与时间 $t$ 成正比，即 $v=kt$。（这一点很重要，把实验转化成一种科学上的解释、理论和模型，而且在特定的时期内与可获得的实证最为吻合。）（考核：科学研究方法中的实证性）

（2）经过分析，伽利略发现如果物体的初速度为零，且速度随时间均匀变化，则物体通过的距离与时间的二次方成正比。可通过测量距离与时间之间的关系检验物体的速度是否随时间均匀变化，为了解决计时的困难，伽利略将落体运动转化为小球沿斜面的运动。（考核：科学研究方法中的实证性）

（3）伽利略利用斜面做了上百次实验后发现：在倾角相同的斜面上，小球由静止开始向下运动的距离 $x$ 总是与所用时间 $t$ 的二次方成正比，实验证实，小球在斜面上做的是从静止开始的、速度随时间均匀增加的运动。

实践活动 3：通过矢量叠加的原理研究各种抛体运动的运动规律。如平抛运动的运动规律。（考核：科学研究方法中的实证性、物理观念、科学思维）

### 三、了解伽利略和牛顿是经典力学的奠基人，认识牛顿力学的成就和局限性

1. 教学背景分析

这节课是必修二内容的拓展，主要讲解牛顿力学的成就和局限性，让学生体会任何学科都有局限性，理解各自成立的条件，新的理论会不断完善和补充旧的理论，人类对科学的认识是无止境的。

2. 教学流程

（1）查阅资料，了解牛顿力学的成就和局限性。让学生通过自主阅读获取信息，培养学生阅读理解能力，同时培养学生良好的自学习惯。

（2）展示资料，介绍牛顿力学的成就和局限性。像一切科学一样，牛顿力学没有也不会穷尽一切真理，它也有局限性。它像一切科学理论一样，是一部"未完成的交响曲"。

牛顿力学的成就：

① 经典力学的基础是牛顿运动定律，牛顿运动定律和万有引力定律在宏观、低速、弱引力的广阔区域，包括天体力学的研究中，经受了实践的检验，取得了巨大的成就。

② 牛顿运动三定律和万有引力定律把天体的运动与地面上物体的运动统一起来，是人类对自然界认识的第一次大综合，是人类认识史上的一次重大飞跃。

牛顿力学在如此广阔的领域中与实际相符合，显示了牛顿运动定律的正确性和牛顿力学的魅力。

牛顿力学的局限性：

① 物体在以接近光速运动时所遵从的规律，有些是与牛顿力学的结论并不相同的。所以经典力学只适用于物体的低速运动。

② 在微观世界中，发现了电子、质子、中子等微观粒子，而且发现它们不仅具有粒子性，同时还具有波动性，量子力学能很好地描述微观粒子的运动规律。经典力学不适用于微观领域中物质结构和能量不连续的现象。

③ 经典力学规律只在弱引力场中成立。

经典力学规律只能用于宏观、低速（与光速相比）的情形，且只在弱引力场中成立。

## 大单元导学设计

第一阶段：自学研读资料，思考导学问题。

导学问题1：在恒力作用下，物体运动速度会越来越大甚至超过光速吗？（考核：科学研究方法中的实证性、物理观念、科学思维）

导学问题2：牛顿力学可以描述原子运动吗？（考核：科学研究方法中的实证性、物理观念、科学思维）

导学问题3：牛顿力学适用于所有天体吗？（考核：科学研究方法中的实证性、物理观念、科学思维）

导学问题4：牛顿力学的局限性有何启示？（考核：科学研究方法中的实证性、物理观念、科学思维）

第二阶段：小组互助研习，大组交流讨论。

讨论问题1：既然牛顿力学具有局限性，我们为什么还要学习牛顿力学？（考核：科学研究方法中的实证性、物理观念、科学思维、态度责任、科学精神）

讨论问题2：牛顿力学对力和运动的发展有什么作用？（考核：科学研究方法中的实证性、物理观念、科学思维、态度责任、科学精神）

## 情景化考核评价

情景考核题1：历史上关于落体运动有很多说法。判断下列表述是否准确。

(1) 伽利略认为物体越重，下落得越快。

(2) 亚里士多德认为物体下落的快慢与物体的轻重无关。

(3) 伽利略猜想落体运动的速度与其下落时间成正比，并用实验测出不同时刻的速度，验证了他的猜想。（考核：物理观念、科学思维）

| 1 | 1 | 32 |
|---|---|---|
| 4 | 2 | 130 |
| 9 | 3 | 298 |
| 16 | 4 | 526 |
| 25 | 5 | 824 |
| 36 | 6 | 1 192 |
| 49 | 7 | 1 600 |
| 64 | 8 | 2 104 |

情景考核题 2:上表是伽利略在 1604 年做斜面实验时一页手稿中的三列数据。表中第二列是时间,第三列是物体沿斜面运动的距离,第一列是伽利略在分析实验数据时添加的。根据表中的数据,A 同学觉得物体的运动距离与时间成正比;B 同学觉得斜面倾角一定时,加速度与质量无关;C 同学认为物体运动的距离与时间的二次方成正比。试问哪位同学的说法合理,并说明理由。(考核:物理观念、科学思维、实验探究)

情景考核题 3:下列物理现象中,哪些可以在牛顿力学的框架下得到解释? 哪些不能在牛顿力学的框架下得到解释? 试简述理由。

(1) 地球绕太阳公转;(2)量子通信;(3)引力波;(4)加速器中高能粒子的运动;(5)激光。(考核:物理观念、科学思维)

情景考核题 4:北京正负电子对撞机是我国第一台高能加速器,可以将电子能量加速到 $3.52 \times 10^{-10}$ J。按照牛顿力学,这个电子的速度是多大? 这种情况下,牛顿力学是否适用? 为什么? (考核:物理观念、科学思维)

情景考核题 5:对于质量为 1.4 倍太阳质量、半径与地球相同的白矮星,计算它的 $mG/Rc^2$。你认为牛顿力学可以正确描写白矮星的运动吗? 简述理由。

(考核:物理观念、科学思维)


# 科学教育大概念课程(生物学科)

魏欣[①]

## 生物体的遗传信息会一代一代地传递下去

——对基因的认识与基因的本质和应用

**(高中/20 课时)**


对接课程:高中生物课标必修 2。

1. 概述多数生物的基因是 DNA 分子的功能片段,有些病毒的基因在 RNA 分子上。2. 概述 DNA 分子通过半保留方式进行复制。3. 概述 DNA 分子上的

---

① 上海市青浦区第一中学生物教研组。

遗传信息，通过 RNA 指导蛋白质的合成。

选择性必修 3。

1. 概述基因工程是在遗传学、微生物学、生物化学和分子生物学等学科基础上发展而来的。2. 阐明基因工程的基本操作程序主要包括目的基因的获取、基因表达载体的构建、目的基因导入受体细胞和目的基因及其表达产物的检测鉴定等步骤。3. 举例说明基因工程在农牧、食品及医药等行业的广泛应用改善了人类的生活品质。

整合主题：对基因的研究、认识和应用是生物学的一个重要问题，是生物学发展最迅速也是争论最激烈的一个研究领域。本课程通过对认识基因、基因如何控制性状、怎样应用基因相关知识造福人类的学习，把相关生物学概念加以整合，通过基于真实情境的问题设计和活动设计，培养学习归纳与概括、推理与演绎、模型与建模等科学思维，深刻体会人类对基因的探索不断深入的过程，感受科学家追寻真理的坚毅及崇高的社会责任感，帮助学生从中获得有益的启迪，培养生物学科核心素养。

整合思路：将基因作为整个课程的核心大概念，一是学习基因的发现，认识基因是什么；二是学习基因的功能，了解基因是怎么控制蛋白质合成的；三是介绍基因与人类健康的关系；四是学习怎样应用基因相关知识造福人类。通过对基因认识的逐级递进的思路让学生对基因建立整体的认识，逐渐建构"生物体的遗传信息会一代一代地传递下去"这个生物学大概念，并在大概念建构的过程中发展学生的生命观念、科学思维、科学探究、社会责任素养。在基于真实情境的问题设计和活动设计中渗透"将科学研究中得到的知识运用于工程和技术，以创造服务于人类的产品"的科学概念，这也是科学研究的目的与运用。

整合内容：本课程在高中生物必修二和选择性必修三的基础上，适当补充，并系统加深，组成一个关于"基因"的大概念课程。大概念课程整合提纲：

一、认识基因

（一）基因的发现

1. 由孟德尔的假设引发的基因研究

2. 基因和染色体的关系

3. 基因的本质

（二）基因的功能

1. DNA 分子通过半保留方式进行复制

2. DNA 分子上的遗传信息通过 RNA 指导蛋白质的合成

二、基因与人类健康

（一）基因与人类常见遗传疾病的关系

1. 遗传疾病的概念和分类

2. 遗传病的检测与预防

（二）基因检测和个体化医疗的应用

（三）基因治疗和基因编辑的前沿技术与应用

三、基因工程与基因技术

（一）基因工程赋予生物新的遗传特性

1. 基因工程的诞生是多学科综合发展的成果

2. 基因工程改善着人类的生活品质

（二）基因工程是一种重组 DNA 技术

1. DNA 重组需要三种基本工具

2. PCR 是获取目的基因的主要方法

3. 切割和连接是构建表达载体的主要方式

4. 将 DNA 分子导入受体细胞

5. 借助标记基因筛选和鉴定含目的基因的受体细胞

6. 构建转基因动植物需要针对特定受体细胞进行操作

（三）生物技术安全与伦理

1. 转基因产品的安全性引发社会广泛关注

2. 生殖性克隆人带来诸多伦理问题

# 一、认识基因
## 大概念课程整合

（一）基因的发现

1. 由孟德尔的假设引发的基因研究

基因的发现，是从一个假设开始的，它最初是为了解释客观现象而提出的，经过一个多世纪的探索，这一假设"因子"的客观性不但得到了实验的证实，而且它的结构及在生命体中的作用也日益清楚。在这一过程中，基因发现的成就属于众多科学家而不可能是一个或几个，这充分体现了现代科学研究的集体性。这一发现模式在整个科学史上具有典型性。20 世纪，遗传学的发展举世瞩目。

基因概念及其理论的建立,打开了人类了解生命并控制生命的窗口。诺贝尔奖极其关注这一领域的探索,100 年中,对遗传学共颁奖 18 次。由于遗传学的发展,科学的社会功能及社会对科学的制约更受关注,从试管婴儿到克隆技术再到人类基因图谱的绘制无不牵动着世人的心。

1854—1865 年　孟德尔遗传规律

1882 年　有丝分裂

1883 年　减数分裂

1909 年　摩尔根定律

1930—1952 年　美国噬菌体研究小组确认 DNA 为遗传物质

1945 年　薛定谔提出遗传密码假说

1953 年　DNA 分子结构被鉴定

1954 年　三联体遗传密码假说

1958 年　中心法则

1963 年　所有 64 个遗传密码破解完毕

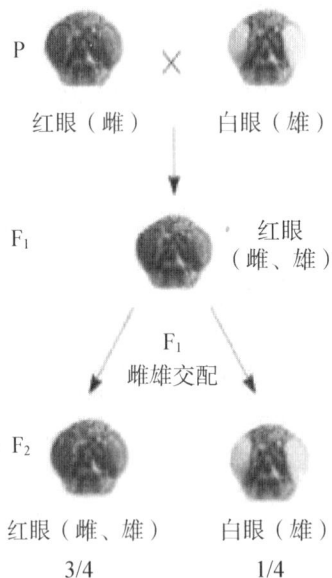

图 1-1　果蝇杂交实验示意图

## 2. 基因和染色体的关系

基因位于染色体上的实验证据:

美国生物学家摩尔根(Morgan,1866—1945)曾经明确表示过不相信孟德尔的遗传理论。他一直琢磨着设计一个实验,看看生物的遗传与染色体之间到底有什么关系,基因又是怎么回事。

用什么作实验材料呢? 这是关键问题。腐烂水果周围飞舞的果蝇吸引了他的注意,经过观察,他发现果蝇正是一种合适的实验材料。

从 1909 年开始,摩尔根开始潜心研究果蝇的遗传行为。一天,他偶然在一群红眼果蝇中发现了一只白眼雄果蝇。白眼性状是如何遗传的? 他做了如图 1-1 所示的实验。从实验中不难发现,从果蝇红眼与白眼这一对相对性状来看,F₁全为红眼,说明白眼对红眼是隐性,F2中红眼和白眼的数量比是3∶1,这样的遗传表现符合分离定律,表明果蝇的红眼和白眼是受一对等位基因控制的。所不同的是白眼性状的表现,总是与性别相关联。如何解释这一现象呢?

在同一时期,一些生物学家已经在一些昆虫的细胞中发现了性染色体。果蝇的体细胞中有4对染色体,3对是常染色体,1对是性染色体。在雌果蝇中,这对性染色体是同型的,用 XX 表示;在雄果蝇中,这对性染色体是异型的,用 XY 表示。由于白眼的遗传和性别相关联,而且与 X 染色体的遗传相似。于是,摩尔根及其同事设想,如果控制白眼的基因(用 w 表示)在 X 染色体上,而 Y 染色体上不含有它的等位基因,上述遗传现象就可以得到合理的解释(如图1-2)。

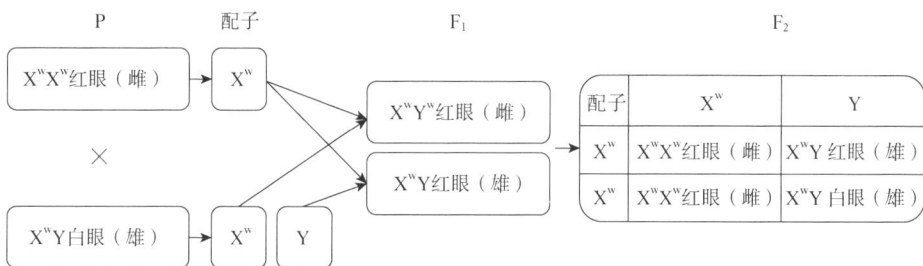

图1-2　果蝇杂交实验分析图解

后来,摩尔根等人又通过测交等方法,进一步验证了这些解释。正是他们的工作,把一个特定的基因和一条特定的染色体——X 染色体联系起来,从而用实验证明了基因在染色体上。从此,摩尔根成了孟德尔理论的坚定支持者。

我们知道,每种生物的基因数量,都要远远多于这种生物的染色体数目。例如,果蝇的体细胞中有4对染色体,携带的基因有1.3万多个;人类的体细胞中有23对染色体,基因大约有2万个。显然,一条染色体上应该有许多个基因。摩尔根和他的学生经过十多年的努力,发明了测定基因位于染色体上相对位置的方法,并绘出了第一幅果蝇各种基因在染色体上的相对位置图,同时也说明了基因在染色体上呈线性排列(如图1-3)。

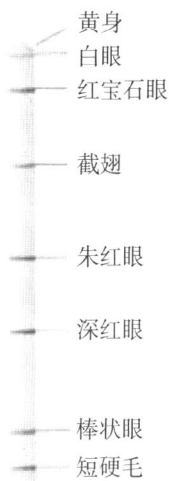

图1-3　果蝇 X 染色体上一些基因的示意图

3. 基因的本质

一个 DNA 分子上有许多个基因,每一个基因都是特定的 DNA 片段,有着特定的遗传效应,这说明 DNA 必然蕴含大量的遗传信息。DNA 只含有 4 种脱氧核苷酸(分别含 A、T、G、C 4 种碱基),为什么能储存大量的遗传信息呢? 研究表明,DNA 能储存足够量的遗传信息;遗传信息隐藏在 4 种碱基的排列顺序中;碱基排列顺序的千变万化,构成了 DNA 的多样性,而碱基特定的排列顺序,又构成了每个 DNA 分子的特异性;DNA 的多样性和特异性是生物体多样性和特异性的物质基础。DNA 上分布着许多个基因,基因是有遗传效应的 DNA 片段。

有些病毒的遗传物质是 RNA,如人类免疫缺陷病毒(艾滋病病毒)、流感病毒等。对这类病毒而言,基因就是有遗传效应的 RNA 片段。

(二) 基因的功能

1. DNA 分子通过半保留方式进行复制

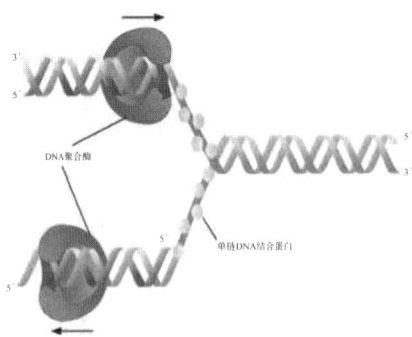

图 1－4　DNA 复制示意图

DNA 的复制是指以亲代 DNA 为模板合成子代 DNA 的过程。在真核生物中,这一过程是在细胞分裂前的间期,随着染色体的复制而完成的。复制开始时,在细胞提供的能量的驱动下,解旋酶将 DNA 双螺旋的两条链解开,这个过程称为解旋。然后,DNA 聚合酶等以解开的每一条母链为模板,以细胞中游离的 4 种脱氧核苷酸为原料,按照碱基互补配对原则,各自合成与母链互补的一条子链。随着模板链解旋过程的进行,新合成的子链也在不断延伸。同时,每条新链与其对应的模板链盘绕成双螺旋结构(如图 1－4)。这样,复制结束后,一个 DNA 分子就形成了两个完全相同的 DNA 分子。新复制出的两个子代 DNA 分子,通过细胞分裂分配到子细胞中。

DNA 复制是一个边解旋边复制的过程,需要模板、原料、能量和酶等基本条件。DNA 独特的双螺旋结构,为复制提供了精确的模板,通过碱基互补配对,保证了复制能准确进行。DNA 通过复制,将遗传信息从亲代细胞传递给子代细胞,从而保持了遗传信息的连续性。

2. DNA 分子上的遗传信息通过 RNA 指导蛋白质的合成

基因如何指导蛋白质的合成? 我们知道,基因是有遗传效应的 DNA 片段。

DNA 主要存在于细胞核中,而蛋白质是在细胞质中合成的。那么,DNA 携带的遗传信息是怎样传递到细胞质中的呢? 当遗传信息到达细胞质后,细胞又是怎样解读的呢?

在生物体中,大多数生物学功能是由蛋白质承担的。DNA 中蕴含的特定遗传信息,首先要被转录到 RNA 中,进而指导蛋白质的合成,这一过程称为表达。在 RNA 聚合酶的作用下,以 DNA 上特定片段的一条链为模板合成 RNA 的过程称为转录(如图 1-5)。

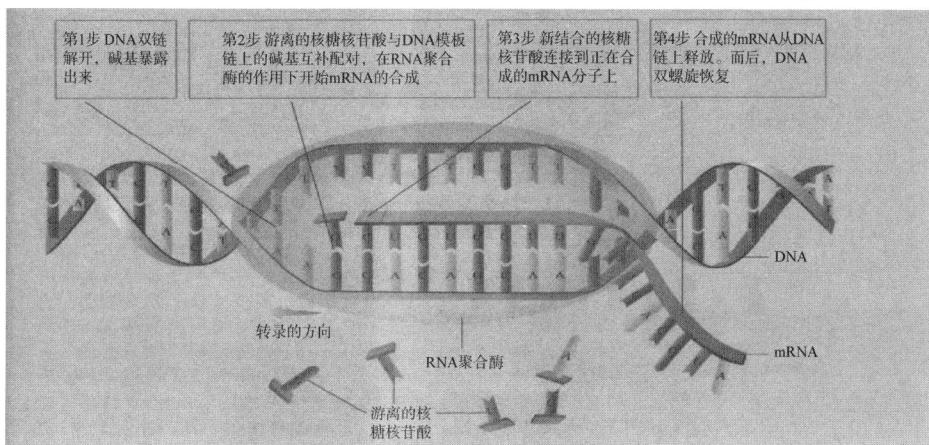

图 1-5 以 DNA 为模板转录 RNA 的示意图

RNA 指导蛋白质肽链合成的过程称为翻译。这一过程需要 mRNA、tRNA、rRNA 和各种蛋白因子的参与。mRNA 序列中蕴含指导蛋白质合成的信息,是合成蛋白质的模板,充当将 DNA 上的遗传信息传递到蛋白质肽链的媒介。mRNA 中每三个相邻的核苷酸对应一个氨基酸(或翻译过程的终止信息),称为密码子。破译密码子的含义是探究和理解多肽链合成过程的关键。科学家通过不断实验,破译了所有密码子。大多数生物所使用的遗传密码表是相同的。

tRNA 担任着运送多肽链合成所需氨基酸的"运输车"和识别 mRNA 中密码子的"联络员"的双重角色。tRNA 中段的三个核苷酸称为反密码子,可识别 mRNA 上的密码子。rRNA 与多种蛋白质结合形成核糖体,含大、小两个亚基,为翻译过程提供场所,并兼有识别 mRNA 及催化肽键形成的功能。

### 大单元导学设计

第一阶段:自学研读材料,思考导学问题。

研读提示：

1. 自学前请通览课程的目录，整体了解课程主要内容及内在联系；

2. 仔细阅读本部分全部内容，可以依据标题把握阅读的主要内容；

3. 阅读中要眼、脑、手配合，边看、边想、边圈画，用彩笔标注；

4. 学习本部分内容时，应结合前面所学内容及其他方面获得知识思考。

导学问题1：基因的发现经历了哪些研究历程？（考核：科学思维、科学探究）

导学问题2：基因和染色体之间是什么关系？（考核：生命观念、科学思维）

导学问题3：基因的本质是什么？（考核：生命观念、科学思维）

导学问题4：自然界中所有生物的基因有哪些共性和特性？（考核：生命观念、科学思维）

导学问题5：基因的多样性和生物的多样性之间有什么关系？（考核：生命观念、科学思维）

第二阶段：小组互助研习，大组交流讨论。

讨论提示：

1. 请围绕问题进行准备和展开讨论，不要偏离讨论的主题；

2. 讨论要观点明确，用历史或现实材料为观点提供证据；

3. 说理要有力，证据要确切，不要转移话题，不要偷换概念；

4. 讨论时要认真聆听他人不同意见，不要打断别人发言。

讨论问题1：人有46条染色体，但旨在揭示人类基因组遗传信息的人类基因组计划只测定人的24条染色体的DNA序列。为什么首先要确定测哪些染色体？为什么不测定全部46条染色体？（考核：科学思维）

讨论问题2：碱基互补配对原则暗示DNA的复制机制可能是怎样的？（考核：科学思维、科学探究）

讨论问题3：我国科学家将外源生长激素基因导入鲤鱼的受精卵，培育出了转基因鲤鱼。与对照组相比，转基因鲤鱼的生长速率增大。为什么转基因鲤鱼的生长速率会增大？导入的外源基因是1个DNA分子，还是DNA分子的一段脱氧核苷酸序列？（考核：科学思维、科学探究）

讨论问题4：有人说："基因是导演，蛋白质是演员，性状是演员的表演作品。"你认为这种说法有道理吗？为什么？请你整理总结基因、蛋白质和性状三者之间的关系。（考核：生命观念、科学思维）

情景问题1：人的遗传信息主要分布于染色体的DNA中。两个随机个体具有相同 DNA 序列的可能性微乎其微。因此,DNA 可以像指纹一样用于识别身份,这种方法就是 DNA 指纹技术。应用 DNA 指纹技术时,首先需要用合适的酶将待检测的样品 DNA 切成片段,然后用电泳的方法将这些片段按大小分开,再经过一系列步骤,最后形成如图 1-6 所示的 DNA 指纹图。因为每个人的 DNA 指纹图是独一无二的,所以我们可以根据分析指纹图的吻合程度来帮助确认身份。在现代刑侦领域中,DNA 指纹技术发挥着越来越重要的作用。只需要一滴血或一根头发等样品,刑侦人员就可以进行 DNA 指纹鉴定。

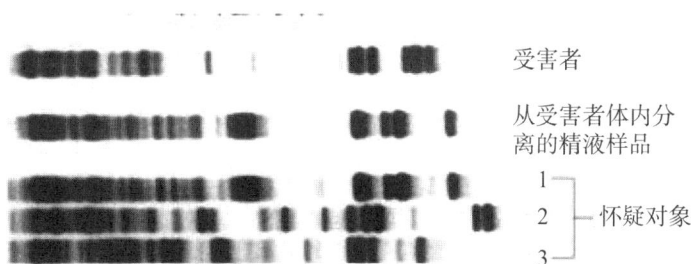

图 1-6　DNA 指纹图

（1）你能根据如图 1-6 所示的 DNA 指纹图判断出怀疑对象中谁是犯罪嫌疑人吗?（考核:科学思维）

（2）应用 DNA 指纹技术为什么能准确找出犯罪嫌疑人?（考核:学科思维）

（3）查阅资料,DNA 指纹技术还有哪些应用领域,这些领域应用 DNA 指纹技术的依据是什么?（考核:科学思维、社会责任）

## 二、基因与人类健康
### 大概念课程整合

（一）基因与人类常见遗传疾病的关系

1. 遗传疾病的概念和分类

由于细胞中的基因突变或染色体变异导致的遗传性疾病,统称遗传病。有些遗传病从出生即可发病,有些遗传病在特定年龄期才表现出症状。

人类遗传分析主要采用系谱法:首先进行遗传调查,收集所研究的家族中有关性状的信息,然后将这些信息整理成系谱,根据相应的遗传学定律进行分析,以确定这种遗传病的传递规律。

人类遗传病主要包括单基因遗传病、多基因遗传病及染色体病等。

由一对等位基因控制的遗传病称为单基因遗传病。根据人类孟德尔遗传在线数据库的统计，已明确的人类单基因遗传病多达 5 000 种以上。依照致病基因所在染色体及显隐性关系，主要包括常染色体显/隐性遗传和伴 X 染色体显/隐性遗传。

有些疾病，如原发性高血压、精神分裂症、糖尿病、唇腭裂等，与两对及两对以上等位基因有关，这样的遗传病称为多基因遗传病。导致这类疾病的每一对基因的作用都是微小的，但有累积效应。疾病的表现更易受环境因素的影响，使得疾病的诊断较为困难，但也为通过改变环境来控制发病提供了可能。染色体病是由染色体数量或结构变异所致的，往往涉及许多基因。人体细胞染色体异常可能会造成严重后果，如染色体异常的胎儿容易发生流产，即使能正常出生，也可能表现出先天性器官畸形、智力和生长发育迟缓（如唐氏综合征）等。

2. 遗传病的检测与预防

尽管多数遗传病的发病率较低，一旦患病却将伴随终生，往往会给患者及其家庭造成沉重负担。遗传病虽然是先天性的，但可以积极采取措施进行检测和预防，尽可能降低遗传病的发病率。

（1）禁止近亲结婚，提倡婚前体检和适龄生育

我国法律规定：直系血亲和三代以内的旁系血亲禁止结婚。近亲婚配会使单基因隐性遗传病的发病率显著增加。例如，苯丙酮尿症和白化病两种隐性遗传病，表兄妹婚配的发病率分别为非近亲婚配的 8.5 倍和 13.5 倍。

通过婚前体检，可以了解双方的健康状况和既往病史，以便发现一些医学上认为不适宜生育的严重遗传病等疾病，是保障婚后健康幸福的重要措施。提倡适龄生育也有利于优生。女性最适生育年龄段是 24～29 岁。随着女性生育年龄的增加，尤其到 35 岁以后，子代发生唐氏综合征等各类染色体病的概率将大幅升高。可见，适龄生育对预防遗传病具有重要意义。

（2）遗传咨询

对遗传病患者及高风险人群（如家族中有遗传病史、生育过遗传病患儿、有多次流产史者），可由遗传咨询师根据病史和家族史来评估遗传病的发生风险及预防措施。例如，苯丙酮尿症是一种常染色体隐性遗传病，一对表型正常、曾生育过苯丙酮尿症患儿的夫妇进行遗传咨询，想知道再次生出患儿的风险率。根据推断，这对夫妇均为致病基因携带者；若再次生育，他们的子女表型正常的概率为 25%，患病概率为 25%，携带者概率为 50%。据此，咨询师建议这对夫妇可以结合产前诊断指导生育。

（3）产前诊断

可以通过多种检测技术，如 B 超、胎儿细胞检查和孕妇血液样本分析等对胎儿进行形态观察、染色体分析和基因检测等。例如，之前进行了苯丙酮尿症遗传咨询的夫妇再次怀孕后，如果产前基因检测发现胎儿只是致病基因的携带者，表型正常，则可建议生育；如果检测结果是患儿，则可建议终止妊娠或进一步干预治疗。

（4）环境控制和人为干预

对于一些发病机理非常明确的遗传病，可以通过改变环境减少发病的可能性。比如，射线、烟草、酒精等环境因素会提高基因突变频率，因此在备孕和孕期要避免接触这些因素，以降低突变风险。苯丙酮尿症患者是由于催化苯丙氨酸代谢的苯丙氨酸羟化酶缺陷，导致体内苯丙氨酸过量积聚，严重损害中枢神经系统，从而造成智力发育障碍。对于苯丙酮尿症新生儿，可采取低苯丙氨酸奶粉喂养来避免发病。2009 年，我国启动了"苯丙酮尿症患儿特殊奶粉补助项目"，为苯丙酮尿症新生患儿免费提供无苯丙氨酸配方奶粉，帮助这些特殊孩子和家庭。

（二）基因检测和个体化医疗的应用

精准医疗已成为大健康行业和医学界最热门的话题，通过利用人体遗传信息中的异常来指导我们对疾病的预防、诊断和治疗。实现精准医疗，基因检测是基础。

1. 基因检测在个体化医疗中的应用

作为生物遗传信息的载体，通过基因检测，大众能发现身体内潜在的疾病风险，及早采取有效的预防或干扰措施，达到现在所倡导的"个性医疗，解码健康"的目的，为健康管理提供精准的基因数据，做到更高效的精准健康管理。

2016 年 11 月，国务院印发的《"十三五"国家战略性新兴产业发展规划》和同年 12 月国家发改委印发的《"十三五"生物产业发展规划》指出，靶向药物、细胞治疗、基因检测等新技术正在加速普及应用中。未来，我国基因检测能力（含孕前、产前、新生儿）要覆盖出生人口 50％以上，社会化检测服务受众大幅增加。这一系列政策举措，使得临床级别的基因测序产品和服务逐步走向规范化。此外，基因检测作为精准医疗的基础，在推动肿瘤治疗、免疫治疗的同时，也大大加快了药物研发速度，为临床用药提供科学依据。

2. 基因检测在临床领域的应用

二代测序技术的飞速发展使得便宜、快速的个人基因组测序成为可能，基因检测行业作为基因医学的重要部分，承载着解码生命、造福人类的重任，承载着中国战略转型、科技兴国的重任，同时也托起了万亿的大健康市场，基因检测技术的发展会从根本上改变我们的健康理念，现行的医疗模式也会随之发生改变。

（1）辅助临床诊断

很多疾病表现出来的症状类似，临床上很难进行鉴别诊断，容易混淆。若能通过基因检测，在基因层面找到致病原因，可以辅助临床医生鉴别诊断，甚至纠正临床上的诊断。

（2）个体化治疗

治疗的效果与很多因素相关，排查外在的原因，人与人之间治疗的差异主要受遗传因素的影响。通过基因检测可以帮助实现个体化治疗，提高疗效，减少不良反应的发生。

（3）携带者筛查

针对具有某些单基因遗传病（尤其是隐性遗传病）家族史的高危人群进行相关致病基因的筛查，可以及时发现该家族中致病基因的携带情况，进而分析后代患病的风险，为家属成员提供有效的遗传信息，防止缺陷基因向下一代遗传。

（4）指导优生优育

根据基因检测结果，结合疾病不同的遗传模式，可通过遗传咨询进行生育指导。通过产前诊断（自然怀孕后进行）或试管婴儿结合胚胎植入前筛查及诊断等技术帮助生育健康的宝宝。

（5）提供精准的配型信息

为造血干细胞移植提供精确的配型信息。例如，地中海贫血、黏多糖贮积症患者、白血病等需要通过移植造血干细胞进行治疗时必须进行 HLA 分型，评估移植后排斥反应的发生率。

人们可以通过基因检测，获取科学的基因健康报告、解读，制订个性化健康方案。互联网时代，基因检测将核心技术与健康数据结合，为客户提供智能健康监测与预警、远程健康咨询、运动及营养建议等，有效地为大众提供健康体检的外延服务。在精准医疗被大家广泛认可的环境下，高通量测序设备的应用越来越广泛，基因测序数据量也呈倍数增长，基因组序列测序成本大幅下降。中国基因检测行业市场快速发展，增长速度远超全球水平，未来市场空间巨大，2020 年增长至 378.8 亿元人民币。我国作为人口大国，基因检测行业已成为国家"精准医学"战略规划的重要组成部分，发展前景广阔。

基因检测产业终将是一项造福人类的朝阳行业，为千家万户带来健康与保障。

（三）基因治疗和基因编辑的前沿技术与应用

随着科学技术的不断发展,基因编辑和基因治疗在医学领域中变得越来越重要。基因编辑和基因治疗技术的出现为人类提供了一种新的治疗方法,可帮助我们战胜一些传统医学难以治疗的疾病。下面介绍基因编辑和基因治疗的新进展,并探讨这些技术的应用前景。

（1）基因编辑技术

基因编辑技术是一种能精准地改变生物体基因序列的技术。目前,主流的基因编辑技术有 CRISPR/Cas9 和 TALEN。CRISPR/Cas9 技术是一种从细菌免疫系统中发现的工具,能通过将 CRISPR 序列和 Cas9 蛋白相结合来实现基因组的定点编辑(如图 2-1)。这种技术已被广泛应用于生物医学研究、基因治疗等领域。TALEN 则是一种由类似于核酸酶的 DNA 结合蛋白和 Fok1 核酸酶构成的基因编辑工具。这种工具被证明比 CRISPR/Cas9 更准确和可控。

（2）基因治疗

基因治疗是一种修复或替换患者缺失或异常基因的技术。随着基因编辑技术的发展,基因治疗已经成为一种更为可行的选择。在基因治疗中,病人的细胞被提取出来,并通过基因编辑技术进行修改,使其能更好地对抗某种疾病。然后,这些被编辑的细胞被重新注入患者体内,以达到治疗的目的。基因治疗技术的发展为许多难治性疾病的治疗提供新的希望。

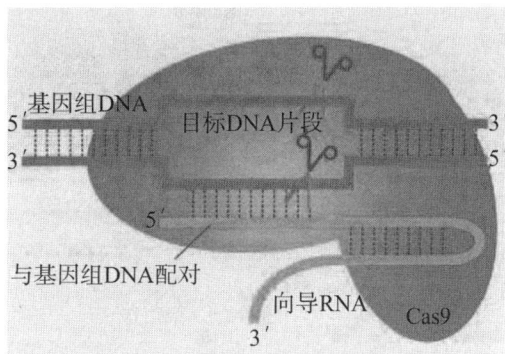

图 2-1　基因编辑过程示意图

在基因编辑和基因治疗的应用中,白血病是其中一个显著的成功案例。在这个案例中,研究人员从患者体内提取 T 细胞,通过基因编辑技术改变这些细胞的基因,使其能针对癌细胞进行攻击。这些改变后的 T 细胞被再次注入患者体内,这种疗法已经成功治愈了多个白血病患者。同时,基因治疗也被广泛用于免疫缺陷病、罕见的遗传性疾病及部分癌症的治疗。

除此之外,基因编辑和基因治疗还可用于肺部疾病的治疗。例如,囊性纤维化是一种常见的遗传性疾病,目前尚无有效的治疗方法。基因编辑技术可用于修复 CFTR 基因,这是引起囊性纤维化的基因,从而使患者能正常呼吸。

（3）基因切割

基因编辑和基因治疗领域的另一个进展是基因切割，这是一种通过切除异常基因来治疗疾病的方法。这种技术使用的是 CRISPR/Cas9 技术，可以精确地删除一个或多个基因，从而防止疾病的发展。基因切割被广泛用于治疗遗传性疾病。例如，先天性失聪、遗传性视网膜色素变性等。

（4）基因编辑和基因治疗存在的潜在的问题和风险

虽然基因编辑和基因治疗技术取得了许多成功，但是这些技术也存在一些潜在的问题和风险。首先，这些技术还需要通过进一步研究，以确定它们的安全性和有效性。其次，基因编辑技术可能导致不可预测的副作用，如不良基因突变或自身免疫反应。最后，基因编辑和基因治疗的成本很高，这就意味着它们可能无法向所有需要的人群普及。

综上所述，基因编辑和基因治疗技术的发展为医学研究和疾病治疗提供了新的前景。基因治疗已经被证明在某些疾病的治疗中有显著的效果，而基因编辑技术则在改变生物基因组方面具有很高的精度和控制性。虽然这些技术仍然面临一些挑战，但是随着技术的不断发展和改进，它们有望成为未来治疗疾病的重要工具。

## 大单元导学设计

第一阶段：自学研读材料，思考导学问题。

导学问题1：什么是遗传病？它有哪些类型？（考核：生命观念）

导学问题2：如何检测和预防遗传病？（考核：生命观念）

导学问题3：对遗传病做必要的检测和预防有什么社会意义？（考核：社会责任）

导学问题4：什么是基因检测？它在个体化医疗中有什么作用？（考核：科学思维、社会责任）

导学问题5：什么是基因编辑技术？什么是基因治疗？它们有哪些前沿发展？（考核：社会责任）

第二阶段：小组互助研习，大组交流讨论。

讨论问题1：对人类基因的研究表明，人类的大多数疾病，甚至普通感冒和肥胖都可能与基因有关。那么，人的胖瘦是由基因决定的吗？（考核：科学思维）

讨论问题2：有人认为"人类所有的病都是基因病"，你能说出这种提法的依据吗？你同意这种观点吗？（考核：科学思维）

讨论问题3：人们利用基因检测已经开发出不少治疗疾病的药物，设想一下,当人类对一些重要疾病的遗传基因进行深入了解后,是否可以开发出更多有针对性的药物?请谈一谈基因检测的其他益处。(考核:生命观念、科学思维)

讨论问题 4:有人说基因检测就是基因体检,可以全面地了解自己的基因状况。当你拿到基因检测报告时,其他人如医生也会看到这份报告。除医生和家人外,其他人有权知道这一信息吗?(考核:生命观念、社会责任)

讨论问题 5:两位恋人即将结婚,一方要求另一方出示基因检测报告,想了解对方的基因状况,以判断对方是否有遗传病或其他疾病的致病基因。你认为这样做合适吗?怎样处理比较好?(考核:生命观念、社会责任)

讨论问题 6:个体化医疗又叫精准医疗,与传统医疗相比,它有哪些优势?(考核:生命观念、科学思维)

讨论问题 7:精准医疗实施的前提是什么?精准医疗的发展建立在哪些理论和技术发展的基础之上?(考核:生命观念、社会责任)

情景问题:基因检测是指通过检测人体细胞中的 DNA 序列,以了解基因状况。人体血液、唾液、精液、毛发或各种组织等,都可以用来进行基因检测。基因检测可以精确地诊断病因。例如,某些疾病的发生与基因突变有关,找到突变基因,就可形成精确的诊断报告,帮助医生对症下药。通过分析个体的基因状况,结合疾病基因组学,可以预测个体患病的风险,从而帮助个体通过改善生存环境和生活习惯,以规避或延缓疾病的发生。此外,通过检测父母是否携带遗传病的致病基因,也能预测后代患这种疾病的概率。其他动植物也有类似的基因检测方法。(考核:生命观念、社会责任)

(1) 基因检测存在不少争议,人们担心由于缺陷基因的检出,在就业、保险等方面受到不平等待遇。你认为该如何妥善处理这一问题?(考核:生命观念、社会责任)

(2) 人们利用基因检测已经开发出不少治疗疾病的药物,设想一下,当人类对一些重要疾病的遗传基因进行深入了解后,是否可以开发出更多有针对性的药物?请谈一谈基因检测的其他益处。(考核:生命观念、社会责任)

(3) 有人说基因检测就是基因体检,可以全面地了解自己的基因状况。当你拿到基因检测报告时,其他人如医生也会看到这份报告。除医生和家人外,其他人有权知道这一信息吗?(考核:生命观念、社会责任)

(4) 两位恋人即将结婚,一方要求另一方出示基因检测报告,想了解对方的基因状况,以判断对方是否有遗传病或其他疾病的致病基因。你认为这样做合适吗?怎样处理比较好?(考核:生命观念、社会责任)

## 三、基因工程与基因技术
## 大概念课程整合

（一）基因工程赋予生物新的遗传特性

1. 基因工程的诞生是多学科综合发展的成果

基因工程是指将一种或多种生物(供体)的基因与运载工具在体外进行拼接重组,然后转入另一种生物体(受体)内,使之按照人们的意愿遗传并表达出新产物或新性状。由于重组拼接的基因和运载工具都是 DNA 分子,因此基因工程也称重组 DNA 技术。对有性生殖的生物而言,不同物种之间存在生殖隔离,难以进行基因交流;即便生活在同一个栖息地的大多数细菌物种也很难交换遗传信息。重组 DNA 技术诞生的科学意义在于打破这种隔离,使跨物种间基因的定向转移成为可能。同时,发酵工程所用的微生物菌种及细胞工程所涉及的细胞株,很多都是采用基因工程技术改造过的,因此基因工程是现代生物工程的核心技术。1973 年,基因工程是在遗传学、微生物学、生物化学和分子生物学等生物科学分支学科的基础上问世的(如图 3 - 1)。

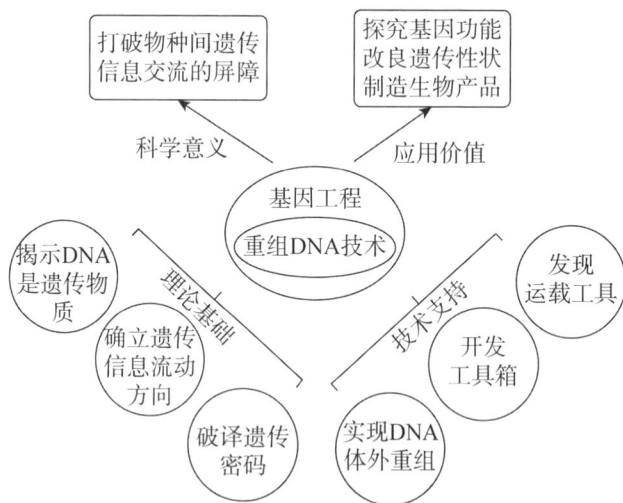

图 3 - 1　基因工程的理论基础和技术支撑

2. 基因工程改善人类的生活品质

基因工程自 20 世纪 70 年代诞生后,经历了飞速发展,已成为生命科学和生物工程的核心技术。基因工程在医学、农牧业、食品工业等众多领域有着广泛的应用。

（1）医学 由各型肝炎病毒感染所致的急性和慢性肝炎严重威胁人类的健康，是肝硬化和肝癌的主要病因。接种疫苗是有效阻止各型肝炎病毒传染的首选良策。1981年，采用人血培养病毒制得的乙肝疫苗率先在美国批准上市。这是人类历史上第一种商业化的乙肝疫苗，象征着人类对抗乙肝的一次革命性突破。但是，有限的来源和高昂的价格使其难以普及，而且存在通过血液感染其他病毒（如艾滋病病毒）的风险也引起了人们的严重担忧。基因工程技术为乙肝疫苗的生产工艺带来了革命性突破：首先，获得乙肝病毒表面蛋白（用作抗原）的基因，然后将其转移至酵母中，可使酵母高效合成乙肝病毒表面抗原蛋白，用作乙肝疫苗。由于酵母易于大规模发酵培养，且整个生产过程能彻底摆脱血液需求和病毒培养，因而通过基因工程大规模生产乙肝疫苗成为可能。1997年，我国正式批准利用基因工程技术将酵母改造成"工程菌"，并用于生产重组乙肝疫苗。之后，国家投入大量资金在全国范围内推行免费接种和补种重组乙肝疫苗，取得了举世瞩目的成功。

20世纪80年代以来，基因工程开始朝着高等动植物物种的遗传性状改良和人体基因治疗等方向发展。1982年，科学家将大鼠的生长激素基因转入小鼠体内，培育出具有大鼠雄健体魄的转基因小鼠。1990年，美国首次批准了一项人体基因治疗临床研究计划，对一名因腺苷脱氨酶基因缺陷而患有重度联合免疫缺陷病的儿童进行基因治疗并获得成功，从而开创了基因治疗的新纪元。

（2）农牧业 自古以来，人们在种植农作物时就不断尝试选择性育种。如今，借助重组DNA技术可以大大加快育种的进程。转基因抗虫棉是我国拥有自主知识产权的转基因作物。将苏云金芽孢杆菌的有关基因经改造后引入棉花，便可构建出抗虫棉。这种基因能高效表达无毒性的伴孢晶体蛋白，棉铃虫等食叶性鳞翅目害虫侵害抗虫棉时，其碱性消化液（pH7.5～8.0）可将摄入的伴孢晶体蛋白水解成毒性肽，导致消化道麻痹而死。转基因抗虫棉的培育成功标志着我国成为世界上第二个独立成功研制抗虫棉的国家。20世纪80年代，研究人员从矮牵牛中获得草甘膦（一种除草剂）抗性基因，并将其导入大豆基因组中，培育出抗除草剂大豆品种，从而在大田中施用草甘膦除草剂时，不会影响大豆的产量。这种转基因大豆于1994年在美国批准种植，成为较早实现大规模商业化推广的转基因作物之一。

（3）食品工业 在食品工业中，氨基酸可用作鲜味剂（如味精）和营养补充剂，具有广泛的用途。全世界每年的氨基酸总产量接近$5 \times 10^6$ t，其中谷氨酸的产量约占氨基酸总产量的一半。工业上，通常采用谷氨酸棒状杆菌大规模发酵生产谷氨酸。但是，天然菌株产量较低，基因工程可改良生产菌株的遗传性状，大幅度提高谷氨酸的产量。

（二）基因工程是一种重组 DNA 技术

1. DNA 重组需要三种基本工具

（1）限制性内切核酸酶　通过模拟 DNA 重组操作，将人胰岛素基因插入环形 DNA 分子的特定位点处，必须进行的操作步骤是"切"和"接"。那么，如何才能对肉眼甚至光学显微镜都无法看清的 DNA 分子进行"切"和"接"的操作呢？

20 世纪六七十年代，限制性内切核酸酶的发现使人们能对双链 DNA 分子进行精确切割。目前，在细菌中已发现了上千种限制性内切核酸酶，每一种限制性内切核酸酶识别双链 DNA 特定的序列，长度通常为 4～8 个碱基对（bp），称为识别序列。

（2）DNA 连接酶　黏性末端在低温下形成的氢键并不牢固，若要使两个黏性末端牢固地连为一体，需要使用另一种工具：DNA 连接酶。大多数生物的 DNA 连接酶能封闭双链 DNA 分子中的单链"缺口"，即一条链上相邻两个脱氧核苷酸之间断开的化学键（共价键），因此特别适合将两个黏性末端牢固地连为一体。

（3）载体　将外源基因导入受体细胞中，为什么要使用载体呢？大部分 DNA 片段（尤其是目的基因）并不具备可遗传的自我复制能力，因为缺少复制所必需的特定 DNA 序列。而且，即便一个 DNA 片段能在原供体细胞中复制，这种复制能力一般情况下也难以在受体细胞中正常发挥。因此，要让外源 DNA 在受体细胞中复制，就需要一种合适的运载工具为其提供在受体细胞中复制的能力，这种用于重组 DNA 技术的运载工具称为载体。也就是说，任何具备在受体细胞中独立复制性能的 DNA 分子，理论上均可用作基因工程的载体。生物界至少存在两大类能独立于拟核 DNA 或染色体 DNA 而自主复制的小型 DNA 分子，即广泛存在于微生物细胞内的质粒 DNA 及存在于大多数生物体内的病毒 DNA。大多数质粒是一类双链环状 DNA 分子。质粒并非其宿主正常生长所必需的，但大都携带抗生素抗性等基因，因而能帮助宿主抵御环境不利因素的影响。病毒不仅能在宿主细胞中自主复制，还能通过感染将其 DNA 高效导入宿主细胞中。

2. PCR 是获取目的基因的主要方法

目的基因是人们为了达到基因工程特定目标而导入受体细胞的基因。例如，在规模化生产人胰岛素的基因工程中，人胰岛素基因就是目的基因。从供体生物的 DNA 中有效分离和克隆目的基因是基因工程各项产业化应用的前提，也是基因工程项目实施的首要阶段。

采用何种方法分离获得特定的目的基因,取决于我们对目的基因背景知识的了解程度。如果目的基因的部分序列已知,可采用聚合酶链式反应(Polymerase Chain Reaction,简写为 PCR);如果目的基因的完整序列已知,可采用化学合成法;如果基因序列未知,则采用基于大规模筛选的方法获得。PCR是一项模拟细胞内 DNA 复制过程的 DNA 体外扩增技术,由美国科学家穆勒斯(Mullis)于 20 世纪 80 年代中期首创。利用这项技术可由微量的 DNA 样品特异、高效、准确地扩增特定区域的 DNA 序列。

3. 切割和连接是构建表达载体的主要方式

将 PCR 扩增获得的目的基因和合适的载体用相应的限制性内切核酸酶切割出黏性末端(简称"切"),然后加入 DNA 连接酶,将两者连接为一体(简称"接"),形成含目的基因且能表达的表达载体,该过程称为表达载体的构建。通过上述 DNA重组的模拟可以得知,如果目的基因和载体均用相同的限制性内切核酸酶切开,那么它们都带有相同的黏性末端,因而可在较低温度下(一般在 4~26℃)"粘"在一起,并在 DNA 连接酶的作用下封闭所有的缺口,成为稳定的重组 DNA 分子。

4. 将 DNA 分子导入受体细胞

经连接操作后的 DNA 分子只有导入受体细胞,才能借助细胞内的基因表达系统使目的基因所蕴含的遗传信息得以表达。受体细胞可以是微生物、植物或动物细胞,完全由基因工程的应用性质而定。例如,采用基因工程技术改良农作物的性状,受体细胞显然来自相应的植物。

5. 借助标记基因筛选和鉴定含目的基因的受体细胞

由于在转化操作中,只有少数细胞能接纳 DNA 分子,而且进入受体细胞的DNA 分子还有可能含有空载质粒。因此,需要借助有效的实验技术快速、准确地找到正确导入(甚至高效表达)目的基因的受体细胞,这一过程称为筛选与鉴定(简称"检")。

6. 构建转基因动植物需要针对特定受体细胞进行操作

构建多细胞的转基因动植物,还需要将表达载体导入可发育成动植物个体的受体细胞中。例如,动物的生殖细胞(精细胞和卵细胞)、受精卵(或早期胚胎细胞)、诱导性多能干细胞等,植物的愈伤组织(或其他组织的原生质体)、生殖细胞或胚胎组织等。DNA 显微注射是动物细胞基因转移普遍采用的一种物理转化方法。植物细胞的常用转化方法是用含有表达载体的根瘤农杆菌感染受体细胞。由于植物的愈伤组织能再生出整株植物,因此转基因植物的构建要比转基因动物的构建更简便。转基因动植物培育出来后，仍需要使用 PCR 等技术确认转基因是否获得成功，以及目的基因在动植物体内是否正确表达。

（三）生物技术安全与伦理

1. 转基因产品的安全性引发社会广泛关注

（1）转基因产品已经渗入日常生活

自古以来，人类的餐桌上就有通过各种传统育种方式改造的食材。现在，重组 DNA 技术正迅速取代传统的育种方式，使得科学家能按照人类需求去改造生物。转基因生物即基因修饰型生物体（genetically modified organism，GMO），是指利用现代分子生物技术，将一种或几种外源基因转移到某种特定的生物体中，改造生物的遗传物质，使其营养与消费品质等方面更加符合人们的需要。作为转基因产品的主要类别——转基因食品，又称基因修饰型食品（genetically modified food，GMF），是指从转基因生物中获得的食品，目前主要为植物和植物制品。

（2）转基因技术的应用带来正负两面的影响

转基因作物具有众多优势：延熟作物可提高农产品耐贮性，转基因大豆可提高榨油的出油率，抗虫作物可减少杀虫剂的使用，抗除草剂作物可在喷洒除草剂的农田中生长，抗逆境作物可降低农作物对种植环境的要求等。抗虫、抗逆境、抗感染等改造都可增加作物产量，减少杀虫剂、化肥等的使用量，降低生产成本，同时又保护土壤，对缓解资源限制、保护生态环境起到重要作用。随着人口、能源和环境之间矛盾的日益突出，培育高产、优质且多抗的转基因作物被认为是解决这些矛盾最具有潜力的途径之一。正因为如此，全球转基因作物的种植面积从 1996 年至 2016 年，由 $1.7 \times 10^4$ km$^2$ 增至近 $1.9 \times 10^6$ km$^2$。目前，转基因作物种植大国是美国、巴西、阿根廷、加拿大、印度、南非等。2016 年，中国转基因作物种植面积占全球转基因作物种植面积的 1.5%，占国内全部耕地的 3.0%。在转基因作物带来巨大经济效益和生态效益的同时，其食品安全和环境安全的潜在风险也越来越受到广泛关注，成为媒体报道、社交网络的热门话题。那么，转基因食品是否会对人体健康造成伤害？有人认为机体可能会吸收转基因食品中的外源基因（或外源基因表达的蛋白质产物），真会这样吗？

从生物学原理角度看，转基因食品的外源基因及其表达的蛋白质产物同普通食品中所含有的基因及蛋白质一样，都会被人体消化为小分子物质，因此并不会因食用转基因食品而改变人的遗传特性。但是，鉴于我们人类对生命科学的认识仍然十分有限，社会公众及业内人士对转基因食品的安全性仍存在不同见解。因此,目前转基因作物的构建倾向于采取相同或相似植物物种的天然基因与调控元件相组合,以提高转基因作物的安全性。除了食品安全外,种植转基因作物是否会对环境造成破坏?尽管转基因作物的种植都是在可控制的范围内进行的,但人们仍担心转基因作物可能会成为自然界中的"外来品种",对生物多样性构成威胁。一些抗除草剂转基因作物的使用反而增加了除草剂的消耗,对环境造成更大污染。

转基因产品与人体健康、环境安全、生物伦理甚至国家安全均密切相关,科学家一直在对转基因产品的安全性问题进行全方位的系统研究,各个国家对转基因技术都制定了符合本国利益的政策和法规。这些法规的制定都是为了最大限度地保证转基因技术和产品的安全性,符合"知情同意"的伦理学原则,让消费者自行决定是否食用转基因食品。我国提出加强转基因技术及其安全性的研究,慎重对待转基因主粮的种植,也符合不伤害和有利原则。同时,根据公平原则,在不同人群的转基因食品供应上不应区别对待。

2. 生殖性克隆人带来诸多伦理问题

我们已经学过有关克隆技术的概念,通常所说的"克隆人",可以区分为人体的生殖性克隆与治疗性克隆两类。目前,生殖性克隆人无论是在技术还是伦理层面都面临着许多问题。目前,大多数国家对生殖性克隆人的态度是不支持的,并以法律形式加以严格限定。"多莉"羊的诞生地——英国最早制定了相关规定。2001 年 6 月,英国立法禁止生殖性克隆人。2002 年 2 月,联合国举行的关于拟订《反对生殖性克隆人国际公约》会议上,我国代表表明了立场:反对克隆人,不赞成、不允许、不支持、不接受任何克隆人实验,但主张对治疗性克隆和生殖性克隆加以区别。2003 年,我国卫生部公布的《人类辅助生殖技术规范》对实施辅助生殖技术人员的行为准则作了规定:"禁止进行生殖性克隆人的任何研究。"

对于治疗性克隆,中国政府持不反对态度。早期的治疗性克隆采用的是胚胎干细胞,这必然要毁坏人类胚胎。因此,该技术从一开始就存在伦理争议。现今,由日本科学家发明的诱导性多能干细胞技术已成功培养出肝、肾、胃、皮肤等器官或组织,避免了采用胚胎干细胞对胚胎的毁损。但是,该项技术还存在肿瘤发生率升高等弊病。如果上述问题能得以解决,必将使治疗性克隆得到更好发展。

## 大单元导学设计

第一阶段:自学研读材料,思考导学问题。

导学问题 1:为什么传统的杂交育种方法培育不出抗虫棉,基因工程却可以

呢？（考核：科学思维、科学探究）

导学问题 2：基因工程是如何进行操作的？它给我们的生产和生活带来怎样的影响？（考核：生命观念、科学思维）

导学问题 3：当你去超市购买食品时，看到有的包装袋上有转基因的标识，你会如何选择？（考核：生命观念、科学思维）

第二阶段：小组互助研习，大组交流讨论。

讨论问题 1：如何理解重组 DNA 技术在基因功能探究中的应用价值？（考核：科学思维）

讨论问题 2：基因工程操作时，科学家究竟应用了哪些分子工具？这些分子工具各具有什么特征呢？（考核：科学思维、科学探究）

讨论问题 3：转基因产品真的存在安全性问题吗？我们应该如何看待它？（考核：科学思维、科学探究）

讨论问题 4：克隆人是科幻作品常见的主题。在现实社会中，克隆人可能会面临哪些伦理问题？如果科学家要克隆的人是你，你愿意吗？（考核：生命观念、科学思维、社会责任）

情景问题 1：我国是棉花的生产和消费大国。棉花在种植过程中，常常会受到一些害虫的侵袭，其中以棉铃虫最为常见。棉铃虫可以使棉花产量减少三分之一，严重时，甚至能使一片棉田绝收。大量施用农药杀虫不仅会提高生产成本，还可能造成农产品和环境的污染。要是能培育出自身就能抵抗虫害的棉花新品种，这一问题就会迎刃而解，我国拥有自主知识产权的转基因抗虫棉就是在这样的背景下产生的。（考核：生命观念、科学思维、社会责任）

（1）为什么传统的杂交育种方法培育不出抗虫棉，基因工程却可以呢？基因工程是如何进行操作的？它给我们的生产和生活带来了怎样的影响？（考核：生命观念、科学思维、社会责任）

（2）DNA 双螺旋的直径只有 2 nm，对如此微小的分子进行操作，是一项非常精细的工作，更需要专门的"分子工具"。那么，科学家究竟用到了哪些"分子工具"？这些"分子工具"各具有什么特征呢？（考核：生命观念、科学思维、社会责任）

（3）随着生物技术的飞速发展，生产和销售"分子工具"的公司大量涌现。请登录这些公司的网站，查询和了解相关产品的特点、价格和使用说明等。有些公司已成功上市，你还可以通过分析公司的股票价格走势，大致了解公司的经营状况及投资者目前对该行业的认可程度。（考核：生命观念、科学思维、社会责任）

情景问题 2：转基因抗虫棉在世界范围内被广泛种植，有效控制了棉铃虫的种群数量，显著减少了农药的用量。面对棉铃虫的危害，有了抗虫棉是否就可以一劳永逸、高枕无忧呢？根据棉铃虫对传统农药产生抗性的发展史,科研人员推测棉铃虫存在对 Bt 抗虫蛋白产生抗性的可能。(考核:生命观念、科学思维、社会责任)

（1）在实际种植过程中,棉铃虫是否对转 Bt 基因的抗虫棉产生严重抗性？证据是什么？(考核:生命观念、科学思维、社会责任)

（2）科研工作者在发现棉铃虫出现抗性之前,就应想办法应对。他们想出的延缓棉铃虫对 Bt 抗虫蛋白产生抗性的措施有哪些？这些措施的原理是什么？有效吗？(考核:生命观念、科学思维、社会责任)

## 情景化考核评价

情景化考核 1:血友病是由位于 X 染色体的隐性致病基因控制的遗传病。若女性患者与正常男子结婚,下列关于该家庭实现优生优育的合理化建议是（　　）。(考核:生命观念、科学思维)

A. 不用检查,其子女必定都会患病　　B. 不用检查,其子女必定不会患病

C. 检查性别,因为女儿通常不患病　　D. 检查性别,因为儿子通常不患病

情景化考核 2:某 52 岁的男性患有一种免疫缺陷病——布鲁顿无丙种球蛋白血症。其弟弟在 41 岁时因该病而去世,其姐姐生育有 4 子 1 女,儿子中有 3 位患有该病。据调查该家系从该男子这一代出现该病患者,且均为男性。经检测,该男子姐姐的配偶不携带致病基因,根据上述信息可知,该病的遗传方式为（　　）。(考核:生命观念、科学思维)

A. 伴 Y 染色体遗传　　　　　　B. 常染色体隐性遗传

C. 伴 X 染色体显性遗传　　　　D. 伴 X 染色体隐性遗传

情景化考核 3:乳腺炎是奶牛场常面临的一种严重的感染性疾病,主要病原菌是金黄色葡萄球菌,但该菌对抗菌肽(溶葡球菌素)十分敏感。若要培育能表达并分泌抗菌肽的转基因奶牛,理论上最适合作为受体细胞的是（　　）。(考核:科学思维、社会责任)

A. 乳腺细胞　　　B. T 淋巴细胞　　　C. 受精卵　　　　D. 去核卵细胞

情景化考核 4:水母发光蛋白由 236 个氨基酸构成,现已将编码这种蛋白质的基因作为生物转基因的标记,应用于转基因技术中。这种蛋白质的作用是（　　）。(考核:科学思维、社会责任)

A. 促使目的基因顺利导入受体细胞

B. 促使目的基因在宿主细胞中进行复制

C. 检测目的基因是否导入成功

D. 检测目的基因是否成功表达

情景化考核 5:1976 年,科学家首次将人的生长激素释放抑制因子的基因转入大肠杆菌。转基因大肠杆菌构建成功的标志是(　　　)。(考核:科学思维、社会责任)

A. 基因能在大肠杆菌内进行复制

B. 基因能随大肠杆菌的繁殖遗传给后代

C. 大肠杆菌合成生长激素释放抑制因子

D. 大肠杆菌合成生长激素

情景化考核 6:科学家为提高玉米中赖氨酸的含量,计划将天冬氨酸激酶第 352 位的苏氨酸变成异亮氨酸。将二氢吡啶二羧酸合成酶第 104 位氨基酸由天冬酰胺变成异亮氨酸,使玉米叶片和种子中游离的赖氨酸含量分别提高 5 倍和 2 倍。下列有助于这一目的实现的操作是(　　　)。(考核:生命观念、科学思维、社会责任)

A. 直接改造蛋白质的空间结构　　　B. 直接对相应的基因进行改造

C. 直接对氨基酸序列进行改造　　　D. 直接改造相应的 mRNA

# 科学教育大概念课程(地理学科)

赵丽萍　　廖梦思[①]

## 地球的构造和它的大气圈及在其中发生的过程,影响着地球表面的状况和气候

### ——关于气候及其对自然地理景观的探究过程

### (适合高中/20 课时)

## 一、整合主题

通过学习气压带与风带、季风环流及其对气候的影响,以及气候对自然地理景观的影响,培养地理实践力,提升综合思维能力,加强区域认知,形成尊重自然的行为品质,树立因地制宜利用资源的人地协调观,激发学生持久的学习兴趣和

---

[①]　上海市青浦区第一中学地理教研组。

求知欲望,养成敢于质疑、勇于实践的科学态度。

## 二、整合思路

以"气候"为核心,从空间综合角度分析"三圈环流""季风环流"的发生、发展,并通过案例分析、模型制作等方法加强理解,引导学生了解地理学习的基本思路,形成认识地理环境整体性的思维方式和能力,从而培养地理学科核心素养。

## 三、整合内容

本课程整合地理中气候与自然地理景观两个方面。

大概念课程整合提纲:

一、气压带、风带与气候

(一) 三圈环流

1. 三圈环流的形成

2. 气压带、风带的分布

3. 气压带、风带的季节移动

(二) 气压带、风带对气候的影响

1. 气压带对气候的影响

2. 风带对气候的影响

3. 气压带和风带的交替控制对气候的影响

二、季风环流与气候

(一) 季风环流

1. 什么是季风环流

2. 东亚季风的形成

3. 南亚季风的形成

(二) 季风环流对气候的影响

1. 季风对气候的有利影响

2. 季风对气候的不利影响

3. 典型的季风气候类型

三、气候与自然地理景观

(一) 什么是自然地理景观

1. 自然地理景观的概念

2. 自然地理景观的特征

（二）气候与自然地理景观的形成

（三）气候与自然地理景观的空间分布

（四）气候与自然地理景观的变化

# 一、气压带、风带与气候
## 大概念课程整合

（一）三圈环流

全球性有规律的大气运动,通常称为大气环流。大气环流把热量和水汽从一个地区输送到另一个地区,从而使高纬度和低纬度之间、海洋和陆地之间的热量和水汽得到交换。

1. 三圈环流的形成

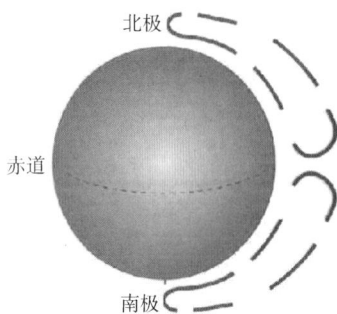

单圈环流示意图

（1）单圈环流

根据热力环流原理,形成大气运动最根本的原因是地面冷热不均。从全球范围来看,赤道地区纬度低,地面温度较高;两极地区纬度高,地面温度较低。这样在赤道和两极之间由于冷热不均就形成了热力环流。这种理想的大气运动称为单圈环流。

单圈环流形成的假设条件有两个:①地球表面是均匀的;②地球不自转,不存在地转偏向力。

（2）三圈环流

在假设条件①的基础上,由于地球在不停地自转,存在地球自转偏向力,就会形成三圈环流。

三圈环流是指受太阳辐射对高、低纬度的加热不均和受地球自转偏向力影响所形成的环流圈。它是大气环流的理想模式。第一环流圈是指哈德莱环流;第二环流圈是指费雷尔环流;第三环流圈是指极地环流。

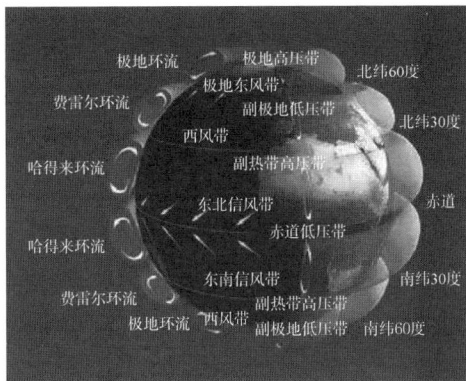

三圈环流示意图

① 哈德莱环流

分布：位于赤道和南、北纬 30°之间的环流，由英国气象学家乔治·哈德莱提出。

形成：赤道地区地表接受的太阳辐射多，近地面空气受热膨胀上升；到达高空后分别向南北半球移动，移动过程中温度下降，密度增大；一般到达南、北纬30°附近时气流由于重力因素开始下沉，然后在低空流回赤道。它是一个闭合的经向环流圈，在热力推动下自发形成，属于直接环流圈。

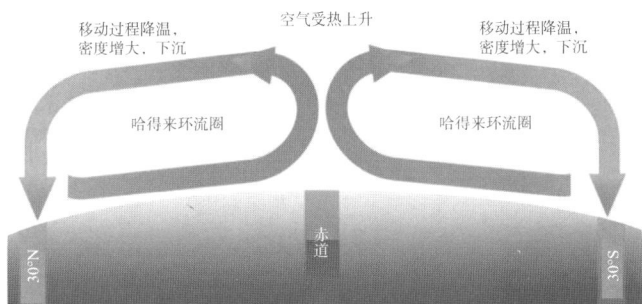

"哈得来环流圈"示意图

② 费雷尔环流

分布：位于南、北纬 30°~60°的环流称为费雷尔环流，由美国气象学家威廉·费雷尔提出。

形成：该圈内气流在近地面向着纬度较高的方向流动，而在中间高度上向着赤道方向流动，是一个逆环流。该环流由副热带高气压下沉气流、副极地低压上升气流，以及地面西风带构成。在这个环流中，上升、下沉气流均为动力因素，地面气流由高压流向低压,受地转偏向力影响而成为西风带,北半球表现为西南风,南半球表现为西北风。

③ 极地环流

分布:位于南、北纬60°至极地的环流。

形成:它是由极地附近的下沉气流驱动的。下沉气流在地面附近向赤道方向移动,在南、北半球各形成一个极地东风带。这些寒冷的极地冷空气向赤道方向移动,最终在中纬度地区与较暖的西风气流相遇。

**2. 气压带、风带的分布**

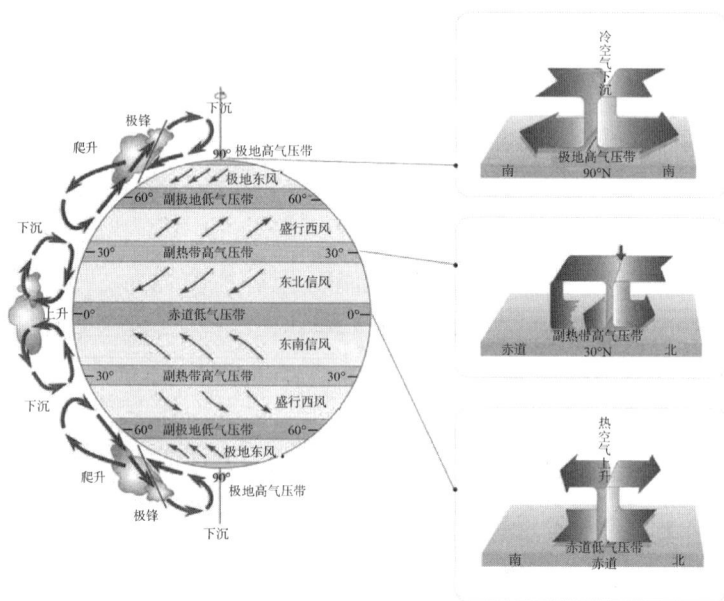

**全球气压带与风带示意图**

赤道低气压带:分布在赤道附近。赤道地区近地面,由于太阳辐射量大,气温高,大气受热盛行上升气流,从而形成低气压带,称为赤道低气压带。

极地高气压带:分布在南、北纬90°附近。南、北纬90°太阳辐射弱,气温低,大气受冷收缩下沉,在近地面形成高压中心,称为极地高气压带。

副热带高气压带:分布在南、北纬30°附近。大气发生垂直运动引起水平面上气压差异,赤道地区上升气流受到水平气压梯度力及地球自转偏向力作用后会向高纬度地区偏转。大气正好在30°上空由于大量堆积而在重力的影响下开始下沉,在近地面形成高气压带,称为副热带高气压带,南北半球各一个。

副极地低气压带:分布在南、北纬60°附近。副热带高气压带的下沉气流受地面阻挡后向南北两侧运动。其中一支气流向高纬度运动;同时极地高气压带的冷空气下沉受地面阻挡后向较低纬度移动。这些冷空气与来自副热带高气压带的暖空气在 60°附近相遇后辐合上升,形成极锋。暖空气轻,冷空气重,暖空气被冷空气抬升后被动形成上升气流,在近地面形成低气压,称为副极地低气压带。

3. 气压带、风带的季节移动

由于地球公转运动,太阳直射点随季节的变化而在南北回归线之间移动,从而引起气压带和风带的季节性移动。

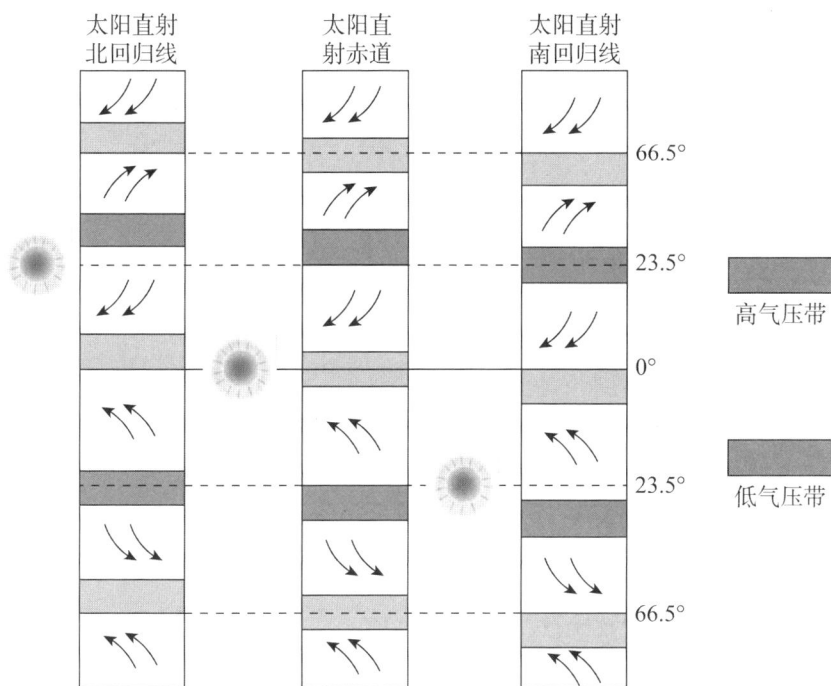

**全球气压带与风带季节移动示意图**

春、秋分日时,太阳直射赤道,赤道低气压带位于赤道两侧南北纬 5°之间。从春分日到夏至日,太阳直射点自赤道逐渐北移至北回归线。夏至日时,气压带和风带比春分日时北移 5°左右。从夏至日到秋分日,太阳直射点又逐渐南移至赤道,赤道低气压带位于赤道两侧南北纬 5°之间。从秋分日到冬至日,太阳直射点南移到南回归线附近,此时气压带和风带比秋分日时南移 5°左右。

(二) 气压带、风带对气候的影响

1. 气压带对气候的影响

低压带控制地区,盛行上升气流,水汽容易凝结,降水丰富,是地球上降水较多的地区。高压带控制地区，盛行下沉气流，水汽不易凝结，成为地球上降水较少的地区。

赤道低气压带控制的地区，太阳辐射强，海面广阔，水汽蒸发量大，形成终年高温多雨的热带雨林气候。副极地低气压控制的地区，来自极地高气压带的冷气流和来自副热带高气压带的暖气流相遇，辐合上升，形成降水。

南、北回归线附近受副热带高气压带控制的大陆中西部，盛行下沉气流，水汽难以冷凝，形成炎热干旱的热带沙漠气候。受极地高气压带控制的极地地区，太阳辐射少，空气受冷下沉，形成终年严寒干燥的极地气候。

2. 风带对气候的影响

海洋吹向陆地的气流，降水较多；陆地吹向海洋的气流，降水较少。终年受西风带控制的大陆西岸地区，如欧洲西部，形成终年温和湿润的温带海洋性气候。

3. 气压带和风带的交替控制对气候的影响

受气压带和风带交替控制的地区，气候特征呈现显著的季节变化。

赤道低气压和内陆信风交替控制的大陆中西部，会出现明显的干季和湿季，形成典型的热带稀树草原气候。

地中海地区大部分处于北纬 30°～40° 之间。夏季，副热带高气压带北移，地中海地区在高压下沉气流的控制下，炎热干燥；冬季，西风带南移，来自大西洋的暖湿空气使该地区温和湿润。因此，该地区形成了冬雨夏干的地中海气候。

## 大单元导学设计

第一阶段：自学研读资料，思考导学问题。

研读提示：

1. 自学前请通览课程的目录，整体了解课程主要内容及内在联系；

2. 仔细阅读本部分全部内容，可以依据标题把握阅读的主要内容；

3. 阅读中要眼、脑、手配合，边看、边想、边圈画，用彩笔标注；

4. 学习本部分内容时，应结合前面所学内容及其他方面获得知识思考。

导学问题 1：全球气压带与风带的分布有何规律？（考核：综合思维）

导学问题 2：全球气压带与风带的季节移动有何规律？（考核：综合思维）

导学问题 3：气压带、风带对气候有何影响？（考核：综合思维、区域认知）

导学问题 4：根据气温曲线和降水量柱状图，判读热带雨林气候、热带稀树草原气候、热带沙漠气候、地中海气候、温带海洋性气候，并描述其气候特征。（考核：综合思维、区域认知、人地协调观）

第二阶段:小组互助研习,大组交流讨论。

讨论提示:

1. 请围绕问题进行准备和展开讨论,不要偏离讨论的主题;

2. 说理要有力,证据要确切,不要转移话题,不要偷换概念;

3. 讨论时要认真聆听他人不同意见,不要打断别人发言。

实践活动:三圈环流是如何形成的? 根据三圈环流模型图,制作低纬环流、中纬环流、高纬环流,并尝试说明它们的形成过程。(考核:综合思维、地理实践力)

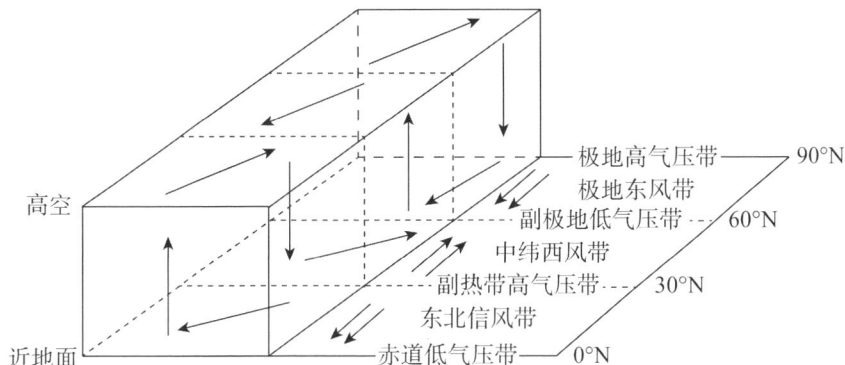

情景问题:全球气压带与风带对荷兰少年的"海上航行"产生哪些影响?

(考核:区域认知、综合思维)

探究活动:根据景观图片,判断其对应的气候类型,并选择其中一种气候类型,说明其分布规律、气候特征与形成原因。(考核:区域认知、综合思维、人地协调观)

①　　　　②　　　　③　　　　④

## 二、季风环流与气候
### 大概念课程整合

(一) 季风环流

1. 什么是季风环流

季风是指大范围盛行风向随季节变化而有规律改变的现象。海陆热力差异

181

是形成季风的重要原因。

### 2. 东亚季风的形成

以亚洲东部为例,亚欧大陆与太平洋之间存在巨大的海陆热力差异,导致海陆气压分布的季节变化。夏季,亚欧大陆比同纬度的太平洋增温快、气温高,在太阳辐射最强的副热带附近形成强大的热低压中心(亚洲低压,也称印度低压)。这种热低压和北美大陆上的热低压将副热带高气压带切断,保留在北太平洋上的为北太平洋高压(夏威夷高压)。这样,亚欧大陆与太平洋之间,因为强大的气压差异产生了从海洋吹向陆地的稳定的东南风,形成温暖湿润的夏季风。

冬季,亚洲大陆比同纬度的太平洋降温快、气温低,在中高纬度的大陆内部形成强大的冷高压中心(亚洲高压,也称蒙古-西伯利亚高压),被切断的副极地低气压带退居北太平洋上,形成阿留申低压。强大的亚洲高压与阿留申低压、赤道低气压之间产生强盛的偏北气流,形成寒冷干燥的冬季风。

### 3. 南亚季风的形成

在南亚和我国西南部的部分地区,除海陆热力差异原因外,气压带和风带位置的季节性移动也是形成季风的一个重要原因。在北半球的夏季,赤道低气压带北移(可移至赤道与北纬 $10°$ 之间),低压带南侧的东南信风带也随之北移。东南信风带越过赤道后,受地球自转的影响,风带向右偏转,形成从低纬度海面吹向陆地的湿热的西南季风。冬季,赤道低气压带南移,南亚盛行从亚欧大陆吹来的东北季风。

### (二) 季风环流对气候的影响

受季风影响的地区,气候特征一年中有明显的季节变化,对人们的生产和生活有很大影响。

### 1. 季风对气候的有利影响

北非撒哈拉、西亚阿拉伯半岛、澳大利亚西部等南北回归线附近的大陆中西部,在副热带高压带控制下是一片沙漠。但是,同纬度的亚欧大陆东部和南部是一派欣欣向荣的景象:我国的长江中下游及其以南地区是世界著名的"鱼米之乡",印度恒河流域也是人口稠密的农业区。与世界同纬度的其他地区相比,东亚和南亚的季风气候为当地人们提供了水热充足的农业生产条件。

**中国南方稻作梯田**

受季风影响,我国夏季是世界同纬度除了沙漠干旱地区以外最暖热的地区。北京的 7 月平均气温为 26℃,而纬度相近的葡萄牙里斯本仅 22℃。我国北方地区的光热条件一般都能满足水稻、棉花等喜温作物的生长需求。同时,来自低纬海洋的湿热的夏季风给我国带来充足的雨水,形成雨热同期的水热组合,为农业生产提供了有利的气候条件。东北平原大部分地区最热月的平均气温达到 24℃,降水又主要集中在每年 7 月和 8 月,为东北地区成为我国优势农产品生产区提供了有利的自然条件。

2. 季风对气候的不利影响

夏季风在给农业生产带来丰沛的热量和雨水的同时,也带来了频繁的气象、气候灾害。夏季风是我国水汽的主要输送者。华北地区每年 6 月至 8 月的降水量约占全年的 60%。夏季降水过于集中,容易导致洪涝灾害。夏季风的强弱变化使我国南北频繁发生旱涝灾害。在夏季风强的年份,雨带长期滞留北方,北方降水多,南方降水少,往往出现北涝南旱;在夏季风弱的年份,雨带长期滞留南方,常常造成南涝北旱。

在冬季风控制下,我国大部分地区寒冷干燥,是世界上同纬度地区最冷的国家。我国东北地区每年 1 月份平均气温比同纬度的其他地区低 14℃～18℃。强大的冬季风南下,常常给一些地区造成低温冷害。在冬季风控制下,我国北方冬春季节普遍少雨,华北地区经常是春旱连年。

### 3. 典型的季风气候类型

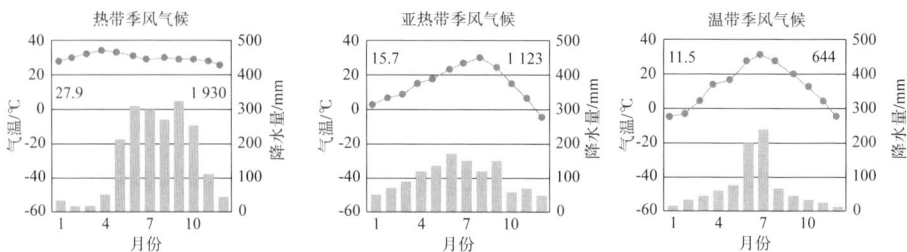

热带季风气候：主要分布于北纬 10°～23°26′ 的亚洲大陆东岸，以印度半岛、中南半岛最为显著。气候特点是全年高温，有明显的旱季和雨季。

亚热带季风气候（亚热带湿润气候）：主要分布在南、北纬 25°～35° 的大陆东岸，如我国秦岭-淮河以南、北美大陆、南美大陆和澳大利亚的东南部。该气候最冷月平均气温普遍在 0℃ 以上，气候特点是夏热冬冷，季节变化明显，夏季多雨，冬季少雨。

温带季风气候：主要分布在亚洲大陆东部 35°～55°，如我国华北、东北，俄罗斯远东地区，日本和朝鲜半岛。该气候最冷月平均气温普遍在 0℃ 以下，气候特点是夏季暖热多雨，冬季寒冷干燥。

## 大单元导学设计

第一阶段：自学研读资料，思考导学问题。

导学问题 1：什么是季风？（考核：综合思维）

导学问题 2：东亚季风是如何形成的？（考核：综合思维、区域认知）

导学问题 3：南亚季风是如何形成的？（考核：综合思维、区域认知）

导学问题 4：季风对我国气候有何影响？（考核：综合思维、区域认知、人地协调观）

第二阶段：小组互助研习，大组交流讨论。

情景问题 1：结合季风风向，分析郑和船队选择冬季出发、夏季返航的原因。（考核：综合思维、区域认知、人地协调观）

讨论问题：我国粮食作物分布呈现"南稻北麦"，请从气候角度分析这种现象形成的原因。（考核：综合思维、区域认知、人地协调观）

情景问题 2：造成 2020 年我国长江中下游地区出现"暴力梅"的主要原因是什么？（考核：综合思维、区域认知、人地协调观）

实践活动：绘制图表，认识季风对上海气候的影响。（考核：综合思维、区域认知、地理实践力、人地协调观）

（1）查阅上海统计年鉴网站，搜集并整理上海近 10 年各月平均气温和降水量数据。

| 月份 | 1 | 2 | 3 | 4 | 5 | 6 | 7 | 8 | 9 | 10 | 11 | 12 |
|------|---|---|---|---|---|---|---|---|---|----|----|----|
| 气温/℃ | | | | | | | | | | | | |
| 降水量/mm | | | | | | | | | | | | |

（2）根据统计数据，手绘或利用电脑软件绘制上海气温曲线和降水量柱状图，并描述上海的气候特征，判断上海所属的气候类型。

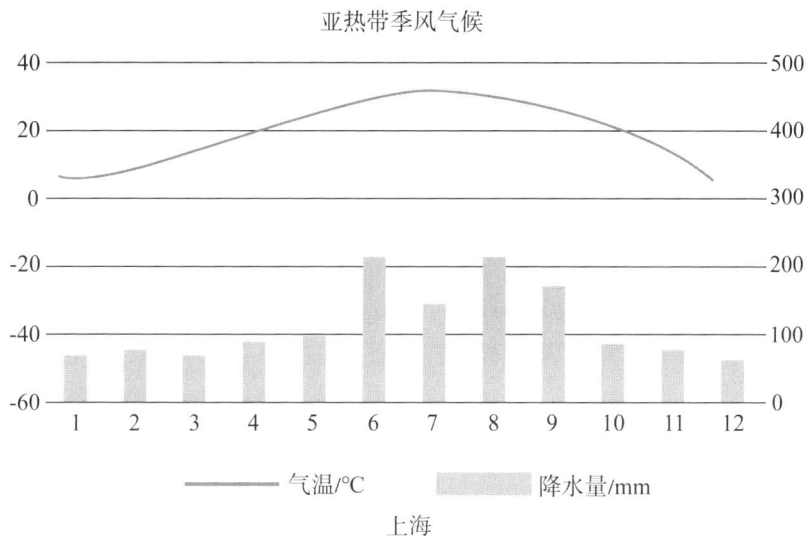

上海

（3）香樟树生长在上海地区。如果将香樟树移植到我国北方地区，香樟树可以大量存活吗？

## 三、气候与自然地理景观
### 大概念课程整合

（一）什么是自然地理景观

1. 自然地理景观的概念

景观特指地方的风景或景色，19 世纪早期被引入地理学，是指一个地理区域的总体特征。从综合角度来看，景观是在景观学产生后逐步建立起来的，通常有以下几种概念。

（1）地理学的综合概念，把景观看作地理综合体，是各自然地理和人文地理要素相互联系而组成的复合地域系统。

（2）自然地理学的综合概念，景观等同于一般意义上的自然综合体，不同任何地域等级单位发生联系，实际上就是泛指的自然景观。

（3）自然地理学的区域概念，景观被视作综合性区域自然单元，相当于综合自然区划等级单位系统中的下限单位。

（4）自然地理学的类型概念，景观被理解为具有分类含义的自然综合体，类似于生物学中"种"的概念，可用于任何地域分类单位。

概括地说，自然地理景观是指一定区域内地形、气候、土壤、水文、植被和动物等要素构成的整体的地表景象。

2. 自然地理景观的特征

自然地理景观具有内部的差异性和一致性。

（1）差异性表现

① 自然地理景观由性质不同的各种要素（气候、地形、土壤、生物、水文等）组成；

② 每一要素不是以单一的形态存在；

③ 每一景观是由各种形态单位所组成。

（2）一致性表现

性质和形态不同的各种要素和各种形态单位的组合，有规律地分布在一定的地域上。自然地理景观作为一个整体而发展。自然地理景观之间的界线往往不够明显。景观分类中有区域性景观单位和类型性景观单位之分，前者有"地理区""省""地区"等，是在自然区划过程中确立和显现的；后者有"景区""相""景观型"等，是景观分类学研究的对象，可用于任何地域分类单位，如森林景观、草原景观、荒漠景观等。

（二）气候与自然地理景观的形成

气候影响自然地理景观的外表形态和内在结构的形成。不同的气候条件，光热和水分状况不一，适合不同的植被生长，同时影响土壤、水文状况等，形成不同的自然地理景观。例如，热带雨林气候区，气候炎热，雨量充沛，植物种类丰富，林木高大茂密，藤本植物缠绕其中，林下灌木较少，附生蕨类和有花植物，层次结构复杂，外貌特征独特。又如，高山地区风大天寒，形成了永久积雪、高山草甸等自然地理景观。

（三）气候与自然地理景观的空间分布

自然地理景观的空间分布与气候的空间分布基本一致。例如，亚欧大陆东部沿海，随着热量条件的纬度差异，从低纬热带到高纬寒带，自然植被与相应的气候对应，也出现热带雨林、亚热带常绿阔叶林、温带落叶阔叶林、亚寒带针林、极地苔原等有规律的变化。植被是反映地球表面特定区域自然地理环境最直观的要素，随着植被分布的空间变化，自然地理景观也随之发生相应的变化。

（四）气候与自然地理景观的变化

气候的变化引起自然地理景观的变化。在地质历史时期，全球冰期、间冰期等气候条件的变化，影响不同时期各地植被、动物、土壤等的分布和演化，引起地球整体自然地理景观的变化。在气候具有明显季节变化的中纬度地区，随着自然植被的季节变化，自然地理景观也相应地发生变化。

## 大单元导学设计

第一阶段：自学研读资料，思考导学问题。

导学问题 1：观察自然景观图，说明该地自然地理景观的特点；推测气候特点和类型。（考核：综合思维、区域认知）

导学问题 2：分析板状根、骆驼刺形态结构与当地气候有何关系？（考核：综合思维、地理实践力）

导学问题 3：说明气候对自然地理景观的影响。（考核：综合思维、区域认知）

导学问题 4：认识世界陆地自然带，归纳自然带的分布规律。（考核：区域认知、地理实践力）

第二阶段：自学研读资料，思考导学问题。

导学问题 1：找出气候与自然地理景观分布在水平方向上的关联。（考核：综合思维、区域认知）

导学问题 2：找出气候与自然地理景观分布在垂直方向上的关联。（考核：综合思维、区域认知）

导学问题 3：在时间尺度上，自然地理景观的变化与气候的变化是否保持一致？（考核：综合思维、区域认知）

第三阶段：小组互助研习，大组交流讨论。

讨论问题：20 世纪 80 年代后，全球气温明显上升，全球变暖问题突出，气候的年际变化对区域自然地理环境会产生哪些影响？（考核：综合思维、区域认知）

情景问题:如何根据黄土粒度和南极冰芯变化推测古气候?(考核:综合思维、区域认知、人地协调观)

## 情景化考核评价

情景考核题1:考虑极地寒风凛冽,中国北极黄河科考站的门窗朝向应避开(　　)。(考核:区域认知、综合思维)

　　A. 东北方向　　　　　　　　　　B. 西北方向

　　C. 西南方向　　　　　　　　　　D. 东南方向

情景考核题2:下图中①②③④分别代表北半球气压带或风带。西欧地区全年温和湿润,主要受(　　)。(考核:区域认知、综合思维)

　　A. ①影响　　　　　　　　　　B. ②影响

　　C. ③影响　　　　　　　　　　D. ④影响

情景考核题3:图甲为"澳大利亚大陆气候类型图",图乙中的高大树木俗称瓶子树,瓶子树两头尖细,中间膨大,最粗的地方直径可达5米,里面可以储存约2吨的水分。瓶子树生长地区的气候特征是(　　)。(考核:区域认知、综合思维、人地协调观)

①热带雨林气候
②热带稀树草原气候
③热带沙漠气候
④地中海气候
⑤温带海洋性气候
⑥亚热带季风性湿润气候

甲　　　　　　　　　　　　乙

　　A. 终年炎热,干湿季分明　　　　B. 终年高温多雨

　　C. 夏季炎热干燥,冬季温和湿润　　D. 终年干旱少雨

情景考核题4:当印度半岛盛行东北风时,以下说法正确的是(　　)。(考核:区域认知、综合思维)

　　A. 上海盛行东南风　　　　　　B. 南非的开普敦气候温和湿润

　　C. 东北信风带北移　　　　　　D. 赤道多雨带南移

情景考核题5:参考世界地图,回答问题。(考核:区域认知、综合思维)

1. 下列"气温曲线与降水量柱状图"中,能代表北京气候类型的是_____,判断的理由是_____。

代表巴黎气候类型的是_____,该地的气候成因是_____

_____。

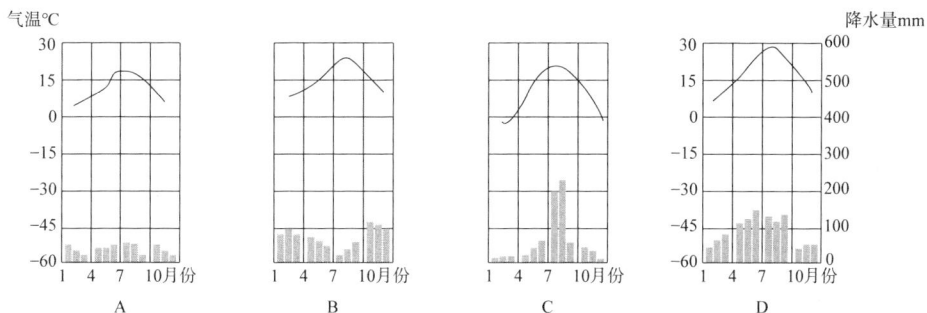

A  B  C  D

2.1月份上海和利雅得的气候特点有何不同?简要解释其原因。

_____。

情景考核题6:"一带一路"东边牵着亚太经济圈,西边系着欧洲经济圈,被认为是"世界最长、最具发展潜力的经济大走廊"。(考核:区域认知、综合思维)

1."丝绸之路经济带"经过城市众多,气候类型多样。其中,上海、乌鲁木齐、鹿特丹三座城市对应不同的气温曲线和降水柱状图。

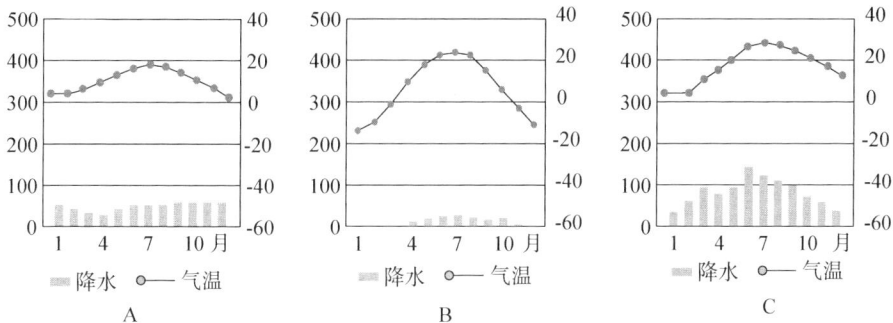

A  B  C

城市 A 的名称是_____,其对应的植被类型为_____;城市 B 的名称是_____,气候类型为_____;城市 C 的名称是_____,其气候形成原因为_____。

2.古代航行更依赖于风向和洋流,很多时候是在"等风来"。判断我国古代沿海上丝绸之路返航时会选择_____(填"夏季"或"冬季"),其理由是_____

_____。

# 科学教育大概念课程(数学学科)

叶志丰[①]

数学是以现实世界中的数与形为研究对象,在抽象、推理、应用的往复循环中建立起的一门科学。基础教育阶段,数学是一门重要的基础课程,对学生思维的整体发展、长远发展及学习其他课程具有奠基意义,对培养学生的抽象能力、推理能力、创造能力及辩证唯物主义世界观、方法论等具有独特作用。本课程以"函数的概念、性质及应用"大概念教学设计为例,对此加以分析探究。

## 函数

——"函数的概念、性质及应用"大概念课程

### 一、整合主题

(1)数学学科"大概念"是最有价值的概念,在数学学科中处于核心位置,能反映数学内容本质、体现数学思想方法,优化数学知识结构,进行有效的迁移,建立数学知识与真实世界和未来生活的关联。(2)"函数的概念、性质及应用"体现的数学大概念为:函数是一种描述客观世界中各种变量之间的关系及其规律的最基本的一种数学语言和方法;函数概念是现代数学中最基本的一个概念,在研究和解决实践问题方面也起着重要的作用;利用函数的概念和性质研究分析问题及转换和解决问题,这样可以培养学生的抽象思维素养和直观想象素养,提高学生的逻辑推理能力和数学计算的能力。

### 二、整合思路

在"函数"单元中,哲学大概念为关系与对应关系;学科大概念为函数;单元大概念为函数概念、函数性质、函数应用;单元基本概念为幂函数、指数函数、对数函数、函数、三角函数、等差数列、等比数列、数列、导数;数学核心素养为数学抽象、数学运算、直观想象、数学建模和逻辑推理。函数是解决现实问题的数学模型,其课程教学设计应以具体问题的完整解决带动函数单元教学,每一章中的学习内容均围绕如何学习函数展开,经历从概念到性质再到应用的三个阶段。函数概念是我国现代数学中最基本的一个概念,在研究和解决实践中的问题方

---

① 上海市青浦第一中学数学教研组。

面也起着重要的作用。

## 三、整合内容

本课程在高中数学上教版必修第一册第 5 章函数的概念、性质及应用单元设计的基础上进行适当补充、系统加深，组成一个关于"函数的概念、性质及应用"的大概念课程。

"函数的概念、性质及应用"：应先考虑总体和全局目标，后考虑细节和局部目标，先从最上层大概念开始设计，逐步使问题具体，要以"大概念"统领进行单元的分析、设计、实施和评价的流程。本课程整合提纲如下：

（一）函数概念

1. 在初中用变量之间的依赖关系描述函数的基础上，用集合语言和对应关系刻画函数，建立完整的函数概念，体会集合语言和对应关系在刻画函数概念中的作用。了解构成函数的要素，能求简单函数的定义域。

2. 在实际情境中，会根据不同的需要选择恰当的方法（如图像法、列表法、解析法）表示函数，理解函数图像的作用。

3. 通过具体实例，了解简单的分段函数，并能简单应用。

（二）函数性质

1. 借助函数图像，会用符号语言表达函数的单调性、最大值、最小值，理解它们的作用和实际意义。

2. 结合具体函数，了解奇偶性的概念和几何意义。

3. 结合三角函数，了解周期性的概念和几何意义。

（三）函数应用

函数应用不仅体现在用函数解决数学问题，更重要的是用函数解决实际问题。通过本单元的学习，可以帮助学生掌握运用函数性质求方程近似解的基本方法（二分法）；理解用函数构建数学模型的基本过程；运用模型思想发现和提出问题、分析和解决问题。内容包括二分法与求方程近似解、函数与数学模型。

1. 二分法与求方程近似解

（1）结合学过的函数图像，了解函数零点与方程解的关系。

（2）结合具体连续函数及其图像的特点，了解函数零点存在定理，探索用二分法求方程近似解的思路并会画程序框图，能借助计算工具用二分法求方程近似解，了解用二分法求方程近似解具有一般性。

2. 函数与数学模型

（1）理解函数模型是描述客观世界中变量关系和规律的重要数学语言及工

具。在实际情境中,会选择合适的函数类型刻画现实问题的变化规律。

(2) 结合现实情境中的具体问题,利用计算工具,比较对数函数、一元一次函数、指数函数增长速度的差异,理解"对数增长""直线上升""指数爆炸"等术语的现实含义。

(3) 收集和阅读一些现实生活、生产实际或经济领域中的数学模型,体会人们是如何借助函数刻画实际问题的,感悟数学模型中参数的现实意义。

## 第5章 "函数的概念、性质及应用"大概念课程设计
### 5.1 函数概念
### 大概念课程整合

一、函数的基础知识

函数的基础知识是高中数学的核心内容之一,函数的思想贯穿高中数学。在初中阶段,通过身边的事例和生活中的实例,学生认识了变量、自变量、因变量,知道函数的定义域、函数值、值域等概念,体会函数的意义,总结了表示函数的常用方法,学生对函数的意义已经有了不同程度的理解。

通过不同阶段对函数有关概念的教学目标的不同要求,进行细致分析与比较。高中阶段应在初中学习函数的基础上,进一步理解函数是变量之间相互依赖关系的反映,运用集合与对应的语言刻画函数,加深理解函数的概念,充实函数的内涵。懂得函数的抽象记号及函数定义域、值域的集合表示,掌握求定义域的基本方法。再从直观到解析、从具体到抽象研究函数的性质,并能从解析的角度理解有关性质。

二、函数的概念

函数的概念是在学习函数的定义后,进一步学习函数的解析法、列表法和图像法,课本通过出租车的车费问题,要求理解分段函数的概念和分段函数的图像,并能求分段函数对应的函数值,它是后面进一步应用分段函数关系来表示个人所得税等函数关系的基础。

通过统计上海市在不同时期人均住房面积的图和表,说明图和表是有效的表示函数的方法。能通过观察和分析图和表,确定函数的定义域和值域。懂得函数的对应法则,要能求出函数对应函数值。

三、建立函数关系

对于函数关系的建立,在初中阶段,要求学生通过解决现实生活中简单的实

际问题的举例,体会二次函数的基本应用和函数的模型思想,知道函数是描述客观世界变化规律的重要数学模型。

四、知识要点

1. 函数的概念

一般地,设 $D$ 是非空的实数集,如果按照某种确定对应关系 $f$,使得集合 $D$ 中任意给定的 $x$,都有唯一确定的实数 $y$ 与之对应,就称这种对应关系 $f$ 为集合 $D$ 上的一个函数;记作:$y = f(x)$,$x \in D$。

2. 函数的定义域、值域

对于函数 $y = f(x)$,$x \in D$;其中 $x$ 称为自变量,其取值范围(数集 $D$)称为该函数的定义域;

对于自变量 $x_0$,由法则 $f$ 所确定的 $x_0$ 所对应的值 $y_0$,称为函数在 $x_0$ 处的函数值,记作 $y_0 = f(x_0)$;所有函数值组成的集合 $\{y \mid y = f(x), x \in D\}$ 称为这个函数的值域。

3. 两个函数相同

如果两个函数的定义域和对应法则都完全一致,就称这两个函数是相同的(同一个对应法则可能有不同的表述形式)。例如,$y = x$ 与 $y = \sqrt[3]{x^3}$。

4. 函数的表示方法

(1) 用一个数学表达式来表示两个变量之间的对应法则,这种表示函数的方法称为解析法;

(2) 对于函数 $y = f(x)$,$x \in D$;由 $P(x, y)$(其中 $y = f(x)$,$x \in D$)的全体组成的集合称为函数 $y = f(x)$,$x \in D$ 图像;这种表示函数的方法称为图像法;

(3) 通过列出自变量的值与对应函数值的相应表格来表达函数关系的方法称为列表法。

5. 分段函数

若函数在其定义域内,对于定义域内的不同取值区间,有着不同的对应关系,这样的函数通常称为分段函数;分段函数虽然由几部分组成,但它表示的是一个函数。

【说明】(1)若函数在其定义域的不同子集上,因对应关系不同而分别用几个不同的式子来表示,这种函数称为分段函数;(2)分段函数的定义域等于各段函数的定义域的并集,其值域等于各段函数的值域的并集,分段函数虽由几个部分组成,但它表示的是一个函数。

**【拓展】复合函数**

一般地,对于两个函数 $y=f(u)$ 和 $u=g(x)$,如果通过变量 $u$、$y$ 可以表示成 $x$ 的函数,那么称这个函数为函数 $y=f(u)$ 和 $u=g(x)$ 的复合函数,记作 $y=f[g(x)]$,其中 $y=f(u)$ 称为复合函数 $y=f[g(x)]$ 的外层函数,$u=g(x)$ 称为 $y=f[g(x)]$ 的内层函数。

## 大单元导学设计

第一阶段:自学研读资料,思考导学问题

研读提示:

1. 自学前请通览课程的目录,整体了解课程主要内容及内在联系;

2. 仔细阅读本部分全部内容,可以依据标题把握阅读的主要内容;

3. 阅读中要眼、脑、手配合,边看、边想、边圈画,用彩笔标注;

4. 学习本部分时,应结合前面所学内容及其他方面获得知识思考。

导学问题1:你学过哪些函数? 能否举几个例子?

导学问题2:在初中,"函数"是如何定义的?

导学问题3:下列三个情境中的两个量之间的关系是不是函数关系?

情景问题1:下图中的曲线 A 记录的是上海地区 2020 年 11 月每天最高气温 $T$(单位:℃)的变化情况,气温是日期的函数吗?

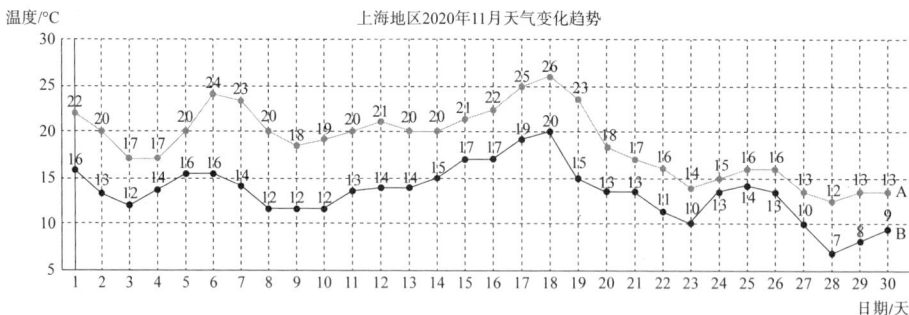

情景问题2:中国体育代表团参加近几届亚运会获得的金牌数是年份的函数吗?

| 年份 | 2002 | 2006 | 2010 | 2014 | 2018 |
|------|------|------|------|------|------|
| 金牌数 | 150 | 165 | 199 | 151 | 132 |

情景问题3:一枚炮弹发射后,经过 26 s 落到地面击中目标。炮弹的射高为

845 m,且炮弹距地面高度 $y$(单位:m)随时间 $x$(单位:s)变化的规律是 $y=130x-5x^2$。炮弹距地面高度 $y$ 是时间 $x$ 的函数吗？为什么？

导学问题4:能否用集合语言和对应关系来刻画上述函数关系?

导学问题5:函数的定义是什么? 定义中的关键词是什么?

第二阶段:小组互助研习,大组交流讨论

讨论提示:

1. 请围绕问题进行准备和展开讨论,不要偏离问题中心;

2. 讨论要观点明确,用历史或现实材料为观点提供证据;

3. 说理要有力,证据要确切,不要转移话题,不要偷换概念;

4. 讨论时要认真聆听他人不同意见,不要打断别人发言。

讨论问题1:下图中哪些可以表示函数关系?

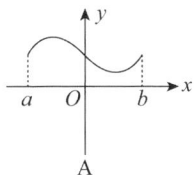

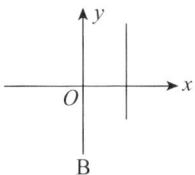

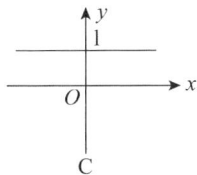

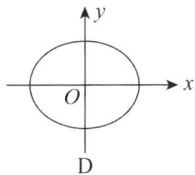

讨论问题2:函数的对应关系具有怎样的特点?

讨论问题3:函数的值域是什么? 能否给出定义?

讨论问题4:确定函数的要素有哪些? 为什么?

体验活动1:了解构成函数的要素,会判断两个函数是否相同。

讨论问题5:如何求函数的定义域?

讨论问题6:如何求函数的值域?

体验活动2:能在简单情形下求函数的定义域和值域。

## 5.2　函数性质
### 大概念课程整合

**一、函数的奇偶性**

要正确理解奇、偶函数的定义,一对实数 $x$ 与 $-x$ 必须同时在定义域内,$f(x)$ 与 $f(-x)$ 才能都有意义,奇、偶函数的定义才有意义,所以判断函数的奇偶性,必须先考虑定义域是否关于原点对称;奇偶函数的定义公式是判断奇偶函数的依据,有时需要将原式变形,化为等价形式:$f(-x)=-f(x) \Leftrightarrow f(-x)+f(x)=0 \Leftrightarrow f(-x)/f(x)=-1[f(x) \neq 0]$;$f(-x)=-f(x) \Leftrightarrow f(-x)+$

$f(x)=0 \Leftrightarrow f(-x)/f(x)=-1[f(x) \neq 0]$。奇偶函数图像的特征给我们提供了结合图像处理奇偶函数问题的依据;如何利用函数奇偶性解决有关问题是我们应该熟练掌握的。

### 二、函数的单调性

讨论函数的单调性必须在定义域内进行,即函数的单调区间是其定义域的子集,因此讨论函数的单调性,必须先确定函数的定义域;根据定义证明函数单调性的一般步骤是:(1)设 $x_1$、$x_2$ 是给定区间内的任意两个值,且 $x_1 < x_2$;(2)作差 $f(x_1)-f(x_2)$,并将此差式变形(要注意变形的程度);(3)判断 $f(x_1)-f(x_2)$ 的正负(要注意说理的充分性);(4)根据 $f(x_1)-f(x_2)$ 的符号确定其增减性。

### 三、函数的最值

函数的最值是函数的一个重要性质,常伴随着函数的其他性质出现。函数最值揭示的是函数自变量与函数值之间的一种特殊的数量规律,直观反映函数图像的最高点或最低点。利用数形结合的数学思想来研究此类函数的问题常为我们展示一个新的思考视角。函数的奇偶性也是学生今后学习三角函数、二次曲线等知识的重要基础,而且灵活地应用函数的最值可以使复杂的不等式、方程和作图问题等变得简单明了。学生已学过函数的概念、函数的表示方法及函数图像的绘制等,对正比例函数、反比例函数、一次函数、二次函数等最简单的函数有一定的了解,并通过计算函数值,研究这些函数的初步性质,同时也学过轴对称、中心对称图形的知识,具有了学习奇偶性的必备知识。但是,学习函数的奇偶性这一抽象思维要求比较高的内容,需要学生完成从形象思维到抽象思维的一个飞跃。由于学生自觉的抽象思维能力、逻辑推理能力还不够,自己分析概念的能力不强,学生学习有一定的难度。

### 四、知识要点

#### (一) 函数的奇偶性

| 奇偶性 | 定义 | 图像特点 |
|---|---|---|
| 偶函数 | 如果对于函数 $f(x)$ 的定义域内任意一个 $x$,都有 $f(-x)=f(x)$,那么函数 $f(x)$ 是偶函数 | 关于 $y$ 轴对称 |
| 奇函数 | 如果对于函数 $f(x)$ 的定义域内任意一个 $x$,都有 $f(-x)=-f(x)$,那么函数 $f(x)$ 是奇函数 | 关于原点对称 |

【注意】(1)如果一个奇函数 $f(x)$ 在原点处有定义,即 $f(0)$ 有意义,那么一定有 $f(0)=0$。(2)如果函数 $f(x)$ 是偶函数,那么 $f(x)=f(|x|)$。(3)奇函数在两

个对称的区间上具有相同的单调性;偶函数在两个对称的区间上具有相反的单调性。

1. 对称性的三个常用结论

(1) 若函数 $y=f(x+a)$ 是偶函数,则函数 $y=f(x)$ 的图像关于直线 $x=a$ 对称。

(2) 若对于 $R$ 上的任意 $x$ 都有 $f(2a-x)=f(x)$ 或 $f(-x)=f(2a+x)$,则 $y=f(x)$ 的图像关于直线 $x=a$ 对称。

(3) 若函数 $y=f(x+b)$ 是奇函数,则函数 $y=f(x)$ 的图像关于点 $(b,0)$ 中心对称。

2. 深入理解函数的奇偶性要注意以下四点

(1) 函数的单调性是函数的"局部"性质,而奇偶性是函数的"整体"性质,只有对其定义域内的每一个 $x$,都有 $f(-x)=-f(x)$[或 $f(-x)=f(x)$],才能说是奇(或偶)函数。

(2) 函数 $y=f(x)$ 是奇函数或偶函数的一个必不可少的条件:定义域关于原点对称。换而言之,若所给函数的定义域不关于原点对称,则这个函数一定不具有奇偶性。例如,函数 $y=x^2$ 在区间 $(-\infty,+\infty)$ 上是偶函数,但在区间 $[-1,2]$ 上无奇偶性可言。

(3) 若奇函数在原点处有定义,则必有 $f(0)=0$。

(4) 若 $f(-x)=-f(x)$,且 $f(-x)=f(x)$,则 $f(x)$ 既是奇函数又是偶函数,既奇又偶的函数有且只有一类,即 $f(x)=0,x\in D,D$ 是关于原点对称的非空实数集。

【特别注意】函数的奇偶性与单调性的差异:奇偶性是函数在定义域上的对称性,单调性是反映函数在某一区间上的函数值的变化趋势,奇偶性是相对于函数的整个定义域来说的,这一点与函数的单调性不同,从这个意义上讲,函数的单调性是函数的"局部"性质,而奇偶性是函数的"整体"性质。

3. 奇偶函数的图像特征

(1) 奇函数的图像是以坐标原点为对称中心的中心对称图形;反之,若一个函数的图像是以坐标原点为对称中心的中心对称图形,则这个函数是奇函数。

(2) 偶函数的图像是以 $y$ 轴为对称轴的轴对称图形;反之,若一个函数的图像是以 $y$ 轴为对称轴的轴对称图形,则这个函数是偶函数。

(3) 应用

① 如果知道一个函数是奇函数或偶函数,那么只要把它的定义域分成关于

原点对称的两部分,得出函数在一部分上的性质和图像,就可以推出这个函数在另一部分上的性质和图像。

② 如果 $f(x)$ 为奇函数,点 $[x,f(x)]$ 在其图像上,那么点 $[-x,f(-x)]$,即点 $[-x,-f(x)]$ 也在 $f(x)$ 的图像上。

③ 如果 $f(x)$ 为偶函数,点 $[x,f(x)]$ 在其图像上,那么点 $[-x,f(-x)]$,即点 $[-x,f(x)]$ 也在 $f(x)$ 的图像上。

(二) 函数的周期性

1. 周期函数

对于函数 $y=f(x)$,如果存在一个非零常数 $T$,使得当 $x$ 取定义域内的任何值时,都有 $f(x+T)=f(x)$,那么就称函数 $y=f(x)$ 为周期函数,称 $T$ 为这个函数的周期。

2. 最小正周期

如果在周期函数 $f(x)$ 的所有周期中存在一个最小的正数,那么这个最小正数就称为 $f(x)$ 的最小正周期。

(三) 函数的单调性

1. 单调函数的定义

| | 增函数 | 减函数 |
|---|---|---|
| 定义 | 一般地,设函数 $f(x)$ 的定义域为 $I$,如果对于定义域 $I$ 内某个区间 $D$ 上的任意两个自变量的值 $x_1$、$x_2$ | |
| | 当 $x_1<x_2$ 时,都有 $f(x_1)\leqslant f(x_2)$,那么就说函数 $f(x)$ 在区间 $D$ 上是增函数 | 当 $x_1<x_2$ 时,都有 $f(x_1)\geqslant f(x_2)$,那么就说函数 $f(x)$ 在区间 $D$ 上是减函数 |
| 图像描述 | 自左向右看图像是上升的 | 自左向右看图像是下降的 |

2. 严格单调函数的定义

对于定义在 $D$ 上的函数 $y=f(x)$,设区间 $I$ 是 $D$ 的一个子集;对于区间 $I$ 上的任意给定的两个自变量的值 $x_1$、$x_2$,当 $x_1<x_2$ 时,

如果总成立 $f(x_1)<f(x_2)$，就称函数 $y=f(x)$ 在区间 $I$ 上是严格增函数；

如果总成立 $f(x_1)>f(x_2)$，就称函数 $y=f(x)$ 在区间 $I$ 上是严格减函数。

3. 单调函数与单调区间的定义

如果函数 $y=f(x)$ 在某个区间 $I$ 上是增（减）函数，那么就称函数 $y=f(x)$ 在区间 $I$ 上是单调函数，并称区间 $I$ 是函数 $y=f(x)$ 的一个单调区间。

4. 证明函数单调性的步骤

（1）取值。设 $x_1$、$x_2$ 是 $f(x)$ 定义域内一个区间上的任意两个量，且 $x_1<x_2$。

（2）变形。作差变形（变形方法：因式分解、配方、有理化等）或作商变形。

（3）定号。判断差的正负或商与 1 的大小关系。

（4）得出结论。

5.【易错点】提醒

（1）单调区间与定义域的关系——单调区间可以是整个定义域，也可以是定义域的真子集。

（2）单调性是通过函数值变化与自变量的变化方向是否一致来描述函数性质的。

（3）不能随意合并两个单调区间。

（4）有的函数不具有单调性。

6. 一些常见结论

（1）若 $f(x)$ 是增函数，则 $-f(x)$ 为减函数；若 $f(x)$ 是减函数，则 $-f(x)$ 为增函数。

（2）若 $f(x)$ 和 $g(x)$ 均为增（或减）函数，则在 $f(x)$ 和 $g(x)$ 的公共定义域上 $f(x)+g(x)$ 为增（或减）函数。

（3）若 $f(x)>0$ 且 $f(x)$ 为增函数，则函数 $\sqrt{f(x)}$ 为增函数，$\dfrac{1}{f(x)}$ 为减函数。

若 $f(x)>0$ 且 $f(x)$ 为减函数，则函数 $\sqrt{f(x)}$ 为减函数，$\dfrac{1}{f(x)}$ 为增函数。

7. "对勾函数" $y=x+\dfrac{a}{x}(a>0)$ 的单调增区间为 $(-\infty,-\sqrt{a})$ 和 $(\sqrt{a},+\infty)$；

单调减区间是 $[-\sqrt{a},0)$ 和 $(0,\sqrt{a}]$。

（四）函数的最值

| 前提 | 设函数 $y = f(x)$ 的定义域为 $I$，如果存在实数 $M$ 满足 | |
|---|---|---|
| 条件 | （1）对于任意的 $x \in I$，都有 $f(x) \leqslant M$；<br>（2）存在 $x_0 \in I$，使得 $f(x_0) = M$ | （3）对于任意的 $x \in I$，都有 $f(x) \geqslant m$；<br>（4）存在 $x_0 \in I$，使得 $f(x_0) = m$ |
| 结论 | $M$ 为最大值 | $m$ 为最小值 |

## 大单元导学设计

第一阶段：自学研读资料，思考导学问题

研读提示：

1. 自学前请通览课程的目录，整体了解课程主要内容及内在联系；

2. 仔细阅读本部分全部内容，可以依据标题把握阅读的主要内容；

3. 阅读中要眼、脑、手配合，边看、边想、边圈画，用彩笔标注；

4. 学习本部分时，应结合前面所学内容及其他方面获得知识思考。

导学问题 1：函数图像关于 $y$ 轴成轴对称，其自变量与函数值的对应关系如何体现这个特征的？

导学问题 2：偶函数的定义是什么？

导学问题 3：函数是偶函数，其定义域满足什么条件？

导学问题 4：如何理解偶函数定义中的"任意"两字？（整体性质）

导学问题 5：如何否定函数是偶函数？

导学问题 6：请学生类比得出奇函数的定义。

情景问题：通过生活中的例子感受图像的对称美，发现某些函数的图像同样具有对称性，请从学过的函数中举出几个奇函数和偶函数的例子。

第二阶段：小组互助研习，大组交流讨论

讨论提示：

1. 请围绕问题进行准备和展开讨论，不要偏离问题中心；

2. 讨论要观点明确，用历史或现实材料为观点提供证据；

3. 说理要有力，证据要确切，不要转移话题、偷换概念；

4. 讨论时要认真聆听他人不同意见，不要打断别人发言。

讨论问题 1：证明：函数 $y = 2x^4 - 3x^2$ 是偶函数。

讨论问题 2：证明：函数 $y = x^3 - \dfrac{1}{x}$ 是奇函数。

讨论问题 3：证明一个函数是奇函数还是偶函数的依据是什么？

讨论问题 4：是否存在定义域在 $R$ 上的，且既是奇函数又是偶函数的函数？若存在，求出所有满足此条件的函数；若不存在，说明理由。

体验活动：引导学生理解偶函数和奇函数定义既是证明的方法也是判断的依据。

## 5.3　函数应用
### 大概念课程整合

函数应用不仅体现在用函数解决数学问题，更重要的是用函数解决实际问题。本单元的学习，可以帮助学生掌握运用函数性质求方程近似解的基本方法（二分法）；理解用函数构建数学模型的基本过程；运用模型思想发现和提出问题、分析和解决问题。内容包括：二分法与求方程近似解、函数与数学模型。

一、二分法与求方程近似解

1. 结合学过的函数图像，了解函数零点与方程解的关系。

2. 结合具体连续函数及其图像的特点，了解函数零点存在定理，探索用二分法求方程近似解的思路并会画程序框图，能借助计算工具用二分法求方程近似解，了解用二分法求方程近似解具有一般性。

二、函数与数学模型

1. 理解函数模型是描述客观世界中变量关系和规律的重要数学语言及工具。在实际情境中，会选择合适的函数类型刻画现实问题的变化规律。

2. 结合现实情境中的具体问题，利用计算工具，比较对数函数、一元一次函数、指数函数增长速度的差异，理解"对数增长""直线上升""指数爆炸"等术语的现实含义。

3. 收集、阅读一些现实生活、生产实际或经济领域中的数学模型，体会人们是如何借助函数刻画实际问题的，感悟数学模型中参数的现实意义。

三、知识要点

（一）函数关系的建立

在研究某些数学问题时，所研究的变量往往依赖于另一个变量，此时就需要建立这两个变量之间的函数关系。

【注意】易忽视实际问题中自变量的取值范围，需要合理确定函数的定义域，必须验证数学结果对实际问题的合理性。

(二) 函数的零点

1. 函数零点的概念

对于函数 $y=f(x)$，把使 $f(x)=0$ 的实数 $x$ 称为函数 $y=f(x)$ 的零点。

函数零点的意义：函数 $y=f(x)$ 的零点就是方程 $f(x)=0$ 实数根，亦即函数 $y=f(x)$ 的图像与 $x$ 轴交点的横坐标。

即函数 $y=f(x)$ 有零点 $\Leftrightarrow$ 方程 $f(x)=0$ 有实数根 $\Leftrightarrow$ 函数 $y=f(x)$ 的图像与 $x$ 轴有交点。

2. 零点存在性定理

如果函数 $y=f(x)$ 满足：①在区间 $[a,b]$ 上的图像是连续不断的一条曲线；②$f(a)\cdot f(b)<0$；则函数 $y=f(x)$ 在 $(a,b)$ 上存在零点，即存在 $c\in(a,b)$，使得 $f(c)=0$，这个 $c$ 也就是方程 $f(x)=0$ 的根。

3. 函数零点与方程根的关系

方程 $f(x)=0$ 有实数根 $\Leftrightarrow$ 函数 $y=f(x)$ 的图像与 $x$ 轴有交点 $\Leftrightarrow$ 函数 $y=f(x)$ 有零点。

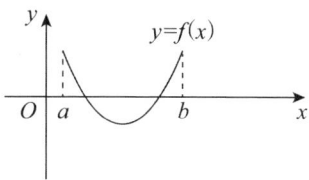

【注意】① 若连续不断的函数 $f(x)$ 在定义域上是单调函数，则 $f(x)$ 至多有一个零点，函数的零点不是一个"点"，而是方程 $f(x)=0$ 的实根。

② 由函数 $y=f(x)$（图像是连续不断的）在闭区间 $[a,b]$ 上有零点不一定能推出 $f(a)\cdot f(b)<0$，如图所示，所以 $f(a)\cdot f(b)<0$ 是 $y=f(x)$ 在闭区间 $[a,b]$ 上有零点的充分不必要条件。

③ 并不是所有的函数都有零点，如函数 $f(x)=\dfrac{1}{x}$ 就没有零点。

④ 函数 $y=f(x)$ 零点的求法

(1) 代数法：求函数 $y=f(x)$ 零点就是求相应方程 $f(x)=0$ 的实数根。一般可以借助求根公式、因式分解、运算性质等求出方程的根。

(2) 几何法：对于不能用求根公式求解的方程，可以将它与函数 $y=f(x)$ 的图像联系起来，借助图像。

⑤ 判断零点是否存在的方法

(1) 直接解方程 $f(x)=0$，若有解，则 $f(x)$ 存在零点；

(2) 利用函数零点存在性定理判断函数 $f(x)$ 是否在区间 $[x_1,x_2]$ 上存在零点，除需判断 $f(x_1)\cdot f(x_2)<0$ 是否成立外，还需判断函数 $f(x)$ 在区间 $[x_1,x_2]$ 上是否为连续曲线。

⑥ 判断函数零点个数的主要方法

（1）直接求函数零点进行判断；

（2）由函数 $f(x)=g(x)-h(x)=0$，得 $g(x)=h(x)$，在同一平面坐标系中作出 $y_1=g(x)$ 和 $y_2=h(x)$ 的图像，利用图像判定 $y_1$ 与 $y_2$ 图像的交点个数，也就是方程根的个数，即函数 $f(x)$ 的零点个数；

（3）借助函数的单调性及函数零点存在性定理进行判断。

## （三）二分法

用二分法求函数零点近似值的步骤

（1）确定零点 $x_0$ 的初始区间 $[a,b]$，验证 $f(a)f(b)<0$。

（2）求区间 $(a,b)$ 的中点 $c$。

（3）计算 $f(c)$，并进一步确定零点所在的区间：

① 若 $f(c)=0$（此时 $x_0=c$），则 $c$ 就是函数的零点；

② 若 $f(a)f(c)<0$［此时 $x_0\in(a,c)$］，则令 $b=c$；

③ 若 $f(c)f(b)<0$［此时 $x_0\in(c,b)$］，则令 $a=c$。

（4）判断是否达到精确度 $\varepsilon$：若 $|a-b|<\varepsilon$，则得到零点近似值 $a$（或 $b$）；否则重复步骤（2）～（4）。

## 大单元导学设计

第一阶段：自学研读资料，思考导学问题

研读提示：

1. 自学前请通览课程的目录，整体了解课程主要内容及内在联系；

2. 仔细阅读本部分全部内容，可以依据标题把握阅读的主要内容；

3. 阅读中要眼、脑、手配合，边看、边想、边圈画，用彩笔标注；

4. 学习本部分时，应结合前面所学内容及其他方面获得知识思考。

情景问题：有一块边长 1 米的正方形硬纸板，在它的四个角各剪去一个小正方形后，再折成一只无盖的盒子，如果要使制成的盒子容积最大，那么剪去的小正方形的边长应该是多少？

导学问题 1：盒子的容积和哪些量有关？

导学问题 2：长、宽、高会随着减去的小正方形边长的变化而改变，它们的关系式是怎样的？

导学问题 3：被剪去的小正方形的边长可以无穷大吗？

第二阶段：小组互助研习，大组交流讨论

讨论提示：

1. 请围绕问题进行准备和展开讨论，不要偏离问题中心；

2. 讨论要观点明确，用历史或现实材料为观点提供证据；

3. 说理要有力，证据要确切，不要转移话题，也不要偷换概念；

4. 讨论时要认真聆听他人不同意见，不要打断别人发言。

讨论问题 1：如图所示，一个边长为 $a$、$b(a<b)$ 的长方形被分别平行于长与宽的两条直线所分割，试用解析法将图中阴影部分的总面积 $S$ 表示为 $x$ 的函数。

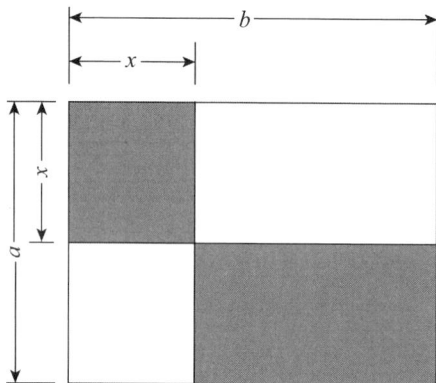

讨论问题 2：用解析法表示函数，是否只需要列出正确的表达式即可？

讨论问题 3：请归纳建立函数关系的主要步骤。

体验活动 1：在上例中，如果长方形的左上角是一个面积为 $S$ 的正方形，右下角是一个周长为 $L$ 的矩形，试将 $L$ 表示为 $S$ 的函数。

讨论问题 4：什么是"将 $L$ 表示成 $S$ 的函数"？

讨论问题 5：如图所示，四边形 $OABC$ 是平面直角坐标系中边长为 1 的正方形。一直线 $y=-x+t[t\in(0,2)]$ 与正方形 $OABC$ 相交，将正方形分为两个部分，其中包含原点 $O$ 的部分的面积记为 $S$。试将 $S$ 表示为 $t$ 的函数。

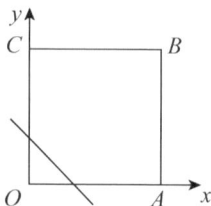

体验活动 2：试画出 $S$ 关于 $t$ 的函数的大致图像。

讨论问题 6：要建造一面靠墙，且面积相同的两间相邻的长方形居室，如图所示。如果已有材料可建成的围墙总长度为 30 m，那么当宽 $x$（单位：m）为多少时,才能使所建造的居室面积最大? 居室的最大面积是多少?

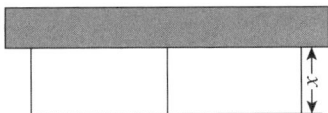

讨论问题 7:如果不给出以宽为自变量的条件,还可以选择哪个量作为自变量?

体验活动 3:如图,某小区要建造一个直径为 16 m 的圆形喷水池,并在池的周边靠近水面的位置安装一圈喷水头,使喷出的水柱在离池中心水平距离 3 m 的地方达到最高高度 4 m。各方向喷来的水柱在池中心上方某一点汇合,求该点离水面的高度。

## 情景化考核评价

情景考核题 1:集合 $M=\{x\mid -2\leqslant x\leqslant 2\}$,$N=\{y\mid 0\leqslant y\leqslant 2\}$,给出下列四个图形,其中能表示以 $M$ 为定义域、$N$ 为值域的函数关系的是(　　　)。

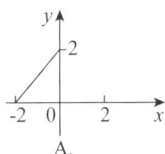

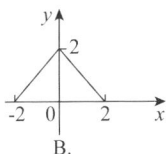

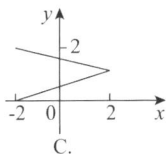

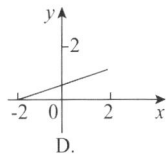

A.　　　　B.　　　　C.　　　　D.

(考核:数学抽象、直观想象)

情景考核题 2:如图,设 $x$ 轴代表地面,$OA$ 为直立在地面上的一根水管,若要求水从点 $A$ 喷出,沿抛物线运行,在点 $B(1,3)$ 处到达抛物线的最高点,最后落于地面上的点 $C(3,0)$ 处,问水管 $OA$ 的高度该如何设计?

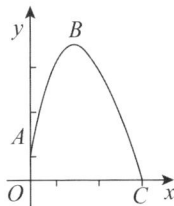

(考核:数学抽象、直观想象、数学运算)

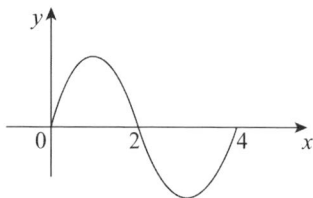

情景考核题 3:设奇函数 $y=f(x)$ 的定义域为 $[-4,4]$,且当 $x\in[0,4]$ 时,$y=f(x)$ 的图像如图所示,解不等式 $\dfrac{f(x)}{x}<0$。

(考核:数学抽象、数学建模、直观想象、数学运算)

情景考核题 4:某村计划建造一个室内面积为 800 平方米的矩形蔬菜温室,在温室内,沿左、右两侧与后侧内墙各保留 1 米宽的通道,沿前侧内墙保留 3 米宽的空地。当矩形温室的边长各为多少时,蔬菜的种植面积最大? 最大种植面积是多少?

(考核:数学建模、直观想象、数学运算、数据分析和数学应用)

情景考核题 5:某校校长暑假将带领该校市级"三好生"去北京旅游。甲旅行社说:"如果校长买全票一张,则其余学生可享受半价优惠。"乙旅行社说:"包括校长在内,全部按全票价的 6 折(即按全票价的 60% 收费)优惠。"若全票价为 240 元。

(1) 设学生数为 $x$,甲旅行社收费为 $y_{甲}$,乙旅行社收费为 $y_{乙}$,分别计算两家旅行社的收费(建立函数关系式);

(2) 当学生数是多少时,两家旅行社的收费一样;

(3) 根据学生数 $x$ 讨论哪家旅行社更优惠。

(考核:数学建模、直观想象、数学运算、数据分析和数学应用)

# 人文科学教育大概念课程(思想政治学科)

陈露嘉　徐平①

中小学社会学科主要包括思想政治学科和历史学科。思想政治学科主要研究的是人与人、阶级与阶级、民族与民族、国家与国家之间交往活动的现象与规律;历史学科主要研究的是过去时代人与人、群体与群体、民族与民族、国家与国家之间交往活动的现象与规律。

## 在党的领导下实现人民当家作主

### 一、整合主题

本课程聚焦"在党的领导下实现人民当家作主"的主题,引导学生观察和分

---

①　上海市青浦区第一中学思想政治教研组。

析国家政治生活中有关社会公共生活的现象,感悟身边的民主,理解中国特色社会主义政治制度的基本内容、鲜明特点和显著优势,深化对我国社会主义民主政治的认识,提高有序参与国家政治生活和社会公共生活的能力。

## 二、整合思路

党的领导、人民当家作主、依法治国相互联系、相互作用,构成内在统一、不可分割的整体,是发展社会主义民主政治必须深刻理解和把握的重大政治判断。党的领导是中国特色社会主义最本质的特征,是人民当家作主依法治国的根本保证;人民当家作主是社会主义民主政治的本质特征,是坚持党的领导的坚实基础。

围绕"在党的领导下怎样实现人民当家作主",结合对我国政治制度的理解,说明人民、国家和执政党之间的关系。引导学生通过参与公共生活,提供具体的操作路径,让学生认识到社会主义民主是最广泛、最真实、最管用的民主,了解协商民主的方式方法并模拟实践,体会中国特色社会主义政治制度的显著优势。

## 三、整合内容

本课程整合党的领导、人民当家作主两个方面。

大概念课程整合提纲:

一、中国共产党的领导地位

二、中国共产党领导的必然性

1. 历史和人民的选择

2. 中国共产党的先进性

三、坚持和加强党的全面领导

1. 坚持党的全面领导

2. 坚持全面从严治党

3. 党的执政方式

四、中国共产党的领导是人民民主的根本政治保证

1. 中国共产党领导人大制度

2. 中国共产党领导基层群众自治制度

3. 中国共产党领导的多党合作和政治协商制度

4. 中国共产党领导民族区域自治制度

## 一、中国共产党的领导地位

中国共产党是我国最高政治领导力量。办好中国的事情,关键在党。党政

军民学、东西南北中，党是领导一切的。

中国共产党是中国特色社会主义事业的领导核心。中国共产党领导是中国特色社会主义最本质的特征，是中国特色社会主义制度的最大优势。党的领导是党和国家的根本所在、命脉所在，是全国各族人民的利益所系、命运所系。党的领导是全面的、系统的、整体的，必须全面、系统、整体加以落实。在我国，中国共产党是最高政治领导力量，总揽全局、协调各方。人大、政府、政协、监察委员会、法院、检察院、军队，各民主党派和无党派人士，各企事业单位，工会、共青团、妇联等群团组织，都要坚持中国共产党领导。

中国共产党是领导中国特色社会主义事业的核心力量，一切工作都要坚持党的领导。党领导人民发展社会主义市场经济，发展社会主义民主政治，发展社会主义先进文化，构建社会主义和谐社会，建设社会主义生态文明等。我们要把党的领导落实到改革发展稳定、内政外交国防、治党治国治军等各领域各方面各环节。走过百年奋斗历程，中国共产党在革命性锻造中更加坚强有力，党的政治领导力、思想引领力、群众组织力、社会号召力显著增强，党同人民群众始终保持血肉联系。中国共产党在世界形势深刻变化的历史进程中始终走在时代前列，在应对国内外各种风险和考验的历史进程中始终成为全国人民的主心骨，在坚持和发展中国特色社会主义的历史进程中始终成为坚强领导核心。

## 大单元导学设计

第一阶段：自学研读资料，思考导学问题

研读提示：

1. 自学前请通览课程的目录，整体了解课程主要内容及内在联系；

2. 仔细阅读本部分全部内容，可以依据标题把握阅读的主要内容；

3. 阅读中要眼、脑、手配合，边看、边想、边圈画，用彩笔标注；

4. 学习本部分时，应结合所学内容及其他方面进行关联的知识思考。

导学问题1：查阅党的二十大召开的背景、主要内容，国内外媒体的相关报道。（考核：政治认同）

导学问题2：分析党的二十大受到国内外媒体和民众高度重视的原因。（考核：政治认同、科学精神）

第二阶段：小组互助研习，大组交流讨论

讨论问题1：如何理解中国共产党在我国政治生活中的地位和作用？（考核：政治认同）

讨论问题 2：如何理解中国共产党领导是中国特色社会主义最本质的特征？把这句话写入宪法的意义是什么？（考核：政治认同、科学精神）

## 二、中国共产党领导的必然性

（一）历史和人民的选择

中华民族是世界上伟大的民族，有着五千多年源远流长的文明历史，为人类文明进步作出了不可磨灭的贡献。1840 年鸦片战争以后，中国逐步成为半殖民地半封建社会，国家蒙辱、人民蒙难、文明蒙尘，中华民族遭受了前所未有的劫难。从那时起，实现中华民族伟大复兴，就成为中国人民和中华民族最伟大的梦想。中国共产党的成立是开天辟地的大事变，深刻改变了近代以后中华民族发展的方向和进程，深刻改变了中国人民和中华民族的前途和命运，深刻改变了世界发展的趋势和格局。历史已经证明，没有中国共产党，就没有新中国，就没有中华民族的伟大复兴。

近代以来，在中国人民反抗压迫、抵御侵略的斗争中，无数仁人志士前仆后继，进行了各种各样的尝试，但终究未能改变旧中国半殖民地半封建的社会性质和中国人民的悲惨命运。中国共产党团结带领人民进行艰苦卓绝的斗争，不断推进革命、建设、改革的伟大事业，使中华民族伟大复兴展现出前所未有的光明前景。中国共产党领导是历史的选择、人民的选择。

（二）中国共产党的先进性

1. 始终坚持以人民为中心

中国共产党是中国工人阶级的先锋队，同时是中国人民和中华民族的先锋队。人民立场是中国共产党的根本立场。全心全意为人民服务是中国共产党的根本宗旨。立党为公、执政为民是中国共产党的执政理念。

2. 始终走在时代前列

党的指导思想（马克思列宁主义、毛泽东思想、邓小平理论、"三个代表"重要思想、科学发展观、习近平新时代中国特色社会主义思想）与时俱进。坚持解放思想、实事求是、与时俱进、求真务实。发挥共产党员的先锋模范作用。

## 大单元导学设计

第一阶段：自学研读资料，思考导学问题

导学问题 1：利用影视资源，如观看《建党伟业》《建国大业》等影片，也可到图书馆、档案馆查阅有关文献，深化对"没有共产党就没有新中国"的认识。（考

核:政治认同)

导学问题2:开展主题教育活动,如参观烈士陵园、革命遗址、革命历史展览馆等相关教育实践基地,理解"中国共产党是中国工人阶级的先锋队,同时是中国人民和中华民族的先锋队"。(考核:政治认同)

导学问题3:开展"不忘初心、牢记使命"的访谈,请老党员宣讲党的使命,请老战士、老模范口述历史,从中汲取一代又一代中国共产党人为共产主义理想而奋斗的精神力量。(考核:政治认同)

第二阶段:小组互助研习,大组交流讨论

讨论问题1:近代以来,中国人民为实现国家独立、民族解放和人民幸福经历了哪些艰难探索?(考核:政治认同、科学精神)

讨论问题2:回望党带领人民站起来、富起来、强起来的伟大历程,为什么说中国共产党执政是历史和人民的选择?(考核:政治认同、科学精神)

讨论问题3:百年历程,中国共产党能够带领人民取得伟大成就的"特质"有哪些?(考核:政治认同、科学精神)

## 三、坚持和加强党的全面领导

（一）坚持党的全面领导

坚持和加强党中央集中统一领导;坚持不懈用习近平新时代中国特色社会主义思想凝心铸魂;建立健全党的领导制度体系;建设高素质干部队伍。

（二）坚持全面从严治党

1. 为什么? 党面临四大考验和四种危险。全面从严治党是推进党的建设新的伟大工程的必然要求。全面从严治党关系党的先进性、纯洁性,关系人心向背,关系国家和民族的兴衰,关系党的生死存亡。

2. 怎么做? 坚持新时代党的建设总要求。全面从严治党,核心是加强党的领导,基础在全面,关键在严,要害在治。

（三）党的执政方式

1. 科学执政

探索和遵循共产党执政规律、社会主义建设规律、人类社会发展规律;增强执政本领、提高长期执政能力。

2. 民主执政

坚持为人民执政,依靠人民执政;实现人民当家作主、团结一切可以团结的力量、调动一切积极因素。实现、维护、发展人民的根本利益。巩固和扩大党长期的执政的群众基础。

3. 依法执政

在宪法和法律范围内活动,使党的主张通过法定程序上升为国家意志。推进国家各领域建设的法治化、规范化,保证党领导人民有效治国理政。

## 大单元导学设计

第一阶段:自学研读资料,思考导学问题

导学问题1:登录政府相关网站,搜集社会发展数据,了解我国经济建设、政治建设、文化建设、社会建设、生态文明建设的成就,理解中国共产党不仅具有历史赋予的执政地位,也具有与时俱进的执政能力。(考核:政治认同、科学精神)

导学问题2:查阅20世纪后期世界上有哪些大党、老党失去了执政地位?世界上一些政党失去执政地位的原因是什么?给我们什么启示?(考核:政治认同、科学精神)

导学问题3:结合《中国共产党党务公开条例》《中国共产党党内监督条例》,新时代党的建设的总要求是什么?(考核:科学精神、法治意识)

第二阶段:小组互助研习,大组交流讨论

讨论问题1:如果要为改革开放以来的廉政建设展览推荐展品,你会推荐哪些?说明理由。(考核:政治认同、公共参与)

讨论问题2:搜集有关反腐倡廉的资料,结合新时代、新征程、新挑战,说明全面从严治党的意义。(考核:政治认同、科学精神)

讨论问题3:恩格斯说:"一个知道自己的目的,也知道怎样达到这个目的的政党,一个真正想达到这个目的并且具有达到这个目的所必不可缺的顽强精神的政党,——这样的政党将是不可战胜的。"与同学交流你对这一论述的理解。(考核:科学精神)

## 四、中国共产党的领导是人民民主的根本政治保证

发展社会主义民主政治,就是要实现人民意志、保障人民权益、激发人民创造活力,用制度体系保障人民当家作主。中国共产党领导中国人民制定宪法和法律,建立并不断完善人民代表大会制度、中国共产党领导的多党合作和政治协商制度、民族区域自治制度和基层群众自治制度,这一系列行之有效的制度安排实现了形式民主与实质民主相统一、选举民主与协商民主相促进。我国社会主义民主是全过程人民民主,是中国共产党团结带领人民追求民主、发展民主、实

现民主的伟大创造,是最广泛、最真实、最管用的民主。

（一）中国共产党领导的人民代表大会制度

人大制度是坚持党的领导、人民当家作主、依法治国有机统一的根本制度安排。

（二）中国共产党领导的基层群众自治制度

在基层党组织领导下,在居住地范围内,依托基层群众自治组织,依法直接行使民主权利,实行自我管理、自我教育、自我服务、自我监督的民主制度和治理模式。

（三）中国共产党领导的多党合作和政治协商制度

坚持中国共产党领导是多党合作和政治协商的首要前提与根本保证。政治上领导与被领导的关系;组织上相互独立;法律上地位平等。

（四）中国共产党领导的民族区域自治制度

在国家统一领导下,在各少数民族聚居的地方设立自治机关,依法行使自治权的制度。

## 大单元导学设计

第一阶段:自学研读资料,思考导学问题

导学问题1:走访本地人大代表,了解他们履行职责的经验,分析人大代表的产生过程、活动方式和主要职责。（考核:科学精神、公共参与）

导学问题2:了解治乱兴衰历史周期率。（考核:科学精神）

导学问题3:查阅有关公共政策的制定或有关争议问题,如废旧电池回收利用、垃圾分类处理、食品安全、道路安全、环境治理问题等,针对热点问题,模拟人大代表撰写议案。（考核:公共参与）

第二阶段:小组互助研习,大组交流讨论

讨论问题1:结合材料,谈谈你对跳出治乱兴衰历史周期率"两个答案"的理解。（考核:科学精神）

讨论问题2:结合你对我国政治制度的理解,说明人民、国家和执政党的关系。（考核:政治认同、科学精神）

讨论问题3:有人提出,政治生活中的问题都应采取少数服从多数的方法,通过投票解决,你是否赞同? 你研究的问题是否适合采取少数服从多数的方法解决? 说明理由。（考核:科学精神、公共参与）

讨论问题4:中国共产党为保证人民当家作主搭建起什么样的"四梁八柱"?

（考核：政治认同）

## 八、补充：情景化考核评价

情景考核题1

### "穷旮旯"是如何变成"金窝窝"的

全面建成小康社会，关键在农村。十八洞村是湘西有名的贫困村，也是习近平总书记首次提出"精准脱贫"的地方。2017年一部名为《十八洞村》的电影将这个偏远苗寨由"穷旮旯"变为"金窝窝"的动人故事带入了人们的视野。

"总书记在我们这里提出'精准扶贫'思想，我们深感使命光荣，责任重大。"花垣县委书记罗明说，"我们必须拿出经得起历史检验的脱贫成果，做到真脱贫、脱真贫，这样才能不辜负总书记的期望，不辜负人民群众的期待"。从罗明书记的话语中，最能感受到（　　）（考核：政治认同）

　　A. 中国共产党始终把人民利益放在首位

　　B. 以经济建设为中心是"兴国之关键"

　　C. 加强党的领导，关键在严，要害在治

　　D. 中国共产党执政是历史和人民的选择

答案：A

情景考核题2

十八洞村的故事是中国乡村脱贫致富的缩影。它启示我们："实现农业强、农村美、农民富的总目标，关键在坚持和加强党的全面领导。"谈谈你对这句话的理解。（考核：政治认同、科学精神）

答案示例：党的领导是乡村振兴的根本保证。党通过研判"三农"工作的实际，从人民的根本利益出发，制定《关于全面推进乡村振兴加快农业农村现代化的意见》等方针政策，是坚持正确政治领导和科学执政的鲜明体现，凝聚起广大人民群众的磅礴伟力，为乡村全面振兴指明方向、汇聚力量，以实现农业强、农村美、农民富的总目标。

情景考核题3

"沧海横流，方显英雄本色"，在抗击疫情的严峻斗争中，各级党组织和广大党员不畏牺牲、冲锋在前。受他们感召，众多优秀一线工作者在英勇抗疫的同时，积极向党组织靠拢，相关数据（《人民日报》2020年3月4日）如下页图示。

说明："火线"发展党员是指在特定环境中，党组织在坚持党员发展标准的同时，适当简化发展流程，在较短时间内将表现突出的优秀积极分子吸收入党。

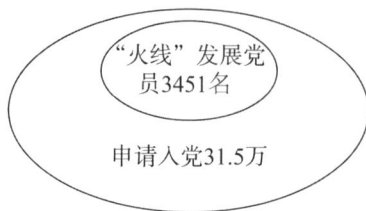

"火线"发展党员3451名

申请入党31.5万

面对上述数据，高中生小朱感慨：中国共产党对人民群众有感召力，对自身有高标准。结合材料，运用党的先进性相关内容分析说明该观点。（考核：政治认同、科学精神）

答案示例：数据显示，一线工作者中申请加入党组织的人数已达31.5万名。各级党组织和广大党员不畏牺牲、冲锋在前，体现了党全心全意为人民服务的根本宗旨。党员先锋模范作用，感召了一线抗疫中的优秀分子，加深了他们对党的认识，增强了对党的感情，他们自觉拥护党的领导，希望以实际行动更好地为人民服务。

面对众多优秀一线工作人员提出入党申请，党组织在坚持发展党员标准的前提下，适当简化发展流程，优中选优。中国共产党是中国工人阶级的先锋队，是中国人民和中华民族的先锋队，是中国特色社会主义事业的领导核心。在严峻斗争考验中遴选优秀分子"火线"入党，不断补充新鲜血液，加强了党的自身建设，保持了党的先进性和纯洁性，进一步增强了党对人民群众的感召力。

情景考核题4

中国特色社会主义是改革开放以来党的全部理论和实践的主题。

改革开放以来，中国共产党在推动马克思主义中国化的过程中，先后产生了一系列重大理论创新成果，重点回答了时代面临的重大问题，请用连线方式匹配两者之间的关系。（考核：政治认同）

| 党的重大理论创新成果 | | 重点回答时代面临的重大问题 |
| --- | --- | --- |
| 邓小平理论 | | 建设什么样的党、怎样建设党 |
| "三个代表"重要思想 | | 实现什么样的发展、怎样发展 |
| 科学发展观 | | 什么是社会主义、怎样建设社会主义 |
| 习近平新时代中国特色社会主义思想 | | 坚持和发展什么样的中国特色社会主义、怎样坚持和发展中国特色社会主义 |

答案：

| 党的重大理论创新成果 | | 重点回答时代面临的重大问题 |
|---|---|---|
| 邓小平理论 | | 建设什么样的党、怎样建设党 |
| "三个代表"重要思想 | | 实现什么样的发展、怎样发展 |
| 科学发展观 | | 什么是社会主义、怎样建设社会主义 |
| 习近平新时代中国特色社会主义思想 | | 坚持和发展什么样的中国特色社会主义、怎样坚持和发展中国特色社会主义 |

情景考核题 5

回望 40 多年的历程，从小岗村到十八洞村，从"大包干"到"精准脱贫"，从解决温饱问题到全面建成小康社会，时代在变，主要矛盾、工作侧重点也在变，但不变的是党和国家始终坚持发展为了人民，发展依靠人民，发展成果让人民共享。

综合运用所学内容，结合材料，说明我国坚持发展要"以人民为中心"的理由。（考核：政治认同、科学精神）

答案示例：我国是人民民主专政的社会主义国家，人民是国家的主人，是社会主义现代化建设的主要力量。中国共产党立党为公、执政为民，以全心全意为人民服务为宗旨，团结带领全国人民进行现代化建设。我国脱贫攻坚的胜利、全面小康目标的实现，离不开以十八洞村为代表的广大干部群众，在党的领导下齐心努力奋斗。

# 人文科学教育大概念课程(历史学科)

杨静①

## 丝绸之路视域下的中国古代民族融合与对外交往

对接课程：教育部《普通高中历史课程标准(2017 年版 2020 年修订)》必修课程·《中外史纲要上》：第 4、8、11、13 课；必修课程·《中外史纲要下》：第 2、6、7 课；选必课程：选必 1 第 11 课；选必 2 第 7、8、12 课；选必 3 第 2、6、9、10、11 课。

---

① 上海市青浦区第一中学历史教研组。

## 一、整合主题

　　丝绸之路是重要的商路,也是民族交流交融的纽带,更是东西方经济文化交流的桥梁。

## 二、整合思路

　　以丝绸之路的空间视域,围绕丝绸之路的交流交融的历史内涵,沿着历史时间顺序,呈现中国古代民族交流交融与对外交往的阶段面貌与总体态势,强化时空意识、史料实证和历史解释等关键能力,体悟文明碰撞交流对人类文明的重大推动作用,认同中国传统文明对世界文明的伟大贡献。

## 三、整合内容

　　本课程整合古代丝绸之路、民族融合、对外交往三大概念。

大概念课程整合提纲:

一、丝绸之路的内涵

1. 丝绸之路的概念表述与历史地位

2. 丝绸之路的空间印象

二、丝绸之路的源起与秦汉丝绸之路

　　1. 先秦:丝绸之路的源起

　　2. 西汉:张骞凿空陆上丝绸之路

　　3. 东汉:班超经营西域与中外交流

三、隋唐时期的陆上丝绸之路全盛

　　1. 魏晋:分裂之局与大交融

　　2. 隋唐:丝绸之路兴盛气象

四、宋元时期的民族融合与海上丝绸之路的全盛

　　1. 辽宋夏金:并立对峙与海上丝绸之路的全盛

　　2. 元:再一统与海陆并举

　　3. 宋元时期的丝路繁荣

五、明清时期的传统丝路与近代太平洋丝绸之路的兴起

　　1. 明朝:朝贡体制与海禁

　　2. 清朝:闭关锁国

　　3. 太平洋丝绸之路:换了主角

---

# 一、丝绸之路的内涵
## 大概念课程整合

　　1. 丝绸之路的概念表述与历史地位

　　人类早期几个文明中心之间的交往主要是沿着东西方向展开的。其中,最

著名的是经由中国西北和中亚连通欧亚大陆的商路。后人在这条商路上发现了大量丝绸遗存。1877 年,德国地理学家李希霍芬在他编撰的《中国》一书中首先提出"The silk road"这一概念。

丝绸之路是东西方经济文化交流的重要通道与象征。

2. 丝绸之路的空间印象

陆上丝绸之路是东西方交往的重要通道,是西汉张骞开辟的,其路线主要是指从长安出发,经河西走廊、西域,跨葱岭,到达中亚、西亚乃至北非和欧洲的陆上通道。

后来丝绸之路这一概念不断扩大,出现了草原丝绸之路、西南丝绸之路、海上丝绸之路等重要名词。其中,草原丝绸之路是指在丝绸之路的北面,从漠北草原经西伯利亚西行,再由咸海、里海以北通往欧洲或小亚细亚的商路,匈奴、突厥等游牧民族的西迁,很多是沿着这条商路进行的;西南丝绸之路是从关中平原入蜀至成都平原,沿横断山麓南下,跨澜沧江、怒江,向西进入缅甸和印度,再通往中亚、西亚等的商路,在我国西南与东南亚、南亚联系方面,长期发挥重要作用;海上丝绸之路主要是指从我国东部沿海港口出发,向西沿海岸线、印支半岛南下,绕过今马来半岛,出马六甲海峡,到孟加拉湾沿岸诸国,到达印度半岛南端和地中海周围的商道。

3. 丝绸之路的价值印象

有学者指出,中国古代丝绸之路的意义在于它使整体的世界史成为可能,使文化跨越了民族的界限,范围更大的新的文化边界取代了以血缘、地缘和原始崇拜为基础的旧的文化边界,民族的规模不断扩大,复合式文化边界成为常态。

## 大单元导学设计
### 历史核心素养:时空观念、史料实证、历史解释、家国情怀

第一阶段:自学研读资料,思考导学问题

导学问题 1:从广义概念来说,丝绸之路包含哪几条重要商道? 请抓住关键空间要素,绘制出各条丝绸之路的路线示意图。(时空观念)

导学问题 2:丝绸之路、茶叶之路、瓷器之路等名称,是从哪一个角度命名的? 草原丝绸之路、沙漠绿洲丝绸之路、西南丝绸之路等名称,又是从哪一个角度命名的? (历史解释)

导学问题 3:如果要展示丝绸之路与人类文明的关系,你会选择哪些主题?

匹配哪些典型史料?(时空观念、史料实证)

第二阶段:小组互助研习,大组交流讨论

讨论问题1:从丝绸之路的总体上看,丝绸之路的兴衰与哪些因素相关?(时空意识、历史解释)

讨论问题2:以"小历史学家"的身份,研读本课第三目"丝绸之路的价值印象",选择不同类型的史料,对文本表达进行具体阐释。(史料实证、家国情怀)

讨论问题3:请以"丝绸之路与人类文明"为主题,设计一份历史小报。(时空意识、家国情怀)

情景分析1:

**材料一:**15世纪末开始,为了寻求海外财富,西欧国家的航海家纷纷扬帆远航,驶向茫茫大海,陆续开辟通往世界各地的新航路。在激烈的贸易竞争和殖民掠夺中,世界市场逐渐形成,开启了全球化征程。

**材料二:**历史上的海上丝绸之路是由东亚直到非洲东海岸之间一系列港口组成的海上贸易网络,从唐后期到宋朝形成高度繁荣态势,促成了贸易交流与地理知识、航海科技的传播。在古代这是中国与南亚、东南亚各国和平友好往来的见证,也反映了中国在历史上的强大时期与周边国家睦邻友好,注重平等的经贸往来,与欧洲的殖民主义做法完全不同。

——《拓展海上丝绸之路复兴海洋文明》(凤凰网2014年9月17日)

请结合所学,概括材料一、二的观点并用史实对该观点进行说明。(史料实证)

情景分析2:"茶"字发音的传播史。

**材料**　茶起源于中国,汉唐时期即开始对外传播。在汉语中"茶"有不同的发音,随着茶叶海外贸易的扩展,"茶"字的不同发音传入亚、非、欧等地。北方和广东地区"茶"字的发音演变为世界上cha的发音系统;厦门方言发音演变为世界上tea的发音系统。明清时期,荷兰、英国主要从厦门进口茶叶。在英国、荷兰语言中本无"茶叶"一词,于是直接借用厦门发音,将"茶"读作tea。

## 二、丝绸之路的源起与秦汉丝绸之路
### 大概念课程整合

1. 先秦:丝绸之路的源起

自古以来,中国就与外部世界有密切的联系。在传世文献中,有许多先秦时期关于中原与西域的记载。比如,战国魏王墓出土的《穆天子传》提到"辛卯,天子北征东还,乃循黑水。癸已,至于群玉之山",据考证,文中的"黑水"是指今天新疆的叶尔羌河,"群玉之山"是指今天的密尔岱山,在新疆叶城县西南。《山海经·西山经》中也有关于密尔岱山的记载,称为"密山"。通过对《穆天子传》及相关资料的研究表明,先秦时期丝绸之路是存在的。关于海上丝路,史学研究表明它萌芽于商周,发展于春秋战国,形成于秦汉,兴于唐宋,转变于明清,是已知最为古老的海上航线。中国海上丝路分为东海航线和南海航线两条线路,其中主要以南海为中心。南海航线,又称南海丝绸之路,起点主要是广州和泉州。先秦时期,岭南先民在南海乃至南太平洋沿岸及其岛屿开辟了以陶瓷为纽带的交易圈。唐代的"广州通海夷道"是中国海上丝绸之路的最早叫法。

从考古角度分析,从商王武丁的王后妇好的墓葬中,发现了来自西域的和田玉;《仓颉篇》是秦汉时期流行最广、影响最大的识字课本,自 20 世纪以来,在今天新疆和田地区的尼雅遗址、甘肃玉门和敦煌等地陆续出土了《仓颉篇》木简,其内容与在安徽阜阳等地出土的汉简《仓颉篇》相似。诸多出土资料都反映出,在汉代丝路凿通之前,中原与西域、中亚等地是存在经济文化联系的。

2. 西汉:张骞开通西域开辟陆上丝绸之路

秦朝是我国统一多民族国家历史的开始。秦朝周边生活着众多民族,如北方的匈奴,西北的羌、氐等。秦朝主要以北逐匈奴、修筑长城来处理北部与西北部的边疆与民族问题。

公元前 2 世纪至公元 2 世纪,在中国北方,匈奴势力强大,不断扩张,侵扰汉帝国北部边郡;大月氏西迁,建立贵霜帝国,势力一度达到印度北部;在欧洲,日耳曼人不断南迁。亚欧北部的草原游牧民族开始大迁徙,这种情况深刻地影响着世界文明进程。

汉帝国进入汉武帝统治后,以积极进取的姿态稳固边疆,一方面制订策略,以军事方式击打匈奴,另一方面为配合与匈奴的战争,派遣张骞开通西域,开辟丝绸之路。这条中西交通道路,大大促进了西域与中原的政治、经济和文化联系,同时,商人将中国生产的丝绸等运往中亚、西亚、欧洲和北非,再把欧洲和中亚等地的奇珍异宝输往中国,有力地推动了古代东西方的交流。中国的丝绸在很长一段历史时期,都是中国物质文明的象征。

为巩固对西域的管理,西汉武帝时期在河西走廊设武威、张掖、酒泉、敦煌四郡,合称"河西四郡",成为中原前往西域的要道。公元前 60 年,西汉政府在乌垒城(今新疆巴州轮台)设西域都护府,作为管理西域的军政机构。向北方大量移民屯田,设田官,督率戍卒屯田,与当地民族共同开发边疆,也是西汉巩固统一多民族封建国家的重要举措。

3. 东汉：班超经营西域与中外交流

汉朝对外已打通了陆海两个通道。西汉末年，土地兼并、社会矛盾尖锐，匈奴重新控制了西域，中断了中原与西域的往来。东汉明帝时，派兵出击匈奴，并派班超出使西域。班超重新打通丝绸之路，重建西域与中原的联系，并且长期留守西域，并经营西域。与此同时，作为西域都护的班超派副使甘英出使大秦，虽然中途受阻，但开辟了通往西亚的路线。

另据《后汉书·西域传》记载："桓帝延熹九年，大秦王安敦遣使自日南徼外献象牙、犀角、瑇瑁，始乃一通焉。"至此，汉帝国与罗马有了直接交流的官方记载。

## 大单元导学设计
### 历史核心素养：时空观念、史料实证、历史解释、家国情怀

第一阶段：自学研读资料，思考导学问题

导学问题1：本课第一目"先秦：丝绸之路的源起"，围绕主题给出哪些史料证据？从史料类型来源角度来讲，你觉得还可以做怎样的补充？（时空观念、史料实证）

导学问题2：如何理解张骞通西域是"开通之旅"？（时空观念、历史解释）

导学问题3：请用示意图呈现两汉时期丝绸之路在沟通西域与中原、西方与汉之间的重要成就。（时空观念）

第二阶段：小组互助研习，大组交流讨论

讨论问题1：围绕公元前2世纪至公元2世纪的亚欧民族迁徙，你如何看待两汉对丝绸之路作出的贡献？（历史解释、家国情怀）

讨论问题2：有人说"丝绸之路是中西交流的大动脉"，请结合两汉的相关史实进行说明。（时空观念、史料实证、家国情怀）

情景问题：南越王赵眜（公元前137年—前122年在位）墓中出土了丰富的考古材料。

请以"考古爱好者"的身份，细致解读史料与结论，选出其中逻辑关系正确的一组，并介绍你的判定过程。

|   | 材料 | 结论 |
|---|---|---|
| A | 出土器物上出现了"少内""乐府""长乐宫"等汉朝使用的官职、机构、建筑名称 | 南越国处于汉中央直接管辖之内 |
| B | 出土的圆雕玉舞人,展示了越族女子身穿汉服跳舞的形象 | 体现了民族文化的交流和交融 |
| C | 出土来自波斯的银盒、非洲大象牙素盒、熏炉和深蓝色玻璃片 | 广州成为当时中外贸易的唯一中心 |
| D | 出土汉代针刻填色的象牙卮,是我国考古首次发现的针刻线画精品 | 汉代的牙雕工艺发展成熟 |

拓展活动:请结合下列材料提示,以小组方式,拟出一份课堂历史剧剧本。(注意勾勒时代背景、抓住人物特质)(时空意识、历史解释、家国情怀)

材料包:

**材料一**　张骞从大将军(卫青),以尝使大夏(注:西域国名),留匈奴中久,导军,知善水草处,军得以无饥渴,因前使绝国功,封骞博望侯。

——(西汉)司马迁《史记·卫将军骠骑列传》

**材料二**　(李)广……将四千骑出右北平(注:北方地名),博望侯张骞将万骑与广俱,异道(注:迷路)。……汉法,博望侯留迟后期(注:作战延误期限),当死,赎为庶人。

——(西汉)司马迁《史记·李将军列传》

**材料三**　骞为人强力(注:坚强有力量),宽大信人,蛮夷爱之。……张骞凿空(注:开通道路),其后使往者皆称博望侯,以为质(注:取信)于外国,外国由此信之。

——(西汉)司马迁《史记·大宛列传》

**材料四**　张骞言大宛之天马汗血……乃大兴师伐宛,历数期而后克之。夫万里而攻人之国,兵未战而物故(注:死亡)过半,虽破宛得宝马,非计也。当此之时,将卒方赤面而事四夷(注:与四面八方的敌人作战),师旅相望,郡国并发,黎人困苦。

——(西汉)《盐铁论》

**材料五**　剑舞轻离别,歌酣忘苦辛。从来思博望,许国不谋身。

——(唐)张说《将赴朔方军应制》(节选)

**材料六**　从来奇物产天涯,安得移根植帝家。犹胜张骞为汉使,辛勤西域徙榴花。

——(宋)欧阳修《千叶红梨花》(节选)

材料七　博望通西域之役,其功在汉种者有三:(一)杀匈奴猾夏之势:……张博望首倡通月氏结乌孙之议,卒以断匈奴右臂……及孝武末世,遂至匈奴远遁……自今以往,如有能继博望之精神以对于外种者乎,则世界之历史,安见为阿利安种人(注:白人)所专有也!(二)开欧亚交通之机:……盖中国希腊两文明种之相接近实起于是,是黄种人与阿利安种交通之起源也。……而沟而通之者,实始博望,博望实世界史开幕一大伟人也。(三)完中国一统之业:……遂开滇池,达交趾,卒使数千年为国屏藩。虽其事不专成于博望,而创始之功,实博望尸(注:掌握)之。

——梁启超《张博望班定远合传》,1902 年

## 三、隋唐时期的陆上丝绸之路全盛
### 大概念课程整合

1. 魏晋:分裂之局与大交融

3—6 世纪,亚欧游牧部落开始了新一轮的大迁徙。在中国,东汉末年,匈奴、鲜卑等少数民族开始内附,并逐步越过长城,进入中原;在欧洲,日耳曼人各支利用罗马衰落的机会,陆续进入罗马帝国并建立国家,并最终灭亡了西罗马帝国。

西晋时期,内迁的少数民族主要有匈奴、鲜卑、羯、氐、羌等。晋武帝时期,西晋王室发生诸王争夺中央权力的八王之乱,内迁少数民族卷入其中,并逐渐主导局势。中国历史进入三国两晋南北朝的分裂时期。在长期混战与交往中,原有民族布局被打乱,各族之间频繁接触,差异慢慢缩小,加上各族统治者的改革推动,为新一轮的大一统打下了基础。

依托丝绸之路的对外交流方面,陆续有中亚、天竺的高僧来华,将大批佛经译成汉文,一些中国名僧也西行取经,如东晋的法显从长安出发,经西域到天竺,收集了大批梵文经典。东汉传入的佛教逐渐中国化,对中国人的宗教信仰、哲学观点、逻辑思维、语言词汇、文学艺术、礼仪习俗等都产生了深刻影响。丝绸之路沿线保存下来的敦煌莫高窟,融会东西方艺术风格,是人类文化史上的瑰宝。

2. 隋唐:丝绸之路兴盛气象

隋唐时期,由于政治统一、经济繁荣、文化昌盛、交通发达、政策开放等,对外关系空前发展,经济文化交流活跃,中原与西域的商路畅通。隋炀帝命裴矩驻张掖,掌管通商事务。突厥、吐谷浑、党项等周边民族先后归附。隋朝的常骏从南海郡(治所在今广州)出航,沿着海上丝绸之路,到达赤土国(约今马来半岛南部)。朝鲜、日本也多次派出遣隋使。

　　唐朝时期海上和陆上丝绸之路并举,陆上丝绸之路达到全盛。唐政府加强对西域的管理,先后设置安西都护府、北庭都护府等边疆管理机构以统辖天山南北,有力地沟通了边疆与中原,促成了前所未有的民族大交融局面,草原各族共同尊奉唐太宗为"天可汗"。

　　与西域商路通畅,与大食国的接触,使包括造纸术在内的中国技术传到了阿拉伯地区。同时,唐朝积极吸纳世界文明成果,其中玄奘西行天竺取经,成为公认的佛学大师;继佛教之后,祆教、摩尼教、犹太教、伊斯兰教和基督教陆续传到中国;中亚和西亚的杂技、魔术、音乐、舞蹈在汉唐时期广受欢迎。

　　总体上来看,唐朝对外交往呈现出独有的特点:(1)范围更加广泛,且有连续性。(2)领域全面,同亚洲国家的交往最为密切,唐朝是亚洲文化中心。(3)对外交往的形式多种多样,有使节往来、留学生、技术交流、贸易交流、宗教往来、艺术交流等多种形式。(4)唐朝频繁的对外交往影响巨大,促进了东亚、亚洲乃至世界文明的进步,形成了中华文化圈,是当时世界上的文明中心,影响具有双向性。

## 大单元导学设计
### 历史核心素养:时空观念、史料实证、历史解释

　　第一阶段:自学研读资料,思考导学问题

　　导学问题1:魏晋时期丝绸之路的兴衰,受到哪些因素的共同作用?(时空意识)

　　导学问题2:请结合所学,说出隋唐时期陆上丝绸之路走上全盛的原因?(历史解释)

　　导学问题3:请用简明的示意图,绘制出隋唐时期沿丝绸之路的重要民族与国家,并举出关联的重要交流史实。(时空观念、史料实证)

　　第二阶段:小组互助研习,大组交流讨论

　　讨论问题1:请结合所学,从民族交融和中外交流角度,说明"隋唐时期陆上丝绸之路走向全盛"。(史料实证、历史解释)

　　讨论问题2:如果要拍摄一部关于"丝绸之路与隋唐盛世"的历史短剧,你会选用哪些镜头?理由是什么?(时空意识、历史解释)

　　情景分析1:

　　史载,汉武帝曾遣使前往今埃及的亚历山大城;唐朝杜环是第一个到非洲并写下《经行记》的中国人;元朝汪大渊到过今摩洛哥和东非沿海地区,撰写了《岛夷志略》;明朝郑和曾到达非洲东海岸和红海海口,促进了中外经济、文化交流。

这些记载表明(　　　)。(时空意识、史料实证)

  A. 非洲具有悠久的历史文化  B. 古代中国文明促进了非洲发展

  C. 中非交往的历史源远流长  D. 中国历代王朝都重视中非交流

情景体验:参考公元669年朝代疆域和边疆各族分布简图(图略)

  (1) 管理机构的名称是_____。(时空意识)

  (2) 假如你是唐朝政事堂官员,为边疆治理,需要设置边疆管理机构,那么,你会在图中哪些地区设置机构,请标记出来并说明设置的原因。(时空意识、史料实证)

情景分析2:

  **材料** 第二次物种交流提速发生在7~8世纪。此时的中国正值隋唐时期,大一统帝国形成,唐政府击破突厥,控制西域诸国,设"安西四镇",稳定了西域和中亚的统治秩序,恢复对交通路线的管理。古老的丝绸之路再度繁荣起来,甚至超越了汉朝。来往于丝绸之路上的人不仅有商人和官兵,而且寻求信仰理念和文化交流的人也逐渐多了起来。安史之乱后,随着经济重心的南移,相对稳定的南方对外交往和贸易作用增强,带动南方丝绸之路和海洋丝绸之路的繁荣。

      ——摘编自赵阳阳《略论古代丝绸之路中西动植物物种的交流》

问题:材料反映了什么历史现象? 你如何看待这一历史现象?

## 四、宋元时期的民族融合与海上丝绸之路的全盛
### 大概念课程整合

  1. 辽宋夏金:并立对峙与海上丝绸之路的全盛

  两宋时期,与辽、夏、金等民族政权长期并立,陆上丝绸之路受阻,但是即使在局部政权割据争战状态下,各民族间的交往交流交融也从没有中断。辽、西夏、金、大理等政权都吸收了中原王朝的政治制度、治理经验和文化典章。沿着民族边界线,宋、辽、夏、金建立起榷场,互通有无,持续推动民族交融。

  两宋时期,经济重心南移,加上造船业发达、磁罗盘的使用,海上丝绸之路呈现出全盛。不仅恢复唐朝由广州出发经越南到阿拉伯的旧路,又开辟由明州到日本、朝鲜的航路。泉州成为重要的对外贸易港。

  2. 元:再一统与海陆并举

  元朝结束了唐末五代以来辽宋西夏吐蕃、大理等政权长期并存和对峙的局面,完成了全国统一。元朝作为蒙古帝国名义上的宗主国,疆域辽阔,对边疆实施了长时间和比较稳定的统治,这是前代大一统王朝没有做到的。

在疆域内,对内将行省制和因俗而治的特殊地方治理相结合,中原稳定;在对外交流方面,草原丝绸之路、陆上丝绸之路、西南丝绸之路与帝国内发达的驿路交通网相连接,有效促进了中西经济文化交流互鉴,典型实例就是意大利旅行家马可·波罗约于 1275 年由陆路来华,留居 17 年,后经海路返回,通过口述著成《马可·波罗行纪》,展示了一个富裕神奇的东方世界,对后来的欧洲航海探险产生了很大影响;同一时期,居住在大都的畏兀儿人列班·扫马沿着丝路,经耶路撒冷到欧洲访问。

蒙古西征,主要沿着草原丝绸之路西进,引发了较大规模的民族迁徙。由东向西迁徙的移民主要是西征的蒙古军队,14 世纪后,他们逐渐与当地居民融合。来自中亚和西亚的波斯人、阿拉伯人等,大批由西向东,移居中国地区,同汉、蒙古等民族长期相处、不断通婚……在元朝统一多民族封建国家内,民族交流交融持续发展。

元朝时期,陆上和海上丝绸之路并举。元朝的杭州,被外国旅行家称为"世界最富丽名贵之城"。

3. 宋元时期的丝路繁荣

宋元时期,海外贸易非常繁荣,外贸税收成为宋元两朝国库的重要财税。大型远洋航船转载丝织品、瓷器、纸张和茶叶等,远销亚非许多国家和地区,输入中国的商品以香料、珠宝等为主,主要外贸港口有广州、泉州、明州等。在东南沿海一带设置市舶司,管理对外贸易。宋元时期,造船工艺和航海技术有了重大进步,人们能够制造排水量很大、可承载数百人的巨舟,使用先进的帆索和磁罗盘,海船载重量、抗沉性明显提高,磁罗盘、实用航海图和天文定位技术广泛应用,能够使海船持续航行。官方使节和私人商贾出洋航海十分频繁,同东南亚、南亚、西亚和东非地区建立广泛的联系。海上贸易兴盛,商船从东南沿海各港口出发,近达南洋各地,远达波斯湾、阿拉伯海和红海沿岸地区。广州、明州、泉州成为主要外贸港口和海上丝绸之路的重要交易枢纽。

## 大单元导学设计
### 历史核心素养:时空观念、史料实证、历史解释

第一阶段:自学研读资料,思考导学问题

导学问题 1:两宋时期民族关系如何? 它与丝绸之路的兴衰有何联系? (时空观念、史料实证)

导学问题 2:两宋时期海上丝绸之路的主要商品有哪些? 政府采取了哪些

管理举措？（时空观念、史料实证）

导学问题3：元朝在推动丝绸之路发展上，有何政治、地理便利？其效果如何？（时空意识）

第二阶段：小组互助研习，大组交流讨论

讨论问题1：如果以"海上丝绸之路的全盛"为研究主题，你的主要研究步骤是什么？会选用哪些典型史实？在史料类型的选用上又作何考虑？请小组讨论后进行交流。（史料实证）

讨论问题2：结合古代丝绸之路地图（从汉朝到宋元）和所学，归纳古代丝绸之路的特点。（时空特点、史料实证）

情景分析1：

**材料** 宋朝时期，我国与日本的海上贸易，是海上丝绸之路的重要组成。宋日海上贸易交易的物品种类繁多，中国出口日本的主要有丝绸、铜钱、书籍、药材等。宋朝商船频繁往返于中日两国间，将搭乘船只的中国商人、僧侣、工匠、医者等送入日本，更有部分人士选择定居日本，为日本的社会文化发展作出了不可磨灭的贡献。平安时代的权臣平清盛掌权时期，采取积极的对外政策，亲自会见宋商，整饬濑户内海航路，使宋日贸易中心由博多移至京都，而宋日贸易也成为其内政外交的基石。

——摘编自邵艳平《宋日贸易与海上丝绸之路》

组内讨论，交流说明：从材料中，你看到了哪些历史信息？它与丝绸之路有何关联？对中日两国的影响有哪些？（时空意识、历史解释）

情景分析2：历史看点——我国现存最早的外贸法

1293年，元世祖忽必烈在总结以往海外贸易管理经验的基础上，参考宋朝《市舶条法》，制定颁布了《市舶则法》二十二条。这部法规主要是对市舶司的职责范围、舶商出海手续、检查办法、抽分抽税比例、禁止出口的货物种类、外船、外商来元的处置办法等做了详细的明文规定。至元《市舶则法》作为我国现存最早的古代海外贸易管理方面系统化的规章制度，在政府加强对海外贸易控制、增加财政收入上发挥了现代外贸法的作用。

组内讨论，交流说明：根据材料说明，至元《市舶则法》涉及哪些内容？反映

哪些历史信息？如果要研究"丝绸之路的变迁"，你如何看待它的史料价值？（史料实证）

情景体验：

假如你是一位宋朝的市舶司官员，你如何向今天的中学生介绍你的一天工作？（提示：如工作城市、交往的主要人群、接触的主要物品等）（时空意识、历史解释）

## 五、明清时期的传统丝路与近代太平洋丝绸之路的兴起
### 大概念课程整合

1. 明朝：朝贡体制与海禁

明朝在对外关系上致力于维护朝贡体制和朝贡贸易体系，朝廷对朝贡国家、路线、港口、船只数目、贡品种类均有严格规定。郑和先后 7 次率领船队出海，访问亚非 30 多个国家和地区，到达东南亚、印度、波斯湾、阿拉伯半岛、红海和东非沿岸。世界历史上规模空前的远洋航行，在资金、装备、技术等方面大大领先于半个多世纪后的欧洲远洋航海家的航行，达到了古代海上丝绸之路交通的巅峰，扩大并加深了中华文化的影响。但是，其动机在于"耀兵异域，示中国富强"，政治意义远大于经济意义，厚往薄来是其贸易特征，因此给明朝带来较大的财政负担，以至于后来难以为继。

从民间贸易角度来看，明朝前期，出于对日本实行经济封锁的目的，严厉禁止海外贸易，导致走私不断，乃至引发深重的东南海疆倭患。明廷派戚继光在浙江台州九战九捷并与俞大猷在福建、广州合作重创倭寇后，朝廷放松对私人海外贸易的限制。

明朝中后期开禁之后，对外贸易一度非常繁荣，以福建漳州为代表的对外贸易港口城市再度兴起。明末，早期耶稣会士东来，出现了早期西学东渐，同时也伴生了殖民者东来的危机。

2. 清朝：闭关锁国

康乾盛世彰显了农业帝国的辉煌，康乾盛世后期，英国为首的西方列强在东南沿海频繁活动，要求扩大对华贸易，开拓中国市场。清初康熙皇帝指定广州、泉州、漳州和云台山四处为对外通商口岸，到乾隆皇帝时期，清政府拒绝了英国马嘎尔尼使团扩大对华贸易的请求，对外闭关锁国，仅保留广州一口，规定有官府特许的"十三行"商人代为管理对外贸易事务。外商在广州的活动及其与中国商民的交往，都受到严格约束。民间船只出海贸易，更在严禁之列。

### 3. 太平洋丝绸之路:换了主角

15世纪以来,西欧在资本主义原始积累驱动下,进行了规模空前的远洋探险,其远洋航海蒸蒸日上。伴随着全球航路的开辟,殖民者东来,葡萄牙人获得了澳门的租住权,西班牙占据菲律宾的马尼拉,同时荷兰和西班牙分别占据了台湾岛的南部和北部,后西班牙被荷兰击败而退出台湾。殖民者东来,葡萄牙、西班牙建立商站,控制商路,积极拓展世界市场。

葡萄牙人入居澳门后,很快形成以澳门为主要中转站的海上贸易网络,贸易路线跨越大西洋、印度洋和太平洋。葡萄牙商人把中国的生丝、瓷器等经澳门运往印度果阿,再转运到欧洲进行贸易,获得大量白银。西班牙经营的跨太平洋贸易,主要在其两大殖民地菲律宾和墨西哥之间进行。"马尼拉大帆船"运载大量中国生丝、丝绸、棉布和瓷器等产品到墨西哥交换白银,再将这些白银运回马尼拉。在葡萄牙、西班牙的跨洋贸易中,大量白银通过贸易活动流入中国,由此,一个围绕白银输入中国的"丝银贸易网络"逐渐形成,但主导者是西欧。

在世界历史由古代转向近代的关键转折时期,明清对外交往由开放到闭关自守,最终错失文明转型发展的窗口期,国家命运也由此不断下坠。

## 大单元导学设计
### 历史核心素养:时空观念、史料实证、历史解释、家国情怀

第一阶段:自学研读资料,思考导学问题

导学问题1:朝贡体制的主要特点是什么? 其典型史实是什么?(史料实证)

导学问题2:明清对外交流面临怎样的新形势? 其结局是什么?(时空观念、史料实证)

导学问题3:请从动机与效果的角度,说明郑和下西洋的意义(时空观念、史料实证)

第二阶段:小组互助研习,大组交流讨论

讨论问题1:秉笔写春秋,是对文明的一种尊重。作为一名学历史的中学生,你觉得应该从怎样的视角,选用哪些典型的史实来书写明代的对外政策?(时空意识、史料实证、家国情怀)

讨论问题2:新航路开辟后,形成了围绕中国太平洋丝—银贸易网络,明朝一时有"白银帝国"的称号。你如何看待这一现象?(历史解释)

情景分析:以小组合作的方式,提炼材料中的内容,并以"帝国余晖"为主题进行解释。(时空意识、历史解释)

| 耕地面积 | 明初 8.5 亿亩;清中期 10 亿亩 |
|---|---|
| 人口数量 | 明初 6600 余万人;清道光二十年(1840 年)增至 4.1 亿人 |
| 国内生产总值 | 在世界总值中所占比重的年增长率远高于欧洲 |
| 城市状况 | 全世界 50 万以上人口的城市里有 10 个,中国占 6 个 |
| 白银拥有量 | 200 余年间世界白银产量的一半流入中国 |

——清朝经济状况统计表(选自《教学设计与指导》)

拓展问题:韩毓海在《五百年来谁著史》一书中指出:"当代美国历史学家彭慕兰,他把公元 1350—1850 之间的 500 年称为'漫长的 16 世纪',是'世界经济'向'现代资本主义世界体系'转化的过程,亚洲(中国)由'世界经济'的火车头和'创生者',逐步走向衰落的过程。"你如何认识这一现象?

## 情景化考核评价

情景考核题 1:中国古代中央王朝一直重视对边远地区的管辖,以下机构在历史上出现的先后顺序是(　　)。(考核:时空意识)

①河西四郡②伊犁将军③安西都护府④澎湖巡检司

A. ①②③④　　　　　　　　B. ①③④②

C. ②④③①　　　　　　　　D. ④③①②

情景考核题 2:历史学家王国维在《读史》一诗中写道:"南海商船来大食,西京袄寺建波斯。远人尽有如归乐,知是唐家全盛时。"对这首诗解说正确的是(　　)。(考核:时空意识)

A."大食"指波斯国　　　　　　B. "西京"指唐都洛阳

C. "远人"指遣唐使　　　　　　D. "全盛"指开元盛世

情景考核题 3:13 世纪以后,中国东南沿海及东南亚地区的部分民众,经由阿拉伯人、波斯人的媒介,逐渐接受了伊斯兰教,其主要方式是(　　)。(考核:时空意识、史料实证)

A. 透过贸易接触　　　　　　B. 迫于军事征服

C. 慑于外交压力　　　　　　D. 利用物质引诱

情景考核题 4:"旧设南北两会同馆,接待番夷使客。遇有各处贡夷到京,主客司员外主郎,事轮赴会同馆,点视方物,讥防出入。"从《大明会典》的这则记载可以窥见明朝的(　　)。(考核:时空意识、史料实证)

A. 开放外交　　　　　　　　B. 朝贡贸易

C. 特务制度　　　　　　　　　D. 文化专制

情景考核题 5：《明实录》载：正德十二年（1517 年）"佛郎机国差使臣加必丹末等贡方物请封，并给勘合……广东镇抚使……乃留其使者以请。"这里的"佛郎机国"应是（　　）。（考核：时空意识、史料实证）

A. 葡萄牙　　　　　　　　　　B. 英国

C. 美国　　　　　　　　　　　D. 俄罗斯

情景考核题 6：古丝绸之路见证了陆上"使者相望于道，商旅不绝于途"的盛况，也见证了海上"船交海中，不知其数"的繁华。在这条大动脉上，资金、技术、人员等生产要素自由流动，商品、资源、成果等实现共享……罗马、安息等古国欣欣向荣，中国汉唐迎来盛世。这说明（　　）。（考核：时空意识、史料实证）

A. 亚非拉文明具有共同特征

B. 交通是文明传播的必然前提

C. 文明交融能促进社会发展

D. 商品贸易促进了社会的转型

情景考核题 7：

**材料一**　随着丝绸之路研究的深入，史学界提出了许多新的观点，如下表所示。

| | 观点内容 |
|---|---|
| 学者 1 | 丝绸之路不止一条，依据地理位置及其路线，可分为西北陆上"丝绸之路"、西南陆上"丝绸之路"、海上"丝绸之路" |
| 学者 2 | 丝绸之路上商品流通的参与者有汉人、波斯人、突厥人、大食人、鲜卑人等。除了以经商为主的商人，参与丝绸之路商品流通的还有僧侣，他们绝大多数并不以获利为目标，而是以宗教传播为己任 |
| 学者 3 | 三条丝绸之路本身就是由中国独特的自然地理环境造成的，当然也与人文地理环境有关。海上丝路取代陆路，正是这种环境发展的必然结果 |
| 学者 4 | 丝绸之路中的"丝绸"一词，已不再是中外商业史上交流的商品"丝绸"的表述，而是一个文化象征符号。所以丝绸之路是沟通中国与域外交流的一个"交通网络"，包括商业、文化和民族迁徙交融等三大功能 |

——摘编自耿昇《丝绸之路研究在中国》

（1）依据材料一指出任意两位学者的观点，概括史学界"丝绸之路"研究的主要特点。（考核：史料实证）

**材料二**　利玛窦(左)与徐光启(右)儒服画像

> 利玛窦简介:
> 1583 年,进入中国传教。
> 1601 年,利玛窦绘制《坤舆万国全图》到京师献图,深受明神宗喜爱。
> 1607 年,与徐光启合译《几何原本》并正式出版。
> 同时他还把《四书》翻译成拉丁文,并在书信、回忆录中记叙了在华经历和对中国的印象。

**材料三**　大西洋陪臣利玛窦谨奏……臣本国极远……遂闻天朝声教文物……用是离本国,航海而来……缘音译未通,有同喑哑,僦居学习语言文字,淹留肇庆韶州二府十五年,颇知中国古先圣人之学,于凡经籍亦略诵记……伏念堂堂天朝,方且招徕四夷,遂奋志径趋阙廷……

——1601 年利玛窦给明神宗的上疏

(2) 材料二、三是否足以证明"利玛窦推崇中华文化"这一观点? 简要说明理由。(至少两点依据)(考核:史料实证、历史解释)

情景考核题 8:

**材料一**　2000 多年前,亚欧大陆上勤劳勇敢的人民,探索出多条连接亚欧非几大文明的贸易和人文交流通路,后人将其统称为"丝绸之路"……是促进沿线各国繁荣发展的重要纽带,是东西方交流合作的象征。

——新华社《推动共建丝绸之路经济带和 21 世纪海上丝绸之路的愿景与行动》

**材料二**

| 时间 | 广州贸易 |
| --- | --- |
| 秦汉魏晋南北朝 | 与东南亚诸国贸易频繁,成为一个造船、军事和外贸基地 |
| 唐朝 | 设市舶使,掌管对外贸易,开创了历史上长达千余年的市舶制度,开辟了"广州通海夷道"(从广州到大食国)的贸易航线 |
| 宋朝 | 1080 年,正式修订了世界历史上第一部贸易法规"广州市舶条法"。广州发展为"海上丝绸之路"第一大港和世界东方大港 |

（续表）

| 时间 | 广州贸易 |
|------|---------|
| 元朝 | 广州受到挑战,但仍不失为"蕃舶凑集之所宝货丛聚"的重要贸易港口 |
| 明朝后期 | 废除"海禁"政策,广州市场和世界市场进一步紧密联系 |
| 清朝 | 1757年,实行广州一口通商,直到1840年鸦片战争前,广州一直是"朝贡贸易"与市舶贸易最重要的口岸 |

——整理自百度百科

**材料三**　"一带一路"（"丝绸之路经济带"和"21世纪海上丝绸之路"）,这条世界上跨度最长的经济大走廊,发端于中国,贯通中亚、东南亚、南亚、西亚及欧洲部分区域。东牵亚太经济圈,西系欧洲经济圈。中国与沿线各国在交通基础设施、贸易与投资、能源合作、区域一体化、人民币国际化等领域,必将迎来一个共建共享的新时代。

你如何看待在历史变迁中,广州贸易的兴衰轨迹?（考核:时空意识、历史解释、家国情怀）

# 科学教育大概念课程设计(化学学科)

金童　朱迪①

## 结构决定性质,性质决定用途

——原子结构与元素周期律的应用

**(化学/适合高中/20课时)**

对接课程:高中化学课标必修1。

1. 认识原子结构、元素性质与元素在元素周期表中的位置关系。2. 知道元素、核素的含义,了解原子核外电子排布。3. 结合有关数据和实验事实认识原子结构、元素性质呈周期性变化的规律。4. 体会元素周期律(表)在学习元素化合物知识与科学研究中的重要作用。

选择性必修2。

1. 了解和核外电子运动模型有关的历史发展过程,认识核外电子的运动特

①　上海市青浦区第一中学化学教研组。

点。2. 知道原子核外电子的能级高低顺序,了解原子核外电子排布的构造原理,认识原子中核外电子的排布遵循能量最低原则、泡利不相容原理和洪特规则等。3. 认识元素的原子半径、第一电离能、电负性等元素性质的周期性变化,知道原子核外电子排布呈现周期性变化是导致元素性质周期性变化的原因。

## 一、整合主题

不管认识宏观物体的结构还是性质,都离不开研究物质微观结构。从微观视角研究物质,需要认识构成物质的微粒本身的性质和种类、微粒构成物质的方式还有微粒之间的相互作用。随着化学学科的发展,作为化学研究对象的"物质构成的微粒"的内涵越来越丰富,形式也越来越多样。原子结构理论的建立,为研究原子的结构、元素性质建立了重要的理论基础。本课程通过对原子的认知过程、核外电子运动模型的发展历程、核外电子排布规律及元素周期律的学习,把原子结构与元素性质这一主题进行整合,使学生感悟人类认识物质的过程,感悟科学精神和社会责任,培养化学学科核心素养。

## 二、整合思路

将"结构决定性质,性质决定用途"作为整个课程的核心大概念,首先认识原子结构,原子核外电子的运动状态和排布规律;其次认识元素的原子半径、第一电离能、电负性等元素性质的周期性变化;最后知道原子核外电子排布呈周期性变化是导致元素性质周期性变化的原因;建构"结构决定性质,性质决定用途"这个化学学科大概念,培养学生宏观辨识与微观探析的学科核心素养。

## 三、整合内容

本课程在高中化学必修一和选择性必修二的基础上进行适当补充和系统加深,以原子结构与元素周期律作为一个章节,组成一个关于结构决定性质的大概念课程。大概念课程整合提纲。

一、原子结构

(一) 原子结构的探索历史

1. 古代思想家关于物质构成的观点

2. 道尔顿原子论

3. 19 世纪末的物理学三大发现

4. 葡萄干面包模型

5. 有核模型的建立

(二) 原子的构成与核外电子排布规律

1. 原子的构成

2. 核素

3. 相对原子质量与近似相对原子质量

4. 核外电子排布规律

5. 结构示意图和电子式

（三）从氢原子光谱到现代原子结构模型的建立

1. 氢原子光谱

2. 玻尔原子结构模型

3. 微观粒子特性及其运动规律

4. 现代原子的结构模型

（四）核外电子的运动状态及排布规律

1. 多电子原子核外电子排布规律

2. 核外电子排布的表示方法

二、核外电子排布与元素周期律

（一）核外电子排布与元素周期表的结构

1. 元素周期表的基本结构

2. 元素周期表的分区

3. 元素的对角线规则

（二）元素性质的周期性变化

1. 原子半径

2. 第一电离能

3. 电负性

（三）元素周期律的综合应用

# 一、原子结构
## 大概念课程整合

（一）原子结构的探索历史

1. 古代思想家关于物质构成的观点

古希腊哲学家德谟克利特（Democritus，约公元前 460—前 370）是原子唯物论的创立者之一，他认为物质是由极小的、不可分割的被称为"原子"的微粒构成的。中国战国初期墨家创始人墨子（约公元前

468—前376)认为物质被分割是有条件的，"非半弗斫则不动，说在端"，这种"端"就是不能再被分割的部分。然而，古代思想家没能用任何科学证据去证明这些观点。

2. 道尔顿原子论

19世纪初，英国化学家和物理学家道尔顿（John Dalton，1766—1844）根据实验结果，提出了原子论。其主要内容包括：(1)元素是由不可再分的极小微粒构成的，这种微粒称为原子。原子在一切化学变化中均保持其不可再分性。(2)同一元素的原子在质量和性质上都相同，不同元素的原子在质量和性质上都不同。(3)不同元素化合时，这些元素的原子按简单整数比结合。

3. 19世纪末的物理学三大发现

（1）X射线，又称伦琴射线（1895，伦琴，德国）

威廉·康拉德·伦琴（Wilhelm Conrad Röntgen，1845—1923），出生于德国莱茵州莱耐普城，物理学家，第一届诺贝尔物理学奖获得者。在进行阴极射线（注：阴极射线——气体低压放电时从阴极发射出来，能推动叶轮转动，能在电场或磁场中发生偏转，其行为像是带电的粒子流）的实验时第一次注意到放在射线管附近的氰亚铂酸钡小屏上发出微光。经过几天研究确定了荧光屏的发光是由于射线管中发出的某种射线所致。因为当时对这种射线的本质和属性还了解得很少，所以称为X射线，表示未知的意思。同年12月28日，《维尔茨堡物理学医学学会会刊》发表了他关于这一发现的第一篇论文《一种新的X射线》。X射线其实是一种波长很短的电磁波，波长为0.01～10纳米。

（2）放射性（1896，贝克勒尔，法国）

安东尼·亨利·贝克勒尔（Antoine Henri Becquerel，1852—1908），法国物理学家。1896年初，伦琴发现X射线的消息传到巴黎，一个偶然的机会使他发现了放射性问题。当他把铀盐放近被不透光的纸包封着的照相底片时，发现照相底片被曝光。这种现象对所有试验过的铀盐来说都同样存在，因此他得出结论，这是铀原子的一种特性。后来，贝克勒尔证明，这种射线是由铀放射出来的。这种射线可使气体电离，但它不同于X射线，能被电场或磁场偏转。贝克勒尔因发现天然放射性而和皮埃尔·居里夫妇共同获得1903

年的诺贝尔物理学奖,皮埃尔·居里夫妇获奖的理由是奖励他们对贝克勒尔射线所作的研究。

（3）电子(1897,汤姆孙,英国)

英国物理学家汤姆孙(Thomson,1856—1940)通过阴极射线实验发现原子内有微小而带负电的粒子存在,他称之为电子,电子也是第一种被确认的粒子。

这些发现证明了原子具有复杂的结构,揭开了物理学革命乃至现代科学革命的序幕,继而创立了原子物理学、基本粒子物理学、量子力学、量子化学、核化学、同位素化学、放射化学等许多新学科,构成了整个现代自然科学新的理论支柱。

4.葡萄干面包模型

根据原子是电中性的事实,汤姆孙提出了葡萄干面包模型。他认为原子中的正电荷是均匀地分布在整个原子的球体内,电子则均匀地嵌在其中。该原子模型说明原子是有精细结构的,打破了原子不可再分的论点。

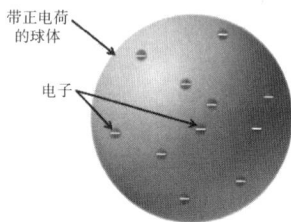

带正电荷
的球体

电子

5.有核模型的建立

1909 年,盖革和马斯登在卢瑟福(Rutherford,1871—1937)的指导下,研究 α 粒子穿透金箔实验。发现绝大多数 α 粒子被金原子散射的偏向角很小,但少数的偏向角很大甚至大于 90 度。这一观察结果跟汤姆孙原子模型是抵触的。

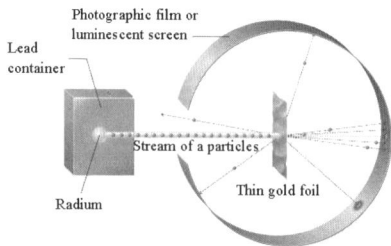

Photographic film or
luminescent screen

Lead
container

Stream of a particles

Radium

Thin gold foil

在实验结果的基础上,卢瑟福提出了原子结构的有核模型:

原子是由体积极微小的、质量很集中的、带正电荷的原子核和在原子核周围空间做高速运动的带负电荷的电子构成的。有核模型的提出,标志着对原子结构的认识进入了新阶段,为以后原子结构的现代模型奠定了基础。

（二）原子的构成与核外电子排布规律

1.原子的构成

按照现代原子结构理论,原子是由位于原子中心的原子核和核外电子构成的。原子很小,原子核更小。原子核是由带正电荷的质子和不带电荷的中子构成的,每个质子带 1 个单位正电荷,所以原子核所带的电荷数等于其核内的质子数。

构成碳原子的微粒及其性质

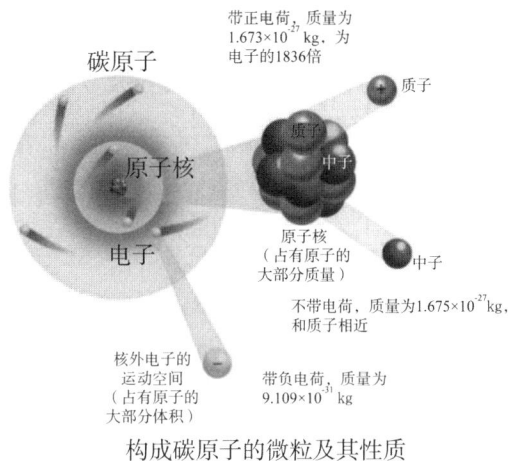

原子整体显电中性，原子核所带正电荷的电量一定等于核外电子所带负电荷的总电量。因此，对一个原子而言：

原子序数＝核电荷数＝质子数＝核外电子数

电子的质量很小，相对于质子、中子的质量而言可以忽略不计，因此原子的质量主要集中在原子核上。原子核中质子数（$Z$）和中子数（$N$）之和称为质量数，用符号 $A$ 表示。

质量数（$A$）＝质子数（$Z$）＋中子数（$N$）

### 2. 核素

我们知道，元素是具有相同核电荷数的原子的总称。也就是说，同种元素原子的质子数相同，那么其中子数是否也相同呢？

科学家发现自然界中有三种不同的氢原子，这三种氢原子都含有 1 个质子，但它们所含的中子数都不相同。

| 原子符号 | 原子名称（俗称） | 原子核 | | 发现年代 |
|---|---|---|---|---|
| | | 质子数 | 中子数 | |
| $^{1}_{1}H$ 或 H | 氕 | 1 | 0 | 1766 年，英国物理学家和化学家卡文迪许（Henry Cavendish，1731—1810）制得氢气 |
| $^{2}_{1}H$ 或 D | 氘（重氢） | 1 | 1 | 1931 年，美国化学家和天体化学家尤里（Harold Clayton Urey，1893—1981）利用光谱检测的方法发现了氘 |

（续表）

| 原子符号 | 原子名称（俗称） | 原子核 | | 发现年代 |
| --- | --- | --- | --- | --- |
| | | 质子数 | 中子数 | |
| $^3_1$H 或 T | 氚（超重氢） | 1 | 2 | 1934 年，卢瑟福等人通过核反应发现人工氚，随后科学家又证实重水中天然氚的存在 |

人们把具有一定数目质子和一定数目中子的一种原子称为核素。质子数相同而中子数不同的同种元素的不同核素互称为同位素。同位素分为稳定同位素和放射性同位素。放射性同位素在工农业生产、科学研究、医学等领域中有着重要的应用。例如，放射性同位素放射出的射线，可用于金属制品缺陷探测、食物保鲜、辐射育种、肿瘤诊断治疗和探究反应机理等方面。同一元素的各种核素虽然质量数不同，但它们的化学性质几乎完全相同。在天然存在的某种元素中，不论是游离态还是化合态，各种核素所占的丰度一般是不变的。

3. 相对原子质量与近似相对原子质量

由于原子的实际质量非常小，如果用"千克"作单位来描述原子的质量，所得的数值极小，会给使用带来不便。在化学中，我们常用相对原子质量进行描述。相对原子质量是指以一个 $^{12}$C 原子质量的 1/12 作为标准，任何一个原子的真实质量与这个标准之间的比值，称为该原子的相对原子质量。例如，一个 $^{12}$C 的质量约为 $1.993 \times 10^{-26}$ kg，一个 $^{16}$O 的质量约为 $2.656 \times 10^{-26}$ kg，则该氧原子的相对原子质量是

$$\frac{2.656 \times 10^{-26} \text{ kg}}{1.993 \times 10^{-26} \text{ kg} \times \dfrac{1}{12}} \approx 15.992$$

元素的相对原子质量，就是它的各种核素的相对原子质量，按各种核素的丰度而取的平均值。元素周期表中列出的就是元素的相对原子质量。

$$\overline{A} = A_1 \cdot a_1\% + A_2 \cdot a_2\% + \cdots + A_n \cdot a_n\%$$

我们可以用核素的质量数替代原子的相对原子质量进行近似计算，所得结果称为元素的近似相对原子质量。

4. 核外电子排布规律

电子带负电荷，质量仅为 $9.109 \times 10^{-31}$ kg，而原子内部大部分是空的，那么电子在原子内"广阔"的空间中是怎样运动的呢？

电子在原子核外空间做高速运动。20 世纪以来，科学家主要运用量子力学等方

法来研究核外电了的运动规律。科学研究表明,通常在离核较近的区域内运动的电子能量较低,在离核较远的区域内运动的电子能量较高。在含有多个电子的原子中,电子在原子核外离核由近及远、能量由低到高的不同电子层上分层排布。通常用 $n$ 来表示电子层。把离核最近、能量最低的电子层称为第一电子层($n=1$),用符号 K 表示;其余由里往外以此类推,分别为第二、第三、第四、第五、第六、第七电子层,依次用符号 L、M、N、O、P、Q 表示。每一层上最多可以容纳的电子数也各不相同。

| 核电荷数 | 元素名称 | 元素符号 | 各电子层的电子数 | | | | 核电荷数 | 元素名称 | 元素符号 | 各电子层的电子数 | | | |
|---|---|---|---|---|---|---|---|---|---|---|---|---|---|
| | | | K | L | M | N | | | | K | L | M | N |
| 1 | 氢 | H | 1 | | | | 11 | 钠 | Na | 2 | 8 | 1 | |
| 2 | 氦 | He | 2 | | | | 12 | 镁 | Mg | 2 | 8 | 2 | |
| 3 | 锂 | Li | 2 | 1 | | | 13 | 铝 | Al | 2 | 8 | 3 | |
| 4 | 铍 | Be | 2 | 2 | | | 14 | 硅 | Si | 2 | 8 | 4 | |
| 5 | 硼 | B | 2 | 3 | | | 15 | 磷 | P | 2 | 8 | 5 | |
| 6 | 碳 | C | 2 | 4 | | | 16 | 硫 | S | 2 | 8 | 6 | |
| 7 | 氮 | N | 2 | 5 | | | 17 | 氯 | Cl | 2 | 8 | 7 | |
| 8 | 氧 | O | 2 | 6 | | | 18 | 氩 | Ar | 2 | 8 | 8 | |
| 9 | 氟 | F | 2 | 7 | | | 19 | 钾 | K | 2 | 8 | 8 | 1 |
| 10 | 氖 | Ne | 2 | 8 | | | 20 | 钙 | Ca | 2 | 8 | 8 | 2 |

多电子原子核外电子的排布主要遵循如下规律:

① 各电子层最多可容纳的电子数为 $2n^2$($n$ 代表电子层数)。例如,K 层($n=1$)最多容纳 $2\times1^2=2$ 个电子,M 层($n=3$)最多容纳 $2\times3^2=18$ 个电子。

② 最外层电子数不超过 8 个(K 层为最外层时则不超过 2 个)。当最外层电子数达到 8(K 层为 2)时,就达到第 18 族(稀有气体元素)的稳定结构。

③ 次外层电子数不超过 18,倒数第三层电子数不超过 32。

许多事实表明,元素的化学性质与原子的最外层电子排布密切相关。例如,金属元素原子最外层电子数较少,在化学反应中容易失去,使次外层变为最外层,达到稳定结构;反之,非金属元素原子最外层电子数比较多,反应时容易得到电子,使最外层达到 8 个电子的稳定结构;稀有气体元素原子最外层已达稳定结构,它们既不易得电子,也不易失电子,所以化学性质稳定。

## 5. 结构示意图和电子式

原子的核外电子排布可以用原子结构示意图简明地表示。

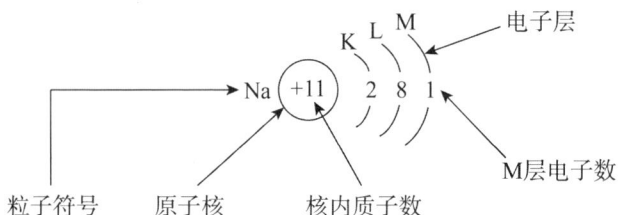

我们常在元素符号周围用小黑点（或×）来表示元素原子最外层上的电子，这种图式称为电子式。

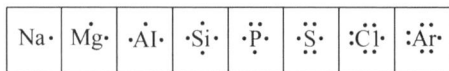

我们知道，离子是原子得到或失去电子后形成的微粒，故也可用结构示意图和电子式来表示：

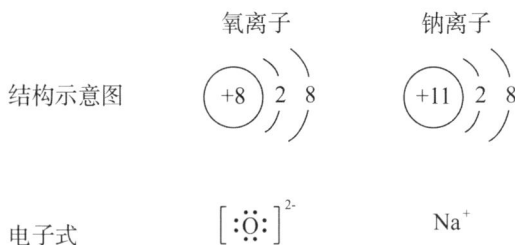

（三）从氢原子光谱到现代原子结构模型的建立

## 1. 氢原子光谱

光谱就是通过棱镜或光栅的分光作用，将一束复色光分解成各种波长的单色光，并按照波长或频率大小顺序排列起来形成的图案。得到的图案如果是一条连续的亮带，就是连续光谱；得到的图案如果是不连续的亮线，就是线光谱。各元素原子的光谱就称为原子光谱。原子光谱是由原子中电子运动状态发生变化时释放或吸收的能量形成的，与原子中电子的能量状态有最直接的关系。

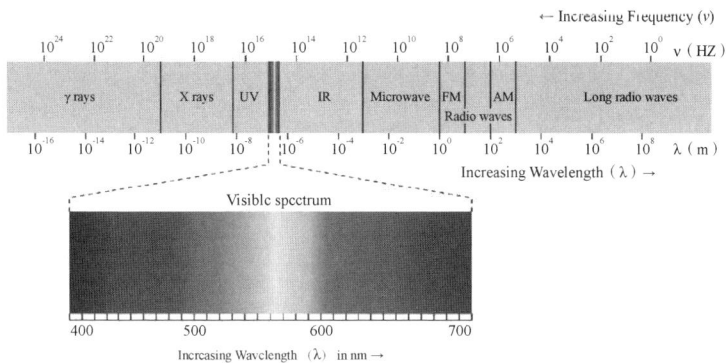

原子是肉眼和一般仪器都看不到的微粒,科学家是根据可观察、可测量的宏观实验事实,经过分析和推理,建立原子结构的模型。如果发现新的实验事实无法得到解释,那么原来提出的原子结构模型就会被修正,甚至被推翻。从道尔顿原子论到原子结构葡萄干面包模型,再进一步发展为原子结构的有核模型,科学家对原子结构模型的探索,经历了一个不断深化和逐渐完善的过程。那么,原子中的电子在核外又是如何运动的呢? 科学家从最简单的、只有一个电子的氢原子入手,来研究原子核外电子的运动规律。

在抽成真空的放电管中充入少量氢气,通过高压放电,可观测到氢原子的发光现象。氢原子光谱在可见光区有 4 条明亮的谱线,它们的波长分别为:410.1 nm、434.1 nm、486.1 nm、656.3 nm。

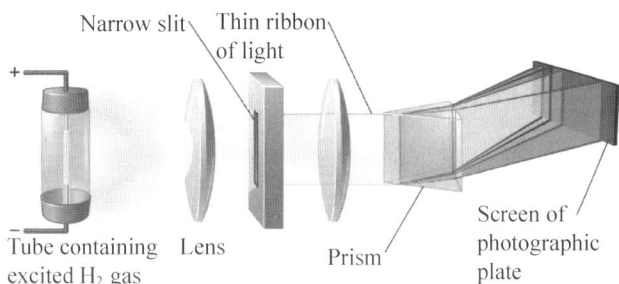

### 2. 玻尔原子结构模型

1913 年,丹麦物理学家玻尔(N.Bohr,1885—1962)在普朗克量子论、爱因斯坦光子学说和卢瑟福原子结构有核模型的基础上,对核外电子的运动做了重要假设,建立了玻尔原子结构模型,并解释了氢原子光谱。玻尔原子结构模型的主要观点如下:(1)原子中的电子只能在某些确定半径的圆周轨道绕原子核运动。电子在这些轨道上绕核运动时既不吸收能量也不辐射能量,这些轨道称为定态轨道。(2)在不同定态轨道上运动的电子具有不同的能量($E$),而且能量是量子化的，即轨道能量是"一份一份"增加或减少的。轨道能量与 $n$ 值有关。$n$ 的取值为正整数 $1$、$2$、$3$、$\cdots$、$\infty$，$n$ 值越小，电子离核越近，能量越低；反之能量就越高。一般把原子能量最低的电子状态称为基态。对氢原子而言，当核外的一个电子处于 $n=1$ 的轨道时能量最低，这个状态称为氢原子的基态；当这个电子跃迁至 $n>1$ 的轨道上运动时，这些状态称为氢原子的激发态。（3）电子在不同能量的两个轨道之间发生跃迁时，才会辐射或吸收能量。如果电子从高能量的轨道跃迁回到低能量轨道时，就会以光的形式释放出能量，光辐射的波长（$\lambda$）与两个轨道的能量差（$\Delta E$）有关。

由于轨道的能量是不连续的，因此不同轨道之间的能量差是不连续的，导致光辐射的波长也是不连续的。氢原子光谱在可见光区中的 $4$ 条谱线，就是由电子分别从 $n=3$、$4$、$5$、$6$ 的轨道跃迁回到 $n=2$ 的轨道时释放的能量所形成的。

3. 微观粒子特性及其运动规律

玻尔原子结构模型不仅成功地解释了氢原子光谱，也能对核外只有一个电子的离子（如 $He^+$、$Li^{2+}$ 等）光谱作出很好的解释，但不能解释多电子原子的光谱。科学家研究发现，微观粒子既有波动性又有粒子性，它的运动速度和空间位置无法同时准确测量，描述宏观物体运动的经典力学方法不适用于描述微观粒子的运动。

（1）微观粒子具有波粒二象性

在光的波粒二象性的启发下，法国年轻物理学家德布罗依（Louis-Victor de Broglie，1892—1987）提出一种假想："过去对光过分强调波动性而忽视它的粒子性；现在对电子是否存在另一种倾向，即过分强调它的粒子性而忽视它的波动性。"1924 年，他在博士学位论文中大胆提出了电子等实物微粒也具有波粒二象性。他认为，正像波能伴随光子一样，波也能以某种方式伴随具有一定能量和一定动量的电子等微观粒子，并提出著名的 de Broglie 关系式，预言了电子的波长。

1927 年，英国科学家利用多晶电子衍射证实电子具有波动性。

资料库：任何运动的物体都有波动性。

| 物体粒子 | 质量 $m/\text{kg}$ | 速度 $v/(\text{m} \cdot \text{s}^{-1})$ | 波长 $\lambda/\text{pm}$ |
| --- | --- | --- | --- |
| 1 V 电子 | $9.1 \times 10^{-31}$ | $5.9 \times 10^5$ | 1200 |
| 100 V 电子 | $9.1 \times 10^{-31}$ | $5.9 \times 10^6$ | 120 |
| 1000 V 电子 | $9.1 \times 10^{-31}$ | $1.9 \times 10^7$ | 37 |

（续表）

| 物体粒子 | 质量 $m$/kg | 速度 $v$/(m·s$^{-1}$) | 波长 $\lambda$/pm |
|---|---|---|---|
| 10000 V 电子 | $9.1\times10^{-31}$ | $5.9\times10^{7}$ | 12 |
| He 原子（300K） | $6.6\times10^{-27}$ | $1.4\times10^{3}$ | 72 |
| Xe 原子（300K） | $2.3\times10^{-25}$ | $2.4\times10^{2}$ | 12 |
| 垒球 | $2.0\times10^{-1}$ | 30 | $1.1\times10^{-22}$ |
| 枪弹 | $1.0\times10^{-2}$ | $1.0\times10^{3}$ | $6.6\times10^{-23}$ |

宏观物体的波长极短以致无法测量，所以难以察觉，主要表现为粒子性，服从经典力学的运动规律。

（2）海森堡测不准原理

对于宏观物体而言，可根据经典力学用准确的位置和动量（或速度）来描述其运动的状态，即位置和动量（或速度）可以同时准确地测量。对于微观粒子（如电子）来说，考虑如何用实验测量其位置 $x$ 和动量 $P$（或速度 $v$）。

设想用某种光学显微镜来做此实验，此时涉及光子与电子的相互作用问题。如果用可见光来观测（如波长为 500 nm），大大超过电子的尺寸，发生衍射现象，无法成像。

实际上，用光测量物体位置的精确度（$\Delta x$）不能超过光的波长。因此必须设法使用波长更短的光。而根据 $P=h/\lambda$，此时光子的动量非常高。由此光子与电子相撞时会将动量传递给电子，引起电子动量变化（$\Delta P$）很大。显然，这是一个矛盾，意味着不可能同时而又准确地测量电子的位置和动量。

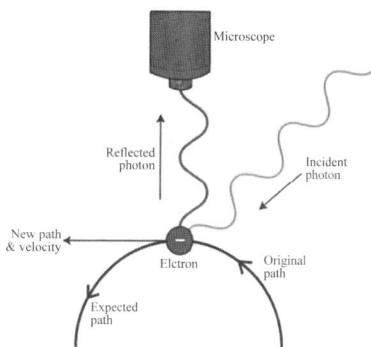

1927 年，海森堡从测量的角度出发，提出了著名的测不准关系：如果已知某一瞬间原子内部电子的空间位置，试问一段时间后电子在哪里。答案只能是"不知道"。因为电子运动的速度不确定性实在太大了。

海森堡测不准原理的重要暗示——不可能存在卢瑟福的有核模型或玻尔模型中行星绕太阳旋转那样的电子轨道。具有波粒二象性的电子，已不再遵守经典力学规律。电子的运动没有确定的轨道，只有一定的空间概率分布；实物微粒波是一种概率波。

20 世纪 20 年代，以海森堡（W. Heisenberg）和薛定谔（E. Schrödinger）为代表的科学家建立了波动力学模型，通过数学方法来处理原子中电子的波动性。该模型是迄今最成功的原子结构模型，不但能预言氢的发射光谱（包括玻尔理论无法解释的谱线），而且也适用于多电子原子，从而更合理地说明核外电子的排布方式。

4. 现代原子的结构模型

自 20 世纪 20 年代起，科学家用原子轨道和电子云模型来描述电子在原子核外空间运动的状态。下面我们来介绍现代原子结构模型中的几个重要概念。

（1）原子轨道

当电子处于不同的运动状态时具有的能量是不同的。通过有关的理论计算，可以得到氢原子核外电子运动的各种状态和相对应的能量。人们沿用了玻尔原子结构模型中"轨道"的概念，把氢原子中电子的一个空间运动状态称为一个原子轨道。需要注意的是，此处轨道的含义与玻尔原子结构模型中轨道的含义完全不同，它既不是圆周轨道，也不是其他经典意义上的固定轨迹。由于描述电子运动状态用的都是一些复杂的函数，所以常用图像的方式在三维空间坐标系中表示出来。电子运动的空间离核的远近是不同的。人们用 $n$ 表示电子层数，$n$ 相同的原子轨道称为一个电子层，$n$ 的取值为正整数 1、2、3、4、5、6、7、…一个电子层也叫一个能层，和 $n=1、2、3、4、5、6、7、…$的电子层相对应的能层符号分别用 K、L、M、N、O、P、Q、…表示。$n=1$ 时，K 层的电子离核最近，电子运动状态的能量最低；$n$ 越大，表示电子离核越远，电子运动状态的能量越高。$n$ 相同的原子轨道，轨道的图像形状可以不同，人们分别用 s、p、d、f、…表示不同形状的原子轨道。例如，s 轨道是呈球形的，p 轨道是呈哑铃形的。不同形状的原子轨道可能有不同的能量，因此同一能层中的原子轨道，还可以分成不同的能级，如 $ns、np、nd、nf$ 等能级。第一能层只有 1s 一个能级，第二能层有 2s、2p 两个能级，第三能层有 3s、3p、3d 三个能级。

s轨道——球形　　　p轨道——哑铃形

d轨道——两种形状

同一能级的原子轨道在三维空间坐标系中还可以有不同的伸展方向。s 轨道只有一种空间取向,所以 $ns$ 只有一个原子轨道。p 轨道分别沿着 $x$ 轴、$y$ 轴、$z$ 轴有三个不同的伸展方向,所以 $np$ 有 $p_x$、$p_y$、$p_z$ 三个原子轨道。d 轨道有五个伸展方向,则 $nd$ 有五个原子轨道。f 轨道有七个伸展方向,则 $nf$ 有七个原子轨道。

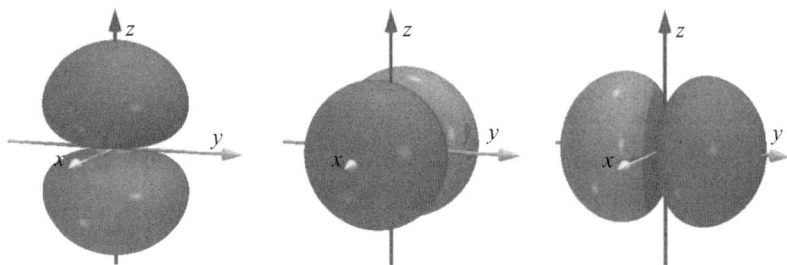

p轨道的空间伸展方向

人们将表示电子层的 $n$ 值和表示原子轨道形状的 s、p、d、f 结合起来表示原子轨道,如 $1s$、$2s$、$2p(2p_x$、$2p_y$、$2p_z)$ 等。此外,原子核外电子还存在一种称为"自旋"的运动状态。处于同一原子轨道的电子有两种不同的自旋状态,通常用向上箭头"↑"和向下箭头"↓"表示。当然,电子"自旋"并非真像地球绕轴自旋一样,它只是表示电子两种不同的自旋状态。

原子中的能级按能量由低到高、由下往上排列的示意图称为原子的能级图,以氢原子的能级图为例:在只有一个电子的氢原子中,原子轨道的能量仅与 $n$ 值有关,因此 $n$ 相同的原子轨道处于同一个能级。

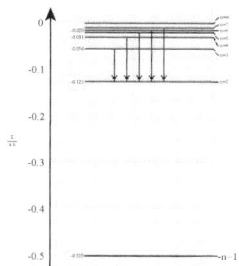

（2）电子云

由于微观粒子的运动特性,人们不能同时准确测量电子运动的速度和位置,于是用统计的方法来了解电子在原子核外空间某处出现的概率大小。为了便于理解,人们常用小黑点的疏密程度来表示电子在原子核外单位体积内出现的概率大小。点密集的地方,表示电子在单位体积内出现的概率大;点稀疏的地方,表示电子在单位体积内出现的概率小。这种对电子在原子核外空间单位体积内出现概率大小的形象化描述称为电子云。$1s$、$2p$ 轨道的电子云,如下图所示。处于 $1s$ 轨道上的电子(也称 $1s$ 电子)在空间出现的概率分布呈球形对称,并且电子在原子核附近单位体积内出现的概率大,离核越远,单位体积内电子出现的概率越小。处于 $2p$ 轨道上的电子在空间单位体积内出现的概率是沿着一个坐标轴($x$ 轴、$y$ 轴或 $z$ 轴)对称分布的。$2p_x$ 最大的电子云密度沿着 $x$ 轴分布,$2p_y$ 最大的电子云密度沿着 $y$ 轴分布,$2p_z$ 最大的电子云密度沿着 $z$ 轴分布。

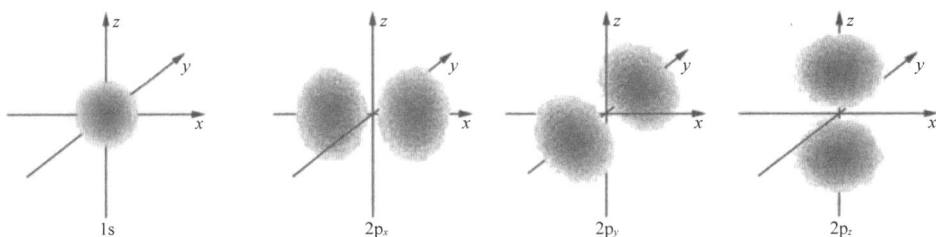

1s和2p轨道电子云空间分布图

（四）核外电子的运动状态及排布规律

除了氢原子外,其他原子都是多电子原子。多电子原子的电子运动状态也是用原子轨道来描述的,但是原子轨道的能量除了与 $n$ 值有关,还与其他因素有关。通过原子光谱和有关理论计算,人们能推测基态原子中的电子都排布在哪些原子轨道上。物质的化学性质与原子的电子结构密切相关。了解多电子原子核外电子的排布,是学习物质化学性质及其变化规律的重要基础。

1. 多电子原子核外电子排布规律

科学研究表明,原子中的电子是按一定的规律排布在各原子轨道上的,那么电子排布时又遵循了哪些规律呢？科学家根据光谱学和磁学研究提供的信息,总结出了基态原子核外电子排布遵循的三条经验规则。

（1）能量最低原理

能量最低原理是指原子核外电子在各原子轨道上的排布方式应使整个原子的能量处于最低的状态。确定原子核外电子填入原子轨道顺序的一个经验方法是构造原理:从氢原子开始,按照原子核内增加一个质子,核外增加一个电子的方式逐个构建原子,那么随着原子序数的增加,每个新增加的核外电子将按照能量由低到高的先后顺序填入各组原子轨道中。根据构造原理,基态原子核外电子排布的能级顺序依次为:1s、2s、2p、3s、3p、4s、3d、4p、5s、4d、5p、6s、…

（2）泡利不相容原理

1925 年,奥地利物理学家泡利(W. Pauli,1900—1958)通过总结大量原子光谱实验事实后指出,每个原子轨道中最多只能容纳 2 个自旋状态不同的电子,这条规则称为泡利不相容原理。泡利不相容原理规定了每个能级可能容纳的最大电子数。例如，$n$s能级只有1个原子轨道，最多能容纳2个电子；$n$p能级有3个原子轨道，最多能容纳6个电子；$n$d能级有5个原子轨道，最多能容纳10个电子；$n$f能级有7个原子轨道，最多能容纳14个电子等。每个原子轨道中的2个电子的自旋状态是不同的。例如：

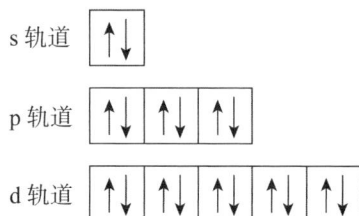

$$s轨道\ \boxed{\uparrow\downarrow}$$

$$p轨道\ \boxed{\uparrow\downarrow}\ \boxed{\uparrow\downarrow}\ \boxed{\uparrow\downarrow}$$

$$d轨道\ \boxed{\uparrow\downarrow}\ \boxed{\uparrow\downarrow}\ \boxed{\uparrow\downarrow}\ \boxed{\uparrow\downarrow}\ \boxed{\uparrow\downarrow}$$

（3）洪特规则

当电子在能量相同的原子轨道上排布时，电子总是优先按自旋状态相同的方式单独地占据各个原子轨道，然后再配对，这样体系能量最低，这就是洪特规则。例如，氮原子2p能级上有3个电子，它们以自旋状态相同的方式排布。此外，洪特规则还指出，当$n$p、$n$d、$n$f能级上电子处于半满（$p^3$、$d^5$、$f^7$）或全满（$p^6$、$d^{10}$、$f^{14}$）状态时，体系能量最低。原子中的电子按照这三条规则在各原子轨道上排布时，原子能量处于最低状态，这种状态称为原子的基态，其他状态则称为原子的激发态。

2. 核外电子排布的表示方法

原子核外电子的排布该怎样来表示？我们以氮原子为例。氮原子的原子序数为7，按照电子排布遵循的三条规则，电子在各原子轨道上的排布为：$1s^2 2s^2 2p^3$。

上式中，写在原子轨道符号右上角的是各能级中的电子数。这样的表示方法称为电子排布式。由于在内层原子轨道上的电子能量较低，在外层原子轨道上的电子能量较高，元素的化学性质主要取决于外层原子轨道上的电子，这些电子称为价电子。

为方便起见，通常我们只需要表示出原子价电子的排布，内层电子的排布可用相应的稀有气体元素符号加方括号来表示。例如，基态氮原子的电子排布式可以表示为：$[He]2s^2 2p^3$。

根据洪特规则，氮原子2p能级上的3个电子应以自旋状态相同的方式排布，但电子排布式无法体现。为了明确表示电子排布在同一能级中各原子轨道时的方式，我们可以用轨道表示式来表示。例如，基态氮原子的轨道表示式为：

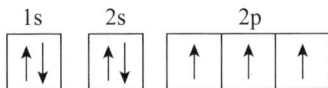

根据前面讨论的原子核外电子排布遵循的三条规则，就能写出各元素基态原子的电子排布式和轨道表示式。例如，第 2 周期元素基态原子的电子排布式和轨道表示式如下表所示。

| 原子序数 | 元素符号 | 电子排布式 | 轨道表示式 |
|---|---|---|---|
| 5 | B | $1s^2 2s^2 2p^1$ 或 $[He]2s^2 2p^1$ |  |
| 6 | C | $1s^2 2s^2 2p^2$ 或 $[He]2s^2 2p^2$ |  |
| 7 | N | $1s^2 2s^2 2p^3$ 或 $[He]2s^2 2p^3$ |  |
| 8 | O | $1s^2 2s^2 2p^4$ 或 $[He]2s^2 2p^4$ |  |
| 9 | F | $1s^2 2s^2 2p^5$ 或 $[He]2s^2 2p^5$ |  |
| 10 | Ne | $1s^2 2s^2 2p^6$ 或 $[He]2s^2 2p^6$ |  |

按照原子核外电子排布的能级顺序，2p 轨道排满以后，电子将依次排入 3s、3p 等轨道，依此类推，便可以给出其余多电子原子的核外电子排布。例如，锰元素的原子序数是 25，原子核外有 25 个电子，其基态原子的电子排布式为：$1s^2 2s^2 2p^6 3s^2 3p^6 3d^5 4s^2$ 或 $[Ar]3d^5 4s^2$。需要注意的是，对 24 号元素铬而言，根据洪特规则，d 轨道上电子排布呈半满状态时能量最低，因此其基态原子的电子排布式为：$[Ar]3d^5 4s^1$。大多数元素基态原子核外电子的排布遵循前述三条规则。但是，第 5、6、7 周期有部分元素基态原子核外电子的排布并不完全符合这些规则。因此，原子核外电子的排布要以实验测定结果为准。

## 大单元导学设计

高中化学核心素养："宏观辨识与微观探析""变化观念与平衡思想""证据推

理与模型认知""科学探究与创新意识""科学精神与社会责任"。

第一阶段:自学研读材料,思考导学问题

研读提示:

1.自学前请通览教材的目录,整体了解教材主要内容及内在联系;

2.仔细阅读本部分全部内容,可以依据标题把握阅读的主要内容;

3.阅读中要眼、脑、手配合,边看、边想、边圈画,用彩笔标注;

4.学习本部分时,应结合前面所学内容及其他方面获得知识思考。

导学问题1:原子的发现经历了哪些研究历程?(考核:宏观辨识与微观探析、证据推理与模型认知、科学精神与社会责任)

导学问题2:质子数与原子序数、核电荷数、核外电子数之间的关系是什么?(考核:证据推理与模型认知、宏观辨识与微观探析)

导学问题3:原子的最外层电子数为什么不超过 8 个?(考核:宏观辨识与微观探析、证据推理与模型认知、科学探究与创新意识)

第二阶段:小组互助研习,大组交流讨论

讨论提示:

1.请围绕问题进行准备和展开讨论,不要偏离问题中心;

2.讨论要观点明确,用历史或现实材料为观点提供证据;

3.说理要有力,证据要确切,不要转移话题,也不要偷换概念;

4.讨论时要认真聆听他人不同意见,不要打断别人发言。

讨论问题1:玻尔结合爱因斯坦的光子学说、普朗克的量子学说、卢瑟福的有核原子模型,依据氢原子的光谱实验,建立了玻尔原子结构模型。其实质是运用牛顿力学原理:做圆周运动的物体的离心力等于向心力(此时认为是库仑力),计算出氢原子各个定态轨道的半径和能量,成功解释了氢原子的轨道能量不连续,所以氢光谱只有某些波长的光。为什么科学家没有依据这个思路,继续研究其他原子光谱,而是转向了量子力学模型?(考核:证据推理与模型认知)

讨论问题2:多电子原子的核外电子排布根据构造原理,核外电子依照:1s、2s、2p、3s、3p、4s、3d、4p、5s、4d、5p、6s、…的顺序填入各组原子轨道,这样实质上会引起上一电子层还没有排满的情况下电子就进入了下一层级。是否与"核外电子排布规律中通常在离核较近的区域内运动的电子能量较低,在离核较远的区域内运动的电子能量较高。在含有多个电子的原子中,电子在原子核外离核由近及远、能量由低到高的不同电子层上分层排布的规律"相矛盾?(考核:证据

推理与模型认知、科学探究与创新意识)

情景问题:铁原子的电子排布式为 $1s^2\,2s^2\,2p^6\,3s^2\,3p^6\,3d^6\,4s^2$,依据构造原理,电子先填入 4s 轨道,再填入 3d 轨道,说明 4s 轨道的能量低于 3d 轨道。在 Fe 与盐酸反应的实验中,Fe 变为 $Fe^{2+}$,先失去了 4s 轨道上的两个电子,将得到的氯化亚铁溶液久置于空气中,其又会被氧气氧化转变为 $Fe^{3+}$,又失去 3d 轨道上的一个电子。此时 $Fe^{3+}$ 的电子排布式为 $1s^2\,2s^2\,2p^6\,3s^2\,3p^6\,3d^5$,这个实验结论是否说明 4s 轨道能量其实高于 3d 轨道,且构造原理与能量最低原理相悖?(考核:宏观辨识与微观探析、证据推理与模型认知、科学探究与创新意识)

## 二、核外电子排布与元素周期律
### 大概念课程整合

(一) 核外电子排布与元素周期表的结构

1. 元素周期表的基本结构

俄国化学家门捷列夫在前人研究的基础上,将元素按照相对原子质量由小到大依次排列,并将化学性质相似的元素放在一个纵行,制成了第一张元素周期表。随着科学的不断发展,元素周期表也逐渐演变成了我们常用的形式。

(1) 编排原则

按照原子序数递增,把电子层数相同的元素,从左至右排成同一横行称为周期;把最外层电子数(价电子)相同的元素,从上至下排成同一纵行(称为族),这样编排得到的一个表;为目前所使用的元素周期表。

(2) 鲍林原子轨道近似能级图

基于光谱结果和理论,总结了多电子原子外层原子轨道能级高低顺序的一般规律,画出的原子轨道能级图(构造原理基于此图)。

图中的每个小圆圈代表一个原子轨道,能量相同的原子轨道并列为一个能级,能量相近的能级都纳入一个方框内,同一方框内的能级称为一个能级组,共划分出 7 个能级组。除第一能级组只有 1 个 1s 能级,其余能级组均由 2 个及以上能级组成,且以 $n$s 开始,以 $n$p 结束。能级组间能量差较大,而能级组内各能级间能量差较小。

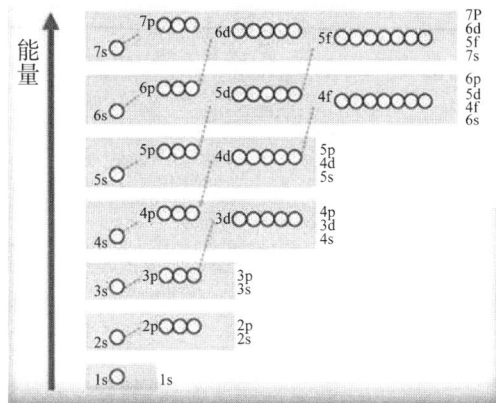

按照能量相近分成一组原则,可以得到能级的分组,称为鲍林原子轨道近似能级图,即第一能级组、第二能级组、第三能级组……第 $n$ 能级组,对应不同能层,能层中不同能量的原子轨道称为能级。鲍林原子轨道近似能级图中的 7 个能级组分别对应元素周期表中的 7 个周期,每个周期所包含的元素种类数等于所对应的能级组中所有原子轨道最多能容纳的电子数。$(1s)(2s\ 2p)(3s\ 3p)(4s\ 3d\ 4p)\cdots[ns\ (n-3)g\ (n-2)f\ (n-1)d\ np]$。

其中,每个能级组对应元素周期表中的一个周期。因此,能级组的划分是元素周期表划分周期的基础,是核外电子排布的主要依据。以第一到第四能级组为例:

① 第一能级组(1s),对应第一周期,能级中可能的电子排布有:$1s^1$、$1s^2$;对应氢、氦共 2 种元素。

② 第二能级组(2s 2p),对应第二周期,能级中可能的电子排布有:$2s^1$、$2s^2$;$2s^2\ 2p^1$、$2s^2\ 2p^2$、$2s^2\ 2p^3$、$2s^2\ 2p^4$、$2s^2\ 2p^5$、$2s^2\ 2p^6$;对应锂到氖,共 8 种元素。

③ 第三能级组(3s 3p),对应第三周期,能级中可能的电子排布有:$3s^1$、$3s^2$;$3s^2\ 3p^1$、$3s^2\ 3p^2$、$3s^2\ 3p^3$、$3s^2\ 3p^4$、$3s^2\ 3p^5$、$3s^2\ 3p^6$;对应钠到氩,共 8 种元素。

④ 第四能级组(4s 3d 4p),对应第四周期,能级中可能的电子排布有:4s 电子排布有 2 种、3d 电子排布有 10 种、4p 电子排布有 6 种,共有 18 种,对应钾到氪,共 18 种元素。

元素周期表中,把原子结构相似的元素排成一竖行称为族。电子最后填充在最外层的 s 和 p 轨道上的元素称为主族(A 族)元素。共有 8 个主族。通常把稀有气体称为零族元素。主族元素最外电子层上的电子数与所属的族数相同,也与它的最高氧化数相同,所以同主族元素的化学性质非常相似。

族的划分与元素原子价电子排布密切相关。一般来说,同族元素的价电子数相同,对主族元素而言,其价电子数与主族序数相同。

(1) 主族元素原子的价电子全部排布在最外层的 $ns$ 或 $ns\,np$ 轨道上。对于主族元素原子而言,价电子就是最外层电子。例如,碱金属元素原子的价电子排布为 $ns^1$,只有 1 个价电子,为 $I$ A 族。再如,卤族元素原子的价电子排布为 $ns^2np^5$,有 7 个价电子,为 $\mathbb{VII}$ A 族。

(2) 稀有气体元素原子的最外层电子排布都是 $ns^2np^6$ (He 是 $1s^2$)。对于过渡元素原子,价电子不仅是最外层电子,还包括次外层电子,甚至倒数第三层电子,同一族内,价电子排布基本相同。

2. 元素周期表的分区

根据原子核外价电子排布的特征,可以将元素周期表分为 s 区、p 区、d 区和 f 区,区的名称一般来自最后填入电子的能级符号(除 He 外)。

s 区:最后一个电子填充在 s 能级上的元素称为 s 区元素,包含氢元素,第 1 族的碱金属元素和第 2 族的碱土金属元素,共两个纵列,其价层电子组态为 $ns^{1-2}$ 型。除氢元素外,其余都是较活泼的金属元素。

p 区:最后一个电子填充在 p 能级上的元素称为 p 区元素,包含第 13~18 族元素,共 6 个纵列,除氢元素外,所有非金属元素(包括稀有气体元素)都在 p 区,所有元素的价电子组态为 $ns^2np^{1-6}$ (He 是 $1s^2$),它们都是非金属元素。

d 区:最后一个电子填充在 d 能级上的元素称为 d 区元素,包括 $\mathbb{III}$ B 至 $\mathbb{VII}$ B 和第 $\mathbb{VIII}$ 族元素。其价电子组态为 $(n-1)d^{1-9}ns^{1-2}$,只有 Pd 例外,Pd 为 $(n-1)d^{10}ns^0$。d 轨道上的电子结构对 d 区元素的性质关系较大,次外层 d 能级中的电子不同程度地参与化学键的形成。

f 区:包含镧系和锕系元素,均为金属元素,原子的价电子排布情况较为复杂。

原子的电子构型与它在元素周期表中的位置有密切的关系。一般地讲,我们可以根据元素的原子序数和电子填充顺序,写出该原子的电子构型并推断它在元素周期表中的位置或根据它在元素周期表中的位置,推知它的原子序数和电子构型。

3. 元素的对角线规则

对角线规则——在元素周期表中,某些主族元素与其右下方的主族元素的性质有相似性。

(1) 锂与镁的相似性

a. 锂与镁的沸点较为接近。

b. 在氧气中燃烧时只生成对应的氧化物,且 $Li_2O$ 和 $MgO$ 与水反应都十分缓慢。

c. 与水反应都十分缓慢,生成的氢氧化物难溶于水,并附着于金属表面而阻碍反应的进行。

d. 都能直接与氮气反应生成相应的氮化物 $Li_3N$ 和 $Mg_3N_2$。

e. 锂和镁的氢氧化物在加热时,可分解为 $Li_2O$、$H_2O$ 和 $MgO$、$H_2O$。

f. 碱金属的氟化物、碳酸盐和磷酸盐中,只有锂盐是难溶于水的,相应的镁盐也难溶于水。

（2）铍与铝的相似性

a. 铍与铝都可与酸、碱反应放出氢气,并且铍在浓硝酸中也发生钝化。

b. 两者的氧化物和氢氧化物都既能溶于强酸又能溶于强碱溶液。

c. 两者的氧化物 $Al_2O_3$ 和 $BeO$ 的熔点和硬度都很高。

d. $BeCl_2$ 和 $AlCl_3$ 都是共价化合物,易升华。

（3）硼与硅的相似性

a. 自然界中 B 与 Si 均以化合物的形式存在。

b. B 与 Si 的单质都易与强碱反应,且不与稀酸反应。

c. 硼烷和硅烷的稳定性都比较差,且都易水解。

d. 硼和硅的卤化物的熔、沸点比较低,易挥发,易水解。

（二）元素性质的周期性变化

1. 原子半径

影响原子半径的因素:电子层数、核电荷数。

半径规律(不包含稀有气体):电子层数越多,原子半径越大;核电荷数越大,原子半径越小。

具体规律:

（1）同周期元素的原子半径随核电荷数的增大而减小(稀有气体除外)例如,$Na>Mg>Al>Si>P>S>Cl$。

（2）同主族元素的原子半径随核电荷数的增大而增大。例如,$Li<Na<K<Rb<Cs$。

（3）同主族元素的离子半径随核电荷数的增大而增大。例如,$F^-<Cl^-<Br^-<I^-$。

（4）电子层结构相同的离子半径随核电荷数的增大而减小。例如,$F^->Na^+>Mg^{2+}>Al^{3+}$。

（5）同一元素不同价态的微粒半径,价态越高离子半径越小。例如,$Fe>Fe^{2+}>Fe^{3+}$。

（6）同种元素的离子半径:负离子大于原子,原子大于正离子,低价正离子大于高价正离子。例如,$r(Cl^-)>r(Cl)$,$r(Fe)>r(Fe^{2+})>r(Fe^{3+})$。

（7）能层结构相同的离子:核电荷数越大,半径越小。例如,$r(O^{2-})>r(F^-)>r(Na^+)>r(Mg^{2+})>r(Al^{3+})$。

（8）带相同电荷的离子:能层数越多,半径越大。例如,$r(Li^+)<r(Na^+)<r(K^+)<r(Rb^+)<r(Cs^+)$,$r(O^{2-})<r(S^{2-})<(Se^{2-})<r(Te^{2-})$。

（9）核电荷数、能层数均不同的离子:可选一种离子进行参照比较。例如,比较$r(K^+)$与$r(Mg^{2+})$,可选$r(Na^+)$为参照,$r(K^+)>r(Na^+)>r(Mg^{2+})$。

2. 第一电离能

原子失去电子的难易,可以用电离能来衡量。电离能是指气态原子在基态时失去电子所需的能量。常用使1 mol气态原子都失去某一个电子所需的能量$(kJ \cdot mol \cdot L^{-1})$表示。

原子失去第一个电子所需的能量称为第一电离能,用$I_1$表示;失去第二个电子所需的能量称为第二电离能,用$I_2$表示;以此类推。各级电离能的大小顺序是:

$$I_1<I_2<I_3<I_4<I_5\cdots$$

因为离子的电荷正值越来越大,离子半径越来越小,所以失去电子的能力逐渐变难,且需要能量越高。同一周期的元素具有相同的电子层数,从左到右核电荷越多,原子半径越小,核对外层电子的引力越大。因此,每一周期电离能最低的是碱金属,越往右电离能越大。

同一族元素,原子半径增大起主要作用,半径越大,核对电子引力越小,越易失去电子,电离能越小。从图中看到IA族中按Li、Na、K、…顺序,电离能越来越小。还可注意到,在每一周期的最后元素稀有气体原子具有最高的电离能,因为它们有$ns^2np^6$的稳定电子层结构。

此外,图中曲线中有小的起伏。例如,N、P、As元素的第一电离能分别比O、S、Se元素的电离能高,这是因前者具有$ns^2np^3$组态,p亚层半满,失去一个p电子破坏了半满状态,需较高能量。

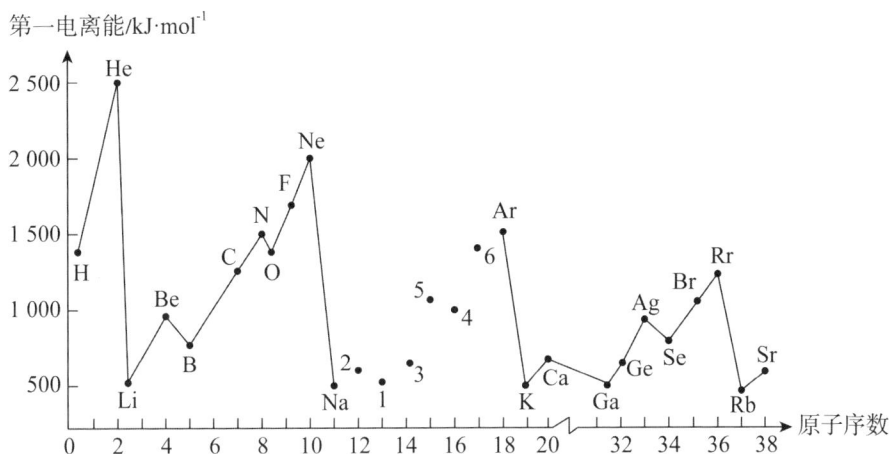

第一电离能/kJ·mol⁻¹ ... 原子序数

### 3. 电负性

（1）概念：由鲍林提出的，用来表示元素的原子在化合物中吸引电力能力的相对大小。

元素的电负性越大，表示在化合物中吸引电子的能力越强。

（2）金属元素的电负性较小，非金属元素的电负性相对较大。一般来说，同周期元素，从左到右电负性逐渐变大（稀有气体元素除外）；同主族元素，从上至下，电负性逐渐变小。

（3）通过电负性判断元素的金属性和非金属性的强弱。一般来说，金属元素的电负性小于 1.8，数值越小金属性越强；非金属元素的电负性大于 1.8，数值越大，非金属性越强。位于金属和非金属交界处的元素（如锗元素、锑元素）电负性则在 1.8 左右，这些元素既具有金属性，又具有非金属性。

（4）通过电负性差值判断化学键类型。成键的两个原子电负性差值大于1.7 时，所形成的一般为离子键；差值小于 1.7 时，一般为共价键。

（5）判断元素化合价、最高价。某元素的逐级电离能，若 $I_2 \gg I_1$，则该元素通常显＋1 价；若 $I_3 \gg I_2$，则该元素通常显＋2 价等。

### （三）元素周期律的综合应用

### 1. 同周期、同主族元素性质的递变规律

| 性质 | | 同一周期（从左到右） | 同一主族（从上到下） |
|---|---|---|---|
| 核外电子排布 | 能层数 | 相同 | 相同 |
| | 最外层电子数 | 1→2 或 8 | 相同 |

（续表）

| 性质 | | 同一周期（从左到右） | 同一主族（从上到下） |
|---|---|---|---|
| 金属性 | | 减弱 | 增强 |
| 非金属性 | | 增强 | 减弱 |
| 单质的氧化性、还原性 | 氧化性 | 增强 | 减弱 |
| | 还原性 | 减弱 | 增强 |
| 最高价氧化物对应水化物的酸碱性 | 酸性 | 增强 | 减弱 |
| | 碱性 | 减弱 | 增强 |
| 气态氢化物稳定性 | | 增强 | 减弱 |
| 第一电离能 | | 增大（但ⅡA＞ⅢA，ⅤA＞ⅥA） | 减小 |
| 电负性 | | 增大 | 减小 |

2. 电负性、第一电离能与金属性和非金属性的关系

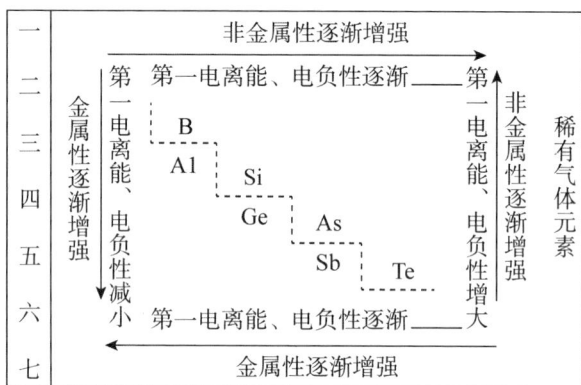

第一电离能：ⅡA＞ⅢA，ⅤA＞ⅥA

## 大单元导学设计

高中化学学科核心素养：宏观辨识与微观探析、证据推理与模型认知、科学探究与创新意识。

第一阶段：自学研读材料，思考导学问题

导学问题1：元素周期表的编排规则是什么？（考核：证据推理与模型认知）

导学问题2：元素周期表的分区有哪些？（考核：证据推理与模型认知）

补充问题1：如何根据原子结构特征判断元素在元素周期表中的位置？（考核：科学探究与创新意识）

导学问题 3:元素性质有哪些周期性变化规律?(考核:宏观辨识与微观探析)

导学问题 4:同周期、同主族元素性质递变规律是什么?(考核:宏观辨识与微观探析)

补充问题 2:电负性有哪些应用?(考核:科学探究与创新意识)

第二阶段:小组互助研习,大组交流讨论

讨论问题 1:总结原子或离子半径的比较方法,微粒半径比较的一般思路是什么?(考核:证据推理与模型认知)

讨论问题 2:原子结构决定元素性质,元素性质也反应原子结构,那么原子失去 1 个电子或失去多个电子,所需能量有什么区别?(考核:宏观辨识与微观探析)

讨论问题 3:为什么原子的逐级电离能越来越大? 这些数据跟钠、镁、铝的化合价有什么联系?(考核:科学探究与创新意识)

讨论问题 4:通过观察元素电负性表格可知,随着元素序数的递增,同周期或同族有什么规律?(考核:证据推理与模型认知)

情景问题:回顾所学内容,根据表中元素电负性判断:$AlCl_3$、$BeCl_2$ 是共价化合物还是离子化合物?(考核:宏观辨识与微观探析)

活动讨论:稀有气体元素化学性质不活泼,表现在第一电离能普遍较大,但是随着原子序数的增加,第一电离能逐渐减小,观察元素周期表,哪种元素单质有可能与哪种稀有气体元素化合?(考核:科学探究与创新意识)

## 补充:情景化考核评价

情景考核题 1:地壳中含量第二的金属元素 R 可与短周期主族元素 X、Y、Z 组成纳米酶。其中 X、Y、Z 原子序数依次增大且相邻,原子核外电子数之和为 31,X 与 Y 同周期。下列判断正确的是(　　)。

A. 原子半径:X>Y>Z

B. 单质的氧化性:Y>Z

C. R 元素的氯化物溶液呈中性

D. X 的氧化物对应的水化物为强酸

(考核:证据推理与模型认知)

情景考核题 2:某离子液体的负离子结构如下页图示,其中 X、Y、Z、R、Q 是原子序数依次增大的短周期非金属元素,其中 X 原子的最外层电子中未成对电子数目与成对电子数目相同。下列说法正确的是（　　　）。

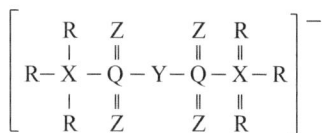

$$\left[\begin{array}{c} R \quad Z \qquad Z \quad R \\ | \quad \| \qquad \| \quad | \\ R-X-Q-Y-Q-X-R \\ | \quad \| \qquad \| \quad | \\ R \quad Z \qquad Z \quad R \end{array}\right]^{-}$$

A. 电负性：$Z>R>Q$

B. 简单离子半径：$Q>Z>Y$

C. 5 种元素形成的简单氢化物中沸点最高的是 $Z$

D. 同周期主族元素中只有一种元素的第一电离能大于 $Z$

（考核：宏观辨识与微观探析）

情景考核题 3：类推的思维方法在化学学习中应用广泛，但类推出的结论需要经过实践的检验才能确定其正确与否。下列几种类推结论错误的是（　　　）。

A. $Al(OH)_3$ 能与 $NaOH$ 溶液反应，则 $Be(OH)_2$ 也能与 $NaOH$ 溶液反应

B. $SO_2$ 是 V 形分子，则 $O_3$ 是 V 形分子

C. 第二周期元素氢化物稳定性顺序是 $HF>H_2O>NH_3$，则第三周期元素氢化物稳定性顺序也是 $HCl>H_2S>PH_3$

D. 工业制 $Mg$ 采用电解熔融 $MgCl_2$ 的方法，则工业制 $Al$ 也可采用电解熔融 $AlCl_3$ 的方法

（考核：证据推理与模型认知）

情景考核题 4：Ⅰ. 某研究性学习小组设计了一组实验用于验证元素周期律。

（1）甲同学在 a、b、c、d 四只烧杯中分别加入 50 mL 冷水，再各滴加几滴酚酞试液，依次加入大小相近的钠、镁、铝、钾金属块，通过观察现象判断金属性的相对强弱。实验中发现 b、c 两只烧杯中几乎没有什么现象，要想达到实验目的，请你帮他选出合适的方法_____（填字母）。

A. 把烧杯中的冷水换成热水

B. 把烧杯中的冷水换成盐酸

C. 把烧杯中的冷水换成浓硝酸

Ⅱ. 乙同学设计实验探究碳、硅元素的非金属性的相对强弱。根据要求完成下列各题。（已知酸性强弱：亚硫酸＞碳酸）

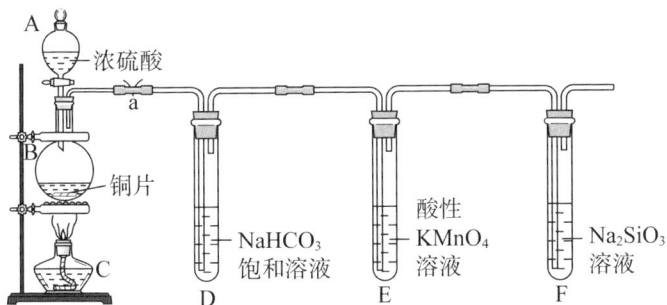

（2）实验步骤：连接仪器、_____、加药品后，打开 a，然后滴入浓硫酸，加热。

（3）问题探究：

① 装置 E 中酸性 $KMnO_4$ 溶液的作用是_____。

② 试管 F 中发生反应的离子方程式为_____。

③ 能说明非金属性碳强于硅的实验现象是_____。

④ 依据试管 D 中的反应，能否证明非金属性硫强于碳？_____（填"能"或"否"）。

（考核：科学探究与创新意识）

情景考核题 5：实验室中以活性炭为催化剂，用 $CoCl_2$ 制取三氯化六氨合钴（Ⅲ）$\{[Co(NH_3)_6]Cl_3\}$，装置如下图所示。回答下列问题：

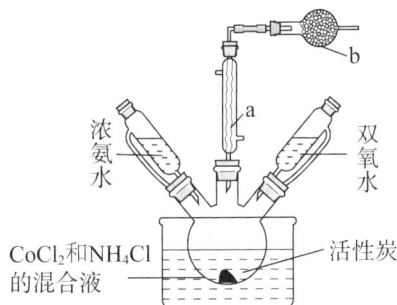

已知：①$[Co(NH_3)_6]^{2+}$ 具有较强还原性，溶液呈棕色；$[Co(NH_3)_6]Cl_3$ 呈橘黄色。②$0.02 \ mol \cdot L^{-1}$ 硫酸铵溶液的 pH 约为 5.2。

（1）基态 Co 原子的价电子排布式为_____。

（2）实验中将 $CoCl_2$、$NH_4Cl$ 和活性炭在三颈烧瓶中混合，滴加浓氨水，溶液变为棕色，$NH_4Cl$ 除了作反应物之外，还可防止 $OH^-$ 浓度过大，其原理是_____；充分反应后缓慢滴加双氧水，水浴加热 20 min，该过程生成 $[Co(NH_3)_6]^{3+}$ 的离子方程式为_____。

（3）将反应后的混合物趁热过滤,待滤液冷却后加入适量浓盐酸,冰水冷却、抽滤、乙醇洗涤、干燥,得到 $Co(NH_3)_6Cl_3$ 晶体。该过程中冰水冷却的目的是_____,抽滤的优点是_____。

（4）产品纯度的测定。实验过程如下:

取 1.000 g 产品加入锥形瓶中,再加入足量 NaOH 溶液并加热,将 $NH_3$ 蒸出后,加入足量的稀硫酸酸化,使 $[Co(NH_3)_6]Cl_3$ 全部转化为 $Co^{3+}$ 后,加适量水稀释,加入过量的 KI 溶液,再用 $0.150\ 0\ mol \cdot L^{-1} Na_2S_2O_3$ 标准溶液滴定,反应原理为 $2Co^{3+}+2I^-=2Co^{2+}+I_2$, $I_2+2S_2O_3^{2-}=S_4O_6^{2-}+2I^-$。

① 滴定时应选用的指示剂为_____,滴定终点的颜色变化为_____。

② 实验中,消耗了 $Na_2S_2O_3$ 标准溶液 24.00 mL,则产品的纯度为_____。

（考核:科学探究与创新意识）

# 附六 单元设计

## 高中语文选择性必修上册 逻辑的力量

毛文武①

### 第四单元"语言积累、梳理与探究"学习任务群 "逻辑的力量"单元导学设计

### 一、高中语文选择性必修上册第四单元

"逻辑的力量"
课程主旨与课程结构关联

| | | 单元题目:逻辑的力量 | 备注 |
|---|---|---|---|
| 课程主旨 | 内容 | 1. 单元导语:学习逻辑的意义与价值<br>2. 学习活动:发现潜藏的逻辑谬误<br>3. 学习活动:运用有效的推理形式<br>4. 学习活动:采用合理的论证方法 | |
| | 能力 | 接触基本逻辑方法,学习辨析逻辑错误,进行简单逻辑推理,运用逻辑方法构建并完善论证 | |
| | 价值观 | 更清晰地认识语言与逻辑的关系,发展逻辑思维,滋养理性精神,提升思维品质 | |
| 课程主旨及内在关联 | 第一课 | 发现潜藏的逻辑谬误 | 认识语言与逻辑的关系 |
| | 第二课 | 运用有效的推理形式 | 学习初阶逻辑知识 |
| | 第三课 | 采用合理的论证方法 | 学习高阶逻辑知识 |
| | 第四课 | 写作中的逻辑运用 | 运用逻辑方法构建并完善论证 |

---

① 上海市青浦区第一中学高中语文教研组。

（续表）

| 单元题目:逻辑的力量 | | | | 备注 |
|---|---|---|---|---|
| 知识结构简图 | 语言建构与运用　思维发展与提升 | 逻辑知识和方法 | 逻辑规律 | 同一律<br>矛盾律、排中律<br>充足理由律 | |
| | | | 逻辑推理 | 演绎法<br>归纳法<br>类比法 | |
| | | | 逻辑论证 | 直接论证<br>间接论证 | |

## 二、学习目标

### （一）语言建构与运用

1. 对语言文字现象进行梳理、比对和抽象。2. 自主探究、建构逻辑经验和知识。3. 在具体情境中运用、反思、完善这些经验和知识。

### （二）思维发展与提升

1. 在辨析逻辑谬误时，形成负责任、重证据、会质疑、讲道理的理性态度。2. 在探究推理规则时，形成从具体现象中穷究一般规律的思维习惯。3. 在探究论证方法时，培养用逻辑工具解决语言交流问题的实际能力。

### （三）审美鉴赏与创造

1. 欣赏体味逻辑形式的紧致、匀称、简洁之美。2. 学会区分谬误和故意违反逻辑的语言艺术，探究区分标准。

### （四）文化传承与理解

1. 领略东西方逻辑学研究的风貌。2. 传承凡事讲逻辑的理性主义精神。

## 三、导学过程设计和学习作业设计

### （一）第一节　课堂导学设计——发现潜藏的逻辑谬误

1. 第一梯度学习任务:辨识逻辑错误。（第一梯度任务侧重语文核心素养中的"语言建构与运用""思维发展与提升"。）

导学问题:13 则语言材料分别犯了哪些逻辑错误?

探究活动:"立场自相矛盾"与"态度模棱两可"两种错误之间为什么用顿号隔开? 你能区别"立场自相矛盾"与"态度模棱两可"吗?

讨论问题:课本任务 2 中给出的四种逻辑错误(划分不当、自相矛盾、强加因果、以偏概全)与教材 82 页列举的四种逻辑错误之间是什么关系?

2. 第二梯度学习任务:认识逻辑规律。(第二梯度任务侧重语文核心素养中的"思维发展与提升"。)

导学问题 1:有哪几种逻辑规律?

讨论问题:教材 82 页列举的四种逻辑错误分别违反了哪些逻辑规律?

导学问题 2:人类有哪三类思维形式?

探究活动:13 则语言材料的逻辑错误分别涉及哪些思维形式?

3. 第三梯度学习任务:区别"逻辑谬误"与"反逻辑艺术"。(第三梯度任务侧重语文核心素养中的"审美鉴赏与创造""文化传承与理解"。)

导学问题:臧克家《有的人》中的诗句"有的人活着,他已经死了;有的人死了,他还活着",为什么没有违背逻辑?

探究活动:在 13 则材料中找出与《有的人》一样运用反逻辑艺术的材料。

讨论问题:逻辑谬误和反逻辑艺术的区别是什么?

## (二) 第一节 学习作业设计

1. 基础性作业

(1) 常见逻辑错误有 _____。

(2) 逻辑规律的种类有 _____。

(3) 思维形式的种类有 _____。

2. 思维性作业

阅读材料,回答问题:下列四则材料分别犯了哪些逻辑错误? 又分别违背了哪些逻辑规律?

(1) 消费者:"老板,您这牛肉面没牛肉啊?"老板:"这不正常吗? 你看,夫妻肺片里也没有夫妻啊! 老婆饼里也没有老婆啊! 土匪鸭里也没有土匪啊!"

(2) "一个马钉亡掉一个帝国"的欧洲民谣:丢失一个钉子,坏了一只蹄铁;坏了一只蹄铁,折了一匹战马;折了一匹战马,伤了一位骑士;伤了一位骑士,输了一场战斗;输了一场战斗,亡了一个帝国。

(3) "杰斐逊反对奴隶制,可是他自己也有奴隶!"所以奴隶制是正确的。

（4）一个瘦子问胖子："你为什么长得胖？"胖子回答："因为我吃得多。"瘦子又问胖子："你为什么吃得多？"胖子回答："因为我长得胖。"

### 3. 情景式作业

结合下列情景材料，谈谈你对反逻辑艺术的认识：

（1）在英国首相邱吉尔 75 岁生日的茶会上，一位年轻的新闻记者对邱吉尔说："真希望明年还来祝贺您的生日。"邱吉尔说："我看你身体这么壮，应该没有问题。"

（2）马克思说："革命死了，革命万岁。"

（3）在中华人民共和国成立初期的一次记者招待会上，有记者问周恩来总理："中国人民银行有多少存款？"周总理略加思索，回答说："18 元 8 角 8 分。"接着又解释说："中国人民币的面额分别是 10 元、5 元、2 元、1 元，5 角、2 角、1 角，5分、2分、1分，共 18 元 8 角 8 分。"

### 4. 实践性作业

搜集生活中违背逻辑规律和反逻辑艺术的语言材料或实例，写一则札记。

### 5. 跨学科作业

联系数学学科中集合的知识，加深对概念关系的认识。

## （三）第二节　课堂导学设计——运用有效的推理形式

1. 第一梯度学习任务：认识推理构造。（第一梯度任务侧重语文核心素养中的"语言建构与运用""思维发展与提升"。）

导学问题：一则推理由哪些部分构成？

探究活动：分析单元导语和课本活动示例、任务中共计 10 则语言材料的前提与结论。

讨论问题：前提和结论间一般是哪种逻辑关系？语言材料中，一定是前提在前，结论在后吗？语言材料中的前提一定出现或一定都出现吗？

2. 第二梯度学习任务：归纳推理形式。（第二梯度任务侧重语文核心素养中的"思维发展与提升"。）

导学问题：常见的推理形式有哪几种？

体验活动：辨析 10 则语言材料的推理形式、保真性、有效性/可靠性（填表）。

| 语言材料 | 推理形式 | 推理要素（提炼内容略） | 保真性 | 有效性/可靠性 |
|---|---|---|---|---|
| 《拿来主义》 | 排除法（选言直言推理） | $n$ 种可能，排除 $(n-1)$ 种可能 | 保真（必然性推理） | 有效 |
| 《智囊全集》 | 充分条件推理（假言直言推理） | 前件 $p$，后件 $q$ | 同上 | 有效 |
| 《十五贯》 | 三段论推理（直言推理） | 小项 $S$，大项 $P$，中项 $M$ | 同上 | 无效 |
| 《道旁苦李》 | 充分条件推理（假言直言推理） | 前件 $p$，后件 $q$ | 同上 | 有效 |
| 《寄征衣》 | 二难推理（假言选言推理） | 前件 $p$，后件 $q$ | 同上 | 有效 |
| 《晏子使楚》 | 必要条件推理（假言直言推理） | 前件 $p$，后件 $q$ | 同上 | 有效 |
| 《河中石兽》 | 排除法（选言直言推理） | $n$ 种可能，排除 $(n-1)$ 种可能 | 同上 | 有效 |
| 《红楼梦》 | 二难推理（假言选言推理） | 前提 $p$、$q$，结论 $r$ | 同上 | 有效 |
| 《藤野先生》 | 归纳推理（不完全归纳法/简单枚举法） | ①大前提（$S_1$ 是 $P$，$S_2$ 是 $P$…$S_n$ 是 $P$）②小前提（$S_1$…$S_n$ 是全部 $S$）③结论（所有 $S$ 是 $P$） | 不保真（或然性推理） | 可靠性弱 |
| 《邹忌讽齐王纳谏》 | 类比推理 | ①对象 A 具有属性 a、b、c、d②对象 B 具有属性 a、b、c③所以，B 可能有 d | 不保真（或然性推理） | 可靠性强 |

讨论问题1:如何区分演绎推理、归纳推理、类比推理知识?

讨论问题2:有关"周延性"的逻辑知识是指什么? 有关"比喻推理"的逻辑知识是指什么?

## （四）第二节　学习作业设计

1. 基础性作业

导学问题：一则推理由_____和_____构成。

讨论问题 1：演绎推理有_____。

讨论问题 2：归纳推理有_____。

2. 思维性作业

讨论问题：怎样区别"类比推理"和"比喻推理"及"比喻修辞"？

3. 情景式作业

讨论问题 1：为什么《十五贯》中，过于执的推理形式具有保真性却推出无效结论呢？

讨论问题 2：鲁迅先生在《藤野先生》中使用了一个可靠性较弱的推理，请指出是哪一句？

讨论问题 3：为什么《邹忌讽齐王纳谏》中的"类比推理"可靠性较强？

4. 实践性作业

自行搜集一个三段论推理的语言材料，利用所学知识加以分析，并写一则札记。

5. 跨学科作业

利用本课所学知识，再认识数学学科中命题及其关系的知识。

## （五）第三节　课堂导学设计——采用合理的论证方法

1. 第一梯度学习任务：区分论证与推理。（第一梯度任务侧重语文核心素养中的"语言建构与运用""思维发展与提升"。）

导学问题：论证和推理的构成要素有怎样的对应关系？

讨论问题：区分论证与推理（填表）。

| 项目 | 论证 | 推理 |
| --- | --- | --- |
| 构成要素 | ①论点②论据③论证形式 | ①前提②结论③推理形式 |
| 思维进程 | 先有论点，再寻找论据，通过适当的论证形式证明论点的真实性 | 先有前提，再根据已有前提，通过适当的推理形式得出结论 |

（续表）

| 项目 | 论证 | 推理 |
|------|------|------|
| 复杂程度 | 可由单个推理构成,但经常由几个推理构成 | 通常指单个推理 |
| 形式分类 | ①直接论证(演绎论证、归纳论证、类比论证)②间接论证(排除法、反证法、归谬法) | ①演绎推理②归纳推理③类比推理 |

2.第二梯度学习任务:挖掘论证/推理的隐含前提。(第二梯度任务侧重语文核心素养中的"思维发展与提升"。)

导学问题:为什么主题任务一中的两则材料的推理是无效的?

讨论问题:《银色马》中,先假设哪一个"隐含前提"呢? 如何获取两个"隐含前提"呢? 如何评估《银色马》中"隐含前提"的有效性呢?

探究活动:在《银色马》的论证中,你还能补充别的"隐含前提"吗?

3.第三梯度学习任务:学会间接论证。(第三梯度任务侧重语文核心素养中"审美鉴赏与创造""文化传承与理解"。)

导学问题:梳理三种间接论证(排除法、反证法、归谬法)的逻辑链条。

排除法论证公式:

待论证论点:A.证明的过程:可能成立的论点有 A、B、C(有且只有这些可能);B.不成立,(因为……);C.不成立,(因为……)。 由于 B、C 均不成立,所以 A 成立。

反证法论证公式:

待论证论点:A.证明的过程:设非 A 真;若非 A 真,则推出 a、b、c;B.已知 a、b、c 不成立,所以非 A 假(假言推理);非 A 假,A 必真(根据排中律)。

归谬法论证公式:

待论证论点:A.证明的过程:设 A 真;若 A 真,则推出 a、b、c;已知 a、b、c 不成立(假言推理);所以 A 假。

探究活动:利用公式,分析下列材料的逻辑链——《拿来主义》中的"排除法";"苏格拉底与一位青年学生讨论道德问题"中的"反证法";教材 86 页驳论材料中的"归谬法"。

## （六）第三节　学习作业设计

1.基础性作业

（1）一个论证的构成要素有＿＿＿＿＿＿＿＿＿＿＿＿。

(2) 间接论证有 _____ 。

### 2. 思维性作业

在日常生活的论证中隐含前提的现象是否普遍？简述原因。

### 3. 情景式作业

根据课本材料,补充隐含前提(填表)。

| 语言材料 | 已有前提/论据 | 隐含前提/论据 | 结论/论点 | 有效性 |
|---|---|---|---|---|
| 主题任务一中的材料⑦ | | | | |
| 主题任务一中的材料⑨ | | | | |
| 《银色马》 | | | | |

## (七) 第四节　课堂导学设计——写作中的逻辑运用

1. 第一梯度学习任务:认识驳论。(第一梯度任务侧重语文核心素养中的"语言建构与运用""思维发展与提升"。)

导学问题:你写作文时,会采用驳论的方法吗?

探究活动:结合 2022 年上海高考作文题目的内容填写下表——小时候人们喜欢发问,长大后往往看重结论。对此,有人感到担忧,有人觉得正常,你有怎样的思考?请写一篇文章,谈谈你的认识。

| 立场 | 驳斥对象(详细说明) | 驳斥重点(✓) | 驳论方法(✓) |
|---|---|---|---|
| 论点 | | | ① 举反例(　　) |
| 论据 | | | ② 反证法(　　) |
| 论证形式 | | | ③ 归谬法(　　) |

2. 第二梯度学习任务:把握驳论与立论的关系。(第二梯度任务侧重语文核心素养中的"思维发展与提升"。)

导学问题:你会驳斥论证中的所有要素吗? 如不会,你依据什么来选择重点驳斥的对象呢?

讨论问题:你会在驳论的过程中论证自己所支持论点的正确性吗? 怎样安排驳论与立论的权重?

3. 第三梯度学习任务:引入虚拟论敌。(第三梯度任务侧重语文核心素养中的"审美鉴赏与创造""文化传承与理解"。)

导学问题:你在写作时会主动引入敌对观点吗?

探究活动:结合 2020 年高考作文题,用引入虚拟论敌的方法完善论证(填表)。

| 立场 | A | B |
|---|---|---|
| 论点 | 人对事物发展进程无能为力 | 人对事物发展进程并非无能为力 |
| 论据 | 1.<br>2.<br>3. | 1.<br>2.<br>3. |
| 论点阐述 | | |
| 论据补充 | | |
| 论点限定 | | |
| 论证形式 | | |

讨论问题:你寻找的论据主要用于立论还是驳论? 论敌的论据和己方论据有什么关系?"论点阐述"中,你会选择哪些关键信息(概念)? 为什么要选择这些信息用于阐释呢? 为什么要补充论据? 若源自论敌论据的补充内容造成自相矛盾的逻辑错误,该如何补救? 为什么要补充论据? 若源自论敌论据的补充内容造成自相矛盾的逻辑错误,该如何补救?

## (八) 第四节　学习作业设计

1. 基础性作业

写驳论文时,我们可以驳斥＿＿＿＿＿＿＿＿＿＿＿＿＿＿＿＿＿＿＿。

(1) 你会采取何种句式来限定论点呢?

(2) 写一篇不少于 800 字的文章,你会采用单一的论证形式吗? 如果不会,你将如何利用论据展开论证呢?

2. 情景式作业

结合下列情景材料,拟订你的驳论对象、重点、方法和理由:

2020 年 3 月,英国政府首席科学顾问发文称,英国政府抗疫政策的核心理念是"群体免疫",即放弃积极抗疫,致力于"减慢而非阻止流行病的传播",最后通过"让六成人染病"获得免疫力,阻止病毒的进一步传播。

3. 实践性作业

利用引入虚拟论敌的方法,完成 2023 年上海春考作文写作任务。

有人说,所有重要的东西在很早以前就提到过了。你是否认同这一观点,请写一篇文章,谈谈你的认识和思考。

要求:(1)自拟题目;(2)不少于 800 字。

# 高中生物必修一
## 分子与细胞　细胞的代谢　酶催化细胞的化学反应

林菁菁[①]

## 单元导学设计

### 一、本单元课程内容主旨与课程结构逻辑关联

本单元是沪科版高中生物学必修一《分子与细胞》第四章《细胞的代谢》内容。围绕"概念 2.细胞的生存需要能量和营养物质,并通过分裂实现增殖"重要概念"细胞的功能绝大多数基于化学反应,这些反应发生在细胞的特定区域"建构知识框架。本单元以"ATP 是生命活动的直接能源物质""细胞通过细胞呼吸分解有机分子获取能量""光合作用将光能转化并储存在糖分子中"三个次位概念具体落实教学内容。本单元知识结构图如下:

---

① 上海市青浦区第一中学高中生物教研组。

细胞的代谢

物质
进出细胞

物质转化和
能量转换

细胞通过质
膜与外界进
行物质交换

酶催化细胞
的化学反应

细胞通过分解
有机分子获取
能量

叶绿体将光能
转换并储存在
糖分子中

小分子物质
经被动运输
或主动运输
进出细胞

大分子物质
通过胞吞和
胞吐进出细
胞

绝大多数酶
是一类能催
化生化反应
的蛋白质,
活性受环境
因素影响

ATP是
驱动细胞
生命活动
的直接能
源物质

有机分子中
的能量转化
为生命活动
可以利用的
能量

CO$_2$和水转变
为糖和O$_2$,光
能转换为化学
能

质膜具有选择透过性

细胞的功能绝大多数基于化学反应,
这些反应发生在细胞特定区域

维持细胞的正常代谢

细胞的生存需要能量和营养物质

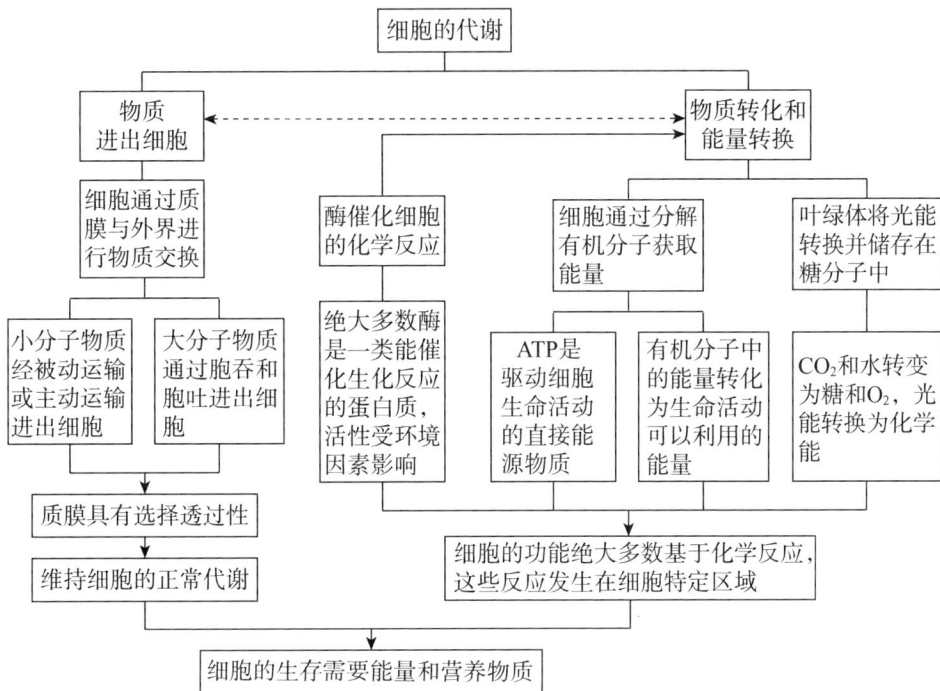

本单元既是生物学学科知识体系的重要基础,也是科学研究的前沿,在高中生物学学科体系中占有重要地位。本单元在第 2 章《细胞的分子组成》和第 3 章《细胞的结构》基础上,进一步阐释、说明细胞的生命活动,也是后续学习"细胞的衰老和死亡""稳态与调节""生物与环境"的基础。

## 二、学习目标

（一）生命观念

1. 观察"酶的催化作用"演示实验。2. 理解"酶是生物催化剂"的概念。3."酶"具有高效性的特点。

（二）科学思维

1."酶"具有"催化作用"。2."绝大多数酶是蛋白质"的概念。

（三）科学探究

1. 观察"酶的催化作用"实验。2."酶是生物催化剂"概念。3."酶"具有高效性的特点。

（四）社会责任

1. 从蛋白质结构与功能相适应角度,解释"酶"具有"催化作用"的特点。2. 通过实例了解酶在社会生活中的应用。

## 三、课堂导学设计

第一梯度学习任务:通过实验现象分析酶的功能及催化特点。通过课前活动设计并发布"酵素洗衣液使用情况调查"线上问卷,并收集汇总问卷结果,以实例引入,激发学生的学习兴趣,为新课导入和活动开展作铺垫。提出第一个问题:为什么加酶洗衣粉效果好?(第一梯度任务侧重核心素养中的"科学探究""理性思维""社会责任"。)

体验活动:完成实验操作并分析问题。

情景问题:观察实验表格,思考不同试剂及处理方法的作用,生成的气体是什么? 实验观察指标是什么? 描述试管 B、C 的实验现象,说明肝脏中过氧化氢酶有何作用?

第二梯度学习任务:了解酶的化学本质。引导学生回顾第二章蛋白质相关内容,并阅读教材广角镜,归纳酶的概念。(第二梯度任务侧重核心素养中的"科学探究""理性思维"。)

体验活动 1:了解酶的性质易受温度、pH 等影响。引导学生思考问题,并在已有实验基础上设计实验,完成实验并分析结果。

体验活动 2:设计实验并完成实验,对实验结果进行分析,并得出结论。

情景问题:酶的化学本质是蛋白质,高温处理后还能发挥作用吗? 为什么?

导学问题:蛋白质有何特点? 不同的酶分解的物质相同吗?

第三梯度学习任务:掌握酶的命名方法。出示两份资料,资料 1 酵素洗衣粉使用说明;资料 2 DNA 聚合酶是催化 DNA 合成的酶。结合两份资料,请学生推测酶的命名方法和使用方法。同时,酶具有专一性,用结构与功能观解释蛋白质具有专一性且易受环境因素影响。出示教材图 4-12 酶(乳糖酶)催化底物(乳糖)水解示意图,引导学生观察图中酶与底物的结合过程。思考如何解释蛋白质的功能具有专一性和功能易受环境因素的影响。(第三梯度任务侧重核心素养中的"理性思维""科学探究""社会责任"。)

体验活动 1:阅读材料信息。

情景问题 1:不同种加酶洗衣粉在使用时适用的洗涤衣物不同。例如,酵素洗衣粉含蛋白酵素(瓦解奶渍、血渍、食品渍等)、脂肪酵素(去除油渍、化妆品渍等)、纤维酵素(保护植物、亮丽如新),不适用于洗涤丝毛类衣物,为什么呢? 推导酶的命名方法。

导学问题 1:如何证明酶具有专一性呢?(提示:唾液中含有唾液淀粉酶。)

体验活动 2:学生代表取自己的唾液完成后续实验并对结果进行分析。

情景问题 2:唾液中唾液淀粉酶作用是什么? 分解的底物是什么? 可以分

解 $H_2O_2$ 吗？

导学问题 2：如何用结构与功能的观点解释蛋白质具有专一性且易受环境因素影响？

体验活动 3：看图提取归纳信息。

情景问题 3：图中酶的结合位点和底物形态上有何关联性？这个结合位点叫什么？这个结合位点易受什么影响？

导学问题 3：如果体内乳糖酶活性中心改变或含量减少会有什么后果？

## 四、作业设计

### （一）基础性作业

1. 下列四个试管中，能产生大量气泡的是（　　）。

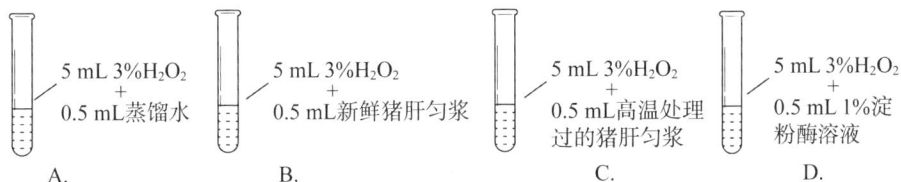

A. 5 mL 3%$H_2O_2$ + 0.5 mL 蒸馏水

B. 5 mL 3%$H_2O_2$ + 0.5 mL 新鲜猪肝匀浆

C. 5 mL 3%$H_2O_2$ + 0.5 mL 高温处理过的猪肝匀浆

D. 5 mL 3%$H_2O_2$ + 0.5 mL 1%淀粉酶溶液

2. 若白色圈表示蛋白质，灰色圈表示酶，则下列选项中能正确表示蛋白质和酶之间关系的是（　　）。

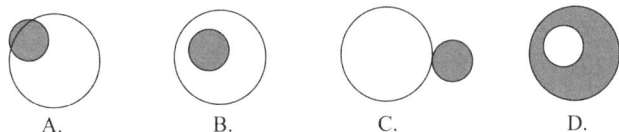

A.　　　B.　　　C.　　　D.

### （二）思维性作业

3. 每个过氧化氢酶分子能在 1 s 内将四千万个过氧化氢分子分解。这体现了酶具有（　　）。

A. 专一性　　　B. 稳定性　　　C. 高效性　　　D. 多样性

4. 乳糖酶能催化乳糖分子水解，而不能催化麦芽糖分子水解，作用机制示意图如下图所示。下列叙述正确的是（　　）。

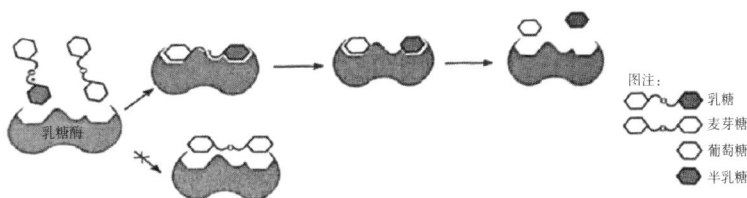

图注：
乳糖
麦芽糖
葡萄糖
半乳糖

A. 1分子乳糖在乳糖酶的催化下水解产生2分子葡萄糖

B. 上述事例体现了乳糖酶的催化作用具有高效性

C. 乳糖酶在催化1分子乳糖水解后失去活性

D. 乳糖酶的活性中心不能和麦芽糖契合，所以不能催化麦芽糖分子水解

## （三）情景式作业

5. 某课题小组为探究洗衣粉加酶后的洗涤效果，将某品牌的洗衣粉分成三等份，并分别标为甲、乙、丙三组。在甲、乙两组的洗衣粉中加入蛋白酶、脂肪酶中的1种或2种，丙组不加酶，其他实验条件均相同。然后，在不同温度下清洗同种化纤布上的血渍和油渍，结果见下表。

| 水温 | 20℃ | | | 30℃ | | | 40℃ | | |
|------|------|------|------|------|------|------|------|------|------|
| 组别 | 甲 | 乙 | 丙 | 甲 | 乙 | 丙 | 甲 | 乙 | 丙 |
| 清除血渍时间/min | 52 | 51 | 83 | 36 | 34 | 77 | 11 | 12 | 78 |
| 清除油渍时间/min | 87 | 63 | 91 | 82 | 46 | 85 | 78 | 27 | 83 |

（1）据表中数据推测，甲组中加入了 _____ 酶，乙组中加入了 _____ 酶。

（2）甲、乙两组洗涤效果的差异，说明酶的作用具有 _____ 性。

（3）若甲、乙、丙三组洗衣粉均在水温为100℃时洗涤同一种蛋白污渍，试比较它们的洗涤效果，并简要说明理由。

_____

_____。

（4）加酶洗衣粉的使用范围一般标明为棉、麻、化纤等质料的织品和衣物，不能用于羊毛、真丝等衣物。简要分析原因。

## （四）实践性作业

多酶片是一种复方制剂，它主要是由胰酶、胃蛋白酶复合而成的一种药物，用于治疗消化不良、食欲缺乏。

（用法用量）口服。一次2～3片，一日3次。

（注意事项）本品在酸性条件下易被破坏，故服用时切勿嚼碎。

回答下列问题：

（1）酶具有＿＿＿＿＿＿＿＿＿＿＿＿＿＿＿（至少写出两点）等特点。胰酶和胃蛋白酶在常温下分子结构比较稳定,故可以加工成多酶片保存,方便患者使用。服用时不能嚼碎的原因是＿＿＿＿＿＿＿＿＿＿＿＿＿＿＿＿＿＿＿＿＿。

（2）请利用提供的材料用具,设计实验探究 pH 对胃蛋白酶活性的影响。备选材料用具:蛋白块若干、胃蛋白酶溶液、蒸馏水、一系列 pH 梯度的溶液、试管若干、恒温水浴锅、时钟等。

实验步骤:

① 取规格相同的 5 支洁净试管,分别编号为 1、2、3、4、5;

② 依次向 5 支试管中加入等量的一系列 pH 梯度的溶液,然后向试管中加入＿＿＿＿＿＿＿＿＿＿＿＿＿＿;

③ 将试管置于 37℃的恒温水浴锅中保温 5 min;

④ 再向 5 支试管中依次加入＿＿＿＿＿＿＿＿＿＿＿＿＿;

⑤ 观察现象并记录＿＿＿＿＿＿＿＿＿＿＿＿＿＿＿＿＿＿＿＿。

（3）为进一步确认上述实验中蛋白块的消失是由胃蛋白酶催化导致的,请提出实验改进的思路:增加一组＿＿＿＿＿＿,其余条件相同,并观察记录实验现象和结果。

## （五）跨学科作业

资料 1:唾液淀粉酶、胃蛋白酶等消化酶都是在消化道中起作用的。不同部位消化液的 pH 不一样。唾液的 pH 为 6.2～7.4,胃液的 pH 为 0.9～1.5,小肠液的 pH 为 7.6。唾液淀粉酶会随唾液流入胃,胃蛋白酶会随食糜进入小肠。

资料 2:多酶片是由胃蛋白酶和胰酶共同组成的复方制剂。其中胰酶主要含胰蛋白酶、胰脂肪酶及胰淀粉酶,在小肠中发挥作用。

资料 3:多酶片和人体消化系统示意图。

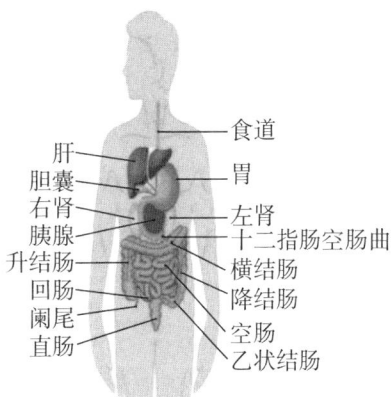

人体消化系统示意图

任务分解:

（1）查阅资料,提出多酶片的设计思路;

（2）画出设计草图,并说明设计机理。

提示:可观察"解剖"多酶片。

# 高中语文选择性必修上册　外国小说

浦妙芬　邵静贤①

## "外国小说"单元设计走进小说人物的内心世界
## 《大卫·科波菲尔(节选)》《复活(节选)》《老人与海》

### 一、高中语文选择性必修上册第三单元课程主旨与课程结构逻辑关联

| 第三单元　外国作家作品研习 | | | 备注 |
|---|---|---|---|
| 课程主旨 | 内容 | 1. 感受小说中展现的不同时代、地域的社会生活和人类心灵,深化对历史、社会、人生的认识。<br>2. 了解世界各地不同的民族文化和社会历史风貌,感受人类文化的丰富多彩。<br>3. 挖掘作品的丰富内涵,深入探索民族心理、时代精神和具有普遍意义的人生智慧 | |
| | 能力 | 1. 分析人物的性格特征及典型意义,侧重人物心理描写的赏析。<br>2. 从主题内容、叙事手法、语言风格等多方面入手,把握作品独特的艺术成就。<br>3. 学习观察生活、思考生活和艺术化地表现生活,能发现生活中的小说元素,尝试创作小小说 | |
| | 价值观 | 作品展现对社会人生的认识与思考,体会其表现出的价值判断和审美取向 | |

---

① 上海市青浦区第一中学高中语文教研组。

（续表）

| 第三单元　外国作家作品研习 | | | 备注 |
|---|---|---|---|
| 课程主旨及内在关联 | 第一课 | 《大卫·科波菲尔》（节选） | |
| | 第二课 | 《复活》（节选） | |
| | 第三课 | 《老人与海》（节选） | |
| | 第四课 | 《百年孤独》（节选） | |
| 知识结构简图 | 第三单元 | 一、双线组元：人文主题：多样的文化；学习任务群：外国作家作品研习 | |
| | | 二、文章：大卫·科波菲尔（节选）/狄更斯；复活（节选）/列夫·托尔斯泰——19世纪现实主义长篇小说：展现了广阔的社会生活，表达了作者多方面的深刻思考 | |
| | | 老人与海（节选）/海明威；百年孤独（节选）/加西亚·马尔克斯——现代小说：在题材内容、创作手法等方面有诸多创新，极大地拓展了小说的天地 | |
| | | 三、学习目标：联系相关的历史文化背景，体察小说展现的千姿百态的社会生活，感受人类文化的丰富多彩；了解小说多样化的风格样式，从主题内容叙事手法、语言风格等多方面入手把握作品独特的艺术成就；总结小说的艺术特点，提升鉴赏小说的能力，并尝试写小小说 | |
| | | 四、学习活动：活动一：分析人物性格特点和典型意义；活动二：感受了解不同的民族文化和历史风貌；活动三：探究小说环境描写与心理描写的艺术手法；作文指导：学写小小说 | |

## 二、学习目标

（一）语言建构与运用

1. 梳理小说主要人物和主题思想，把握小说单元独特的艺术手法和语言特点。2. 分析《复活》（节选）、《老人与海》（节选）、《大卫·科波菲尔》（节选）中人物心理描写，把握小说主人公人物形象的复杂性。

（二）思维发展与提升

通过仿写、改写小说人物内心语言，塑造具有独特个性的小说人物，凸显小说主体内涵。

（三）审美鉴赏与创造

1. 把握小说中人物成长的精神轨迹，分析人物的性格特征及典型意义。

2. 侧重人物心理描写的赏析，挖掘作品的丰富内涵，深入探索民族心理、时代精神和具有普遍意义的人生智慧。

（四）文化传承与理解

1. 感受小说多样的风格，从主题内容、叙事手法、语言风格等多方面入手，把握作品独特的艺术成就。2. 了解文学艺术手法的传承与创新。

## 三、导学过程设计和学习作业设计

第一梯度任务：结合情境，巩固课堂。小说是以刻画人物为中心，通过故事情节叙述和具体的环境描写来反映社会生活的一种文学体裁。（第一梯度任务侧重语文核心素养中的"语言建构与运用""审美鉴赏与创造"。）

导学问题1：根据选择性必修上册第三单元中的三篇小说节选部分课堂学习，完成表格。

| 文章 | 主人公 | 节选情节 | 艺术手法 | 主题思想 | 语言特点 |
|---|---|---|---|---|---|
| 《大卫·科波菲尔》（节选） | 大卫·科波菲尔 | 大卫·科波菲尔到货行后与米考伯一家相处 | （1）漫画式手法（2）第一人称叙述（3）成年的"我"和孩童的"我"两个视角 | 对人世间美德的赞美，对当时社会的批判（揭恶扬善） | 幽默讽刺 |
| 《复活》（节选） | 玛斯洛娃、聂赫留朵夫 | 聂赫留朵夫去狱中向玛斯洛娃忏悔 | 心灵辩证法 | 人的精神"复活" | 简洁明了 |
| 《老人与海》（节选） | 圣地亚哥 | 老人钓到一条巨大的马林鱼，在返航途中与鲨鱼三次搏斗后回家 | （1）象征隐喻（2）内心独白 | 道德的人战胜非道德的人 | 简洁凝练 |

讨论问题1：茅盾说："人，是我写小说时的第一目标。"人物的塑造是小说创作的重心。这几篇小说的作者都是人物心理刻画大师，根据课文选文分析作者通过小说人物的内心世界塑造了怎样的一个小说人物。

导学问题2：

### 聂赫留朵夫

（1）昨晚迷惑过聂赫留朵夫的魔鬼，此刻又在他心里说话。

"这个女人已经无可救药了。"魔鬼说,"……给她一些钱,把你身边所有的钱全给她,同她分手,从此一刀两断,岂不更好?"他心里这样想。

(2)……不过他同时又感到,他的心灵里此刻正要完成一种极其重大的变化,他的精神世界这会儿仿佛搁在不稳定的天平上……他决定此刻把所有的话全向她说出来。

作者通过描写聂赫留朵夫的精神的人和兽性的人的斗争,最后精神的人战胜了兽性的人,这个"忏悔贵族"是如何真正走向精神"复活"的?

导学问题 3:

### 玛丝洛娃

她感到痛苦,但她无法理解这事。她就照例把这些往事从头脑里驱除,竭力用堕落生活的各种迷雾把它遮住。此刻她就是这样做的。

不愿回忆痛苦的玛丝洛娃遇到前来乞求原谅的聂赫留朵夫,为何没有接受他的救赎?

导学问题 4:

### 圣地亚哥

"但人不是为失败而生的,"他说,"一个人可以被毁灭,但不能被打败。"……尖齿鲨很残忍,而且很能干,很强壮,很聪明。不过我比它更聪明。

也许杀了这条鱼是一桩罪过。我看是的,尽管是为了养活自己,让好多人有鱼吃。不过这样说来,干什么都是一种罪过。别再想什么罪过了。

圣地亚哥面对敌人(外来侵犯)时,同样会胆小、懦弱、怀疑自己,在耗尽体力时,也会懈怠、懊恼、后悔,但即使如此老人依然战胜自己内心懦弱退缩的一面,为什么我们说他是一个"永不屈服"的老人?

导学问题 5:

### 大卫·科波菲尔

如今,我对世事已有足够了解,因而几乎对任何事物都不再引以为怪了。不过像我这样小小年纪就如此轻易地遭人遗弃,即使是现在,也不免使我感到有点儿吃惊。好端端一个极有才华、观察力强、聪明热情、敏感机灵的孩子,突然身心两伤,可居然没有人出来为他说一句话,我觉得这实在是咄咄怪事。

作者刻画"我"面对苦难时的主观感受,作为儿童的"我"对自己小小年纪遭人遗弃,以及童工生活是不理解的,内心充满恐惧,渴望关怀,极度孤独和绝望。成年的"我"对儿童的经历是怎样的态度? 他又是如何治愈自己的?

第二梯度任务:结合旧知,迁移运用。小说的三要素为:人物、情节、环境。

人物的塑造是小说创作的重心。在人物描写中我们比较常见的是通过肖像、动作、语言等塑造人物,我们也可以通过关注人物的内心活动来分析小说塑造了怎样的人物性格。(第二梯度任务侧重语文核心素养中的"语言建构与运用""思维发展与提升"。)

导学问题1:分析《香雪》小说主人公的心理描写,并结合小说主题说明这样写的作用。

香雪的心再也不能平静了,她好像忽然明白了同学们对于她的再三盘问,明白了台儿沟有多么贫穷。她第一次意识到这是不光彩的,因为贫穷,同学们才敢一遍又一遍地盘问她。她盯住同桌那只铅笔盒,猜测它来自遥远的大城市,猜测它的价格肯定非同寻常。三十个鸡蛋换得来吗? 还是四十个,五十个? 这时她的心又忽地一沉:怎么想起这些了? 娘攒下鸡蛋,不是为了叫她乱打主意啊! 可是,为什么那诱人的嗒嗒声老是在耳边响个没完?

——铁凝《香雪》

导学问题2:根据以上小说人物心理描写,分析《变形记》小说主人公的心理描写,并结合小说主题说明这样写的作用。

格力高尔心里清楚,他无论如何不能让协理怀着这种情绪回去,不然的话他在公司里的地位会受到极大的损害。他父母哪里会明白这一切? 他们长期以来就形成了这样的信念:儿子在这家公司里干活,一辈子生活都无须忧虑的。现在遇到这样的倒霉事,哪里还管得了将来的事? 可是格力高尔想到自己的前途。必须把协理挽留下来,稳住他,说服他,最后赢得他的心。

——卡夫卡《变形记》

第三梯度任务:拓展训练。通过勾连必修下册教材中的小说《香雪》和《变形记》,以及学生日常作业中的小说《界河》,提高学生参与度,避免单一形式,调动学生的积极性。在课堂中将学到的内容,进行迁移训练。培养学生应用分析问题与解决问题的能力,提升知识应用水平和迁移能力。(第三梯度任务侧重语文核心素养中的"审美鉴赏与创造""文化传承与理解"。)

讨论问题:通过学习《大卫·科波菲尔》(节选)、《复活》(节选)和《老人与海》(节选)中人物心理的描写,我们可以得出几种表现人物内心世界的方法?

导学问题:模仿以上小说中主人公表现人物内心世界的方法,为小说《界河》主人公改写一段心理描写,并突出小说主题。

主题:战争的残酷,人性的摧残

示例1:

他举起枪时内心无法平静下来。在两年半野战生活中,他不知击毙过多少敌人,这个还未摸到枪的敌人就是下一个牺牲品。但是,这个敌人脱得赤条条的,下河前他未尝不是一个活泼的青年,枪杀这样的敌人是他一生中最容易也最下不了手的事情。不,决不能枪杀这个青年,要给自己留一份良知和人性,他想。

用主人公的内心独白或自我对话的形式。通过两个"我"的对话,来寻求勇气、获得力量。

示例2:

他举起枪,瞄准。此时头脑中出现一个恶魔般的声音"射杀他吧,要击中他的脑袋简直太简单了,你可以去军中炫耀你的伟绩,说不定还会混个上校的头衔,快点,快点……"他突然觉得手很沉重,无法扣动扳机,他想:他也许和我一样,只是抵挡不住这河的诱惑,他也是追求自由的,这又有什么错,为什么要为此付出代价? 一声枪响,他应声倒下!

心灵辩证法。用"我"(道德的"我")和"魔鬼"(非道德的"我")的对话,来展示内心的痛苦挣扎过程。

示例3:

我艰难地从床上坐起来。我知道这是一场噩梦……梦中我仿佛又站到河边,也又见到了那个脱掉了国籍、脱掉了姓名、脱掉了卡其布的军装和我一样的人。我举起了枪,"我应该射杀他……"我想那时的我肯定会。"也许我没有……"现在的我却又是这样坚定地相信着。总之,退伍之后我的这段记忆也就开始变得模糊起来,尽管梦中的景象是那样的真实。"这场梦什么时候才能真正结束……"我喃喃地说。

第一人称来写,用老年的"我"来看年轻时的"我",回看过去的"我",通过双重审视,剖析心灵。

## 四、作业设计

### (一) 基础性作业

一、根据课堂内容,填写下列表格。

| 文章 | 主人公 | 节选情节 | 艺术手法 | 主题思想 | 语言特点 |
|---|---|---|---|---|---|
| 《大卫·科波菲尔》(节选) | | | | | |

（续表）

| 文章 | 主人公 | 节选情节 | 艺术手法 | 主题思想 | 语言特点 |
|---|---|---|---|---|---|
| 《复活》（节选） | | | | | |
| 《老人与海》（节选） | | | | | |

## （二）思维性作业

二、结合文章具体语境，分析小说中对人物的心理描写是怎样塑造人物形象的。

1. 聂赫留朵夫：

昨晚迷惑过聂赫留朵夫的魔鬼，此刻又在他心里说话，又竭力阻止他思考该怎样行动，却让他去考虑他的行动会有什么后果，怎样才能对他有利。

"这个女人已经无可救药了。"魔鬼说，"你只会把石头吊在自己脖子上，活活淹死，再也不能做什么对别人有益的事了。给她一些钱，把你身边所有的钱全给她，同她分手，从此一刀两断，岂不更好？"他心里这样想。

不过他同时又感到，他的心灵里此刻正要完成一种极其重大的变化，他的精神世界这会儿仿佛搁在不稳定的天平上，只要稍稍加一点儿力气，就会向这边或者那边倾斜。他决定此刻把所有的话全向她说出来。

_____

_____ 。

聂赫留朵夫觉得她身上有一样东西，同他水火不相容，使她永远保持现在这种样子，并且不让他闯进她的内心世界。

不过，说也奇怪，这种情况不仅没有使他疏远她，反而产生一种特殊的新的力量，使他去同她接近。聂赫留朵夫觉得他应该在精神上唤醒她，这虽然极其困难，但正因为困难就格外吸引他。他现在对她的这种感情，是以前所不曾有过的，对任何人都不曾有过，其中不带丝毫私心。他对她毫无所求，只希望她不要像现在这样，希望她能觉醒，能恢复她的本性。

_____

_____ 。

2. 玛丝洛娃：

……她感到痛苦，但她无法理解这事。她就照例把这些往事从头脑里驱除，竭力用堕落生活的各种迷雾把它遮住。此刻她就是这样做的。

_____

_____。

3. 圣地亚哥：

"但人不是为失败而生的，"他说，"一个人可以被毁灭，但不能被打败。"我很痛心，把这鱼给杀了，他想。现在倒霉的时候就要来了，可我连鱼叉都没有。尖齿鲨很残忍，而且很能干，很强壮，很聪明。不过我比他更聪明。也许并不是这样，他想。也许只不过是我的武器比它强。

"别想啦，老家伙，"他大声说，"顺着这条航线走吧，事到临头再多付吧。"

"我真希望这是一场梦，希望我压根儿没有钓上它来。鱼啊，真抱歉。这下子一切都糟透了。"……

"鱼啊，我本来就不该出海到这么远的地方，"他说，"对你对我都不好。鱼啊，真抱歉。"

_____

_____。

我根本就不懂什么是罪过，也说不准自己是不是相信。也许杀了这条鱼是一桩罪过。我看是的，尽管是为了养活自己，让好多人有鱼吃。不过这样说来，干什么都是罪过。别再想什么罪过了。现在已经晚了，再说还有人专门拿薪水干这个呢，让他们费心去吧。你天生是个渔夫，就跟鱼生来是鱼一样。

……你杀死这条鱼不光是为了养活自己和卖给别人吃。你杀死它还是为了自尊，因为你是个渔夫。它活着的时候你敬爱它，它死了之后你也一样敬爱它。如果你敬爱它，那么杀死它就不算是罪过。要么是更大的罪过？

_____

_____。

4. 大卫·科波菲尔：

如今，我对世事已有足够了解，因而几乎对任何事物都不再引以为怪了。不过像我这样小小年纪就如此轻易地遭人遗弃，即使是现在，也不免使我感到有点儿吃惊。好端端一个极有才华、观察力强、聪明热情、敏感机灵的孩子，突然身心两伤，可居然没有人出来为他说一句话，我觉得这实在是咄咄怪事。没有一个人出来为我说一句话。

……现在，每当回忆起少年时代那一点点挨过来的痛苦岁月，我也不知道，我替这些人编造出来的故事中，有多少是被我想象的迷雾笼罩着的记得十分真切的事实！可是我毫不怀疑，当我重返旧地时，我好想看到一个在我面前走着、让我同情的天真而富有想象力的孩子，他凭着那些奇特的经历和悲惨的事件，创造出了自己的想象世界。

## （三）情景式作业

三、根据以上小说中对人物的心理描写，分析《香雪》《变形记》小说中对主人公的心理描写，并结合小说主题说明这样写的作用。

香雪的心再也不能平静了，她好像忽然明白了同学们对于她的再三盘问，明白了台儿沟有多么贫穷。她第一次意识到这是不光彩的，因为贫穷，同学们才敢一遍又一遍地盘问她。她盯住同桌那只铅笔盒，猜测它来自遥远的大城市，猜测它的价格肯定非同寻常。三十个鸡蛋换得来吗？还是四十个，五十个？这时她的心又忽地一沉：怎么想起这些了？娘攒下鸡蛋，不是为了叫她乱打主意啊！可是，为什么那诱人的嗒嗒声老是在耳边响个没完？

——铁凝《香雪》

格力高尔心里清楚，他无论如何不能让协理怀着这种情绪回去，不然的话他在公司里的地位会受到极大的损害。他父母哪里会明白这一切？他们长期以来就形成了这样的信念：儿子在这家公司里干活，一辈子生活都无须忧虑的。现在遇到这样的倒霉事，哪里还管得了将来的事？可是格力高尔想到自己的前途。必须把协理挽留下来，稳住他，说服他，最后赢得他的心。——卡夫卡《变形记》

### （四）实践性作业

四、写作练习：

模仿以上小说中对主人公表现人物内心世界的方法，为小说《界河》中主人公改写一段心理描写，并能突出小说主题。

---

# 八年级九年级数学　一次函数

周心览[①]

## 义务教育八年级九年级数学(上海教育出版社)
## 八上第18章·八下第20章·九上第26章
## 单元导学设计

### "一次函数"导学设计
### 一、课程主旨与课程结构关联

| 初中数学第18章《正比例函数和反比例函数》(上海教育出版社) | | | 备注 |
|---|---|---|---|
| 课程主旨 | 内容 | 4. 经历函数概念的形成过程,通过实际事例认识变量与常量。理解变量之间的相互依赖关系,知道以运动变化的观点看待相关数量问题,能从两个变量之间相互联系、相互依赖的角度理解函数的意义。<br>5. 知道函数定义域的意义,知道符号 $y = f(x)$ 的意义,在简单情况下会根据函数的解析式和实际意义,求定义域,对自变量的值与函数值之间的对应关系,有初步认识,并会求函数值。 | |

---

① 上海市青浦区第一中学数学教研组。

(续表)

| 初中数学第18章《正比例函数和反比例函数》(上海教育出版社) | | | 备注 |
|---|---|---|---|
| 课程主旨 | 内容 | 6. 通过现实生活中的具体事例,理解正比例关系和反比例关系,理解正比例函数和反比例函数的概念,获得从数量方面把握事物运动变化规律和事物之间相互联系的体会。<br>7. 知道函数图像的意义,会用描点法画正比例函数和反比例函数的图像,能借助图像的直观性,用数学语言描述正比例函数和反比例函数的基本性质,掌握这些基本性质,并体会数形结合的思想。<br>8. 会用待定系数法求正比例函数和反比例函数的解析式。<br>9. 通过对正比例函数和反比例函数的学习及实例分析,知道函数是刻画实际问题中变量之间相互依赖关系的工具。知道解析法、列表法、图像法是常用的函数,表示法能从表示函数的图像或表格中获取有关信息 | |
| | 能力 | 4. 能在现实情境中理解有理数和实数的概念,在具体情境中体验用数学符号表达数量关系的过程,发展抽象能力。<br>5. 能探索具体问题中的数量关系和变化规律,并形成推理能力,能用函数进行表达和解决实际问题,经历从实际问题中建立数学模型的过程,形成模型观念。<br>6. 能利用图形探索并归纳数学规律,在数学活动中发展发现问题和提出问题、分析问题和解决问题的能力,以及有逻辑地表达与交流能力,增强几何直观、推理能力和运算能力 | |
| | 价值观 | 1. 正反比例的学习是从"常量"到"变量"认识的一次飞跃,学生在学习中形成系统的知识结构,是促进学生可持续发展的要求,有利于培养解决问题的能力和信心。<br>2. 鼓励学生建构知识的脉络,产生整体性、逻辑性的知识结构,形成科学的思维,对后续的学习具备支持性 | |

（续表）

| 初中数学第18章《正比例函数和反比例函数》（上海教育出版社） | | | 备注 |
|---|---|---|---|
| 课程主旨及内在关联 | 第一课 | 函数的概念 | |
| | 第二课 | 正比例函数 | |
| | 第三课 | 反比例函数 | |
| | 第四课 | 函数的表示法 | |
| | 第五课 | 一次函数初探 | |
| 知识结构简图 | | | |

## 二、单元学习目标

（一）抽象能力

1. 经历函数概念的形成过程，通过实际事例认识变量与常量。2. 理解变量之间的相互依赖关系，知道以运动变化的观点看待相关数量问题，能从两个变量之间相互联系、相互依赖的角度理解函数的意义。

（二）推理能力

1. 获得从数量方面把握事物运动变化规律和事物之间相互联系的体会。2. 在发现问题、提出问题、探究和表述论证的过程中，有逻辑地进行交流和表达；能够在比较复杂的情境中把握事物之间的联系，把握事物发展的脉络。

（三）建模观念

1. 通过现实生活中的具体事例，理解正比例关系和反比例关系，理解正比例函数和反比例函数的概念。2. 通过对正比例函数和反比例函数的学习及实例分析，知道函数是刻画实际问题中变量之间相互依赖关系的工具。3. 知道解析法、列表法、图像法是常用的函数，表示法能从表示函数的图像或表格中获取有关信息。

（四）几何直观

1. 知道函数图像的意义，会用描点法画正比例函数和反比例函数的图像，能借助图像的直观，用数学语言描述正比例函数和反比例函数的基本性质，掌握这些基本性质，并体会数形结合的思想。2. 知道列表法、图像法是常用的函数，表示法能从表示函数的图像或表格中获取有关信息。

（五）运算能力

1. 知道函数定义域的意义，知道符号 $y=f(x)$ 的意义，在简单情况下会根据函数的解析式和实际意义求定义域，对自变量的值与函数值之间的对应关系，有初步认识，并会求函数值。2. 会用待定系数法求正比例函数和反比例函数的解析式。

### 三、"一次函数"导学设计

第一梯度学习任务：通过激活旧知，复习正比例函数的基本概念和性质，为探究新知做好知识储备。（第一梯度任务侧重核心素养中的"抽象能力"。）

导学问题：温故

1. 解析式形如 _____ 的函数称为正比例函数。

（1）正比例函数 $y=5x$ 的图像经过第 _____ 象限，$y$ 的值随着 $x$ 增大而 _____ ；

（2）正比例函数 $y=-x$ 的图像经过第 _____ 象限，$y$ 的值随着 $x$ 增大而 _____ 。

第二梯度学习任务：由实际问题引出一次函数，观察一次函数的特征，并给它起名。学生自己写出一个一次函数并通过描点法探究一次函数图像是一条直线。能起到激发学生主动学习的作用。（第二梯度任务侧重核心素养中的"抽象能力""推理能力""模型观念"。）

情景问题：长途汽车运输公司规定，一个乘客可免费携带 30 千克的行李，超过部分每千克收行李费 2 元，设一个乘客的行李重 $x$ 千克（$x>30$），那么他需要交行李费 $y$ 元可表示为：$y=$ _____ 。

讨论问题：下列函数：$y=2x+1$、$y=x-1$、$y=-x-4$、…都属于同一类函数；你给它们取名为 _____ 函数，命名理由是 _____

_____ 。

实践活动:

（1）写出一个此类函数:_____。

（2）尝试在下图中画出这个函数的图像:

第一步:列表

| | | | | | | | | | | | |
|---|---|---|---|---|---|---|---|---|---|---|---|
| | | | | | | | | | | | |

第二步:描点　　　　　　　　　　第三步:连线

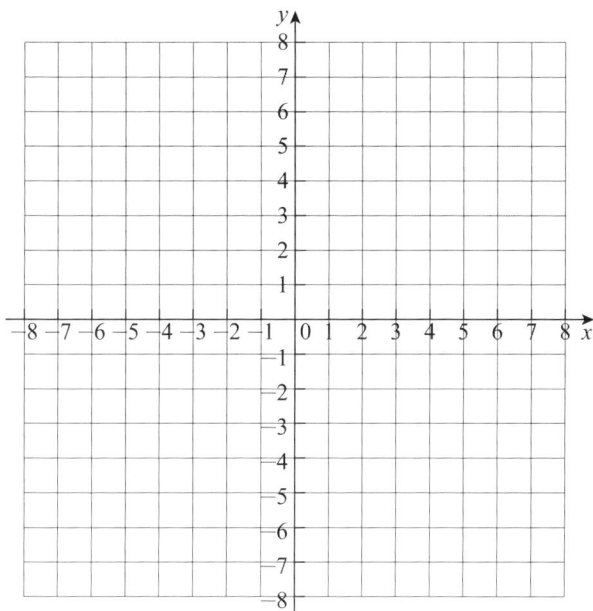

（3）你猜想这类函数的图像是_____。

第三梯度学习任务:落实并理解基础概念。这两个问题也是从不同角度对知识的理解和进阶式的练习,帮助学生进一步明确一次函数的概念和性质。（第三梯度任务侧重核心素养中的"推理能力""运算能力"。）

导学问题:概念检测

1.判断下列函数是否是一次函数,如果是请在"（　　）"中打"✓",不是在"（　　）"中打"✕"。

（1）$y=2x$ ·······························（　　）

（2）$y=-x-\dfrac{3}{5}$ ·······················（　　）

(3) $y=\dfrac{3}{x}-2$ ·······················( 　 )

(4) $y=\dfrac{x}{3}-1$ ·······················( 　 )

(5) $y=x^2-3$ ·························( 　 )

2. 若 $y=2x^{2a-1}-5$ 是关于 $x$ 的一次函数,则 $a=$＿＿＿＿＿。

第四梯度学习任务:小组合作,制订探究计划。学生调动自己的学习经验,思考怎么探究一个新的知识,这就是一个产生高阶思维的过程,教师引导学生对教学内容的主动建构和有效迁移,学生脑海中有分析、判断等思维。通过实践、观察、推理、归纳等过程,探究一次函数的性质。学生在自己思考下进行实践体验,在完成活动时,也需要学生充分调动他的高阶思维,在合作、思考、研究、展示、聆听等过程中,学生能做到深度理解、深度学习。(第四梯度任务侧重核心素养中的"推理能力""几何直观""运算能力"。)

探究活动1:一次函数 $y=kx+b(k,b$ 是常数,$k\neq0)$ 的性质。

(1) 一次函数性质跟解析式中的哪些量有关系?

(2) 可根据它们确定该函数哪些方面的性质?

探究活动2:小组合作,探究一次函数性质。

| $k$ 的符号 | | | | | |
|---|---|---|---|---|---|
| $b$ 的符号 | | | | | |
| 函数举例 | $y=$＿＿＿＿ | $x$ | | $y=$＿＿＿＿ | $x$ |
| | | $y$ | | | $y$ |
| 实践作图 | | | | | |

（续表）

| 所在象限 | | |
|---|---|---|
| 变化趋势 | | |
| 更多精彩发现 | | |

讨论问题：请总结小组的探究结论并分享。

# 四、第五节学习作业设计

## （一）基础性作业

一、填空题

1. 直线 $y=-5x+1$ 经过第_____象限。

二、选择题

2. 下列函数中，$y$ 是 $x$ 的一次函数的是（　　）。

A. $y=2x^2+1$　　　B. $y=-\dfrac{2}{x}-2$　　　C. $y=-2(x+1)$　　D. $y=2(x+1)^2$

3. 下列关于函数的说法中，正确的是（　　）。

A. 一次函数是正比例函数

B. 正比例函数是一次函数

C. 正比例函数不是一次函数

D. 不是正比例函数的就不是一次函数

## （二）思维性作业

一、填空题

1. 一次函数 $y=3mx+2$ 中，若 $y$ 随 $x$ 的增大而减小，则 $m$ 的范围是_____。

二、选择题

2. 函数 $y=x-2m(m>0)$ 的图像不经过第（　　）象限。

A. 一　　　　　B. 二　　　　　C. 三　　　　　D. 四

3. 若函数 $y=(m-3)x^{m-1}+x+3$ 是一次函数（$x\neq0$），则 $m$ 的值为（　　）。

A. 3　　　　　B. 1　　　　　C. 2　　　　　D. 3 或 1

## (三) 情景式作业

小明同学骑自行车从家里出发依次去甲、乙两个景点游玩,他离家的距离 $y$(km)与所用的时间 $x$(h)之间的函数图像如图所示。

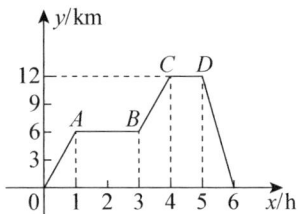

(1) 甲景点与乙景点相距_____km,乙景点与小明家距离是_____km;

(2) 当 $0 \leqslant x \leqslant 1$ 时,$y$ 与 $x$ 的函数关系式是_____;

(3) 小明在游玩途中,停留所用时间为_____h,在 6 h 内共骑行_____km。

## (四) 实践性作业

某文具店购进一批纪念册,每本进价为 20 元,在销售过程中发现,该纪念册每周的销量 $y$(本)与每本的售价 $x$(元)之间满足一次函数关系:$y = -2x + 80$ $(20 < x < 40)$。已知某一周该纪念册的售价为每本 30 元,那么这一周的盈利是_____元。

## (五) 跨学科作业

已知弹簧在弹性限度内,它的长度 $y$(厘米)与所挂重物质量 $x$(千克)是一次函数关系。如果经过测量,不挂重物时弹簧长度是 6 厘米,挂上 2 千克重物时弹簧长度是 7.2 厘米,那么挂上 1 千克重物时弹簧长度是(    )厘米。

A. 3.6　　　　　B. 6.6　　　　　C. 6.8　　　　　D. 7

# 后　　记

在本书终篇落笔之际,我感慨万千,思绪如织。

2023年,青浦一中荣获上海市特色普通高中之殊荣,这既是对前两任校长卓越贡献的赞颂,亦是对我接任以来不懈努力的肯定。然而,每当夜深人静之时,我时常陷入沉思:如何全面贯彻落实普通高中教学改革发展的纲领性文件,引领学校走向更高峰?

2021年,我校申报了"坚持系统观念,建设高中高质量课程与教学体系""坚持系统观念,建设高中高质量教学保障体系"两项龙头课题,2022年9月被上海市教师教育学院(上海市教委教研室)批准立项。我校也被荣幸地认定为上海市普通高中新课程新教材实施研究与实践项目校,标志着学校在教育教学改革领域中迈出了重要一步。自此,我与学校同仁踏上了"双新"研究与实施的征途——我们的目标更加明确,我们的步伐更加稳健。

这条道路并非坦途。初时,我们遭遇了核心研究人员对选题范畴过大的质疑,随后又陷入"坚持系统观念,建设高中高质量课程与教学体系"和"坚持系统观念,构建高中高质量教学保障体系"两大研究瓶颈。幸有华东师范大学教育管理学院原副院长、教育部中学校长培训中心原副主任郭景扬教授的全程指导,他深入浅出地诠释了"系统观念"在教育教学中的精髓,为我们指明了前进的方向。

在探索过程中,学校研究团队和全体教师如同攀登者一般,从"一棵树"的微观视角逐渐拓宽至"一片森林"的宏观视野。我们坚持教学五环节一体化实施策略,使教学目标、课程结构、教材体例、教学转型、考核评价形成紧密相连的有机整体。学校多次举办"双新"课程建设、学科教学、教师培养、校本研修等展示活动,将全体教师的智慧和力量凝聚成推动学校发展的磅礴之力。特别是2023年成立青浦一中基础教育集团以来,我们将研究成果和经验辐射至小学、初中,在更广泛的教育领域中贡献力量。

在项目的申报、立项、开题、中期论证等各环节中,我们得到了青浦区教育局领导的直接关心,也得到了青浦区教师进修学院专家的精心指导。沈方梅、秦剑钧、王根章、叶萍、浦妙芬、林晓浦等核心研究人员全程参与项目的设计、推进、实践、总结等工作。同时，王亮、王冬梅、杨荣和学校全体初高中学科教研组长、年级组长及部分组员也为书稿的撰写付出了辛勤努力。能有这样一支充满研究与实践能力的团队，我深感荣幸，并在此向他们表达我最诚挚的谢意。

对郭景扬教授的悉心指导，我更是感激不尽。在此，我谨代表全校师生向郭景扬教授表示衷心的感谢和崇高的敬意。

由于水平有限，书中难免存在不足之处，恳请各位读者不吝赐教，提出宝贵意见。让我们携手共进，在教育的道路上不断前行。

陆飞军

2024 年 5 月

**图书在版编目（CIP）数据**

"双新"驱动 素养导向：高质量课程与教学体系
的探索与实践 / 陆飞军主编. —— 上海：上海教育出版社，
2025. 5. —— ISBN 978-7-5720-3432-9

Ⅰ. G632.3

中国国家版本馆CIP数据核字第20256FZ949号

责任编辑　徐建飞
封面设计　金一哲
特约编辑　郭奕轩

"双新"驱动　素养导向：高质量课程与教学体系的探索与实践
陆飞军　　主编

出版发行　上海教育出版社有限公司
官　　网　www.seph.com.cn
地　　址　上海市闵行区号景路159弄C座
邮　　编　201101
印　　刷　上海普顺印刷包装有限公司
开　　本　700×1000　1/16　印张 35　插页 4
字　　数　609 千字
版　　次　2025年6月第1版
印　　次　2025年6月第1次印刷
书　　号　ISBN 978-7-5720-3432-9/G·3066
定　　价　150.00 元

如发现质量问题，读者可向本社调换　电话：021-64373213